PENGZHOU YEARBOOK

彭州年鉴

彭　州　市　人　民　政　府　主办
彭州市地方志编纂委员会办公室　编

2021

方志出版社

图书在版编目（CIP）数据

彭州年鉴. 2021 / 彭州市地方志编纂委员会办公室编. — 北京: 方志出版社, 2021.12

ISBN 978-7-5144-5072-9

Ⅰ. ①彭… Ⅱ. ①彭… Ⅲ. ①彭州 — 2021 — 年鉴 Ⅳ. ①Z527.14

中国版本图书馆CIP数据核字（2021）第 263965 号

彭州年鉴（2021）

编　　者：彭州市地方志编纂委员会办公室
责任编辑：冯　松

出 版 者：方志出版社
地址　北京市朝阳区潘家园东里 9 号（国家方志馆4层）
邮编　100021
网址　http://www.zgfzcb.cn
发　　行：方志出版社图书经销中心
电话　（010）67110500
经　　销：各地新华书店
装帧设计：成都红仓文化传播有限公司
印　　刷：成都市兴雅致印务有限责任公司

开　　本：889×1194　　1/16
印　　张：31
字　　数：780千字
版　　次：2021年12月第1版　　2021年12月第1次印刷
印　　数：001～500册

ISBN　978-7-5144-5072-9　　定价：200.00元

编辑说明

一、《彭州年鉴（2021）》坚持以马克思列宁主义、毛泽东思想、邓小平理论、“三个代表”重要思想、科学发展观、习近平新时代中国特色社会主义思想为指导，坚持用辩证唯物主义和历史唯物主义的立场、观点和方法，实事求是记载彭州市的基本情况和发展特点。

二、《彭州年鉴（2021）》是在中共彭州市委领导下，由彭州市人民政府主办，彭州市地方志编纂委员会办公室编纂的地方综合性年刊，自1999年起每年一鉴。《彭州年鉴（2021）》旨在连续记载彭州市经济建设和社会发展的历史进程，客观反映各行各业取得的新成就、新经验和进行的新探索，为各界人士了解、研究彭州，为各级领导决策提供翔实的地情资料，为全市经济社会发展服务，也为续写《彭州市志》积累史料。

三、《彭州年鉴（2021）》是彭州市第23部综合年鉴，主要记述2020年1月1日至2020年12月31日彭州市的基本情况，部分内容适当上溯或下延，以反映事物全貌。有些变化不大的基本情况，虽在前几卷《彭州年鉴》中已有记载，但为方便阅读、查检和保持内容完整，仍予记载。

四、《彭州年鉴（2021）》采用分类编辑法，主要以类目、分目、条目3个层次编排。条目是基本记述单位和基本寻检单元，以黑体字加“【 】”表示。《彭州年鉴（2021）》共有23个类目，包括特载、大事记、彭州综述、中共彭州市委员会、彭州市人民代表大会、彭州市人民政府、政协彭州市委员会、纪检监察、民主党派、社会团体、法治·军事、城乡建设与管理、特色产业园区、农业·农村、工信产业·建筑业、商贸·旅游·金融、交通运输·通信业、综合经济管理、社会事业、社会民生、街道·镇、附录、索引。为方便读者查阅，本卷年鉴配备双重检索系统，书前有详细目录，正文后有索引。

五、《彭州年鉴（2021）》前插彩色图片增设彭州市抗击新冠肺炎疫情纪实和彭州市“十三五”规划收官两篇特载栏目，集中反映2020年彭州市精准防控和保障人民群众生产生活的举措，以及“十三五”规划实施以来彭州市各项事业发展变化。根据机构的调整，在中共彭州市委员会类目中增设目标督查管理分目，将机关事务管理分目调整至彭州市人民政府类目，将档案管理分目由彭州市人民政府类目调整至中共彭州市委员会类目。

六、《彭州年鉴（2021）》文中数字用法执行国家标准《出版物上数字用法》（GB/T 15835-2011），标点符号用法执行国家标准《标点符号用法》（GB/T 15834-2011）。

七、《彭州年鉴（2021）》收录的信息资料和图片均由全市各部门和各镇（街道）提供，并经供稿单位领导审核。所有综合性数据和统计图表由市统计局提供，正文中数据由各部门提供，由于统计方法、统计口径等的不同，因而同一项目或名称的数字有异，引用时应以市统计局公布数据为准。

编辑说明

一、《彭州年鉴（2021）》坚持以马克思列宁主义、毛泽东思想、邓小平理论、“三个代表”重要思想、科学发展观、习近平新时代中国特色社会主义思想为指导，坚持用辩证唯物主义和历史唯物主义的立场、观点和方法，实事求是记载彭州市的基本情况和发展特点。

二、《彭州年鉴（2021）》是在中共彭州市委领导下，由彭州市人民政府主办，彭州市地方志编纂委员会办公室编纂的地方综合性年刊，自1999年起每年一鉴。《彭州年鉴（2021）》旨在连续记载彭州市经济建设和社会发展的历史进程，客观反映各行各业取得的新成就、新经验和进行的新探索，为各界人士了解、研究彭州，为各级领导决策提供翔实的地情资料，为全市经济社会发展服务，也为续写《彭州市志》积累史料。

三、《彭州年鉴（2021）》是彭州市第23部综合年鉴，主要记述2020年1月1日至2020年12月31日彭州市的基本情况，部分内容适当上溯或下延，以反映事物全貌。有些变化不大的基本情况，虽在前几卷《彭州年鉴》中已有记载，但为方便阅读、查检和保持内容完整，仍予记载。

四、《彭州年鉴（2021）》采用分类编辑法，主要以类目、分目、条目3个层次编排。条目是基本记述单位和基本寻检单元，以黑体字加“【】”表示。《彭州年鉴（2021）》共有23个类目，包括特载、大事记、彭州综述、中共彭州市委员会、彭州市人民代表大会、彭州市人民政府、政协彭州市委员会、纪检监察、民主党派、社会团体、法治·军事、城乡建设与管理、特色产业园区、农业·农村、工信产业·建筑业、商贸·旅游·金融、交通运输·通信业、综合经济管理、社会事业、社会民生、街道·镇、附录、索引。为方便读者查阅，本卷年鉴配备双重检索系统，书前有详细目录，正文后有索引。

五、《彭州年鉴（2021）》前插彩色图片增设彭州市抗击新冠肺炎疫情纪实和彭州市“十三五”规划收官两篇特载栏目，集中反映2020年彭州市精准防控和保障人民群众生产生活的举措，以及“十三五”规划实施以来彭州市各项事业发展变化。根据机构的调整，在中共彭州市委员会类目中增设目标督查管理分目，将机关事务管理分目调整至彭州市人民政府类目，将档案管理分目由彭州市人民政府类目调整至中共彭州市委员会类目。

六、《彭州年鉴（2021）》文中数字用法执行国家标准《出版物上数字用法》（GB/T 15835-2011），标点符号用法执行国家标准《标点符号用法》（GB/T 15834-2011）。

七、《彭州年鉴（2021）》收录的信息资料和图片均由全市各部门和各镇（街道）提供，并经供稿单位领导审核。所有综合性数据和统计图表由市统计局提供，正文中数据由各部门提供，由于统计方法、统计口径等的不同，因而同一项目或名称的数字有异，引用时应以市统计局公布数据为准。

公园城市建设

PENGZHOU
YEARBOOK

湔江河谷优美的自然生态景观

南大街与东大街交叉口街心微绿地

美丽的乡村公路

改造后的牡丹大道

牡丹大道5号公厕

群众在牡丹大道绿道散步

城市之光小游园

紫光兴城小游园

鱼凫湿地公园

改造后的彭州园

彭州园绿道

健康绿道行

建设中的成都三绕城高速彭州葛仙山段

产业能级提升

PENGZHOU
YEARBOOK

6月30日，彭州市举办2020年重大项目集中签约仪式

3月1日，彭州市举办2020年网络直播投资推介会暨项目签约仪式

12月28日，“聚焦医药健康，助力产业发展”金融产品发布会举行

3月，彭州市举办2020年一季度重大项目集中开工暨天府中药城科技创新中心一期项目动工仪式

成都市先进材料产业生态圈和彭州市重大项目签约开工暨生态圈党建联盟成立仪式在成都新材料产业功能区举行

10月30日，中国·彭州第三届龙门山民宿发展大会在彭州市召开

11月17日，彭州市获“中国楼宇经济投资高地城区奖”

航空动力产业园

彭州市人民政府获2020年全国政务服务优秀案例“服务优化金流奖”

11月22日，第十一届中国 · 四川（彭州）蔬菜博览会在四川省彭州市濛阳街道天府蔬香博览园举行

种子银行

产品分拣

口罩生产

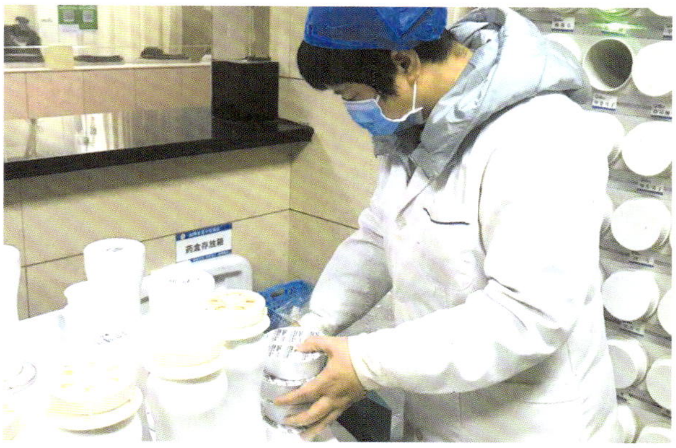
中药配制

乡村振兴

PENGZHOU
YEARBOOK

通济镇阳平观社区产村相融

濛阳街道天府蔬香产业园

丹景山镇童话火车总动员主题乐园

中国（敖平）川芎小镇

通济镇海窝子古街

4月，天彭街道丽景小区一期分房现场

人和社区（原周家社区）保洁日常清扫

2020年，丹景山镇开展四川省乡镇治理现代化试点镇建设，图为群众在新建的丹景山镇一体化中心办理业务

隆丰街道九里拾院

桂花镇漫柒村

濛阳新城新面貌

天彭街道党建引领村集体经济示范点——西花町

通济花海

龙门山镇宝山村蔷薇花竞相开放

乡村客运通往家门口

九尺镇玉源社区谢家院子

桂花镇村民在文化长廊销售土特产

秋收的喜悦

技术人员指导农民种植果树

葡萄丰收

开放合作

PENGZHOU
YEARBOOK

彭州市人民政府和四川省农业科学院签订合作协议

3月2日，彭州市—什邡市区域协同发展座谈会召开

12月14日，法国塞纳—马恩省莫雷—塞纳—卢万共同体与彭州市白鹿镇签署友好合作关系协议书

5月29日，彭州市人民法院与什邡市人民法院推动成德同城化建设司法合作签约仪式举行

1月7日，致和小学、彭中实验小学与塞浦路斯签约

7月1日，彭州市延秀小学与新西兰牛津区学校友好学校签约仪式

彭州中学实验学校参加塞浦路斯“一带一路”论坛

社会民生

PENGZHOU
YEARBOOK

1月16日，彭州市丽春镇首届民俗节举行

8月27日，彭州市举办2020年“公园城市·家行动”垃圾分类公益活动启动仪式

9月19日，彭州市举办2020年第三届中国农民丰收节暨第十二届军屯锅魁美食文化活动

亮晶晶未检团队开展法治进校园活动

通济镇端午祭活动

7月22日，九尺镇举行积谷仓夏日荧光跑活动

9月27日，彭州市第三届中秋诗词朗诵晚会举行

8月29日，市民在望蜀里文化集市观看表演

丹景山镇花村街漫步

扫黑除恶专项斗争主题宣传

10月26日，法官祝增巧走访邻里

6月3日，彭州市委第二巡察组下基层开展民生调研

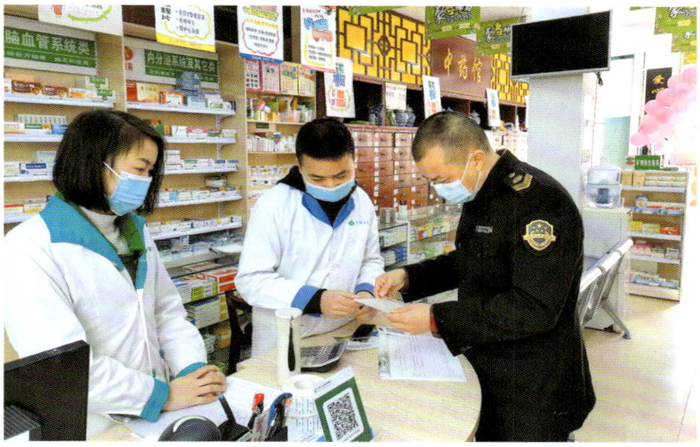

11月9日，市场监管工作人员在药店进行监管检查

11月24日，彭州市人民法院敖平法庭深入敖平镇友谊村巡回审理一起赡养纠纷案件

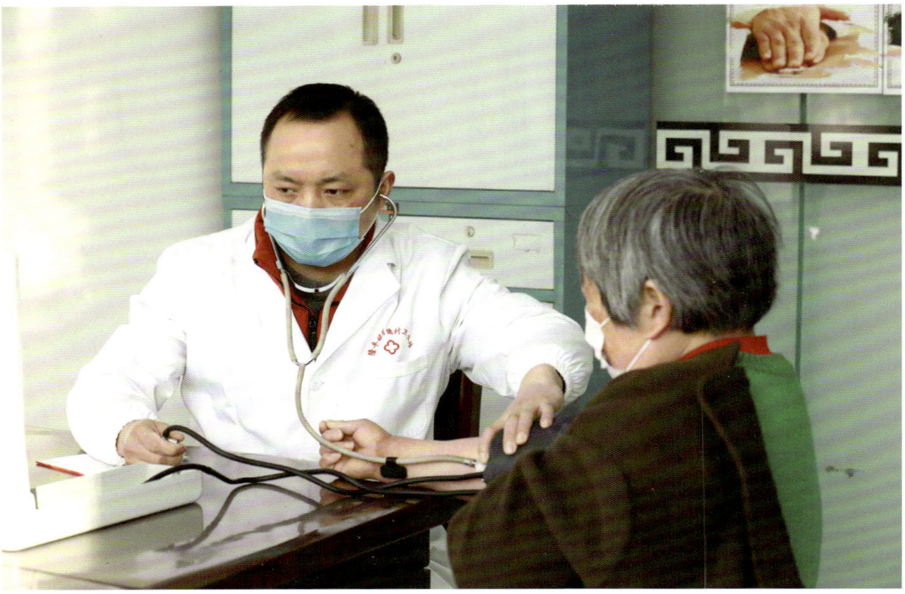

村医诊疗

医护服务

演唱川剧

“金通工程”乡村客运接送放学学生

彭州市抗击新冠肺炎疫情纪实

PENGZHOU
YEARBOOK

2月7日，彭州市新冠肺炎疫情防控指挥部第十一次工作会议召开

2月21日，彭州市支援湖北医疗队出征

医护人员为群众发放宣传资料

2月3日，成万高速彭州服务区疫情防控点工作有序开展

新冠肺炎疫情期间，全市党员干部主动参与到防控工作中

防疫宣传劝返点

华融化工在新冠疫情期间向社会捐赠消毒物品

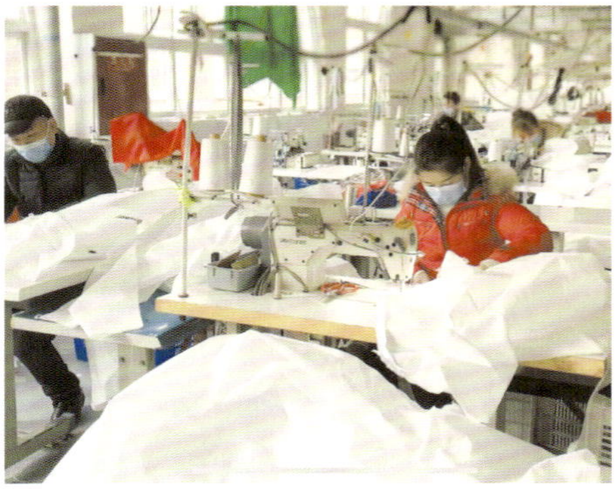

企业复工复产

2020 · 数字彭州

PENGZHOU YEARBOOK

户籍人口：79.51万人

区域面积：1421平方公里

农作物播种面积：118.47万亩

粮食产量：24.91万吨

林地面积：60683.48公顷

森林覆盖率：42.54%

全年空气优良天数：303天

地区生产总值：507.37亿元

第一产业增加值：66.71亿元

第二产业增加值：260.40亿元

第三产业增加值：180.25亿元

农业增加值：67.49亿元

工业增加值：233.16亿元

三次产业比重：13.1∶51.3∶35.6

人均地区生产总值：65131元/人

城镇居民人均可支配收入：39613元

农村居民人均可支配收入：25520元

实际到位内资：85.47亿元

实际利用外资：6.12亿元

外贸出口进口总额：10.2亿元

公路里程：2754公里

旅游接待人数：1305.03万人次

旅游总收入：54.57亿元

地方财政收入：79.31亿元

一般公共预算收入：35.95亿元

地方财政支出：107.44亿元

一般公共预算支出：58.35亿元

金融机构年末存款余额：726.75亿元

住户存款余额：519.91亿元

金融机构年末贷款余额：367.35亿元

中小学校：56所

幼儿园：156所

卫生机构：606所

医院、卫生院床位：6911张

医疗卫生机构技术人员（医生、护士）：5818人

社会消费品零售总额：107.86亿元

2020年彭州市主要经济指标

PENGZHOU
YEARBOOK

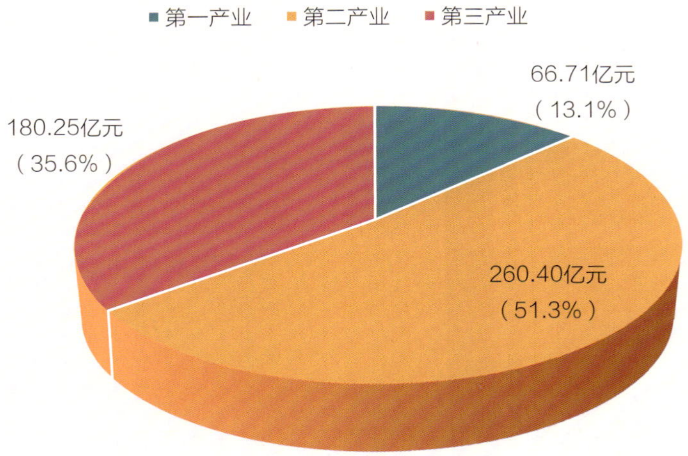

图一　2020年彭州市各产业增加值及比重示意图

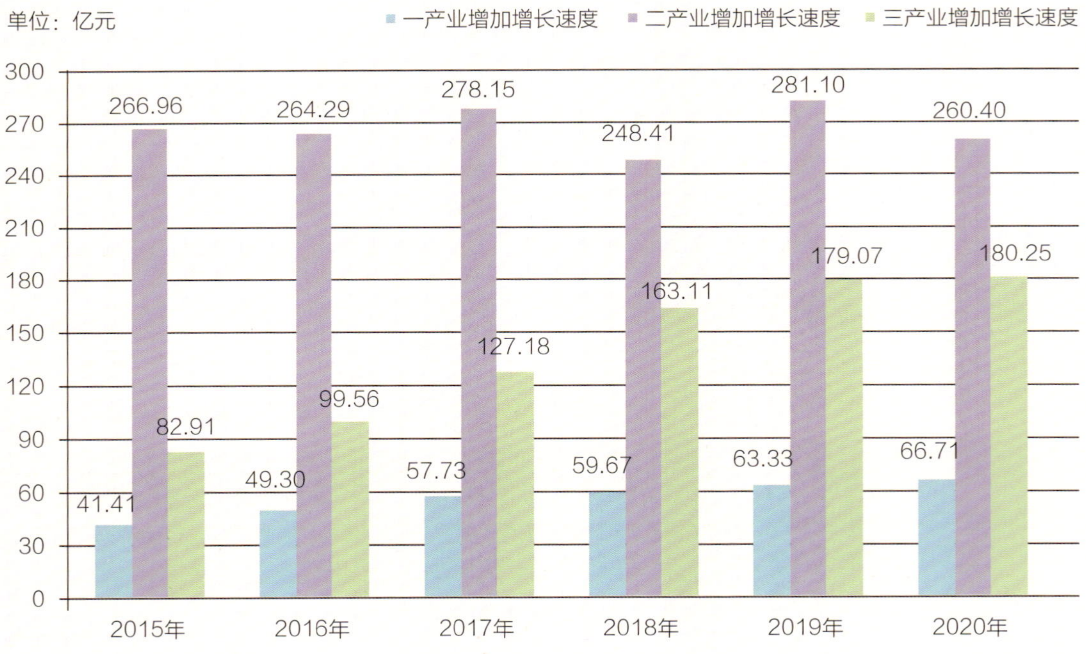

图二　2015—2020年彭州市地区生产总值构成示意图

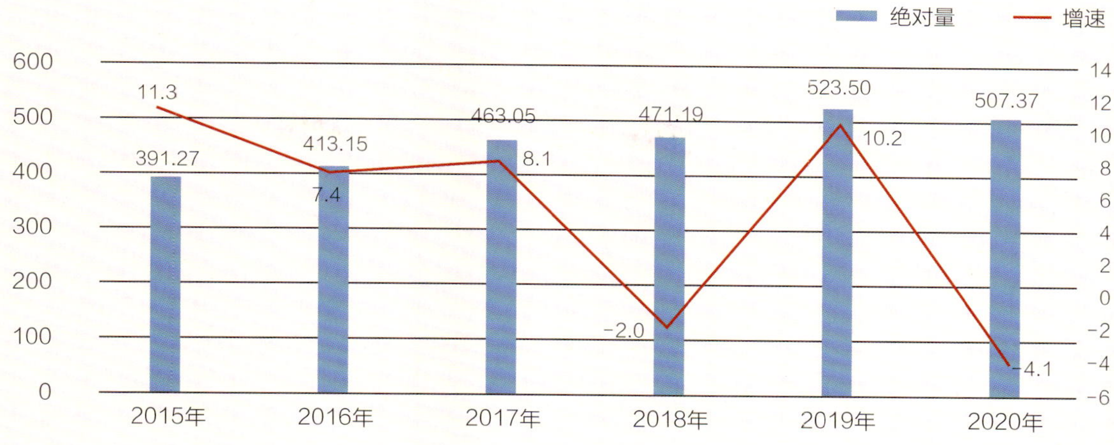

图三　2015—2020年彭州市彭州市地区生产总值及增速示意图

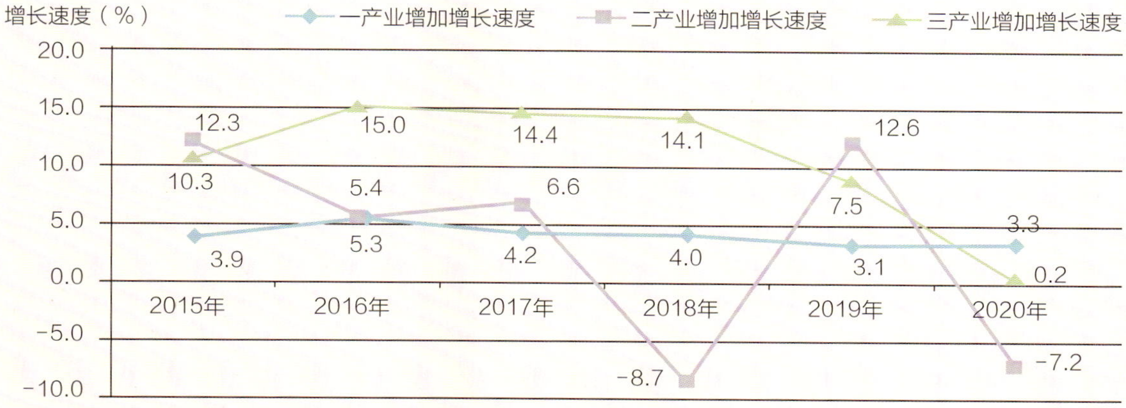

图四　2015—2020年彭州市各产业增加值增长速度示意图

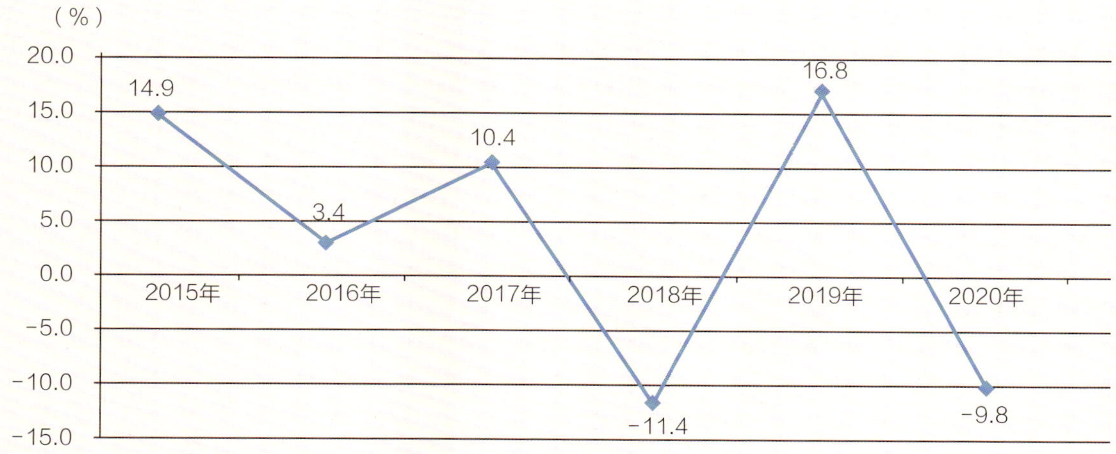

图五　2015—2020年彭州市规模工业企业增加值增长速度示意图

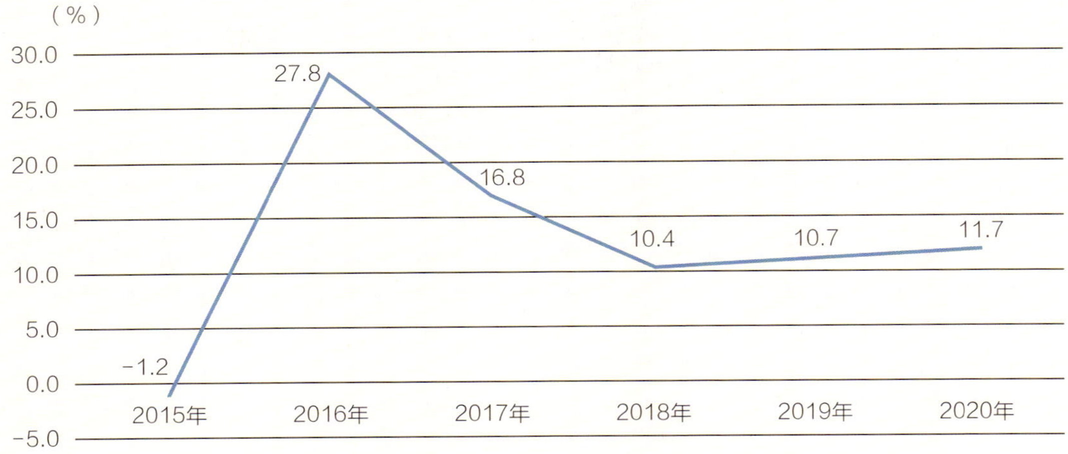

图六　2015—2020年彭州市固定资产投资完成情况示意图

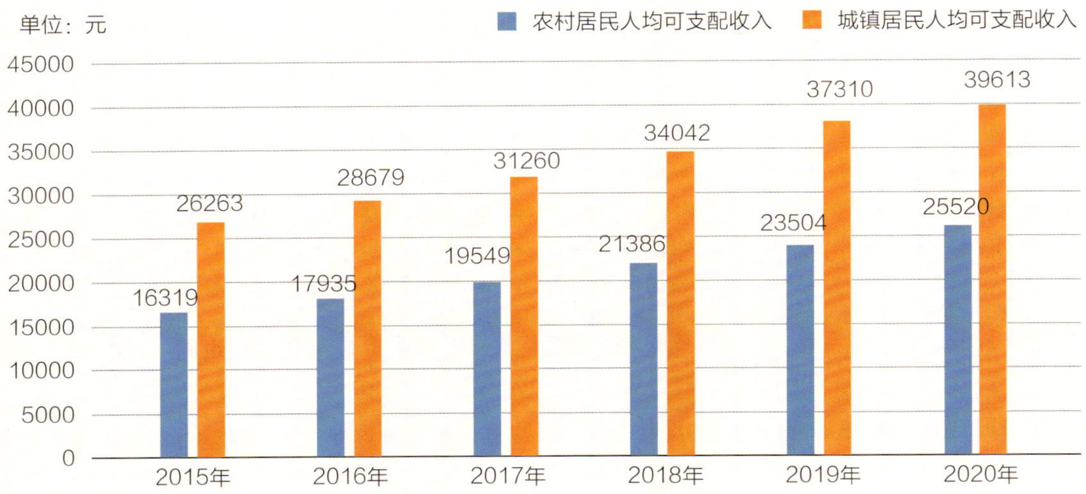

图七　2015—2020年彭州市城乡居民收入情况示意图

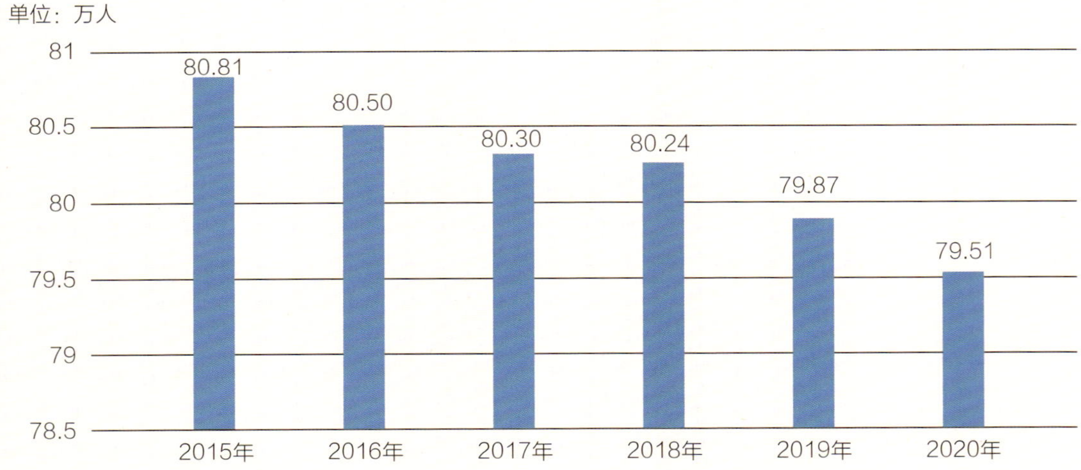

图八　2015—2020年彭州市户籍人口情况示意图

《彭州年鉴（2021）》编写组成员

中共彭州市委办公室

陈江祺　王龙周　唐建军　禹华春　杨晓勇

肖琳娜　罗　强　杨小燕　李林飞　陈世聪

李笔耕　刘栩宏　雷　波　苏梦迪　何鹏飞

彭州市人大常委会办公室

郑　聃　李　茜

彭州市人民政府办公室

陈江祺　韩　冬　杜保宁　张先念　王　伟

沈良斌　王　波　蔡　阳　沈小容

政协彭州市委员会

袁　瑗　李洁茹　毛永华　苟云涛

中共彭州市纪律检查委员会（彭州市监察委员会）

葛　劲　朱　彬

中共彭州市委组织部

任国峰　刘铁秋　刘金石

中共彭州市委宣传部

马　静　朱平静　黄吉书　罗国扬　谢冬辉

王　璟　李晓凤　胡　瑾　何　挺　邱林彬

唐田池　陈忠贵　韩小强　唐　琳

中共彭州市委统战部

黄李梅　邓国丹　尹显春　肖冬梅　熊东芳

姚闳耀　幸四维　冯　敏

中共彭州市委政法委员会

冯婧瑜　严　瑾　夏逢文　李　博　郑　伟

陈　诚　唐　斌　龚维国　黄　瑶

中共彭州市委机构编制委员会办公室

陈代兵　冯　路　张　建　胡　丹

中共彭州市委外事工作委员会办公室

高蜀礼　袁龙飞

中共彭州市委城乡社区发展治理委员会

周国蓉　陈虹宇

中共彭州市委党史研究室

高　华　曾麟雅　刘　恋

中共彭州市委党校（彭州市行政学校）

刘　江　武建国　李　娟　石　强　赵梅杰

何洋漪

彭州市人民武装部

黄　河

彭州市公安局

牛小军　刘相如　刘少春　饶　勇　曾小锋

宋　涛　王建国　丁　蔚　李　颖

彭州市人民检察院

李晓红　张琳琳　周文惠

彭州市人民法院

曾耀林　李雪榕　王　敏　尹　鹏　谢楠馨

彭州市司法局

陈春均　林　姣　黎　浩　陶　震　钱　坤

魏洋洲　刘　芹　周　颖　李官钟　许　静

彭州市发展和改革局

王　洋　谢春雨　胡　毅　王　萌　林　波

孙柏林　崔鹏鹏　姬苏川

彭州市经济科技和信息化局

刘　海

彭州市商务和投资促进局

代沁轩　曾洪敏

彭州市人力资源和社会保障局

袁熙玉　张秀云　刘小松　武朝旭　李兰英

柯　鹏　杨　军　黄　维　秦　鑫　毛恩雪

杨　锐

彭州市行政审批局（彭州市政务服务管理和网络理政办公室）

廖光琦　陈伦平　钟毓峰　吴祖均　王　维

彭州市目标督查事务中心

付常敏　王效然　廖树声

彭州市机关事务中心

梁　艳　沈达会　刘　星　赖晓琴　王　林

彭州市公共资源交易服务中心

尹华敏　彭　春　伍莹璐　刘　超

彭州市市场监督管理局（彭州市知识产权局）

钟　毅　雷小娇

彭州市综合行政执法局

周　琳　张星强　宋吉阳　李　阳　贾　维

彭州市住房和城乡建设局（彭州市人民防空办公室彭州市公园城市建设局）

周丽云　陶慧慧　徐世超

彭州市农业农村局

文熙宸　叶青鹏　杨运东　廖俊波　邹俊林

周小野　熊　磊　胡家发　郑　璐　徐　丽

张训良　张冲明　刘巍申　易延富　董秀凤

彭州市规划和自然资源局

杨明芝　谢秀峰　邓承敏

彭州市交通运输局

刘晨琛　郭倩倩　张志强　王苏雅　张运辉

马运韬　陈富勇　彭　飞　李　旺　赵华敏

解　蕊

彭州生态环境局

易朝建　马小珺　陈　枫　李文静　周婷婷

何　丹

彭州市财政局（彭州市国有资产监督管理和金融工作局）

李志强　迟添琦

彭州市审计局

周开琼　赵　庆　曾华美　廖阳曦

国家税务总局彭州市税务局

王隽翀　尹　刚　林峰俊　郭　莹　郑中翔

游成琳　漆　野　谢　珍　张小棋

彭州市教育局

强　波　王尔江　赵秀凡

彭州市文化体育和旅游局

王思纯　谭懿文　魏　媛　刘　斐　汤云强

李素庆　温益娟　李佳佳　阳　胜　刘　薇

刘　波　樊译泽　康梦兰

彭州市地方志编纂委员会办公室

王凤艳　王　涯　欧阳薇

彭州市融媒体中心（彭州市广播电视台）

袁　雪　刘　畅　汪前勇

彭州市卫生健康局

刘兴杨　谢美雪

彭州市医疗保障局

张　勇　王环宇　龚　勋　刘守建　庞雪英

蒲晓东　王晓磊　杨光宇　陈　彬　何　霞

袁　灿　汪前松　陈　洋

彭州市民政局

尹彬郦　陈修生　张　庆

彭州市退役军人事务局

徐　晖　张　玲　魏如瑶

彭州市信访局

廖明忠　张驰翔　成　勇　王　杨

彭州市统计局

权邦华　牟　雨　田　丹

彭州市水务局

刘智华　刘　波　杨　岑

彭州市气象局

周正斌　胡德凤　王　萍　李先文　罗　坤

黄　思　任钊鹏

彭州市应急管理局

黄立仙　曾于权　何小琴

彭州市拆迁安置服务中心

郑礼文　范　波　聂正芬

成都住房公积金管理中心彭州服务部

李振乾　李一爽

彭州市烟草专卖局（四川省烟草公司成都市公司彭州分公司）

刘　尧　张　进　周晋军　刘　旭　胡　聪

彭州市供销合作社联合社

杨　勇　李燕梅

彭州市档案馆

陈　昱　周　莉　周英桃　钟泽明

彭州市总工会

陈志军　王珏沣　陈　芳　魏　刚

共青团彭州市委员会

王　婷　葛攀登　伍　娟　李嘉钰

彭州市妇女联合会

曾维谊　唐　霞　付道蓉　张礼燕

彭州市工商业联合会

李　刚　刘　华　李正坤　肖冬梅

彭州市残疾人联合会

曹　勇　鲁　琴　岳　菊　黄端如　蒋加波

彭州市科学技术协会

罗明富　蔡友情　唐　双　丁生建　马均伟

彭州市红十字会

王莉兰　魏邦奇　陈光庆

中国人民银行彭州市支行

李红川　李　韬　冉明星

成都新材料产业功能区（成都石化园区）管委会

王　伟　周　浩　刘梦云

彭州市天府中药城（彭州工业开发区）管理委员会

杨国智　刘　懿　邹璐潞

彭州市龙门山湔江河谷生态旅游区管理委员会

张海涛　邓文莉　罗枫林　段　彬　杨　雪

国网四川省电力公司彭州市供电分公司

曾祥儒　赵　霞　郑　阳

四川省有线广播电视网络股份有限公司彭州分公司

李　茜

中国邮政集团公司四川省彭州市分公司

谭红梅　王若兰

中国电信彭州分公司

米　黎　刘应全　钟　巍　肖玥宇

中国移动四川彭州分公司

孙晓谦　刘　瑶

彭州市国有资产经营管理有限公司

覃光辉　田平阳　曾　煜　张玲华　黄晓红

彭州市天彭街道

金冬梅　肖　雪　杨　娟　张忠银　顾禾苗

唐保明　温礼旭　王金胜　杨一果　胡忠林

王金刚　周国建　肖茂岑　陈俊宇

彭州市隆丰街道

张禄惠　简　磊　杨　磊　徐巧玲　罗　萌

彭州市濛阳街道

谯凌寒　黎小文　伍　皓

彭州市致和街道

李　雪　文学海

彭州市龙门山镇

陈丽华　熊　伟　敬红秀　廖　娜

彭州市丽春镇

刘宇霆　漆秋豆

彭州市九尺镇

易星宇　梁燕裔　叶珉诚

彭州市通济镇

王媛媛　罗　斌

彭州市丹景山镇

李萍玉　杨丽华

彭州市敖平镇

钟　林　胡　佳　曹展鹏　刘　健

彭州市桂花镇

杨晋坤　王　欢

彭州市白鹿镇

张　月　钟糖微　刘　斌

彭州市葛仙山镇

曹　君　曾李阳

目　录

CONTENTS

中共彭州市委员会
THE CPC PENGZHOU MUNICIPAL COMMITTEE

彭州市人民代表大会
PENGZHOU MUNICIPAL PEOPLE'S CONGRESS

彭州市人民政府
PENGZHOU MUNICIPAL PEOPLE'S GOVERNMENT

政协彭州市委员会
CPPCC PENGZHOU MUNICIPAL COMMITTEE

纪检监察
DISCIPLINE INSPECTION AND SUPERVISION

民主党派
DEMOCRATIC PARTIES

社会团体
SOCIAL ORGANIZATIONS

法治·军事
RULE OF LAW AND MILITARY

拆迁安置

Demolition and Resettlement

城乡建设

Urban and Rural Construction

城乡管理

Urban and Rural Management

城市能源保障

Urban Energy Guarantee

城乡社区治理

Urban and Rural Communities Governance

生态环境保护

Ecological Environmental Protection

特色产业园区

FEATURED INDUSTRIAL PARKS

成都新材料产业功能区

Chengdu New Material Industry Functional Zone

工信产业·建筑业
INDUSTRY AND INFORMATION INDUSTRY, BUILDING INDUSTRY

商贸·旅游·金融
COMMERCE AND TRADE, TOURISM, FINANCE

交通运输·通信业
TRANSPORTATION, COMMUNICATION INDUSTRY

社会事业
SOCIAL UNDERTAKINGS

附　录
APPENDIX

索　引
INDEX

特 载

SPECIAL REPORTS

中共彭州市委常务委员会工作报告

（2021 年 1 月 13 日，在彭州市委十四届十一次全会第一次全体会议上）

中共彭州市委书记　王锋君

2020 年是极不平凡的一年，面对突如其来的新冠肺炎疫情和艰巨繁重的改革发展稳定任务，市委常委会坚持以习近平新时代中国特色社会主义思想为指导，全面落实中央和省委、成都市委决策部署，统筹疫情防控和经济社会发展，紧紧依靠和团结带领全市人民共克时艰、奋勇前行，疫情发生至今无本土病例、经济社会全面复苏、城市发展动力显著增强，高标准全面建成小康社会，“十三五”圆满收官。全年实现地区生产总值 507.4 亿元，下滑 4.1%（剔除石化影响增长 3%）；固定资产投资实现 281.1 亿元；一般公共预算收入实现 35.95 亿元；城乡居民人均收入分别实现 39613 元和 25220 元，同比增长 6.2% 和 8.6%，获评四川省县域经济强县，在中国西部百强县排名中上升至第 12 位，上升 2 位。一年来，市委常委会主要抓了以下 9 个方面工作。

一、全面贯彻中共十九届四中、五中全会精神，推动党中央和省委、成都市委决策部署落地落实。市委常委会坚持新思想指引新理念导航，将落实成德眉资同城化发展、推动国家城乡融合发展试验区建设等重大战略部署与学习贯彻中共十九届四中、五中全会精神相结合，坚定贯彻、全面落实。深入贯彻落实中共十九届四中全会及省市全会精神。以新发展理念为引领，科学调整城市发展战略目标，明确四大城市定位，深入实施“四大提升工程”，坚决打好“四大攻坚战役”，推动高质量发展的目标路径更加清晰，实现高质量发展的现实举措更加有力，保障高质量发展的基础支撑更加牢固。坚定贯彻“西控”“北改”工作推进会精神。坚决落实“西控”“北改”双重使命，主动服务国家战略全局和区域发展大局，召开市委全会审议并出台《中共彭州市委关于深入贯彻落实“西控”战略推进城乡融合发展加快建设践行新发展理念的立体山水公园城市的实施方案》《中共彭州市委关于深入贯彻落实成德眉资同城化发展和“北改”战略加快建设濛阳新城的决定》，系统谋划“三区一地”建设，高水平规划濛阳新城，推动彭州城市格局历史性重塑和营城路径全方位变革。认真学习宣传贯彻中共十九届五中全会和省委十一届八次全会、成都市委十三届八次全会精神。及时召开市委常委会（扩大）会议、市委理论学习中心组专题学习会传达学习，集中开展“大学习大调研大走访”活动，市领导带头开展集中宣讲、形势报告，深入基层蹲点调研、现场办公，组建市委宣讲团分类分层全覆盖开展宣讲，迅速掀起学习贯彻热潮。开门问策、集思广益，研究形成《中共彭州市委关于制定彭州市国民经济和社会发展第十四个五年规划和二〇三五年远景目标的建议（讨论稿）》，提交本次全会审议。

二、统筹疫情防控和经济社会发展，奋力夺取双胜利。市委常委会坚决落实习近平总书记重要指示精神和党中央、省委、成都市委关于疫情防控的决策部署，科学研判、沉着应对，疫情防控取得重大成果，经济运行呈现较好态势。坚持党的领导，主动担当政治责任。疫情发生后，市委常委会将疫情防控作为头等大事，按照"统一领导、统一指挥、统一行动"要求，迅速建立疫情防控应急指挥体系和工作体系，建立健全联席会议制度，召开防控领导小组会13次、指挥部工作推进会35次，专题研究部署防控工作。成立11个监督检查小组开展全覆盖督导和驻点督查，全市2.2万余名党员干部、公安民警、医务人员、社区工作者和志愿者奔赴疫情防控一线，迅速打开全民防疫局面。坚持精准施策，全面构筑坚固防线。紧盯重要场所、重点人群，实施地毯式滚动摸排，全面开展"四问四登记"等工作，走访排查群众340万人次。3月25日全省防控应急响应下调为三级后，及时将防控策略由应急管控转向常态防控，坚持社区防控与专业防控、应急管控与常态防控相结合，有效阻断疫情输入。12月7日郫都区突发本土病例，市委常委会高度重视，立即组建专项工作组和督察组，加强10个领域的基础防控工作，提升巩固常态化防控举措。坚持统筹兼顾，经济社会有序恢复。深入开展"送政策、帮企业，送服务、解难题"专项行动，出台稳定经济运行12条措施，减免企业税费5亿元，兑现扶持资金2亿元，推动1301家重点企业、163个在建项目、215所院校全面复工复产复课。动员47家企业及时生产、转产防疫物资，应急物资产能增加5倍以上。实施彭州蔬菜产区直接向社区（小区）供应的"双区直供"模式，累计向成都周边和国内城市供应蔬菜水果314万吨，为全国防疫一盘棋做出积极贡献。2月5日，彭清华书记到彭州检查督导疫情防控期间群众生活物资生产及保供工作，对彭州市抢抓春耕生产和生猪生产，探索"无接触服务"等配送模式给予高度肯定。

三、全面推动践行新发展理念的立体山水公园城市建设，积极探索新时代城市可持续发展创新路径。市委常委会坚持以建设践行新发展理念的立体山水公园城市为统揽，全面塑造公园城市形态，强化品质赋能促进城乡融合，持续加强生态保护修复，城市的承载力和宜居性得到全面提升。加快构建大美城市形态。全力规划建设公园城市示范区，以纵贯南北的立体山水百里画廊为轴线，结合山丘坝地貌形态，布局13个公园城市示范片区，"一廊三境十三美"立体山水公园城市格局精准画像，立体山水特质与公园城市形态融合叠加，城市独特IP日益彰显。全域空间规划体系不断优化，镇（街道）行政区划调整全面完成，"多中心、多组团"空间格局基本呈现。全力推动绿道蓝网和城市公园建设，累计建成绿道160公里，牡丹大道沿线综合改造提升即将完成，官渠郊野公园对外开放，完成38处"两拆一增"点位打造，城市开敞空间和绿植面积新增124.6万平方米。不断提升城乡功能品质。大力实施城乡功能品质提升工程，推动总投资78.8亿元的11个城市能级提升项目加快建设，龙兴寺片区城市更新项目全面开工，一期核心区进入主体建设阶段，柳河沿线综合整治加快推进，渠首段、彭州园等重要节点有序开放。推进城市更新改造，实施"多杆合一"试点20处，合理布局小游园、停车场、道路景观、商场市场等基础设施20余处，全面提升兴盛路、新民街等5条背街小巷环境品质，完成安仁东街示范街巷打造和10个老旧院落（小区）改造，整改铁路沿线环境安全问题152处，完成高铁沿线示范段打造，白鹿镇莫雷街成功创建成都市"最美街道"。深入实施乡村振兴战略。紧扣乡村振兴"二十字"总要求，深入推进"五个振兴"，创新破解"三农"问题，荣获2020年成都市实施乡村振兴战略推动城乡融合发展先进区（市）县。依托蔬菜产业优势，升级打造中国西部菜都，以全球眼光布局蔬菜全产业链，“4321”行动计划高效推进，坚持市场化办会模式成功举办第十一届“菜博会”。高质量建设美丽乡村，扎实推进农村人居环境整治，持续提升“六网”基础设施建设水平，美丽四川·宜居乡村实现全覆盖。高标准打造濛阳蔬香田园、官渠郊野美村等一批大地景观点位，持续推动敖平川芎药泉小镇等6个特色镇建设和熙林村色等12个川西林盘保护修复，累计建成精品民宿43家，农商文旅体融合发展态势良好，荣获全国县域旅游发展潜力百佳县，龙门山·柒村获评“2020中国最佳民宿度假目的地”。着力改善生态环境质量。全力守护绿水青山，坚决打好污染防治攻坚战，筑牢成都北部生态屏障。持续推进“三治一增”，开展夏季臭氧专项整治和秋冬季颗粒物污染防治攻坚行动，全年空气优良天数303天，同比增加17天，改善程度居成都第1，全面消除重污染天。三个地表水环境质量考核断面首次全面达标，集中式饮用水水源水质100%达标，土壤环境质量保持稳定。常态化整治风景名胜区违建，累计处置龙门山违建农房106处、拆除15.1万平方米，没收6131平方米。持续推进垃圾分类，建成投运彭州市首个PPP项目—彭州市生活垃圾压缩中转站，示范建设2座厨余垃圾分布式处置设施、7处地埋式生活垃圾收集转运设施，居民小区分类投放设施基本实现全覆盖。

四、主动融入成德眉资同城化发展，努力提升城市位势能级。市委常委会始终把开放作为强市之路，以建设大通道增添动力，以打造桥头堡激发潜力，以推动大开放提供活力，城市位势能级不断提升。坚持开放视野重构交通格局。大力实施交通互联互通提升工程，“5高6快7轨”交通体系加快构建。推动城际铁路外环线（彭州至德阳段）接驳成兰高铁、西成客专，成彭高铁30对动车组全部到位。湔江旅游轨道即将正式动工，成汶高速加快推进，湔三旅游通道前期工作有序开展，“三九大”交汇坐标初步显现。三绕彭州段路基、桥涵等主体工程完工，正在进行路面铺设，市域轨道S11线、天府大道北延线（彭州段）、成彭快速路、彭广青淮快速路等重大交通项目稳步推进，城市区位从“区域末梢”向“战略前沿”快速转变。三环路全线路基贯通，都彭大道和昌衡大道主体完工、具备通车条件，“环状＋放射线”的城市骨架路网体系初步成型。明确农村路网三年提升方案，成功创建四川省“四好农村路”示范市。坚持全局眼光布局濛阳新城。将濛阳新城作为拉伸城市骨架、拓展未来发展空间、融入成德眉资同城化大格局的战略支点，精心编制规划蓝图，科学制定营城策略，大力推动新城起步区“两河一湖两路一中心”建设，植入“绿道＋”“公园＋”等生态场景和生活场景，打造“城市会客厅”。统筹谋划新城产业规划，完善“农业＋”产业体系，积极构建“一港一园一中心”的现代农产品市场贸易体系，同步推动教育、文创、新经济等新兴产业集聚，成功签约中交城投片区综合开发、成都艺术科技城（四川文化艺术学院成都校区）等项目，积极洽谈华东师范大学K12基础教育等项目，推动要素资源集聚成势，实现区域可持续发展。坚持更高水平推动对外合作。积极开展国际合作项目与对外交流活动，与匈牙利凯奇凯梅特市建立友好合作关系，实现友好（合作）关系城市增至17对。全力推动“彭什”“彭广”合作，《彭州市—什邡市交界地带融合发展实施方案》成功纳入成德眉资三年行动计划。中国（成都）国际农产品加工产业园核心区落户彭州，国家“一带一路”农副产品专业港建设稳步推动，智能仓储、冷链物流、电商快递等多元业态蓬勃发展，公铁联运物流功能与高端商贸服务功能不断叠加，“通道＋枢纽＋网络”物流体系加快构建。

五、坚定重塑城市发展动能体系，加快推动经济高质量发展。市委常委会坚持稳中求进工作总基调，切实转变经济工作领导方式和组织方式，充分发挥投资对经济增长的支撑作用，持续构建产业生态圈、创新生态链，不断夯实经济高质量发展基础。坚持以产业生态圈引领产业功能区发展。全面落实成都市产业功能区战略，按照镇区合一思路，依托“3+2”产业载体推动产业生态圈不断完善，实现产业集聚集群高质量发展。大力实施产业能级提升工程，高标准建设产业功能区1平方公里核心起步区，加快打造科创空间，北航成都创新研究院、大连理工成都研究院、西安交大快速制造四川创新中心顺利推进，建成人才公寓178套，新增标准化厂房12.1万平方米。以天府中药城为重点，清理闲置低效用地1458亩，收回盘活利用闲置低效用地33宗，实现亩均投资强度由340万元提升至500万元。坚持以项目招引促建筑牢高质量发展动能支撑。以成都市项目招引攻坚行动为契机，构建“1+6+N”招商体系，全年签约引进亿元以上项目75个，总投资额1446亿元，其中，龙之梦旅游度假区等百亿级项目6个。加快推动招引成果落地转化，推动江西直方航空发动机零件等总投资112.1亿元的51个产业化项目落地开工，丽珠中药产业园、新希望熊猫谷等90个总投资654亿元的重大产业化项目加快建设。坚持以营商环境提升带动资源要素集聚。大力实施营商环境提升工程，启动营商环境建设3.0版，改革事项进一步实现减材料、减环节、减时间、减成本，全市营商环境大幅优化，荣获“2020成都国际化营商环境建设区（市）县十佳创新奖”。在成都市率先建成独立选址的网络理政中心，集成47个部门的2262项业务。深化完善网络理政工作机制，群众满意率达到95%以上。设立新材料产业功能区和天府中药城审批分局，分别承接下沉审批服务事项92项和100项，湔江河谷生态旅游区创新实行民宿审批“五步法”。打破行政区域界限，依托省一体化平台，推动“彭州—什邡”“彭州—广汉”审批服务跨区通办。坚持包容审慎柔性执法，严格落实行政处罚“三张清单”，建立线上零接触企业信用修复制度和线下“信用修复专窗”。大力扶持本土企业，全年新增市场主体8211户，新注册企业2384户，同比增长16.4%，民营经济增加值占GDP比重上升到38.1%。坚持以改革创新激发内生发展动力。始终坚持以供给侧结构性改革为主线，持续深化8大领域125项重点改革任务，全力实施城乡融合发展试验区“5+2”改革。坚决打好国资国企改革攻坚战，整合4家国有公司组建成都湔江集团，持续做大国企规模，降低融资成本。“3+N”人才政策体系持续优化，全年引进高层次创新创业人才、急需紧缺人才147人，组建医药健康等5个产业人才发展联盟。入选国家高技能人才培训基地1个、省首批院士（专家）产业园1个，新增成都市级以上创新平台3家、入库国家科技型中小企业35家，8家企业成功纳入成都市新经济梯度培育计划，数量居郊区新城第1，全年有效发明专利同比增长25%，规上工业R&D投入2.7亿元，预计规上高新技术产业营收占规上工业营收比重19%。

六、持续加大民生保障力度，全面增进人民群众获得感幸福感。市委常委会始终把回应人民美好生活向往作为工作的出发点和落脚点，统筹抓好质量民生和基本民生，创新公共服务组织、配置和供给方式，努力让城市发展有温度、市民生活有感受。全面筑牢民生底线。大力开展“战疫情、稳经济、促就业”送岗到家专项行动，支持企业稳岗，发放稳岗补贴7223.7万元、惠及职工8.13万名。推进基本医疗保险总额控制下按病组分值付费方式改革。稳步提高社保、医保、低保救助标准，大力落实社会保险降费减负政策，进一步织密织牢社会保障网。建立健全退役军人服务保障体系，成功创建四川省第十一届双拥先进城。全面完成对口支援黑水脱贫政治任务，获评四川省和成都市对口支援藏区先进集体。住房保障体系持续完善，实现实物配租2700余户，货币保障134户。加快发展社会事业。推进“优教彭州”建设，加快建设彭州中学（九峰书院），重塑彭州教育品牌，加大优质教育资源供给，新设中小学校（园）6所、新建公办幼儿园2所，新增学位11000余个，签约中央美术学院附属高中。实施“健康彭州”战略，顺利通过国家卫生城市巩固工作省级复查，持续推动医疗卫生硬件提升和质量提升，市第二人民医院扩建项目竣工，市妇计中心住院综合楼扩建等6个项目顺利推进，市人民医院、市妇计中心顺利接受三甲评审。大力开展养老服务体系改革，深化社区和居家养老服务举措，城乡社区养老设施覆盖率分别达100%、85%。持续深化公交体制改革，全面实施农村客运改革，实现2元通乘，被列为四川省“金通工程”示范市。大力弘扬城市精神。扩大城市对外宣传，提升城市影响力。坚持用社会主义核心价值观凝魂聚力，广泛汇聚社会正能量，大力弘扬众志成城的“抗疫精神”、顽强拼搏的“攻坚精神”，持续选树“彭州榜样”，昂扬向上的城市形象加快塑造。助推“三城三都”建设，推动文翁成功入选第二届四川省历史文化名人，文创产业增加值突破30亿元。深入开展文明实践志愿服务，建设新时代文明实践中心、站所65个，打造成都市新时代文明实践示范点2个。全面深化精神文明建设，成功创建第五届四川省文明城市，全市市级文明村（镇）比例达90%以上。

七、全面构建双线融合治理格局，持续提升社会治理现代化水平。市委常委会始终坚持防风险保稳定，加快构建社区发展治理与社会综合治理双线融合治理体系，推动城市秩序与活力相得益彰、安全与发展良性互动，人民群众获得感、安全感持续提升。持续深化社区治理。加快完善党建引领的城乡社区发展治理体系，国内首发《以集体经济为转轴推进乡村社区发展治理指导指标体系》，积极筹建乡村社区发展治理支持中心和乡村发展治理学院，创建成都市级示范社区8个、示范小区7个。启动丹景山“四川省乡镇治理现代化试点乡镇”建设，“花村街模式”被评为全国党建引领城乡社区发展治理十大创新案例。开发“天府市民云”平台彭州门户，集成上线15项特色服务，累计服务市民40万余人次。全面提升城市韧性。坚持国家总体安全观，着力提升与新形势新任务新要求相适应的国家安全工作能力，深入推进平安彭州、法治彭州建设。坚决打好城市安全攻坚战，全面梳理消防、危险化学品、建筑施工、交通运输、工贸等8大类、26项重点工作内容，完善应急预案体系，获评成都市安全生产先进集体。深入实施食品安全战略，全年未发生一起食品安全事件，荣获“国家农产品质量安全监管示范县”称号。全面开展《民法典》学习宣传，法治示范点和“法治小区”建设有序推进。坚决打好扫黑除恶、铁腕禁毒、反邪教三大战役，摧毁涉黑涉恶组织8个，破获涉毒刑案45起，查处涉毒人员1353人，缉毒执法成效排名全省第九、成都第一，获评“全国禁毒工作先进集体”。聚焦民生关注，打掉各类盗窃、诈骗团伙27个，挽回经济损失9700余万元。大力抓好风险防控。深入推进矛盾纠纷源头治理、依法治理、综合治理，推动“矛盾纠纷多元化解协调中心”实体化运行，建立村级矛盾纠纷多元化解起点站，打造新时代“枫桥经验”彭州升级版，工作经验在全省推广。坚决打好重大风险防控攻坚战，深入排查森林防火、医药化工等重点行业和关键领域风险隐患，排查隐患10871条，整改完成10339条。制定风险管控措施113条，处置涉稳事件112件，调处各类矛盾纠纷3万余件，全面化解成都市交办的25件社会重大风险、历史遗留问题、突出信访问题。进京、赴省、到成都上访事件全面下降，被成都评为两会期间信访工作表现突出单位。

八、全面从严管党治党，深入推进党的建设新的伟大工程。市委常委会深入落实新时代党的建设总要求，以党的政治建设统领党的各项建设，从严管党治党，使严的标准全面贯穿党的建设始终，风清气正、崇廉尚实、干事创业、遵纪守法的良好政治生态持续巩固。不断强化政治建设。始终将政治建设作为首要任务，严肃党内政治生活，树牢“四个意识”，增强“四个自信”，坚定践行“两个维护”。推进政治监督具体化常态化，加强对习近平总书记重要批示指示精神、“六稳”“六保”任务等落实情况的监督检查，督促整改疫情防控督查反馈问题133个，查处履职不力问题4件8人，问责党组织1个。彻底肃清周永康流毒影响、李春城恶劣影响，坚决清除对党不忠诚不老实、阳奉阴违的两面人、两面派，严肃查处违反政治纪律问题2件2人。牢牢掌握意识形态工作领导权、管理权、话语权，带头管阵地、把导向、强队伍，持续优化舆情监测和舆论引导，切实增强预警研判能力，坚决打击危害政治安全和国家稳定的有害信息，意识形态工作能力水平持续提升。持续加强组织建设。扎实开展村（社区）体制机制改革，村（社区）由355个减少到202个，128个涉改村（社区）全部实现党组织书记、村（居）委会主任“一肩挑”，配套出台《加强村（社区）党组织书记权力运行监督制约工作办法》。狠抓基层组织覆盖，新建小区党支部21个，非公经济和社会组织党组织覆盖率达82.2%。构建“市委精品党校+2个特色院校+N个实践教学基地”教育培训体系，以分类改革推动党校办学水平整体提升，聚焦“三区一地”建设等重大课题举办专题培训24期。实施年轻干部梯次培养计划，规划制定“三期九步”成长路径，探索“岗编适度分离”培养路径，识别储备各层级优秀年轻干部79人，提拔重用52人。稳步推进职务与职级并行工作，完成首次晋升954人。全面建立推行基层党组织质量提升和作用发挥标准化工作体系，渔江楠村党委获评“蓉城先锋”十佳示范基层党组织，天府中药城党工委获评四川省先进基层党组织。持之以恒正风肃纪。一体推进不敢腐不能腐不想腐，始终坚持“无禁区、全覆盖、零容忍”，全市共立案审查调查242件245人。严肃查处“四风”问题，加大对形式主义、官僚主义新表现新动向的排查梳理，紧盯违规公款吃喝、厉行勤俭节约反对铺张浪费等方面重点整治。严肃查处市经科信局、市财政局违规采购月饼问题，处理涉事党组织2个、相关人员9人，并制定专项整改方案，限时整改完成。全面完成第九轮对市委社治委等11个单位的巡察，完成第十轮对龙门山镇等10个单位的巡察了解工作。严查深究群众身边的不正之风和腐败问题，信访举报总量连续3年保持下降态势。

九、充分发挥制度优势，不断深化社会主义民主政治建设。市委常委会始终坚持加强党的领导、人民当家作主、依法治市有机统一，坚持人民主体地位，健全民主制度，丰富民主形式，拓宽民主渠道，广泛凝聚思想政治共识和社会发展合力。支持市人大及其常委会依法行使职权，围绕财政预决算和审计、强化民生服务、重大项目攻坚、生态环境保护等重点领域加强监督，充分发挥人大代表主体作用，切实提升基层代表履职质效。支持市政府依法行政，深入实施“四大提升工程”“四大攻坚战役”，大力发展民生社会事业，推进网络理政、深化简政放权。支持市政协依章履职，召开市委政协工作会议，印发《彭州市加强政协协商工作实施办法》，建立“2+6+N”重点协商模式，更好凝聚共识。支持法检两院依法履职、公正司法。支持各民主党派开展政治协商、民主监督、参政议政，加强新的社会阶层人士、港澳台侨海外等领域统战工作，健全完善全市党外干部队伍建设十条措施。强化中华民族共同体意识，坚持宗教中国化方向，依法加强民族宗教工作，防范和化解民族宗教领域各类风险隐患。发挥商会作用，促进非公有制经济“两个健康”发展。出台支持群团组织履职尽责的意见，用心用情做好离退休干部服务管理工作。积极巩固和加强人民武装、双拥共建、党史市志档案等系列工作，全市上下形成了同心同德、和衷共济、团结奋进的生动局面。

一年来，市委常委会高度重视自身建设，切实发挥党委总揽全局、协调各方的领导核心作用，始终以更高标准、更严要求走在前列、作出表率。带头做到政治坚定、对党忠诚。自觉遵守党的政治纪律和政治规矩，坚持把学习传达贯彻习近平总书记重要讲话和批示指示精神作为市委常委会会议“第一议题”，推动中央和省委、成都市委决策部署不折不扣落实。带头做到勤学善思、创新提能。健全并带头落实党委（党组）理论学习中心组学习制度，围绕成德眉资同城化发展、城乡融合发展试验区建设等重大战略开展中心组学习会9次，不断提升专业精神和专业能力。带头做到发扬民主、团结协作。严格贯彻民主集中制，坚决遵循市委工作规则和常委会议事决策规则，健全党委统一领导、分工分级负责制度，在政治上相互信任、在工作上密切配合，形成了民主决策、科学决策的良好氛围。带头做到真抓实干、务实善为。切实履行“把方向、管大局、作决策、保落实”职责，加强战略研究和工作统筹，带头开展“大学习大调研大走访”活动，主动在产业发展、城市建设、民生保障等方面攻坚克难、开拓创新。带头做到严于律己、清正廉洁。严格遵守中央八项规定精神和省、成都市相关规定，重拳整治形式主义官僚主义。严格遵守廉洁从政各项规定，带头从严管好家属子女和身边工作人员，带动政治生态持续好转。

过去一年，各位市委委员、市委候补委员在各自岗位上心系大局、开拓进取，对市委常委会的工作给予了大力支持，我代表十四届市委常委会，向同志们表示衷心感谢！

进入新发展阶段，面临新任务新要求，市委常委会清醒认识到，当前，世纪疫情和百年变局交织，区域竞争与协同合作并存，外部环境复杂严峻，发展不确定因素增多，同时，彭州自身发展短板明显，改革发展稳定任务依然艰巨繁重。主要是，产业发展潜力未充分发挥，区域创新能力尚显不足，经济波动特征明显；争取重大战略资源和布局的竞争优势缺乏，重大通道推进缓慢，与成都都市圈融合不充分；基本公共服务供给不足、不均衡、品质不高问题依然突出，市场化供给体系还需加速健全，治堵、治污、治霾仍是建设高品质生活宜居地久久为功的重大课题；面对新形势新任务新要求，部分干部政治能力、专业素养、创新意识、攻坚精神还需磨砺提升；“四风”问题隐形变异、反弹回潮隐患不容忽视，等等。我们必须坚持问题导向和战略导向相统一，担重任、守底线，补短板、强功能，切实解决事关发展全局的紧要问题，全面提升党领导城市工作的能力水平，以优异成绩庆祝建党100周年。

彭州市人民代表大会常务委员会工作报告

（2021 年 1 月 22 日，在彭州市第十八届人民代表大会第五次会议上）

彭州市人大常委会主任 谢 扬

彭州市十八届人大四次会议以来的主要工作

彭州市十八届人大四次会议以来，在市委的坚强领导下，市人大常委会坚持以习近平新时代中国特色社会主义思想为指导，全面贯彻中共十九大和十九届二中、三中、四中、五中全会精神，深入贯彻省委、成都市委、彭州市委决策部署，切实找准服务大局的结合点、监督工作的切入点和推动经济社会发展的着力点，依法履职展现新作为，工作绩效取得新成果。

一、坚持党的领导，铸造忠诚之魂，提升政治品质新境界

市人大常委会始终坚持党的领导，不断提高政治站位、保持政治定力、强化政治担当，牢牢把握人大工作正确政治方向。

（一）深入学习贯彻新思想新理论。把学习贯彻习近平新时代中国特色社会主义思想，中共十九大及十九届二中、三中、四中、五中全会精神，习近平总书记关于坚持和完善人民代表大会制度重要思想，习近平总书记对四川及成都工作重要指示精神作为首要政治任务，及时召开人大常委会党组会议、常委会会议、主任会议等进行专题学习，进一步强化思想认识，凝聚和带动人大代表、人大工作者增强“四个意识”、坚定“四个自信”、做到“两个维护”。深入开展“大学习、大调研、大走访”活动，坚持制度化安排、务实性调研与实质性落实相结合，通过集中学习、个人自学、邀请专家讲课、撰写心得体会等方式，认真学习系列新思想新理论，切实做到学思悟相统一；扎实开展大调研、大走访，调研企业 80 余家，走访部门、镇（街道）30 余次，协调解决问题 60 余个，积极推动彭州市经济社会高质量发展和风险隐患排查化解。

（二）坚决贯彻落实市委各项决定。把贯彻落实中央、省委、成都市委决策部署作为头等大事，带头执行彭州市委决定，认真完成彭州市委交办的各项任务。在新冠肺炎疫情防控中，市人大常委会班子成员下沉到镇（街道）、村（社区）参与一线防疫工作，深入企业调研复工复产、稳产满产等情况；向全市人大代表发出倡议书，号召人大代表积极投身疫情防控、捐款捐物、建言献策；认真开展“送政策、帮企业、送服务、解难题”“强基础、稳增长”等专项行动，大力宣传减税降费及各项金融优惠政策，主动帮助解决相关问题，为彭州市夺取疫情防控和经济社会发展双胜利作出了积极贡献。到对口联系镇（街道）开展蹲点调研、督导“三重”工作和村（社区）体制机制改革工作，收集困难和问题 93 个，协调解决 80 余个；主动承担天府中药城打造、龙兴寺片区和柳河片区城市更新、河长制等中心工作，全力助推实施“四大提升工程”、打好“四大攻

坚战役”。

（三）充分发挥人大常委会党组作用。充分发挥市人大常委会党组把方向、管大局、保落实的作用，紧紧围绕市委中心工作研究部署人大工作，支持和保障市人大及其常委会依法作出涉及经济、文化、城市建设等方面的决议决定和审议意见，并加以督促落实，助推彭州市全面融入成渝地区双城经济圈建设和成德眉资同城化发展。坚持重点工作、重要事项、重大活动向市委请示报告制度，并严格按照市委要求开展工作，确保人大工作与市委同心同向、步调一致。

二、坚持服务中心，勇担助推之责，提升监督行权新效能

市人大常委会持续彰显监督力量，做到正确监督、有效监督，在维护大局、服务大局中展现担当作为。

（一）依法监督助推经济高质量发展。密切关注财政经济运行。听取和审议预算执行、审计及审计查出问题整改情况等报告，依法批准2019年度财政决算、2020年度预算和预算调整方案，加强对中央直达资金使用情况和减税降费落实情况的跟踪监督，推动做好“六稳”工作、落实“六保”任务。听取和审议国民经济和社会发展计划执行情况报告，调研财政资金支持重点项目、重大产业情况，有针对性地督促解决影响经济运行的突出问题，促进彭州市主要经济指标稳步增长。密切关注国有资产保值增值。听取和审议行政事业性国有资产管理情况报告，调研市属国有公司经营运转情况，就强化资产配置管理、加强国有资产保护、建立相关考核制度等提出建议，助力打赢国资国企改革攻坚战。

（二）主动监督助推市委决策落地见效。聚焦公园城市先行区建设强化监督。专题调研公园城市建设情况，建议市政府强化顶层设计、加强统筹协调、引入社会资金参与建设等，助推公园城市建设总体规划编制完成，官渠郊野公园、牡丹大道沿线综合整治等重大项目抓紧推进，有力地加快了公园城市建设步伐。聚焦城乡融合发展试验区建设强化监督。专题调研新材料产业园区推进情况，建议市政府高标准完善产业园区规划和高水平引入产业项目，助推园区承载力和聚集效应提升。专题调研天府中药城建设情况，提出加强中医药品牌和中医药创新平台建设等建议，全力支持天府中药城进入国家中医药产业发展规划。专题调研家纺服装产业，有针对性地建议家纺服装企业转型升级，助推全市家纺服装产业持续发展。专题调研农业社会化服务体系建设情况，就健全农业社会化服务体系提出建议，促进彭州市农业机械、植保、种业、冷链、销售等全环节同时发力，小农户与现代农业发展有机衔接，乡村振兴战略深入实施。聚焦农商文旅体融合发展示范区建设强化监督。听取和审议农村人居环境整治工作报告，建议完善农村人居环境监督考核体系和管护长效机制，助推彭州市农村基础设施建设短板有效补齐，村容村貌不断改善。专题调研全市旅游产业发展和特色小镇建设，提出以“旅游+”加快推进产业融合、延伸旅游产业链等建议，助推湔江发展带区域旅游品牌和特色小镇打造。聚焦高品质生活宜居地建设强化监督。专题调研重大交通项目推进情况，组织驻彭省、成都市人大代表集中视察交通互联互通提升工程实施情况，建议市政府高质量推进交通项目建设、高规格构建交通网络体系，助推湔江河谷旅游轨道开工建设，城市公交和农村客运线路进一步优化，不断满足人民群众对高品质生活的需求。

（三）精准监督助推民生福祉切实增强。着力生态环境持续改善。听取和审议环境保护目标完成情况报告，紧盯重大环境问题，推动解决生态建设、污染防治中的突出问题，助推持续打好蓝天、碧水、净土保卫战。专题调研湔江生态河道综合治理二期项目建设情况，提出加快河道综合治理工程建设进度、健全河道长效管理机制等建议，促进湔江生态河道在生产生活用水、环境保护和旅游开发等方面的综合效益充分发挥，群众获得感不断增强。着力社会保障品质有效提升。专题调研全市残疾人工作，建议市政府进一步强化残疾人助学、就业、社保等工作，推动出台资助重度残疾人参加养老保险的后续政策，促进残疾人生活质量得到改善。专题调研被征地农民社会保险工作，推动市政府全面梳理各阶段被征地农民参保情况并对不稳定因素进行研判处理，切实保障被征地农民合法权益。专题调研安置房建设工作，就加强安置房用地报征、选址、规划、建设等提出建议，推动成都市下达的年内安置超期过渡任务提前完成，不断满足人民群众的安居期盼。

（四）创新监督助推人大工作提质增效。全面启动预算联网监督。建成并启用预算联网监督系统，导入近4年来11万条财政数据，利用系统的查询、预警、分析功能，发现192条预警信息，并加以督促整改，人大预算审查工作实现了信息化和网络化。首次开展专题调查。在综合运用调研视察、审议报告、执法检查等监督方式的基础上，首次使用专题调查监督方式，对《中华人民共和国职业教育法》的实施情况开展监督，通过现场走访、座谈交流、收集意见、听取汇报等方式，分析梳理了在贯彻法律过程中的短板和不足，并作出专题调查会议纪要，促进职业教育法在彭州市全面深入实施，人大监督方式呈现了多样性和灵活性。加强对审议意见的跟踪督办和反馈监督。听取和审议市政府落实《市人大常委会关于2019年企业国有资产管理情况审议意见》的情况报告，依法做好监督工作“后半篇文章”，助推企业国有资产监管体制机制不断完善，人大监督工作持续性和实效性得到增强。

三、坚持法治理念，弘扬法治精神，提升依法治市新气象

市人大常委会以民主法治建设为主线，充分运用法治思维和法治方式开展工作，为全市改革发展营造良好的法治环境。

（一）深入推进民主法治建设。助推法治政府建设。听取和审议新冠肺炎疫情防控工作报告，建议市政府做好常态化疫情防控、补齐疫情防控的短板和弱项，推动出台疫情防控工作方案、救治方案和应急预案等，促进彭州市应对重大卫生事件的能力全面提高，助力打赢城市安全攻坚战。专题调研公共资源交易工作，就加强公共资源交易载体建设和管理提出建议，助推公共资源交易服务质效稳步提升。专题调研营商环境建设工作，提出强化服务意识、优化行政审批流程、加强政务服务规范化管理等建议，推动全市营商环境不断改善。助推法律法规普及和实施。持续开展宪法宣传，积极营造尊崇宪法、维护宪法的浓厚氛围。邀请专家对民法典开展专题培训，推动提升依法维护权益、化解矛盾的能力和水平。配合上级人大对社区发展治理促进条例（草案）等9个法律的制定开展征求意见工作，为上级人大立法贡献“金点子”。对消费者权益保护法开展执法检查，针对查出问题提出建议，促进各类消费投诉举报案件得到解决，充分保障消费者权益。对大气污染防治法开展执法检查，提出强化扬尘污染、移动源和面源污染治理等建议，促进2020年空气质量优良天数比2019年增加13天，全市空气环境质量不断改善。配合上级人大对土壤污染防治法开展执法检查，就完善土壤环境监测技术，加强风险管控和修复标准体系建设等提出建议，推动土壤污染防治综合管理体系加快构建。助推社会和谐稳定。接待和受理群众来信来访86件（次），转办省、成都市人大信访件12件，有效化解涉法涉诉纠纷案件，到相关部门、镇（街道）督导“三张清单”落实情况，助力营造和谐稳定的社会环境。

（二）持续开展公正司法监督。推动扫黑除恶和禁毒工作扎实开展。专题调研扫黑除恶工作，就责任压力传导、专业人才培养、机制体制完善等方面提出建议，助推扫黑除恶专项斗争“六清”工作提前完成、对九类涉恶案件的打击质效不断增强。专题调研禁毒工作，建议市政府严打毒品违法犯罪行为，抓好对重点人员、重点行业、重点领域的管控工作，促进全市禁毒防毒工作持续高压推进，人民群众的安全感切实增强。推动社会治理能力不断提升。听取和审议市法院关于创新基层司法保障路径，推动社会治理现代化的报告，促进市法院协调推进矛盾纠纷多元化解，全面提升案件审判质效。听取和审议市检察院关于担当作为，强化法律监督，为推动社会治理现代化提供法治保障的报告，促进市检察院集中开展对重点领域的综合治理，推动了社会治理在法治轨道上规范、高效运行。

（三）依法做好人事任免和备案审查工作。严格按照法律规定，认真落实任前法律知识考试和宪法宣誓等制度，依法任免国家机关工作人员 121 人次，从组织上保障地方国家机关正常运转。认真执行备案审查制度，受理和审查市政府报备的规范性文件，有效维护国家法制统一。

四、坚持人民至上，激发代表潜能，提升为民服务新水平

市人大常委会始终坚持依靠代表、服务代表，支持和保障代表依法履职，不断厚植人大工作根基。

（一）代表履职能力不断提高。常态化开展代表履职培训，邀请代表列席常委会会议、执法检查、调研视察等，代表政治理论和履职水平不断提高。充分利用多媒体网络平台发布市委重大决策、人大工作动态、政府工作重点，进一步拓宽代表知情明政渠道。专题调研濛阳街道人大工作，总结推广镇（街道）人大工作经验，推动镇（街道）人大更好地服务经济社会发展大局。持续完善“人大代表之家”和“代表社区联络站”等平台建设，有效发挥代表活动“主阵地”、联系群众“桥头堡”作用。

（二）代表主体作用充分发挥。组织各级人大代表开展“走基层、进社区”和“走访企业、群众”专项工作，走访群众近 1.6 万人次、企业 1154 家，收集问题和建议 706 个，协调解决相关问题 513 个。助力“十四五”规划编制，召开人大代表座谈会，提出建议 100 余条。扎实开展代表小组活动，围绕全市营商环境建设、安全生产、防汛救灾等工作开展调研、检查，提出建议 60 余个，推动相关堵点、难点问题得到解决。组织代表持续对口帮扶黑水县，捐款捐物 18 万余元，并以产业带动方式帮助黑水县 176 户村民年均增收 2000 余元、70 户贫困户年均增收 4000 余元，助力打赢脱贫攻坚战。

（三）代表意见建议有效落实。进一步健全代表建议督办机制，坚持重点办理、领导督办、面对面答复、审议报告及满意度测评等方式，加强工作督查、压实办理责任，代表建议办理的质量和效率明显提高。市人大四次会议以来，共办理代表建议 354 件，关于加强湔江河谷旅游区与“三九大”等区域协同发展、关于优化全市教育资源等一批代表关注、人民关切的建议得到较好办理，代表履职积极性进一步增强。

五、坚持自身建设，筑牢固本之基，提升依法履职新高度

市人大常委会主动适应新形势新任务新要求，持续提升自身建设能力和水平，为依法履职提供坚实保障。

（一）政治建设不断深入。始终把政治建设摆在第一位置，切实履行党建、意识形态、廉政建设主体责任。市人大常委会班子成员带头宣讲十九届五中全会精神，与成都市人大机关党委联合开展庆祝建党 99 周年主题党日活动，赴“中国两弹城”重温历史、感悟“两弹”精神，编印机关干部《负面提醒手册》，积极支持驻人大机关纪检组工作，人大机关政治自觉、思想自觉、行动自觉更加坚定。

（二）作风建设持续推进。认真贯彻全面从严治党总体要求，严格落实中央八项规定精神及实施细则。集中学习党纪党规，开展廉政谈话，组织观看《越界》等警示教育片，通报各类违法违纪案件，坚决筑牢思想防线。改进调研方式，深入调查研究，

撰写调研报告20余篇，其中《关于加快天府中药城发展的调查与建议》等6篇报告得到成都市委领导和彭州市委市政府主要领导的批示。修订完善机关制度，强化机关管理，切实以作风建设的新成果保障人大工作高效推进。

（三）履职成效明显增强。严格执行人大常委会会议议事规则和工作程序，科学合理安排会议议题和审议方式，人大常委会会议审议质量不断提高。坚持人大常委会组成人员向人大常委会报告履职情况，人大常委会组成人员的履职意识明显增强、履职能力不断提升。各专门委员会和办事工作机构主动加强与有关部门和单位的联系，在开展有效监督、保障代表依法履职、依法任免等方面做了大量富有成效的工作，切实为人大及其常委会依法高效履职发挥职能作用。

（四）宣传工作守正创新。把握正确舆论导向，选准视角、突出重点，大力宣传人大制度、人大工作和代表履职实践，在省、成都市等媒体刊物发表宣传作品50余篇，王涛、龚乃波等5位代表在疫情防控和产业带动方面的先进事迹被成都电视台专题报道，人大宣传作品的数量、质量和影响力不断提升。

各位代表，市人大常委会取得的成绩，是市委正确领导的结果，是全体市人大代表、市人大常委会组成人员、各专委会组成人员和市人大机关工作人员辛勤工作的结果，是市政府、市政协、市监委、市法院、市检察院和镇（街道）人大，以及社会各界、全市人民大力支持的结果。在此，我代表市人大常委会，向各位代表、各个方面，表示衷心的感谢，并致以崇高的敬意！

我们也清醒地认识到，工作中还存在一些问题和不足。主要是监督的针对性和实效性还有待进一步提升，服务保障代表履职的载体和方式还有待进一步拓展，常委会自身建设还需要进一步加强等。对此，我们将认真研究，切实加以解决。

2021年工作安排

市人大常委会总的工作要求是：坚持以习近平新时代中国特色社会主义思想为指导，全面贯彻中共十九大和十九届二中、三中、四中、五中全会精神，深入贯彻习近平总书记关于坚持和完善人民代表大会制度的重要思想、习近平总书记对四川及成都工作系列重要指示精神，全面落实党中央和省委、成都市委、彭州市委决策部署，紧扣成都“高质量发展攻坚年”要求，以“补短板强功能攻坚年”为主题，站位新发展阶段、坚持新发展理念、服务新发展格局，坚持党的领导、人民当家作主、依法治国有机统一，依法履行宪法和法律赋予的各项职责，为抓好四大提升工程、四大攻坚战役、“补短板、强功能”攻坚行动计划、幸福美好生活十大工程等四件大事，加快建设践行新发展理念的立体山水公园城市作出新的贡献。

一是始终坚持党的全面领导。深入学习贯彻习近平新时代中国特色社会主义思想，进一步增强“四个意识”、坚定“四个自信”、做到“两个维护”，切实把党领导贯穿到人大工作的各方面全过程。全面贯彻省委、成都市委人大工作会议精神，围绕市委决策部署谋划人大工作，依法做好人大换届选举工作，抓好市委第二巡察组巡察人大机关反馈问题的整改落实工作，确保人大工作始终在党的领导下不断与时俱进、创新发展。

二是全力助推市委重大决策部署落实。着眼“十四五”良好开局，正确把握依法监督与支持的关系，加强对国民经济和社会发展计划、预算执行及决算的审查和监督。聚焦“四大提升工程”“四大攻坚战役”“补短板、强功能”攻坚行动计划和实施幸福美好生活十大工程等重点工作，主动担当作为，深入调查研究，积极建言献策，助力全市产业发展水平和经济社会承载力提升，为推动贯彻新发展理念、构建新发展格局、实现高质量发展提供坚实保障。

三是着力推动民主法制建设。持续加强对宪法和民法典等法律法规的学习宣传，听取和审议市法院、市检察院等专项工作报告，专题调研公共法律服务体系建设和全市智慧城市建设情况，认真开展执法检查，加强规范性文件备案审查、人事任免和信访工作，促进执法、司法、守法共同推进，推动社会治理能力、治理体系和中国特色社会主义法治体系建设，为“十四五”发展提供法治保障。

四是加强和改进代表工作。做好代表建议提出和办理工作。进一步搭建代表履职平台，为代表参与常委会、专委会活动创造条件。精心组织闭会期间代表活动，提高活动实效。进一步加强“人大代表之家”“人大代表社区联络站”建设，促进代表深入群众更好发挥作用。动员代表积极参与，并影响和带动全市人民投身“十四五”发展。

五是持续推进常委会自身建设。以政治建设为统领，进一步加强思想、组织、制度、作风、能力、廉政各方面建设。密切与镇（街道）人大的联系，更好地发挥人大工作整体合力。

各位代表，2021年是中国共产党成立100周年，是“十四五”规划的开局之年，也是开启全面建成社会主义现代化国家新征程的第一年。让我们高举习近平新时代中国特色社会主义思想的伟大旗帜，在市委的坚强领导下，围绕中心、服务大局、依法履职、为民履职，为加快建设践行新发展理念的立体山水公园城市贡献人大力量，以优异的成绩迎接建党100周年！

彭州市人民政府工作报告

（2021 年 1 月 22 日，在彭州市第十八届人民代表大会第五次会议上）

彭州市人民政府市长　陈茂禄

一、“十三五”及2020年工作回顾

“十三五”时期是彭州发展历程中不平凡的五年，也是经济社会发展取得新成就的五年。五年来，我们坚持以习近平新时代中国特色社会主义思想为指导，深入贯彻落实中共十九大和十九届二中、三中、四中、五中全会精神，全面落实习近平总书记对四川及成都工作系列重要指示精神，在党中央国务院、省委省政府、成都市委市政府和彭州市委的坚强领导下，在市人大、市政协的监督支持下，坚定践行新发展理念，深入推进省委“一干多支、五区协同”“四向拓展、全域开放”战略部署，全力助推成都建设全面体现新发展理念的国家中心城市，紧紧依靠全市人民，全面履行政府职责，积极应对各种困难挑战，圆满完成“十三五”规划确定的主要目标任务，推动城市能级全方位提升、发展方式全方位变革、改革开放全方位深化、治理体系全方位完善、民生福祉全方位增进，经济社会发展取得了新的历史性成就。经济总量连续跨越两个百亿台阶、跃居全省县市前列，获评四川省县域经济发展强县、全国投资潜力百强县市、全国县域旅游发展潜力百强县市，在中国西部百强县市中的排名上升至第 12 位。

这五年，我们坚定推进创新发展，经济综合实力迈上新台阶。创新驱动成效显著，人均发明专利拥有量、规上工业企业 R&D 经费投入均达到“十二五”末的 2.1 倍，规上高新技术产业营业收入达到 130 亿元，成都市级以上创新平台达 43 个，被列为国家知识产权强县工程试点县、全国农村创新创业典型县。发展活力持续迸发，“放管服”改革深入推进，市场主体数达到“十二五”末的 2.1 倍，新经济企业注册数量年均增长 12%，获评中国营商环境创新力奖。经济实力显著增强，地区生产总值突破 500 亿元，2020 年一般公共预算收入达到“十二五”末的 1.85 倍，税收贡献实现翻番。

这五年，我们坚定推进协调发展，可持续发展能力实现新提升。城乡融合进程加速，城乡发展空间格局从单中心迈入“11236”多中心、多组团模式，城镇化率从 42.6% 提高到 50.5%，城乡居民收入比缩小至 1.55∶1，被评为中国率先全面建成小康社会优秀城市。经济结构更加优化，三次产业结构从 10.6∶68.2∶21.2 优化调整为 13.1∶51.3∶35.6，民营经济占比提高至 38.1%。产业体系持续完善，以新材料、中医药大健康为代表的主导产业全面起势，天府中药城、湔江河谷旅游区等“3+2”产业载体加快建设，高质量现代化产业体系加快形成。

这五年，我们坚定推进绿色发展，生态文明建设取得新成效。空气质量持续改善，2020年优良天数达303天、较实施新标准的2016年增加110天，$PM_{2.5}$年均浓度下降46.3个百分点。河湖长制深入实施，地表水考核断面全面达标，集中式饮用水源水质合格率100%。土壤环境质量持续稳定，在成都市率先实现全域生活垃圾“零填埋”，农村厕所革命经验入选全国九大典型范例。生态建设持续加强，建成绿道160公里，建成区绿化覆盖率提升至36.5%，成功创建国家生态市。

这五年，我们坚定推进开放发展，城市综合竞争力达到新高度。交通桎梏加快破除，“5高6快7轨”相继落图落地，成汶高速、成彭快速等群众期盼已久的项目取得重大突破，等级以上公路里程增加761.3公里，客、货运吞吐量分别达“十二五”末的1.7倍、2.8倍。对外合作全面加强，累计引进亿元以上项目206个，新落户六类500强企业14家，彭什跨区域资源转化合作试验区建设高效推进，对口支援黑水任务高标准完成，被省委省政府评为省内对口帮扶藏区、彝区贫困县先进集体。国际交流不断拓展，国际友好（合作）关系城市增至17个，建成全省首个县级国际友城合作馆，成功加入世界遗产城市组织，连续两届荣获“中法地方政府合作奖”。

这五年，我们坚定推进共享发展，民生福祉得到新增进。社会保障不断夯实，累计新增就业2.5万余人，改造城中村棚户区1139户，将1.35万户家庭纳入保障住房范围，城乡居民人均可支配收入年均增速分别达8.6%和9.4%。社会事业加快发展，新增各类学位12870个，三级甲等医院实现零突破，年均开展群众性文体活动140场次，获得了国家卫生城市、全国书香城市、四川省文明城市等新名片。社会大局和谐稳定，平安建设满意度连续三年居成都市前列。安全生产形势持续向好，事故发生数、死亡人数连续5年“双下降”。全民共建共享机制逐渐形成，被评为全国社会治理创新典范城市。

各位代表！刚刚过去的2020年，面对突如其来的新冠肺炎疫情和艰巨繁重的改革发展稳定任务，我们坚持以习近平新时代中国特色社会主义思想为指导，全面落实党中央国务院、省委省政府、成都市委市政府和彭州市委决策部署，统筹推进疫情防控和经济社会发展，扎实做好“六稳”工作、全面落实“六保”任务，大力实施“四大提升工程”，坚决打好“四大攻坚战役”，较好完成了市人代会确定的目标任务。全年实现地区生产总值507.37亿元，一般公共预算收入35.95亿元，社会消费品零售总额107.86亿元，固定资产投资281.1亿元，城乡居民人均可支配收入分别增长6.2%和8.6%。重点开展了以下工作：

（一）深入推进常态化疫情防控，健康保护屏障全面筑牢。我们坚决落实上级决策部署，投入专项资金3.5亿元，持续打好抗击疫情的人民战争、总体战、阻击战，全市至今未出现本土病例。全力以赴防输入，设置定点发热门诊、诊室和基层哨点48处，开展国际冷链、包裹采样检测172批次，按照省市统一部署闭环管理入境抵蓉航班22批次、3853人，严防医疗机构院内感染，有效防止疫情输入。精准施策防扩散，持续加强重点场所、重点单位、重点人群管控，分类监测管理风险人员8682名，核酸检测20万例。积极作为顾大局，组建12人医疗队驰援湖北，抽调298名人员紧急援助郫都，推动防疫物资产能提高5倍以上，日均蔬果交易量保持在1万吨以上，强力保障防疫应急物资及重点生活物资供应。综合施策强能力，全面加强疫情防控十项基础工作，切实做好人员、物资等应急准备，全市10家二级以上医疗卫生机构建立核酸检测实验室，日检测能力达1万人份。

（二）深入推进交通互联提升，四向开放格局加快形成。坚持以交通为脉，持续优化城市和产业空间布局，东达国际铁路港、南接成都中心城区、西联川西北生态经济区、北通德阳绵阳的四向开放格局加速构建。金青新彭一体化发展不断深入，彭广青淮快速路前期工作高效推进，成都城际铁路外环线接驳成兰高铁、西成客专，完成濛阳新城片区开发招商，国际铁路大港区农副产品专业物流港启动规划。与中心城区“心理距离”逐步缩短，成彭快铁加密开行至25对/日，市域轨道S11线主线经濛阳设站纳入上位规划，成彭快速路完成勘察设计。川西北生态走廊加快建设，成汶高速加快推进，都彭大道竣工通车，湔三旅游通道前期工作有序开展，在彭企业在黑水等县市蔬菜、中药材“飞地”种植规模达2万亩以上。彭什区域协作持续深化，第二条互通高速成都经济区环线主体工程基本完工，实现两地“政务通办”、交界区域“规划同图”，彭什川芎现代农业产业园被评为成德眉资交界地带融合发展精品示范项目。

（三）深入推进产业能级提升，经济驱动能力持续增强。坚持把产业功能区作为主要阵地、项目招引作为关键抓手，以有效投资强力驱动经济发展。产业功能区加快建设，“管委会+运营公司”管理模式实体化运作，核心起步区建设全面启动，完成基础设施投资6.4亿元，新建科创空间10万平方米、标准化厂房5万平方米，成都新材料产业功能区和航空动力小镇获评四川省首批院士（专家）产业园，湔江河谷旅游区龙门山·柒村获评2020年中国最佳民宿度假目的地，天府蔬香现代农业产业园被评为成都市五星级现代农业园区。项目招引攻坚成效显著，依据“两图一表”目标企业开展精准招商，签约引进亿元以上项目75个、总投资1446亿元，其中100亿元以上特别重大项目6个，获评成都市2020年项目招引攻坚先进单位。重大项目建设推进有力，74个重点项目完成投资166.6亿元，其中，31个省、成都市重点项目完成投资134.6亿元，超成都市下达目标任务18个百分点。江西直方航空发动机零部件等总投资112.1亿元的51个产业化项目落地开工，聚创大健康产品研发生产等8个项目竣工投产。产业规模持续壮大，新增规上工业企业18户，中医药规上产值稳居全省县市第一，全市第二产业增加值260.4亿元。新增规上限上服务业企业17家，服务业增加值突破180亿元。蔬菜种植面积82万亩，预计全年出栏生猪35万头，实现农业增加值66.71亿元。

（四）深入推进城乡品质提升，公园城市价值不断彰显。聚力完善配套、优化功能、提升品质，城市人才吸引力、产业承载力、品质影响力加快提升。城市功能加快完善，官渠郊野公园核心区建成开放，龙兴寺片区改造、柳河沿线综合整治、“百里景观大道”等项目加快推进，万达城市综合体开工建设，天府路东段主体完工，三环路全线路基贯通，昌衡大道建成通车，新增开敞空间和绿地46万平方米、绿道39公里。乡村振兴深入推进，完成镇（街道）行政区划调整、村（社区）体制机制改革和村（居）民小组优化调整，建成熙林春色等精品林盘4个，蟠龙村入选第二批全国乡村旅游重点村，白鹿镇被评为四川省文化旅游特色小镇。全市新（改）建农村公路21公里，成功创建四川省“四好农村路”示范县。被评为成都市乡村振兴先进市。污染防治攻坚成效显著，空气质量优良天数同比增加17天、增幅居成都市第一，三个地表水考核断面环境质量全面达标，耕地安全利用率提升至94.3%，城镇社区和农村集中居住区生活垃圾分类覆盖率达90%。

（五）深入推进营商环境提升，市场主体活力加速释放。坚持以营商环境提升带动资源要素集聚，深入推进改革创新“双轮驱动”，加快营造稳定公平的发展环境。营商环境综合改革不断深化，出台实施营商环境2.0版、3.0版政策，设立成都新材料产业功能区和天府中药城审批分局，承接审批服务事项192项，荣获2020成都国际化营商环境建设区（市）县十佳创新奖。集体建设用地入市改革有序推进，农村金融服务综合改革持续深化，成功创建国家级农产品流通现金服务示范区。创新策源能力全面提升。刘大响、蹇锡高等10个院士专家团队和飞机特种功能涂层等12个项目成功入驻，北航创新研究院全面建成，大连理工成都研究院挂牌运营，全市入库国家科技型中小企业35家，入驻四川沃府新材料等创新创业企业（团队）23个，新增成都市级以上企业创新平台3个。开放程度持续扩大，与匈牙利凯奇凯梅特市建立友好合作关系，新增孵化外贸企业46家、培育自营进出口实绩企业32家，全年实现外贸进出口总额10.1亿元、同比增长8.6%，利用外资实际到位6亿元。公有制和非公有制经济协同发展，国资国企改革推进有力，组建湔江投资集团，清查低效闲置资产1217宗，盘活处置并依法依规注入国有企业829宗。设立西部首家“民营经济司法护航基地”，深入开展中小企业金融纾困专项行动，发放普惠贷款139.75亿元，新增民营经济市场主体8211户、同比增长16.4%。

（六）深入推进发展成果共享，全民幸福指数日益攀升。以人为本增进民生福祉，扎实推进十大领域30项民生实事，全年民生投入占财政支出比例达67.4%，社会保障水平和公共服务质量不断提升。就业促进成效显著，开展免费职业技能培训2123人次，新增就业9515人，失业人员再就业3863人，城镇登记失业率控制在3%以内。全民参保不断深化，城乡居民基本养老保险、基本医疗保险参保率分别达98.2%和98.7%，有集中居住意愿的城乡特困人员实现100%集中供养。医疗卫生能力持续提高，顺利通过国家卫生城市巩固工作省级复审，完成20个基层医疗机构改造提升，市第二人民医院扩建项目竣工，市妇计中心住院综合楼扩建等6个项目加快推进。学有优教加快实现，新设立中小学、公办幼儿园6所，新增学位5805个，普惠性幼儿园学位覆盖率提高至87.7%。文体惠民深入推进，完成国民体质测试5200人，成功举办第七届全民健身运动会、文化惠民演出等各类线上线下文体活动150场次。公共交通更加便捷，全面试点农村客运“金通工程”，完成农村客运体制改革，农村客运线路增至16条，实现城乡公交服务标准一体化。城市运行安全稳定，成功抵御“8·11”特大暴雨洪涝灾害，安全生产事故起数、死亡人数实现双下降，违法犯罪警情同比下降16%、扫黑除恶圆满收官，成功创建四川省双拥先进城，获评成都市安全生产先进区（市）县。

（七）深入推进政府自身建设，施政效能水平稳步提高。我们深学细悟笃行习近平新时代中国特色社会主义思想，严格贯彻落实上级党委、政府和市委决策部署，全面加强政府系统党的建设和党风廉政建设，扎实开展“大学习、大调研、大走访”活动。我们认真执行市人大及其常委会各项决议决定，自觉接受市人大法律监督和工作监督，主动接受市政协民主监督，办结人大代表、政协委员建议、提案585件，满意率达100%。我们统筹推进社会治理，强化统计监督职能，全面完成第七次全国人口普查，建成大数据和民生服务中心推进智慧治理，以“镇街吹哨、部门报到”信访工作机制推进多元治理，共建共治共享的社会治理格局加快形成，丹景山“花村街模式”被评为全国城乡社区发展治理十大创新案例。我们务实加强自身建设，“三公”经费支出同比下降6.5%，完成审计项目115个、挽回避免损失1.17亿元；深刻反思“市经科信局、市财政局违规采购月饼问题”，举一反三推进系统自查整改；坚决纠正形式主义、官僚主义，敢想、敢干、敢担当逐步成为政府干部共识。

此外，民族宗教、国防动员、地方志、档案、邮政、供销、工会、共青团、妇女儿童、残疾人、红十字会、机关事务等工作均取得了明显进步。

各位代表，这些成绩的取得，是党中央国务院、省委省政府、成都市委市政府和彭州市委坚强领导的结果，是市人大、市政协监督支持的结果，是全市干部群众共同努力的结果。在此，我代表市人民政府，向在各个领域和岗位上辛勤劳动、作出贡献的全市人民，向给予我们支持与监督的人大代表、政协委员、各民主党派、工商联和无党派人士、各人民团体，向大力支持我们工作的中央、省、成都市驻彭单位和驻彭人民解放军指战员、武警官兵、政法干警、消防指战员、民兵预备役人员，向所有关心支持彭州经济社会发展的同志们、朋友们，表示衷心的感谢并致以崇高的敬意！

在肯定成绩的同时，我们也清醒地认识到，彭州经济社会发展还面临着一些问题和挑战：新冠肺炎疫情变化和外部环境存在诸多不确定性；产业能级不高，优势产业向产业链高端环节延展不够，科技创新对经济增长的贡献较弱；交通保障能力不足，内部骨干路网转换效率不高，外联通道建设还需加强；城市功能不够完善，生产性服务业发展相对滞后，高品质生活服务业尚不能满足群众需求；城市品质尚需提升，生态空间还不丰富，高品质公共服务配套相对欠缺；民生领域短板还比较多，农村供排水管网覆盖面不广，安置房建设进度相对滞后。对于这些问题，我们将采取有力措施，争取加快解决。

二、“十四五”主要目标和任务

（一）“十四五”时期经济社会发展的总体要求

“十四五”时期是我国开启全面建设社会主义现代化国家新征程、向第二个百年奋斗目标进军的第一个五年，是四川推动成渝地区双城经济圈建设成势见效、成都加快建设全面体现新发展理念的城市的关键时期，也是彭州抢抓新时代战略机遇、加快建设践行新发展理念的立体山水公园城市的攻坚阶段。“十四五”时期全市经济社会发展的总体要求是：高举中国特色社会主义伟大旗帜，深入贯彻中共十九大和十九届二中、三中、四中、五中全会精神，全面落实习近平总书记对四川及成都工作系列重要指示精神和四川省委、成都市委重大决策部署，坚持党的全面领导，坚持以人民为中心，坚持新发展理念，坚持深化改革开放，坚持系统观念，坚持稳中求进工作总基调，以建设践行新发展理念的立体山水公园城市为总目标，以推动高质量发展、创造高品质生活、实现高效能治理为发展导向，以深化供给侧结构性改革为主线，以构建支撑高质量发展的现代产业体系、创新体系、城市治理体系为重要路径，以实施“幸福美好生活十大工程”提升市民和市场主体获得感为目的，统筹发展与安全，全力补短板、强功能，全面提升城市综合竞争力和美誉度，晋级中国县域经济百强，打造成都都市圈北部区域高质量发展新高地，更好融入和服务新发展格局，为成都建设社会主义现代化新天府和可持续发展世界城市贡献彭州力量。

（二）“十四五”时期经济社会发展的主要目标

力争到2025年，城市对外开放水平、综合经济实力、城市功能品质、生态文明层级、要素集聚效益显著增强，全市经济社会各领域发展打开新局面、迈上新台阶，地区生产总值超过820亿元，年均增长8%以上，人均地区生产总值超过1.5万美元，城乡居民人均收入大幅增长，常住人口城镇化率达到60%以上，晋级中国县域经济百强，成为成都都市圈北部新门户，城乡一体化发展水平和功能品质显著提升，以百里画廊为轴线的立体山水公园城市骨架基本形成，成为人口净流入城市，基本建成以创新为新动能的区域经济高质量发展新高地、以协调为新形态的城乡融合发展示范区、以绿色为新优势的生态价值转化示范区、以开放为新引擎的区域协同发展示范区、以共享为新局面的幸福美好生活示范区。

（三）“十四五”时期经济社会发展的重点任务

一是加快融入成德眉资同城化发展，全面提升区域协同发展能力更好服务新发展格局。二是加快建设公园城市先行区，全面提升城市竞争力和美誉度。三是加快建设城乡融合发展试验区，全面提升城乡一体化水平。四是加快建设农商文旅体融合发展示范区，全面提升乡村价值和现代化。五是加快建设高品质生活宜居地，全面提升社会民生福祉。六是加快筑牢成都北部生态屏障，全面提升城市可持续发展综合承载力。七是加快构建现代化开放型产业体系，全面筑牢城市永续发展经济基础。八是提升城市智慧韧性安全水平，推动城市治理体系和治理能力现代化。

三、2021年工作安排

2021 年是中国共产党成立 100 周年，是实施“十四五”规划的开局之年，也是成都市确定的“高质量发展攻坚年”。今年工作的总体思路是：以习近平新时代中国特色社会主义思想为指导，深入贯彻中共十九大和十九届二中、三中、四中、五中全会精神，按照党中央国务院、省委省政府、成都市委市政府和彭州市委决策部署，坚持稳中求进工作总基调，站位新发展阶段，践行新发展理念，服务新发展格局，统筹推进成都市“高质量发展攻坚年”各项工作，扎实抓好四大重点任务，大力实施“幸福美好生活十大工程”，以“补短板强功能攻坚年”为主题，以建设践行新发展理念的立体山水公园城市为统领，以深化供给侧结构性改革为主线，以改革创新为根本动力，以满足人民日益增长的美好生活需要为根本目的，坚持系统观念，巩固拓展疫情防控和经济社会发展成果，更好统筹发展和安全，扎实做好“六稳”工作、全面落实“六保”任务，保持经济社会持续健康发展和社会大局稳定，加快提升城市综合竞争力和美誉度，确保“十四五”开好局、起好步，以优异成绩庆祝建党 100 周年。

今年发展的主要预期目标坚持以高质量发展指标为导向，主要包括：在经济发展方面，确保地区生产总值增长 8.5%、力争增长 10% 以上，固定资产投资增长 8%，常住人口城镇化率达到 52.4%，一般公共预算收入同口径增长 5%。在创新驱动方面，高技术制造业营业收入占规上工业营业收入比重 20%，先进生产性服务业增加值占服务业增加值比重 50%，新增新经济企业 750 家、高新技术企业 5 家，规上工业企业 R&D 经费支出增长 15%，万人有效发明专利拥有量 3.2 件，技术合同成交额达 1.5 亿元以上。在民生福祉方面，城乡居民人均可支配收入分别增长 8.5% 和 9%，城镇登记失业率控制在 3.5% 以内，新开工安置房 108 万平方米。在绿色生态方面，空气质量优良天数比率不低于 80.5%、森林覆盖率达到 42.55%，水环境持续稳定达标，其他节能减排和环境保护指标完成省、成都市下达目标。在粮食安全方面，新建高标准农田 7 万亩，粮食、蔬菜种植面积分别稳定在 55 万亩和 82 万亩。重点抓好以下六个方面工作：

（一）加快推进经济高质量发展，做强争创全国百强县（市）新支撑。把科技创新作为推动高质量发展的最强动能，坚持以产业生态圈为牵引、产业功能区为支撑，深入实施产业能级提升工程，统筹推进补齐短板和锻造长板，切实做强争创全国百强县（市）的基础支撑。

全力筑牢发展“底板”。严格落实中央、省、成都市疫情防控最新部署，坚持常态化精准防控与局部应急处置有机结合，不断夯实疫情防控十项基础，常态化抓好“外防输入、内防扩散”各项工作，持续巩固疫情防控平稳态势。坚持人物同防、多病共防，严格入境人员全流程闭环管理，继续加强中高风险地区来（返）彭人员管理服务，全面强化冷链食品全链条防控，充分发挥基层医疗机构哨点作用，常态化开展“人、物、环境”监测，做到早发现、早报告、早隔离、早治疗。加快提升核酸检测能力，强化院内感染风险防控，常态化组织应急演练，不断提高疫情发现能力和快速处置能力。优化完善疾病预防控制体系和重大疫情防控救治体系，健全医疗应急物资保障体系，加快推进公共卫生领域补短板项目建设，从源头上预防和控制重大疾病。扎实开展爱国卫生运动，着力构建健康科普知识发布和传播机制，大力推进中医药知识进校园，稳步提高全民健康素养水平。

加快提升科技创新能力。建强创新平台，加快建设中科彭州智慧产业创新中心等平台，力争成都中医药大学天府创新港项目开工建设，确保成都市级以上创新平台突破45个。壮大创新主体，实施企业创新能力提升行动，支持科技企业、高校院所、领军人才共建研发机构，鼓励产学研协同创新，新培育国家高新技术企业5家。大力发展新经济，力争新注册新经济企业750家、新引进重点新经济项目5个、新入库成都市新经济梯度培育企业10家，壮大“准独角兽+种子企业”的新经济企业发展梯队，努力实现新经济“双百工程”零突破。完善创新服务体系，加快知识产品保护和创新运用，积极构建“众创空间+孵化器+加速器+产业园”的孵化培育链，充分发挥“科创贷”和生物医药科技成果转化股权投资基金等金融产品作用，推动全市创新主体实施重点科研项目不低于60个。深入实施产业生态圈人才计划，全年引进高层次创新、急需紧缺人才150名以上，夯实人才支撑。

深入推进产业功能区建设。强基础提升承载能力，完成“3+2”产业载体系列规划，启动成都新材料产业功能区集中供热、污水处理等基础设施和公用工程设施建设，确保建成天府中药城中医药博物馆、创新中心A座等功能配套项目，加快完善丽春航空动力小镇南片区道路、管网等基础配套，全力保障重大产业化项目加快建设，力争全年新开工高品质科创空间12.5万平方米、完成基础设施投资10亿元以上。建体系提升运营服务能力，深化产业功能区管理机构改革，健全“以亩产论英雄”考评机制，完善“小管委会+大专业公司”运营架构，建设“一站式”产业服务中心，推进企业投资项目承诺制改革。促集聚壮大产业集群，聚焦重点产业领域和产业链关键环节，持续优化“两图一表”，强化招大引强、招精引专、招新引优，力争全年新引进亿元以上项目40个，其中5亿元以上重大项目不少于20个。充分发挥有效投资稳增长优结构的关键作用，全年完成固定资产投资300亿元以上，省市重点项目投资不低于120亿元。

大力发展先进制造业。加快发展新材料产业，充分发挥基础材料优势，加快集聚先进高分子材料、新型能源材料、电子信息材料等领域优质项目，积极推动氢能产业发展，促进7个以上新签约项目开工，确保川西气田项目完成投资15亿元以上、佳化化学等4个项目建成投产，力争全年实现新材料产业产值410亿元。加快壮大中医药制造产业，聚焦现代中药创新，加快形成中医创新药、创新植物药等细分领域比较优势，深耕医疗设备制造、中药保健养生食品、中药功能化妆品及衍生品等产业领域，推动亚中生物等10个项目开工、世纪康宏等10个项目竣工投产，力争规上中医药制造产值突破80亿元。推动航空动力与增材制造产业集聚成势，深度融入成都航空航天产业生态圈，大力发展航空动力、增材制造、智能装备制造，促进百施特等6个项目投产，力争全年实现产值45亿元。实施工业稳链补链强链行动，统筹推进稳链保生产和补链强产业，加快实现产业链配套本地化、供应链多元化，力争新增规上工业企业12家、上市公司1家，规上工业增加值增长9.5%。

着力发展生产性服务业。加快编制生产性服务业顶层设计和总体规划，围绕新材料与油气化工、中医药大健康、文化及生态旅游、现代农业及商贸物流、航空动力与增材制造等主导产业发展需求，大力发展科技研发、工业互联网、跨境电商及人力资源服务等生产性服务业。加快集聚检验检测、技术研发等产业，力争必维国际检验等20个项目招引取得实质性进展，助推先进制造业质量体系建设和产品更迭升级。促进教育培训业提质发展，推动四川中医药职业学院等项目开工建设，支持龙门山民宿学院、航利职业教育等提升行业影响力。积极搭建农业生产服务平台，健全农业生产资料配送网络，加强市场信息、病虫害防治、测土配方施肥等服务，鼓励开展农机承包作业、机具租赁和维修服务。加快壮大物流产业，促进四川国际农产品交易中心数字化转型，加快建设标果供应链、九尺冷链物流园等项目，着力构建“通道 + 枢纽 + 网络”的现代物流体系。

（二）加快推进区域协同发展，构建全面对外开放新格局。坚持把开放作为彭州未来发展的最大变量，主动在成渝地区双城经济圈建设、成德眉资同城化中强担当，全面落实“北改”战略，深入实施交通互联互通工程，持续深化区域协同、产业协同，加快构建全面对外开放新格局。

加快完善交通体系。建设快进快出的外联通道，加快轨道交通建设，推动成彭快铁公交化运行、一站式换乘，配合推进成都市域轨道S11线前期工作。加快高速公路建设，确保成都经济区环线高速彭州段竣工通车，全力争取成汶高速彭州段年内动工。加强快速公路建设，推进成彭快速路、彭广青淮快速路前期工作，启动天府大道北延线彭州段改造工程。实施城市通勤效率提升工程，建设转换顺畅的内部通道。畅通城市组团交通动脉，启动串联濛阳、天彭、丽春三大城市组团东西向轴线建设，加快建成百里景观大道城市南北轴线，构建城市“十字双轴”。畅通内部单元交通静脉，启动湔江河谷旅游轨道建设，改造提升滨河路等干线道路，确保三环路、金彭大道西段、天府路东段具备通车条件。畅通城市街巷毛细血管，打通外东街等城市“断头路”“梗阻路”，实施牡丹大道置信桥路口等4处城市道路“短平快”整治，新增“街巷、通廊”式城市慢行空间50公里。

高标准建设濛阳新城。对标一流“精筑城”，坚持国际标准、对标国内一流，高水平编制新城四级规划体系，加强与中交城投等专业企业合作，加快建设9.1平方公里核心起步区。着眼长远“广聚人”，科学编制濛阳新城人口规划、精准制定人才政策，加强就业创业“软环境”建设，启动四川文化艺术学院成都校区建设，提升嘉祥、博骏等学校办学水平，增强对各类人才的吸引力。紧盯需求“强功能”，启动魁星湖、濛阳河等“五湖四河”生态景观带建设，加快推进飞星路中段、凤凰大道延伸段等快速通道建设，完善市民广场、商业街区等配套，确保市第二人民医院正式投运。聚焦优势“兴产业”，依托中国（成都）国际农产品加工产业园，加快建设“一港一园一中心”，扎实推进永辉供应链二期、步步高智慧仓储等5个产业化项目建设。同时，以“一核两组团”为重点，深化彭什协同发展，加快提升基础设施、产业链协作、公共服务、政策协同、空间布局一体化水平。

不断强化产业协同。充分发挥四川石化西南地区唯一在营炼化一体项目优势，提高成都及西南地区电子信息、新能源等产业集群本地配套率，着力填补高性能工程塑料等新型材料领域国内空白，全力推动绿色新材料产业在更大范围内配置资源要素。紧紧围绕中药材种植、中药制造和中医药健康服务三大板块，做强中医药大健康全产业链，主动打破空间约束和产业壁垒，强化同天府国际生物城、成都医学城、华西大健康产业功能区协同协作，打造四川省中医药传承创新发展策源地，争创中医药大健康产业高质量发展全国标杆。充分发挥湔江河谷串联四川旅游“三九大”品牌优势，加快建设大熊猫国家公园，高效链接三星堆、九寨沟，主动融入巴蜀文化旅游走廊建设，协同奏响巴山蜀水文旅融合发展“交响乐”，打造国际山地旅游休闲度假目的地。同时，坚持以产业为主导推进国际合作，组织开展对外交流活动8场以上，力争国际友好（合作）关系城市达到18个，全年利用外资实际到位6.21亿元、外贸进出口总额增长10%。

全力打造一流营商环境。实施稳定公平可及营商环境建设工程，全面落实国际化营商环境3.0版政策。严格落实各项减税降费政策，持续降低企业用水、用电、用气、物流等成本，设立“企业之家”和线上中小企业公共服务平台，搭建高效务实的政企沟通桥梁，开展金融精准支持中小微企业发展行动。大力推行高频、重点事项“快速办理”，实现企业开办“1天领照、5天营业”，不动产交易登记2个工作日完成。深化工程建设项目“清单制+告知承诺制”审批改革，进一步缩减工程建设项目审批平均用时。实施青年创新创业就业筑梦工程，优化青年创业“一站式”服务平台，组织开展创新创业路演、沙龙、论坛等活动，加强青年创新创业教育和实践体系建设，促进更多青年起航人生、圆梦金彭。

深化重点领域改革。实施国有企业改革三年行动，持续深化国企市场化、专业化改革，不断做强做优做大国有资本和国有企业，确保湔江投资集团信用评级达2A+。深化财政预算制度改革，在零基预算基础上建立“能进能出、有保有压”的资金分配机制，推进财政支出标准化，提升财政资金配置效率和使用效率。深化土地资源配置制度改革，加快推进新一轮国土空间规划编制，加强节约集约用地评价，提高土地集约利用水平。深化企业扶持激励制度改革，加快健全分类分级企业全生命周期激励机制，针对性完善产业政策，促进要素供给、政策适用和政务服务精准匹配。深化基本公共服务清单标准管理和动态调整制度改革，提高公共服务精准化水平，推进基本公共服务标准化提质扩容。

（三）加快推进城乡融合发展，推动乡村振兴迈入新阶段。坚持把推动城乡要素自由流动、公共资源一体化配置作为重点，加快构建互补融合、共同繁荣的新型城乡体系，促进农业高质高效、乡村宜居宜业、农民富裕富足。

大力发展都市现代农业。严格落实“米袋子”“菜篮子”责任制，持续恢复生猪生产，积极创建省级现代农业园区。坚决遏制耕地“非农化”、防止“非粮化”，大力实施耕地质量保护提升行动，新建菜稻菜标准化生产基地2万亩。发挥种业“芯片驱动”作用，实施西部蔬菜种质资源库（圃）、蔬菜品种测试评价中心等项目，高标准建设中国西部蔬菜种业园起步区，全年试验推广蔬菜新品种30个以上。着力增强产业比较优势，加快建设中国西部菜都，打造中国种蒜之乡、川芎之乡，积极壮大猕猴桃、食用菌、冷水鱼等优势产业，力争新引进农业产业化项目2个。聚力提升农产品价值，启动中国（成都）国际农产品加工产业园核心区建设，新认证“三品一标”3个，培育国家地理标志产品和商标品牌6个以上。力争农业增加值增长4%。

大力实施乡村建设行动。统筹城镇和村庄规划建设，着力构建城乡一体的基础设施和公共服务体系，推动农商文旅体融合发展。提升城镇综合配套服务能力，推进军乐、三界、磁峰等撤并场镇活化示范，加快建设白鹿音乐小镇等特色城镇，提升通济、敖平、丹景山等区域中心镇经济人口承载能力。加强村庄规划建设，强化村庄布局市域统筹、村庄建设分类管理，完成20个中心村和集聚提升类村庄规划，加强中心村公共服务配套，推进特色村“一村一品”发展村域经济。完善农村基础设施，实施人居环境五年提升行动，加强安全饮水、垃圾收运、污水治理等基础设施建设，新（改）建农村道路50公里以上，农村客运线网覆盖率提高至85%以上。坚持农商文旅体融合发展方向，强化生态筑基、产业植入、机制创新，深挖乡村资源价值，高水平建设白瓷文化等特色街区，高标准打造三圣鹭栖香楠等精品林盘。

激发乡村振兴内在活力。围绕解决“人地钱”问题，进一步激活农村资源要素。推动农业转移人口就地就近城镇化，着力促进农村常住人口和生态功能区转移人口在城镇落户，切实维护进城落户农民的合法权益。完善农村集体经营性建设用地入市制度，探索实施“点状供地 + 组合用地”模式。深化农村承包地“三权分置”改革，持续完善农村产权抵押担保权能。深化农村集体产权制度改革，全面开展集体经济组织清产核资和股权量化。深化村（社区）体制机制改革，健全自治、法治、德治相结合的乡村治理体系，高质量完成村（居）委会换届，推动村（社区）党组织书记通过法定程序担任村级集体经济组织负责人。大力发展新型农业经营主体，新培育成都市级农业产业化联合体 1 个，新增各类农业经营主体 100 个以上。

（四）加快推进绿色低碳发展，厚植公园城市价值新优势。坚持公园城市理念，全面落实“西控”战略，加快塑造以人为本、功能复合、宜居适度的空间形态，实现城市绿色发展、转型发展、高质量发展。

塑造公园城市大美形态。实施生态惠民示范工程，创造更多可感可及的公共生态产品。完善“青山绿道蓝网”的主体骨架。筑牢龙门山城市生态屏障，科学区隔城镇组团，系统布局望山廊道。完善覆盖全域的“湔江、官渠、泉水”三大绿道体系，加强场景营造和价值转化，新建幸福绿道 20 公里以上。加快绘制“湔分九水、水润金彭”的城市蓝网，推进人民渠与鸭子河共道段分立改造，完成汇通湖建设和柳河沿线综合整治。丰富重要节点景观，全面完成牡丹大道改造，启动湔江路沿线景观整体提升工程，加快呈现“百里景观画廊”。完成官渠郊野公园、体育公园二期工程建设，规划建设公园城市展示中心，打造龙门山 · 柒村等 3 个公园城市示范片区。加快建设九陇湖山水公园、文翁祠片区，尽快形成湔江河谷门户。创造更多市民“可进入、可参与”的生态空间，持续深化“两拆一增”，新建锦阳社区、双龙社区等小游园微绿地 6 个，新增城区绿地 10 万平方米，创建成都市园林式居住小区 2 个以上，以“增绿筑景”的实际成效，让更多市民推窗见绿、开门见景。

提升公园城市消费体验。加快推进公园城市生态价值转化，积极营造消费场景、创新消费业态，着力构建多层次、多样化公园城市消费体系。大力营造消费新场景，以湔江河谷、蔬香博览园等区域为重点，聚焦商业、文化、亲子休闲、观光旅游等领域，不断丰富体验服务、创意消费等场景。聚力塑造消费新魅力，加快推进龙之梦、止马岛、湔江河谷国际旅游度假区等重大项目，启动熊猫生态谷、玖望运动康养中心等 5 个项目建设，确保太阳湾二期、海窝子川剧文博中心等项目建成投运，新引进品牌民宿 5 家以上，积极创建龙门山 · 柒村民宿省级旅游度假区，全力争创天府旅游名县，加快塑造“龙门雪山下、七星耀湔江”的形象。积极培育消费新业态，扩大文化消费、运动消费、健康消费等新兴消费需求，打造白鹿音乐小镇、龙门山森林康养小镇等夜间经济示范点，推出玉衡台、金城展厅等一批网红景点。充分发挥大运赛事溢出效应，积极发展大运经济，广泛开展“共迎大运·活力彭州”等大型消费活动。力争实现社会消费品零售总额 118 亿元。

推动生态供给量质并增。坚持以生态文明引领发展，持续打好污染防治攻坚战，不断提高城市可持续发展的综合承载力。协同推进“提气”“降碳”，开展碳中和旅游区 EOD 模式试点，建设臭氧污染精准溯源管控体系，进一步降低 $PM_{2.5}$ 浓度，持续确保不出现重污染天气。大力实施“增水”行动，开展濛阳河、白土河水环境综合治理提升生态水，启动白鹿湖建设增加生态水，确保地表水考核断面水质持续稳定达标。扎实推进“固土”计划，编制土壤污染状况详查及治理修复规划，强化农用地、建设用地和工矿用地管控，新建生活垃圾分类收集设施100座，实现生活垃圾分类全覆盖，探索建设“无废城市”。综合施策“强生态”，全面完成龙门山风景名胜区违建农房整治，打好长江“十年禁渔”攻坚战，严格森林生态资源监管，加强噪声污染综合治理，提升环境预警、应急能力，建成生态文明示范区。

（五）加快创造幸福美好生活，务求民生福祉达到新水平。坚持人民城市人民建、人民城市为人民，围绕强功能、补短板，加快创造幸福美好生活，努力让全市人民的获得感更多、幸福感更强、安全感更足！

加快提升城市功能品质。大力实施城市更新和老旧小区改造提升工程，加快龙兴寺片区改造，推动金彭湖片区、天彭大道沿线等区域有机更新，完成10个老旧小区（院落）改造，提升广场西街、红照壁南街等6条背街小巷品质，积极争创成都“最美街道”。大力推进基础设施重点领域补短板，完善全域电网、供排水网规划，新（改）建城区供水管网31.5公里，加强“二次供水”管理，促进天然气企业协作，加强信息、融合、创新基础设施建设，确保全市5G基站达550个以上，持续强化城市配套功能支撑。大力推进城市配套服务便利化、品质化，加快完善“15分钟社区生活服务圈”，依托万达广场、龙兴寺—望蜀里和南部新城逸都城打造三大城市商圈，大力发展首店经济、小店经济、夜间经济，实现高星级酒店落地“零突破”，新引入高端消费品牌10个以上。

加快提升城市生活品质。实施居民收入水平提升工程，千方百计稳定和扩大就业，深入实施全民技能提升计划，持续开展促进就业专项行动，以更加充分、更高质量的就业提升居民收入，多渠道增加居民经营性和财产性收入。提升城乡居民养老和医疗保障水平。促进退役军人和其他优抚对象服务保障提质增效。实施全龄友好包容型社会营建工程，鼓励托幼一体化建设，加快建设社区养老服务综合体示范项目，努力提供更多适老产品和服务，持续加强残疾人综合服务设施建设，不断健全救孤、济困等社会救助体系。实施高品质公共服务倍增工程，坚持教育优质均衡发展，启动牡丹新城小学、特殊教育资源中心扩建等项目，加快建设彭州中学（九峰书院），确保南部新城学校、濛阳中学实验学校等5所新（改）建校（园）建成投用。加快建设健康彭州，推进市中医院新院区建设、市妇计中心综合楼扩建等6个医疗卫生机构改造提升项目，力争新增三甲医院2所、成都市级重点专科2个。加大文体惠民力度，推动牡丹新城图书馆、艺术中心、全民健身中心等场馆建设，新建公共文化空间6个，广泛开展全民健身、全民阅读、送文化下乡等惠民文体活动。实施生活成本竞争力提升工程，坚持“房住不炒”，筹集公共租赁住房350套，建成人才公寓2万平方米以上，促进房地产市场平稳健康发展。加强保供稳价工作，健全跨区域生活必需品供应保障机制，加强价格调控监管，严厉查处价格违法行为。扎实抓好十大民生实事。我们将用实际行动践行以人民为中心的发展思想，大力推动发展成果全民共享，让全市人民生活更有品质、更有尊严、更加幸福！

加快提升城市韧性水平。实施智慧韧性安全城市建设工程。完善重大安全风险防控和应急处置体系，深入实施安全生产专项整治三年行动、森林草原防灭火和城乡防火专项整治，建成国家安全生产（危险化学品）应急救援基地，大力提升防汛减灾和灾害处置能力。加强食品药品安全重点领域监管，积极创建国家食品安全示范城市。深化平安彭州建设，健全社会心理服务体系和危机干预机制，推进市域信访矛盾风险治理体系建设，建立扫黑除恶长效机制，深化“三张清单”化解攻坚和诉源治理。做强大数据和民生服务中心，完善平台设计、加大整合力度、打造专业营运队伍，提升“一网通办、一网统管、一键回应”水平，持续完善智能化城市运行指挥和服务体系。完善“党建引领、双线融合”社会治理体系，支持群团组织、社会组织深度参与社会治理，不断提升基层治理能力和水平。

（六）切实强化政府自身建设，务实履职尽责展现新作为。全面加强政府系统党的建设，聚焦依法行政、履职尽责，不断提升政府治理能力和水平，加快建设人民满意的服务型政府。

旗帜鲜明讲政治。坚持把政治建设摆在首位，深学细悟习近平新时代中国特色社会主义思想，严守党的政治纪律和政治规矩，增强“四个意识”、坚定“四个自信”、做到“两个维护”，提高政治判断力、政治领悟力、政治执行力，不折不扣贯彻落实好党中央国务院、省委省政府、成都市委市政府和彭州市委决策部署。认真落实意识形态工作责任制，坚决维护意识形态安全。持之以恒加强政府系统党风廉政建设和反腐败工作，认真落实中央八项规定及其实施细则精神和四川省、成都市、彭州市实施细则要求，深刻汲取“市经科信局、市财政局违规采购月饼问题”教训，力戒形式主义和官僚主义，切实为基层减负。牢固树立“过紧日子”思想，严控“三公”经费支出，坚决制止餐饮浪费行为，力争政府系统节约型机关创建率达90%。

加强法治政府建设。认真贯彻落实习近平法治思想，坚持法治彭州、法治政府、法治社会一体化建设，自觉接受市人大及其常委会的法律监督、工作监督和市政协的民主监督。深入推进依法行政，推动学法用法制度化、规范化、常态化，完善“三重一大”决策机制。坚持依法统计，加强审计监督，严格政府采购、建设项目招投标等重点领域监管，加大关系群众切身利益的重点领域行政执法力度。开展“八五”普法，持续优化公共法律服务供给，加快建设覆盖城乡、便捷高效、均等普惠的现代公共法律服务体系。

不断提升履职能力。积极推动学习型政府建设，健全正向激励、容错纠错、考核评价、关心关爱等机制，持续提高政府公职人员专业素养和工作水平。加强调查研究，广泛收集企业市民意见建议，完善沟通反馈机制，加强政策系统集成，不断提高政府决策科学性、精准性。切实提升应对把握复杂形势的能力，不断提高改革攻坚、应急处突、群众工作、抓落实等能力，努力在危机中育先机，于变局中开新局。

各位代表，乘风破浪再扬帆，砥砺奋进新征程！让我们紧密团结在以习近平同志为核心的党中央周围，坚定以习近平新时代中国特色社会主义思想为指导，深入贯彻习近平总书记对四川及成都工作系列重要指示精神，在党中央国务院、省委省政府、成都市委市政府和市委的坚强领导下，与全市人民一道，同心同德、顽强奋斗，实心干事、科学作为，为加快建设践行新发展理念的立体山水公园城市努力奋斗，以优异成绩庆祝建党100周年！

名词解释

1.“一干多支、五区协同”“四向拓展、全域开放”：省委十一届三次全会明确的发展战略。“一干多支、五区协同”指推进成都“主干”引领带动，环成都经济圈和川南、川东北、攀西经济区“多支”竞相发展，成都平原、川南、川东北、攀西经济区和川西北生态示范区协同发展，构建区域发展新格局；“四向拓展、全域开放”指突出南向、提升东向、深化西向、扩大北向，推进以立体交通为重点的开放大通道建设，打造高水平开放平台，形成立体全面开放新态势。

2.R&D：Research and Development的缩写，科学研究与试验发展，指在科学技术领域，为增加知识总量，以及运用这些知识去创造新的应用进行的系统的创造性活动，包括基础研究、应用研究、试验发展三类活动。

3.“3+2”产业载体：“3”指成都新材料产业功能区、天府中药城、湔江河谷旅游区，“2”指天府蔬香现代农业产业园、丽春航空动力小镇。

4.“5高6快7轨”：“5高”指成万高速、成都第二绕城高速、成都经济区环线高速、成汶高速、成德高速，“6快”指天府大道北延线、成彭快速路、彭广青淮快速路、沙西线彭州支线、彭州市三环路、成濛快速路，“7轨”指成格铁路、城际铁路外环线、成彭快铁、彭青铁路、市域轨道S10线、市域轨道S11线、西控轨道二级线网。

5.扎实做好“六稳”工作、全面落实“六保”任务：扎实做好“稳就业、稳金融、稳外贸、稳外资、稳投资、稳预期”工作，全面落实“保居民就业、保基本民生、保市场主体、保粮食能源安全、保产业链供应链稳定、保基层运转”任务。

6.四大提升工程、四大攻坚战役：交通互联互通提升工程、产业能级提升工程、城乡功能品质提升工程、营商环境提升工程，城市安全攻坚战、污染防治攻坚战、重大风险防控攻坚战、国资国企改革攻坚战。

7.疫情防控十项基础工作：全面深入开展隔离酒店自查整改、全面加强医疗机构和个体诊所防控、严格监管冷链食品风险、加强交通口岸防控管理、落实好特殊重点机构防控措施、压紧机关企事业单位防控责任、持续做好社区防控工作、持续加强文化旅游消费娱乐场所防控、加强防控物资储备管理、加强预警监测和信息发布。

8.两图一表：产业功能区产业链全景图、产业生态发展路径图、重点企业和配套企业名录表。

9.百里景观大道：成彭高速入城段至龙门山场镇、白鹿镇的50公里南北景观绿轴。

10.四好农村路：把农村公路建好、管好、护好、运营好。

11.金通工程：以统一乡村客运标识、统一招呼站（牌）、统一车辆外观、统一从业人员标识为抓手，以建设美丽清新、安全绿色、便捷优质、精细管理乡村客运为主要任务，建人民满意乡村客运服务体系。

12.“三公”经费：因公出国（境）费、公务车购置及运行费和公务接待费。

13.幸福美好生活十大工程：居民收入水平提升工程、生活成本竞争力提升工程、高品质公共服务倍增工程、城市通勤效率提升工程、城市更新和老旧小区改造提升工程、稳定公平可及营商环境建设工程、青年创新创业就业筑梦工程、生态惠民示范工程、智慧韧性安全城市建设工程、全龄友好包容社会营建工程。

14.四大重点任务：唱好双城记、服务新格局、建好示范区、办好大运会。

15.准独角兽：发展速度快、相对稀少、产业方向符合产业指导目录，有希望在较短时期成长为独角兽企业的企业。

16.种子企业：处于创业期，具有较好发展前景，商业模式得到资本和市场初步认可的新经济企业。申报条件包括获得过投资，未上市，且估值1000万美元至1亿美元等。

17.双百工程：在未上市企业中遴选出100家支柱型新经济企业及100位优秀核心人才进行培育培养。

18.道路“短平快”整治：城市道路科学治堵实施的投资少、周期短、见效快的改造工程。

19.五湖四河：魁星湖、东塔湖、文昌湖、桐凤湖、南桥湖和濛阳河、白土河、黄土河、三溪河。

20.一港一园一中心：成都国际铁路港大港区农副产品智慧物流港、中国（成都）国际农产品加工产业园和国际农产品交易中心。

21.一核两组团：“一核”是指濛阳新城—马井新城联动发展区，“两组团”为龙门山生态旅游康养联动发展区、天府中药城—天府蔬香联动发展区。

22.三九大：三星堆、九寨沟、大熊猫。

23.三品一标：无公害农产品、绿色食品、有机农产品和农产品地理标志。

24. 三权分置：所有权、承包权、经营权三权分置。

25. 两拆一增：拆除公共区域的违法建筑，拆除有碍空间开放的围墙，增加公共开敞空间。

26. 碳中和体排放总量，通过植树造林、节能减排等形式，以抵消自身产生的二氧化碳排放量，实现二氧化碳“零排放”。

27. EOD：Ecology-Oriented Development 的缩写，以生态文明思想为引领，以可持续发展为目标，以生态保护和环境治理为基础，以特色产业运营为支撑，以区域综合开发为载体，采取产业链延伸、联合经营、组合开发等方式，推动公益性较强、收益性差的生态环境治理项目与收益较好的关联产业有效融合，统筹推进，一体化实施，将生态环境治理带来的经济价值内部化，是一种创新性的项目组织实施方式。

28. 三张清单：指成都市开展的“排查化解社会重大风险、历史遗留问题、突出信访问题”专项行动梳理出的问题清单。

29. 党建引领、双线融合：以党建引领为核心，推动社区发展治理与社会综合治理工作机制、治理资源和基层力量等方面衔接融合，构建社区发展治理强基础、优服务、惠民生的幸福高线和社会治理防风险、促法治、保平安的平安底线，筑牢城市治理体系和治理能力现代化底部支撑。

30. 三重一大：重大决策、重要人事任免、重大项目安排，大额资金使用。

政协彭州市委员会常务委员会工作报告

（2021 年 1 月 20 日，在政协彭州市第十四届委员会第五次会议上）

彭州市政协主席　吴石泉

2020年工作回顾

过去的一年，在中共彭州市委的坚强领导和成都市政协的有力指导下，市政协坚定以习近平新时代中国特色社会主义思想为指导，全面贯彻中共十九大和十九届二中、三中、四中、五中全会精神，深入贯彻省委、成都市委、彭州市委决策部署，聚焦落实市委十四届九次、十次全会精神，坚持建言资政和凝聚共识双向发力，为实施“四大提升工程”，打好“四大攻坚战役”，高质量建设“三区一地”，加快建设践行新发展理念的立体山水公园城市作出了积极贡献。

一年来，我们紧扣党委重大部署，坚持党委中心工作推进到哪里，政协履职就跟进到哪里，重点抓了五项工作。

一是深入贯彻落实中共十九届五中全会精神。我们把学习、宣传、贯彻中共十九届五中全会精神作为重大政治任务，扎实推进政协各层面学习，不断增强奋进新征程的责任感使命感。我们把开展“大学习、大调研、大走访”活动作为学习贯彻五中全会精神的重要抓手，领导班子成员深入对口联系单位集中宣讲五中全会精神，推动五中全会精神深入人心；围绕重要工作、重大项目、重点问题实地走访、深入调研，协调解决困难问题。我们把助力编制彭州市“十四五”规划作为重要工作，充分发挥专门协商机构优势作用，在政协委员中开展“我为‘十四五’献一策”活动，征集意见建议 50 条；召开主席会议专题协商“十四五”规划编制工作，为编制“十四五”规划凝聚共识、凝聚智慧、凝聚力量。

二是深入贯彻落实中共中央和各级地方党委政协工作会议精神。我们扎实推进中央、省委、成都市委、彭州市委政协工作会议精神落地生根，制定市政协落实市委政协工作会议主要任务分工方案，形成 47 项具体任务分工，有计划分阶段地抓好落实。我们聚焦“加强和改进新时代人民政协工作”，努力开创彭州市人民政协工作新局面。着力打造“协商”新平台，进一步深化“2+6+N”重点协商模式，完善协商机制程序，坚持不调研不协商，努力提升政协协商规范化、制度化水平和协商“言值”；着力提升“监督”新实效，完善政协民主监督与纪委政风行风监督的联动监督机制，深化民主评议“五步”工作法，综合运用蹲点调研、小分队督查、满意度测评等方式，提升监督实效，形成监督合力；着力创设服务委员新载体，坚持以政协工作联络组为单元建立“委员之家”，搭建协商议事室、委员之家、社情民意联系点“三位一体”工作平台，通过小规模、小切口、多样化开展活动，努力把“委员之家”建成学习之家、履职之家、团结之家。

三是助力夺取疫情防控和经济社会发展双胜利。

我们紧扣常态化疫情防控履职尽责，因时因势调整履职重点，紧紧围绕野生动物执法、公共卫生服务开展协商，引导委员围绕疫情防控提交提案32件、反映社情民意15个；督办公共卫生应急能力建设等重点提案，促进解决相关问题。深入开展“送政策、帮企业、送服务、解难题”专项行动，大力宣传金融支持、减税降费等援企稳岗政策，走访、服务企业234次，协调解决问题39个，助力解决复工复产、稳产满产、生活保障、特殊群体帮扶等实际问题。围绕疫情防控十项基础工作，深入天彭、隆丰、九尺、敖平等镇（街道）开展常态化督导，促进相关问题整改，为彭州市全面夺取疫情防控和经济发展双胜利贡献政协力量。

*四是协力落实“六稳”“六保”部署要求。*我们围绕做好“六稳”工作，落实“六保”任务发声发力，紧扣民生导向、问题导向、需求导向，开展调研协商，为促进经济发展、民生改善献计出力。开展政协委员走访困难企业群众专项行动，坚持将解决问题贯穿始终，共走访困难企业156家，困难群众93户，收集问题145个，助推解决问题114个，为困难群众捐款捐物9.5万元，用行动诠释了责任、用真情温暖了人心。关于助力“音乐教育扶贫”项目落户致和小学等实事，得到了成都市政协的通报表扬。

*五是积极参与项目招引攻坚行动。*我们主动融入项目招引攻坚大局，拜访企业60余家，对接80余次，接待来彭考察重点企业8家，捕获项目信息50个，助力新型杂环高性能工程塑料等5个项目签约，协调促进西部蓝色动力公司等企业相关问题解决。动员委员发挥联系广泛、渠道畅通优势，积极参与项目招引，全方位挖掘项目信息，通过委员牵线搭桥，促成厦门央企协会、晶链通等7家单位和企业到彭考察。围绕全市投资促进工作开展界别协商，积极为招商引资谋良策、出实招。

一年来，我们聚焦主责主业，坚持建言资政和凝聚共识双向发力，充分发挥政协职能作用。

（一）切实落实发挥“三个重要”作用的履职要求，以坚定不移的政治定力把牢履职“总方向”。

1. 积极发挥“重要阵地”作用。坚持发挥加强党对各项工作领导的重要阵地作用，毫不动摇坚持党对政协工作的全面领导，教育引导市政协各参加单位和政协委员进一步增强“四个意识”、坚定“四个自信”、做到“两个维护”。时刻把政协工作置于市委的坚强领导之下，主动请示报告重要工作、重大事项、重要议题，积极完成市委交办的村（社区）“两委”换届巡回督导等各项重点工作任务。充分发挥政协党组把方向、管大局、保落实作用，坚定落实意识形态工作责任，确保党的决策部署不折不扣贯彻落实到政协全部工作之中。

2. 不断完善“重要平台”功能。坚持发挥用党的创新理论团结教育引导各族各界代表人士的重要平台作用，持续抓实党的创新理论武装工作，深入推进习近平新时代中国特色社会主义思想学习教育，认真组织学习《习近平治国理政第三卷》，及时跟进学习重要会议精神。一年来，共开展各类学习活动115次。积极推行“标准餐＋定制餐＋自助餐”的委员学习培训“三餐制”，创设“政协讲堂”，邀请有关领导、专家学者授课、交流互动，促进委员在知情明政中增进对中央大政方针和地方各级党委决策部署的认知认同，为市委决策部署落地落实厚植社会基础和民意基础。

3. 着力提升“重要渠道”效果。坚持发挥在共同思想政治基础上化解矛盾和凝聚共识的重要渠道作用，最大限度发挥统战功能，支持和保障各民主党派、工商联、统战团体在政协的履职活动，定期召开座谈会，优先安排大会发言，积极为他们更好发挥作用搭建平台，各民主党派、工商联委员参加调研、视察、协商活动98次。最大范围扩大团结面，加强与少数民族代表人士联谊，走访民族宗教界人士和宗教场所，广泛宣传《宗教事务条例》，围绕宗教场所规范治理开展界别协商，促进问题解决。

进一步发挥政协文史工作存史资政、团结育人作用，以“抗疫”为主题编辑文史资料《疫线情怀》，举办“听鉴彭州”国庆中秋诗词大会，开展“送春联”、书画培训等活动，推动以文化人、以德润心。进一步发挥诗书画院文化阵地作用，已建5个诗书画分院，多角度推动政协工作向基层延伸。进一步加强对外交往联谊，共接待省内外各地政协到彭学习考察32批次，展示了彭州良好形象。

（二）切实彰显专门协商机构的履职特色，以凝心聚力的平台优势凝聚发展“大合力”。

1. 紧扣四大提升工程献计出力。围绕交通互联互通提升工程，组织召开专题议政性常委会议，邀请专家学者、有关部门，共谋良策，形成专题报告和12份大会发言材料等参政议政成果。围绕产业能级提升工程，聚焦“3+2”载体核心起步区建设，通过重点调研、专题协商、重点提案督办、委员视察等方式综合发力，提出意见建议25条，相关建议被采纳。围绕营商环境提升工程，紧扣优化民营经济发展环境，深入开展调查研究，为营商环境建设汇智聚力、增信释疑。围绕彭州市发展中的关键问题，加强与成都市政协的协同互动，就国家城乡融合发展试验区、成都国际铁路港大港区、基层治理体系建设，开展联合调研、联动协商，积极争取上级层面对有关问题的关注和支持。承办成德眉资四地政协委员来彭开展同城化“菜篮子”建设联合视察，有力推介彭州蔬菜产业。

2. 紧扣四大攻坚战役协商议政。助力打好城市安全攻坚战，围绕全市危化品安全生产协商建言，为推进工作提供了有益参考。助力打好污染防治攻坚战，坚持常态化巡河（湖库泉）。分赴龙门山、通济等镇，切实做好农村人居环境整治专项督查工作，促进彭州市农村人居环境质量提升；组织开展河道生态治理重点调研，针对河道生态治理的短板，提出对策建议。助力打好重大风险防控攻坚战，聚焦信访“突出问题清单”化解工作落实情况开展民主监督，就推进信访共性问题和群众反复反映问题化解建言献策；持续关注禁毒工作，深入调查研究，形成专题调研报告，提出5个方面14条具体建议，助推禁毒工作纵深推进。

3. 紧扣公园城市建设建言献策。聚焦公园城市形态，围绕绿道建设，组织政协委员、有关部门深入调研，从生态价值转化、提升服务功能等方面提出建议；组织开展生态廊道建设专项视察，实地察看牡丹大道综合整治、官渠郊野公园建设等项目推进情况，为加快再造彭州特色的大地景观聚智聚力。聚焦公园城市场景，通过民主监督特色街区建设，督办重点提案等方式，积极为建设可感知可欣赏可参与可消费的公园城市应用场景献计出力。会同市纪委，开展为期两个月民主评议市住建局工作，通过明察暗访、问卷调查、民主测评等形式，查找问题、提出建议、督促整改，促进市住建局进一步发挥城市建设主力军作用。

（三）切实践行为民服务的履职宗旨，以政协组织的独特优势激发为民“正能量”。

1. 搭建为民履职的载体。持续助力打赢脱贫攻坚战，连续四年深入开展“我为扶贫攻坚做件事”“我为乡村振兴做件事”两项活动，委员们立足岗位实际，通过不同方式主动投身脱贫攻坚主战场，开展产业帮扶、爱心助学、扶贫济困等活动。四年来，市政协委员为困难群众办好事实事1753件，协调、捐助、投入扶贫资金6427万元，为脱贫攻坚贡献了政协智慧和力量。积极参与防汛救灾工作，市政协领导班子成员靠前指挥、一线督战，协调解决防汛工作面临的困难和问题。市政协委员立足岗位，做好抢险救灾等工作，多渠道听取和反映受灾群众的呼声与诉求，帮助疏导受灾群众情绪。积极参与基层社会治理，围绕村（社区）体制机制改革工作以及群众关心的问题开展协商。

2. 发挥为民服务的优势。紧扣民生短板提交提案，引导政协委员围绕教育、就业、医疗、养老等民生问题撰写提案。2020年共收到提案352件，立案231件，民生类提案101件。通过提案办理，促进了彭州市农村饮用水安全等相关民生问题的解决。紧盯民生实事开展监督，围绕2020年彭州市“十大民生实事”落实情况，成立7个民主监督小组，通过明察暗访、实地督查等形式，开展民主监督，形成专项民主监督报告，直指问题短板，促进惠民利民政策落地见效。着眼民生热点反映民意，针对扩大就业、教育公平等群众的忧心事、烦心事、揪心事，收集社情民意信息203篇，编辑《社情民意》专报14期，关于扩大招商实效的建议等社情民意信息被成都市政协采用。

3. 凝聚为民服务的力量。注重发挥界别作用，就长期照护保险在彭州实践、保障房建设与管理、卫生信息化建设等民生议题，组织具有界别特色的调研视察、协商议政等履职活动；组织界别开展宣传引导、医疗惠民、法律咨询、困难救助等为民活动，比如，经济、工商联界委员致力产业扶贫；教育、科技、农业界委员助推技能培训、科技应用、文化进村；医卫界委员积极为困难群众提供医疗救助；新闻出版界委员开展艺术培训进社区活动；中共、特邀、工会界委员助力解决群众困难，预防和化解社会矛盾等。注重凝聚党派团体力量，各民主党派、工商联、统战团体围绕民生民计，开展敬老爱老、扶贫帮困等活动，为群众办好事、做实事58件。

（四）切实筑牢强基固本的履职根基，以争先创优的自觉担当提升履职“真本领”。

1. 进一步发挥党建引领作用。抓好中央、省委、成都市委关于政协党的建设工作意见的贯彻落实，全面推进政协党的建设，严格落实党建工作、意识形态和党风廉政建设“三个责任制”，健全责任、组织、制度“三个体系”，实现党的组织对党员委员全覆盖、党的工作对政协委员全覆盖。持续正风肃纪，持续彻底肃清周永康流毒影响、李春城恶劣影响，营造良好的政治生态。探索开展具有政协特点的党建工作新方式新路径，坚持重大会议、重要履职活动设立临时党组织，确保党的领导优势与依法依章履行职责有机结合，把党的主张通过民主程序转化为全体委员的共识。

2. 进一步发挥委员主体作用。坚持在尊重委员上下功夫，安排委员分批次列席市政协常委会议、主席会议并发言，开展履职能力提升培训活动，促进委员强素质，支持委员唱主角；坚持在联系、服务委员上下功夫，健全委员生日、重大疾病看望慰问制度，健全考核、激励、约束机制，定期通报委员履职情况，评选表彰优秀委员，鼓励委员有情怀、有担当，涌现了杜强、张仕伟等一批干事创业、尽职担当的优秀委员。

3. 进一步发挥专委会基础性作用。依托专委会“联”的特点，加强与对口党政部门、界别的联系，对上积极争取工作指导，对外开展联络联谊；发挥专委会“专”的优势，着力在“专”字上下功夫，持续打造“一委一品”专委会特色履职品牌，全年组织开展视察调研、对口协商141次，有效发挥了专委会服务界别、联系委员、协商民主平台等基础性作用。

4. 进一步发挥机关保障服务作用。进一步强化“政协机关首先是政治机关”的政治意识，充分发挥政协机关党组作用，切实加强政协机关政治、思想、组织、纪律、作风建设。建立“三必学”机制，以党建工作为统揽，加强“政治型”机关建设；构建以学习兴趣小组为主、各种会前专题学习为辅的学习培训体系，以提高业务能力为目标，加强“学习型”机关建设；修订完善“三重一大”、财务等18项工作制度，以市委巡察反馈意见整改为契机，加强“廉洁型”机关建设。

各位委员、同志们，一年来，市政协切实履行职能，接续奋斗，多项工作受到上级领导和上级政协的肯定，多项建议得到采纳和落实，展现了新时代政协的新样子。这些成绩的取得，是中共彭州市委坚强领导和成都市政协有力指导的结果，是市人大常委会、市政府大力支持的结果，离不开社会各界的积极参与，凝结着市政协各参加单位和全体政协委员的辛勤付出。在此，我代表市政协常委会向大家表示衷心的感谢并致以崇高的敬意！

看到成绩的同时，我们清醒认识到工作中还存在薄弱环节，主要是：专门协商机构的作用发挥还不够充分，凝聚共识的载体还需进一步创新，精细化服务委员工作机制有待进一步优化。对此，我们将认真研究，切实加以改进。

2021年工作思路

2021 年是中国共产党成立100周年，是“十四五”规划和全面建设社会主义现代化国家的开局之年。市政协工作的总体要求是：坚定以习近平新时代中国特色社会主义思想为指导，全面贯彻中共十九大和十九届二中、三中、四中、五中全会精神，深入学习贯彻习近平总书记对四川及成都工作系列重要指示精神，认真落实中央大政方针和省委、成都市委、彭州市委决策部署，在中共彭州市委的坚强领导下，站位新发展阶段，贯彻新发展理念，服务新发展格局，围绕市委十四届十一次全会部署，紧扣彭州“补短板强功能攻坚年”主题，坚持发扬民主和增进团结相互贯通、建言资政与凝聚共识双向发力，为“十四五”开好局起好步，加快建设践行新发展理念的立体山水公园城市贡献政协智慧和力量。

一、聚焦中心环节，在凝聚共识增进团结上更进一步

始终把加强思想政治引领，广泛凝聚共识这一中心环节抓实抓好，打牢共同思想政治基础。

坚持党对政协工作的全面领导。切实发挥政协党组领导核心作用，坚持在市委领导下，有力推进政协换届工作，确保一切重要工作、重要事项都在市委领导下进行。坚持进一步加强政协党的建设，着力推进政协党的组织和党的工作有效覆盖，把政协党的组织体系和党员队伍建设好，把党组织和党员的作用发挥好。

持续深化党的创新理论武装。持续深入学习贯彻习近平新时代中国特色社会主义思想，全面学习贯彻中共十九届五中全会精神，加强中共党史、新中国史和统一战线史、人民政协史的学习，进一步创新学习形式、拓展学习渠道、丰富学习载体，推动各党派团体和各族各界人士实现思想上的共同进步，进一步筑牢增强“四个意识”、坚定“四个自信”、做到“两个维护”的思想之基。

广泛汇聚改革发展正能量。更加注重发挥政协凝聚共识的重要职能，充分发挥“政协讲堂”作用，支持和鼓励委员深入基层一线、融入界别群众，大力宣传党的路线方针政策和市委决策部署，努力增进共识度、广泛汇聚正能量。更加注重发挥新型政党制度优势，深化同各民主党派、工商联和无党派人士合作共事，支持其履职尽责、发挥作用。加强对少数民族、宗教界代表人士的走访联谊，促进各民族交往交流交融、宗教与社会主义社会相适应。更加注重发挥政协文史作用，编辑文史资料第 30 辑，开展诗书画培训交流活动，大力弘扬彭州文化，讲好彭州故事。

二、聚焦履职重点，在围绕中心服务大局上更进一步

始终牢牢把握专门协商机构性质定位，紧紧围绕市委中心工作，做好协商主业，担好搭台主责。

围绕“打十环”，坚持精准履职。牢固树立“打十环”的工作理念，紧扣市委十四届十一次全会的决策部署，聚焦四大提升工程、四大攻坚战役、“补短板、强功能”攻坚行动计划、幸福美好生活十大工程等四件大事找好切口、选好议题，认真组织实施年度协商监督计划，助推彭州高质量发展。聚焦“三区一地”建设、濛阳新城建设等重点工作，深入协商议政，积极建言献策。充分发挥委员联系广泛、企业业主多的优势，牵线搭桥引资引智，协力助推产业能级提升。密切同上级政协的协同联动，紧紧抓住融入成德眉资同城化发展、成都国际铁路港大港区建设等事关彭州长远发展问题，持续发力，接力建言，助推彭州的大事要事得到更多的关注和支持。

围绕民生民意，坚持为民履职。牢固树立以人民为中心的思想，紧扣常态化疫情防控，落实“六稳”“六保”任务等方面献计出力，助推巩固拓展疫情防控和经济社会发展成果。聚焦公共服务、城市更新、创业就业等群众关心问题，深入调研视察，助推相关项目和举措落实。聚焦“平安彭州”建设，就防范经济领域、社会领域、自然灾害等重大风险提交提案、反映社情民意，多做强信心、暖人心、聚民心的工作。

围绕高质量发展，坚持创新履职。牢固树立高质量履职导向，积极推进“有事来协商”平台建设，建立健全协商工作“刚性”运行体系，形成涵盖协商实施、运行、管理和评价的平台标准，努力将“有事来协商”平台建设成为具有政协特色、彭州特点的协商平台。积极推进“智慧政协”建设，构建委员、专家等协商资源的纵向整合、横向协同机制，着力提升协商议政的专业化水平。做精做实提案工作，完善提案工作机制，探索同类提案“打包协商”、疑难提案“专题协商”、热点提案“现场协商”，推动提案办理质效提升。

三、聚焦责任担当，在强基固本提升实效上更进一步

始终把加强自身建设作为重要工作来抓，持之以恒、多措并举地加以推进，不断夯实政协履职根基。

着力提升专委会专业化水平。进一步加强和改进专委会工作，坚持在“专”上聚焦，不断增强专委会人员专业素养，切实提升专委会组织视察调研、协商议政等履职活动的专业化水平。致力打造“一委一品”专委会特色履职品牌，不断增强专委会工作对委员的吸引力、影响力、感染力。

着力强化委员责任担当。进一步强化尊重委员、联系委员、服务委员工作，在工作上支持、在生活上关心，持续推进“委员之家”建设，常态化全覆盖开展委员学习培训，不断提高委员政治把握、调查研究、联系群众、合作共事能力。落实委员考核办法，引导委员以模范行动展现新时代责任委员的风采。

着力提升机关服务保障水平。积极推进机关建设，深化党风廉政建设，严格落实中央八项规定及其实施细则精神，坚持严管厚爱双轮驱动，进一步激励干部担当作为，不断提高服务协商、办文办会办事质量，推动政协工作不断迈上新台阶。

各位委员、同志们：在建设社会主义现代化国家的新征程中，人民政协责任重大、使命光荣。让我们更加紧密地团结在以习近平同志为核心的中共中央周围，在中共彭州市委的坚强领导下，以饱满的政治热情和强烈的责任担当，奋力开创新时代政协事业发展新局面，为彭州市加快建设践行新发展理念的立体山水公园城市作出新的更大贡献，以优异成绩迎接建党100周年。

大事记

A CHRONICLE OF MAJOR EVENTS

1—12月

1月
January

5日　彭州市召开应急委员会2020年第一次会议暨综治维稳工作会。

10日　“龙门山·柒村”乡村文创生活节开幕。金城窑开窑节、陶瓷沙龙、蟠龙家宴等五大特色活动同步举行。

14日　彭州市国际化营商环境建设工作推进会召开。

15日　彭州市召开2019年商贸流通领域安全生产、食品安全工作总结会暨2020年工作部署会。

17日　彭州市举办“彭程万里·才源九州”高层次人才暨彭州籍知名人士新春茶话会。

△　总投资2.1亿元的凯茵特高功率激光产业化项目落户成都新材料产业功能区，主要从事高功率激光有源光纤材料生产。

△　彭州市举行天彭街道信访工作联席会议办公室揭牌仪式暨天彭街道信访工作联席会议第一次会议。

△　丹景山镇湔江老街入选2019年下半年成都市“最美街道”。

20日　龙门山湔江河谷生态旅游区管委会2020年第1次会议举行，审议“龙门·源墅”“地球仓”生态民宿等项目策划方案。

21日　彭州市委、市政府分别召开会议，传达学习成都市委召开常委会会议传达学习习近平总书记关于新型冠状病毒感染的肺炎疫情防控重要指示和李克强总理批示精神，安排部署新型冠状病毒感染的肺炎疫情防控工作。

23日　彭州市新型冠状病毒感染的肺炎疫情防控领导小组召开领导小组第一次会议，传达成都市关于新型冠状病毒感染的肺炎疫情防控工作会议精神，审议《彭州市新型冠状病毒感染的肺炎总体防控方案（送审稿）》，安排部署疫情防控重点工作。

△　《彭州年鉴（2019）》正式出版。

△　彭州市开展春节期间出版物市场专项整治行动，责令停产违规印刷企业1家，收缴非法出版物15册。

25日　彭州市新型冠状病毒感染的肺炎疫情防控指挥部发布《关于贯彻落实突发公共卫生事件一级响应的通知》，贯彻落实四川省、成都市一级响应工作要求，安排部署《彭州市新型冠状病毒感染的肺炎防控总体方案》以及各工作组制订的工作方案、职责分工，抓好工作落实，压实工作责任。

26日　彭州市召开2020年全市卫生健康工作大会，就坚决打赢疫情防控攻坚战、提升卫生健康服务能力等方面作出部署。

2月
February

3日　彭州政务成立工作专班，为生产医用床单、被褥等疫情防控相关医护物资企业成都市阿姿依服饰有限公司开辟一站式审批绿色通道，2小时内完成受理、审核手续，取得不动产登记证明，并协调成都农村商业银行，通过“绿色通道”为该公司成功发放贷款100万元。

12日　彭州市在前期从市级部门抽调1323名党员干部到指挥部工作组、14个重要交通卡点、镇街村社等防疫一线，与基层干部、网格员、志愿者等混岗编组，持续充实基层工作力量的基础摸排上，根据基层一线工作力量“缺口数”需求，统筹调配全市552名机关事业单位工作人员到240个老旧小区开展联防联控、入户回访等工作，筑牢社区在疫情防控工作中的“第一道防线”。

19日　彭州市人民政府印发《彭州市应对新冠肺炎疫情稳定经济运行的若干政策措施》，要求全市各部门、相关单位认真贯彻执行并做好政策宣传解读。

20日　彭州市237家工业企业复工复产，在岗人数12570人，其中产值100亿元以上企业复工率100%，10亿元以上企业复工率88.89%，亿元以上企业复工率72.72%。

△　彭州市在濛阳街道四川天宇种业公司种植基地举办蔬菜产销对接会，红旗连锁、苏宁易购、益民生鲜、盒马鲜生、美菜网等商贸流通企业及20家农业公司、农民合作社、家庭农场、种植大户参会，成交易量超800吨，采购金额近100万元，并达成多项合作意向。

21日　彭州市第一批支援湖北医疗队11名医务人员在彭州市行政中心集结出征。

△　彭州市举行“医保e贷”签约仪式，助力定点医药机构共度疫情难关。签约仪式上，农行彭州支行与彭州四方医院和彭州太平场医院签订贷款协议，市医疗保障局和中国农业银行彭州支行共同开办“医保e贷”业务。

△　因防控新冠肺炎疫情闭园的彭州市通济花海景区向公众恢复开放。

22日　彭州市综合执法局对城区11个市场进行梳理，对未开业的摊铺、未使用的区域，在不影响通行、不占用消防通道的前提下，优化摊区设置，开辟新增零菜摊区200个，解决群众买菜难问题。

24日　承载着21名四川维奥制药有限公司制药车间岗位工人和技术人员的大客车到达彭州市，这是彭州市首趟返彭企业员工复工定制的“点对点，一站式”定制客运包车服务。

3月
March

14日　中共彭州市委十四届九次全体会议暨市委经济工作会议召开。

24日　彭州市召开2020年生态环境保护大会。

25日　彭州市2020年第一季度公共租赁住房分配完成，为30户低收入家庭分配房源30套。

27日　成都市2020年乡村振兴暨一产业重大项目集中开工仪式及生猪生产现场会在桂花镇举行。盛晖生态园等40个一产业重大项目集中开工，总投资249.2亿元。

29日　彭州市2020年固定资产投资暨重点企业（项目）工作会召开，安排2020年固定资产投资和重点项目，部署“强基础、稳增长”精准帮扶重点企业工作。

是月　中华人民共和国人力资源和社会保障部、中国共产党中央军事委员会装备发展部确定彭州市境内的成都航利集团为装备修理工厂职业技能备案认定机构。

4月
April

1日　彭州市举行“七星耀江、幻游龙门”2020年文旅项目网络直播推介会暨云签约仪式，成功签约四川戏剧文博中心、龙门山·柒村地球仓生态新民宿2个项目，签约金额2.2亿元。

10日　彭州市启动生态环境安全隐患排查治理百日攻坚行动，对饮用水水源地、涉危险废物企业、群众反映的环境热点难点问题等开展排查。

15日　天彭街道金彭中路社区天府巷的南河东街市场开始试营业，设置固定摊位40个。

△　天府中药城与成都铂昊新材料科技有限公司签订“高端医用新材料及医用防护用品研发制造项目”投资协议。项目总投资2亿元，占地20亩，计划建设生产用房、研发中心、检测中心及相关配套设施。

△　成都市防震减灾科普教育基地·白鹿馆正式开建。

16日　彭州市参加2020年成都市首场重大产业化项目集中签约活动，成功签约总投资10.2亿元的四川省逢春制药有限公司（彭州）现代制药生产线项目。

17日　彭州市召开会议专题研究成都新材料产业功能区“三定”方案。

18日　彭州市举办“蓉漂彩虹跑”蓉漂人才日活动。

20日　中共彭州市第十四届纪律检查委员会第九次全体会议召开。

△　彭州航空动力产业园区管委会与成都华日通讯技术股份有限公司签订无线电频谱管理研发中心、高端频管装备生产基地及检验检测中心项目协议，总投资5亿元。

21日　彭州市、成都新材料产业功能区（成都石化园区）管委会、四川石化公司2020年第一次联席会议召开。

4月18日，“蓉漂彩虹跑”蓉漂人才日活动在龙门山柒村举办

22日　彭州市召开2020年总河长全体会议暨濛阳河水质达标推进会。

23日　彭州市第十八届人大常委会召开第102次主任会议，专题调研全市被征地农民社会保险工作。

△　彭州市举行新冠肺炎疫情应急处置双盲演练。

△　彭州市“4·23世界读书日”全民阅读系列活动举行，参与群众500人。

24日　成都医学院第一附属医院彭州分院授牌仪式举行。

26日　天府中药城管委会与四川筠连经济开发区管委会签订战略合作协议，在协同推进现代中医药产业发展方面开展合作。

27日　总投资3亿元的高端医疗设备产业化、医用核酸检测拭子等医疗用品项目落户彭州市。

28日　政协彭州市第十四届委员会第46次主席会议专题协商彭州市危化品安全生产工作。

△　《中国影像方志四川卷·彭州篇》在中央电视台科教频道播出，全方位展示彭州文化特色和风土人情。

5月
May

1日　彭州市首批200套智能井盖投入使用。

6日　彭州市召开经济运行分析暨重点项目调度会，分析研究当前经济形势，安排部署下一步经济工作。

7日　通济镇春芽竹笋种植专业合作社与四川彩食鲜供应链发展有限公司签订雷竹笋代销协议，协议销量雷竹笋50万吨，带动当地群众人均增收3000余元。

9日　成都新材料产业功能区入选四川省首批10个院士（专家）产业园。

10日　彭州市2019年县管河道水毁修复工程项目在彭州市公资交易中心完成招投标，至此彭州市工程建设招投标项目全类别融入成都市公共资源交易云平台交易。

11日　彭州市召开村（社区）体制机制改革专题工作会议，传达成都市相关专题工作会议精神，安排部署全市村（社区）体制机制改革工作。

12日　彭州市召开对外开放与投资促进工作领导小组2020年第三次会议，听取投资促进"百日擂台赛"工作汇报，审议通过智慧清运服务监测大数据运营中心等3个项目。

△　2020年度彭州市巡察干部培训班开班。

13日　彭州市召开四川国际农产品交易中心综合整治工作现场会。

14日　彭州市中医医院加入四川中医重症联盟，与成都中医药大学附属医院在急、危、重症中医药救治方面开展深入合作。

18日　彭州市政府第十八届四次全体（扩大）会议召开。会议讨论拟提请市十八届人大四次会议审议的"三个报告"，安排部署市政府2020年重点工作。

19日　彭州市举办第30次"全国助残日"暨"扶贫济困·公益助学"活动。

△　彭州市召开村（社区）体制机制改革维稳工作专题会议。

20日　彭州市"5·20"办理婚姻登记324对。

△　彭州市对2019年以来收缴的总价值20余万元的非法劣质烟花爆竹进行集中销毁。

5月21日，彭州市产业工人队伍建设改革工作领导小组第一次会议召开

21日　彭州市产业工人队伍建设改革工作领导小组第一次会议召开。

25日　彭州市第十八届人民代表大会第四次会议开幕。

28日　2020成都·天府中药城松山湖专场推介会暨重大项目签约仪式在广东省东莞市举行，签约项目14个，协议总投资115.7亿元。

△　彭州市5家企业被表彰为第二批成都市应对疫情突出企业。

29日　彭州市召开成都国际铁路港大港区农副产品专业物流港建设专题会议。

△　彭州市"山谷里的夏天"雅游集直播活动开播。

△　彭州市青年工作联席会议2020年第一次会议召开。

30日　彭州市2020年度财政补助长期照护险参保资金503.39万元全部到位，惠及全市8.62万名退休职工。

6月
June

1日　彭州市8家定点医药疗机构开通西南片区跨省门诊费用直接结算业务。

2日　彭州市举行成都新材料产业功能区网络直播推介暨项目云签约仪式，签约项目4个，总投资10亿元。

3日　彭州市4188名高考考生完成体检。

△　彭州市召开工贸行业粉尘涉爆企业重大生产安全事故隐患治理推进会。

4日　共青团彭州市第十六届四次全委（扩大）会召开。

5日　彭州市与中石化川西天然气勘探开发有限公司签订《川西气田产能建设项目投资协议书》，合作建设总投资120.19亿元的川西气田产能建设项目。

△ 成都市文旅（运动）产业生态圈培育建设现场推进会在彭州市召开。

6日 花溪民宿集群项目“悦舍”精品酒店正式投运。

10日 彭州市全面完成村（社区）体制机制改革工作，由原355个村（社区）调减为202个，调减比例为43.10%。

11日 总投资1.21亿元的加工建设项目落户丽春航空动力小镇。

12日 彭州市举行“生态彭州·天府菜都”2020都市现代农业项目网络直播推介会暨云签约仪式，签约项目2个，总投资2.3亿元。

△ 彭州市“互联网+督查”工作推进会召开。

14日 四川石化公司、亚东水泥、新绿色药业、兰丰水泥4家企业入选成都市2019年度税收贡献100强企业。

16日 彭州市司法局与什邡市司法局签订《加强彭什两地司法行政合作，服务成德眉资同城化建设合作框架协议》，为成德眉资同城化发展提供高质量法治保障。

17日 彭州市第十八届人大常委会召开第108次主任会议，专题调研湔江生态河道综合治理二期项目建设情况。

△ 彭州市举行“爱成都·迎大运”启动仪式暨夏季“彭州好邻·一起运动吧”邻里活动。

△ 彭州市举行“禁毒·我知道”知识竞赛活动（决赛）暨“健康人生·绿色无毒”书画海报作品征集颁奖仪式。

18日 彭州市举行2020年文创生活节暨彭州文旅项目推介会，签约民宿项目2个、总投资3.06亿元，包装推介文旅项目6个、总投资68亿元。

19日 彭州市举行2020年四川省退役军人创业创新大赛彭州选拔赛。

△ 彭州市举行2020年深化农村金融服务综合改革推进会暨融资签约仪式，16家金融机构与21家经营主体现场签约，授信金额达1.16亿元。

22日 彭州市召开龙门山湔江河谷生态旅游区建设联席会2020年第8次会议。

23日 “成都名中医流动车”进彭州暨端午节大型中医药文化宣传活动在彭州市举行。

△ 彭州市委编委召开2020年第3次会议，安排部署创新产业功能区管理体制机制相关工作。

24日 白鹿镇、通济镇被评为成都市影视服务中心拍摄基地。

29日 彭州市工商联（商会）第十一届四次执委（扩大）会议召开。

30日 彭州市举行2020年城市价值推介暨重点项目签约仪式。现场签约“七星耀江，幻游龙门”文旅项目、彭州旅游轨道及特色小镇等项目8个，总投资614.5亿元。

△ 2020中国·彭州·丽春首届花卉文化旅游节开幕。

7月
July

3日 彭州市启动“百万市民学礼仪”主题活动。

9日 彭州市政府召开2020年第二次全体（扩大）会议暨全市森林草原防灭火和城乡防火专项整治工作领导小组第一次会议。

△ 彭州市2020年重度残疾人参加养老保险资助工作推进会召开。

△ 丹景山镇入选四川省乡镇治理现代化试点单位，是成都市3家入选乡镇之一。

10日 彭州市第十八届人大常委会召开第111次主任会议举行，专题调研全市公共资源交易工作。

△ 彭州市决定从7月起，全市最低生活保障

标准家庭月人均收入由650元提高至800元。

11日　2020中国·彭州龙门山艺术节第六届中国花境论坛暨四川花境产业发展峰会在彭州市举行。

13日　位于彭州市北大街的公共停车场正式投入使用，实行无人化电子付费，共设置停车位35个。

15日　中央某单位领导到彭州市调研天空之眼无人机飞行基地建设。

16日　彭州市举行2500吨/年新型杂环高性能工程塑料项目签约仪式。项目总投资10.37亿元，建设PPES（杂萘联苯共聚醚砜）、PPEK（杂萘联苯共聚醚酮）等高性能工程塑料生产和加工基地。

△　总投资约30亿元的大熊猫国家公园入口社区龙门山熊猫生态谷项目落户彭州市龙门山镇，规划用地面积约4300亩。

20日　彭州市召开对外开放与投资促进工作领导小组2020年第四次会议，审议通过智慧云仓及冷链物流中心、农产品供应链服务基地暨结算中心等7个项目。

21日　彭州市选送的“白鹿白茶”项目获成都市退役军人创业创新大赛“精准扶贫”类第一名，成功入围四川省退役军人创业创新大赛。

22日　位于彭州市天彭街道东南市街以西、安仁东街以北区域的望蜀里小游园正式对外开放。小游园紧邻望蜀里商业中心，占地面积约700平方米。

23日　彭州市举行“成渝地区双城经济圈中医药发展联盟”成立大会。会上，成都中医药大学、重庆医科大学、天府中药城等9家单位共同签署联盟框架协议。

28日　“闽彭缘茶叙”2020年厦门—彭州企业家投资恳谈会在福建省厦门市举行。彭州市策划包装重点招商项目24个、总投资达992亿元，发布城市机会清单，涉及三次产业项目30个。

29日　总投资1.568亿元的成都金克星气体有限公司气体生产线调迁项目落户彭州市。

30日　彭州市与四川大学签署建设全国干部教育培训四川大学基地实践教研点合作协议，通过实践教学，推广彭州市干部培训成功经验。

△　彭州市举行“挖掘彭州历史资源　弘扬天府文化”学术研讨会。

31日　彭州市举行2020年三季度重大项目集中签约暨开工仪式。此次集中签约项目7个，总投资178.4亿元；集中开工重大项目17个，总投资156.8亿元。

△　彭州、什邡、广汉三地签订区域警务合作发展协议，围绕执法办案、信息共享等4方面开展全方位合作，建立区域联动和警务协作机制，助力成德眉资同城化。

8月
August

1日　彭州市妇幼保健计划生育服务中心住院综合楼扩建项目动工开建。项目计划总投资3.45亿元，扩建面积3.75万平方米，预计2022年12月建成投用。

△　彭州好邻一起分享吧·2020葛仙山镇第四届果园采摘之旅“醉美熙玉　香甜酥梨”采摘活动开幕。

4日　天府中药城与四川君子兰药业有限公司签订“定制精品中药饮片深加工项目”投资协议。项目总投资1亿元，建成投产后可实现年产值约1亿元。

6日　成都市政协副主席、九三学社成都市委会主委、四川大学校长助理徐玖平到彭州市考察中医药产业发展情况，并签订第三轮“九彭合作”协议。

19日　十三届全国人大常委会委员、全国人大外事委员会副主任委员、民革中央副主席张伯军一行到彭州市调研农产品销售工作。

24日　彭州市与四川文化艺术学院签订总投资

106亿元的成都艺术科技城项目（四川文化艺术学院成都校区）投资协议。

25日　彭州市举行高层次人才智力服务基层活动，5名专家对彭州市能源设施、水处理行业5个具体项目给予现场技术指导，并与项目单位签订长期帮扶协议。

26日　彭州市妇计中心与省第二中医医院签订医联体协议，在学科建设、人才培养、科研教学等方面获得支持。

27日　彭州市被四川省委、四川省人民政府评为“2019年四川省县域经济发展强县”。

△　大熊猫国家公园彭州管理总站正式挂牌。

△　蓉城医保客厅·中国银行“医保贷”金融产品发布会在彭州市举行。会上，中国人民银行四川省分行向天府中药城企业综合授信20亿元。

△　彭州市农业农村局、市市场监管局、市综合执法局、市供销联社四部门联合举办农产品质量安全监管能力提升专项培训会。

28日　彭州市与广东弘迅投资集团有限公司签订总投资5亿元的广州弘迅电梯配件产业项目投资协议。

△　彭州市选送的“白鹿白茶”项目获四川省退役军人创业创新大赛“精准扶贫”类第二名。

△　天府中药城联合相关单位举办2020年秋季招聘会，100余家企业参加现场招聘，提供岗位1500余个，达成就业意向1000余人。

是月　彭州市计划投资300万元的社区养老服务综合体项目落地隆丰街道丰太苑社区。

9月
September

1日　彭州市全面停用原有各类医院就诊卡，正式启用电子健康卡（码）看病就医。

9月8日，“运动成都”成都市老年人绿道健身系列活动（彭州站）启动仪式在彭州市举行

2日　中共彭州市委十四届十次全体会议召开，围绕落实“西控”“北改”战略，对加快建设“三区一地”和濛阳新城进行全面部署。

△　彭州市青年企业家商会成立。

4—5日　法国PVCP集团、法国狂人国一行到白鹿镇考察。

7日　彭州市教育大会暨第36个教师节庆祝大会举行。

8日　彭州市举行“运动成都”第七届全民健身运动会暨成都市老年人绿道健身系列活动（彭州站）启动仪式。

11日　中交第一航务工程局有限公司与湔江河谷旅游区签订天府美谷·幻美湔江项目投资协议。项目选址通济镇，拟投资203亿元，打造集湔江马术俱乐部、湔江王子商业街、王子温泉度假酒店等为一体的国际休闲度假目的地。

15日　彭州市参加成都市2020年9月现代服务业重大项目集中签约仪式，签约项目2个、总投资114.5亿元。

△　中交上海航道局有限公司与湔江河谷旅游区签订龙门山中医药养生度假区项目投资协议。项目选址龙门山镇，总投资54亿元，围绕“医药、医疗、医养、医文”主题，打造中医药养生休闲旅游区。

17日　成都市先进材料产业生态圈和彭州市重大项目签约开工暨生态圈党建联盟成立仪式在彭州市

举行。活动签约重大项目21个，计划投资606.89亿元，并正式成立成都市先进材料产业生态圈联盟和成都市先进材料产业生态圈党建联盟。

18日　2020成都市全国科普日彭州专场活动举行。

△　彭州市召开创建第五届四川省文明城市工作推进会。

19日　2020年中国农民丰收节暨第十二届军屯锅魁美食文化活动在隆丰街道举行。

22日　国家卫健委妇幼司妇女卫生处副处长王亮到彭州市调研国家妇幼保健机构绩效考核工作。

△　《中国西部地区县域发展监测报告2020》发布，彭州市入选“2020中国西部百强县市”“2020中国西部地区县域全面建成小康社会典型案例”。

25日　第六届中国（四川）国际旅游投资大会现场集中签约仪式暨开幕式在峨眉山市举行。会上，彭州市签约项目3个，总投资达611亿元。

△　总投资1.49亿元的道地药材种植基地及育苗中心项目落户葛仙山镇。

27日　白鹿音乐小镇被授予“四川省文化旅游特色小镇”称号。

29日　第八届白鹿·法国古典音乐艺术季开幕式暨开幕式音乐会在白鹿镇举行。

30日　彭州市在烈士陵园举行向人民英雄敬献花篮仪式，深切缅怀人民英雄。

10月
October

16日　成都国际铁路港大港区（彭州）农副产品智慧物流港研讨会在彭州市举行。

18日　绣成路便民市场正式开业。市场内设商铺30余个、固定摊位180余个。

19日　彭州市残联和阿坝州黑水县残联召开结对共建座谈会。

22日　彭州市正式向社会发布《以集体经济为转轴推进乡村社区发展治理指导指标体系》。

24日　彭州市举行中国地震学会彭州天空之眼基地授牌仪式暨无人机科创中心项目签约仪式。

25日　全国政协提案委员会副主任委员李晓全一行到彭州市调研农产品质量安全工作。

29日　2020年成都酒店行业全球招商峰会暨中国·彭州第三届龙门山民宿发展大会在彭州市召开。

△　成都新材料产业功能区入选中国石油和化学工业联合会第三批“智慧化工园区试点示范（创建）单位”名单。

11月
November

3日　彭州市通过国家卫生城市巩固工作省级复查。

6日　青白江区、新都区、彭州市、金堂县集中签订生态环境应急机制和资源合作共享框架协议。

11日　成都市彭州生态环境保护综合行政执法大队正式成立，并举行挂牌仪式。

12日　《中国县域旅游竞争力报告2020》发布，彭州市入围“2020中国县域旅游发展潜力百强县市”，入选“2020中国县域旅游高质量发展典型案例”。

13日　彭州市向意大利维尔切利市捐赠一次性医用口罩5万个。

△　彭州市与成都标果供应链管理有限公司签订标果（西南）智慧农产品供应链服务基地暨结算中心项目投资协议。

△　生态环境部固体废物与化学品司领导到彭州市调研固体废物管理及无废城市建设工作。

17 日　彭州市组织开展秋冬季新冠肺炎疫情防控及新冠病毒核酸检测应急演练。

22 日　第十一届中国·四川（彭州）蔬菜博览会开幕。

26 日　彭州市举行 2019 年度“放心舒心消费示范单位”授牌仪式暨 2020 年度湔江河谷生态旅游区民宿行业创建“放心舒心消费示范单位”启动仪式。

△　彭州市医保局与重庆市万盛经开区人社局签订推进成渝双城医疗保障协同发展框架协议。

27 日　2020 年“蓉漂杯”彭州市创新创业论坛暨项目路演活动举行。

△　彭州市举行新型杂环高性能工程塑料项目开工典礼。

是月　彭州市妇计中心在 2020 年中国医院人文品牌峰会中被授予“2020 年度人文创新医院”称号。

是月　《彭州泉水》公开出版发行，收录彭州泉水故事 70 余个。

12 月
December

1 日　中国残联、中国盲协“光明之家”中途失明康复试点项目启动仪式暨四川省盲人融合训练基地授牌仪式在彭州市残疾人综合服务中心举行。

△　彭州市举行“为艾奔跑、护佑健康”主题公益宣传活动。

3 日　彭州市召开全市村（社区）“两委”换届工作会。

△　四川省成德眉资交界地带融合发展现场会在彭什川芎现代农业园区召开。

△　彭州市入选第五届四川省文明城市。

4 日　总投资 1.5 亿元的中蒙那达慕文化旅游基地西南总部项目落户彭州市。

8 日　彭州市举办“筑梦新社区　畅享新生活　创造新价值”2020 年社区新场景新产品专场推介会，发布新场景 35 个、新产品 19 个。

9 日　彭州市“彭什川芎现代农业园区”入选成德眉资交界地带融合发展首批精品示范项目。

14 日　彭州市与日本石狩市缔结友好城市关系 20 周年视频会议、中法历史文化名城暨彭州市与法国塞纳—马恩省友城视频交流会举行。

22 日　彭州市与四川石化公司签订应急救援企地联动协议。

23 日　彭州市与上海嗨酷强供应链信息技术有限公司签订彭州数字农业战略框架合作协议。

△　“彭州市挂号就医”服务项目获评天府市民云“十佳”市民口碑特色服务。

25 日　彭州市与匈牙利凯奇凯梅特市签署友好合作关系备忘录，正式建立友好合作关系。

29 日　“爱成都·迎大运”2020 年彭州市迎元旦绿道酷乐跑暨“美丽彭州·冬季游”启动仪式举行。

30 日　彭州市文学艺术界联合会第二次代表大会举行。

△　彭州市在“昌建·星悦城”楼盘进行试点“交房即交证”改革，现场发放房产证 26 本。

是月　彭州市双龙社区街心花园景观设计方案被成都市公园城市建设管理局授予 2020 街心花园建设试点方案评比二等奖。

彭州市开展“交房交证”营商环境建设改革，图为昌建星悦城小区部分业主拿到不动产权证书

彭州综述

GENERAL INFORMATION OF PENGZHOU

市情概貌 / 国民经济和社会发展 / 产业空间布局 / 精神文明建设

市情概貌
City Overview

【概况】 彭州市位于四川盆地西北部，成都平原西北边缘，距成都市区25公里。地跨北纬30°54′～31°26′，东经103°40′～104°10′。北以龙门山脊岭为界，与阿坝州汶川县、茂县接壤；南隔青白江与新都区相望；东邻德阳市什邡市、广汉市；西连都江堰市、郫都区，所辖面积1421.36平方公里。2020年末，全市户籍总人口795093人，男女性别比例为1∶1.01。总户数29.52万户，户均人口数2.7人。全市出生人口6027人，死亡人口6021人，人口自然增长率0.01‰。

【建置沿革】 公元前285年，秦结束在蜀封侯置相管理制度，开始推行郡县制，在今彭州市境设繁县，为蜀郡十二县之一。繁县历两汉、魏晋南北朝，南朝梁武帝天监年间（502—519年）分地置东益州，辖南晋寿郡（治地今九陇关口），至西魏废帝二年（552年）置九陇郡，治所在九陇县，领九陇、青阳、陇泉三县，皆在今彭州境内。北周明帝武成二年（560年），九陇郡徙治于繁县并改名九陇县，另置新繁县。隋文帝仁寿二年（602年），改九陇郡置濛州，属益州总管府，下辖九陇县（州治）、清城县（治地今都江堰徐渡）、郫县（治地今郫都区郫筒镇）。炀帝大业五年（609年）废濛州，还属蜀郡。唐武德元年（618年），改郡为州。武德三年（620年），益州分出九陇、绵竹（治地今绵竹市城关镇）、盘龙（治今灌口镇）三县置濛州，属成都府。太宗贞观二年（628年）州废，还属益州。贞观十年（636年），唐太宗李世民封弟李元则为彭王，于原隋濛州治所（今彭镇东古城大缺口）建王子城。高宗仪凤二年（677年），置濛阳镇。武后垂拱二年（686年），分益州九陇、灌宁（治今都江堰市灌口镇，唐高祖时为盘龙县，太宗时改灌宁县，玄宗开元中又改为导江县，并徙治于今导江铺）、唐昌（治今郫县唐昌镇，长寿二年〈693年〉又改名周昌县，中宗神龙元年〈705年〉复名唐昌）三县和濛阳镇、镇静军（驻灌口镇，太宗贞观中置）置彭州，属剑南道。玄宗天宝元年（742年），实行郡县制，改彭州为濛阳郡。肃宗乾元元年（758年）复为彭州。“彭州”行政区域名自686年武后设置后，除一度变名濛州，属辖有变，历五代、宋、元，到明太祖洪武十年（1377年）降州为县，长达690多年。州降县后的285年，因连年战争，州县荒废，人烟稀少，实不成治，清康熙元年（1662年）彭县并入新繁，直至雍正六年（1728年）复置，消失达66年。“彭县”作为行政区域名历清、民国到中华人民共和国1993年，达265年。其间，隶属有变。彭县清顺治三年（1646年）属四川省成都府，嘉庆初设道，属成绵龙茂道成都府；光绪三十四年（1908年）改道名，属川西道成都府；1914年属四川省西川道（1912年裁道，1913年恢复道制，1914年改道名）；1928年裁道，县直属四川省；1935年设行政督察区，属第一区（治地今温江柳城镇）。中华人民共和国成立后，彭县属四川省川西行署温江专区。1959年7月，柏条河以北与彭县接壤的原崇宁并入郫县的庆兴、桂花、丰乐、君平4个公社划入彭县管辖。1968年，专区改为地区，彭县仍属。1978年，地区改为地区行政公署，彭县仍属。1983年3月，温江地区行政公署并入成都市，彭县归属成都市所辖。1993年12月28日，根据民政部民行批〔1993〕232号批复，撤销彭县，设立彭州市（县级），由四川省直辖，以原彭县的行政区域为彭州市的行政区域，省政府委托成都市代管彭州市，原有一切关系不变。

【行政区划】 截至2020年底，彭州市辖4个街道（天彭街道、隆丰街道、濛阳街道、致和街道）、9个镇（龙门山镇、丽春镇、九尺镇、通济镇、丹景山镇、敖平镇、桂花镇、白鹿镇、葛仙山镇）、83个社区、119个行政村。其中，天彭街道辖区面积66.62平方公里，户籍人口17.52万人；致和街道辖区面积63.77平方公里，户籍人口7.81万人；濛阳街道辖区面积117.84平方公里，户籍人口10.57万人；隆丰街道辖区面积80.79平方公里，户籍人口7.24万人；丽春镇辖区面积77.06平方公里，户籍人口6.80万人；九尺镇辖区面积60.08平方公里，户籍人口6.31万人；敖平镇辖区面积75.61平方公里，户籍人口4.51万人；龙门山镇辖区面积443.42平方公里，户籍人口2.44万人；通济镇辖区面积82.04平方公里，户籍人口3.58万人；白鹿镇辖区面积108.56平方公里，户籍人口1.64万人，丹景山镇辖区面积65.42平方公里，户籍人口3.07万人；葛仙山镇辖区面积68.07平方公里，户籍人口3.65万人；桂花镇辖区面积112.08平方公里，户籍人口4.37万人。彭州市人民政府驻天彭街道。

表1 2020年彭州市行政区划情况

街道（镇）名称	属地	居委会（个）	村委会（个）	面积（平方公里）	户籍人口（人）
天彭街道办事处	金彭东路社区东湖大街399号	22	6	66.62	175152
致和街道办事处	北京堂社区天彭大道365号	15	7	63.77	78083
濛阳街道办事处	蒙阳场社区濛海街1号	9	17	117.84	105699
隆丰街道办事处	双埝社区兴府街103号	4	15	80.79	72386
丽春镇	官渠社区丽蓉大道285号	5	13	77.06	67981
九尺镇	九尺铺社区兴隆街114号	4	7	60.08	63146
敖平镇	敖家场社区敖兴街85号	2	9	75.61	45139
龙门山镇	复兴场社区复兴路331号	2	9	443.42	24398
通济镇	景山社区三明路3号	6	6	82.04	35767
白鹿镇	思文社区思文街300号	2	6	108.56	16403
丹景山镇	石牛社区南安大道88号	4	6	65.42	30716
葛仙山镇	乐江村惠安大道88号	3	9	68.07	36534
桂花镇	桂花社区金桂西街264号	5	9	112.08	43689
合计		83	119	1421.36	795093

【地形地貌】 彭州市地形比较复杂，地势西北高、东南低、南北长、东西窄，有山地、丘陵和平原三种地貌。北部为山地，中部为丘陵，南部为冲积平原。山地面积占全市总面积的50%，丘陵约占11%，平原约占39%。境内地质构造经历长期、复杂、多阶段的发育过程，从元古代（距今10亿~6亿年）、古生代（距今4亿~2.8亿年）、中生代（距今2.3亿~0.67亿年）到新生代（距今1000万~1万年）的地层，多有出露，且有岩浆分布。境内地貌从白水河至关口之间，由东北向西南延伸的地区，有一系列大大小小拔地而起的山峰，如尖峰顶、天台山、白鹿顶、葛仙山等数十座，称为"飞来峰群"，是青藏大冰盖冰流的搬运和堆积作用而产生，现称为"巨型冰川漂砾"，为世界所罕见，

银厂沟大龙潭

被列为“世界级遗产”保护。由花岗岩、石灰石岩组成的突兀山峰或“冰川漂砾”都峻峭挺拔而秀丽多姿，溶洞清泉隐约其间，集山景、林景、水景、气景为一体，无不显出壮、险、奇、幽之特色。彭州境内“龙门山国家级风景名胜区”是成都市重点旅游门户。

【气候特点】 彭州地处四川盆地北部，拥有山丘坝的多样化地形、地貌，境内气温由东南向西北逐渐降低，降水量逐渐增多，气候差异明显。境内整体气候温和，四季分明，年平均气温 15.9℃，但地域温差较大，山区和坝区同时刻温差能达 8℃～10℃。降水空间分布不均，坝区年平均降水量 867 毫米，山区年平均降水量在 1100～2050 毫米；降水时间分布不均，降水主要集中在 6—9 月份，占全年总降水量的 75%。较大气候差异造就丰富旅游气候资源的同时，也伴随着各类灾害性天气，主要有春末到初秋冰雹、夏季的暴雨和高温、秋冬季的低温冷害；而灾害性天气引起的次生灾害在彭州市也较为突出，主要有暴雨诱发的山洪地质灾害、城市内涝与低温雨雪天气造成的道路结冰。

【土壤与矿产资源】 彭州市土壤种类繁多，其中存时最为丰富的是水稻土，占全市土地面积的 35%，且全为耕地，占全市耕地面积的 75.7%。彭州市的矿产资源比较丰富，共发现矿产 28 种，已查明具有工业价值的矿种有金、铜矿、地热、矿泉水、石棉、蛇纹岩、铅锌、白云母、水晶、黄铁矿、菱铁矿、磷块岩、煤、铝土矿、白云岩、石灰岩等。但受到自然条件、经济政策及法律法规影响，具备开发利用的矿产主要为水泥用石灰岩，水泥配料用砂岩、黏土，以及矿泉水和地热。

【植物资源】 彭州市域森林覆盖率达 42.56%，有高等植物 2587 种，彭州植物区系起源古老，许多第三纪及以前的古老植物如云杉、冷杉、麻黄以及单型属植物石竹科的狗筋蔓、牛繁缕、毛茛科的星叶草、独叶草等大量存在。特别是银杏、鹅掌楸、领春木、红豆杉、珙桐等属古老孑遗植物，被称为“活化石”；有国家Ⅰ级保护植物 8 种：珙桐、独叶草、红豆杉、南方红豆杉、水杉、苏铁、银杏、距瓣尾囊草。国家Ⅱ级保护植物 15 种：四川红杉、岷江柏木、峨眉含笑、凹叶厚朴、圆叶玉兰、厚朴、连香树、油樟、桢楠、樟树、梓叶槭、野大豆、红豆树、喜树、红椿。

【动物资源】 彭州动物种类繁多，主要有兽类、鸟类、爬行类、两栖类和鱼类等脊椎动物。有国家Ⅰ级重点保护野生动物 7 种：金丝猴、大熊猫、豹、云豹、林麝、马麝和扭角羚；国家Ⅱ级重点保护野生动物 14 种：猕猴、藏酋猴、黑熊、小熊猫、黄喉貂、豺、大灵猫、小灵猫、金猫、水鹿、鬣羚、斑羚、岩羊、水獭。国家Ⅰ级保护鸟类 4 种：金雕、绿尾虹雉、斑尾榛鸡、雉鹑；国家Ⅱ级保护鸟类 22 种：凤头蜂鹰、黑鸢、雀鹰、苍鹰、松雀鹰、普通鵟、白尾鹞、燕隼、红隼、血雉、红腹角雉、勺鸡、红腹锦鸡、灰鹤、草鸮、领角鸮、雕鸮、领鸺鹠、鹰鸮、灰林鸮、短耳鸮和斑头鸺鹠。

【水资源】 彭州市水资源较丰富，境内河川纵横，有大小河流 39 条。分属沱江、岷江两个水系。关口以北山区和市境东南部边界地区属沱江流域，市

河谷

境以南和南部边界地区属岷江流域。属沱江流域的河流，主要有湔江及其支流，属岷江流域的有蒲阳河—青白江。全市还有常年蓄水的塘、库、堰水面163.47公顷。水资源总量多年平均为11.83亿立方米，境内地表水10.96亿立方米，地下水4.26亿立方米（其中重复计算量3.39亿立方米），过境水2.6亿立方米，境内主要有湔江堰灌区和都江堰灌区2大农业灌区。境内主要河流（不含过境河流）湔江年均流量31.8立方米/秒，年径流总量为10.03亿立方米；地表水可利用量4.01亿立方米，地下水可利用量2.71亿立方米，水资源可利用总量4.66亿立方米（重复计算量2.06亿立方米），水库蓄水0.25亿立方米，还有过境河流人民渠、东风渠、蒲阳河—青白江，可补充彭州市供水2.6亿立方米。全市有效灌溉面达54.71万亩。

【旅游资源】 彭州市历史悠久，素有“天府金盆”“蜀中膏腴”之美誉，也是中国曲艺名城、中国民间艺术川剧文化之乡。彭州市自然地理人文风物独具特色，资源丰富，人杰地灵。彭州市古蜀文化、宗教文化、湔江文化和牡丹文化竞相迸放，流传着大禹治水、彭祖祈福寿阳山、杜宇化鹃、开明征服彭国、文翁引流小石河等磨砺自然、令人千古传颂的事迹，形成一条自然人文兼容并蓄的历史脉络。王衍、徐太后、太平公主、王勃、杜甫、陆游、李调元、杨慎等文人墨客在这里留下无数华丽篇章。梁武帝、唐明皇、明惠帝、李闯王、乾隆等帝王在这里留下历史故事。“牡丹故乡、避暑天堂、五教汇聚、地质奇观”构成彭州市四大主体特色旅游资源。“龙门山国家地质公园”“白水河国家自然保护区”“白水河国家森林公园”“龙门山国家级重点风景名胜区”“大熊猫国家公园”五大国家级旅游品牌资源荟萃彭州，省级文化和旅游特色小镇白鹿音乐小镇、省级度假区宝山旅游景区、亚洲第一高佛塔龙兴寺、佛教名胜三昧禅林、主题花卉乐园通济花海、中国三大牡丹观赏基地之一——丹景山、田园赏花胜地葛仙山、飞瀑成群的蟠龙谷、杜鹃成林的卧龙谷等知名旅游景点犹如一颗颗珍珠镶嵌在彭州美丽而富饶的土地上。彭州市有八大类旅游资源1566个，优良级旅游资源351个，其中五级旅游资源20个、四级旅游资源34个、新发现旅游资源点141个。

【非遗传承】 彭州竹雕、敖平风筝制作技艺、阳氏田鸭肠火锅技艺被列入成都市级非遗。2020年，彭州市完成第七批成都市级非遗项目和第二批传承基地申报工作，完成第六批彭州市级非遗项目和非遗传承人申报工作；开展川剧、风筝、剪纸等非遗进校园、非遗进社区、非遗进景区，打造“海窝子川剧小镇”“敖平风筝之乡”。

国民经济和社会发展
National Economic and Social Development

【概况】 2020年，彭州市实现地区生产总值507.37亿元，按可比价格计算，比上年下降4.1%。分产业看，第一产业实现增加值66.71亿元，同比增长3.3%；第二产业实现增加值260.40亿元，同比下降7.2%；第三产业实现增加值180.25亿元，同比增长0.2%。三次产业比重为13.1：51.3：35.6。

【农业】 彭州市全年实现农林牧渔业增加值67.49亿元，同比增长3.3%。农林牧渔业总产值105.51亿元，同比增长3.1%。全年农作物总播种面积118.47万亩，其中粮食作物播种面积54.22万亩，产量24.91万吨；油料作物播种面积8.59万亩，产量1.54万吨；中药材播种面积14.11万亩，产量3.4万吨；蔬菜及食用菌播种面积82万亩，产量235.98万吨；水果种植面积5.46万亩，产量5.23万吨。全年生猪出栏 34.91 万头，比上年增长 22.4%；牛出栏 0.50 万头，比上年增长 0.2%；羊出栏 0.74 万只，增长 1.2%；小家禽畜出栏 701.43 万只；肉类总产量 3.67 万吨，比上年增长 8.4%。全市林地面积 6.07 万公顷，森林面积 6.05 万公顷，森林覆盖率达 42.54%，净增森林蓄积 10.93 万立方米。有自然保护地 7 个。2020 年新划定面积为 31860 公顷的大熊猫国家公园，涵盖整个白水河国家级自然保护区。

【工业和建筑业】 彭州市全年实现工业增加值 233.16 亿元，比上年下降 8.2%。工业用电量 42.20 亿千瓦时，比上年增长 2.4%。全市 164 户规模以上工业企业增加值比上年下降 9.8%；营业收入 670.87 亿元，比上年下降 17.1%；利润总额 48.57 亿元，比上年下降 9.7%；利税总额 146.7 亿元，比上年下降 16.8%。全市全年实现建筑业增加值 27.37 亿元，比上年增长 6.8%，增幅较上年提升 7.7 个百分点。施工总承包和专业承包建筑企业 32 家，实现总产值增长 11.6%。

【商贸业和房地产业】 彭州市全年实现社会消费品零售总额 107.86 亿元，比上年下降 2.5%。按经营地分:城镇实现零售额 88.65 亿元,比上年下降 2.9%；乡村实现零售额 19.20 亿元，比上年下降 0.1%。按消费形态分：餐饮收入 26.67 亿元，比上年下降 2.0%；商品零售额 81.19 亿元，下降 2.6%。全市全年实现商品房销售面积 107.78 万平方米，比上年增长 13.6%，其中住宅销售面积 101.42 万平方米，比上年增长 11.5%。商品房销售额 75.46 亿元，比上年增长 20.2%，其中住宅销售额 71.82 亿元，比上年增长 18.3%。房屋施工面积 552.11 万平方米，竣工面积 20.39 万平方米。

【交通运输与通信业】 截至年底，彭州市境内公路总里程数为 2754 公里。高速公路里程数为 27.8 公里，等级公路里程数达 2725.25 公里。全市货运量为 1123 万吨，货运周转量 114868 万吨公里；客运量为 2464 万人次，客运周转量为 35162 万人公里。年末拥有出租车 404 辆，公交车 331 辆，公交线路 35 条。轨道交通公交化运营，成彭快铁加密至 23 对 / 日。全市拥有固定电话用户 28 万户，移动电话用户 108 万户，互联网宽带接入用户 32 万户，电信行业实现主营业务收入 6.4 亿元。

【固定资产投资】 彭州市全社会固定资产投资比上年增长 11.7%。其中，工业技改投资下降 30.9%；民间投资下降 7.4%；房地产投资增长 60.8%。分产业看，第一产业投资增长 68.0%；第二产业投资增长 1.2%；第三产业投资增长 19.7%。

【对外开放】 彭州市完成外贸进出口总额 10.2 亿元；高能级产业化项目实际到位内资 85.47 亿元，利用外资实际到位 6.12 亿元。签约引进亿元以上项目 75 个，其中 100 亿元以上特别重大项目 6 个。彭州市获成都市 2020 年项目招引攻坚先进单位称号。

【民营经济】 彭州市全年实现民营经济增加值 186.82 亿元，比上年增长 2.0%，占地区生产总值比重为 36.8%。其中，第一产业增加值 9.43 亿元，增长 6.1%；第二产业增加值 86.98 亿元，增长 1.4%；第三产业增加值 90.41 亿元，增长 2.5%。民营经济三次产业比重为 5.0：46.6：48.4。登记注册民营企业共计 12892 户，其中第一产业 1513 户、第二产业 3612 户、第三产业 7767 户。

【企业发展】 彭州市基本单位名录库中有单位 9430 家，其中法人单位 8553 家，比上年增加 527 家；产业活动单位 877 家，比上年增加 19 家。全市“四上”企业共 294 家，其中规模以上工业企业 164 家、施工总承包和专业承包建筑企业 32 家、在库的有资质的房地产开发经营企业40家、限额以上批发和零售企业30家、限额以上住宿餐饮业企业10家、规模以上服务业企业18家。

【财政金融】 彭州市全年实现地方财政收入79.31亿元，比上年增长11.2%。其中，一般公共预算收入35.95亿元，增长0.7%；税收收入25.20亿元，下降7.6%。地方财政支出107.44亿元，比上年增长23.4%。其中，一般公共预算支出58.35亿元，增长14.7%。投入疫情防控专项资金3.5亿元。全市实现减免税费金额94.40亿元，新增减税降费3.02亿元。年末金融机构人民币各项存款余额726.75亿元、比上年增长9.6%，其中住户存款余额519.91亿元、增长11.7%，人民币各项贷款余额367.35亿元、增长13.7%。

【科教卫事业】 彭州市全年有效高企总数达到50家，科技型中小企业入库数达48家，新增成都市级以上企业创新平台3个。完成高新技术产业营业收入112.69亿元，累计建成企业技术中心、工程技术研究中心等成都市级以上企业创新平台45个，完成研究与试验经费（R&D）投入4.5亿元，完成技术合同成交额2.0亿元。根据全市镇（街道）行政区划调整，优化城乡学校布局，完成40所学校更名，撤并小规模学校4所，新设城区学校（园）6所，新建公办幼儿园2所，新增学位5805个。全市有学校（园）212所，在校（园）学生93319人，专任教师6717人。2020年引进教师74名，小学、初中入学率100%，小升初升学率99.9%，初升高升学率99.1%。建成省级卫生村120个，省级卫生镇11个，省级卫生镇实现全覆盖。全市医疗卫生机构606个，有床位6911张，总诊疗人次566.99万人次，健康检查24.31万人次。在岗职工总人数7103人，其中执业（助理）医师2469人，注册护士3349人。全市医疗卫生机构引进高层次人才31人。推进常态化疫情防控，设置定点发热门诊、诊室和基层哨点48处，全市新冠肺炎零感染、未出现本土病例。

【文体旅事业】 彭州市文化创意产业实现增加值38.31亿元，比上年增长31.3%。有文化馆、博物馆、图书馆各1个，文化站20个。完成20个图书馆分馆建设和服务效能提升培训工作；完成天彭街道文化中心、天彭街道南大街文化中心、葛仙山镇熙玉村文化中心、龙门山镇鱼凫文化中心、隆丰街道银定社区文化中心等基层综合性文化服务中心示范点打造。完成体育场地设施常态化调查统计工作，统计点位2906个，体育场地总面积170万平方米，全市人均体育场地面积达2.18平方米。基本建成“城市15分钟健身圈、农村5公里健身圈”。全市有国家AAAA级旅游景区3个（丹景山景区、白鹿音乐小镇、宝山旅游景区）。全年接待游客1305.03万人次，实现旅游总收入54.57亿元。全市开展文化旅游资源普查，梳理发现优质旅游资源351个。

【环境保护和应急管理】 彭州市全年空气质量优良天数303天，比上年增加17天。集中式饮用水水源水质100%达标，地表水考核断面首次实现全面达标。工业固体废物安全处置率、垃圾无害化处理率、危险废物安全处置率均100%。

【社会民生】 彭州市城镇居民人均可支配收入39613元，比上年增长6.2%。其中，工资性收入23733元，增长6.7%；经营净收入4372元，增长4.8%；财产净收入3455元，增长4.2%；转移净收入8053元，增长6.3%。农村居民人均可支配收入25520元，比上年增长8.6%。其中工资性收入12414元，增长7.8%；经营净收入6201元，增长12.4%；财产净收入2473元，增长6.2%；转移净收入4432元，增长7.0%。全市城乡居民基本养老保险参保人数26.61万人，城镇职工基本养老保险参保25.27万人。养老金社会化发放率100%。全年引进高层次创新创业人才、急需紧缺人才187人，新增吸纳大学生创业就业1609人。城镇新增就业9547人，再就业3846人，城镇登记失业率控制在3%以内。

产业空间布局
Industrial Spatial Distribution

【概况】 2020年，彭州市遵循“西控”“北改”城市发展导向和区域功能定位，结合自身资源禀赋、产业基础、区位优势和政策机遇，秉承产业生态圈、创+新生态链理念，规划建设覆盖全域的“3+2+1”产业载体，即成都新材料产业功能区、天府中药城、龙门山湔江河谷生态旅游区、天府蔬香现代农业产业园、丽春航空动力小镇、濛阳新城。重点发展新材料、中医药大健康、航空动力装备、文化生态旅游及康养、现代农业及商贸物流五大产业门类。

【天府现代中药城】 天府中药城属成都市医药健康产业生态圈，规划面积37.8平方公里，其中核心区面积2.38平方公里，涵盖致和街道。主导产业为医药研发、医药原材料、生物医药制造、医药贸易流通、大健康衍生品。有商品药材种植基地、川芎产业标准化示范基地，是成都精准定位于中医药大健康产业为主导的产业功能区。与天府国际生物城及成都医学城错位发展、协同共进，补齐成都中医药产业发展空白。功能区有高新技术企业25家，创新平台24个，科技型中小企业31个。聚集四川新绿色药业、成都第一制药、丽珠光大制药、康弘济生堂等医药健康企业90余家，有年销售过亿元中药单品9个。2020年新签约引进药品制剂及保健品生产基地、生命方舟产业园等项目24个，协议总投资132.42亿元，有产业化项目47个，总投资166.89亿元。

【成都新材料产业功能区】 成都新材料产业功能区是成都市66个产业功能区之一，也是成都新型材料产业生态圈和碳中和产业生态圈的重要承载地。功能区范围面积87.4平方公里（涵盖隆丰街道全域），产业发展区规划面积15平方公里，总体空间按“一区两园六组团”“一水一带一湿地”规划布局，重点发展石油化工产业及相关配套产业、先进高分子材料、精细及专用化学品、绿色氢能产业。引进落户中石油、中石化、三菱化学、空气化工、奥克化学、佳化化学、中国华能、广东宏川等多家高能级企业，获批首批“四川省院士（专家）产业园”“四川省新型工业化产业示范基地”“中国智慧化工园区试点示范（创建）单位”，有力保障西南地区的能源安全和产业链供应安全。2020年新签约引进华能西南综合利用能源中心等11个项目，总投资236.39亿元，均为亿元以上重大工业和信息化项目。有产业化项目14个，总投资58.02亿元。

【龙门山湔江河谷生态旅游区】 龙门山湔江河谷生态旅游区属成都市文旅（运动）产业生态圈，规划面积557.5平方公里，其中核心区规划面积99.1平方公里，包括通济镇、丹景山街道、龙门山镇、桂花镇、葛仙山镇及白鹿镇。主导产业为生态旅游和文化旅游。旅游区有龙门山国家级风景名胜区、大熊猫国家公园等5个国家级品牌资源，白鹿音乐小镇等3个国家AAAA级旅游景区，葛仙山旅游度假区等2个省级旅游度假区。建有重大创新平台12个，省级技术研发类平台1个。2020年新签约引进地球仓、九坊墅宿等民宿10家，签约引进天府美谷·幻美湔江、成都龙之梦旅游度假区等15个重大文旅项目，总投资额达784亿元。2020年，接待游客1305.03万人次，实现旅游综合收入54.57亿元。

【天府蔬香现代农业产业园】 园区规划面积178平方公里，包括濛阳街道、九尺镇2个镇（街道），拥有耕地面积18.9万亩。园区以打造“四中心三示范两提升一环线”为抓手，构建蔬菜绿色循环生产示范区、国际农产品加工商贸物流区、都市农业体验与蔬菜科技创新区和天府蔬香农商文旅体融合发展示范带等功能区。园区内有农业产业化龙头企业30家，其中国家级农业龙头企业1家、省级13家、成都市级16家。省级培育现代农业产业园1个，省级示范农业主题公园1个、成都市AA级林盘景区1个。亿佰家成都冷链物流产业园、四川永辉冷链物流产业园、天府蔬菜种苗繁育中心、四川省蔬菜工程技术研究中心、中国蔬菜博览馆、天府蔬菜社会化服务中心等重大产业化项目建设推进。

【丽春航空动力小镇】 小镇规划面积13.2平方公里，是工信部等五部委确定加速推进的国家级再制造产业集聚区和四川省航空动力特色产业基地，也是成都市唯一的航空产业特色镇。小镇重点发展航空动力产业、增材制造产业及智能制造产业。引进航空动力领域刘大响院士、向巧院士、宫声凯院士、罗瑞盈教授，增材制造领域卢秉恒院士、殷国富教授、陈辉教授，智能制造领域乌克兰国家科学院郭瑞院士等科技人才集聚小镇。2020年新签约项目13个，总投资36.24亿元。有产业化项目23个，总投资185.58亿元，建成仁新科技、蓝色动力等9个项目。

【濛阳新城建设】 新城核心区规划面积33平方公里，是彭州都市农业组团的核心区域，中国四川蔬菜博览会永久举办地，包括彭州市濛阳街道、九尺镇，北连德阳、南接成都，位于成都纵贯南北的城市主轴线，扼成德绵一体化发展轴、成德临港经济产业协作带咽喉位置，是国家“一带一路”倡议框架下，成都国际铁路港大港区农副产品专业物流港、陆港型国家物流枢纽和国家级经济开发区的重要组成部分；也是推进成渝地区双城经济圈建设下，成德同城化的融合极化点。建有国家级蔬菜市场、西部蔬菜价格指数发布中心、中国都市现代农业示范区；入驻福建永辉深圳亿佰家、舞动风、南京雨润等多家商贸物流龙头企业；建成2000亩农副产品加工园区、2000亩现代农业物流园区、3000亩蔬菜主题公园和10000亩设施农业基地；形成“三高三快两轨两站”的综合立体交通发展格局，有恒大、佳兆业、中信、中海外等多家高品质住宅和商业综合体；拥有四川文化艺术学院、成都嘉祥外国语学校、成都博骏公学等优质教育资源。

精神文明建设
Spiritual Civilization Construction

【概况】 2020年，彭州市精神文明建设工作以培育和践行社会主义核心价值体观为主线，推进精神文

6月17日，彭州市开展“我们的节日·端午节”暨包粽子活动

明建设“四大行动”，抓好文明城市创建，提升城市文明程度，广泛开展志愿服务活动，提高市民综合素质，着力为打造两山理念样板区、成德同城先行区，加快建设展现立体画卷的山水公园城市，提供强大的精神文化动力和坚实的道德支撑。

【社会主义核心价值观培育】 彭州市以培育和践行社会主义核心价值观为根本，组织开展“国庆吃面”等系列民俗活动，打造国庆爱国周。开展榜样人物宣传，制作“全国先进工作者”祝增巧感人瞬间组图，借助百姓故事会、文艺展演、道德讲堂等平台，柔性讲述榜样人物感人事迹。以中华民族传统节日为重要节点，组织开展节日民俗、文化娱乐、经典诵读等形式多样的群众性文化活动，开展志愿服务活动2000余场次，近1万名志愿者参加，投放文明旅游公益广告300余幅，组织医疗志愿者下乡为群众义诊3000余人次，发放健康宣传资料4000余份，赠送药物价值3000余元。

【新时代文明实践中心建设】 彭州市围绕“举旗帜　聚民心　育新人　兴文化　展形象”的使命任务，以“五个坚持”为工作原则，采取“1＋3＋N”的形式深入开展文明实践志愿服务，着力打造文明实践示范点位，建成新时代文明实践中心1个，实践所13个，实践站（基地）55个。整合彭州市七类公共服务平台，打造示范点位7个，开展理论宣讲及各类志愿服务活动4000余场，受益群众近20万人次。

【先进典型选树活动】 彭州市持续开展“第二届感动彭州好市民”选树宣传活动，以“边评选边宣传”原则，通过层层推荐、公开评选、媒体公示等环节，从190名候选人当中，评选出20位提名人选。运用微电影拍摄手法鲜活讲述“好市民”感人故事，通过抖音、快手、微信等平台推送，网络阅读量达8000万人次以上，话题“感动彭州”成为抖音热门。2020年，向成都市推荐“身边好人”60名，上榜“中国好人”1名、“四川好人”1名、“成都好人”3名。

【四川省文明城市创建】 2020年是彭州市创建第五届四川省文明城市的收官之年。彭州市按照创建工作总体要求，重点抓好弘扬和践行社会主义核心价值观、提升市民文明素质、传承弘扬优秀传统文化、开展新时代文明实践试点、抓好未成年人思想建设、加强志愿服务等重点工作，不断提升市民文明素养和社会文明程度，成功创建第五届四川省文明城市。

【综合文明指数测评】 2020年综合文明指数测

11月4日，祝增巧入选“四川好人榜”

5月29日，彭州市开展“学习新时代好少年，争做新时代好少年”班队活动

评由成都市委托第三方测评机构进行，全年进行2次集中实地测评和30余次常态化督查，涉及街道、路口、公园、景区等40余个实地项目。彭州市全力配合成都市做好接受全国文明城市复查迎检工作，组织报送各类申报材料200多份，全面完成全市承担的复查迎检工作任务。

【未成年人思想道德建设】 彭州市开展“文明校园”创建工作，新创彭州市级“文明校园”13所。注重乡村学校少年宫特色打造，承办成都市“城乡学校少年宫成果展”，集中展出建宫以来各项目学校的工作成果；评选出彭州市级“新时代好少年”10名，其中1名获四川省及成都市“新时代好少年”称号。策划开展“节日小报创评”活动，获成都市中华经典诵写优秀组织奖及单项奖47个。组织全市未成年人开展清明祭英烈、童心向党歌咏活动、向国旗敬礼等主题教育实践活动，全市未成年人参与率超过90%。

【文化传承与发展】 彭州市推动中华优秀传统文化创造性转化和创新性发展，推动文翁文化建设工程。邀请巴蜀文化名人谭继和、祁和晖到彭，围绕文翁文化遗址遗迹保护、场景打造、活动开展调研座谈；推进《文翁开化》大型舞台剧剧本创作；完成文翁史料汇编。举办文翁全国硬笔书法大赛，征集各地稿件3000余件，创新开展文翁形象全国征集。

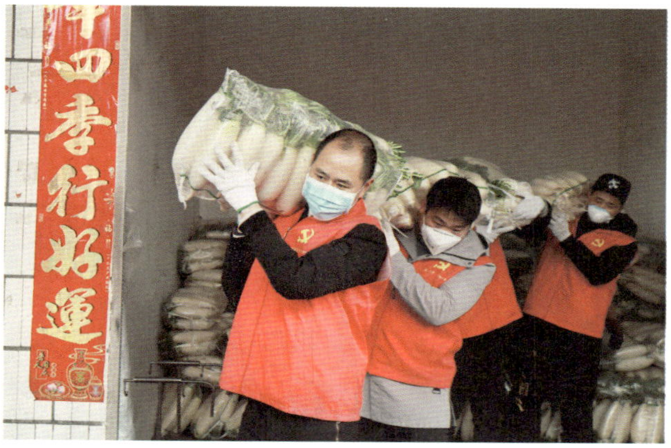

2月4日，党员志愿者帮助贫困农民搬运蔬菜

8月5日，隆丰街道开展“百万市民学礼仪”主题活动

【道德讲堂教育】 彭州市发挥道德讲堂的市民教育平台作用，结合友善优雅市民文明大讲堂，融入社会主义核心价值观和天府文化主题，设计制作“文明有礼　共筑新风”公益广告200余幅，全市开展友善优雅市民文明大讲堂100余场。促进广大市民增强道德意识，提高道德自觉，践行道德规范。

【志愿服务】 彭州市贯彻落实成都市《成都市志愿者注册登记管理办法（试行）》，发动社区居民，志愿者团队，通过成都志愿者App和成都志愿者网注册登记志愿者，完成注册101504人，实现注册志愿者人数占常住人口比例超过13%目标；全市志愿服务时长560125小时，发布志愿服务活动4770次，涵盖党员志愿服务、新时代文明实践、关爱留守儿童、关爱空巢老人、关爱残疾人、环境保护、文明旅游、文明交通、文明餐桌、健康教育、植树护绿等40多个志愿服务项目。

【文明单位创建】 彭州市开展文明旅游、文明交通、文明餐桌、对口脱贫攻坚、植绿护绿、垃圾分类宣传、防疫抗疫、社会公益、志愿服务等各类文明单位创建活动，新创建彭州市级文明单位16个，复查保持全国文明村2个、四川省级文明单位15个、

“三美”示范村——石迎村

成都市级文明单位（村镇、社区）72 个。

【“三美”示范村建设】 彭州市级“三美”（风尚新美、环境秀美、生活乐美）示范村覆盖面达 80% 以上，有成都市级“三美”示范村 36 个。各镇（街道）评选出清洁之家、文明户 500 余户，好公婆、好儿媳 600 余人，上榜成都市级文明家庭 4 户。

【移风易俗示范村建设】 彭州市以村约家规为切入，开展移风易俗专项整治工作，组织村民参与修订村规民约 202 条，将好的家风家训纳入村规民约激励机制范围，将不好的陈规陋习、不文明行为、不良风气等纳入村规民约惩治范围。推动移风易俗，培育文明新风。指导村上成立红白理事会 197 个，在彩礼（嫁妆）数额、宴席规模、亲友随礼、迎娶程序等方面形成规范，遏制大操大办。开展丧事简办，弘扬孝老敬老传统美德，倡导厚养薄葬，提倡文明节俭办丧事，倡导绿色丧葬，反对封建迷信活动。开展喜事俭办，倡导乔迁、庆生、祝寿、升学等事宜不办或俭办，营造和谐真诚的人际关系，减轻人情消费负担，共建积极健康的乡风民风。以家风家训为切入点，开展村民情感教育。打造家风家训示范点，创作家风家训文艺作品，设立家风展示廊、忠孝文化广场，帮助村民梳理和订立新家规，制作和悬挂家规牌，让群众遵家训、守家规，促进家风形成，培养爱党、爱国、爱家乡的情怀。打造成都市家风家训示范点 1 个、彭州市家风家训示范点 6 个。

中共彭州市委员会

THE CPC PENGZHOU MUNICIPAL COMMITTEE

市委机构 / 市委重要会议 / 市委事务 / 组织建设 / 思想文化宣传 / 统一战线 / 外　事 / 机构编制管理 / 目标督查管理 / 党史研究 / 档案管理 / 党政干部教育培训 / 老干部管理

市委机构
Municipal Party Committee Institutions

【概况】 2020年，中共彭州市委员会设立市纪委监委机关1个，即中共彭州市纪律检查委员会（市监察委员会）；设立市委工作机关10个，即中共彭州市委办公室（市委保密机要局〈市国家保密局、市密码管理局〉市档案局）、中共彭州市委组织部（市委非公有制经济组织和社会组织工作委员会、市直属机关工作委员会、市委老干部局、市公务员局）、中共彭州市委宣传部（市精神文明办公室、市对外宣传办公室〈市人民政府新闻办公室〉、市新闻出版局〈市版权局〉、市互联网信息办公室）、中共彭州市委统一战线工作部（市人民政府侨务和台湾事务办公室）、中共彭州市委政法委员会、中共彭州市委政策研究室、中共彭州市委城乡社区发展治理委员会、中共彭州市委外事工作委员会办公室（市人民政府外事办公室）、中共彭州市委机构编制委员会办公室、中共彭州市委巡察工作领导小组办公室。

【2020年彭州市委及工作部门领导名单】

中共彭州市委员会

书　记：徐　刚（2019年12月离任）
王锋君（2月任职）

副书记：陈茂禄（3月任职）
张雄正

常　委：柯　浩（3月任职）
顾文辉（1月离任）
龚亚明
晏渃海
毛高林
米兰佳
王　军（11月离任）
王　强
付光文

中共彭州市委工作机关

中共彭州市委办公室
主任：杨　勇

中共彭州市委组织部
部长：龚亚明

中共彭州市委宣传部
部长：米兰佳

中共彭州市委统战部
部长：晏渃海

中共彭州市委政法委员会
书记：付光文

中共彭州市委政策研究室
主任：王龙周

中共彭州市委城乡社区发展治理委员会
主任：龚亚明

中共彭州市委外事工作委员会办公室（彭州市人民政府外事办公室）
主任：刘　茜

中共彭州市委机构编制委员会办公室
主任：敖　汶

中共彭州市委巡察工作领导小组办公室
主任：胡铭浩

市委重要会议
Municipal Party Committee Important Meetings

【概况】 2020年，中国共产党彭州市第十四届委员会召开全体会议2次（第九次、第十次）、常委会会议48次（第115次至第162次）和其他若干重要会议。

【市委全体会议】 3月14日，中国共产党彭州市第十四届委员会第九次全体会议召开。会议深入学习贯彻习近平新时代中国特色社会主义思想和习近平总书记对四川及成都工作系列重要指示精神，全面落实中央、省委、成都市委重要决策部署，听取和讨论王锋君代表市委常委会作的工作报告，研究讨论《市委常委会2020年工作要点》《2020年全市经济工作要点》《贯彻落实〈中共成都市委关于贯彻落实中共十九届四中全会精神建立完善全面体现新发展理念的城市现代治理体系的决定〉的实施方案》，分析当前彭州面临的新形势新任务新要求，对2020年工作作出全面部署。

9月2日，中国共产党彭州市第十四届委员会第十次全体会议召开。全会深入学习习近平新时代中国特色社会主义思想，全面贯彻落实中央财经委员会第六次会议、省委十一届七次全会、成都市委十三届七次全会和“西控”工作推进会精神，讨论《彭州市2020年1—7月经济工作总结和下一步经济工作安排》《中共彭州市委关于深入贯彻落实“西控”战略推进城乡融合发展加快建设践行新发展理念的立体山水公园城市的实施方案（讨论稿）》，审议通过《中共彭州市委关于深入贯彻落实成德眉资同城化发展和“北改”战略加快建设濛阳新城的决定（草案）》，听取5个部门和13个镇（街道）贯彻落实“西控”“北改”战略情况汇报，全面分析当前彭州面临的新形势新任务新要求，围绕落实“西控”“北改”战略，对加快建设“三区一地”和濛阳新城进行全面部署。

【市委常委会会议】 2020年，中共彭州市第十四届市委常委会会议召开37次。

表2　　2020年彭州市委常委会议一览表

界次	时间	主要内容
十四届第115次	1月3日	传达学习国家主席习近平发表的二〇二〇年新年贺词；传达学习成都市委常委会会议精神，传达学习成都市违建别墅问题清查整治专项行动自查自纠阶段工作情况，书面通报赴日本、韩国出访情况，听取川西气田勘探开发项目工作推进情况的汇报，通报2019年12月份重点工作完成情况，安排部署2020年1月份重点工作
十四届第116次	1月10日	中共彭州市第十四届市委常委会第116次会议召开。会议传达学习中央财经委员会第五次、第六次会议精神；传达学习省委召开常委会（扩大）会议专题传达学习中央财经委员会会议精神，重点研究推动成渝地区双城经济圈建设工作；传达学习成都市委常委会会议精神，研究彭州市贯彻落实措施；听取2019年“三重”工作完成情况的报告，研究部署2020年“三重”工作；讨论并原则同意市委宣传部提交的《关于彭州市2019年意识形态工作情况的报告》
十四届第119次	1月18日	传达学习成德眉资同城化发展推进会精神，传达学习成都市公园城市示范区建设现场推进会精神，传达学习成都市党建述职工作会议精神，传达学习成都市“不忘初心、牢记使命”主题教育总结大会精神
十四届第120次	1月19日	听取2019年度镇（街道）、市级部门党（工）委（党组）书记抓党建述职，并对其开展落实主体责任述职评议
十四届第121次	1月21日	传达学习全国打击治理电信网络新型违法犯罪工作电视电话会议精神，省、成都市有关会议精神，传达学习成都市委召开常委会会议传达学习习近平总书记关于新型冠状病毒感染的肺炎疫情防控重要指示和李克强总理批示精神，全国、全省有关会议精神，传达学习成都市政府安委会和市应急委2020年第一次全体（扩大）会议；通报成都市《2019年自然资源资产审计和经责审计发现问题整改工作方案》
十四届第123次	2月14日	传达学习习近平总书记在北京调研指导新冠肺炎疫情防控工作时的重要指示精神、中央政治局常务委员会会议精神、省委应对新冠肺炎疫情工作领导小组第四次会议和省应对新冠肺炎疫情工作调度会议精神、成都市委常委会会议暨成都市疫情防控领导小组第六次会议精神，传达学习中国共产党第十九届中央纪律检查委员会第四次全体会议精神，传达学习《关于2019年中央政治局贯彻执行中央八项规定情况的报告》和《关于解决形式主义突出问题为基层减负工作情况的报告》，传达学习《中国共产党党校（行政学院）工作条例》，传达学习全国、全省、成都市统战部长会议精神，讨论并同意市政府党组提交的《关于审定2019年彭州市开创发展新局突出贡献先进集体和先进个人表彰奖励有关事项的请示》；讨论并同意市政府党组提交的《关于审定彭州市正通道桥建设有限责任公司债务问题相关事项的请示》

续表 2

界次	时间	主要内容
十四届 124 次	2 月 26 日	传达学习中央统筹推进新冠肺炎疫情防控和经济社会发展工作部署会议精神、省委常委会（扩大）会议精神和成都市委常委会会议精神，传达学习四川省推进成德眉资同城化发展领导小组第一次会议精神，安排部署 2020 年 3 月份重点工作，听取市政府党组提交的《关于全市 2019 年和 2020 年一季度安全生产有关情况的报告》，讨论成都市委《关于加快恢复经济社会秩序努力完成 2020 年经济社会发展目标的意见（征求意见稿）》
十四届第 125 次	3 月 9 日	传达学习中央政治局常委会会议精神和习近平总书记在北京考察新冠肺炎防控科技攻关时的重要讲话精神，听取全市“送政策、帮企业、送服务、解难题”专项行动开展情况汇报，研究全市统筹推进疫情防控和经济社会发展工作（同为市新冠肺炎疫情防控领导小组第四次会议议题），传达学习中央决战决胜脱贫攻坚座谈会精神，传达学习全国、全省和成都市组织部部长会议精神，传达学习全国、全省和成都市宣传部部长会议精神，讨论并原则同意市政府党组提交的《彭州市促进天府中药城高质量发展特色专项政策措施》；讨论并原则同意市政府党组提交的《推动高质量发展进一步严把招商引资项目准入的实施方案（修订）》；讨论并原则同意市委社治委提交的《彭州市老旧小区治理专题调研工作方案》、市政府党组提交的《四川伍汇食品有限公司生猪定点屠宰厂历史遗留问题处理工作方案》；讨论并同意市委政法委提交的《关于加强禁毒工作相关事项的请示》
十四届第 126 次	3 月 12 日	讨论并原则同意《市委书记、副书记、常委工作分工》，讨论并原则同意市委办提交的《中共彭州市委十四届九次全体会议暨市委经济工作会议方案（审议稿）》《市委常委会 2019 年工作总结（审议稿）》《市委常委会 2020 年工作要点（审议稿）》和《贯彻落实〈中共成都市委关于贯彻落实中共十九届四中全会精神建立完善全面体现新发展理念的城市现代治理体系的决定〉的实施方案（审议稿）》；讨论并原则同意市政府党组提交的《2020 年全市经济社会发展主要预期目标和经济工作要点（审议稿）》；听取市纪委监委提交的《关于 2019 年党风廉政建设社会评价满意度工作情况报告》，讨论并原则同意《关于进一步提升 2020 年党风廉政建设社会评价满意度的工作方案》；听取《成都新材料产业功能区工作推进情况及存在问题的报告》《龙门山湔江河谷生态旅游区工作推进情况及存在问题的报告》《天府中药城工作推进情况及存在问题的报告》；讨论市政府党组提交的《彭州市龙门山湔江河谷生态旅游区管理委员会员额管理制度改革实施意见》
十四届第 128 次	3 月 20 日	传达学习中共成都市委常委会第 131 次会议暨成都市疫情防控领导小组第十次会议精神，传达学习锐平书记来彭调研时的讲话精神，讨论并原则同意《贯彻落实锐平书记到彭调研经济社会发展所作指示精神工作方案》，传达学习四川省纪委十一届四次全会和成都市纪委十三届七次全会精神，讨论并同意市政府党组提交的《关于成立彭州市国家生态文明建设示范县创建工作领导小组的请示》，讨论并原则同意市市场监管局党组提交的关于《四川省彭州市新型城镇化标准化试点工作方案》，讨论并原则同意市委组织部提交的《彭州市公务员职务与职级并行制度实施方案》，讨论并原则同意市委组织部提交的《中共彭州市委常委会 2019 年度干部选拔任用工作报告》，讨论并同意市委统战部提交的《关于增补政协彭州市第十四届委员会委员的请示》，讨论并原则同意市政府党组提交的《彭州市行政企事业单位低效闲置国有资产分类处置工作实施方案》，讨论并原则同意市政府党组提交的《彭州市市属国有公司改革整合实施方案》，讨论并同意市总工会提交的《关于推荐四川省第八届劳动模范和先进工作者候选人名单的请示》，讨论并原则同意市委编办提交的《关于成立濛阳新城、天府蔬香现代农业产业园、丽春航空动力小镇建设领导小组的建议方案》
十四届第 129 次暨市疫情防控领导小组第五次会议	4 月 1 日	传达学习习近平总书记对四川西昌市经久乡森林火灾重要指示精神和李克强总理批示精神，四川省及成都市森林草原防火灭火暨安全生产工作会议精神，四川省委常委会会议暨省委应对新冠肺炎疫情工作领导小组第八次会议和成都市委常委会（扩大）会议精神，成都市市长罗强到彭州市调研时的讲话精神，全国、全省、成都市老干部局局长会议精神，四川省、成都市抓党建促决战决胜脱贫攻坚电视电话会议精神，《中央应对新型冠状病毒感染肺炎疫情工作领导小组关于进一步做好疫情防控期间困难群众兜底保障工作的通知》精神；听取全市疫情防控期间困难群众生活服务保障情况报告，通报市委常委班子 3 月重点工作完成情况，安排部署 4 月重点工作；听取全市“送政策、帮企业、送服务、解难题”专项行动开展情况汇报，讨论并原则同意市政府党组提交的《彭州市营商环境提升工程实施方案》《彭州市关于统筹新冠肺炎疫情防控和经济社会发展奋力完成 2020 年经济社会发展目标的实施意见》《彭州市濛阳街道三王村等 5 个“小组微生”新农村综合体项目历史遗留问题处理工作方案》、市委组织部提交的《2020 年全市组织工作要点》、市委统战部提交的《2020 年全市统战工作要点》，讨论并同意市政府党组提交的《关于审定继续适用〈进一步加快转变经济发展方式促进市域经济转型升级的若干奖励政策〉和〈进一步加快经济发展的十二条措施〉的请示》、市委社治委提交的《2020 年度彭州市党建引领城乡社区发展治理示范建设点位申报名单》，讨论干部人事工作

续表 2

界次	时间	主要内容
十四届第 130 次暨市疫情防控领导小组第六次会议	4 月 15 日	传达学习中央、省、成都市疫情防控相关会议精神和工作要求，传达学习中央、省委、成都市委政法工作会议精神，讨论并原则同意市委政法委提交的《2020 年市委政法工作要点》，学习《成都市人民政府办公厅关于加强新型产业用地（M0）管理的指导意见》，讨论并同意市纪委监委提交的《关于召开中共彭州市第十四届纪律检查委员会第九次全体会议相关工作的请示》，听取部分市领导《2020 年 1—3 月履行全面从严治党主体责任情况的报告》，讨论并原则同意市民政局提交的《彭州市关于推进村（社区）体制机制改革的实施意见》《彭州市村（社区）优化调整方案》《关于审定增补柯浩同志为彭州市村（社区）体制机制改革领导小组副组长的请示》《关于审定〈彭州市村（社区）体制机制改革专项工作组、驻镇（街道）工作指导组〉的请示》，讨论并同意市纪委监委提交的《关于表扬 2019 年度落实党风廉政建设主体责任先进单位的请示》，讨论并原则同意市人大常委会党组提交的《彭州市人大常委会 2020 年工作要点》，讨论并原则同意市政协党组提交的《政协彭州市委员会 2020 年工作要点》和《2020 年度政协协商计划和民主监督计划》，讨论干部人事工作
十四届第 131 次	4 月 22 日	传达学习全国、全省、成都市审计工作会议精神和成都市委审计委员会第三次会议精神，讨论并原则同意市委办提交的《进一步加强中央、省委、成都市委领导重要批示办理工作的实施方案》，讨论并原则同意市委政法委提交的《彭州市重大风险防控攻坚战实施方案》，讨论并同意市政府党组提交的《关于表扬 2019 年度全市农村改革、现代化农业产业园区建设工作先进单位的请示》
十四届第 132 次	4 月 23 日	宣布市委常委工作分工及调整后的市疫情防控领导小组和指挥部成员，并对近期重点工作进行安排部署
十四届第 133 次	5 月 6 日	传达学习四川省委、成都市委政协工作会议精神，传达学习全国、全省、成都市基层党建工作重点任务推进视频会议精神，讨论并原则同意市委组织部提交的《2020 年全市基层党建工作要点》，讨论并原则同意市委社治委提交的《2020 年彭州市党建引领城乡社区发展治理工作要点》，听取市委政法委提交的《关于信访维稳工作有关情况的报告》，讨论并原则同意市政府党组提交的《关于审定 2020 年征地拆迁工作有关事项的请示》，讨论并同意市人大常委会党组提交的《关于召开彭州市第十八届人民代表大会第四次会议的请示》，讨论并原则同意市政协党组提交的《关于召开政协彭州市第十四届委员会第四次会议的实施方案》《政协彭州市第十四届委员会常务委员会工作报告》，讨论并原则同意市政府党组提交的《天府中药城片区综合开发方案》，讨论并同意市政府党组提交的《关于解决购买异地城乡建设用地增减挂钩节余指标所需资金的请示》，讨论干部人事工作
十四届第 134 次	5 月 19 日	传达学习中央政治局常委会会议精神和成都市委常委会会议精神（同为市疫情防控领导小组第七次会议议题），传达学习省十三届人大三次会议、省政协十二届三次会议、成都市十七届人大三次会议、成都市政协十五届三次会议精神，讨论并原则同意市委办提交的《2020 年彭州市级督查检查考核计划》，听取各镇（街道）和市级部门 2020 年推动的重点工作、重大项目、重要环节情况报告，讨论并原则同意市人大常委会党组提交的《彭州市人民代表大会常务委员会工作报告（审议稿）》，讨论并原则同意市政府党组提交的《彭州市人民政府工作报告（审议稿）》，讨论并原则同意市政府党组提交的《关于彭州市 2019 年国民经济和社会发展计划执行情况及 2020 年国民经济和社会发展计划草案的报告（审议稿）》，讨论并原则同意市政府党组提交的《关于彭州市 2019 年财政预算执行情况和 2020 年财政预算草案的报告（审议稿）》，讨论并原则同意市法院党组提交的《2019 年彭州市人民法院工作报告（审议稿）》，讨论并原则同意市检察院党组提交的《2019 年彭州市人民检察院工作报告（审议稿）》，讨论并原则同意市委宣传部提交的《彭州市电影发行放映公司改革工作方案》，讨论并同意市政府党组提交的《关于增加成都湔江集团注册资本金的请示》，讨论并同意《彭州市第十八届人民代表大会第四次会议组织工作有关问题的请示》
十四届第 135 次	5 月 22 日	讨论并同意市民政局党组提交的《彭州市村（社区）优化调整方案》，讨论干部人事工作
十四届第 136 次	5 月 25 日	讨论并原则同意市委组织部提交的关于《全市村（社区）临时党组织书记、工作委员会主任人选名单》，讨论并同意市纪委监委提交的《关于给予有关人员纪律处分的请示》
十四届第 137 次	6 月 4 日	传达学习十三届全国人大三次会议和全国政协十三届三次会议精神，听取全市落实“六保”任务工作情况的报告，传达学习省委第九巡视组巡视成都市工作动员会精神，传达学习习近平总书记五四寄语精神，国家《中长期青年发展规划（2016—2025 年）》实施工作部际联席会议 2019 年全体会议、《四川省中长期青年发展规划（2017—2025 年）》实施工作联席会议 2020 年全体会议暨工作推进会议和成都市青年工作联席会议 2020 年第一次全体会议精神，听取《彭州市贯彻落实〈四川省中长期青年发展规划（2017—2025 年）〉工作情况及 2020 年工作建议的报告》，传达学习习近平总书记关于应急管理、安全生产、防灾减灾救灾和森林草原防灭火工作的重要指示批示精神，以及国务院督导组动员会精神，通报 5 月份重点工作完成情况，安排部署 6 月份重点工作，听取“四大攻坚战役”进展情况的报告

续表 2

界次	时间	主要内容
十四届第 138 次	6 月 22 日	讨论并同意市委办提交的《关于拟废止、宣布失效和修改部分市委规范性文件的请示》，讨论并同意市政府党组提交的《关于回购彭州市非国有法人股东和自然人股东持有成都广电网络投资有限责任公司股权有关事项的请示》，讨论并原则同意市委组织部提交的《关于成都市管干部 2019 年年度考核有关情况的报告》，讨论干部人事工作
十四届第 139 次	6 月 23 日	讨论《中共成都市委关于坚定贯彻成渝地区双城经济圈建设战略部署加快建设高品质发展增长极和动力源的决定（征求意见稿）》《成都市建设践行新发展理念的公园城市示范区总体方案（送审稿）》
十四届第 140 次暨市疫情防控领导小组第八次会议	7 月 1 日	传达学习习近平总书记在专家学者座谈会和中非团结抗疫特别峰会上的重要讲话精神、省委应对新冠肺炎疫情工作领导小组会议精神以及成都市委常委会会议精神，研究当前全市疫情防控工作，传达学习省级领导干部和市厅级主要负责同志读书班精神，传达学习全国禁毒工作先进集体和先进个人表彰会议精神；听取 2020 年上半年全市禁毒工作开展情况的报告，讨论并原则同意市政府党组提交的《2020 年彭州市产业能级提升工程实施方案》，讨论并原则同意市发改局党组提交的《彭州市城乡功能品质提升工程工作方案》，通报 6 月份重点工作完成情况，安排部署 7 月份重点工作，讨论并原则同意市委宣传部提交的《市委宣传部 2020 年宣传思想工作要点》，讨论并原则同意市政府党组提交的《彭州市濛阳新城（濛阳组团）片区综合开发方案》
十四届第 142 次	7 月 16 日	传达学习中共四川省委十一届七次全会精神和中共成都市委十三届七次全会精神，传达学习成都国家城乡融合发展试验区建设动员会暨“西控”工作推进会议精神，听取市委办提交的《关于 2019 年成都市委、市政府对彭州市“双百分”目标绩效考评情况的报告》，讨论并原则同意市纪委监委提交的《彭州市 2020 年全面从严治党、党风廉政建设和反腐败工作要点》，听取部分市领导《2020 年 1—6 月履行全面从严治党主体责任情况报告》，讨论并同意市政府党组提交的《实施成都市 100 万亩菜粮基地高标准农田建设项目——彭州市 4 万亩高效菜粮示范区高标准农田建设项目的请示》，听取并原则同意市委巡察办提交的《关于市委第八轮巡察和民族宗教工作专项巡察情况的报告》，讨论干部人事工作
十四届第 143 次	7 月 30 日	传达学习习近平总书记在中央政治局第二十一次集体学习时的重要讲话精神，传达学习中共中央政治局常委会会议防汛救灾工作的部署要求，研究部署全市防汛减灾工作；传达学习四川省推进成德眉资同城化发展领导小组第二次会议精神，传达学习全国民委主任会议精神和中央、省委关于宗教工作督查有关文件及会议精神，听取“四大攻坚战役”进展情况的报告；通报 7 月份重点工作完成情况，安排部署 8 月份重点工作；讨论并原则同意市委督促检查暨绩效管理工作领导小组提交的《彭州市 2020 年创先争优工作总体方案》《彭州市 2020 年向上争取项目工作方案》《彭州市 2020 年争取上级财政资金工作实施方案》；讨论并原则同意市委宣传部提交的《关于 2020 年上半年意识形态工作情况的报告》；讨论并原则同意市政府党组提交的《彭州市征地拆迁和杆管线迁改“半年攻坚”行动实施方案》；讨论并原则同意市委组织部提交的《彭州市 2020 年排查整顿农村发展党员违规违纪问题工作实施方案》；讨论并同意市政府党组提交的《关于调整彭州市机关事业单位工作人员死亡丧葬费开支标准的请示》
十四届第 145 次	8 月 31 日	传达学习习近平总书记在经济社会领域专家座谈会上的重要讲话精神和《求是》杂志 2020 年第 16 期发表的习近平总书记重要文章精神，传达学习成都市村级建制调整改革总结暨村（居）民小组优化调整工作推进会议精神，讨论并原则同意市民政局提交的《彭州市关于推进村（居）民小组优化调整改革的意见（审议稿）》，讨论并原则同意市委办提交的关于《2020 年习近平总书记对四川及成都工作重要指示批示精神贯彻落实任务清单》，讨论并原则同意《中共彭州市委十四届十次全体会议方案》《中共彭州市委关于深入贯彻落实成德眉资同城化发展和“北改”战略加快建设濛阳新城的决定（送审稿）》《中共彭州市委关于深入贯彻落实“西控”战略推进城乡融合发展加快建设践行新发展理念的立体山水公园城市的实施方案（送审稿）》《2020 年上半年经济工作总结和下半年经济工作安排（送审稿）》，通报 8 月份重点工作完成情况，安排部署 9 月份重点工作，听取市政府党组提交的《关于 2020 年上半年全市安全生产和应急管理工作总结及下半年工作计划的报告》，讨论并原则同意市政府党组提交的《关于调整〈四川伍汇食品有限公司生猪定点屠宰厂历史遗留问题处理工作方案〉的请示》
十四届第 147 次	9 月 7 日	听取并原则同意市委办提交的《关于 2019 年镇（街道）、部门目标考核结果的报告》

续表 2

界次	时间	主要内容
十四届第 150 次	9 月 29 日	传达学习习近平总书记在科学家座谈会、基层代表座谈会、教育文化卫生体育领域专家代表座谈会上的重要讲话精神和对“十四五”规划编制工作网上意见征求活动作出重要指示精神，传达学习成都市村（居）民小组优化调整调度暨改革“后半篇”文章推进会议精神，传达学习产业社区建设现场推进会议精神，讨论并原则同意市委社治委提交的《关于深入推进党建引领老旧小区多元共治体系建设工作实施意见》和市委组织部提交的《关于老旧小区基层组织建设和能力提升行动方案》，听取市委政法委提交的《关于当前全市信访稳定工作情况的报告》，通报 9 月份重点工作完成情况，安排部署 10 月份重点工作；讨论并原则同意市政府党组提交的《龙门山湔江河谷生态旅游区核心起步区片区综合开发方案》，讨论并原则同意市政府党组提交的《成都龙之梦旅游度假区项目投资协议》，讨论干部人事工作
十四届第 151 次	10 月 15 日	讨论并同意市政府党组提交的《关于 2020 年度实施乡村振兴战略推进城乡融合发展工作先进镇和示范村（社区）建议名单的请示》，讨论并原则同意市委党校提交的《彭州市推进党校分类建设实施方案》，讨论干部人事工作
十四届第 152 次	10 月 23 日	传达学习中央政治局会议精神、省委常委会会议精神和成都市委常委会会议精神，传达学习《中华人民共和国食品安全法实施条例》《四川省党政领导干部食品安全工作责任清单》，传达学习成都市项目招引攻坚行动总结交流会议精神，传达学习成都市“爱成都・迎大运”社区共建共治共享行动现场推进会议精神，听取部分市领导《2020 年 1—9 月履行全面从严治党主体责任情况的报告》，讨论并原则同意市政府党组提交的《彭州市完善重大疫情防控体制机制健全公共卫生应急管理和紧急医学救援体系实施方案》，讨论并原则同意成都新材料产业功能区管委会提交的《成都新材料产业功能区（成都石油化学工业园区）管理委员会员额管理制度改革实施意见》，讨论并同意市政府党组提交的《关于审定〈2020 年项目招引攻坚行动先进集体及个人建议名单〉的请示》
十四届第 153 次	11 月 1 日	传达学习中国共产党第十九届中央委员会第五次全体会议精神，听取市委整改办提交的《关于中央巡视整改工作推进情况的报告》，传达学习成都市村（居）民小组优化调整改革工作推进会议精神，听取市公安局党委提交的《彭州市公安工作情况的报告》，听取《彭州市营商环境提升工程推进情况的报告》，讨论并原则同意市政府党组提交的《彭州市全面深化营商环境提升工程实施方案》，通报 10 月份重点工作完成情况，安排部署 11 月份重点工作，讨论并原则同意市政府党组提交的《白水河国家级自然保护区内天生桥电站拆除补偿工作方案》
十四届第 154 次	11 月 18 日	听取市纪委监委关于《坚持严的主基调深入落实中央八项规定精神一体推进不敢腐不能腐不想腐情况的报告》，观看党风廉政警示教育片《越界》，讨论并原则同意市委组织部提交的《关于排查整顿农村发展党员违规违纪问题处理意见的报告》，讨论并原则同意市委组织部提交的《关于开展 2020 年软弱涣散村（社区）党组织整顿提升工作有关情况的报告》，讨论干部人事工作
十四届第 157 次	12 月 3 日	传达学习全省县级党校分类改革工作会议精神，传达学习四川省、成都市村（社区）“两委”换届工作电视电话会议精神，讨论并同意市委组织部提交的《关于成立彭州市村（社区）“两委”换届工作领导小组的请示》，听取市“扫黄打非”工作领导小组提交的《关于 2020 年“扫黄打非”工作情况的报告》，传达学习成都市委常委会会议精神，通报 11 月份重点工作完成情况，安排部署 12 月份重点工作，讨论并原则同意市委编办提交的《关于构建大拆迁大安置工作机制的实施方案》，讨论并同意市政府党组提交的《关于审定〈中科彭州智慧产业创新中心理事会成员调整名单〉的请示》，讨论并同意市文联提交的《关于召开彭州市文学艺术界联合会第二次代表大会的请示》
十四届第 158 次暨市疫情防控领导小组第九次会议	12 月 8 日	传达学习中国共产党四川省第十一届委员会第八次全体会议精神，传达学习成都市委常委会（扩大）会议精神，传达学习成都市新冠肺炎疫情防控指挥部第 55 次会议精神，传达学习省委第九巡视组巡视成都市情况反馈会议及成都市巡察工作“上台阶、创一流”现场推进会精神，讨论《中共成都市委关于制定国民经济和社会发展第十四个五年规划和二〇三五年远景目标的建议（征求意见稿）》
十四届第 159 次	12 月 14 日	传达学习成都市新冠肺炎疫情防控专项联动巡察动员部署会议精神，通报中共成都市纪委关于彭州市经科信局等部门违规公款采购月饼问题问责处理情况，讨论干部人事工作
十四届第 160 次	12 月 17 日	传达学习中央全面依法治国工作会议精神，传达学习成都市“北改”工作推进会议精神，通报中共成都市纪委关于彭州市经科信局等部门违规公款采购月饼问题问责处理情况，讨论并原则同意市纪委监委提交的《彭州市经科信局等部门违规公款采购月饼问题的整改方案》，讨论并原则同意市政府党组提交的《彭州市濛阳新城片区开发投资合作实施方案》，讨论并同意市党风廉政建设责任制领导小组办公室提交的《关于召开中共彭州市第十四届纪律检查委员会第十次全体会议及开展 2020 年度述责述廉工作的请示》

续表 2

界次	时间	主要内容
十四届第 161 次暨市疫情防控领导小组第十三次会议	12 月 25 日	传达学习习近平总书记在中央政治局第二十五次集体学习时的讲话精神，传达学习中央经济工作会议精神和成都市委常委会（扩大）会议精神，传达学习省委第三巡视组政府采购专项巡视成都市进驻沟通会议精神，讨论并原则同意《彭州市市级党政领导干部食品安全工作责任制清单》，讨论并原则同意市委组织部提交的《关于高标准高质量严要求做好村（社区）“两委”换届工作的实施方案》，讨论并原则同意《关于“12·7”突发新冠肺炎疫情讨论反思情况的报告》，讨论干部人事工作
十四届第 162 次	12 月 30 日	传达学习省委经济工作会议精神和中共成都市委十三届八次全会暨市委经济工作会议精神，通报 2020 年 12 月份重点工作完成情况，安排部署 2021 年 1 月份重点工作，听取党的群团工作汇报，讨论并原则同意市委宣传部提交的《关于意识形态工作情况的报告》，讨论并原则同意市政府党组提交的《关于推进竹产业高质量发展建设大美湔江竹林风景线的工作方案》，听取市委教育工作领导小组提交的《关于全面深化新时代教师队伍建设工作相关情况的报告》

【全市综治维稳工作会】 1 月 5 日，彭州市召开市应急委 2020 年第一次会议暨全市综治维稳工作会议，通报国内典型事故和全市综治维稳工作。会议强调，务必高度重视，在镇街机构调整、人员调整的情况下，抓紧时间完善相关预案、制度，做好工作对接和推进。务必落实责任，全面落实党委、政府领导责任、行业主管部门监管责任和企业主体责任，落实安全生产清单，做到“尽职照单免责、失职照单追责”，确保安全生产各项决策部署落地见效。务必抓好重点行业领域安全防范，危化品、消防、交通运输、建筑施工、综治维稳等重点行业领域要开展好全方位体检式安全排查，针对每个隐患或问题落实责任单位、责任人员，限时整改落实。务必从严从实监管执法，切实加大预防性执法力度，坚持把重大隐患当作事故来对待，及时整改和开展“回头看”，综治维稳工作中要抓好重点，管控特殊重点人群。谋划 2020 年“三重”工作，务必做好节假日期间值班值守工作，值班领导和人员必须在岗在位。

【“不忘初心、牢记使命”主题教育总结大会】 1 月 19 日，彭州市召开“不忘初心、牢记使命”主题教育总结大会，总结彭州市主题教育工作，部署巩固发展主题教育成果、持续抓好理论武装、推进整改落实、建立长效机制等相关工作。会议强调，要深入学习领会习近平总书记重要讲话精神，深刻领会全党主题教育取得的重大成果，吸收历次党内集中教育形成的宝贵经验，把握持续推动全党“不忘初心、牢记使命”的重大部署；要严格落实上级重大决策部署，强化理论武装，坚持问题导向，突出标本兼治，抓实宣传引导，不折不扣完成主题教育各项目标任务；要全面总结全市主题教育取得的重大成果，牢记宗旨意识，将新发展理念的创新思维与城市发展的现实矛盾辩证统一，重修城市发展战略规划；要准确把握主题教育取得的经验启示，提高政治站位、对表对标，深化理论武装、知行合一，抓好“关键少数”、示范带动，以求真务实、奋斗不息的作风赢得群众认同；要认真检视干部队伍存在的突出问题，坚持深学细悟，勇于自我革命，加大建章立制，推动主题教育持续走深走实。

【生态环境保护大会】 3 月 24 日，彭州市召开 2020 年生态环境保护大会，总结 2019 年生态环境保护工作，部署 2020 年重点工作，部分部门、街道作交流发言，成都市环科院通报冬季战役期间空气质量情况和近期空气质量预测情况。会议强调，要统一思想行动，充分凝聚共识，切实增强抓好生态环境保护的责任感使命感。在文明建设大局中找位置强担当，将公园形态和城市空间有机融合，积极构建绿色发展制度体系，推动生产体系、生活方式、生态环境绿色化，全面提升生态环境质量；要坚持问题导向，狠抓关键环节全力打好污染防治“三大战役”；要深入推进生态环境治理体系和治理能力建设，全面提高生态环境保护综合决策、监管治理和公共服务能力，持续抓好生态环境问题整改；要强化工作统筹，全力推动生态环境保护工作取得实效，全面加强党对生态环境保护工作的领导，统筹做好疫情防控与生态环保工作，建立健全工作保障机制，制定系统完整、边界清晰的环保责任清单，以严格的纪律和优良的作风保障全市生态文明建设工作再上新台阶。

【铁腕治毒工作会议】 4月3日，彭州市召开推进铁腕治毒工作会议，传达全国、成都市禁毒工作会议精神，审议通过全市禁毒工作要点和工作实施细则。会议要求，要认清当前形势，提高思想认识，以高度的政治自觉和行动自觉坚决抓好禁毒工作，认清禁毒工作的严峻形势和存在短板，进一步转变观念，以高度负责的精神抓好禁毒工作。有效形成“一盘棋”的工作合力。要坚持问题导向，突出关键环节，以坚定的政治担当和精准举措坚决扭转全市毒情的形势。树立综合治理的理念，坚持高压严打，加强吸毒人员管理，大力推动社会化工作，紧盯重点，常抓不懈。要强化组织保障，严格责任落实，以过硬的纪律作风和业务素养坚决打赢新时代禁毒人民战争。严格落实责任、逗硬考核问责、强化队伍建设，充分发挥党委、政府“牵头抓总”、职能部门“齐抓共管”、社会力量“广泛参与”的作用，努力营造共建共治共享的全民禁毒工作新格局。

【市纪委十四届九次全会】 4月20日，彭州市纪委十四届九次全会召开。会议传达学习成都市纪委全会精神，总结2019年全市党风廉政建设和反腐败工作，部署2020年工作，审议纪委工作报告。会议强调，要认真学习领会习近平总书记重要讲话精神和各级纪委全会精神，准确把握新时代全面从严治党取得的历史性成就，准确把握推进国家治理体系和治理能力现代化对全面从严治党提出的新要求，准确把握党中央全面从严治党的主要任务和总体要求；要切实增强新时代推进全面从严治党的自觉性和坚定性，认清全市在全面从严治党存在的薄弱环节，干部的作风与经济社会发展要求、人民群众所盼所想还存在一定差距，要切实增强责任担当，坚持问题导向、强化底线思维，把全面从严治党不断引向深入；要聚焦重点难点，在坚决践行“两个维护”、压紧压实主体责任、强化作风建设、巩固发展反腐败压倒性胜利、健全完善监督体系、坚决维护群众利益和强化自身创新提能7个方面持续发力，坚定不移地推动全面从严治党向纵深发展。

【市委农村工作会】 4月30日，彭州市召开市委理论学习中心组（扩大）学习会暨市委农村工作会议。开展乡村振兴战略专题辅导，表彰2019年度先进单位，部署2020年“三农”及扶贫开发工作。会议强调，思想上要有正视差距、直面问题的勇气魄力，全面增强做好“三农”工作的危机感紧迫感责任感。要加快转思想、转观念、转作风，主动对标其他区县，真抓实干，擦亮彭州农业的“金字招牌”；工作上要有知耻后勇、争创一流的信心决心，全力以赴开拓彭州“三农”工作新局面。围绕都市现代农业生态圈、现代乡村治理体系、农业农村改革、农商文旅体融合发展等工作，强弱项、补短板、增动能，打造农业农村工作亮点；行动上要有主动担当、敢为善成的责任意识，以扎实过硬的作风推动工作落地见效。要认真履行第一责任人职责，做到腿勤、手快、心正、肯干，把党管“三农”工作的要求落到实处，以工作实绩振兴乡村、造福群众。同时，要巩固提升扶贫开发成效，扎实开展经济薄弱村和产业帮扶户的对口帮扶，持续加强援黑工作力度，做到脱贫不脱帮扶。

【市委政协工作会】 5月20日，彭州市召开市委政协工作会议，传达学习中央、省委和成都市委政协工作会议精神，部署新时代全市政协工作。会议强调，要坚定正确政治方向、明确当前中心任务，充分发挥政协优势，找准角色定位，切实增强使命担当，凝聚各方智慧和力量；要凝聚思想共识和奋斗力量，着眼城市发展、为民利企等，积极履职尽责，充分发展协商民主，主动融入发展大局，担负建言资政的时代使命，彰显纾危解困的责任担当；要不断加强思想建设、能力建设和队伍建设，打造新时代高素质的政协委员队伍，努力提升履职能力和水平；市委要继续坚持组织领导到位、工作支持到位、保障落实到位，做到思想上重视、政治上关心、工作上支持、保障上有力，保障政协作用的充分发挥。

【市委全面依法治市委员会第二次会议】 6月8日，彭州市召开市委全面依法治市委员会第二次会议，审议年度工作要点，部署相关工作。会议要求，要切实增强法治建设紧迫感，重点聚焦执法规范、司法提效、普法塑品、法治乡村，扎实推进社会治理体系和治理能力现代化；要着力深化立法、执法、司法、守法普法四位一体工作格局，坚持目标、问题、结果、宣传四个导向，对重点部门、重点领域、重点环节开展督察，以查短板、促整改、补弱项、强基础，不断提升法治彭州建设水平；要找准放管平衡点，用好行政提示、行政约谈等柔性监管方式，积极扶持企业发展。

【项目招引攻坚动员会】 7月5日，彭州市召开项目招引攻坚行动动员部署会议，审议通过项目招引攻坚行动方案。会议要求，要坚决贯彻落实成都市项目攻坚行动的决策部署，做好打硬仗准备，尽快走出去，持续推动项目签约一批、动工一批；要明确细化任务调配，确保目标任务全覆盖。四大班子领导要对口联系单位，提升洽谈实效；部门、镇街和国有企业要加快梳理优势项目清单，明确目标企业，做好项目包装策划，坚持精准出击；要持续提升联合作战能力，在产业功能区设立要素保障专班，完善要素保障和营商环境优化，构建形成全员参战、尽锐出击的招商引资格局；要加大目标考核力度。细化相关考评方案，完善相关激励机制，加大对优秀团队和个人的奖励力度，进一步激发招商队伍的干事热情；要规范力量配备，成立攻坚行动指挥部，统筹组织开展工作，针对性开展谈判、礼仪等相关培训，持续提升招商人员专业素养；要优化形成调度评审有效机制。强化项目信息收集、科学研判和综合论证，优化项目洽谈、会商、报备等相关流程，提高项目招引效率；要提升项目承载能力，全面梳理项目承载基础，做好土地、水、电、气等相关要素保障，加快推进功能区起步区建设；秉承“不叫不到”“随叫随到”“服务周到”的服务精神，满足企业多样化、差异化诉求，营造全市上下重商亲商的浓厚氛围。

【扫黑除恶专题会】 7月14日，彭州市召开扫黑除恶专项斗争专题会议，传达学习习近平总书记关于扫黑除恶专项斗争的系列重要指示精神，听取全市情况汇报并部署下一步工作。会议要求，要提高思想认识，切实增强抓好专项斗争工作的政治自觉。必须准确把握当前专项斗争面临的形式和阶段性特点，进一步坚定信心决心，从更好的政治站位来认识和把握这场斗争，认真总结规律，完善策略方法，保持强大攻势，力争取得新的更大成效。要突出关键环节，在聚焦靶心上提升专项斗争实际成效。要精准核查线索、强化协作配合，夯实基层基础、健全长效机制、统筹各方资源力量，充分发动和依靠人民群众，将专项斗争推向深入。要加强组织领导，在凝聚力量中强化专项斗争的行为自觉。必须加强统筹协调、严格履职尽职、强化工作后力，在认识上再加深、责任上再压实、要求上再提高。

【全市教育大会】 9月7日，彭州市举行2020年教育大会暨第36个教师节庆祝大会，表彰2020年综合评估一等奖学校和优秀校长、特级教师、卓越班主任等优秀教务工作者。大会提出，要坚持立德树人，努力培养担当民族复兴大任的时代新人；要坚守校园意识形态主阵地，树立正确的教育政绩观评价观，培养一支德高身正的教师队伍，培育教书育人的良好氛围；要坚持教育优先，着力构建符合彭州实际的现代教育体系，要做到规划发展、财政投入、公共资源配置“三个优先”，着力扩大学前教育优质资源供给，促进义务教育优质均衡发展和中高等教育特色发展，持续提升职业教育服务发展水平；要坚持改革创新，加快激发教育高质量发展的内生动力，提高教育质量，增强教师职业吸引力，鼓励各类学校创新发展，做好民办教育机构引导规范工作；要加强党对教育工作的全面领导，把党的领导贯彻到教育工作各方面全过程，激发情怀、敢于担当，聚力形成重视教育、关心教育的强大合力，构建良好的教育环境。

【全市村（社区）“两委”换届工作会】 12月3日，彭州市召开全市村（社区）“两委”换届工作会，对全市村级换届选举工作进行全面动员和部署。会议要求，要深刻把握新一届“两委”班子任期与“十四五”时期高度契合的新形势，把握巩固和深化村级建制调整改革成果的新机遇，把握深化全面从严治党、巩固基层良好政治生态的新任务，切实增强责任感和使命感；要坚决落实上级决策部署和政策规定，高标准选优配强村（社区）“两委”班子，鲜明选人用人导向，优化班子整体结构，依规依实推行“一肩挑”，关心关爱离任干部；要严格依法依规有序推进换届工作，严格程序步骤，严肃换届纪律，严防风险隐患，确保全流程各环节有序平稳、清净安静；要加强换届工作组织领导，压紧压实工作责任，从严从实督促指导，有力有序抓好衔接，切实保障圆满顺利完成、换出新气象新面貌。

市委事务
Municipal Party Committee Affairs

【概况】 2020年，中共彭州市委以习近平新时代中国特色社会主义思想为遵循，牢固树立“四个意识”，深入践行“两个维护”，切实做到“五个坚持”，围绕中心工作，主动作为、创新工作，不断提升“三服务”水平，完成各项工作任务。

【全面深化改革】 彭州市委“一盘棋”谋划全面深化改革工作，坚持“一把手”抓改革，各专项小组、成员单位认真落实改革责任。聚焦重点改革任务落实“规定动作”，制定并出台年度工作要点和台账，对8大领域、9项试点、125项具有“四梁八柱”性质的改革任务实行清单管理，使全年改革任务可量化、可考核，有针对性和操作性。突出彭州特色亮点谋划“自选动作”，推出2020年度重点改革创新项目“三张清单”，改革项目60项。全年推出探索产业功能区生态价值转化新机制、创新矛盾纠纷多元调处机制、地方性校园法治文化标准化试点、探索打造花村街社区发展治理“新样板”、禁毒工作机制创新改革、建立“项目专家投资一体化”彭州模式等一批改革“新样板”。《四川彭州市探索村集体经济“共建联营制”》改革经验被四川省委改革办采用，《彭州市创新探索“巡审联动”协作机制 实现审计监督集约化优质化高效化》《彭州市构建村级权力监管机制　精准防治“一肩挑”党组织书记集权腐败》《彭州市探索“四端链接”机制激活医保大数据拓展医药健康产业金融链》等改革经验被成都市委改革办采用。

【文件办理】　彭州市委办公室严格履行大力精简文件规范文件制发政治责任，在全市营造崇尚“短实新”文风的良好氛围，2020 年制发精文简会范围内文件 27 件，同比减少 25%；公文办理实现“零差错”，严格执行《中国共产党重大事项请示报告条例》，坚持站在讲政治的高度办理市委请示报告事项，全年办理以市委名义报送的请示报告 53 件；草拟市委常委会会议纪要 45 期，完成会议记录 48 期，办理常委会会议决定事项通知 220 期；加强密码电报和涉密上三级文件的管理和流转，承办上三级文件 1500 余份、机要件 97 份，未出现错发、漏发及失泄密情况。

【会议办理】　彭州市委办公室坚持精简会议数量、提高会议质量，2020 年全市纳入精减范围的会议比 2018 年（精简会议统计基数）下降 33.7%，承办市委全会、全市领导干部大会、市委理论学习中心组会议等全市性会议 20 余次、市委常委会会议 48 次、市委领导专题会议 100 余次。

【信息报送】　彭州市委办公室紧扣市委决策部署，探索构建大调研、大信息工作格局，通过畅通沟通渠道、借智借力、增强上报力量等方式进一步夯实党委信息上报工作，全年组织上报中央、省委和成都市委信息 172 篇，其中报中央办公厅 30 余篇，《基层反映“疫情”期间线上购物平台乱象亟需规范》《基层反映亟需规范科普消除群众对疫情防控的认知恐慌》等 10 余篇信息被中央办公厅采用，获党和国家领导人批示 3 次，获成都市委办公厅感谢信 4 封。

【综合协调】　彭州市委办公室认真履行承上启下、沟通内外、协调左右的职能，优化信息平台和常态化沟通机制、常委政务活动调度制度、月度工作调度制度、市级领导重点亮点项目调度制度，完善市委常委之间、四大班子办公室之间的协调协作机制，推进市委决策部署落地落实。优化市委领导公务活动安排，按照落实“八项规定”精神要求，做到精简会议、精简讲话、精简活动出席，持续增加基层调研行程安排，深入把握全市市情，倾听基层干部、群众声音。针对各渠道反馈的问题，坚持上下联动、分类施策，充分整合各方力量和资源，聚焦共性和个性问题积极协调解决。

【发展研究】　彭州市委办公室把调查研究作为发挥参谋辅政的重要手段，全年征集研究课题 35 个，编辑《决策内参》8 期，其中《关于彭州市发展皂角产业的初步思考》被市委、市政府采纳，皂角产业被列为彭州农业特色产业之一。促进疫情防控和决策咨询，完成疫情防控相关调研文稿 3 篇，其中《关于新型冠状病毒肺炎疫情防控期间物资捐赠存在的问题及对策建议》获市委主要领导肯定性批示，累计向成都市新冠肺炎疫情防控指挥部上报意见建议 54 篇。

【机要保密管理】　彭州市委办公室进一步增强风险防控能力，采取保密技术演示、案例警示教育、保密形势教育、新旧媒体平台等多种方式，开展机要保密工作宣传教育活动 70 余次、保密专题培训 3 次、现场培训 5 次。优化服务保障工作，认真做好党政网公文交换系统和涉密内网公共办公应用平台管理、维护工作，更新彭州要闻、重要文件等栏目信息 2000 余条，推进高清视频会议系统建设，保障各级电视电话会议 140 余次。

组织建设
Organization Construction

【概况】 2020年，彭州市组织工作全面践行新时代党的建设总要求和新时代党的组织路线，紧紧围绕市委中心大局强组织、选干部、聚人才，着力加强组织发动、高位推动、整体联动，将组织工作优势转化为绿色发展、精细治理优势，为实施“四大提升工程”、打好“四大攻坚战役”、加快建设践行新发展理念的立体山水公园城市提供坚强组织保障。

【政治建设】 彭州市委组织部坚持把学习贯彻习近平新时代中国特色社会主义思想作为最重要的理论课题，作为全市各级党组织会议第一议题和党员干部教育培训的中心内容，巩固深化“不忘初心、牢记使命”主题教育成果。健全系统学习、分类研究、对表贯彻新思想工作体系，引导广大党员干部增强“四个意识”、坚定“四个自信”、做到“两个维护”。持续深化“市委精品党校+2个特色院校+N个现场教学基地”教育培训体系建设，加快培育一批专家型本土讲师，8个教学基地入选成都市首批现场教学基地名录。举办中共十九届四中全会精神

7月30日，彭州市与四川大学全国干部教育培训基地举行实践教研点建设签约授牌仪式

轮训、领导干部专业化能力提升培训等各类培训班91期、培训党员干部8000余人次。落实领导干部上讲台制度，开展“金彭先锋·党课开讲啦”等活动12场次，推出绿色生态等13个主题“感悟最美体验式党课”，创作精品视频课件15个，推动全市党员干部理论武装走深走实、入脑入心。

【基层党建】 彭州市委组织部在镇行政区划调整、村（社区）体制机制改革和“两委”换届期间，高质量完成各级党组织建设、领导班子建设和党员干部队伍建设任务，大力推进村（社区）党组织书记、主任一肩挑，全覆盖轮训村（社区）党组织书记，为优化城乡空间布局和乡村振兴发展提供坚强的组织保障。深化党建引领城乡社区发展治理，创建成都市级示范点位15个、彭州市本级点位14个。探索居民小区党建“多维组团”工作路径，拉起社区、物业、社会组织“党建朋友圈”，成立小区党支部、党小组42个，举办群众性主题活动69场次，吸引参与居民1.6万人次，协调解决困难问题1500余个，培育鸿运星城等示范小区7个。制发党建引领深化集体经济改革、扶持集体经济发展壮大政策措施50条，回引农村带富能手127人。

【机关党建】 彭州市委组织部创新实施党建工作重点项目组团攻坚行动，把党建工作梳理成标准建设质量提升、“微课”品牌拓展升级等7个重点项目、36项任务，引领62个机关单位组团承接、攻坚推进，带动全市形成创新案例55个，创建成都市十佳示范基层党组织、省先进基层党组织2个。分级分批组织开展党性教育、革命教育、警示教育，开展“政治生日忆初心·创新提能担使命”“勇担使命赋新能·抢抓机遇创佳绩”等主题党日活动，持续营造机关党建浓厚氛围。建立基层党组织示范创建标准和规范运行体系，组织编印《组织工作万事通》《党务工作者应知应会手册》《先锋成长记》等工作指

4月22日，彭州市开展“党旗领航·助企双胜”联合主题党日活动

10月15日，彭州市举办2020年“两新”组织党务工作者“强基提能”专题培训班

南，进一步强化机关党组织规范化建设。

【“两新”组织党建】 彭州市委组织部持续加强市委“两新”工委建设，健全完善联系点和任务清单制度。号召非公企业和社会组织党组织发挥疫情防控战斗堡垒作用，派出党员驻企服务专班38个，举办“党旗领航·助企双胜”联合主题党日活动，积极助力疫情防控和复工复产。积极动员“两新”力量参与“送帮送解”行动，帮助“两新”组织解决实际问题150余个。开展“两个覆盖”集中攻坚行动，推动非公经济和社会组织党组织覆盖率达82.23%、党的工作覆盖率保持100%。健全产业功能区组织体系，构建形成“党工委+综合党委+基层党组织”的党建工作格局，组建成都先进材料生态圈党建联盟和市文旅产业联创联建党建联盟。开展示范创建行动，加强永辉物流、成都龙特名公司等示范点位建设，统筹推进国企、律师、住建等行业系统党建提质增效。加强全职党建指导员队伍建设，建立专项招聘、专职培训、专门管理、正向激励等“四项机制”，持续推进职业化专业化规范化建设。

【战疫防汛力量组织】 彭州市委组织部动员全市各级党组织和共产党员投身疫情防控，抽调1900余名机关干部混岗编组，全覆盖建立党员干部联户机制，实行“一户一台账”制度，联动社区工作者、社会组织等2.65万人跟踪管理200余万人次。抽调600余名党员干部组建党员专班，帮助2300余家企业稳定就业岗位7.2万个，助力1000余家企业复工复产。抽调114名干部坚守出入境防疫前线，常态化抓牢外防输入、内防反弹。在防汛第一时间组建党员突击队200余支、党员应急组1300余个，联动交通、水务、应急等50余名技术型党员干部，全力保障人民生命财产安全。

【干部队伍建设】 彭州市委组织部以镇区划调整为契机，选优配强镇街领导班子。开展领导班子运行和干部队伍建设情况调研分析研判，摸清摸准家底，做好镇领导班子换届准备工作。实施年轻干部梯次培养计划，突出讲政治、懂城市、会经济、善治理导向，规划制定“三期九步”成长路径，新提拔重用“85”后镇党委书记2人、正职干部1人，党外正职干部3人。探索“岗编适度分离”培养路径，畅通59名高学历干部交流成长渠道。加强干部提素强能，聚焦“三区一地”建设需要举办专题培训10期、培训干部1200余人次。拓宽“一线实训”渠道，选派11名干部到先进发达地区跟班锻炼，选派9批226名干部开展龙门山违建农房整治，抽调400名干部到产业功能区参加项目招引攻坚。

【干部监督管理】 彭州市委组织部坚持从严监督管

理干部，常态化开展选人用人工作专项检查，严格执行提醒、函询、诫勉等制度。强化干部政治监督，严格执行领导干部个人有关事项报告制度，对3名个人有关事项报告不实的人员分别进行诫勉和批评教育。开展干部选任监督，实行中层干部选拔任用方案预审制度及职务任免备案制度，深入23家单位开展选人用人专项检查，立好选人用人规矩，树好正确用人导向。从严开展干部日常监督，做好3批次74人次“一把手”离任经济责任事项交接监督工作，集中管理505名干部因私出国（境）证件，清理筛查4376名机关干部和国企人员违规经商办企业行为。

【公务员队伍建设】 彭州市委组织部认真贯彻落实公务员法及配套法规，巩固和拓展职务与职级并行制度，做好公务员日常管理和职级晋升工作。实行公务员“建档立卡”日常管理，建立公务员“一人一档”纪实表2000余份，系统集成干部现实表现。统筹做好公务员考录工作，统筹做好招录、调任、转任等工作，聚焦经济社会发展需要，精准招录经济类、规划建设类、旅游管理类等专业公务员117人，其中选调急需紧缺专业选调生15人、基层选调生9人、面向社会公开招录93人，不断扩大优秀年轻干部储备。加强选调生一线历练，选派45名选调生到村任职。

【人才招引】 彭州市委组织部持续优化人才政策体系，完善“彭友计划”柔性引才支持措施，进一步扩大人才政策覆盖面。依托大连理工成都研究院、北航成都创新研究院，建立“院士驿站”2个，贴近需求服务院士（专家）团队项目落地。实施“群雁还巢”计划，举办返乡人才系列主题活动12场次，回引在外优秀人才66人。组织企事业单位赴重庆市、广州市等地参加“蓉漂人才荟”等招才引智活动4场，新引进高层次创新创业人才、急需紧缺人才182人，兑现各类人才津贴补助1211.7万元。开展“蓉你骄傲·菁彭有我”人才联谊，以及“彩虹跑”“乡野路食”“古窑彩绘”等蓉漂专属活动15场次，持续凝聚人才发展活力。成立“彭什青年人才共建委员会”，开展“彭程万里·什步芳草”人才双创主题活动，推进彭什两地人才协同发展。发放“金彭人才绿卡”206张，增设餐饮购物折扣、景区免费游览等12项生活服务。在产业功能区建立新型人才服务站4个，组建医药健康等产业人才发展联盟5个，服务人才550余人次、协调解决困难问题72个。创作人才政策漫画、快板、白瓷系列文创产品，创新人才工作的“文创”表达，被《人民日报》等媒体报道，浏览量超20万人次。

【党组织和党员队伍建设】 彭州市委组织部建立党的基层组织2105个，其中，党委201个、党总支84个、党支部1820个。城市街道建立党组织608个，镇建立党组织597个，机关单位建立党组织293个，事业单位建立党组织268个，国有企业单位建立党组织42个，非公有企业单位建立党组织332个，社会组织建立党组织118个。全年，全市共发展党员297人，在疫情防控一线发展党员4人，产业工人56人，农民116人，非公有制企业29人，社会组织14人，少数民族3人。截至2020年底，全市共有党员40488人，其中女性党员11920人，少数民族党员226人，大专及以上学历党员15615人，农牧渔民党员12118人，离退休人员7719人，公有制单位人员8027人，非公企业人员1398人，社会组织人员766人，其他人员10460人。

【人才队伍能力提升】 截至年底，彭州市有干部4545人（不含教育、卫生系统），其中公务员（含参公人员）3100人、事业管理岗1034人、事业专技人员411人。公务员中，有研究生学历169人、占5.45%，大学学历1864人、占60.13%，大专学历1023人，占33%；35岁及以下年轻干部874人。事业管理岗中，有研究生学历101人、占比9.77%，大学学历547人、占比52.9%，大专学历323人、占比31.23%，35岁及以下年轻干部368人。专业技术人员中，有副高级以上职称的57人、占比13.86%，有研究生学历27人、占比6.57%，35岁及以下年轻干部121人。累计有各类人才11.8万人，占全市人口总数的15.23%，拥有国家、省、成都市级重大人才工程（项目）入选者16人，引进硕士及以上学历高层次人才715人。

思想文化宣传
Ideological and Cultural Publicity

【概况】 2020年，中共彭州市委以习近平新时代中国特色社会主义思想为指导，增强“四个意识”、坚定“四个自信”、做到“两个维护”，深入贯彻中共十九届五中全会精神，把学习宣传贯彻习近平新时代中国特色社会主义思想作为首要任务，认真落实中央、省委、成都市委以及彭州市宣传工作的安排部署，围绕中心、服务大局，自觉承担起举旗帜、聚民心、育新人、兴文化、展形象的使命任务，推动宣传思想工作在守正创新中不断开创新局面。

11月23日，举行中共十九届五中全会精神宣讲报告会

【理论学习教育】 彭州市委宣传部邀请权威专家和领导围绕习近平新时代中国特色社会主义思想、中共十九届五中全会精神等主题开展高质量专题辅导9次；围绕产业发展、科技创新、城市建设等方面开设系列专题讲座20场；编印《市委理论学习中心组学习参考资料》，全面推广使用“学习强国”学习平台、“蓉城先锋”平台、“先锋成都”学习平台、“两微一端”等网络学习平台，全市纳入“学习强国”学习平台组织架构学员总数30000人，向“学习强国”四川学习平台和成都学习平台供稿391条，采用173条。组织开展省委十一届七次全会、成都市委十三届七次全会和彭州市委十四届九次全会精神专题宣讲13场，学习贯彻中共十九届五中全会和省委十一届八次全会精神专题宣讲48场，市领导带头到联系指导镇（街道）、分管（联系）行业和部门开展五中全会精神宣讲50余场。全市各镇（街道）、市级各部门分级分层组建宣讲小分队，深入开展针对性、互动式宣讲1200余场。以“彭州发布”“V彭州”“品鉴彭州”等为主平台的微信宣讲矩阵共发布理论宣传类文章3000余条。

【宣传工作】 彭州市委发挥党政主流媒体和新媒体传播优势，服务经济社会发展大局，认真做好宣传推介、信息发布、舆论引导等工作。全年在中央级主流媒体上宣传报道500余篇条，特别是在央视、《人民日报》、新华社、《中国日报》等媒体平台的专题报道达80余篇条，在四川省级、成都市级主流媒体和涉外媒体上刊播各类新闻报道2000余条次。出品《听鉴彭州》《理想彭州》《理想之城》城市外宣短视频。其中，抖音话题“彭州理想之城”（话题阅读量达40余万人次），视频全网播放量超500万次。围绕美丽彭州四季游、文创生活节、龙门山艺术节、第八届白鹿·法国古典音乐艺术季、第三届龙门山民宿发展大会等主题活动，创新策划主题活动宣传方案，精心设置宣传话题和议题，精选融媒体平台，全方位进行推广营销，全面展示彭州市经济、政治、社会、文化、生态文明和党的建设等全方位深层次的发展变化。

【疫情防控宣传】 彭州市委组织部发布各级疫情防控部署及相关权威信息，贯彻落实党中央重大决策部署的具体举措、推进企业复工复产以及恢复正常秩序的政策措施，聚焦组织各级新媒体刊发推送《彭州一企业春节不休假口罩日产38万只》《防疫生产两不误 成都彭州为复工企业提供融资帮助》。中央、省市新媒体、重点商业网站和自媒体等平台，推出相关报道5000余篇。编创并推送防疫顺口溜短视频成为抖音热门，组织彭州市文联共同策划“战疫之声·彭州文艺人”在行动MV系列行动，视频播放量达300余万次。联合属地政务新媒体、自媒体平台开设抖音话题“防控疫情彭州在行动”，话题播放量超3000万次。通过300个户外LED屏、404辆出租车顶灯，滚动播放防疫科普知识宣传片、标语等；张贴、发放宣传海报和宣传单134万份，悬挂横幅标语1800余幅等。

【舆论引导与监督管理】 彭州市修订出台《彭州市舆情风险研判定级标准》《彭州市网络信息内容安全应急响应值守工作规范》，梳理总结出《重大舆情风险点研判流程》《重大舆情处置流程》《重大舆情信息发布流程》，按照线下实体处理与线上舆论引导的良性联动，疫情期间，未发生1起因网络管理不力导致上级部门转办的涉彭州疫情网络舆情。

2020年彭州市网络安全应急演练

【互联网信息管理】 彭州市委宣传部指导全市各单位提高网络安全意识、强化数据安全管理，落实上级对防疫期间个人信息保护的相关要求，推进网络安全工作责任制落实，以网络安全风险要素为切入点，着重检查网络安全责任制落实情况，对彭州市13家重点单位的网站和重要信息系统安全防护情况开展网络安全检查。

【政务新媒体融合发展】 彭州市委宣传部推进媒体融合发展，完成融媒体中心技术平台建设、媒资库建设和高清制播升级改造，构建“报台网微（两微信一微博）+爱上彭州App+音快手短视频+直播”及向上延伸全媒体平台，实现“中央厨房”统一策划生产机制，通过省委宣传部全省媒体融合领导小组融媒体中心建设验收和抽检。2020年，彭州市融媒体中心快手平台共发布信息1300余条，总浏览量1.39亿人次；抖音话题“品鉴彭州”浏览量2.2亿人次；“彭州发布”微博发布信息8000余条，65.3万人关注，总阅读量6000余万人次；摄制宣传片和短视频60余部，短视频《彭州白瓷》获“两会观察 融媒先锋”2020优秀融媒体产品“四川省最佳融媒创新奖”。

统一战线
United Front

【概况】 彭州市台办工作职能职责于2019年划入市委统战部，市委统战部加挂市政府侨务和台湾事

5月21日，彭州市新联会开展“互联网时代如何实现传统行业的转变”“新彭友”分享汇活动

9月13日，彭州市农联会联合知联会及多个社会团体开展粮油产业发展论坛

务办公室牌子。彭州市民宗局与市委统战部合署办公，实行一套工作机构、两个机关名称。2020 年，彭州市委统战部聚焦不忘初心、维护核心、服务中心、凝聚人心“四心定位”，克服新冠肺炎疫情影响，以塑造“彭州统战”工作品牌为抓手，以打造湔江“新彭友”实践创新基地和推动“同心朴院”拓能升级为着力点，全面推进民主党派和无党派人士、民族宗教、非公有制经济、港澳台侨和对口支援阿坝州黑水县工作，提升统一战线对全局工作的贡献率，取得 2020 年度成都市统战理论创新优秀成果、统战工作实践创新优秀成果和统战信息工作先进单位，以及“基层统战工作提升年”先进单位等奖项；牵头对口支援阿坝州黑水县工作，以彭州市名义被省委、省政府评为“2019 年省内对口帮扶藏区彝区贫困县先进集体”。

【民主党派工作】 彭州市委统战部与九三学社成都市委会签订第三轮“九彭合作”，相继开展“同心健康行”“关爱妇幼”等系列活动 4 次。指导民建彭州支部与民建重庆市大渡口区委员会签订协议，结对共建友好组织。召开各界人士情况通报会和建言献策会，引导广大统战成员围绕天府蔬香现代农业产业园、彭州中学（九峰书院）等重点项目和城市管理、乡村振兴、“四大提升工程”等重点领域开展专题“议政日”活动，收集意见建议 57 条，提交人大建议、政协提案共 51 篇，其中《关于建设天府中药城成都医药港成为西部地区最大的中药材交易和物流中心的建议》等 6 篇提案被市政协列为重点提案。

【无党派人士组织建设】 彭州市成立新的社会阶层人士联谊会湔江分会，吸纳龙门山湔江河谷旅游区 28 名各类代表人士作为首批会员。探索打造湔江“新彭友”实践创新基地，被评为“第四批成都市新的社会阶层人士统战工作实践创新基地”。指导彭州市党外知识分子联谊会、彭州市新的社会阶层人士联谊会和彭州市农业职业经理人联谊会等统战社会团体开展“我为‘双胜利’献一计”专题活动及“知心彭益”分享汇和粮油论坛等活动。先后组织彭州市党外知识分子联谊会、彭州市新的社会阶层人士联谊会和彭州市农业职业经理人联谊会到阿坝州黑水县开展捐款捐物、捐资助学，到新津区、邛崃市和重庆市南川区考察学习先进技术和经验，引导统战成员积极参与脱贫攻坚、乡村振兴战略，确保统一战线始终与党委同向同行。

【民营企业发展】 彭州市登记注册民营企业 12892 户，其中第一产业 1513 家、第二产业 3612 家、第三产业 7767 家。民营经济增加值 186.82 亿元，增速 2%，民营经济增加值占地区生产总值比重

36.8%。京华制管等5家企业入选“2020成都民营企业100强”。全市培育“专精特新”企业4家、成都市梯度培育种子企业8家，新培育规模以上工业企业28家，拟上规、成长型、小巨人企业突破120家，成都市知识产权示范企业2家，知识产权优势企业10家，新增对外贸易备案登记企业33家。培育特色农产品品牌140个，“三品一标”农产品认证126个，2家企业产品评选为“四川优质品牌农产品”。

【非公有制经济代表工作】 彭州市建立健全党政领导干部常态化联系重点民营经济代表人士、商（协）会工作机制。实行副主席（副会长）轮值制度。探索建立《彭州市工商联（商会）执委会成员履职事项等级及评优办法》。成立青年企业家商会，注重对年轻一代企业家的培养和教育。打造“湔江民企大讲坛”、线上线下交流、企业共享发展经验、法律服务保障等5个平台，实施“彭商培育工程”，举办“中小微企业财税管控思维”专题分享会，邀请专家学者解读宏观经济形势、产业及行业发展趋势。引导民营企业自觉履行社会责任，积极参与疫情防控和脱贫攻坚、乡村振兴、公益慈善等社会事业。疫情期间，彭州市民营企业向疫情防控一线单位捐赠现金68.39万元、防疫口罩3.7万个、消毒液1.1万吨、医用防护手套1.2万双。向对口支援阿坝州黑水县捐赠物资现金共506.04万元。

6月19日，湔江民企大讲坛活动举办

7月21日，彭州市统一战线业务培训会召开

【调研与培训】 疫情防控期间，彭州市委统战部一手抓疫情防控，一手抓业务学习，组织统战干部系统学习《中国共产党统一战线工作条例（试行）》，并开展业务知识考试。围绕“中小微企业疫情防控和复工复产”“补短板、强功能”，以及“十四五”规划编制，组织统战干部深入彭州市中小微企业、宗教场所，以及统战成员中开展调研，不断提高统战干部理论联系实际的能力。先后组织统战干部到福建省宁德市、重庆市南川区、成都市新都区等地开展学习考察活动5次。召开基层统战工作培训会议，每季度组织统战干部开展业务知识培训，不断提高统战干部业务水平。

【港澳台同胞及海外代表人士统战工作】 彭州市对全市台侨企业及部分重点人士进行走访。协调有关职能部门，为驻彭州台侨企业办理防疫补贴、减免申请，共460余万元。邀请全国台企联（西南西北区）37家台湾企业到彭州市参加招商项目推介会。邀请厦门市11家涉台协会，台资企业、侨资企业参加“闽彭缘茶叙”投资恳谈会。邀请成都侨商协会部分在成都侨企、侨商到彭州市考察航空动力及新材料产业功能区规划建设。邀请四川大学、成都理工大学、成都中医药大学专家学者到彭州交流考察，洽谈校地、校企合作事宜。力促四川大学与彭州市经科信局签订共建专家工作站协议。2020 年，邀请接待到彭州交流台侨团组 8 批 92 人次，其中台湾石匠集团和台湾三益集团分别就民宿和中医药产业项目，与彭州有关部门达成初步合作意向。

【民族宗教事务】 彭州市督促指导天彭街道外北街社区、桂花镇丰乐社区结合宣传、党建、社会治理等工作深入开展民族团结进步创建工作，促进民族文化交流。召开全市宗教工作领导小组（扩大）会议，厘清职责、压实任务，巩固系列治理工作成果，特别是持续加强佛道教商业化专项治理、基督教和私设聚会点专项治理、未开放宗教活动场所分类处置等工作。制定宗教领域违规违法建设专项治理工作方案和“三张清单”，切实抓好市委对宗教工作专项巡察反馈的问题整改工作。将 2020 年作为彭州市宗教界“教风建设年”，加强对宗教界教职人员行为自律的引导和规范。疫情期间，按照“双暂停一延迟”工作要求，强化对困难寺庙、宗教教职人员的关心和帮助，做好各宗教场所疫情防控工作。引导宗教团体、宗教场所向彭州市一线防疫部门捐赠防疫物资 15 万余元（含现金捐赠 14 万余元）。

【党外干部队伍建设】 彭州市印发《关于进一步完善和加强全市党外干部队伍建设的十条措施》。组织 51 名党外干部在市委党校举办为期两天的党外干部素能提升专题培训班。完成彭州市党外后备干部基本情况新一轮摸底工作，全市党外干部在库 637 人，其中副市级领导干部 5 人、正局级领导干部 2 人、副局级领导干部 21 人、中层干部 121 人。2020 年 8 月，一次性提拔 2 名党外干部分别担任市审计局局长、市行政审批局局长；调整 1 名党外干部担任市公共资源交易服务中心主任，并按程序完成政协彭州市第十四届委员会委员增补工作。

外　事
Foreign Affairs

【概况】 2020 年，彭州市外事工作主动服务疫情防控工作，强化部门联动协作，开展社区管理服务外事工作培训，着力提升社区做好境外疫情输入防控和管理服务水平。加强国际抗疫合作，接收来自国际友城捐赠医用口罩 19325 个、医用防护服 49 件、医用手套 21500 只。向日本、韩国、法国等 9 个国家的友好（合作）关系城市捐赠医用口罩 180300 个、医用鞋套 5000 双、医用手套 2000 双、中成药 1000 盒。始终坚持“党管外事”原则，自觉服从党中央外交大政方针、服务国家总体外交大局，稳步提升全市外事工作水平。围绕产业生态圈建设、友城建设、重大合作项目引进等重点工作开展国际“云端”交流，扎实抓好外事资源聚集转化，服务地方经济社会发展。

【国际交流】 彭州市全年开展具有务实性、服务地方经济社会发展的国际交流活动 38 项；新建友好合作关系城市 1 对；有效处置涉外案（事）件 6 起，处置率达 100%，开展预防性领事保护宣传活动 5 次，

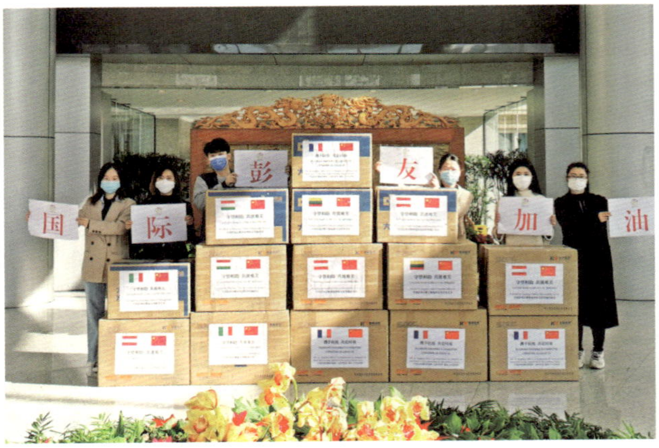

3月31日，彭州市向友城捐赠抗疫物资

着力提高群众对非法外出务工的危险性认知，不断提升市民海外自我安全防范意识；承接成都市委外事办对外交流演出活动联合彭州市教育局组团赴塞浦路斯开展“彭彭海外游学季”，与塞浦路斯利马索尔市开展文化、教育交流并签署《建立友好合作关系意向书》；利用世界遗产城市组织宣传平台向全球会员城市正面宣传彭州市抗击新冠肺炎疫情经验；举办与日本石狩市缔结友好城市关系20周年视频会议、中法历史文化名城暨中国彭州市与法国塞纳—马恩省友城视频交流会，从线下到线上向国际朋友“云推介”彭州外资营商环境和投资机遇，并签署友城、青少年领域合作协议3项，确定双方未来五年合作交流方向。

【友好城市缔结】 彭州市以“守望相助·共同战疫”为契机，做实“口罩外交”，巩固、织密友城交流全球网。2020年，与匈牙利凯奇凯梅特市建立友好合作关系，双方在文化、旅游、温泉康养、制造、商业经济等领域开展交流合作。彭州市累计友好（合作）城市达17对。

【外事活动】 1月17日，彭州市致和小学、实验学校分别与塞浦路斯共和国立马索尔语法学校和帕福斯国际学校建立友好学校关系，双方共同参加“一带一路”论坛、欢乐春节等教育交流活动，促进国际教育合作开展。8月30日，与彭州市教育局合作，收集100名中小学生画作，参加由世界遗产城市组织、联合国教科文组织及斯洛伐克班斯卡·什佳夫尼察市政府举办的第26届“稚笔生花焕古城”青少年绘画大赛。彭州市延秀小学、实验小学学生分别获9岁以下学生组一等奖、三等奖，彭州市获赛事特别组织奖。9月，由成都市人民政府指导，彭州市政府承办的第八届白鹿·法国古典音乐艺术季开幕式在彭州白鹿音乐小镇举行，国外演出团队以线上云连线的方式与国内演出团队进行联合演出。9月30日，奥地利友城国际大使、奥中关系促进会秘书长，奥籍华人王健博士到访彭州，商洽合作开展成都维也纳电影周、白鹿国际青少年艺术节等活动以及彭州与奥地利友城于后疫情时代在文化、教育领域的交流合作。组织彭州外籍人士在彭州白鹿小学开展外籍人士“家在成都”活动、涉外服务儿童之家活动，帮助外国友人融入成都生活，在彭州感受到“家”的温暖；10月，组织意大利友城维尔切利市7名艺术家参加全国友协组织的“环太平洋”艺术展，其中5幅作品入选，并通过网络展示，为国外友城与中国艺术提供交流平台。11月，由成都市委宣传部主办、彭州市承办的“熊猫之声　活力大运”2020成都（国际）童声合唱音乐周在彭州白鹿镇举行。11月22日，彭州市邀请泰国驻成都代总领事、日本驻重庆领事参加第十一届中国·四川（彭州）蔬菜博览会，扩大蔬菜博览会国际影响力，提升融合、开放、多元的国际化城市营商环境。为“爱成都，迎大运”在彭州全市范围开展城市公共英文标识全民纠错活动，借力蓉欧快铁，服务西部陆海新通道建设，引进四川自由贸易试验区新华全球购供应链有限公司入驻彭州国际友城合作馆，并于11月26日正式开业，搭建彭州对外交流展示平台及连接全球货物的展销平台。

【国际交流合作项目】 6月30日，彭州市实验小学与

中国四川省彭州市延秀小学与新西兰牛津区学校签约仪式

表 3　　彭州国际友好（合作）关系城市一览表

序号	城市名	英文	签约时间	结好类型	地理位置	面积（平方公里）	人口（万人）	特色	主产业
1	石狩市	Ishikari	2000.10	友好城市	北海道首府，札幌市北部	721.86	6.1	海港	渔业及物流业盛产三文鱼
2	伊普斯维奇市	Ipswich	2014.9	友好城市	昆士兰州东南地区的西部走廊	1089	16	工业	IT、多媒体、金融业
3	米尔茨楚施拉格市	M ü rzzuschlag	2018.5	友好城市	维也纳以北 100 公里的施蒂利亚州	12.26	0.87	滑雪胜地，著名音乐家勃拉姆斯创作第四交响乐曲和诺贝尔文学奖女得主埃尔弗里德·耶利内克故乡	音乐、文化、新材料产业
4	塞纳—马恩省	Seine-et-Marne	2018.12	友好城市	法国巴黎大区	5915	140	旅游资源丰富，历史文化遗产众多	旅游、文化艺术、农业及航空
5	富田林市	Tondabayashi	2002.12	友好合作	大阪府东南部	39.66	12	农业	农业及食品加工业
6	理查逊市	Richardson	2012.8	友好合作	得克萨斯州北部达拉斯商业圈	74.2	10.4	信息技术	电子通信、无线宽带技术、半导体制造、信息与通信技术
7	维尔切利市	Vercelli	2015.10	友好合作	距世界时尚之都米兰以西 56 公里	79.84	4.72	欧洲著名的稻米市场	纺织（麻与人造纤维）业、食品加工和机械制造
8	希维德尼察市	Świdnica	2015.11	友好合作	与捷克接壤，距离“蓉欧快铁”终点站罗兹仅 285 公里	22	6	公路铁路交通枢纽，文化底蕴深厚	旅游、文化和现代工业
9	莫雷—卢万—奥尔瓦讷市	Moret Loing-et-Orvanne	2015.11	友好合作	法国巴黎大区莫雷—塞纳—卢万共同体	33.4	1.28	历史文化名城、欧洲印象派画家创作的天堂	文化产业、旅游业、麦芽糖

续表 3

序号	城市名	英文	签约时间	结好类型	地理位置	面积（平方公里）	人口（万人）	特色	主产业
10	堤川市	Jecheon	2016.4	友好合作	位于韩国北部，中部内陆中央，忠清北道第二大城市	13.7	14	韩国著名的“药都”，拥有丰富的旅游资源	生物医药、影像文化业、知识产权和物流产业
11	卢甘维尔市	Luganville	2016.5	友好合作	瓦努阿图共和国埃斯皮里图桑托岛，为桑马省省会	3677（桑托岛）	1.3	农产品、渔业产品种类丰富，拥有机场，可直达首都维拉港、澳大利亚布里斯班等城市	农业、渔业、旅游
12	尖竹汶府	Chanthaburi Province	2017.9	友好合作	位于泰国东部，是泰国“水果之乡”“宝石之都”	6338	52	泰国红、蓝宝石、榴梿、龙眼、红毛丹、山竹等主要产地	农业、旅游业
13	奥克维尔市	Oakville	2017.10	友好合作	加拿大安大略省大多伦多地区	138.9	19	有海港，美丽的宜居城市	汽车、科技、商业服务、航空以及制药
14	春武里府	Chonburi Province	2018.11	友好合作	“泰国东部经济走廊”三府之一；著名的旅游胜地芭提雅隶属于春武里府	4363	154	位于泰国重点发展区域，有1个机场（乌打抛国际机场）和1个闻名于世的旅游胜地（芭提雅市）	航空航天业、旅游业
15	阿尼克什奇艾市	Anykščiai	2018.12	友好合作	立陶宛乌田纳县，距离首都维尔纽斯约110公里	1765	2.64	传统文化活动丰富，每年举办许多节日、音乐会、展会	旅游、农业、酿酒业、石英砂制造
16	马塔兰市	Mataram	2019.10	友好合作	印度尼西亚西努沙登加拉省首府	61.3	45.7	龙目岛西海岸，风景秀丽，旅游资源及历史文化遗产丰富	旅游业、农业、工业和服务业等
17	凯奇凯梅特市	Kecskem é t	2020.12	友好合作	巴奇—基什孔州首府，匈牙利第八大城市，距首都布达佩斯仅86公里	60.24	34.5	日本琦玉县的特例市、彩之国中核都市和业务核都市，拥有日本最大的购物中心；有日本国民健康保险发祥地之称	新材料和高端制造、商业、养老、环保

新西兰凯韬学校建立友好学校关系。7月1日，彭州市延秀小学与新西兰牛津区学校建立友好学校关系。9月，国开城市交通投资发展基金董事罗晓与法国狂人国团队、法国驻成都总领事馆商务领事到彭州市白鹿镇、通济镇等乡镇考察在彭州市投资修建“光明之城”（沉浸式历史文化演绎主题公园）建设用地。10月21日，彭州市东城小学、天府路小学与新西兰科汉姆学校建立友好学校关系。10月28日，彭州市七一小学、北城小学与美国河滨小学建立友好学校关系。10月，落实成都市委关于中日（成都）城市建设和现代服务业开放合作示范项目建设要求，结合彭州文旅产业发展特色，打造龙门山·柒村民宿产业园竹文化日式庭院民宿项目。11月4日，彭州中学实验学校、彭州市桂花学校与新西兰奇斯纳尔伍德学校建立友好学校关系。双方进行网络国际理解双师共建共享课程，增进双方友谊，丰富学生知识。11月27日，由彭州市人民政府主办的2020年“蓉漂杯”（彭州）创新创业论坛暨项目路演邀请“一带一路”沿线国家选手参加活动。12月4日，拜访大韩贸易投资振兴公社，向副馆长张多延推介彭州市，商洽对韩经贸项目。

机构编制管理

Organization Establishment Management

【概况】 2020年，彭州市贯彻落实习近平总书记关于深化党和国家机构改革的重要论述，牢固树立“四个意识”，加强党的全面领导，完成镇街行政区划调整及体制机制改革，规范机构编制管理，推进机构职能优化协同高效，构建系统完备、科学规范、运行高效的机构职能体系。

【镇街机构调整改革】 彭州市委编办优化调整镇街组织机构和现代治理体制机制。重构镇街党政内设机构和下属事业单位。全市13个镇街按照“6 + X”模式设置内设机构，因地制宜设置生态环境和应急管理办公室、营商环境建设办公室、乡村振兴办公室或城市更新办公室。整合设置各镇（街道）事业机构，统一设置综合便民服务中心和农业综合服务中心（站）2个事业单位。印发13个镇街“三定”规定和下属事业单位机构编制事项规定。厘清镇街、职能部门、产业功能区事权关系，取消镇（街道）招商引资、协税护税等经济职能，发挥镇（街道）党（工）委领导核心作用，聚焦党的建设、社区治理、公共服务等主责主业，把镇（街道）服务经济发展工作的中心转移到推进乡村振兴。

【机构编制审核】 彭州市委编办规范机构编制管理，贯彻落实《中国共产党机构编制工作条例》及四川省《实施办法》，加强机构编制资源服务党委、政府中心工作能力，推动机构编制法定化建设。强化机构编制纪律，对丹景山镇等3个镇、教育局等2个部门开展机构编制责任审核。将机构编制管理纳入全市督查检查考核计划，对全市13个镇街、涉及职能调整的10个市级部门、3个产业功能区进行专项检查。发挥编制前置作用，加强

编委会召开

机构编制实名制管理，升级改造实名制管理平台，优化拓展功能、推动流程再造。

【机构编制保障】彭州市委编办巩固党政群机构改革成果，推进职责精细化管理，提高机构履职尽责能力水平，制定出台彭州市安全生产监管工作职责任务清单、彭州市自然灾害防治工作职责任务清单，明确部门职责边界，强化全市安全生产监管及自然灾害防治工作。加大编制调配力度，严格落实“减编控编”要求，在全市事业单位继续实行满编运行、动态调整，统筹事业编制使用，坚持“退多补少、退补平衡”，将有限的编制资源用于经济社会发展和民生服务一线。按照中央、四川省委以及成都市委关于从事生产经营活动事业单位改革的决策部署，稳妥推进生产经营类事业单位改革。

【产业功能区体制机制创新】彭州市对各类产业功能区及园区（开发区、集聚区等）管理机构进行清理，按照精简、专业、高效的原则，优化整合设置重叠、职责交叉、运行效率不高的管理机构。探索“一区多园”运行模式，构建“一个平台多个园区多块牌子、一个主体一套班子一套人马”管理体制。提升产业功能区的运行效能。厘清产业功能区建设方面的职责边界，明确各职能部门的职责任务，建立以产业功能区建设工作为中心的履职体系。制定产业功能区管理机构赋权清单，赋予产业功能区在规划实施、用地保障、建设审批、环保督察、企业服务等方面的自主权。着力构建“吹哨报到”“逆向考核”机制。构建高效的运行机制。下沉政务服务和执法监管力量，实现“办事不出功能区”。向产业功能区派驻行政审批分局，由产业功能区统一管理和指挥调度，在功能区实行“一枚印章管审批”。推动执法力量下沉，实行“一支队伍管执法”，将执法队伍下移功能区和镇（街道）管理，推动“机构、人员、管理三下沉”，向15个派驻执法机构派驻35名执法人员，执法区域由主城区延伸到各区镇，统一行使市综合执法局的行政处罚权，促进功能区、镇（街道）无执法权问题解决。

目标督查管理
Supervision and Management by Objectives

【概况】彭州市目标督查事务中心，经中共彭州市委常委会研究，由中共彭州市委机构编制委员会2020年第4次会议审定，并报成都市委编办批复同意，于2020年11月成立，为中共彭州市委直属财政全额拨款正局级公益一类事业单位，统筹全市目标管理和督促检查相关工作。2020年，彭州市目标督查事务中心围绕全市经济指标运行、产业功能区建设、重大项目推进、生态建设等中心工作，做好“三篇文章”，对接成都市“双百分”目标考评体系，聚焦高质量发展和重大决策部署，促进全市目标督查工作提质增效。

【目标管理】彭州市目标督查事务中心围绕高质量发展优化目标考评体系，结合全市实际将79个一级考核主体按党群部门、政府部门、镇（街道）三类分别设考评序列，将“3+2产业载体”成都新材料产业功能区、天府中药城、湔江河谷旅游区、天府蔬香现代农业园、丽春航空动力小镇纳入政府部门序列但单设考评体系框架。结合工作实绩和项目考核重点，以量化指标为主线，按“项目化管理、责任化落实、精准化考核”要求，将体系优化为基本工作目标考评体系与重点工作重大项目重要环节考评体系相结合的“双百分”考评体系。围绕加快建设体现新发展理念的立体山水公园城市战略部署和“西控”“北改”区域功能定位，新增全委会决策部署落实（四大攻坚战役、四大提升工程）、政府工作报告主要目标任务落实情况、产业功能区牵头考核相关单位“吹哨报到”落实情况、镇（街道）对部门评价等逆向考评项目、“送服务、帮企业，送温暖、解难题”、项目招引攻坚行动考评内容。先后制定《彭州市2020年基本工作目标绩效考评实施办法》《彭州市2020年重点工作重大项目重要环节考评实施办法》，督促市级目标牵头部门严格逗硬实施考核，客观评价工作成效。规范设置考核指标，对党中央、国务院、国家机关部委、国家法律法规明确规定及上级考核细则以外的涉开会、发文、讲话、台账等12类不规范指标不予纳入考评细则。激励工作创新，倡导创先争优，设定先进单位、合格单位和不合格单位三个年度考核等次，报请市委、市政府通报表扬考评先进单位，考出发展动力。统一建立全市目标任务明细“账目”，严格落实年初建账、年中查账、年底销账，切实做到管理规范、纲目清晰。通过月总结、季通报等动态预警方式，确保目标运行质量，形成“以目标倒逼进度、以督查倒逼落实”的工作局面。

【督查督办】 彭州市目标督查事务中心聚焦重大决策部署落地生根，突出督促检查“利剑”作用，规范领导批交办件的办理流程。制发《市委、市政府领导批交办事项办理细则》，细化市委、市政府领导批交办事项办理、督查及结果运用。制发《2020年督查督办事项办理工作考核实施细则》，对督查督办事项的办理程序、办理质量、时间限制等进行明确。坚持高位统筹减轻基层负担。围绕2020年彭州市委工作要点，将市委重点关注、事关全局的工作，作为督促检查考核项目列入2020年督查检查考核计划。对市级各部门申报的2020年计划项目进行统筹审核监督检查，全年计划44项，比2019年减少16项。制定《2020年彭州市贯彻落实习近平总书记重要指示批示精神任务清单》并报经市委十四届委员会第145次常委会审议通过。全年承办成都市委、市政府领导批交办事项47项，办结47件。接收转办成都市委主要领导在《彭州市关于规划建设以中药材为主题的养生休闲旅游区情况的报告》等文件上批示55件，其中需要回复15件，严格按批示要求督促相关单位及时回复分发转办市委主要领导批示文件275份，承办批交办事项跟踪督查办理120件，完成办理116件，剩余4件仍在办理中；编印市委领导批交办事项办理情况专报12期、督查专报6期，跟踪办理市委常委会议定事项159项，拟定下发通知12期，编印市委常委会班子重点工作完成情况通报12期。联合相关职能部门对疫情防控、濛阳河水质达标、人居环境整治、项目招引攻坚行动等开展专项督查。

党史研究
Party History Study

【概况】 2020年，中共彭州市委党史研究室围绕市委中心工作和党史“存史、资政、育人”的宗旨，坚持“一突出、两跟进”，全面加强自身能力建设。不断提升党史资料征集、编研宣教、资政育人及党史工作科学化水平，获评2020年度成都党史工作先进单位，获2020年度优秀党史调研文章等奖项。

【党史编纂】 彭州市委党研室编纂出版《中国共产党成都执政实录·彭州篇（2019）》，公开出版彭州改革发展经验与成果的宣传书籍《中共彭州市委改革开放四十周年大事记》。以纪念李一氓逝世三十周年，修订重印《李一氓》，成为李一氓故居及生平陈列室建设的重要基础资料。编写印发《彭州党史》期刊2020年辑，及时全面记录和反映市委、市政府重大活动、基层党建风采、党史编研宣教成果以及疫情防控。启动编纂通俗读本《中国共产党彭州百年简史》向党的百年华诞献礼。

【史料收集整理】 彭州市委党研室启动《中国共产党四川省彭州市组织史资料（续编三）（2004—2014）》的资料征集工作，截至年底，完整资料征集工作量的50%以上。开展新冠疫情防控资料收集整理工作，收集整理新冠疫情防控相关的文件通知、领导讲话、信息简报、分析材料、图片视频等各类资料，建立起较为完整的资料库，及时记录形成最新的党史资料。

【党史宣教】 彭州市委党研室创新拍摄党史宣教微视频《彭州红色故事》，以“人物解说 + 实景拍摄 + 手绘插画”的方式讲述党史故事，利用市委组织部、市委宣传部和市融媒体中心的官方微信和抖音账号播发，参与市委组织部开展的“党建工作重点项目组团攻坚行动”，丰富和更新“走一次红色基地，感悟传承最美”体验式党课的核心内容，指导市公安局编演反映中华人民共和国成立初期剿匪故事的党史情景剧《划过黎明的枪声》，提升党史主题体验式党课的影响力和感染力，该项工作入选彭州市2020年党建工作重点项目组团攻坚优秀案例之一，会同市纪检监察部门在市纪委官网发表七一党史纪念书籍专题文章《忆光辉岁月践光荣使命》。推进党史“七进”工作，指导和扶持丹景山镇关口社区、天彭街道南津社区、桂花镇桂花社区、延秀小学等社区和学校建立完善党史宣教阵地。

【党史教育基地建设】 彭州市委党研室重点对“秉彝亭”“猎枪会纪念馆”等党史宣传设施进行修缮维护，其中对“秉彝亭”的党史宣传展板进行修缮维护，提升宣教效果；为“猎枪会纪念馆”提供适当资金支持，用于修缮外围道路。配合李一氓故居展陈方案的设计等。

【党史旧址恢复重建】 彭州市委党研室创新增设2个“彭州红色地标”，在全省具有首创性，被彭州市委全面深化改革委员会列为2020年度重点改革创新项目之一。该项目致力于将建筑实体已消失的党史资源从书本带到现实生活和人民群众身边，通过点位调查确认、历史插画创作、地标样式设计、文字资料撰写等工作，打造两个集中体现彭州早期党史的“彭州红色地标”（即彭县早期进步民众团体“鸣皋俱乐部”旧址——彭县东街大观楼、中共彭县地下组织创始人杨石琴牺

彭州市委党研室指导市公安局编演的党史情景剧《划过黎明的枪声》剧照

彭县东街大观楼

中共彭县地下组织创始人杨石琴牺牲地——枣子树

牲地——枣子树），于 2020 年 11 月正式建立并向社会开放。

档案管理
Archives Administration

【概况】 彭州市档案局馆为市委直属参公事业单位，主要职责是制定档案馆工作规划、计划、规章制度并组织实施，接收、征集、整理和集中统一管理全市范围内对国家和社会有保存价值的档案和资料，确保档案、资料的安全，开展档案史料研究、编辑、陈列和专题展览等工作。内设办公室、档案管理科、档案编研科、信息技术科 4 个职能科室。馆藏 241 个全宗、12.87 万卷档案，图书资料 8500 多册，全年接待异地查询、电话查询、到馆查阅利用档案 8815 人次，其中异地查阅 157 例。

【档案法规宣传】 彭州市档案馆紧扣国际档案日“档案见证小康路、聚焦扶贫决胜期”的主题，开展“6·9”国际档案日“听讲问看，走近档案”系列宣传活动。向社会大众宣传档案法律法规和彭州市经济社会发展特别是脱贫攻坚、全面建成小康社会等方面取得的成就，充分发挥档案资政育人的宣传教育功能。

【档案馆信息化建设】 彭州市档案馆推进馆藏档案数字化建设，加强民国档案、民生档案等重点档案的信息化处理及利用，完成接收入馆的 2019 年的机构改革各涉改单位档案、民生档案等档案的数字化扫描、数字化处理 109 万页。

【档案接收服务】 彭州市档案馆接收 68 个单位移交的档案 17372 卷 167916 件，其中提前接收民政局婚姻档案 336 盒 12497 件，重点接收 2019 年镇（街道）行政区划调整中撤销镇移交档案 6681 卷 113836 件，接收 52 个国有企业职工个人档案 3091 卷，接收殡葬档案 1820 盒 28686 件，接收照片档案 18 册。

【档案业务培训】 彭州市档案馆配合市档案局开展市级部门、镇（街道）和国有公司档案指导检查工作，推进档案工作规范化管理，承办档案管理人员专业能力提升培训班，为全市镇（街道）、市级部门、企事业单位培训档案人员 100 余名。

“6·9”国际档案日宣传活动

彭州市2020年档案管理专业能力提升培训班开班典礼

党政干部教育培训
Party and Government Cadres Education and Training

【概况】 2020年，中共彭州市委党校（彭州市行政学校）认真贯彻落实县级党校分类建设部署，聚焦教学科研两大主业，以“三名”工程建设为抓手，着力育名师、推名课、出名作，奋力打造独立融合办学新标杆。

【干部培训】 彭州市委党校开展村（社区）党组织书记培训班、年轻干部铸魂班等培训36期，培训2745人次，其中主体班13期，培训888人，党性教育占比27.5%，领导干部授课35人次，占比26.9%。培训坚持将体验式党课作为党性教育的重要载体、将现场教学作为理论联系实际的重要平台、将“天府金彭·云课堂”线上教学作为常规教学的重要补充。全年推出云课堂8期，体验式、互动式教学50场次，培训3931人次。探索“党校＋基地”融合办学模式，把四川宝山村庄发展学院、龙门山民宿学院两个特色学院整合为党校办学阵地，发挥特色学院在乡村振兴、社区治理方面的资源优势，举办专题培训班7期，与眉山市、什邡市等党校建立协作机制，举办“彭什协同发展领导干部研讨班”。实施课程开发项目化管理，开发习近平新时代中国特色社会主义思想、党性教育等4个教学板块，形成“体验式党课”“互动式警示教育”2个教学模块，完善“渔江楠”等多个教学案例，构建“4＋2＋N”课程体系。围绕红色党建、区域协同、社区治理、乡村振兴等教学主题，实施“党校教师＋基地点位”结对升级行动，采取“实践讲解＋理论提升”的双师教学模式，安排4名骨干教师深入5个现场教学基地蹲点调研，推动教学基地提档升级。“四川石化基地”等8个基地入选成都市干部教育培训现场教学基地名录。

【教学基地建设】 彭州市委党校实行“三师教学”融合，提档“蔬乡清韵”教学基地。创新推出“三师”教学模式，根据不同主体班“订制”不同教学方案。在全市各单位招募培训20名志愿讲解员，组建专兼结合廉洁宣传队伍。由基地专职讲解员在实地参观环节系统讲解，让广大党员干部参悟修身立德之道；由农耕技术指导员在农耕体验环节现场教授学员农耕体验操作技巧，引导党员干部回归本心、回归初心，由市委党校老师在交流环节总结提炼，让党课教学既有理论高度、又有实践深度。联合石化企业、市科协，环保部门筛选出体现石化基地绿色生产内容，以“科学破解石化困局”为主要内容，开发四川石化“绿色工厂”现场教学的配套专题课程“从绿色工厂看绿色发展”。

【新校区建设】 彭州市委党校全力推进新校区建设。落实市委和校委会要求，牵头对内部设施采购、功能布局设置提出建议，优化部分初始设计，坚持和完善“会议、协调、服务”三项机制，会同市统建集团、施工单位克服疫情不利影响，协调解决防疫物资缺乏、外地工人住宿等问题，和统建集团、施工单位在施工进度、施工安全等方面进行会商，严格把控工期进度，新校区建设超额完成全年计划。

【课题调研及专题调研】 彭州市委党校结合彭州市发展实际，全年完成科研项目18个，其中完成省市党校和社科联课题7个，获四川省级一等奖1个、成都市级优秀1个、彭州市级优秀1个；成功申报社科联课题1项，获省级一等奖和成功申报成都市社科联课题，4个课题顺利结项。与成都市委党校学报编辑部签订合作协议，搭建科研咨政成果转化平台，4篇理论文章分别在《中共成都

表 4 2020 年彭州市委党校科研及参会情况汇总表

序号	类别	级别	项目名称	负责人	课题组成员 / 参会人员	成果	备注
1	省市课题	四川省委党校	探索党建引领，发展壮大新型农村集体经济的彭州“小鱼洞”模式	彭州市委党校课题组	—	四川省委党校一等奖	2020.7
2	省市课题	四川省委党校	彭州市发展民宿产业的调查与思考——以龙门山·柒村精品民宿产业园为例	李　娟	何周富、刘应其 杜宇晗、廖继忠 汤道琴	2020 年四川省委党校立项课题	2020
3	省市课题	成都市委党校	彭州市特色街区创建的实践与探索——以丹景山镇花村街为例	赵　江	吕东华	2020 年成都市委党校立项课题	2020 优秀课题
4	省市课题	成都市委党校	彭州市深化就业创业服务机制改革的调查与思考	石　强	陈应鸿	2020 年成都市委党校立项课题	2020
5	省市课题	成都市委党校	彭州市探索公园城市“乡村表达”的思考——以创新发展民宿产业为例	刘　江	李　娟、桑明丽 杜宇晗、赵　艳	2020 年成都市委党校立项课题	2020
6	省市课题	成都市社科联	成都红色资源挖掘与历史文化名城建设研究——以彭州市为例	市委党校	社科联、党研室	2020 年成都市哲学社会科学规划项目立项	—
7	省市课题	彭州市社科联	挖掘成都和平解放现实意义，助推成都世界文化名城建设	刘应其	武建国、陈忠贵 高　华、周　璐 杜宇晗	2020 年彭州市哲学社会科学课题	—
8	公开发表	成都市委党校	关于强化老旧小区疫情防控的调研报告	武建国	刘应其、杜宇晗 周　璐	《成都市委党校报》公开刊发	2020.3（第四期）
9	公开发表	成都市委党校	彭州市宝山村乡村振兴的经验与启示	刘应其	周　璐、杜宇晗	《成都行政学院学报》公开发表	2020 第二期，总 128 期
10	公开发表	省级刊物	成都红色资源挖掘与历史文化名城建设研究——以彭州市为例	彭州市委党校课题组	—	《成都行政学院学报》公开刊发	2020.6 期
11	公开发表	省级刊物	关于建好“濛阳新城—马井新城联动试验区”打造成德眉资同城化新标杆的建议	彭州市委党校课题组	—	《农家科技》公开刊发	2021.2 期
12	内刊发表	彭州市	关于彭州市发展皂角产业的初步思考	武建国	刘应其、周　璐 杜宇晗	市委办决策咨询中心刊发张雄正副书记签批	2020.6
13	内刊发表	省级	彭州红色资源挖掘与红色文化事业发展研究	—	—	四川党史	2020.3
14	内刊发表	市级	2020“彭州市关于推动民宿产业高质量发展的思考”在成都市政府办公厅信息上刊登	彭州市委党校课题组	—	—	2020.12
15	理论研讨会	国家级	彭州市对口帮扶黑水县脱贫奔康的经验与启示——以彭州市创新实践黑水县全域互联结对帮扶为例	武建国	刘应其、杜宇晗 周　璐、李思坤 杨　慧	2020 年西南地区党校系统“适应新发展格局 打造西部改革开放新高地”理论研讨会	2020 入选西南地区征文
16	—	—	党建引领基层发展治理的实践与探索——以彭州市创新新型农村集体经济“小鱼洞”模式为例	刘应其	武建国、杜宇晗 周　璐、李思坤 杨　慧	2020 年西南地区党校系统“适应新发展格局 打造西部改革开放新高地”理论研讨会	2020 入选西南地区征文
17	理论研讨会	国家级	理论研讨会	国家级	刘应其、杜宇晗 廖继忠、汤道琴	2020 年西南地区党校系统“适应新发展格局 打造西部改革开放新高地”理论研讨会	2020 入选西南地区征文
18	理论研讨会	国家级	公园城市“乡村表达”的彭州实践——以创新发展民宿产业为例	刘　江	李　娟、桑明丽 杜宇晗、赵　艳	2020 年西南地区党校系统“适应新发展格局 打造西部改革开放新高地”理论研讨会	2020 入选西南地区征文

市委党校学报》《成都行政学院学报》《成都党校报》《农家科技》上公开发表；《彭州市对口帮扶黑水县脱贫奔康的经验与启示》等4篇文章入选西南地区党校系统理论研讨会征文。与党委、政府内刊合作，推进科研成果进决策，3篇咨政分别被《四川党史》、成都市人民政府办公厅《政务信息》专刊、《成都社科》、彭州市《决策内参》转发，2篇获领导签批。2项科研成果转化为教学成果参加成都党校系统师资观摩交流活动和进入成都干训网络培训平台。

老干部管理
Management of Retired Cadres

【概况】 2020年，彭州市老干部工作坚持以习近平新时代中国特色社会主义思想为指导，深入学习贯彻中共十九届五中全会、习近平总书记关于老干部工作重要论述、习近平总书记到四川视察重要讲话精神，认真落实全国全省老干部局局长会议、成都老干部工作会议、彭州市组织工作会议精神，全面加强离退休干部“三项建设”，进一步落实好老干部“两个待遇”，充分发挥老干部作用，取得明显成效。

【老干部服务保障】 彭州市委老干部局开展离休干部家庭医生签约工作，并对签约后医生到家服务情况进行抽查问效。开辟异地安置离休干部绿色医疗报销通道，通过优化措施大幅度提高工作实效，缩短医疗费报销周期。疫情期间为老干部上门发放防疫物资、书报杂志，通过微信、电话常态问询身体状况，了解所需所求。全年看望生病住院老干部6人，重大节日走访慰问离休干部及遗属、副县级以上退休干部共150余人次。动态更新离休干部精准服务册，为老干部解忧纾难办实事3件，让精准化服务做深做实。坚持每月举办固定主题党日活动、集中学习习近平总书记的重要讲话精神等，邀请市领导通报全市经济社会建设情况，落实老干部政治待遇。

【老干部作用发挥】 彭州市委老干部局充分利用老干部优势，引导老干部发挥余热。围绕市委、市政府中心工作，组织老干部外出参观考察7次，参与该工作老干部600余人次。组织老干部出席市委、市政府的重大会议和活动，积极建言献策。结合蓉城金秋老干部志愿服务队自身实际，创新志愿服务载体，注重实效，卓有成效地开展一系列志愿服务活动。全年开展志愿服务活动4次，参与志愿服务200余人次，惠及群众1200余人次。邀请成都市老干部来彭联合举办“共筑中国梦·奋进奔小康‘迎新春·送春联·送文化’”联谊活动，受到当地群众的高度评价。

【老干部活动中心建设】 彭州市委老干部局持续优化老干部学习活动阵地，改造升级活动中心内电子阅文室、按摩室等器材，更换室内灯具、活动室窗帘，新购置电脑、按摩椅等设备，使办公、活动室环境得到极大改变。巩固老干部学习活动阵地规范化示范创建成果，开展消防安全、服务礼仪、电梯急救、业务知识培训等，深化开展用心、热心、耐心、细心、贴心等“五心”服务，全年接待老干部来场馆活动1万余人次。

1月15日，彭州市“迎新春·送春联·送文化”联谊活动举行

彭州市人民代表大会

PENGZHOU MUNICIPAL PEOPLE'S CONGRESS

人大机构 / 人大重要会议 / 人大事务

人大机构
People's Congress Agencies

【概况】 2020 年，彭州市人民代表大会设 6 个专门委员会，即法治委员会、经济委员会、社会事业委员会、城乡建设与环境保护委员会、农业和农村委员会、预算委员会；市人大常委会设 3 个办事工作机构，即办公室、人事代表工作委员会、信访室。

【2020 年市人大机构及领导名单】

彭州市人民代表大会常务委员会

主　　任：谢　扬

副 主 任：方　虹

罗永富

徐友贵

张　强

童国荣

彭州市人民代表大会专门委员会

法治委员会

主任委员：欧新铁

经济委员会

主任委员：边华武

社会事业委员会

主任委员：敖　林

城乡建设与环境保护委员会

主任委员：段　兵

农业和农村委员会

主任委员：李广平

预算委员会

主任委员：陈万清

彭州市人民代表大会常委会办事机构

办公室

主　　任：徐　伟

人事代表工作委员会

主　　任：李福聪

信访室

主　　任：杨国强

人大重要会议
People's Congress Important Meetings

【概况】 2020 年，彭州市召开人民代表大会 1 次（第十八届人民代表大会第四次会议）、市人大常委会会议 9 次（第二十九次至第三十七次）、市人大常委会主任会议 19 次（第九十九次至第一百一十七次）。

【市人民代表大会】 2021 年 1 月 21—23 日，彭州市第十八届人民代表大会第五次会议在市行政中心多功能厅召开，市委书记王锋君，市委副书记、市长陈茂禄，市人大常委会主任谢扬，市政协主席吴石泉出席会议。大会听取和审查市政府、市人大常委会、市法院、市检察院工作报告，市发展和改革局、市财政局分别以书面形式向大会作彭州市国民经济和社会发展第十四个五年规划和二〇三五年远景目标纲要草案、2020 年国民经济和社会发展计划执行情况及 2021 年计划草案的报告、2020 年财政预算执行情况和 2021 年财政预算草案的报告。依法选举产生市检察院检察长和人大常委会委员。表决通过关于彭州市人民政府工作报告的决议、关于彭州市人大常委会工作报告的决议、关于彭州市人民法院工作报告的决议、关于彭州市人民检察院工作报告的决议、关于彭州市国民经济和社会发展第十四个五年规划和二〇三五年远景目标纲要的决议、关于彭州市 2020 年国民经济和社会发展计划执行情况及 2021 年国民经济和社会发展计划的决议、关于彭州市 2020 年财政预算执行情况和 2021 年财政预算的决议。

【市人大常委会会议】 2020 年，中共彭州市第十四届人大常委会会议召开 8 次。

表 5　　2020 年彭州市人大常委会会议一览表

界次	时间	主要内容
十八届第二十九次	1 月 16 日	听取和审议《彭州市人大常委会关于做好彭州市镇（街道）行政区划调整后敖平镇、九尺镇、通济镇、龙门山镇、桂花镇、白鹿镇人民代表大会代表选举工作的指导意见》，表决通过《彭州市人民代表大会常务委员会关于镇（街道）行政区划调整后各镇人民代表大会代表名额的决定》《彭州市人民代表大会常务委员会关于任命敖平镇等 6 个镇选举委员会的决定》《彭州市人民代表大会常务委员会关于设立致和街道等 3 个街道人大工作委员会的决定》。表决通过任命陈兰州为彭州市人大常委会天彭街道工作委员会主任，任命刘琳为彭州市人大常委会天彭街道工作委员会副主任，任命杨林为彭州市人大常委会致和街道工作委员会主任，任命王一词为彭州市人大常委会致和街道工作委员会副主任，任命谢秩委为彭州市人大常委会濛阳街道工作委员会主任，任命侯琦为彭州市人大常委会濛阳街道工作委员会副主任，任命巫伟为彭州市人大常委会隆丰街道工作委员会主任，任命吴江玥为彭州市人大常委会隆丰街道工作委员会副主任。会议听取和审议关于接受刘应建辞去彭州市第十八届人民代表大会代表职务请求的议案及决定（草案），表决通过：接受刘应建辞去代表职务请求的决定
十八届第三十次	4 月 28 日	听取和审议《彭州市人大常委会 2020 年工作要点（审议稿）》，表决通过《彭州市人大常委会 2020 年工作要点》；听取和审议《市政府关于 2019 年生态环境状况和生态环境保护目标完成情况的报告》；听取和审议并表决通过《彭州市人大常委会代表资格审查委员会关于个别代表的代表资格的审查报告》；听取和审议并表决通过《彭州市人大常委会关于补选市第十八届人大代表实施意见（草案）》《彭州市人大常委会关于补选市第十八届人民代表大会代表选举办法（草案）》；会议听取和审议关于接受王锋君辞去职务的议案、关于接受顾文辉辞去职务的议案，表决通过接受王锋君辞去彭州市人民政府市长职务，接受顾文辉辞去彭州市监察委员会主任职务，报市第十八届人民代表大会第四次会议备案；会议听取和审议关于陈茂禄任职的议案、关于柯浩任职的议案，表决通过任命陈茂禄为彭州市人民政府副市长，任命柯浩为彭州市监察委员会副主任；会议听取审议关于决定陈茂禄为彭州市人民政府代理市长的议案、关于决定柯浩为彭州市监察委员会代理主任的议案，表决通过决定陈茂禄为彭州市人民政府代理市长，决定柯浩为彭州市监察委员会代理主任；听取和审议彭州市检察院关于王永贵等免职的议案，表决通过免去王永贵的彭州市人民检察院副检察长、检察委员会委员、检察员职务，免去林琳的彭州市人民检察院检察委员会委员、检察员职务
十八届第三十一次	5 月 19 日	书面传达学习省十三届人大三次会议和成都市十七届人大三次会议精神。会议听取《彭州市人大常委会工作报告（草案）》的起草说明，表决通过彭州市人大常委会关于提请彭州市第十八届人大四次会议审议《彭州市人民代表大会常务委员会工作报告》的决议，同意将《彭州市人民代表大会常务委员会工作报告》提请市十八届人大四次会议审议；会议听取关于召开彭州市第十八届人民代表大会第四次会议的决定（草案）和议程（草案）、日程（草案）的说明，表决通过《关于召开彭州市第十八届人民代表大会第四次会议的决定》，同意将彭州市第十八届人民代表大会第四次会议议程（草案）提请市十八届人大四次会议预备会议审议，同意将彭州市第十八届人民代表大会第四次会议日程（草案）提请市十八届人大四次会议主席团第一次会议审议；会议听取关于彭州市第十八届人民代表大会第四次会议主席团成员和秘书长、常务主席、副秘书长建议名单和列席人员名单（草案）的说明，会议同意将彭州市第十八届人民代表大会第四次会议主席团和秘书长建议名单提请市十八届人大四次会议预备会议审议，同意将彭州市第十八届人民代表大会第四次会议主席团常务主席、大会副秘书长建议名单提请市十八届人大四次会议主席团第一次会议审议；表决通过彭州市第十八届人民代表大会第四次会议列席人员名单。会议听取关于彭州市第十八届人民代表大会第四次会议选举办法（草案）和部分专门委员会组成人员人选的表决办法（草案）的说明，会议同意将彭州市第十八届人民代表大会第四次会议选举办法（草案）和部分专门委员会组成人员人选的表决办法（草案）提请市十八届人大四次会议主席团第一次会议审议；会议听取关于彭州市第十八届人民代表大会第四次会议计划和财政预算审查委员会建议名单（草案）、议案审查委员会建议名单（草案）。会议同意将彭州市第十八届人民代表大会第四次会议计划和财政预算审查委员会建议名单（草案）、议案审查委员会建议名单（草案）提请市十八届人大四次会议大会预备会议审议。会议听取审议关于接受刘林辞去彭州市第十八届人民代表大会法制委员会主任委员职务的议案，关于接受宁佐华辞去彭州市第十八届人民代表大会经济委员会副主任委员职务的议案；会议表决通过接受刘林辞去彭州市第十八届人民代表大会法制委员会主任委员职务，接受宁佐华辞去彭州市第十八届人民代表大会经济委员会副主任委员职务。会议听取审议关于接受张兴建辞去彭州市第十八届人民代表大会代表职务的议案，表决通过接受张兴建辞去代表职务。5 月 24 日，彭州市第十八届人大常委会第三十二次会议在市行政中心人大常委会会议室举行。会议听取和审议并表决通过《彭州市人大常委会代表资格审查委员会关于个别代表的代表资格的审查报告》

续表 5

界次	时间	主要内容
十八届第三十三次	6月24日	听取和审议市政府关于全市农村人居环境整治工作情况的报告、市法院关于创新基层司法保障路径，推动社会治理现代化工作的情况报告。听取和审议彭州市人民政府关于郑川任职的议案。表决通过决定任命郑川为彭州市人民政府副市长（挂职时间1年）。听取和审议彭州市人民法院关于王文兵等任免的议案，表决通过免去王文兵的彭州市人民法院民事审判第二庭（金融审判庭）副庭长职务，免去陈勇的彭州市人民法院敖平人民法庭副庭长职务，免去秦朗的彭州市人民法院审判员职务，免去刘礼华的彭州市人民法院正局级审判员职务；任命王文兵为彭州市人民法院民事审判第二庭（金融审判庭）庭长，任命陈勇为彭州市人民法院敖平人民法庭庭长，任命托萍为彭州市人民法院丹景山人民法庭副庭长
十八届第三十四次	8月31日	听取和审议彭州市人民政府关于2020年上半年国民经济和社会发展计划执行情况的报告；听取和审查彭州市人民政府关于2019年财政决算（草案）的报告，表决通过《彭州市人民代表大会常务委员会关于批准彭州市2019年财政决算报告的决议》；听取和审查彭州市人民政府关于2020年上半年财政预算执行情况的报告，听取和审议彭州市人民政府关于2019年度财政预算执行和其他财政收支的审计工作报告、彭州市人民检察院关于主动担当作为，强化法律监督，为推动社会治理现代化提供法治保障的报告。听取和审议关于接受孙泽晖辞去市人民检察院检察长等职务的议案，表决通过接受孙泽晖辞去彭州市人民检察院检察长、检察委员会委员、检察员职务，并报市第十八届人民代表大会第五次会议备案。听取审议关于杨堰宁任职的议案，表决通过任命杨堰宁为彭州市人民检察院副检察长；听取审议关于决定杨堰宁为彭州市人民检察院代理检察长的议案，表决通过决定杨堰宁为彭州市人民检察院代理检察长；听取审议关于曾云等职务任免的议案，表决通过决定免去李冲宇的彭州市行政审批局局长职务，决定免去周开琼的彭州市审计局局长职务；决定任命曾云为彭州市审计局局长，决定任命陈伦平为彭州市行政审批局局长。听取审议关于接受刘婷婷辞去市人大常委会委员职务的议案。表决通过接受刘婷婷辞去彭州市人民代表大会常务委员会委员职务，并报市第十八届人民代表大会第五次会议备案
十八届第三十五次	10月27日	听取和审议彭州市人民政府关于办理人大代表建议批评和意见情况的报告、彭州市人民政府关于新冠肺炎疫情防控工作情况的报告、彭州市人民政府关于2019年度行政事业单位国有资产管理情况的专项报告、彭州市人大常委会执法检查组关于检查《中华人民共和国大气污染防治法》实施情况的报告；听取和审议并表决通过彭州市人大常委会代表资格审查委员会关于个别代表的代表资格的审查报告。听取和审议市人大常委会关于谢毅等职务任免的议案，表决通过免去杨林的彭州市人大常委会致和街道工作委员会主任职务，任命谢毅为彭州市人大常委会致和街道工作委员会主任。听取和审议彭州市人民政府关于陆敏等职务任免的议案。会议决定免去李世彬的彭州市人力资源和社会保障局局长职务，免去邓尹的彭州市经济科技和信息化局局长职务，免去廖德才的彭州市农业农村局局长职务，免去刘波的彭州市信访局局长职务；任命陆敏为彭州市经济科技和信息化局局长，任命袁熙玉为彭州市人力资源和社会保障局局长，任命李世彬为彭州市农业农村局局长，任命廖明忠为彭州市信访局局长。听取和审议彭州市人民法院关于张以军等任免的议案，表决通过免去张以军的彭州市人民法院审判委员会委员职务，免去曾艳的彭州市人民法院审判委员会委员职务，免去张敏的彭州市人民法院审判委员会委员职务，免去许茂英的彭州市人民法院立案庭庭长职务，免去欧超男的彭州市人民法院环境资源庭庭长职务，免去刘琳的彭州市人民法院审判员职务任命；任命许茂英为彭州市人民法院环境资源庭庭长，任命欧超男为彭州市人民法院立案庭庭长，任命徐霞为彭州市人民法院审判员
十八届第三十六次	12月15日	听取和审议并表决通过《彭州市人大常委会关于补选市第十八届人大代表实施意见（草案）》《彭州市人大常委会补选市第十八届人民代表大会代表选举办法（草案）》，听取和审议彭州市人民法院关于欧超男等任免的议案，表决通过免去李晓华的彭州市人民法院丽春人民法庭副庭长、审判员职务；任命欧超男为彭州市人民法院审判委员会委员，任命方露为彭州市人民法院审判委员会委员，任命刘小蝶等58名人员为彭州市人民法院人民陪审员。听取和审议彭州市人民检察院关于罗关洪等任职的议案，表决通过任命罗关洪为彭州市人民检察院副检察长，任命石翀为彭州市人民检察院检察委员会委员，任命曾杨为彭州市人民检察院检察委员会委员，任命彭创为彭州市人民检察院检察委员会委员，任命杨春林为彭州市人民检察院检察委员会委员。听取和审议关于接受刘林等辞去市人大常委会委员职务的议案，表决通过刘林辞去彭州市人民代表大会常务委员会委员职务，罗贤良辞去彭州市人民代表大会常务委员会委员职务，贾登玉辞去彭州市人民代表大会常务委员会委员职务，并报市第十八届人民代表大会第五次会议备案

续表 5

界次	时间	主要内容
十八届第三十七次	12月29日	听取和审查市政府关于彭州市2020年财政收支预算调整情况的报告，表决通过《关于批准彭州市2020年财政收支预算调整情况的决议》。听取和审议市政府关于彭州市2019年财政预算执行和其他财政收支审计查出问题整改工作的报告、关于市人大常委会检查《中华人民共和国大气污染防治法》实施情况的建议意见落实情况的报告。听取和审议彭州市人民政府关于王军免职的议案，表决通过决定免去王军的彭州市人民政府副市长职务

【彭州市人大常委会主任会议】 1月13日，彭州市第十八届人大常委会在机关二楼会议室召开第九十九次主任会议。会议听取并同意市政府关于落实《市人大常委会关于〈彭州市企业国有资产管理情况的报告〉的审议意见》的报告。研究讨论市人大常委会关于《彭州市人民政府关于彭州市2018年财政预算执行和其他财政收支审计查出问题整改工作的报告》的审议意见，要求预算委根据会议所提意见和建议整理修改后交市政府研究处理。讨论并同意将《彭州市人大常委会关于做好彭州市镇（街道）行政区划调整后敖平镇、九尺镇、通济镇、龙门山镇、桂花镇、白鹿镇人民代表大会代表选举工作的指导意见》提请市第十八届人大常委会第二十九次会议审议。会议同意将《关于陈兰州等任职的议案》《关于接受刘应建辞去彭州市第十八届人民代表大会代表职务请求的议案》提请市人大常委会第二十九次会议审议。

会议决定市第十八届人大常委会第二十九次会议召开的时间为2020年1月16日，建议议程包括审议《彭州市人大常委会关于做好彭州市镇（街道）行政区划调整后敖平镇、九尺镇、通济镇、龙门山镇、桂花镇、白鹿镇人民代表大会代表选举工作的指导意见》；表决《彭州市人民代表大会常务委员会关于镇（街道）行政区划调整后各镇人民代表大会代表名额的决定（草案）》《彭州市人民代表大会常务委员会关于任命敖平镇等6个镇选举委员会的决定（草案）》《彭州市人民代表大会常务委员会关于设立致和街道等3个街道人大工作委员会的决定（草案）》及研究人事事项。

4月7日，彭州市第十八届人大常委会在机关二楼会议室召开第一〇〇次主任会议。会议研究讨论彭州市人大常委会关于补选市十八届人大代表实施意见（草案）。要求人代工委根据会议所提意见和建议修改后提请市人大常委会会议审议。研究讨论并同意将彭州市人大常委会关于补选市十八届人大代表选举办法（草案）、彭州市人大常委会代表资格审查委员会关于个别代表的代表资格的审查报告，提请市十八届人大常委会会议审议。4月20日，彭州市第十八届人大常委会在机关二楼会议室召开第一〇一次主任会议。会议听取社事委关于主任会议专题调研全市被征地农民社会保险工作准备情况的汇报。要求，社事委要根据会议所提要求，做好调研材料和会议准备工作。会议同意将彭州市人大常委会主任会议关于提请接受王锋君辞去职务的议案、关于提请接受顾文辉辞去职务的议案、关于提请陈茂禄任职的议案、关于提请柯浩任职的议案，彭州市人民检察院关于提请王永贵等免职的议案提请市人大常委会第三十次会议审议。会议决定市第十八届人大常委会第三十次会议召开的时间为2020年4月28日，建议议程包括审议《彭州市人大常委会2020年工作要点（审议稿）》《市政府关于2019年生态环境状况和生态环境保护目标完成情况的报告》《彭州市人大常委会代表资格审查委员会关于个别代表的代表资格的审查报告》《彭州市人大常委会关于补选市第十八届人大代表实施意见（草案）》《彭州市人大常委会关于补选市第十八届人民代表大会代表选举办法（草案）》及研究人事事项。4月23日，彭州市第十八届人大常委会在市人力资源和社会保障局召开第一〇二次主任会议，专题调研彭州市被征地农民社会保险工作开展情况。会议听取市人力资源和社会保障局关于被征地农民社会保险工作开展情况的汇报，要求市政府及相关部门要从全市发展大局出发，充分认识做好被征地农民社会保险工作的重要性，增强责任意识，强化政策宣传，严格按照中央、省、成都市制定的被征地农民社会保险实施办法和细则，妥善解决现有矛盾和问题，切实保障被征地农民的基本生活，维护社会稳定。

5月18日，彭州市第十八届人大常委会在机关二楼会议室召开第一〇三次主任会议。会议听取农业农村委关于主任会议专题调研湔江生态河道综合治理二期项目建设情况准备工作的汇报、法制委关于主任会议专题调研全市扫黑除恶工作开展情况准备工作的汇报。会议讨论通过市第十八届人民代表大会第四次会议的召开时间、会议议程（草案）、会议日程（草案）及常委会工作报告的决议（草案）等材料，决定提请市第十八届人大常委会第三十一次会议审议；讨论通过《关于接受刘林辞去彭州市第十八届人民代表大会法制委员会主任委员职务的议案》和决定（草案）、《关于接受宁佐华辞去彭州市第十八届人民代表大会经济委员会副主任委员职务的议案》和决定（草案）、《关于接受张兴建辞去彭州市第十八届人民代表大会代表职务的议案》和决定（草案），同意将以上人事事项提请市第十八届人大常委会第三十一次会议审议。讨论通过关于召开彭州市第十八届人民代表大会第四次会议补助发放的范围及标准。研究决定市第十八届人大常委会第三十一次会议于2020年5月19日在市行政中心人大常委会会议室召开，建议议程包括听取和审议彭州市第十八届人民代表大会第四次会议有关事项、人事事项及第三十一次常委会理论学习。5月28日，彭州市第十八届人大常委会召开第一〇四次主任会

5月28日，彭州市十八届人大常委会第一〇四次主任会议调研市公安局“扫黑除恶”专项斗争工作

议，专题调研市公安局两年以来“扫黑除恶”专项斗争工作情况。会议组织观看“扫黑除恶”专项斗争专题片。要求市公安局要更加深入贯彻落实习近平总书记系列重要指示精神，扛牢政治责任，坚持打防并举、标本兼治，推动扫黑除恶专项斗争不断实现新突破，为彭州市实施“四大提升工程”，打好“四大攻坚战役”，加快建设践行新发展理念的立体山水公园城市提供强大保障。

6月8日，彭州市第十八届人大常委会在机关二楼会议室召开第一〇五次主任会议。会议听取社事委关于主任会议专题调研全市残疾人工作情况准备工作的汇报。安排接受市委第二巡察组巡察人大机关相关事宜。6月10日，彭州市第十八届人大常委会在彭州市残疾人联合会召开第一〇六次主任会议，专题调研全市残疾人工作，会议听取和讨论全市残疾人工作情况汇报。会前，与会人员考察了彭州市妇计中心、彭州市残疾人综合服务中心。会议要求残疾人工作是构建和谐社会，全面建成小康社会的需要，市残疾人联合会要全面贯彻习近平总书记关于“全面建成小康社会，残疾人一个也不能少”的指示要求，推动残疾人事业实现新发展，着力做好以下工作。6月15日，彭州市第十八届人大常委会在机关二楼会议室召开第一〇七次主任会

议。会议听取城环委关于主任会议专题调研全市安置房建设工作情况的准备工作汇报；研究决定市第十八届人大常委会第三十三次会议于2020年6月24日上在市行政中心人大常委会会议室召开，会议议程包括听取和审议市政府关于全市农村人居环境整治工作情况的报告、市法院关于创新基层司法保障路径，推动社会治理现代化的报告、人事事项及第三十三次常委会会前学法。6月17日，彭州市第十八届人大常委会在湔江堰管理处召开第一〇八次主任会议，专题调研湔江生态河道综合治理二期项目建设情况。与会人员考察堤岸通道整治工程和湔江堰坝改闸工程建设情况，并听取市水务局的工作汇报。会议要求市政府及有关部门要做好湔江生态河道综合治理后续建设和管护工作，实现生产生活用水、防洪灌溉、旅游开发等综合效益的全面提升。6月28日，彭州市第十八届人大常委会在市人大二楼会议室召开第一〇九次主任会议，专题调研彭州市安置房建设工作情况。会议听取市拆迁安置服务中心关于全市拆迁安置房建设工作情况汇报、市规划和自然资源局关于石化基地限建区居民搬迁安置房建设工作情况汇报、市住房和城乡建设局关于国有土地上房屋搬迁安置房建设工作情况汇报。会前，与会人员考察了四川石化基地周边生态搬迁及土地复垦安置房项目、龙锦A区二期项目、龙兴嘉苑项目等安置房项目建设进展情况。会议要求市政府及相关部门和镇（街道）要坚持以人民为中心的发展思想，高度重视安置房建设，高质量推进安置房建设。创新安置方式，多措并举破解安置难题，力争再用三年时间让现有待安置群众早日实现安居。

7月6日，彭州市第十八届人大常委会在机关二楼会议室召开第一一〇次主任会议。会议听取人代工委关于驻彭省、成都市人大代表调研考察天府中药城的准备工作情况汇报。研究2020年市人大常委会领导跟踪督办代表重点建议相关事项，确定13条代表建议为市人大常委会领导重点跟踪督办件。会议听取人代工委关于市人大常委会组成人员联系代表调整情况汇报，通过常委会组成人员联系市人大代表名单。讨论市人大常委会关于《彭州市人民法院关于创新基层司法保障路径　推动社会治理现代化工作情况的报告》《彭州市人民政府关于农村人居环境整治工作情况的报告》的审议意见。听取经济委关于7月份主任会议专题调研全市公共资源交易工作的准备情况汇报。观看预算联网监督系统操作演示。传达学习全市项目招引攻坚行动动员部署会精神。会议要求，要坚决贯彻全市项目招引攻坚行动动员部署会精神，围绕市委中心工作，主动了解并积极参与项目招引工作，同时，加大监督力度，提高监督实效，助力全市经济社会高质量发展。7月10日，彭州市第十八届人大常委会在彭州市公共资源交易服务中心召开第一百一十一次主任会议，专题调研全市公共资源交易工作。与会人员考察了市公共资源交易服务中心功能区，观看了项目开标视频，并听取市公共资源交易工作汇报。会议要求：市政府及有关部门要再接再厉，充分发挥工作主动性，以良好的工作作风、务实的工作举措，进一步提升全市公共资源交易服务质效，为加快建设践行新发展理念的立体山水公园城市贡献更大的力量。7月20日，彭州市第十八届人大常委会在机关二楼会议室召开第一百一十二次主任会议。会议听取城环委关于主任会议专题调研全市公园城市建设情况的工作准备情况汇报、社事委关于专题调查《中华人民共和国职业教育法》准备工作的情况汇报。7月27日，彭州市第十八届人大常委会在机关二楼会议室召开主任会议，会议安排部署市政府组成部门主要负责人及市法院副院长、市检察院副检察长报送2019年至2020年上半年个人述职报告相关工作。会议要求，述职人员要高度重视，认真撰写个人述职报告，既报告工作成绩，又报告存在的问题和原因，同时提出改进措施和完成时限，自觉接受人大的监督。研究决定市第十八届人大常委会第三十四次会议于 2020 年 8 月 31 日在市行政中心人大常委会会议室召开，会议议程包括听取和审议市政府关于 2020 年上半年国民经济和社会发展计划执行情况的报告、关于 2019 年财政决算（草案）的报告、关于 2020 年上半年财政预算执行情况的报告、关于彭州市 2019 年度财政预算执行和其他财政收支的审计工作报告，听取和审议市检察院关于主动担当作为，强化法律监督，为推动社会治理现代化提供法治保障的报告；表决《彭州市人民代表大会常务委员会关于批准彭州市 2019 年市级财政决算的决议（草案）》及研究人事事项。7 月 28 日，彭州市第十八届人大常委会在市规划馆五号会议室召开第一百一十三次主任会议，专题调研全市公园城市建设情况。会议听取市住房和城乡建设局（公园城市管理局）关于公园城市建设工作推进情况的汇报。会前，与会人员考察成彭高速入城段景观建设项目、牡丹大道断面及两侧绿化带改造提升项目、官渠郊野公园等项目建设情况。会议要求：市政府及相关部门要充分认识建设公园城市的重要意义，抢抓机遇，坚持当前与长远相结合，新建与传承相结合，突出城市特点，科学谋划，并高水平推进公园城市建设。

8 月 24 日，市第十八届人大常委会在机关二楼会议室召开主任会议。会议听取农业农村委关于主任会议专题调研全市农业社会化服务体系建设情况的工作准备情况汇报、城环委关于对市政府贯彻实施《中华人民共和国大气污染防治法》情况开展执法检查的相关工作汇报。会议要求，执法检查要坚定贯彻习近平生态文明思想，以大气污染防治法律法规为依据，强化组织保障，明确检查重点，着力发现问题，督促整改落实，进一步促进大气污染防治法律法规的深入贯彻实施，切实推进大气环境的依法治理和质量改善，推动全市经济社会持续、绿色、健康发展。8 月 25 日，彭州市第十八届人大常委会召开第一百一十四次主任会议，专题调研彭州市农业社会化服务体系建设情况。与会人员实地调研四川彩食鲜供应链发展有限公司、四川禾润蔬香农业科技有限公司和彭州市彩林农机作业专业合作社，并听取市农业农村局的专题汇报。会议要求：市政府及有关部门要持续推进农业社会化服务体系建设，探索新模式新机制，全面推动全市乡村振兴工作。

9 月 24 日，彭州市第十八届人大常委会第一百一十五次主任会议在市交通运输局二楼会议室召开，专题调研全市重大交通项目推进情况。会议听取市交通运输局关于全市重大交通项目推进情况的汇报。会前，与会人员考察了省重点项目成都第三绕城高速公路（彭州段）和成都市重点项目彭州三环路项目，现场听取项目推进情况。会上，参会人员观看航拍三环路项目进度视频和该项目 BIM 技术模拟展示。会议要求市交通运输局要始终坚持“高标准、高质量、高要求”发展原则，加快交通基础设施及路网体系建设，积极融入成德眉资同城化发展战略，全面助力全市“三区一地”建设。

10 月 29 日，彭州市第十八届人大常委会召开第一百一十六次主任会议，专题调研濛阳街道人大工委工作。会议听取濛阳街道人大工委工作情况汇报。会前，与会人员实地考察濛阳街道“人大代表之家”、濛江社区“人大代表联络站”、濛阳新城建设现场。会议要求濛阳街道要进一步增强责任感和使命感，紧紧围绕全市工作重心，狠抓各项任务的全面落实，不断开创工作新局面。

11 月 26 日，彭州市第十八届人大常委会在人大二楼会议室召开第一百一十七次主任会议，专题调研成都新材料产业功能区（成都石化园区）工作推进情况。与会人员参观成都新材料产业功能区科之杰、大连理工大学成都研究院项目推进情况，并听取成都新材料产业功能区介绍。会议建议成都新材料产业功能区要始终坚持创新发展理念，以推动高质量发展为主题，走“产业结构优、科技含量高、资源消耗少、环境影响小、质量效益好、发展可持续”的产业发展之路。

人大事务
People's Congress Affairs

【概况】 2020年，彭州市人大常委会坚持以习近平新时代中国特色社会主义思想为指导，全面贯彻中共十九大和十九届二中、三中、四中、五中全会精神，深入贯彻四川省委、成都市委、彭州市委决策部署，找准服务大局的结合点、监督工作的切入点和推动经济社会发展的着力点，依法履职。全年听取和审议专项工作报告14次，开展主任会议专题调研12次，开展执法检查3次，作出决议决定和审议意见28项。依法任免干部121人次。编辑《公报》2期，《人大工作信息》56期，《调查与研究》12期。在四川省、成都市等媒体刊物发表宣传作品50余篇，王涛、龚乃波等5位代表在疫情防控和产业带动方面的先进事迹被成都电视台专题报道。

【预算联网监督】 彭州市人大常委会建成并启用预算联网监督系统，导入2017年至2020年财政数据11万条，利用系统的查询、预警、分析功能，发现192条预警信息，并加以督促整改，推进人大预算审查工作信息化和网络化。

【首次开展专题调查监督】 彭州市人大常委会在综合运用调研视察、审议报告、执法检查等监督方式的基础上，首次使用专题调查监督方式，对《中华人民共和国职业教育法》的实施情况开展监督，通过现场走访、座谈交流、收集意见、听取汇报等方式，分析梳理在贯彻法律过程中的短板和不足，并作出专题调查会议纪要，促进职业教育法在全市全面深入实施。

【审议意见跟踪督办】 彭州市人大常委会听取和审议市政府落实《市人大常委会关于2019年企业国有资产管理情况审议意见》的情况报告，依法做好监督工作“后半篇文章”，助推企业国有资产监管体制机制不断完善，人大监督工作持续性和实效性得到增强。

【调查研究】 彭州市人大常委会开展“大学习、大调研、大走访”活动，调研企业80余家，走访部门、镇（街道）30余次，协调解决问题60余个，组织各级人大代表开展“走基层、进社区”和“走访企业、群众”专项工作，走访群众1.6万人次、企业1154家，收集问题和建议706个，协调解决相关问题513个。助力“十四五”规划编制，召开人大代表座谈会，提出建议100余条。围绕全市营商环境建设、安全生产、防汛救灾等工作开展调研、检查，提出建议60余个，推动相关堵点、难点问题解决。

【对口扶贫】 彭州市人大常委会组织代表持续对口帮扶阿坝州黑水县，捐款捐物18万余元，并以产业带动方式帮助黑水县176户村民年均增收2000余元、70户贫困户年均增收4000余元，助力打赢脱贫攻坚战。

【代表履职】 彭州市人大常委会组织代表下沉到镇（街道）、村（社区）参与一线防疫工作，深入企业调研复工复产、开展“送政策、帮企业、送服务、解难题”“强基础、稳增长”等专项行动。排查化解风险隐患，接待和受理群众来信来访86件次，转办四川省、成都市人大信访件12件，有效化解涉法涉诉纠纷案件，助力营造和谐稳定的社会环境。

彭州市人民政府

PENGZHOU MUNICIPAL PEOPLE'S GOVERNMENT

政府机构 / 政府重要会议 / 政府事务 / 人力资源管理 / 政务服务 / 群众来信来访 / 机关事务管理 / 地方志编纂

政府机构
Governmental Agencies

【概况】 2020年，彭州市设立政府工作部门28个，即彭州市人民政府办公室、彭州市发展和改革局（市粮食和物资储备局）、彭州市经济科技和信息化局（市新经济工作局）、彭州市教育局、彭州市公安局、彭州市民政局、彭州市司法局、彭州市财政局（市国有资产监督管理和金融工作局）、彭州市人力资源和社会保障局、彭州市规划和自然资源局、彭州市住房和城乡建设局（市人民防空办公室、市公园城市建设局）、彭州市综合行政执法局（市城市管理局）、彭州市交通运输局、彭州市水务局、彭州市农业农村局、彭州市商务和投资促进局、彭州市文化体育和旅游局（市广播电视局）、彭州市卫生健康局（市中医药管理局）、彭州市退役军人事务局、彭州市应急管理局、彭州市审计局、彭州市市场监督管理局（市知识产权局）、彭州市统计局、彭州市信访局、彭州市医疗保障局、彭州市行政审批局（市政务服务管理和网络理政办公室）、彭州市民族宗教事务局（与市委统战部合署办公）、成都市彭州生态环境局（不计入机构限额）。

【2020年市人民政府及工作部门领导名单】

彭州市人民政府

市　长：王锋君（4月离任）
　　　　陈茂禄（4月代理，5月任职）
副市长：王　军（11月离任）
　　　　胡成明
　　　　徐苒鑫
　　　　龚昌华
　　　　宋　伟
　　　　邱　洪
　　　　安继民
　　　　郑　川（6月任职）

彭州市人民政府工作部门

市人民政府办公室
主　任：陈江祺
市发展和改革局（市粮食和物资储备局）
局　长：马　斌
市经济科技和信息化局（市新经济工作局）
局　长：邓　尹（9月离任）
　　　　陆　敏（9月任职）
市教育局
局　长：周　权
市公安局
局　长：宋　伟
市民政局
局　长：庄永明
市司法局
局　长：吴　勇
市财政局（市国有资产监督管理和金融工作局）
局　长：周洪金
市人力资源和社会保障局
局　长：李世彬（9月离任）
　　　　袁熙玉（9月任职）
市规划和自然资源局
局　长：任　超
市住房和城乡建设局（市人民防空办公室、市公园城市建设局）
局　长：代　勇
市综合行政执法局（市城市管理局）
局　长：周　琳
市交通运输局
局　长：毛泽玉

市水务局

局　长：段东华

市农业农村局

局　长：廖德才（9月离任）

　　　　李世彬（9月任职）

市商务和投资促进局

局　长：张　丽

市文化体育和旅游局（市广播电视局）

局　长：廖晓辉

市卫生健康局

局　长：张茂桃

市退役军人事务局

局　长：赵　宇

市应急管理局

局　长：曾正泽

市审计局

局　长：周开琼（8月离任）

　　　　曾　云（8月任职）

市市场监督管理局（市知识产权局）

局　长：吴光辉

市统计局

局　长：夏　滔

市信访局

局　长：刘　波（9月离任）

　　　　廖明忠（9月任职）

市医疗保障局

局　长：张　勇

市行政审批局（市政务服务管理和网络理政办公室）

局　长：李冲宇（6月离任）

　　　　廖光琦（6月任职）

彭州生态环境局

局　长：刘　涛（2月离任）

　　　　杨　斌（2月任职）

政府重要会议
Government Important Meetings

【概况】 2020年，彭州市人民政府召开全体会议2次（第十八届四次、第十八届五次）、常务会议28次（第88次至第115次）。

【市人民政府全体会议】 5月18日，彭州市人民政府第十八届四次全体（扩大）会议在彭州市行政中心二楼多功能会议厅举行。全会深入学习贯彻习近平新时代中国特色社会主义思想和习近平总书记对四川及成都工作系列重要指示精神，中共十九届四中全会、中央经济工作会议、省委十一届六次全会、省委经济工作会议、省政府第五次全体会议、成都市委十三届六次全会暨市委经济工作会议、成都市政府第四次全体会议和市委十四届九次全会暨市委经济工作会议精神；讨论审议《政府工作报告（讨论稿）》《关于彭州市2019年国民经济和社会发展计划执行情况及2020年国民经济和社会发展计划草案的报告（讨论稿）》《关于彭州市2019年财政预算执行情况和2020年财政预算草案的报告（讨论稿）》，安排部署市政府重点工作。

5月18日，彭州市政府第十八届四次全体（扩大）会议在彭州市行政中心召开

9月3日，彭州市政府第十八届五次全体（扩大）会议暨政府系统廉政工作会议在彭州市行政中心召开

9 月 3 日，彭州市人民第十八届五次全体（扩大）会议暨政府系统廉政工作会议在彭州市行政中心二楼多功能会议厅举行。全会深入学习贯彻习近平新时代中国特色社会主义思想和习近平总书记对四川及成都工作系列重要指示精神，认真贯彻落实国务院第三次廉政工作会议、省委十一届七次全会、省政府第六次全体会议、省政府第三次廉政工作会议、省纪委十一届四次全会、成都市委十三届七次全会、成都市政府第五次全体会议暨第三次廉政工作会议、成都市纪委十三届七次全会和市委十四届十次全会、市纪委十四届九次全会精神；总结 2019 年以来全市政府系统党风廉政建设和 2020 年 1—8 月市政府工作，分析研究当前疫情防控和经济社会发展形势，安排部署下一步工作。

【市人民政府常务会议】 2020 年，彭州市人民政府常务会议召开 27 次。

表 6　2020 年彭州市政府常务会议一览表

界次	时间	主要内容
第 88 次	1 月 9 日	组织学习《中华人民共和国公务员法》，安排部署岁末年初重点工作。会议强调，2020 年是全面建成小康社会和“十三五”规划收官之年，要坚定以习近平新时代中国特色社会主义思想为指导，按照中央、省、成都市部署要求，统筹做好岁末年初各项工作，确保全市人民欢乐、平安、祥和过节。会议原则同意《彭州市人民政府　中国电建集团成都勘测设计研究院有限公司　西藏高争建材集团有限公司合作框架协议（送审稿）》《彭州市人民政府　中建长江建设投资有限公司合作框架协议（送审稿）》，原则同意 2019 年彭州市开创发展新局突出贡献先进集体和先进个人表彰奖励有关请示事项、提前支付四川龙洋置业有限责任公司土地补偿款、解决收回成都市彭白工程机械装运公司土地所需资金
第 89 次	1 月 21 日	组织学习《中华人民共和国土地管理法》，听取全市新型冠状病毒感染的肺炎疫情防控工作情况汇报并研究部署相关工作，传达成都市政府安委会和成都市应急委 2020 年第一次全体（扩大）会议精神，安排部署春节及两会期间全市安全生产和应急管理工作。会议原则同意进一步加强彭州市拆迁安置房建设有关请示事项，原则同意《拆迁安置房建设工作推进方案（送审稿）》和《2020 年安置房新建计划（送审稿）》，原则同意川芎省级农业标准化示范项目有关请示事项，原则同意《四川伍汇食品有限公司生猪定点屠宰厂历史遗留问题处理工作方案（送审稿）》，原则同意市国投公司公开转让下属全资子公司彭州市龙兴置业有限公司所持彭州市宸樾置业有限公司 100% 股权。会议同意文清苗等职务任免
第 90 次	2 月 18 日	传达学习中央政治局常委会会议，《中共成都市委办公厅成都市人民政府办公厅关于贯彻落实习近平总书记重要讲话精神全力打赢疫情防控阻击战攻坚战全力维护城市正常经济社会秩序的通知》精神，听取全市 2019 年和 2020 年第一季度安全生产工作有关情况汇报，组织学习《中华人民共和国动物防疫法》。会议原则通过《彭州市 2020 年重点项目计划（送审稿）》《彭州市应对新冠肺炎疫情稳定经济运行的若干政策措施（送审稿）》《2020 年第一批政府性工程建设项目年度投资计划（送审稿）》。原则同意拆迁补偿安置有关请示事项继续适用《彭州市人民政府关于印发彭州市征收集体土地补偿安置实施办法的通知》（彭府发〔2014〕3 号）确定的房屋及地上其他附着物补偿标准。原则通过《彭州市中医药健康产业发展规划（2019—2028 年）（送审稿）》《进一步加强砂石资源管理实施办法（送审稿）》；原则同意市统建集团负责彭州市砂石资源的接收、加工、出售等经营行为，实施砂石管理智慧化监管平台建设，加强全过程动态监管。市规划和自然资源局、市综合执法局、市统建集团等单位负责，做好砂石料堆场选址工作。原则同意解决全省农村厕所革命暨农村人居环境整治现场会筹备工作经费、返还重庆汇展物业发展有限公司相关土地款项。会议同意郭坤龙等任职

续表 6

界次	时间	主要内容
第 91 次	3 月 11 日	集中学习《中华人民共和国传染病防治法》，传达中央、省、成都市统筹推进新冠肺炎疫情防控和经济社会发展工作部署有关会议精神。会议原则同意《2020 年全市经济社会发展主要预期目标和经济工作要点建议（送审稿）》《彭州市龙门山湔江河谷生态旅游区管理委员会员额管理制度改革实施意见（送审稿）》，原则同意市担保公司实收资本翻番有关请示事项，原则同意市国投公司下属全资子公司彭州市龙兴置业有限公司公开转让所持彭州旭合置业有限公司股权。会议同意王建国等职务任免
第 92 次	3 月 19 日	专题学习《中共中央国务院关于营造更好发展环境支持民营企业改革发展的意见》，安排部署近期工作。会议指出，当前受疫情影响，民营企业处于最艰难的时期，全市政府系统要认真贯彻落实中央、省、成都市决策部署，营造更好环境，进一步激发民营企业活力和创造力。近期要及时足额发放价格临时补贴，保障好疫情防控期间困难群众基本生活。做好陷入临时困境外来人员救助工作，全面开展排查巡查，对符合救助条件的生活无着流浪乞讨人员要及时实施救助。会议原则同意，“雪亮工程”有关请示事项、解决濛阳街道三王村等 5 个“小组微生”新农村综合体项目历史遗留问题、通济镇人民政府公开转让闲置资产有关请示事项、调整市统建集团下属全资子公司彭州市统一建材有限公司股权质押金额；原则通过《彭州市行政企事业单位低效闲置国有资产分类处置工作实施方案（送审稿）》《彭州市市属国有公司改革整合实施方案（送审稿）》，要求按程序报市委常委会审议
第 93 次	3 月 30 日	传达学习成都市委副书记、市长罗强到彭州市调研时的讲话精神，安排部署相关工作，组织学习《中华人民共和国药品管理法》。会议听取全市各类生态环境问题整改情况汇报，会议指出，推动中央生态环境保护督察和“回头看”反馈问题整改，是落实习近平生态文明思想的重要举措。全市政府系统要提高政治站位，充分认清生态环境问题整改的紧迫性、重要性和艰巨性；要防麻痹、防松懈、防侥幸，确保不折不扣整改到位。会议原则通过《彭州市营商环境提升工程实施方案（送审稿）》《彭州市关于统筹新冠肺炎疫情防控和经济社会发展奋力完成 2020 年经济社会发展目标的实施意见（送审稿）》，会议议定：鉴于《中共彭州市委彭州市人民政府关于印发〈进一步加快转变经济发展方式促进市域经济转型升级的若干奖励政策〉的通知》（彭委发〔2016〕12 号）和《中共彭州市委彭州市人民政府关于印发〈进一步加快经济发展的十二条措施〉的通知》（彭委发〔2016〕18 号），已分别于 2019 年 7 月和 2019 年 11 月到期，新政策还需进一步论证、完善。为顺利开展 2019 年度企业奖励扶持政策兑现工作，原则同意继续适用（彭委发〔2016〕12 号）和（彭委发〔2016〕18 号）文件，有效期延续至 2020 年 12 月 31 日。因机构改革，部门职责调整的，由调整后的职能部门继续承担相应工作。市发改局负责，按程序报请市委常委会审议。会议原则同意原濛阳镇三湾村农村新型社区建设项目历史遗留问题处置方案，会议同意何雪麒等职务任免
第 94 次	4 月 15 日	传达学习中央、省、成都市疫情防控相关会议精神和工作要求，会议指出，彭州市仍处于“外防输入、内防反弹”的疫情常态化防控阶段，全市政府系统要认真落实中央、省、成都市决策部署，围绕“放得准、管得住、盯得牢、控得了、促发展”工作要求，精细化落实重点场所、重点单位、重点人群防控措施。会议通报历年土地例行督察“挂账”问题整改及土地卫片执法和违建别墅清查整治推进情况，会议要求，全市政府系统要进一步提高政治站位，充分认清形势，切实把历年土地例行督察“挂账”问题整改、土地卫片执法和违建别墅清查整治作为一项重大政治任务来抓，确保按要求完成整治整改工作。会议原则通过《彭州市关于推进村（社区）体制机制改革的实施意见（送审稿）》《彭州市村（社区）优化调整方案（草案）（送审稿）》《彭州市 2020 年大气污染防治工作行动方案（送审稿）》《天府中药城片区综合开发方案（送审稿）》《彭州市人民政府成都城建投资管理集团有限责任公司合作框架协议（送审稿）》《川西气田产能建设项目投资协议书（送审稿）》《彭州市人民政府成都产业投资集团有限公司战略合作协议（送审稿）》。会议原则同意解决彭州市网络理政中心后勤服务保障等事项所需资金、购买异地城乡建设用地增减挂钩节余指标有关请示事项、实施彭白路小鱼洞大桥基础水毁抢险救灾项目、成都新材料产业功能区绿化、道路、路灯等市政维护工程有关请示事项
第 95 次	4 月 22 日	听取 2020 年第一季度安全生产工作总结和第二季度安全生产主要工作措施情况汇报，会议指出，全市政府系统要始终把安全生产放在首位，严格落实中央、省、成都市关于安全生产各项决策部署。特别是当前正处于“外防输入、内防反弹”疫情防控重要时期，要抓实抓细安全风险防范措施，坚决防范和遏制重特大事故发生，确保全市安全生产形势持续稳定。会议原则通过《彭州市重大风险防控攻坚战实施方案（送审稿）》《关于表扬 2019 年度全市农村改革和现代农业园区建设工作先进单位的通报（送审稿）》。原则同意 2020 年征地拆迁工作有关请示事项、实施九峰村银白路（海汇桥至光明苑段）道路抢险救灾项目。会议议定：鉴于《彭州市人民政府办公室关于印发〈彭州市凤鸣湖饮用水水源一级保护区内散居农户（农家乐）搬迁工作实施方案〉的通知》（彭府办函〔2017〕99 号）确定的龙门山镇九峰村贺家坪和三沟村袁家坪安置点，因 2019 年启动以国家公园为主体的自然保护地体系建设规划未最终确定，安置房建设一直未能实施。同时，凤鸣湖饮用水水源一级保护区搬迁群众迫切要求加快推进安置房建设，为及时解决凤鸣湖饮用水水源一级保护区搬迁农户住房问题，原则同意将原确定的贺家坪、袁家坪安置点，调整至龙门山镇团山村一社

续表 6

界次	时间	主要内容
第 96 次	4 月 29 日	集中学习《中华人民共和国政府信息公开条例》，要求各镇政府（街道办）、市级相关部门要主动适应新形势新，强化互联网思维，拓宽政府信息公开渠道，积极推进“互联网＋政务”建设；要加强分析研判，充分运用网络理政平台找准群众诉求，主动回应社会关切，打通政府信息公开向基层延伸的“最后一公里”；要强化风险防范意识，加强政府信息安全建设，加大重要领域信息保护力度，确保信息公开内容不涉密。会议原则通过《彭州市地质灾害气象风险预警及响应制度（送审稿）》《彭州市突发地质灾害应急预案（送审稿）》《彭州市防汛应急预案（送审稿）》。会议原则同意增加成都湔江集团注册资本金
第 97 次	5 月 11 日	专题学习《中华人民共和国人民防空法》，会议指出，人民防空是国防的组成部分，全市政府系统要从国家发展和安全高度，深刻认识人民防空工作的重要性，深入学习相关法律法规，转变人防建设发展方式，按照“战时防空、平时服务、应急支援”的要求，抓好工作落实。会议原则通过 2020 年《政府工作报告（送审稿）》《关于彭州市 2019 年国民经济和社会发展计划执行情况及 2020 年国民经济和社会发展计划草案的报告（送审稿）》《关于彭州市 2019 年财政预算执行情况和 2020 年财政预算草案的报告（送审稿）》《新建彭州直升机场项目用地报征及征地拆迁工作协议（送审稿）》，会议同意补熙忠等任职
第 98 次	5 月 22 日	集中学习《四川省公路路政管理条例》，会议要求各镇政府（街道办）、相关市级部门、有关单位要加强协作、密切配合，健全完善“政府负责、部门联动、齐抓共管”的公路路政管理机制；要进一步明晰责任，依法开展涉路活动，避免违规涉路施工；要加强信息共享、统筹联动，采取有效措施及时整治涉路违法行为。会议原则通过《彭州市村（社区）优化调整方案（送审稿）》，原则同意成立彭州市法定数字货币试点工作领导小组
第 99 次	6 月 10 日	集中学习《中华人民共和国土壤污染防治法》，传达学习习近平总书记关于应急管理、安全生产、防灾减灾救灾和森林草原防灭火工作的重要指示批示精神、国务院督导动员会精神以及成都市贯彻落实要求，强调各镇政府（街道办）、市级相关部门要把查找和解决问题摆在突出位置，认真汲取近期国内重大安全事故教训，深入剖析彭州市“5・17”等几起事故原因，加快建立重大风险、突出问题、整改任务和完善制度“四个清单”，逐一抓好整改落实。进一步理顺工作机制，强化部门间的工作协同和信息共享，建全专群结合的联防联控机制，落实各项防控措施，提高科学防灾救灾水平。要杜绝麻痹思想，增强忧患意识，突出抓好火灾、地灾、洪灾及重点行业和重点领域的安全隐患排查整治，严格落实领导带班和 24 小时值班制度，加强监测预警和应急准备，坚决遏制重大安全事故发生。会议原则通过《彭州市公用移动通信基站规划设置管理暂行办法（送审稿）》《关于解决〈彭州区域协同发展规划〉编制等事项所需资金的请示》《关于回购彭州市非国有法人股东和自然人股东持有成都广电网络投资有限责任公司股权有关事项的请示》
第 100 次	6 月 22 日	专题学习《中华人民共和国民法典》，会议指出，《中华人民共和国民法典》是新中国成立以来第一部以“法典”命名的法律，是新时代我国社会主义法治建设的重大成果。各镇政府（街道办）、市级相关部门要充分认识颁布实施民法典的重大意义，切实抓好学习宣传，全力推进和保障民法典实施，更好地保障人民权益。会议原则通过《2020 年彭州市产业能级提升工程实施方案（送审稿）》《彭州市濛阳新城（濛阳组团）片区综合开发方案（送审稿）》《彭州市人民政府　四川绿康大地科技有限公司战略框架协议（送审稿）》《四川省农业科学院　彭州市人民政府天府蔬菜工程技术中心合作协议（送审稿）》《大熊猫国家公园入口社区熊猫生态谷项目投资协议（送审稿）》，原则同意《关于解决龙门山镇三岔河堰塞体处置所需资金的请示》，原则同意《关于郑川等职务任免的请示》
第 101 次	6 月 30 日	集中学习《中华人民共和国气象法》《人工影响天气管理条例》，会议传达学习《成都市实施“禁毒十条”深入推进铁腕治毒工作方案》，安排部署下一步工作，要求各镇政府（街道办）、市级相关部门要进一步提高政治站位，从社会大局稳定和国家长治久安的高度，认识成都市实施“禁毒十条”的重要性和紧迫性，坚决完成各项工作任务；要进一步深化重点整治，依法严厉打击制毒、贩毒、涉毒等犯罪行为，对涉毒问题易发多发、群众反映强烈的重点区域、重点行业和重点领域，始终保持高压态势；要进一步创新工作举措，依托城乡社区治理体系和网格化管理服务体系，坚持发动群众、依靠群众、专群结合的工作思路，强化源头防范，鼓励群众参与到禁毒工作中来，推动禁毒工作取得新突破。会议原则通过《关于调整市政府部分议事协调机构领导职务的请示》《彭州市城乡功能品质提升工程工作方案（送审稿）》《彭白铁路改建项目投资合作框架协议（送审稿）》《西南交通大学彭州成果转化基地建设合作协议（送审稿）》《关于实施成都市 100 万亩菜粮基地高标准农田建设项目——彭州市 4 万亩高效菜粮示范区高标准农田建设项目的请示》

续表 6

界次	时间	主要内容
第 102 次	7 月 21 日	集中学习《中华人民共和国消防法》，传达学习省委十一届七次全会精神和成都市委十三届七次全会精神、成都国家城乡融合发展试验区建设动员会暨“西控”工作推进会议精神。会议听取全市征地拆迁安置工作推进情况报告，要求各镇（街道）、市级有关部门要始终坚持全面保障群众合法权益的前提下，加快推进征地拆迁安置工作；要围绕重大项目、拟出让土地、功能区建设、安置房建设等用地需求，科学安排征地拆迁工作时序；要创新工作方法，加快布局安置房建设，着力解决超期安置问题，努力实现被征地群众“即拆即安”；要严格执行征地拆迁社保政策，保障群众合法权益，确保“应保尽保”。会议原则通过《彭州市征地拆迁和杆管线迁改“半年攻坚”行动实施方案（送审稿）》《彭州市稳就业保就业工作方案（送审稿）》，会议听取国家卫生城市复审工作情况报告，会议原则同意《关于成立彭州市尘肺病防治攻坚行动工作领导小组的请示》《关于彭州市老旧小区改造有关事项的请示》《四川伍汇食品有限公司生猪定点屠宰厂历史遗留问题处理工作方案》《关于调整彭州市机关事业单位工作人员死亡丧葬费开支标准的请示》，原则同意《关于廖光琦等职务任免的请示》
第 103 次	8 月 22 日	原则同意《彭州市人民政府　四川省能源投资集团有限责任公司　中国石油四川石化有限责任公司投资合作协议（送审稿）》《彭州市引进高等院校和促进文化体育产业发展激励办法（送审稿）》《天彭盛境·湔江美谷项目投资合作协议（送审稿）》《中国供销成都老邻居智慧云仓及冷链物流中心项目投资协议（送审稿）》《成都艺术科技城（四川文化艺术学院成都校区）投资合作协议（送审稿）》《广东弘迅投资集团有限公司电梯配件产业项目投资协议（送审稿）》，会议原则同意《关于曾云等职务任免的请示》
第 104 次	8 月 27 日	专题学习《成都市落实国家统计督察反馈意见整改方案》及防范和惩治统计造假、弄虚作假相关文件精神，传达学习成都市政府第五次全体会议暨第三次廉政工作会议精神，会议听取全市“六保”工作情况汇报、听取市应急局《关于 2020 年上半年安全生产和应急管理工作总结及下半年工作计划的报告》，会议原则同意《关于彭州市 2020 年上半年经济工作总结和下半年经济工作安排的请示（送审稿）》《关于 2019 年财政决算草案的报告（送审稿）》《关于 2020 年上半年财政预算执行情况的报告（送审稿）》《关于 2019 年财政预算执行和其他财政收支的审计工作报告（送审稿）》《关于 2020 年上半年国民经济和社会发展计划执行情况的报告（送审稿）》《彭州市关于推进村（居）民小组优化调整改革的意见（送审稿）》《关于报请审定命名、更名和注销有关地名的请示》《药品食品安全环境检测评估及新药研发公共服务平台项目投资协议（送审稿）》
第 105 次	9 月 14 日	传达学习习近平总书记关于“十四五”规划编制工作的重要指示精神及省委、成都市委、市委贯彻落实要求；传达学习习近平总书记关于制止餐饮浪费行为的重要指示精神及省、成都市贯彻落实要求；传达学习习近平总书记在经济社会领域专家座谈会上的重要讲话精神及省委、成都市委、市委贯彻落实要求；传达学习全国深化“放管服”改革优化营商环境电视电话会议精神。会议听取全市“十四五”规划编制工作推进情况汇报。会议原则同意《龙门山湔江河谷生态旅游区核心起步区片区综合开发方案（送审稿）》《四川铁投国际农贸智慧物流中心项目投资协议（送审稿）》《白水河国家自然保护区内天生桥电站拆除补偿工作方案（送审稿）》《彭州市人民政府　华为技术有限公司数字经济合作协议（送审稿）》《华能西南综合利用能源中心项目投资协议（送审稿）》《彭州市人民政府　成都产业投资集团有限公司　中化学建设投资集团有限公司战略合作协议（送审稿）》《中照新型航电及智慧照明产业基地建设项目投资协议（送审稿）》《城市智慧清运设备及服务监测中心项目投资协议（送审稿）》《步步高商业彭州濛阳西南供应链中心及智能仓储物流产业园项目投资协议（送审稿）》；同意《关于报请审定彭阳任职的请示》
第 106 次	9 月 22 日	传达学习习近平总书记在全国抗击新冠肺炎疫情表彰大会上的重要讲话精神及成都市贯彻落实要求；传达学习习近平总书记关于新时代民营经济统战工作的重要指示精神及全国民营经济统战工作会议精神；传达学习全省农村乱占耕地建房问题摸排工作动员部署会议精神、传达学习全省违建别墅问题清查整治“回头看”工作部署会议精神，研究市政府贯彻落实措施。会议原则同意《成都龙之梦旅游度假区项目投资协议（送审稿）》，要求湔江河谷旅游区管委会根据会议讨论意见，对《协议》进行修改完善，按程序报市委常委会审议
第 107 次	9 月 28 日	集中学习《中华人民共和国预算法实施条例》，会议指出，新修订的《中华人民共和国预算法实施条例》彰显了预算管理制度改革方向，为完善标准科学、规范透明、约束有力的预算制度提供了法律依据，全市政府系统要认真学习，抓好《条例》的贯彻落实。会议原则同意《彭州市完善重大疫情防控体制机制健全公共卫生应急管理和紧急医学救援体系实施方案（送审稿）》《关于命名 2020 年度实施乡村振兴战略推进城乡融合发展工作先进镇和示范村（社区）的通知（送审稿）》《关于命名彭州市 2020 年度现代农业园区的通报（送审稿）》《彭州产业联盟投资项目合作协议（送审稿）》《关于报请审议胡成明等职务任免的请示》

续表 6

界次	时间	主要内容
第 108 次	10 月 16 日	集中学习《中华人民共和国食品安全法实施条例》；传达学习成都市第七次全国人口普查领导小组第二次全体（扩大）会议精神；会议听取市卫健局《关于 2020 年 1—8 月全市艾滋病综合防治工作的报告》。会议原则同意《彭州市天然水域禁捕工作实施方案（送审稿）》《彭州市人民政府　成都香颂文化传播有限公司“香颂爱乐之家”音乐主题酒店项目投资协议及补充协议（送审稿）》《关于解决举办 2020 年中医药产学研联盟专家研讨会所需资金的请示》《关于解决 2020 年征地报批工作所需资金的请示》
第 109 次	10 月 23 日	专题学习《中华人民共和国电子商务法》，会议要求各镇政府（街道办）、市级相关部门要根据自身实际，创新电子商务产业发展。要加强农村电商主体培育，支持发展猕猴桃、锅盔、板鸭、冷水鱼、新鲜蔬菜等本地特色农副产品电商。要鼓励优势行业发展壮大电商产业，促进跨界融合，培育彭州优势网络品牌，带活传统产业，不断提升产品供给质量。要引导新老商圈、特色商业街更新升级，打造智慧商圈、智慧街区，支持传统商业线上线下一体化发展，支持电子商务和社区商业融合发展，推动服务业创新升级。会议原则同意《彭州市全面深化营商环境提升工程实施方案（送审稿）》《成都新材料产业功能区（成都石油化学工业园区）管委会员额管理制度改革实施意见（送审稿）》《关于报请审议将部分闲置国有资产作价出资投入到湔江投资集团的请示》《关于表扬 2020 年项目招引攻坚行动先进集体及先进个人的通报（送审稿）》《标果（西南）智慧农产品供应链服务基地暨结算中心项目投资协议（送审稿）》
第 110 次	11 月 3 日	传达学习中国共产党第十九届中央委员会第五次全体会议精神及省委、省政府、成都市委、市政府和市委贯彻落实要求，习近平总书记在深圳经济特区建立 40 周年庆祝大会上的重要讲话精神，中共中央政治局常委会会议及国务院常务会议精神及李克强总理在研究分析当前经济形势和部署下一步经济工作时的讲话精神；研究市政府贯彻落实措施。会议听取市应急局《关于 2020 年前三季度全市安全生产和应急管理工作总结及第四季度工作计划的报告》。会议原则同意《关于表扬 2019 年度征兵工作先进单位和先进个人的通报（送审稿）》《彭州市人民政府　成都中医药大学　教育部学校规划建设发展中心共建国家中药产教融合示范城战略合作协议（送审稿）》，会议同意《关于报请审定曾长清等任职的请示》
第 111 次	11 月 10 日	集中学习《中华人民共和国个人所得税法》；传达学习习近平总书记在第三届中国国际进口博览会开幕式上的重要讲话精神和中央、省、成都市农村乱占耕地建房问题整治及坚决制止耕地“非农化”行为会议精神并听取全市于耕地保护前期工作进展情况，研究部署下一阶段的工作。会议原则同意《彭州市 2020 年第二批政府投资项目年度投资计划及国有公司投资项目年度投资计划（送审稿）》《彭州市突发事件总体应急预案（送审稿）》《彭州市市级财政追加预算审批管理办法（送审稿）》《关于解决〈男性家族排查系统建设〉等事项所需资金的请示》《彭州市人民政府　中国工商银行成都分行战略合作协议（送审稿）》《彭州市人民政府　中国农业银行成都分行战略合作协议（送审稿）》《彭州市人民政府　中国农业发展银行四川省分行全面共建乡村振兴先进市框架合作协议（送审稿）》《关于解决彭州市原机关事业单位养老保险试点个人账户清退有关事项的请示》《关于解决四川宝山木业有限公司二期技改项目有关事项的请示》《关于解决 23 个报征批次项目被征地农民养老保险补偿费预存款的请示》
第 112 次	11 月 30 日	集中学习《政府投资条例》；传达学习全国抗击新冠肺炎疫情表彰大会和习近平总书记关于防汛救灾工作重要指示精神及四川省、成都市抗击新冠肺炎疫情和防汛救灾表彰大会会议精神，传达学习习近平总书记在中央全面依法治国工作会议上的重要讲话精神、《中共成都市纪委关于加强监督执纪坚决制止餐饮浪费行为的通报》，研究市政府贯彻落实措施。会议原则同意《关于构建大拆迁大安置工作机制的实施方案（送审稿）》《彭州市人民政府　潼南区人民政府蔬菜产业高质量发展战略合作框架协议（送审稿）》《中资国本生态循环农业科技园项目投资协议（送审稿）》《绿康大地生态水鲜（工厂化）养殖基地项目投资协议（送审稿）》《青龙水乡项目投资协议（送审稿）》《中蒙那达慕文化旅游基地西南总部项目投资协议（送审稿）》《关于解决天府中药城第二批“区域评估”中文物勘探所需资金的请示》《关于解决 2013 年“7·9”洪灾水毁堤防永久修复遗留项目配套资金的请示》《彭州市人民政府　中国银行股份有限公司四川省分行政银全面战略合作协议（送审稿）》《中科彭州智慧产业创新中心理事会成员调整名单（送审稿）》，会议同意《关于报请审定文李免职的请示》

续表 6

界次	时间	主要内容
第 113 次	12 月 14 日	学习《中华人民共和国政府采购法实施条例》和工程建设项目招投标相关法律法规政策规定，传达学习习近平总书记关于加强知识产权保护工作的重要讲话精神、省委十一届八次全会精神和四川省、成都市新冠肺炎疫情防控工作相关会议精神，安排部署近期重点工作。会议要求，全市政府系统要认真学习《实施条例》和工程建设项目招投标相关法律法规政策规定，准确把握政府采购和工程建设项目招投标的程序、范围和方式。要切实履行好采购人主体责任，厘清权责边界，加强内控管理。要实施标前、标中、标后全过程全流程监管，建立健全信用监管体系，努力营造公平正义、诚信和谐、规范有序的市场环境。会议指出，全市政府系统要认真学习领会习近平总书记关于加强知识产权保护工作的重要讲话精神，牢固树立“保护知识产权就是保护创新”理念，加强国家知识产权强县工程试点县建设，建立健全知识产权综合管理体制，严厉打击假冒侵权行为，切实保护权利人和消费者的合法权益。会议要求，全市政府系统要把学习宣传贯彻省委十一届八次全会精神作为当前和今后一个时期的重要政治任务，深刻领会全会的重大意义、总体要求、目标任务。要进一步厘清彭州市“十四五”时期总体定位、发展思路、主要目标、重点工作、重大项目和系列专项规划，为高标准开展“十四五”规划编制打下坚实基础。会议强调，全市政府系统要绷紧疫情防控这根弦，把疫情防控作为当前最重要、最紧迫的任务来抓，进一步健全完善防控体系，坚决守住疫情防控“底板”。要统筹抓好疫情防控和经济社会发展，全力冲刺全年目标任务和“十三五”规划目标。要提前谋划部署明年各项工作，确保 2021 年实现良好开局。要聚焦安全生产、交通运输等重点领域，全面梳理排查并及时消除风险隐患，确保全市社会大局持续稳定。会议还研究审议其他事项
第 115 次	12 月 29 日	学习《保障农民工工资支付条例》，传达学习中央经济工作会议精神、省委经济工作会议精神、成都市委十三届八次全会暨市委经济工作会议精神以及中共中央办公厅、国务院办公厅印发《关于做好 2021 年元旦春节期间有关工作的通知》精神，安排部署近期重点工作。会议要求，全市政府系统要认真学习《条例》，扎实贯彻落实习近平总书记关于根治农民工欠薪问题的重要批示精神，加强对农民工工资支付工作的组织协调、管理指导、监督检查，督促用人单位主动履行法律职责，规范工资支付行为，畅通投诉举报渠道，切实保护好广大农民工的合法权益；要认真学习中央经济工作会议精神、省委经济工作会议精神、成都市委十三届八次全会暨市委经济工作会议精神，立足新发展阶段，贯彻新发展理念，构建新发展格局，紧紧扭住供给侧结构性改革，主动融入“双循环”，唱好“双城记”，扎实做好“六稳”工作、全面落实“六保”任务，确保“十四五”开好局，以优异成绩庆祝建党 100 周年。会议强调，全市政府系统要认真学习贯彻通知精神，统筹做好新冠肺炎疫情防控和节日期间各项工作。要聚焦危险化学品、交通运输、人员密集场所等领域开展节前安全大检查，及时“排险除患”。要抓好环境治理，积极营造良好的节日氛围。要做好节日期间物资保供、市场秩序维护以及水、电、气稳定供应等工作，为群众祥和过节奠定坚实基础。要严格落实中央八项规定精神，持之以恒反对“四风”问题，坚持不懈推进正风肃纪。会议还研究审议其他事项

政府事务
Government Affairs

【概况】 2020 年，彭州市人民政府办公室坚持以习近平新时代中国特色社会主义思想为指导，深入贯彻中共十九大和十九届二中、三中、四中、五中全会精神，认真落实中央、四川省、成都市和彭州市决策部署，围绕市委、市政府中心工作，履行政务职能，聚焦“三个服务”，全面抓好新冠肺炎疫情防控，确保政府各个部门、各项工作、各个环节顺利运行。

【会议办理】 彭州市政府办公室科学编制政府系统年度全市性会议计划，严格实行会务办理全过程登记制度、实施全流程痕迹化管理，压实各环节工作责任，全年统筹协调处理各级会议 500 余件次，审核把关常务会议题 236 个，承办市政府全体会议 2 次、常务会议 27 次、市长办公会议 14 次、市政府党组会议 10 次，制发会议通报和纪要共 53 期。疫情初期，流转文件 1000 余份次、制发指挥部和指挥部办公室文件 200 余份、承办指挥部会议 100 余次。

【公文办理】 彭州市政府办公室严把公文政治关、政策关、法律关、内容关、格式关，全年开展公文知识培训6次，审减、退回质量较差公文20余份，协助部门、镇（街）送审公文100余份，以市政府、市政府办名义分别印发文件248份、43份，与2019年同比分别减少7.4%、14%，总体下降8.4%，推广使用公文信息化一体化协同办公平台，注册账号3651个，活跃账号2991个，使用率达82%。获评成都市政府系统公文办理先进集体。

【政务服务】 彭州市政府办公室认真做好市政府班子成员每日工作安排搜集、整理、分送，为增强政务活动时效性提供重要依据。全年分送市长周工作预安排53期、市政府领导每日工作安排251期，完成市政府主要领导调研活动66天次、出席各类重大活动30次、外出招商11次23天，完成成都市领导到彭调研、厦门招商推介会、2020年成都酒店行业全球招商峰会暨中国·彭州第三届龙门山民宿发展大会、第十一届中国·四川（彭州）蔬菜博览会等全市性重大活动会议服务。

【保密管理】 彭州市政府办公室及时调整完善保密工作领导小组成员，对密码电报实行单独登记、造册，对涉密上三级文件实行专人登记、专人传送、专人管理，确保保密文件流转安全高效，全年未发生泄密事件。

【信息调研】 彭州市政府办公室以彭州市被纳入省信息直报点为契机，创新工作方式方法，建立信息直报点制度，全年累计上报信息840余条，被省政府信息公开办采用16条、成都市政府办公厅采用150余条、专刊信息5篇，首次获评“四川省2020年度政务信息报送工作先进单位”，1人被评为全省政务信息报送先进个人。刊发《每日要情》44期、《发展资讯》38期，及时收集整理国家、省、市新政策、新要求，形成省、市涉及产业、全会等相关重要会议精神汇编4册。牵头组织开展彭州特色农业产业、市属国有企业改革等全市经济社会发展中重大问题的调查研究，编制刊发《对彭州市危险化学品道路运输交通安全管理》《关于进一步提升招商引资工作实效的思考和建议》等调研文章12篇。其中，《关于做好疫情防控期间招商引资工作的建议》《卫生防护距离的“前世今生”及其实例分析》等4篇材料获市委、市政府主要领导肯定性批示，一些对策建议被市委、市政府采纳并转化为具体的政策措施，1篇调研文章被《成都研究》刊发。

【督办促办】 彭州市政府办公室完善符合彭州实际的政府督查工作制度，全年完成成都市政府督查室督查督办事项办理72件，成都市政府督查室重点项目在线督查系统信息报送80余条。对《政府工作报告》主要目标任务进行细化分解，制定考评细则，对推进滞后项目通过资料核查、实地督查等方式开展定期及不定期督查、累计督查200余次，推动210项目标任务按进度安排推进。督办市政府常务会议定事项140件次、市长办公会议定事项68件次、市政府领导批交办事项523件，制发各类督办促办通知50件、催办温馨提示及通知320条、督查专报48期、跟踪督办催办指示事项200件次。疫情期间，深入一线督查重点场所疫情防控措施落实情况1900余人次、督促整改问题460余条、协调工作推进中存在的问题400余个，为指挥部工作上传下达、高效运转提供保障，1人被表彰为成都市疫情防控先进个人。

【建议提案办理】 彭州市政府办公室以办理成效和满意度为导向，采取电话催办、通报督办和上门督办等多种形式，全年共办理上三级人大代表建议和政协提案8件，本级人大代表建议354件、政协提案231件，限时办结率、走访代表委员率、代表委员满意率均为100%。及时组织相关承办单位、代表和委员采取“面对面”，全年组织面对面答复会4场，获评成都市政府系统建议提案办理先进集体。

【应急事件处置】 彭州市政府办公室把握突发事件紧急信息的接报、研判、收集、整理、上报、跟踪、督导、总结等关键环节，切实按照上级规定和要求加强值班值守和紧急信息报送工作。不断完善《彭州市人民政府办公室值班值守工作制度规范》《彭州市突发事件紧急信息上报流程》。2020年1月24日，彭州市政府办公室按照市委、市政府制定的新冠肺炎防控方案，在第一时间设立疫情防控指挥部和工作小组，构建起应急指挥体系。5—9月汛期期间，严格汛期值班值守，强化与水务、规自、气象、卫健、公安、应急、住建、综合执法等相关部门的协作机制建设。截至年底，彭州市及时上报较大及以上突发事件和敏感事件32起（信息52期），无迟报、漏报、瞒报等现象发生。成功妥善协调处置“2·21”散居农房火灾事故、“3·14”鸭子河敖平段油污影响下游水质事件、“4·22”部分购房户因入学问题聚集事件、“5·18”开发区企业火灾事故、“8·16”两名群众失联情况等较大及敏感突发事件和一般突发事件共280余起。强化与周边区县协作机制，制定《彭什广同城化值班协作工作方案》《彭什广同城化值班协作对口联络工作手册》等，快速协同处置人民渠油污污染、濛阳河水质异常、失联失踪人员协查等跨区域突发事件5起。每季度通报值班值守、突发事件处置紧急信息上报等情况，形成《全市值班工作情况的通报》4期、《工作提醒》1次。在重要节假日、重大会议活动、防汛防灾等重要敏感时段，采用电话、微信、电台等多种形式开展值班抽查及实地检查，督促值班工作落实到位，确保值班通信畅通、人员在岗，突发事件应对及时、处置有效，紧急信息研判准确、报送规范。

人力资源管理

Human Resources Management

【概况】 2020年，彭州市人社局围绕市委、市政府中心工作，坚持“民生为本、人才优先”的工作主线，紧盯新冠疫情对人社工作带来的负面影响，突出问题导向，抓紧抓实就业创业、社会保险、人事人才、构建和谐劳动关系等各项工作落实，承担省民生目标3项、省政府工作目标7项、成都市民生目标4项、彭州市政府工作报告目标8项，均完成。

【事业单位人员管理】 彭州市人社局面向社会公开招聘（录）机关事业单位工作人员230名，教育下属单位75名、卫生下属单位95名、其他市级部门下属事业单位60名。全市现有事业单位人员9166名。

【工资管理】 彭州市人社局完成全市机关事业单位人员2020年工资正常晋升工作，晋升9263人次，人均月增资84.64元。办理工资转介357人次，为239名事业人员建立工资关系。

【人才招引】 彭州市人社局为全市机关事业单位引进硕士以上高学历人才和副高以上专业技术人才88名；参加由成都市人社局举办的“2020秋季‘蓉漂人才荟’暨‘成渝双城’（成都）人才招聘会”，组织四川巴顿航空设备制造有限公司、成都市双虎实业有限公司、四川龙一医药有限公司等6家重点企业，现场提供岗位200余个，收到简历100余份，与30余名人才现场达成初步就业意向。

【职称评定】 彭州市人社局贯彻落实《职称评审管理暂行规定》和专业技术职务任职资格评审管理权

限下放到各区（市）县有关政策，扎实开展专业技术职称评定工作，为全市国有企事业单位、工商注册地在彭州市的非公有制企业（组织）专业技术人员提供职称评定服务。2020 年完成 423 人的职称评定，其中中级 136 人、初级 287 人。

政务服务
Government Affairs Service

【概况】 2020 年，彭州市行政审批局（市网络理政办）贯彻落实国务院“放管服”改革优化营商环境和省市各项工作部署，围绕统筹疫情防控和经济社会发展中心工作，提升政务服务质量，推进新型智慧城市建设，提高网络理政效能，保障全市重大项目推进和群众办事需求，全年受理、办结政务服务事项 772996 件，民生诉求 657255 件，市民和市场主体获得感提升，先后获“四川在线‘问政四川’网民留言办理工作先进单位”“成都国际化营商环境建设先进集体”等多项荣誉。

【理政数据平台建设】 彭州市行政审批局（市网络理政办）以市网络理政中心为龙头，构建全天候能在线监测、能分析预测、能应急指挥的智能城市治理运行体系。强化以“筑基”为核心的大数据平台建设，挂接 429 个数据资源，累计交换数据 8000 万条，涉及经济、治安、应急、教育、卫健等多个领域。在数据资源融合的基础上构建“决策研判”和“场景应用”两翼。通过“数据大归集”整合提炼 133 个一级指标，构建经济运行、社会治理、应急管理等 5 个专题页面，直观呈现城市运行“一张图”，形成城市态势感知体系。以基础大平台实现系统互联、数据共享，民生服务管理等 6 个应用场景。

【行政审批改革】 彭州市行政审批局（市网络理政办）着力推进工程建设审批制度改革，将立项到竣工验收涉及的行政许可总用时由 40 个工作日压缩至 15 个工作日内。精简企业注销流程，普通注销登记仅需提交 3 份要件，简易注销适用范围扩大，公告时间由 45 天压缩为 20 天。优化企业登记程序，取消名称预先核准登记。发放采伐许可证 250 份，简化采伐办证程序，将一般林木采伐许可（个人零星）委托至通济镇、桂花镇、丹景山镇人民政府办理。推行生产建设项目水土保持报告表承诺制办理。高效服务水、电、气、信接入等民生项目办理。全年受理、办结政务服务事项 772996 件，民生诉求 657255 件。

【网络理政效能提升】 彭州市行政审批局（市网络理政办）将“88500000 彭州市民生服务热线”与成都市网络理政系统深度融合，整合群众诉求受理渠道和平台，实现群众诉求统一受理。全年受理、分派各类民生诉求 657255 件，其中网络理政平台 59707 件，办结率 100%，群众满意率 93.72%；数字化城市管理系统平台 73086 件，处置 72480 件，处置率 99.17%；网格化管理及大联动微治理平台 524462 件，办结 516374 件，办结率 98.46%。将网络理政与矛盾纠纷化解、纪检监察、依法治市、城市智慧治理等工作深度融合，

彭州市网络理政中心

政务服务“川渝通办”签约仪式

7月7日，彭州市召开营商环境提升工程推进会议

全年向相关单位推送矛盾纠纷线索5045个。通过数据共享、部门联动，实现668个民生问题、疑难问题、热点问题靠前解决。

【营商环境优化】 彭州市行政审批局（市网络理政办）实施营商环境提升工程，以全面落实成都市营商环境2.0版、3.0版政策为抓手，建立“三套体系”、实施“六项制度”、突出“四个服务”，推动营商环境2.0版政策249项举措全面完成，3.0版政策加快落地落实，168项效率事权类改革事项实现减材料、减环节、减时间、减成本，在全国政务服务优秀案例评选中获“优化服务金流奖”。助力项目投资和产业功能区建设，签约引进亿元以上项目75个、总投资额1448.73亿元。发布《彭州市—什邡市交界地带融合发展实施方案》，成立成德同城化（彭什）审批服务工作领导小组，推进成德同城化（彭什）“跨区通办”审批服务，探索与广汉市实现“跨区通办”。成为全省首个线上跨区通办的区（市）县。彭州市与什邡市、广汉市以“同一标准办一件事”为服务标准，实行两地“专窗专办”，首批审批服务涉及企业设立登记、税务申报、身份证办理等与群众、企业密切相关的43项政务服务事项彭什跨区通办，49项政务服务事项彭广跨区通办。在两地政务大厅设置“同城化无差别”综合受理窗口，申请人通过网络、窗口、邮寄等方式，实现跨区域就近办理审批服务。2020年在成都市营商环境综合评估中进入郊区新城前列，获“2020年成都国际化营商环境建设区（市）县十佳创新案例”，工作做法被成都市委办公厅督查通报表扬。

【政务便民服务】 彭州市行政审批局（市网络理政办）健全“容缺容后”、政务服务诚信“红黑名单”办理机制，创新为企业提供限时服务、延时服务、云上服务等暖心服务举措。“容缺容后”服务事项增加至53项；“道路货物运输经营许可”等40项行政审批（服务）事项可提供流动服务；“建设工程规划许可证”等58项行政审批（服务）事项可提供限时服务；对“取水许可”等11项行政审批（服务）事项的评审以及“民办教育机构设置”等19项行政审批（服务）事项勘验提供云上服务；推出“零跑动”政务服务事项1240项；设置老年人服务岗，提供导办、帮办、代办服务，对于行动不便的老年人，采取上门服务的方式。推进“一窗受理”改革，出入境办证中心整体入驻政务服务大厅。每季度对政务服务工作情况进行三方测评，评选“季度服务明星”“优质服务”窗口，促进服务质量和服务水平不断提升。全年开展延时服务5000余件，上门服务300余件，46个审批事项实行“容缺受理、承诺补正”。

群众来信来访

Letters and Visits from the Masses

【概况】 2020 年，彭州市信访局围绕彭州市委“四大提升工程”和“四大攻坚战役”，以“创新提能”为主题，以“减存量、控增量、防变量、强基础、严责任”为主线，努力实现信访工作由被动受理办理向主动源头防范转变、粗放式管理向高效能治理转变。全年全市受理群众信访事项 1647 批（人）次，同比下降 6.5%，彭州市被人民网评为 2020 年度人民网网民留言办理工作民心汇聚单位。

【网络信访平台建设】 彭州市信访局规范信访办理流程，依托信访大数据平台，全面联动使用网上信访信息系统处理信访工作，及时交办和反馈群众诉求。严格登记转送、受理环节、办理案件等程序性时限要求，及时受理率、按期办结率均为 100%，初信初访群众参评率 88.41%，群众满意率 97.23%，相关指标位居区（市）县前列。

【信访问题多元化解】 彭州市坚持和完善信访接待大厅联合接访机制，认真落实领导定期接访下访制度，市委、市政府领导每周星期三轮流在市信访接待中心定点接访，每月第二周星期三到所联系镇（街道）带案下访，重大会议、重大活动期间每天接访。全年市级领导接访下访群众 115 批 378 人次。先后协调征地拆迁、房产领域、环境保护、农业农村等方面信访问题。落实律师参与领导接访、援助律师参与大厅信访接待和代理涉法涉诉信访问题制度；集中受理涉法涉诉问题。2020 年，律师协助解答协调信访问题 62 个，其中问题咨询包括：保险理赔事宜、宅基地问题、民工工资、“5·12”修建房屋质量、房屋过户、紫御兰庭延期交房、龙门山违建农房整治、幼儿园证件办理、居民住宅用电用水相关问题等信访问题的法律解答和教育疏导。

【突出信访问题清单化解】 彭州市信访局坚持每月召开信访联席会议，分析研判重点案件，协调解决难点问题。各责任单位认真履行调处化解主体责任，协办单位积极配合参与，聚力推进突出信访问题清单办理。成都市交办的突出信访问题清单 17 件案件全部提前“清零”，中央信访联席办交办的“四重”信访矛盾化解攻坚重点案件 2 件，全部化解，化解率 100%。彭州市自排梳理的化解类突出信访问题清单案件 54 件，均全部化解。

【镇（街道）信访工作联席会议】 彭州市信访局探索建立镇街信访工作联席会议制度，优化和完善会议体系，建立“一体化”治理研判机制，由村（社区）“吹哨”（上报需求），镇（街道）“派单”（分配任务），部门和企事业单位“报到”（解决问题），探索建立部门与镇（街道）双向评价机制，建立健全重点事项跟踪督办和问责问效机制，推动治理工作资源下沉，重心前移，形成合力。2020 年，13 个镇（街道）共召开联席会议 126 次，向市级部门“派单”重大疑难信访问题 73 件，全部化解销号。

【群众工作之家建设】 彭州市信访局制定出台《深

6月16日，彭州市群众工作之家首次初转重信访事项代理研讨会

化信访工作联席会议制度建强群众工作之家夯实市域社会治理现代化基层基础的实施方案》，健全完善群众工作之家组织领导、经费保障、表扬激励等机制。以“育先进、树典型、抓样板”为方法途径，因地制宜延伸群众工作之家服务触角。截至年底，全市打造天彭街道里仁社区、通济镇青杠林社区等示范点位13个，创建桂花镇蟠龙村“五户联助、三级联动”等示范品牌13个。彭州市群众工作之家经验做法被《人民日报》《人民周刊》等媒体刊载。全年全市群众工作之家排查矛盾纠纷5078条，化解4997条，化解率为98.40%；代理信访事项497件，满意率100%；收集人民建议1063条。

机关事务管理
Organ Affairs Management

【概况】 2020年，彭州市机关事务中心贯彻党和国家厉行节约反对浪费方针政策，坚持机关事务管理科学化、保障法治化、服务社会化方向，整合全市机关事务资源，进一步理顺管理体制，规范管理服务行为，降低机关运行成本，建设节约型机关，不断推动全市机关事务管理工作整体协调发展。

【办公用房管理】 彭州市机关事务中心健全办公用房信息化管理平台信息录入系统，对办公用房管理系统进行功能拓展，提高人、房信息的完整度和匹配度，向全市所有机关单位开放管理子账号，实现使用单位实时填报、监督部门据新核验的二级管理模式，实现线上、线下双向管理。结合全市党政机关新冠疫情防控督查、全市机构改革、全市贯彻落实中央八项规定精神监督检查、全市非集中办公单位办公用房调配等工作，对标国家规定，开展3次办公用房专项督查，推进办公用房节约集约使用。出台《彭州市节约型机关创建及办公用房优化调整方案》，将20余家分散办公单位有序入驻到集中办公区并统筹调配集中办公区资源，实现入住率90%以上，可腾退分散办公用房资源6.3万平方米。

彭州市机关事务中心会同纪检组对全市办公用房管理进行督查

【后勤服务社会化改革】 彭州市机关事务中心引入专业物业实现后勤服务社会化改革，先后引进银杏、锦城、公德三大物业，提升办公秩序、环境卫生。成立物业考核领导小组、健全后勤服务监督检查体系、完善后勤服务满意度调查制度，推行“专、量、效、评、痕、全”的标准化服务，确保物业服务始终在监管下运营、在压力下工作、在激励中提高。打造“红色物业·先锋管家”品牌。启动机关党建与物业企业的组织共建、人才共育、阵地共享、活动共联、服务共促活动，探索具有彭州机关事务特色的“一个堡垒、一面旗帜，一颗钉子”的物业企业党建路径。

【公务用车管理】 彭州市机关事务中心在北斗公务用车监督平台全面覆盖基础上，逐步完善平台监督管理制度：服务机构改革，完成机构改革后车辆归属单位的调整工作；动态管理公车平台基础信息的整理、审核和录入工作，维护基础数据信息完整，确保平台高效使用；严格实行单车核算，在规定时间节点前完成全市公务用车统计数据网络首报工作；落实用车范围、用车流程、审批程序相关制度，全市各单位使用派车均在北斗公务用车监督平台线上审批。印发《突发公共事件应急公务用车保障预案》《彭州市公务车辆管理规章制度》及配套文件，多形式开展宣传教育。全年处置公务用车21辆，新购公务用车20辆（其中特种专业技术用车8辆）。推广应用新能源汽车。组织政府机关及公共机构负责人200余人参加国产新能源汽车展示活动，配备更新公务用车总量中新能源汽车占比83.3%。

【机关节能】 推进公共机构节能，制定公共机构节约能源方案，推动工作法治化、规范化建设。提高办公资源利用率。出台《彭州市集中办公区域调整方案》，将20余家分散办公单位有序入驻到集中办公区并统筹调配集中办公区资源，促进机关节能减排。动态核算办公区各单位用能面积及用能人数情况，出台《彭州市公共机构节能实施方案》，指导各单位广泛开展节约型机关创建、机关单位示范等四项提升活动，制发公共机构节约能源资源工作要点，逐步降低机关运行成本。开展绿色清洁能源进机关活动，新能源汽车采购占比达83.3%，在二办楼顶建成太阳能光伏发电项目，年底投运后预计每年节约电费1.7万元。

【"互联网+机关事务"信息化】 深化"互联网+机关事务"信息化建设载体，在完善办公用房、公务用车、公共机构节能信息化平台基础上，开发机关微服务App，通过餐饮微服务提供物品预订、在线支付、营养膳食分析、饭菜评价、咖啡点卖、误餐预订服务，公务接待微服务提供就餐预定、线上指导交流服务，会务微服务提供会议预订、会后反馈服务，设备报修微服务实现一站式服务、即时评价，基本实现"一机在手、一网打尽"，为干部职工提供更加便捷的服务新体验。

全市党政干部公共机构节能专题培训班

【机关事务节约新风尚】 完善节约制度出台《彭州市厉行节约坚决制止餐饮浪费行为行动方案》《彭州市党政机关国内公务接待管理实施细则》，全面压实各部门责任，细化各项制度措施；出台《彭州市机关事业单位食堂管理规范》，明确要求全市各级党政机关、企事业单位职工食堂要带头定量核算食材，严把进货关、加工关，抽查通报各单位45次，提高食材利用率。以"杜绝舌尖上的浪费"为主题指导各行业部门开展"厉行节约、反对浪费"宣传教育进机关、进学校、进医院、进企业、进社区、进餐厅、进家庭活动；狠抓食堂食材节约，开展"光盘"积分兑换礼品、承诺墙签名等活动引导干部职工主动杜绝食堂餐饮浪费行为，集中办公区食堂每日餐厨垃圾减少三分之二以上，成效被央视新闻频道报道，被《中国纪检监察》杂志、"学习强国"刊载。探索实施生活垃圾分类制度，开展分类投放积分兑换礼品、分类垃圾知识进机关等宣传引导活动17次，建成四办餐厨垃圾处理设备和地埋式垃圾回收箱，引导干部职工养成简约适度、绿色低碳的工作、生活方式。

【抗疫后勤服务】 彭州市机关事务中心为打赢疫情防控阻击战提供后勤保障，在第一时间调配好疫情防控指挥部办公用房，为采购抗疫医疗用车等抗疫物资开通绿色通道。接待四川省、成都市疫情督导10次，服务重大会议62场次，日均保障用车60余

9月1日，彭州市机关市委中心党支部在机关食堂文明就餐承诺墙

人次、分散就餐2700余人次、投入消毒车辆600余辆次、消杀面积3.2万平方米、开展红外线测体温2000余人次。督导全市机关疫情防控工作214次并及时完成整改，动态监测全市机关单位境外返彭州市职工及家属人员325人次。

【特色办公环境营造】 彭州市机关事务中心以“一园一馆一门一墙一号”为载体，持续营造舒适愉悦、轻松团结的机关工作场景和打造彭州特色资源展示橱窗，“一园”，在成都市四办楼顶打造绿色廉洁机关空中菜园，展现出彭州大地蔬菜农业特色，彰显出天府蔬香清韵廉洁文化。“一馆”，依托规划展示馆打造彭州城市会客厅，通过专业讲解和视听演示，立体展示公园城市发展蓝图。“一门”，依托正门圆厅为全市单位提供各类巡展平台，对干部职工、市民开展产业发展成果、交通成果规划、彭州好物十三品、青少年书画等巡展98次。“一墙”，依托文化墙、电梯壁展示彭州山川风景、发展蓝图，层层一风景、月月一更新，不断提振干部职工热爱彭州、奉献彭州的信心、力量。“一号”，依托“机关螺丝钉”微信号发布即时信息、物品预订、政策指导、在线答疑、美景欣赏、好物推荐等图文86条，成为机关事务文化、工作展示平台和服务全市机关的沟通平台，位居全市政务新媒体影响力排名前列。

地方志编纂
Local Chronicles Compilation

【概况】 彭州市地方志编纂委员会办公室（简称市地志办）成立于1981年2月，为彭州市人民政府直属财政全额拨款正局级参照公务员法事业单位。内设综合科、资料编辑科2个科室，编制人数8名，领导职数3名。市地方志办公室认真落实《地方志工作条例》和四川省、成都市地方志工作会议要求，以提高编纂质量，打造精品志鉴为目标，以挖掘地情资源、服务中心工作为重心，不断推进彭州地方志事业发展。

【年鉴编纂】《彭州年鉴（2020）》于2020年12月底正式出版。全书共分21个类目，124个分目，402张图片，合计48万字。彭州市地方志办公室对标《成都年鉴》《成华年鉴》等优秀年鉴，汲取先进经验，在丰富年鉴的史料性、可读性上下功夫，调整优化篇目设置，特别是在专题图片的选用上，突出反映市上的重点工作、特色工作。

【地情资源挖掘】 2020年11月编纂出版《彭州泉水》，全书分为泉水故事、泉水风物和泉水艺文，其中收录泉水故事140篇，泉水风物9篇，泉水艺文37篇，利用泉水把彭州市的人文风土串联起来，展现彭州丰富多彩的水文化和底蕴深厚的历史人文。2020年12月编纂出版《浪漫白鹿》，按照地方志工作“创新求变，为转型发展助力”的宗旨，打破传统志书的书写方法，融入散文和诗歌的表现形式，增强全书的趣味性与可读性，该书也是地方志服务“乡村振兴”战略的探索和实践。2020年启动编纂《彭州风俗》，完成资料收集，进入整理统稿。

11月27日，彭州市地方志办公室到马牧河村走访调研

6月24日，彭州市地方志办公室到南津社区开展送书活动

【地方文化研究】 彭州市地方志办公室参与彭州湖泊水库命名，提供命名及建议，为领导决策提供参考；围绕“天彭门”“天府中药城”规划建设，形成“天彭门”“彭州中医药”专题文字、图片资料，为经济建设提供文化支撑；组织地方文化研究会开展彭州文艺家采风行、三国文化研讨会等各类文化研究，挖掘整理彭州人文风土、历史古迹等特色文化，编辑发行《天彭古今》2期，推进地方文化研究，扩大地方志影响力。

【读志传志】 彭州市地方志办公室为彭州“军屯锅魁”“敖平川芎”“三界莴笋”申请“地标”保护产品提供《彭县志》《彭州市志（1986—2005）》及相关史料；每年向市级各部门、镇（街道）提供书籍600余册，提供其他文化咨询帮助10余次。为彭州市各大中小学、图书馆、旅游景区、镇村文化书屋等地免费赠阅《彭州市志》《美丽彭州》《彭州典藏》《天彭牡丹史话》及《彭州三线建设纪实》等书籍800余套（册）；利用各类平台嵌入方志知识，宣传方志研究成果，不定期在市委宣传部主办的“品鉴彭州”、市纪委主办的“廉韵彭州”等微信公众号推广传播。

政协彭州市委员会

CPPCC PENGZHOU MUNICIPAL COMMITTEE

政协机构 / 政协重要会议 / 政协事务

政协机构
Political Consultative Conference Agencies

【概况】 2020 年，政协彭州市第十四届委员会设提案委员会、经济委员会、社会法制和民族宗教委员会、科教医卫体委员会、农业和农村委员会、文化和文史资料委员会、城乡建设和人口资源环境委员会 7 个专门委员会，设办公室、理论研究室、委员工作室 3 个办事机构。

【2020 年政协彭州市委员会领导名单】

主　席：吴石泉

副主席：杨　军

胥全富

陈　舢

邱　珍

向　东（2 月任职）

李云洪

【2020 年政协彭州市委员会专委会及领导名单】

提案委员会

主　任：王晓蓉

经济委员会

主　任：（空缺）

社会法制和民族宗教委员会

主　任：罗　强

科教医卫体委员会

主　任：陈昌建

农业和农村委员会

主　任：刘孙久

文化和文史资料委员会

主　任：刘兰考（7 月任职）

城乡建设和人口资源环境委员会

主　任：杨　光

【2020 年政协彭州市委员会办事机构及领导名单】

办公室

主　任：易晓峰

理论研究室

主　任：袁　瑗

委员工作室

主　任：马相友

政协重要会议
Political Consultative Conference Important Meetings

【概况】 2020 年，政协彭州市委员会召开全委会议、常委会议、主席会议、对口协商会议等协商议政会议 27 次，其中召开全委会议 1 次、常委会会议 4 次（第 14 次至第 17 次）、主席会议 11 次（45 次至 55 次）。

【政协彭州市全委会议】 5 月 20—21 日，中国人民政治协商会议彭州市第十四届委员会第四次会议在彭州市行政中心召开。会议深入学习贯彻中共十九大和习近平总书记对四川及成都工作系列重要指示精神，全面贯彻落实省委十一届三次、四次全会、成都市委十三届三次、四次全会和彭州市委十四届六次全会精神。中共彭州市委书记在开幕会上作重要讲话，充分肯定市政协和政协委员为推动彭州改革发展作出的重要贡献，对做好新时代政协工作提出希望和要求。会议审议批准吴石泉代表政协彭州市第十四届委员会常务委员会所作的工作报告，审议批准杨军代表政协彭州市第十四届委员会常务委员会所作的提案工作情况的报告。会议听取并赞同政府

5月20日，中国人民政治协商会议彭州市第十四届委员会第四次会议在彭州市行政中心召开

工作情况通报，赞同市人民法院工作报告、市人民检察院工作报告以及市发改局、市财政局工作报告。

【政协彭州市常委会会议】5月11日，政协彭州市第十四届委员会第14次常委会议召开。市委常委、市纪委书记、市监委代理主任柯浩，市人大常委会副主任方虹，市政府副市长邱洪应邀参加会议。会议听取市政府2019年全市经济运行情况、2019年全市提案办理工作情况和市纪委2019年党风廉政建设情况的通报，审议通过政协彭州市第十四届委员会常务委员会工作报告（审议稿）和关于提案工作情况的报告（审议稿），协商决定有关人事事项和市政协十四届四次会议有关事项。

6月23日，政协彭州市第十四届委员会第16次常委会议召开。市人大常委会副主任罗永富受邀参加会议，市政府副市长安继民受邀到会听取意见并讲话。市政协常委、英贤律师事务所合伙人罗可对《中华人民共和国民法典》进行解读。会议传达学习全国人大十三届三次会议和全国政协十三届三次会议精神，听取成都新材料产业功能区筹备组关于新材料产业功能区规划建设工作相关情况的工作汇报，部分市政协常委、委员围绕大会主题积极建言献策。会议对新材料产业功能区规划建设工作进行民主测评，满意和基本满意率100%。

9月22日，政协彭州市第十四届委员会第17次常委会议召开。市人大常委会副主任徐友贵、市政府副市长胡成明受邀参加会议。会议听取彭州市交通互联互通提升工程开展情况。会议现场部分政协常委、委员紧扣协商主题，围绕构建内畅外联交通格局、构建绿色智慧交通体系、做强城市交通保障能力、抢抓成德同城化发展机遇等主题展开热烈讨论，提出建议38条。政协彭州市常委会对全市交通互联互通提升工程开展情况进行民主测评，测评结果为满意、基本满意率100%。会议听取市住建局民主评议整改工作，并对其整改情况进行民主评议，测评结果为满意、基本满意率100%。

【政协彭州市委员会主席会议】4月28日，政协彭州市第十四届委员会46次主席会议召开，听取和协商全市危险化学品安全生产工作。6月15日，政协彭州市第十四届委员会49次主席会议，听取和协商村（社区）机制体制改革工作。6月16日，政协彭州市第十四届委员会50次主席会议，听取和协商天府中药城建设工作。9月1日，政协彭州市第十四届委员会51次主席会议，专题协商龙门山湔江河谷生态旅游区建设工作。10月19日，政协彭州市第十四届委员会52次主席会议，听取和协商市法院工作。11月9日，政协彭州市第十四届委员会53次主席会议，听取和协商市检察院工作。11月23日，政协彭州市第十四届委员会54次主席会议，听取和协商彭州市“十四五”规划编制工作。11月24日，政协彭州市第十四届委员会55次主席会议，听取和协商2020年重点提案办理工作。

政协事务
Political Consultative Conference Affairs

【概况】2020年，政协彭州市第十四届委员会落实彭州市委十四届九次、十次全会精神，为实施“四大提升工程”，打好“四大攻坚战役”，建设“三区一地”，践行新发展理念的立体山水公园城市积极建言献策。全年开展协商式民主监督活动15次，组织委员调研考察35次，开展重点调研12项，形成调研报告14篇，办复提案231件，编发社情民意《社情民意》14期，其中关于破解招商桎梏扩大招商实效的建议、关于城市公共交通系统应对节后返程高峰服务有序复工的建议、关于财政部就社会捐赠的防疫专项资金出台相应管理暂行办法的建议被上级政协采用。评选出《关于建设天府中药城成都医药港成为西部地区最大的中药材交易和物流中心的建议》等12件优秀提案。编辑刊发《彭州政协》1期、《政协工作信息》36期。

【四大提升工程献计出力】 政协彭州市委员会围绕交通互联互通提升工程，组织召开专题议政性常委会议，邀请专家学者、有关部门，共谋良策，形成专题报告和12份大会发言材料等参政议政成果。围绕产业能级提升工程，聚焦“3+2”载体核心起步区建设，通过重点调研、专题协商、重点提案督办、委员考察等方式综合发力，提出意见建议25条，相关建议被采纳。围绕营商环境提升工程，紧扣优化民营经济发展环境，深入开展调查研究，为营商环境建设汇智聚力、增信释疑。围绕全市发展中的关键问题，加强与成都市政协的协同互动，就国家城乡融合发展试验区、成都国际铁路港大港区、基层治理体系建设，开展联合调研、联动协商，积极争取上级层面对有关问题的关注和支持。承办成德眉资四地政协委员到彭州市开展同城化“菜篮子”建设联合视察，推介彭州蔬菜产业。

【四大攻坚战建言献策】 政协彭州市委员会围绕全市危化品安全生产协商建言，围绕打好污染防治攻坚战，坚持常态化巡河（湖库泉），组织开展河道生态治理重点调研，到龙门山、通济等镇，开展农村人居环境整治专项督查工作，针对河道生态治理的短板，提出对策建议。围绕打好重大风险防控攻坚战，聚焦信访“突出问题清单”化解工作落实情况开展民主监督，推进信访共性问题和群众反复反映问题化解落实；持续关注禁毒工作，形成专题调研报告，提出5个方面14条具体建议。

【公园城市建设聚智聚力】 政协彭州市委员会聚焦公园城市形态，围绕绿道建设，组织政协委员、有关部门开展调研，从生态价值转化、提升服务功能等方面提出建议；组织开展生态廊道建设专项视察，实地察看牡丹大道综合整治、官渠郊野公园建设等项目推进情况，聚焦公园城市场景，通过民主监督特色街区建设，督办重点提案等方式，为建设可感知可欣赏可参与可消费的公园城市应用场景献计出力。会同市纪委，开展为期两个月民主评议市住建局工作，通过明察暗访、问卷调查、民主测评等形式，查找问题、提出建议、督促整改，促进市住建局进一步发挥城市建设主力军作用。

【政协提案办理】 政协彭州市委员会全年提交提案352件。经审查，立案231件，委员个人提案203件，联名提案23件，民主党派提案4件，专委会提案1件，立案率65.6%。其中涉及经济建设方面96件，占41.6%；政治建设方面34件，占14.7%；文化建设方面11件，占4.8%；社会建设方面83件，占35.9%；生态文明建设方面7件，占3%。解决或基本解决的A类提案155件，占67.1%，正在解决或列入计划逐步解决的B类提案70件，占30.3%，受条件限制或因其他原因以后解决的C类提案6件，占2.6%。截至2020年末，提案办理答复率100%，委员满意率100%。

【政协活动开展】 政协彭州市委员会开展“大学习、大调研、大走访”活动，围绕重要工作、重大

12月8日，彭州市政协主席会议成员走访调研委员之家

5月28日，政协彭州市委员会走访座谈，推进“六稳”“六保”任务落实

项目、重点问题实地走访、深入调研，协调解决困难问题。在政协委员中开展“我为‘十四五’献一策”活动，征集意见建议50条；召开主席会议专题协商“十四五”规划编制工作，为编制“十四五”规划凝聚共识、凝聚智慧、凝聚力量。制定市政协落实市委政协工作会议主要任务分工方案，形成47项具体任务分工，有计划分阶段地抓好落实。打造“协商”新平台，深化“2＋6＋N”重点协商模式，完善协商机制程序，坚持不调研不协商，提升政协协商规范化、制度化水平和协商“言值”；提升“监督”新实效，完善政协民主监督与纪委政风行风监督的联动监督机制，深化民主评议“五步”工作法，综合运用蹲点调研、小分队督查、满意度测评等方式，提升监督实效，形成监督合力；着力创设服务委员新载体，坚持以政协工作联络组为单元建立“委员之家”，搭建协商议事室、委员之家、社情民意联系点“三位一体”工作平台，通过小规模、小切口、多样化开展活动，推进把“委员之家”建成学习之家、履职之家、团结之家。

【疫情防控履职】 2020年疫情期间，政协彭州市委员会因时因势调整履职重点，围绕野生动物执法、公共卫生服务开展协商，引导委员围绕疫情防控提交提案32件、反映社情民意15个；督办公共卫生应急能力建设等重点提案，开展“送政策、帮企业、送服务、解难题”专项行动，协调金融支持、减税降费等援企稳岗政策，走访、服务企业234次，协调解决问题39个，助力解决复工复产、稳产满产、生活保障、特殊群体帮扶等实际问题。围绕疫情防控十项基础工作，到天彭、隆丰、九尺、敖平等镇（街道）开展常态化督导，促进相关问题整改。

【“六稳”“六保”推进】 政协彭州市委员会围绕“六稳”“六保”发声发力，紧扣民生导向、问题导向、需求导向，开展政协委员走访困难企业群众专项行动，坚持将解决问题贯穿始终，走访困难企业156家，困难群众93户，收集问题145个，助推解决问题114个，为困难群众捐款捐物9.5万元。助力“音乐教育扶贫”项目落户致和小学等实事，得到政协成都市委员会通报表扬。

【项目招引促进】 政协彭州市委员会融入项目招引攻坚大局，围绕全市投资促进工作开展界别协商，拜访企业60余家，对接80余次，接待到彭州考察重点企业8家，捕获项目信息50个，助力新型杂环高性能工程塑料等5个项目签约，协调促进西部蓝色动力公司等企业相关问题解决。动员委员发挥联系广泛、渠道畅通优势，参与项目招引，全方位挖掘项目信息，通过委员牵线搭桥，促成厦门央企协会、晶链通等7家单位和企业到彭州市考察。

图 7　　2020 年度优秀提案名单

提案号	提案人	案　由
1	唐开航	《关于建设天府中药城成都医药港成为西部地区最大的中药材交易和物流中心的建议》
53	徐贵蓉	《关于餐饮企业在疫情后重拾消费者信心的建议》
67	周小勇	《关于加强疫情期间基层医疗机构公共卫生应急能力建设的建议》
104	何元贵（联名）	《关于进一步加大园区外独立选址规上企业支持力度的建议》
106	林群盛	《关于纾困受疫情影响的中小微企业的建议》
108	杜江波	《关于推动我市编外教师“积分入编”的建议》
142	周术梅	《关于在农业供给侧结构性改革下发展彭州现代蔬菜产业的建议》
147	曾帮良	《关于进一步加强我市重大项目建设全链条管理的建议》
154	巫平丽	《关于切实加强城乡社区文化建设的建议》
186	穆军崴	《关于拆除机关单位围墙，助推公园城市建设的建议》
188	民建彭州市支部	《关于农村饮水安全的建议》
197	强小祝（联名）	《关于启动我市撤市设区筹备工作的建议》

纪检监察

DISCIPLINE INSPECTION AND SUPERVISION

纪检监察机构与重要会议 / 政治监督 / 政治巡察 / 正风肃纪 / 纪检监察队伍建设

纪检监察机构与重要会议
Discipline Inspection and Supervision Institutions and Inportant Meetings

【概况】 中共彭州市纪律检查委员会（彭州市监察委员会）设14个室（部）、1个信息中心。2020年，市纪委监委以习近平新时代中国特色社会主义思想为指导，将党的领导贯穿统筹推进疫情防控和经济社会发展各项工作中，推进全面从严治党，反腐败斗争持续巩固发展，纵深推进“七大工程”建设，一体推进不敢腐、不能腐、不想腐，为全市夺取疫情防控和经济社会发展双胜利提供坚强保证。

【2020年市纪委（市监委）主要领导名单】

书　记：柯　浩
副书记：代　刚（市监委副主任）
　　　　周　倩（市监委副主任）
常　委：龚明金（10月离任）
　　　　莫廷先（市监委委员）
　　　　侯　波（市监委委员）
　　　　葛　劲
市监委委员：陈　容
　　　　　　简　爽
机关党委书记：汤　蕾

【纪检监察重要会议】 3月10日，彭州市召开推进和加强全市纪检监察系统作风建设部署动员会。4月20日，中共彭州市第十四届纪律检查委员会第九次全体会议召开。5月8日，全市纪检监察系统表扬大会暨工作推进会召开。6月2日，进一步解决群众问题诉求提升群众满意度工作推进召开会。9月11日，全市纪检监察系统审查调查工作推进会召开。11月19日，成都市纪检监察干部监督工作高质量发展现场推进会召开。12月8日，学习贯彻中共十九届五中全会精神宣讲会召开。

政治监督
Political Supervision

【概况】 彭州市纪委（市监委）自觉做到“两个维护”，把政治监督落到实处，动态研判全市政治生态状况，持续严肃党内政治生活，聚焦“七个有之”严肃查处违反政治纪律问题3件3人。紧跟党中央号令，按照统一部署科学开展疫情防控监督，抽调45名干部深入基层一线，督促整改上级督查反馈问题133个，处分6人、问责党组织1个。聚焦全面复工复产、做好“六稳”工作、落实“六保”任务、成德眉资同城化发展等重大决策部署强化政治监督，组建6个监督组一线督查项目招引攻坚，与什邡市纪委监委探索建立监督保障彭什（彭州市、什邡市）融合发展工作机制，以有力举措推动抗疫情、稳经济、谋发展各项任务有效落实。

【主体责任监督】 彭州市纪委（市监委）分季度组织市委、市政府班子成员、人大和政协党组书记、

彭州市纪委（市监委）工作人员深入田间地头，结合村级体制机制调整改革工作开展调研

法检两院党组书记向市委常委会专题报告履行主体责任情况26人次，向市党政领导班子成员呈送《廉情专报》30期，通报分管（联系）领域党风廉政情况，抓住"关键少数"推动"两个责任"落地落实。

【监督责任落实】 彭州市纪委（市监委）聚焦监督首责，研究制定《推进"四项监督"统筹衔接工作办法》，推动全市纪检监察力量整体聚合。出台《保障派驻机构充分履职的十项措施》，进一步加强对派驻机构的全面领导和履职保障，压紧压实监督责任。

【纪检监察联动】 彭州市纪委（市监委）建立纪检监察工作联动机制，探索监督检查、审查调查"双组长"模式，统筹解决基层纪检监察力量短缺问题。制定《问题线索管理和处置工作办法》，实现线索管理"五个统一"。全市纪检监察机关规范处置问题线索687件，综合运用"四种形态"批评教育帮助和处理876人次，各形态分别占比76.4%、16.4%、2.9%、4.3%。加强市管领导干部廉政档案建设，稳步推进档案数字化。从分层受理、严格保密等方面规范党风廉政意见办理工作，既防止"带病提拔"又防止"久拖不复"。

【"一肩挑"书记行权监督】 彭州市纪委（市监委）聚焦村级建制调整改革后"一肩挑"书记行权监督面临的新挑战，在全省率先出台《加强村（社区）党组织书记权力运行监督制约工作办法》，构建村级党组织书记权力运行监督制约机制，多维防治"一肩挑"后村级"一把手"集权腐败。针对近3年超过1/4的村（社区）发生过"一把手"违纪违法问题，其中涉及以权谋私等"权力腐败"的占比达到83%等有关情况，创新制度、试点实践，把监督的"多条线"织成治理的"一张网"，切实管住关键的"人、事、权"。建立风险防范机制，强化对集体资产处置、村级工程项目建设、"两委"公章使用等风险高发领域重点防范；建立多维监督机制，统筹主体责任与监督责任，贯通党内监督与其他监督，将"各自为战"转变为"联合监督"；通过建立联合奖惩机制，做到激励与约束并重，严管和厚爱相结合，加强监督管理结果运用，督促"一肩挑"书记廉洁用权、实心干事，以高质量的监督为基层治理赋能。

6月3日，彭州市委第三巡察组讨论发现问题线索

政治巡察
Political Patrol Inspection

【概况】 2020年，彭州市纪委（市监委）深化政治巡察，围绕"三个聚焦"，全面完成市委第九轮对11个党组织的常规巡察，发现问题220个，移交问题线索3件。组织开展市委第十轮对13个党组织的常规巡察，十四届市委巡察覆盖率达88.57%，以"巡镇带村"方式实现村级党组织巡察全覆盖。

【巡查问题整改】 彭州市纪委（市监委）围绕中心工作，先后开展政府采购、疫情防控上下联动专项巡察，精准发现问题140个。推动巡察与其他各类监督贯通融合。健全完善巡察监督与其他各类监督有机贯通、相互协调工作机制，深化"巡审联动"，

10月14日，彭州市委回访督察组回访督查统计局巡察整改情况

探索“纪巡贯通”，推动巡察机构与审计机关、纪检监察机关信息共用、工作互融，形成监督合力。不断深化共性问题整改。先后分析梳理巡察发现违反中央八项规定精神方面和财经纪律方面共性问题，形成问题通报2期，督促全市各单位举一反三、未巡先改；组建3个回访督查组对21个单位开展巡察整改回访督查，发现并推动解决问题102个，压紧压实被巡察党组织整改主体责任。

正风肃纪
Party Conduct Improvement and Discipline Intensification

【概况】 2020年，彭州市纪委（市监委）落实中央八项规定精神，坚持重要节点明察暗访，推动节约粮食、制止餐饮浪费要求落实落细，相关做法受到中央电视台宣传报道。

【执纪审查】 彭州市纪委（市监委）保持严的主基调不放松，建立健全反腐败线索双向移送反馈机制，全年立案审查调查242件245人（留置6人），涉嫌职务犯罪移送检察机关6件6人。深挖龙门山违建农房背后的腐败问题，严肃查处靠山吃山、多次行贿等问题。加强审查调查权力运行的监督检查，全年未发生安全事故。制定《案件质量评查工作办法》，常态化开展清单式质量评查。探索开展案件审理简易程序工作，得到中央纪委充分肯定。坚持案件处分决定宣布与警示教育同步进行，督促开好专题民主生活会。严格“审复”分离，审慎稳妥办理申诉案件。

【落实中央八项规定精神情况检查】 9月，对20个单位开展中央八项规定精神落实情况专项监督检查，专项整治违规公款吃喝送礼风，紧盯重大节假日等关键节点，深入开展作风专项督查，全年查处违反中央八项规定精神问题14件24人，通报曝光12件22人，发出核查整改通知书19件。11月以来，编印《违反中央八项规定精神典型案例选编》3期，以“图文说案＋点评释纪＋清单提醒”的形式以案示警。查处在联系服务群众、优化营商环境、防汛救灾、森林防火等方面只表态不落实，弄虚作假、欺上瞒下，不作为、乱作为等问题人员17人。

【群众利益维护】 彭州市纪委（市监委）紧盯群众反映强烈的突出问题，聚焦工程招投标、建筑企业资质审批、人防工程监管、“大处方泛耗材”四

彭州市纪委（市监委）深入酒店、饭店、商超等场所督查违规公务接待、公款吃喝、公款消费等违反中央八项规定精神相关情况

5月20日，彭州市纪委（市监委）工作人员实地走访群众，收集问题诉求

彭州市致和街道纪工委开展“两委”换届纪律作风督查

个重点行业领域突出问题，建立纪委监委机关牵头抓总、职能部门具体实施、纪检监察组督促推动的“一盘棋”工作格局，深入开展系统治理，推动主管部门管行业必须管行风。建立梳理排查、汇总研判、推动落实、通报曝光和多元监督“五项机制”，推动职能部门查纠问题374个，严肃查处相关问题2件2人。持续整治教育医疗、住房养老、涉农补贴、环境保护等民生领域突出问题，探索以“一码通”方式收集社情民意，深化“阳光问廉”线上线下坝坝会，推动解决群众“急难愁盼”700余件，查处侵害群众利益的不正之风和腐败问题33件45人。

纪检监察队伍建设
Construction of Discipline Inspection and Supervision Team

【概况】 2020年，彭州市纪委（市监委）优化纪检监察干部队伍结构。贯彻执行党的干部路线、方针、政策，建立规范干部选拔任用、职级晋升及管理制度，坚持好干部标准，把牢选人用人关口。全年推荐提拔中层及以上干部10余名。

【纪检监察干部培训】 彭州市纪委（市监委）抓牢抓实纪检监察干部全员培训。根据上级纪委监委全员培训有关要求，聚力纪检监察干部队伍高素质专业化建设，优化教育培训模式，推动干部业务能力和综合素质双提升。2020年，编印各类辅导材料800余册；录制“网上微课堂”光盘课程11门；自办业务知识培训1期、开展党性教育2期、举办专业培训1期、邀请资深媒体人讲座3期、实施干部身心健康及管理讲座6期，全年全覆盖培训1200余人次。

【纪检监察干部管控】 彭州市纪委（市监委）印发《市纪委监委派驻机构工作手册》，提升派驻机构履职尽责能力水平，进一步规范办理征求党风廉政情况意见工作流程，既防止“带病提拔”又防止“久拖不复”。探索全市纪检监察机构协作新格局。推动全市纪检监察机构的统管统用，提升全市纪检监察机构监督工作质效，研究出台市纪委监委机关、镇（街道）纪（工）委、市纪委监委派驻机构无障碍互通式联动协作机制。切实加强新冠疫情期间纪检监察干部管控。抽调干部500余人次先后参与全市疫情防控督查。其中，驻市委宣传部纪检监察组副组长黄涛被成都市委、市政府表彰为“成都市抗击新冠肺炎疫情先进个人”。

民主党派

DEMOCRATIC PARTIES

民革彭州市支部 / 民盟彭州市总支 / 民建彭州市支部 / 民进彭州市总支 / 九三学社彭州市支社

民革彭州市支部

Pengzhou Branch of the Revolutionary Committee of the Chinese Kuomintang

【概况】 民革彭州市支部是民革成都市委员会第三十六支部，成立于2002年9月18日。2020年，民革彭州市支部新发展党员2名，共有党员37人，入党积极分子2名，成都市人大代表1人，彭州市政协委员8人，其中政协常委2人。民革彭州市部贯彻民革中央“全面加强自身建设，努力建设高水平的新时代中国特色社会主义参政党”指示，围绕中共彭州市委“奋力打造践行新发展理念的立体山水公园城市”的总体目标，凝聚民革智慧力量，参政议政出谋划策，获民革成都市委会党务工作先进集体、宣传工作先进集体称号。党员何潇屿获民革成都市委会“参政议政先进个人”，党员蒋继洪获民革成都市委会“组织工作先进个人称号”。

民革彭州市支部主委：张景琪。

【思想建设】 民革彭州市支部坚持把“讲政治、守规矩”放在首位，牢记民革初心、筑牢思想根基，坚定广大民革党员自觉接受中国共产党领导、坚持中国共产党领导的多党合作和政治协商制度的信念与决心。坚持把“凝共识、聚合力”视为根本，大力开展专题活动。开展“观故居·走多党合作之路”专题教育活动，组织党员代表到甘肃参观中国工农红军西路军纪念馆等。邀请民革成都市委原主席邓宇民等就“抓参政议政，做合格参政党”“民革党史”等主题对党员们进行专题培训；先后选送5人次党员参加中共成都市委统战部举办的民主党派骨干成员培训班、2人次参加民革成都市委举办的新党员培训班，参加市委统战部组织的培训，利用“三八”妇女节、重阳节等重要节点开展社情民意写作比赛、党员工作分享讲座等活动，激发党员的热情与活力，切实增强广大民革党员的荣誉感、归属感、责任感和使命感。密切与成都市内外民革组织间的联系，先后与都江堰总支、双流总支、锦江总支等开展互动交流学习，增进双方的合作交流，达到“优势互补、资源共享、共同提高”的目的。

【参政议政】 民革彭州市支部全年参加中共彭州市委、市政府、市委统战部组织召开的各种情况通报会、建言献策会，对多项重要问题进行建言，参加市政协组织的界别协商会、专题协商会等，先后就规范市卫健局全民健康卡、市住建局行政审批程序缩短等专题在协商会上进行发言，提出意见建议被中共彭州市委、市政府及有关部门采纳。“两会”期间，民革彭州市支部党员中的人大代表、政协委员积极提交提案议案积极反映社情民意。全年收集社情民意信息20余条，向民革成都市委、彭州市政

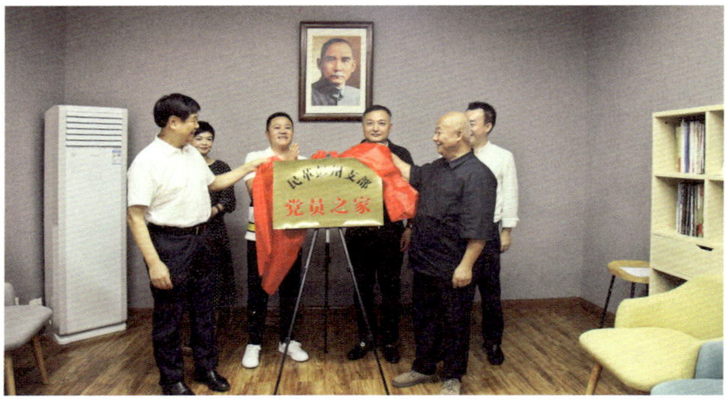

8月19日，民革中央授予民革彭州市支部“党员之家”称号

5月21日，民革彭州市支部党员参加政协彭州市第十四届委员会第四次会议

协报送10余条。确定民革彭州市支部重点调研课题2个，主委、副主委调研课题3个，完成调研报告5篇。

【社会服务】 民革彭州市支部助力脱贫攻坚，支部党员长期结对帮扶贫困家庭5户，金额15万余元；连续五年开展“爱在金秋”捐资助学活动，为4名家境贫困的优秀学子发放助学金；向阿坝州黑水县芦花完全小学的贫困学生捐赠衣服400件、文具用品等物资价值1000余元，向黑水县捐赠价值18万元的衣物；动员支部党员参与消费扶贫，购买高原马铃薯等金额8016元，促进贫困群众增收脱贫。先后组织支部中拥有专业技术的党员深入基层、村（社区）开展“法律　医疗　文化”三下乡活动，为广大群众提供便捷、高效的医疗卫生服务和健康知识宣传；弘扬中华民族敬老、爱老、助老的传统美德，支部创建的博爱义工协会到各镇（街道）敬老院、妇女儿童之家、凉山地区开展关爱、扶贫活动100余次，关爱特殊人群4000余人次，捐款捐物金额4万余元。支部连续五年参与筹备“牵手·我们的故事——心愿墙”新年心愿公益活动，征集10余户贫困家庭学生的新年心愿，认领10名孩子的心愿，收到社会各界捐款捐物4万余元；组织支部党员和博爱义工及社会爱心人士支援武汉募集捐款，捐款3万余元；筹备线上义卖活动，先后有30余名彭州著名艺术家响应，三期活动筹集善款近5万元。

民盟彭州市总支
Pengzhou General Branch of the Chinese Democratic League

【概况】 2020年，民盟彭州市总支有盟员66人，其中政协委员、人大代表13人；学历大专以下12人，

9月24日，民盟彭州市总支举办“2020年专题议政日会议”

本科生48人，研究生4人（博士研究生1人）。总支设主委1名、副主委2名、支委3名，下设综合支部、教育支部、卫生支部3个支部，综合支部有盟员25人，班子成员3人；教育支部有盟员19人，班子成员2人；卫生支部有盟员20人，班子成员2人。民盟彭州总支委员会带领全体盟员，紧扣中央、四川省、成都市重要决策部署，聚焦“成渝地区双城经济圈”建设的战略机遇，统筹推进疫情防控和经济社会发展，发挥参政党的政治协商、民主监督、参政议政职能促进彭州市做好“三篇文章”“四大提升工程”“四大攻坚战役”、建设践行新发展理念的立体山水公园城市等中心工作实施。

民盟彭州市总支主委：李云洪。

【参政议政】 民盟彭州市总支委员会邀请民盟成都市委作“基层组织和盟员如何高效融入盟市委参政议政工作”专题辅导培训，从标题提炼、选题角度、调查研究、内容报送、文字要求及注意事项等方面对社情民意、提案、议案、建议、专报的写作进行系统讲解。举办专题议政会，聚焦热点建言献策。发扬“参政参在点子上、议政议在关键处”的优良传统，围绕中共彭州市第十四届第十次会议决议，14名盟员以落实“西控”“北改”战略，加快建设“三区一地”和濛阳新城，提出35条意见建议。强化调查研究，做好参谋助手。成立课题调研组，通过走访和座谈，形成调研成果《关于龙门山湔江

河谷生态旅游区保护和开发的思考和建议》，依托人大、政协平台，发挥参政议政职能。在“两会”上，聚焦智慧城市建设、中医药产业升级、现代蔬菜产业建设、城市大件垃圾处理等方面，提出建议提案22件。

【社会服务】 民盟彭州市总支组织卫生支部盟员守护在彭州新冠肺炎“零输入、零传染、零疑似”第一线；综合支部、教育支部盟员，响应四川省、成都市、彭州市疫情防控要求，组成疫情服务义工队，进小区为群众提供上门服务；下沉到社区、进小区当“门卫”，参与疫情群防群控；为企业纾危解困，送服务、送政策，助力企业复工复产。携手民盟成都市委、成都民盟书画院到通济镇开展“迎新春送祝福”文化下乡活动，为居民群众免费写春联送“福”字，盟员廖丽娜博士为儿童口腔正畸和治疗举办知识讲座，开展义诊活动4次。

【组织建设】 民盟彭州市总支开展专题学习，以彭州民盟成立75周年为契机，启动盟史修编工作，成立编写小组，以光辉的历程、光荣的使命、光彩的身影为主线，再现民盟发展历程、合作共事、参政议政、社会服务和立足本职添光增彩的光辉历程。推进后备盟员骨干队伍建设，从山东引进高层次盟员人才1名，发展新盟员2名，向盟市委和市委统战部推荐盟员干部18人次，选送盟员15人次参加上级培训学习。在盟员中开展“我为民盟添光彩，本职岗位作贡献”活动，树立民盟良好形象。总支刊出简报12期，借助盟讯刊物、民盟网站、民盟微信公众号报送信息30条。政协会议期间，总支盟员3人分别被评为优秀政协委员、优秀提案和突出贡献政协委员。制作的庆祝成都民盟75周年视频，获广大盟员点赞和转发。

9月26日，民盟彭州市总支在彭州市柏悦口腔开展“小小牙医”义诊活动

10月29日，民盟彭州市总支开展“追寻先辈足迹，传承革命精神”爱国主义教育活动

民建彭州市支部

Pengzhou Branch of the China National Democratic Construction Association

【概况】 2020年，民建彭州市支部有会员22人，其中担任彭州市第十七届人大代表的会员1人，担任政协彭州市第十四届委员会常委的会员1人，担任政协彭州市第十四届委员会委员的会员7人。民建彭州市支部围绕全市中心工作和发展大局，切实履行参政议政、民主监督职能，持续抓好疫情防控，开展社会服务，为加快建成践行新发展理念的立体山水公园城市贡献力量。

民建彭州市支部主委：何远明。

【思想建设】 民建彭州市支部持续开展“不忘合作初心、继续携手前进”主题教育学习活动，组织会员学习民建会章、会史，参加成都市民建“统一战线多党合作光辉历史及优良传统”座谈会、加强“五个坚持”“四种精神”“三个与时俱进”“六个共同价值理念”等优良传统教育和建设发展规律的学习，依托“同心朴院”加强支部阵地建设，全年支部召开4次支委会研究制订工作计划、支部调研、会员发展、组织生活等各项重大工作，召开支部领导班子述职谈心会1次。组织会员以学习中共十九大精神、开展“蓉城同心·奋斗有我——统一战线助力决胜全面小康决战脱贫攻坚”、彭州经济社会发展建言献策为主题的组织生活4次，组织参加民建成都市委会和彭州市委统战部组织的基层组织班子成员、骨干会员、新会员培训等培训工作。组织会员参加2020年成都市党外干部能力提升培训班、2020年成都市民建骨干会员培训，2020年彭州市委统战部组织的民营企业家红色教育培训班，2020年彭州市党外干部培训会等。严格执行会员发展工作程序，新发展会员积极分子2名。组织会员参加成都市民建“民法典合同编商事合同变化涉企与涉税影响”培训会。

【参政议政】 民建彭州市支部围绕全市复工复产，开展“走基层、访民情”专题活动，组织召开支部专题议政会，围绕企业发展、复工复产、饮水安全、餐饮消费等方面提出建议，聚焦疫情影响下的医疗体系建设开展重点调研，撰写调查报告。支部中的人大代表、政协委员紧紧围绕两会期间，市委书记讲话、市政协常委会工作报告、提案工作报告、市政府工作报告以及市法院、市检察院、市发改局、市财政局报告建言献策，围绕新材料产业功能区建设、交通互联互通工程作专题建言，围绕稳定企业生产、营商环境提升、改善山区道路、社会资本参与生态项目建设、天府中药城建设、产业发展、餐厨垃圾处置、提振消费信心等方面提交提案18件，支部集体提案《关于农村饮水安全的建议》《关于建设彭州市高压氧舱提高应对突发公共卫生事件医学救援能力，确保城市安全的建议》。其中《关于农村饮水安全的建议》《关于餐饮企业在疫情后重拾消费者信心的建议》《关于进一步加大园区外独立选址规上企业支持力度》的建议列入2020年市政协重点提案。撰写《关于提升彭州市国际化营商环境建设的调查与建议》，得到彭州市委、市政府领导肯定性批示。

【社会服务】 民建彭州市支部团结动员会员积极参与社会建设，同舟共济抗击疫情，切实担负参政党的职责使命，通过支部微信群宣传疫情防控知识，

民建彭州市支部组织会员到基层调研

民建彭州市支部捐助葛仙山镇楠林社区敬老院

组织会员投入疫情防控、医疗物资保障、防护用品生产、解决企业资金困难等。疫情期间，支部慰问会员及会员企业并发放口罩3000个，2次组织会员通过各种渠道捐款4万余元、口罩5000余个、杀毒酒精300余瓶、体温计20台。按照民建中央帮扶河北省承德市丰宁县脱贫攻坚工作安排，组织支部会员开展“聚光福”线上捐款活动，捐款10468元。按照成都市民建“蓉城星力、同心桑梓”活动要求，组织支部会员到民建成都市委对口扶持的邛崃市夹关镇开展活动，购买当地特色产品1万余元。到彭州市葛仙山镇楠林社区和华南敬老院开展敬老活动，捐款4000元。会员李建政继续帮扶阿坝州黑水县二基木夫妇就业、就医、子女就学。民建彭州市支部参与成渝双城经济圈建设，与民建重庆市大渡口区二支部结对共建为友好组织，签订《结对共建民建友好组织协议书》。会员企业中颐垚森生物科技有限公司与重庆大渡口区招商投资促进局签订《重庆大渡口区招商投资促进局中颐垚森生物科技有限公司招商引资协议》并完成前期筹备工作，正式投入运营。

民进彭州市总支

Pengzhou General Branch of the China Association for Promoting Democracy

【概况】 2020年，民进彭州市总支有在册会员76人，平均年龄47岁，涵盖文化、教育、卫生、法律、机关、工商、物业、监理等行业，行政级别正处级1人，彭州市正局级1人，副局级3人，正科级5人，副科级1人。会员中63%为教师，在职教师会员全部获得彭州市骨干教师以上称号，其中彭州名师10人，彭州市特级教师4人，成都市学科带头人5人，四川省特级教师2人。

民进彭州市总支主委：向东。

【思想建设】 2020年，民进彭州市总支以习近平新时代中国特色社会主义思想为指导，落实《中共中央关于加强中国特色社会主义参政党建设的意见》等三个文件精神。通过全委会、支部会及中心组学习会等多种形式，学习传达中共十九届五中全会、四川省委十一届七次全会、成都市委十三届七次全会和彭州市委十四届十次全会精神，统一思想，凝聚共识，号召全体会员立足本职岗位，勇于担当、实心干事，为建设践行新发展理念的立体山水公园城市贡献力量。巩固和深化“不忘合作初心、继续携手前进”主题教育活动成果，通过微信平台，组织集中学习《中国民主促进会简史要点》，重温民进会史，增强思想自觉。以组织活动为载体，铭记先烈遗志，传承革命传统，组织会员参观四川省爱国主义教育基地、四川省中共党史教育基地——丁佑君烈士纪念馆，开展以“党史系列学习”为主题的学习活动，坚定的革命信念和爱国、爱党、爱人民的大无畏革命精神。

【组织建设】 民进彭州市总支以制度落实为抓手，坚持问题导向，针对个别支部作用发挥不够、少数会员参与组织活动积极性不高等问题，采取多种措施进一步增强组织活力。坚持《中心组学习制度》，落实《参政议政信息报告制度》，及时掌握会员中的代表、委员履职情况；倡议共同遵守总支会员公约，建立健全会员履职考评机制，并将考评结果与年度优秀评选挂钩，激发会员履职积极性；严格执行《新会员发展和培训制度》，结合民进主体界别中新增的“传媒”领域，优化会员结构，把好入口关，全年新培养入会积极分子2名；加大年轻优秀干部梯次培养力度，增强组织发展后劲，8名会员纳入党外代表人士数据信息库。

【参政议政】 民进彭州市总支按照民进全会“履职

能力建设”主题年活动要求，履行参政议政、民主监督、参加中国共产党领导的政治协商三大基本职能，建立总支参政议政工作群，通过多种形式不断提高学习理解、集智聚力、调查研究、履职活动组织管理等履职能力，总支17名政协委员、3名人大代表全年提交人大建议9件，政协提案30件、社情民意21条，参与各项视察调研活动54人次，2名会员被评为2019年度优秀政协委员，1篇提案被评为2019年度优秀提案。

【社会服务】 民进彭州市总支会员发挥自身优势作用，把本职工作与社会服务紧密结合，面对新冠疫情，民进彭州市总支运用微信群宣传防控知识，倡议会员响应防控号召，不信谣、不传谣，组织印刷发放宣传资料3万余份。总支领导班子深入疫情防控一线,慰问防控人员。广大会员立足自身工作岗位，为疫情防控工作做贡献，参与小区志愿者活动，为村（社区）和机关单位捐赠抗疫宣传标语标识，创作诗歌、书画、歌曲等作品助力文艺抗疫，总支筹集疫情防控物资向彭州市卫健局捐赠700瓶医用酒精，为武汉江汉区唐家墩街道筹集捐赠10吨84消毒液，价值1.6万余元。总支会员个人为防控疫情捐款捐物1.5万余元。

九三学社彭州市支社
Pengzhou Branch of the Jiu San Society

【概况】 2020年，九三学社成都市彭州支社有社员47人，其中高级职称22人，中级职称8人，研究生3人，科级干部8人，80岁以上老社员10人。支社中担任彭州市第十八届人大代表的社员2人（其中常委会会员1人），担任政协彭州市第十四届委员会委员的社员8人（其中常委1人）。支社秉承九三学社“爱国、民主、科学”宗旨，推进各项社务工作完成，获评社成都市委2020年度“社会服务先进基层组织”，副主委杜江波、支委刘高焰被评为“2019年度优秀政协委员”，副主委夏太国、社员邓丹被九三学社四川省委评为抗疫先进个人，社员翁帮琼获“四川省抗击新冠肺炎疫情先进个人”、成都市统一战线“同心战疫先进个人”表彰。

九三学社彭州市支社主委：罗静。

【参政议政】 九三学社彭州市支社围绕中共彭州市委、市政府中心工作，在两会上，支社9名委员、代表切实履行委员、代表职能，建言彭州发展，提交委员提案、代表建议34件，内容涉及教育、医疗卫生、交通、社区治理等多个方面。主委罗静提交的提案《关于加强彭州市智能化交通建设的建议》被评为优秀提案，杜江波撰写的《推动彭州市编外教师“积分入编”的建议》被确定为彭州市政协2020年度重点提案。支社向九三学社成都市委和彭州市政协提交《关于建议全省尽快推行全电子化政府采购的建议》《关于向医护人员和抗疫志愿者免费开放全市收费景点的建议》《关于推动社区治理、打好疫情防控持久战的建议》等13条社情民意和提案。

8月6日，九三学社成都市委员会与彭州市人民政府在彭州市行政中心签订“九彭合作”第三轮合作协议

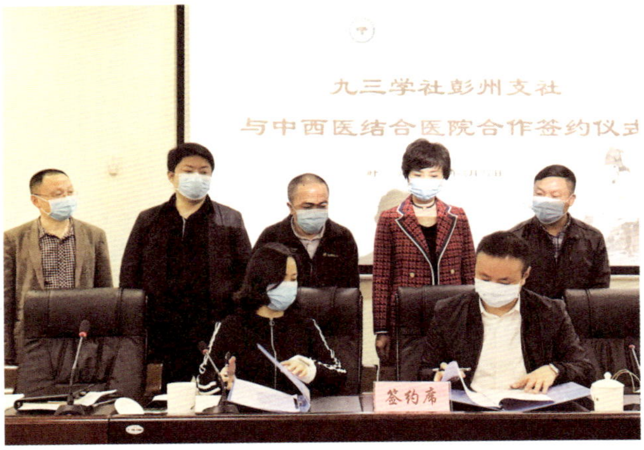

3月27日，九三学社彭州市支社与彭州市中西医结合医院签署合作协议

【社会服务】 九三学社彭州市支社与九三学社成都市委及彭州市委统战部沟通协调，促成九三学社成都市委员会与彭州市人民政府签署“九彭合作”第三轮合作协议。利用九三学社成都市委的资源，在医卫、教育、农业等方面支持彭州市，有针对性提出意见建议，并提供培训、指导等服务，邀请九三学社成都市委员会主委、成都市政协副主席、四川大学校长助理徐玖平到天府中药城、四川新绿色药业、成都第一药业调研，为彭州打造中医药产业把脉建议，组织开展“九彭合作，关爱妇幼”专题活动，为彭州市妇幼保健计划生育服务中心在妇幼管理、中医药介入妇科、产科、儿科诊疗保健等的发展建言献策；支社协调九三学社成都市委医卫专委会派出肛肠科、眼科、中医药专家到市人民医院开展“九彭合作——同心健康行”为主题的医疗指导帮扶活动，为市人民医院在急诊急救、重症医学、科研项目和学科人才等方面的发展提出建设性指导方案，协调社成都市委教育心理专委会与妇委会联动，在成都石化工业学校开展“爱心妈妈——九善流动课堂”，为彭州市教育系统140余名中小学教师作入职心理培训。利用社内资源，启动与彭州市中西医结合医院的合作，组织医卫、法律、信息化社员专家到彭州市中西医结合医院开展“预防职务犯罪”的法律知识讲座、“信息时代的关键词”的科普讲座、医院管理、医疗专业知识方面的讲座和查房巡诊指导等相关工作活动。疫情期间，支社社员参与彭州市新型冠状病毒医疗救治专家组、彭州市市场监管局、综合执法局、农业农村局和濛阳、九尺等农贸市场活禽交易与宰杀的督查及疫情防控工作。

社会团体

SOCIAL ORGANIZATIONS

彭州市总工会 / 共青团彭州市委员会 / 彭州市妇女联合会 / 彭州市科学技术协会 /
彭州市工商业联合会 / 彭州市社会科学界联合会 / 彭州市文学艺术界联合会 / 彭州市残疾人联合会 /
彭州市红十字会 / 彭州市党外知识分子联谊会 / 彭州市新的社会阶层人士联谊会 /
彭州市农业职业经理人联谊会

彭州市总工会
Pengzhou Federation of Trade Unions

【概况】 2020年，彭州市总工会设办公室、财务科、综合科3个职能部门，有1个下属独立事业单位——彭州市职工服务中心。有镇（街道）总工会（工会联合会）13个、直属机关工会65个、直属企事业工会23个、工业园区工会联合会1个，八大群体联合工会10个（货车司机、快递员、护工护理员、家政服务员、商场信息员、网约送餐员、房产中介员、保安员、农业职业经理人、餐饮行业），全市有会员约11万人。有四川省第八届劳动模范和先进工作者6名；成都市劳动模范7名，模范单位1家，模范集体（班组）1家。

彭州市总工会主席：毛高林。

7月9日，2020年彭州市产业工人队伍建设改革推进会召开

【产业工人队伍建设】 彭州市总工会贯彻落实《中共成都市委　成都市人民政府关于印发〈成都市产业工人队伍建设改革实施方案〉的通知》，加强产业工人队伍建设，统筹全市“3＋2＋1”产业发展布局和技能人才需求，通过政府搭台、企业主导、产教融合，构建产业工人队伍建设“133”模式，即坚持以党的建设为中心，打造“一院一校一基地”三个平台，强化产业工人维权、创业就业、普惠三项服务，深化产业工人技能形成体系。截至年底，彭州市高技能人才累计6000人以上，高技能人才占技能人才比例达30%以上；推荐评选省、市各级劳模13名，培育评选成都工匠16名，彭州工匠60名；成功创建国家级、成都市级技能人才培训基地2个，国家级、成都市级、彭州市级技能人才工作室23个。

【创业与就业帮扶】 彭州市总工会组织305家企业在招工就业平台开通账号；举办线下招聘会2场，提供3000余个工作岗位，达成就业意向1300余人；面向225名农民工开展养老护理、维修电工等就业技能培训，通过培训有204人成功就业；组织

5月，彭州市产业工人队伍建设改革领导小组会议

6月23日，成都百万职工技能大赛彭州市烹饪（中式红案）比赛在九尺镇妙杏生态休闲庄举行

霖蕊果树种植周运友参加退役军人创新创业大赛，并获得二等奖；举办烹饪、急救急诊等16项技能大赛，参赛人员640人左右；组织11位创业者申报第三届百佳创客明星活动，华融化工职工罗小容被评为第三届百佳创客明星；审核通过20位创业者的创业援助金申报项目，发放创业援助金15.88万元。

【基层干部培训】 彭州市总工会开展工会干部能力提升培训，组织行政区划调整的基层工会，就工会班子调整、资产及资金移交等工作进行培训指导，确保改革后工会工作顺利有序开展。举办基层工会干部创新能力提升培训2期，培训基层工会干部320余人。

【困难职工帮扶】 彭州市总工会以困难职工实际需求为导向，坚持做实“春送岗位、夏送清凉、秋送助学、冬送温暖”工会服务品牌，对全总困难职工开展入户调查，做好工会帮扶工作管理系统困难职工档案数据维护，全国级建档困难职工1名，四川省级建档困难职工4名。建立工会干部与困难职工结对联系帮扶机制，圆满完成“到2020年底全国级困难职工全部解困脱困”的目标服务。对23名建档困难职工开展生活救助，发放救助金12.97万元，对13名困难职工子女开展助学活动，发放助学金6.12万元。组织480名建档困难职工和环卫工人健康体检。开展“夏送清凉”活动，为1520名一线职工送价值15.2万元防暑降温用品。开展“冬送温暖”，走访慰问活动，慰问建档困难职工5人，发放慰问金0.8万元，发放慰问品0.2万元。

【职工两个“百千万”计划实施】 彭州市总工会构建起方便快捷、务实高效的智慧工会，推进2020年职工生活服务、职工文体活动计划。截至年底，彭州市入驻成都职工普惠平台的生活服务站点155家，文体活动站点13家，为职工提供“家门口”的健身、足球、篮球、羽毛球等文体服务功能的活动场馆，开展以成都市总工会主办彭州市总工会承办的“爱成都·迎大运”职工篮球、台球、羽毛球、足球等职工文体百千万系列活动，参与职工3000余人次。组织职工参加由成都市总工会主办的2020年成都职工乒乓球比赛、太极拳比赛、绿道跑等活动。整合文体活动资源定向服务职工，系统化打造工会主导、职工参与、各方支持的文体活动组织体系。

【职工互助保险】 彭州市职工互助保障计划参保人数有34071人，新增会员2064人，参保金额280.26万元。互助金给付1903人次，给付金额279.361万元，

8月28日，彭州市总工会联合市人社局、天府中药城管理委员会等单位举办“稳就业·促发展”2020年秋季招聘会

9月26日，成都职工“爱成都　迎大运”系列体育赛事

11月10日，职工互助保险业务办理

其中重大疾病、意外给付互助金 113 人次，给付金额 132.97 万元。

【疫情防控】 彭州市总工会发放《新冠肺炎职工防护知识 50 问》1600 余册，利用“两微”平台宣传疫情防控知识 50 余期，疫情期间开通职工服务热线 3 条，解决职工诉求 200 余起；抽调机关 19 名干部职工成立职工志愿服务队协助基层乡镇做好社区疫情防控卡点值守、群众防疫知识宣传、入户回访、驻企服务等工作；疫情期间发放慰问金和慰问物资共计 66.2 万余元，发放帮扶资金 4.46 万元，组织干部职工、退休人员及劳模工匠为武汉捐款 3.5 万余元，为基层医院及园区企业发放价值 6 万余元的防疫物资；助力企业减负，返还小微企业工会经费和筹备金 696 万余元。

【创新创业能手选评】 彭州市总工会开展“成都工匠”评选工作，评选出成都工匠 16 名；开展第二届“彭州工匠”评选工作，评选出彭州工匠 60 名，促进创新创业能手和领军人物涌现，为“大众创业、万众创新”营造良好环境。

11月12日，彭州市总工会召开劳动纠纷多元化解推进会

【和谐劳动关系构建】 彭州市总工会健全以职代会为基本形式的民主管理制度，确保全市公有制企业、事业单位厂务公开民主管理制度基本实现全覆盖，非公有制企业建制率动态保持在 93% 以上；全年全市新增厂务公开民主管理标准化建设“C”级以上达标单位 17 家，已建会企业工资集体协商建制率保持在 90% 以上，联合市三方四家成员单位举办彭州市首届集体协商竞赛。彭州市人社局、市法院、市司法局、市综合执法局、市总工会联合建立劳动纠纷处置中心，即“彭州市劳动争议多元化解联调中心”，在市总工会职工服务中心设置“彭州市劳动争议多元化解联调分中心”，保障每一名求助职工特别是困难职工、农民工群体及时获得法律援助维权服务。落实《成都市依法治市实施纲要》和《“七五”普法规划》，做好“七五”普法相关工作，全年开展集中性线下普法宣传活动 5 场，线上宣传 10 次，惠及职工、农民工 2000 余人次，建立劳动纠纷多元化解调解员库，25 名调解员入库。全年发放维权案件补助 40800 元。深化“安康杯”竞赛活动和“安工行动”，切实抓好工会参与职业病防治工作，维护职工生命健康权益，维护企业和谐稳定。

【劳模关爱行动】 彭州市有四川省第八届劳动模范和先进工作者共 6 名；成都市劳动模范 7 名，模范单位 1 家，模范集体（班组）1 家。对 4 名省部级劳模开展走访慰问，发放慰问金 0.64 万元，对 54 名省部级劳模发放春节慰问金 7.56 万元，对 10 名成都市级劳模发放春节慰问金 1.2 万元；组织 104 名劳模健康体检，16 名劳模疗休养；为 95 名离退休劳模发放荣誉津贴 19.98 万元。

共青团彭州市委员会
Pengzhou Municipal Committee of the Communist Youth League of China

【概况】 2020年，在彭州市委、市政府坚强领导下，在上级团组织的指导下，共青团彭州市委员会紧紧围绕建设全面体现新发展理念的城市主线，打造两山理念样板区、成德同城先行区，加快建设展现立体山水画卷的公园城市发展战略，以“服务青年成长成才”为目标，不断拓宽团的阵地，丰富团的活动，夯实团的基层基础，围绕中心，服务大局，团结带领广大团员青年在推动彭州高质量发展中贡献青春智慧和力量。先后被评为成都市暑期文化科技卫生“三下乡”社会实践活动优秀组织奖、成都市疫情防控优秀青年志愿服务组织、成都市关心下一代宣传工作先进集体、2020年成都市少先队辅导员风采大赛优秀组织奖、成都市2020年青年人才驿站工作先进单位、成都市2020年中学共青团工作先进单位、成都市2020年成都市少先队组织建设先进单位等荣誉称号。

共青团彭州市委书记：刘婷婷（女、7月离职），韩伟（7月任职）。

【脱贫攻坚】 共青团彭州市委员会为进一步激发青年干部在奋力夺取脱贫攻坚战全面胜利中贡献青春、智慧和力量，于1月开展集中走访慰问阿坝州黑水县籍困难留守儿童，精准扶贫，了解其家庭、学习等方面的情况，助力藏区青少年成长成才。5月，彭州团市委联合市委组织部、市委统战部、市总工会、市妇联、市关工委组建慰问团，到黑水县对全市援藏51名青年干部进行“助力扶贫脱困·展现青春担当”慰问。

【青年人才服务平台建设】 共青团彭州市委员会优

青年人才驿站工程

化创业孵化园区承载力和服务水平，12个青创项目通过评审入驻创业园区，实现青年创业就业80余人。开展“青年（大学生）感知彭州行”活动，吸引“双一流”高校大学生到彭开展感知活动，引导彭州籍外青年感知彭州、了解彭州；开展“创业新星计划”综合复审、大学新生圆梦助学活动，充实2021届彭州籍高校毕业生信息库，多渠道向蓉漂青年、高校毕业生、返乡青年推送就业岗位、招聘公告等信息190余条，引导在彭州籍青年人才返乡创业就业；实施“逐梦计划”岗位体验品牌活动，为大学生暑期社会实践提供岗位80余个，吸引30余名在校大学生参与岗位实践。优化“蓉漂”青年人才驿站运行管理及青年就业服务，按照成都市对青年人才驿站2.0阶段的要求，加强对入驻申请的审核管理和就业信息发布，常态化推动“青年之家”活动的开展，为到彭州市就业的“蓉漂”青年人才提供面试期，免费住宿和城市融入、交流联谊等服务，全年通过各类沙龙活动服务青年人才400人次，青年人才驿站入住408人次，留蓉率70%。

【共享+共青团阵地建设】 共青团彭州市委员会持续丰富青年社交场景，加强“青年之家”三级体系线下线上阵地建设，新建成白鹿镇青年之家功能店1家，天彭街道雨下咖啡等共营店4家。利用各级“青年之家”活动阵地，通过“快手直播”等新媒

青年之家

体平台开展瑜伽健身、烘焙 DIY、艺术插花、多肉种植等青年之家线上活动 480 场次，覆盖 10000 余人次。

【青年志愿者社会服务】 共青团彭州市委员会深化青年志愿服务工作。促进青年志愿者 700 余人次参与中国·彭州第三届龙门山民宿发展大会、第八届白鹿·法国古典音乐艺术季等 6 场大型赛会政务服务。整合社会资源，动员团员青年注册成为志愿者，利用成都志愿者网发布并开展“留爱童行”等青年志愿服务活动 40 余场次；做好示范引领，打造省级中学生志愿服务示范校，扎实开展中学生（中职生）志愿服务工作，推动学校志愿服务阵地建设，四川省彭州市第一中学、成都石化工业学校创建成为四川省中学生（中职生）志愿服务示范学校。全

青年志愿者服务

市团员青年、青年志愿者主动参与疫情防控志愿服务，进入社区、楼宇摸排人员；组建“志愿者 + 团干部 + 青少年事务社工”的水务筑企、物业小区疫情防控、复工复产等青年突击队 22 支，完成规模以上企业人员信息录入等 9000 余条，为 12000 余员工开通“天府健康通”二维码，协助 5100 家企业复工复产；安排志愿者值守高铁步行街站、南站卡点，详细记录往来乘客基本信息及体温检测，截至 2020 年底，出动志愿者 800 余人次，服务乘客 10000 余人次。

【青少年思想道德建设】 共青团彭州市委员会加强青年思想政治引领，做好青少年思想道德建设。综合运用“青春彭州”微信、微博、抖音、“青年像素计划”等团属媒体，参与“成都好 young”“彭州夏天日记”等宣传。抓牢“青年大学习”网上主题团课学习，推动团员青年思想政治学习常态化，全年全市团员青年参加青年大学习 36 万余人次，开展“爱成都·迎大运”知识竞赛 132 场，覆盖 6000 余名中（职）学生；开展“红领巾”勇做小主人活动 800 余次，覆盖少先队员 40000 余人；开展“幸福家·黄昏剧场”防毒禁毒宣传巡演活动 10 余场，覆盖社区青年 800 余人；围绕“爱成都·迎大运”主题，结合发展实践和青年群体关注话题，组建“青春讲解员”宣传队伍，开展主题宣讲活动 13 场，宣传覆盖群众 2000 余人。

【青少年维权】 共青团彭州市委员会增强青少年维权工作力量，维护未成年人的合法权益，切实做好未成年人保护工作，按照成都市推出的合适成年人参与刑事诉讼制度相关要求，42 名彭州市合适成年人，继续发挥权利、履行义务，帮助未成年人理解刑事诉讼程序和方式，协助其与司法人员沟通，配合司法机关对其进行法制宣传教育和思想道德教育，为全市青少年成长营造良好的社会环境。

【《中长期青年发展规划（2016—2025年）》落实】共青团彭州市委员会建立健全青年工作联席会议制度，推动形成群策群力、共抓共管的青年工作合力，推动青年发展规划与彭州市“十四五”规划纲要的编写衔接。开展“蓉你骄傲·菁彭有我”——“青暖家园”青年人才成长系列活动等青年人才品牌活动10场次，覆盖青年900余人次；聚焦产业经济发展和“3＋2”产业载体建设，组织召开2020年产业功能区高质量建设青年干部人才创新提能专题培训。融入成德眉资（成都市、德阳市、眉山市、资阳市）同城化发展，搭建彭什（彭州市、什邡市）青年人才创业合作、项目投资、互融互通的平台，成立彭什青年人才共建委员会，开展“彭程万里·什步芳草”彭什青年人才共话成长主题沙龙暨成长演武堂活动。纵深推进少先队改革，将濛阳镇小学、彭州市北城小学少先队分批入队纳入四川省分批入队试点，通过充分的队前教育、具体标准、规范程序和入队仪式，从源头培养少先队的光荣感和组织归属感。

彭州市妇女联合会
Pengzhou Women's Federation

【概况】2020年，彭州市妇女联合会围绕市委、市政府中心工作，抓“三重”工作落实，在实施“四大提升工程”、打好“四大攻坚战役”中主动作为，全面完成全年各项目标任务，先后被评为2020年度全国妇女宣传舆论阵地建设，成都市基层组织建设、维权品牌建设、家庭文明工作、第四期中国妇女社会地位调查工作先进单位，获“指尖的爱·四寻”系列活动优秀奖，成都市优秀儿童之家评选组织奖，垃圾分类巾帼志愿服务项目优秀组织单位等。

彭州市妇女联合会主席：文仪。

8月1日，彭州市妇联在白鹿镇开展防毒禁毒宣传

【“指尖的爱·四寻”活动】彭州市妇女联合会联合市农业农村局、市文体旅局开展寻找“最美民宿女主人”“最美女家政员”“乡村最美女创客”“返乡创业女带头人”“指尖的爱·四寻”系列活动，挖掘、培树巾帼产业带头人33人，16人获成都市“指尖的爱·四寻”最美人物称号。

【巾帼志愿活动】疫情期间，彭州市妇女联合会组织动员各级妇联干部、妇联执委、巾帼文明岗、最美家庭、妇女群众参与成为基层群防群治、联防联控；开展志愿服务，招募400余名巾帼志愿者参与防疫知识宣传、卡点文明劝导、疫情期间心理疏导等志愿服务。组织巾帼志愿者通过发放宣传资料、知识讲座、趣味有奖问答，以及小品、情景剧、舞蹈等文艺节目等群众喜闻乐见的方式开展垃圾分类、预防艾滋病、好风传家、防毒禁毒等主题宣传进社区进家庭活动42场。

【妇女创业技能提升】彭州市妇女联合会整合各级资源，依托彭州市民宿产业园核心区打造，在“龙门山·柒村”创新设立“巾帼乡创学院”，在文创、乡村旅游、民宿管理、家政服务等女性创业就业较为集中的行业领域，打造“1＋N”基地模式，联合市人社局、市总工会、彭州市物业管理协会举办首届家政服务技能大赛，根据妇女实际需求，开展乡村旅游、民宿管理、家政服务、商务礼仪、手机拍摄、

8月12日，彭州市妇联开展家政技能大赛

9月1日，巾帼乡创学院开班仪式暨“民宿女主人”综合能力提升培训举行

抖音制作等各类培训 12 期。

【妇女儿童维权】 彭州市妇女联合会成立 1 个婚姻家庭矛盾纠纷调解工作专家小组，分批次对基层妇联干部开展调处能力培训。通过微信公众号、举办培训等多种方式开展《中华人民共和国民法典》的宣传学习，发挥妇联组织职能作用，协助做好市级矛盾纠纷多元化化解协调中心实体化运行。

【妇女儿童关爱行动】 彭州市妇女联合会开展妇联系统“姐妹帮亲·暖冬行动”，市妇联、全市机关、“两新”组织妇委会与镇（街道）结对，关心慰问帮扶困境妇女儿童、留守妇女儿童、女性农民工 500 余名，开展“送政策、帮企业、送服务、解难题”专项行动和关爱农民工“回家行动”，为解决复工复产招工难、找工难，联合市就业局、市女企业家协会开展网上“春风行动”2 期，为 30 家企业推送用工信息，提供就业岗位 1000 余个。组织各镇（街道）妇联开展缝纫、家政、月嫂、种植养殖等各类妇女技能培训 24 期，参训妇女达 1000 余人次。推进妇女儿童类社会组织培育，开展社会组织能力提升培训，规范社会组织服务项目和妇女儿童需求之间的链接平台“项目超市”，吸纳 24 个社会组织、106 个服务项目正式入驻“项目超市”，实现项目购买 53 个。

【“妇女（儿童）之家”建设】 彭州市妇女联合会按照“党建带妇建”原则，指导各镇（街道）妇联在“两新”组织、集中安置小区等场所拓展工作触角，新建妇联组织和妇女之家、妇女微家 14 个，通过线上线下“魅力女性课堂”，开展健康知识、家庭教育知识、疫情防控知识、乡村旅游、民宿管理、家政服务、商务礼仪、手机拍摄、抖音制作等公益讲座 70 余期，开展 2020 年“优秀妇女之家”评选，各镇（街道）建立规范化“妇女之家”示范点 1 个以上，评选彭州市级“优秀妇女之家”4 个。推进儿童之家标准化、规范化建设，完成新建 20 个儿童之家的省级民生实事任务。开展 2020 年“优秀儿童之家”评选，评选“优秀儿童之家”4 个。在成都市一等奖“优秀儿童之家”——通济镇桥楼社区儿童之家举办成都市级儿童之家示范点运营管理能力现场会，在镇（街道）举办第二届“儿童之家开放日”活动 13 场。

【“最美家庭”活动】 彭州市妇女联合会开展 2020

白鹿镇白鹿顶村妇女之家

11月28日，彭州市妇联在葛仙山镇开展“好家风·同成长”亲子趣味运动会

年“最美家庭”评选活动，通过层层推荐、网络投票、评审组集中评审，表扬“抗疫最美家庭”12户、“最美家庭”20户，3户家庭被评为2020年四川省“最美家庭”，5户家庭被评为2020年成都市“最美抗疫家庭”。

【家庭教育示范基地建设】 彭州市妇女联合会以家庭教育为重点，在全市命名5家单位为“彭州市家庭教育示范基地”，1家单位被命名为“成都市家庭教育示范基地”。依托示范基地，将家庭教育工作元素有机植入，精准开展家庭教育和社会实践活动。开展家庭教育讲师团素能提升培训暨“好风传家·廉洁兴家”宣传巡讲进社区活动13场。天彭街道北大街社区、通济镇小石社区、葛仙山镇蚂蚁家森林自然教育基地、濛阳街道白土河社区、通济镇桥楼社区被命名为2020年彭州市家庭教育示范基地名单。九尺镇昌衡故居被命名为成都市家庭教育示范基地。

【“公园城市·家行动”】 彭州市妇女联合会以提高居民人居环境质量与生活品质，加强居民群众参与垃圾分类的“思想力”与“行动力”，市妇联组织开展“公园城市·家行动”垃圾分类宣传进社区进家庭活动，通过“两微一网”开展垃圾分类知识网上宣传，组织巾帼志愿者开展“徒步拾荒”“白色垃圾收集”“垃圾变爱心”等系列活动60余场，在6个镇（街道）的9个村（社区）开展垃圾分类公益活动项目，通过小品、情景剧、舞蹈等文艺节目并穿插知识讲座、趣味有奖问答等群众喜闻乐见的方式进行巡演。彭州市绿州巾帼志愿者服务队被评为“成都市2020年垃圾分类巾帼志愿服务项目”优秀队伍，市妇联被评为“成都市2020年垃圾分类巾帼志愿服务项目”优秀组织单位。

彭州市科学技术协会

Pengzhou Association for Science and Technology

【概况】 2020年，彭州市科学技术协会有所属市级学会（协会、研究会）9个，企事业科协6个，镇（街道）科协13个，农村专业技术协会18个。彭州市科协以中共十九大、十九届三中、四中、五中全会精神和习近平总书记到川视察重要讲话精神为指导，认真贯彻中央、四川省、成都市科协组织的工作要求，围绕市委、市政府中心工作，持续深化“四服务一加强”，立足为科技工作者、创新驱动发展、提高全民科学素质、党和政府科学决策服务。

彭州市科学技术协会主席：罗明富。

【科普宣传】 彭州市科学技术协会以绿道为基础，营造科普场景。按照成都市民生目标8场绿道科普活动的要求，结合彭州市实际，开展绿道系列

5月10日，市科协举办“创新提能　绿道科普”2020年科技人才亲子科普游活动

5月20日，举行“一路有爱，2020夜途科普绿道”活动

8月6日，彭州市科协、市气象局在隆丰街道联合举办2020年“走进风云”科普报告会

科普活动 13 场。打造特色绿道科普活动 6 次，开展“野菜课堂亲子农耕活动”“行走的绿道·彭州抗疫行”“创新提能绿道科普 2020 年科技人才亲子游”“一路有爱 2020 夜途科普绿道”“智竞未来·父粽前行”“蔬妆绿道·科普萌芽”等线上线下大型绿道科普活动 5 次。在健身类活动、联谊互动中融入科普环节、营造科普氛围，开展“‘蓉漂’人才·美丽彭州行”“一‘鹿’有你，爱情彩虹跑”“天府绿道·科普惠民，鱼凫湿地爱情跑”大型绿道科普健身活动 3 次。联合成华区、新都区分别开展成都市首个跨区连片“绿道 + 科普场景”活动 4 次，受到成都市科协赞扬。全年开展各类科普活动 738 场，其中开展科普“七进”活动 287 场，“健康巡讲”20 场，科普进校园系列活动 94 场，各单位特色主题科普活动 337 场，发放科普资料 44038 册。开展成都市第三十六届青少年科技创新大赛彭州选拔赛，评选出 85 个作品参加成都市级赛事，组织 150 余名中小学生到拾野自然博物馆等科普基地进行参观。在全市 43 处科普宣传栏、51 台科普 e 站、彭州市科协官方微信、微博、抖音号、全市各大 LED 大屏、科普基地、农技协等处开展科普宣传活动。在《人民日报》、中国网、四川发布、科技前沿等 18 家主流网媒和纸媒开展科普宣传、报道 80 余期。

【科普基地建设】 彭州市启动市级科普基地创建，由所在单位申报，市科协、市经科信局组织评审，彭州市天河自然教育科普基地、彭州市白瓷艺术中心、彭州市大气环境气象综合监测基地、彭州市凤霞蔬菜产销专业合作社、彭州市桂花镇金城社区 5 个单位被评为彭州市市级科普基地。彭州市 30 家科普组织成立彭州市科普共建单位；与新都区科协、成华区科协、资阳市雁江区、山东省寿光市科协达成战略合作意向，提供一、二、三产业科技、科普交流平台。

【人才创新平台建设】 彭州市科学技术协会推进天府科技云服务建设，建立彭州市天府科技云服务平台运行机制，引导 40287 名科技工作者和 1698 家企事业单位入驻平台，创建科创工作室 195 个。针对园区企业开展疫情心理辅导 4 次，开展科技政策解读指导培训、知识产权战略巡讲等活动 14 次。新成立企业科协 2 家、落实成都市级院士（专家）创新工作站 2 家，会同彭州市委组织部、彭州市人社局等 5 个部门开展彭州市首届“最美科技工作者”评选活动。

【疫情防控科普宣传】 彭州市科学技术协会成立专项领导小组，印发疫情期间科普宣传相关文件 2 次。在微信公众号发布疫情科普宣传 152 篇，微博 400 余条，发放宣传单 5000 册，张贴海报 100 张。彭州市科协全体干部职工轮流到 2 个村（社区）和 3 个小区参加疫情防控工作，组织 3 名干部参与致和街道帮助企业复工复产工作。会同成都科普文化产业协会开展"新型冠状病毒感染的肺炎疫情防控"主题科普作品征集活动，彭州市周瑜用非物质文化遗产剪纸形式制作"剪纸新型冠状病毒知识手册"。

【成都市全国科普日彭州专场活动】 9月18日，"2020成都市全国科普日彭州专场活动"在彭州市行政中心广场正式启动，活动由成都市科学技术协会、中共成都市委宣传部、成都市教育局、成都市科技局、成都市农业农村局、成都市卫生健康委员会、成都市水务局、成都市应急管理局中共彭州市委、彭州市人民政府10个单位主办，彭州市科学技术协会、中共彭州市委宣传部、彭州市教育局、彭州市经科信局、彭州市农业农村局、彭州市卫生健康局、彭州市水务局、彭州市应急管理局8个单位承办。四川省科协、成都市科协、彭州市委、市政府，市科技局、市教育局、市水务局等部门领导，20个区（市）县、成都高新区、四川天府新区、成都东部新区科普主管部门领导，彭州市级相关部门、镇（街道）、功能区管委会主要领导，以及部分科技工作者代表、新经济与科技企业代表、信息化企业代表、中小学生代表、社区居民群众代表和省、市新闻媒体记者600余人参加活动。活动以"决胜全面小康，践行科技为民——科创成都，智享未来"为主题，围绕科学精神的传承为核心，通过中国科学院成都生物研究所研究员费梁讲述他们夫妇的科学故事让青少年们感受科学前辈的科学奉献精神，活

9月18日，"2020成都市全国科普日彭州专场活动"在彭州市行政中心广场正式启动

动上举行青少年"蔬妆绿道　科普萌芽"观测记录活动颁奖，彭州市科学技术协会与山东寿光科学技术协会战略合作签约，开展北京自然博物馆流动科普大篷车、3D打印体验、无人机VR体验等20余个科普互动体验项目，1000余名青少年代表到场进行科普体验。2020年12月，由中共彭州市委、市政府等单位主办，彭州市科协等单位承办的2020年成都市全国科普日彭州专场活动被中国科协办公厅表彰为"2020年全国科普日优秀活动"，中共彭州市委被中国科协办公厅表彰为"2020年全国科普日活动优秀组织单位"。

彭州市工商业联合会
Pengzhou Federation of Industry and Commerce

【概况】 2020年，彭州市工商业联合会贯彻习近平总书记对四川和成都工作系列重要指示精神和在民营企业座谈会上重要讲话精神，落实四川省、成都市民营经济健康发展大会精神，围绕市委、市政府中心工作，把握"两个健康"工作主题，不断提高履行职责和发挥作用的能力和水平，被授予全省"五好"工商联称号，被成都市委政法委评为"2019年度全市基层平安创建合格单位"，被成都工商联评为"2020年民营企业调查点工作先进单位"。

彭州市工商业联合会主席：邱珍。

【企业营商保障】 彭州市工商业联合会联合市法院共同建立"彭州市民营经济司法护航基地"，开展"司法护航，送服务到企业"活动，走访铭图家居、三和东仪、福建商会等企业和商会，向企业及企业家们发放涉法宣传手册200余份，解答企业生产经营过程中常见的法律问题。联合市司法局成立彭州市商事纠纷人民调解委员会，建立矛盾纠纷化

解调处机制。与市检察院建立常态联系工作制度，开展“检察护航民企发展”检察开放日活动，邀请民营企业家代表走进检察机关参观，检察院、工商联领导一起倾听民企呼声。

【疫情防控】 彭州市工商业联合会发动全市民营企业家以不同形式参与疫情防控，市商会组织和民营企业家向疫情防控一线单位捐款58.39万元，筹集捐赠防疫口罩300万余个、消毒液1.1万吨（其中1.05万吨次氯酸钠）以及食品、防护用品等防控紧缺物资。组织市工商联机关全体干部，参与疫情防控，指导企业复工复产，结合“走基层、访民情”活动，开展“送政策、帮企业，送服务、解难题”活动。与多部门联动，深入会员企业，开展政策宣传，分类指导复工复产。搭建各类平台，为民营企业提供融资、信息、法律、技术、人才等服务，不定期通过微信平台推送各类政策措施40余条，召开情况调研座谈会10余次，促进解决各类困难问题20余个（件）。

【招商引资】 彭州市工商业联合会组织召开项目招引攻坚座谈会，学习宣传全市招商引资最新政策，听取与会企业代表意见建议，征集项目信息。登门拜访企业家深挖信息资源，掌握会员企业的上级企业和合作方投资意愿。通过会员企业搭桥，拜访哈工大大数据集团（成都）公司，接待到彭州市考察的中民环宇金泰实业有限公司，北大世佳研究中心，推介彭州市的主导产业和投资环境。组织会员企业“走出去”，拓展招商渠道。组织企业参加“‘闽彭缘茶叙’2020年厦门—彭州企业家投资恳谈会”等。引导民营企业香颂文化、铭图家居、万沣实业等会员企业参与彭州产业发展，投资龙门山湔江河谷生态旅游区音乐小镇、民宿等建设。

【非公有制经济人士培训】 彭州市工商业联合会以“湔江民企大讲堂”和“彭商培育”工程为载体，邀请专家学者解读宏观经济形势、产业及行业发展趋势，引领企业家深刻把握形势脉搏，保持发展定力，增强发展信心。与市委统战部联合主办“中小微企业的财税管控思维”专题分享活动；会同市委党校举办“彭商培育”工程第一期专题培训班，邀请四川省委党校经济学教研部主任文大会教授做专题授课；联合市委组织部组织民营企业家到韶山开展红色教育活动；联合市委组织部、市委统战部在电子科大举办“党建引领高质量发展”专题培训班等各类培训活动，共300余人次参与。

【参政议政】 彭州市工商业联合会推进非公有制经济人士队伍建设，采取多种措施，调动非公有制经济人士参政议政的积极性，非公经济人大代表、政协委员提交议案、提案16件。其中《关于餐饮企业在疫情后重拾消费者信心的建议》《关于切实加强城乡社区文化建设的建议》《关于进一步加大园区外独立选址规上企业支持力度的建议》3件提案被评为优秀提案，占彭州市2020年度优秀提案总数的25%。

【信息交流平台搭建】 彭州市工商业联合会建立会员企业微信群，将相关职能部门负责人（同时担任工商联常执委）、四大行、商业银行及相关地方银行负责人全部拉进群内，方便银、政、企线上沟通交流，有事及时协调解决。搭建产业发展对外交流对接平台，接待什邡市工商联一行60余人到彭州市开展产业相关专题参观考察，并签订友好工商联协议书；组织彭州市企业家到什邡市学习调研，加强两地学习交流，信息互通，推动彭什产业跨区域协同发展，搭建起成德同城化发展的平台和桥梁。与大邑县工商联对接，组织广告装饰行业商会会员一行50人到安仁古镇学习城市风貌及民宿产业发展经验；与重庆市南川区工商联对接，组织企业到重庆市南川区调研学习中医药科技产业、生态农业、旅游产业发展经验。邀请龙门山湔江河谷生态旅游功能区管委会专题介绍彭州湔江河谷功能区规划布局和产业发展，组织企业家到新兴镇海窝子止马岛参观湔江河谷文化博览生态旅游岛项目及龙门山宝山村民宿建设。

【扶贫帮困】 彭州市工商业联合会发挥工商联（商会）资源优势，发展光彩事业，倡导企业家先富帮后富，传承和弘扬企业家社会责任担当。对口帮扶黑水县脱贫致富，按照资源互补、产业相融的原则，引导企业家将“黑水中药材种植基地”纳入企业发展一体规划思维，注重开展产业扶贫。四川协力制药、成都第一制药等彭州市中药龙头企业分别在阿坝州黑水县知木林乡、瓦钵乡建设高原生态“定制药园”1325亩，种植贝母、山莨菪碱等中药材；彭州萱源公司等优质农业企业帮扶黑水县双溜索乡发展紫皮大蒜产业；一品蓉和饭店、万工堰食品有限公司等企业通过自身优势，帮助木苏乡别窝村、亚扎村销售藏香猪、牦牛肉等，不断拓宽黑水县农特产品销售渠道。彭州市酒店餐饮行业商会派代表为黑水县28家餐饮民宿经营企业开展礼仪、接待等方面的技能培训；会员企业一品蓉和受邀代表黑水县参加阿坝州第四届特色美食烹饪技能大赛，获“阿坝州第四届特色美食技能大赛特色名小吃”第一、二、三等奖，餐厅服务技能比赛获一等奖，黑水代表团获团体二等奖；多次协同举办就业招聘会，鼓励当地失业人员多学技能，走出黑水县到彭就业。成都福建商会开展捐赠扶贫，向黑水县学校捐赠一批全新童装7500件，价值100万元。彭州市工商联23家副主席、副会长单位向黑水捐款11.5万元。广告装饰行业商会、女企业家商会均组织到黑水开展对口帮扶活动。针对彭州市社会弱势群体，鼓励企业开展扶贫济困、捐资助学、慰问留守儿童、特困家庭、看望孤寡老人等活动。成都福达名度鞋业公司、协力制药公司等资助残疾家庭子女和残疾学生就学。六一儿童节期间，酒店餐饮行业商会到磁锋中远学校开展留守儿童慰问活动；女企业家商会组织女企业家开展看望慰问留守儿童活动等。重阳节期间，成都福建商会及华联机电公司到军乐敬老院、广告装饰行业商会到葛仙山华南敬老院和楠林社区敬老院慰问老人。“全国环卫工人节”广告装饰行业商会、一品蓉和、牛仔港、田鸭肠等商会和企业均开展慰问环卫工人活动等。

【工商联队伍建设】 彭州市工商业联合会坚持以政治引领为核心，以“坚定信念、坚定信心、产业报国、使命担当”为重点，以年轻一代非公有制经济人士为着力点，做好非公有制经济代表人士的发展、培育、推荐和管理工作，吸纳青年企业家、小微企业入会，壮大队伍、优化结构、凝聚力量，新发展常执委3名。在新兴产业、优势产业及镇（街道）中组建一批有代

10月17日，彭州市工商联到阿坝州黑水县开展“千企帮千村”扶贫捐赠活动

11月10—13日，彭州市工商联在湖南省韶山市红色教育基地举办“彭州市民营企业家教育培训暨彭商培育学习班”

表性影响力的商会，引导成立彭州市青年企业家商会，正在推进成立彭州市医药行业商会、濛阳街道商会等筹备工作，使商会组织覆盖全市经济社会发展的重点行业和领域。

彭州市社会科学界联合会
Pengzhou Federation of Social Science Associations

【概况】 2020 年，彭州市社会科学界联合会设主席 1 人，驻会副主席 1 人，下设综合科。彭州市社科联围绕市委、市政府中心工作，组织召开 2020 年社科工作会议暨第三届理事会第四次全体会议，推进科普工作开展，被四川省社科联评为“全省社科组织先进集体”，被成都市社科联评为“2020 年度先进集体”。

彭州市社会科学界联合会主席：陈忠贵。

【科普及基地创建】 彭州市社科联开展科普及基地创建，指导天彭书院和昌衡书院筹建彭州市级社科普及基地，推进 2 个省级社科普及基地（乡村少儿书法传承教育普及基地、宝山新农村建设文化普及基地）和成都市级社科普及基地（少儿川剧传习基地）建设发展。

【社科理论研究】 彭州市社科联继续办好《彭州社科》内部刊物，向成都市社科规划办申报“成都红色资源挖掘与历史名城建设研究——以彭州市为例”课题并结项。

1月14日，四川省乡村少儿书法传承教育普及基地授牌仪式举行

学术沙龙

【社科沙龙活动】 彭州市社科联开展牡丹文化、三国文化、文翁文化、古蜀文化等主题文化沙龙 6 场，形成三国文化系列作品《彭州三国遗韵》专辑 1 册,《白虎夷王》连环画 1 册,《千层的眷恋》歌曲 1 首。

彭州市文学艺术界联合会
Pengzhou Federation of Literary and Art Circles

【概况】 2020 年，彭州市彭州市文学艺术界联合会设主席 1 人，专职副主席 1 人，兼职副主席 7 人，秘书长 1 人，下设综合科、文艺科。下设直属协会有彭州市曲艺家协会、彭州市摄影家协会、彭州市书法家协会、彭州市文艺志愿者协会、彭州市美术家协会。有国家级会员 28 名、四川省级会员 174 名、成都市级会员 299 名。

彭州市文学艺术界联合会主席：韩小强。

【文艺品牌建设】 彭州市文联组织第三届“中国．彭州曲艺牡丹嘉年华”（线上展演）、首届“文翁杯”全国硬笔书法大赛、文翁形象全国征集大赛、“庆国

10月11—13日，《彭州牡丹苏州月》获首届国际说唱幽默艺术节“红狮奖”

庆·迎中秋”彭州市书画摄影展、成都市、德阳市两地十区（市）县“美丽彭州游”天彭牡丹摄影创作采风活动、“书院欢声　幸福彭州”文艺惠民演出等活动。四川清音、苏州评弹对唱《彭州牡丹苏州月》获首届国际说唱幽默艺术节“红狮奖”，南音《村史馆》入围2020年第十一届中国曲艺牡丹奖节目奖。

【文艺志愿活动】 彭州市文联参与彭州三国文化挖掘和彭州市社区书法培训基地的建设，开展“节日欢歌·幸福彭州”系列文艺惠民演出活动，围绕抗击疫情组织开展主题文艺创作，通过网络等方式征集文艺作品1400余件，向参与湖北抗疫一线的医护人员捐赠诗书画作品38件。

彭州市残疾人联合会
Pengzhou Disabled Persons’ Federation

【概况】 2020年，彭州市残疾人联合会（以下简称“彭州市残联”）以全面深化“量体裁衣”式残疾人服务为抓手，收集和掌握每位残疾人基本情况和需求，制定和落实个性化服务方案，协助民政部门完成审核困难残疾人生活补贴、康复救助、教育就业、社会保障等重点项目16项。

彭州市残疾人联合会理事长：张筵偃。

10月15日，南音《村史馆》入围2020年第十一届中国曲艺牡丹奖节目奖

【融乐阳光家园建设】 彭州市残疾人联合会在桂花镇蟠龙村、金城社区开展彭州市残疾人智能管理服务建设试点工作，运用“互联网+”现代化科技手段优化整合社区服务资源，实现残疾人家庭、社区、志愿者对残疾人“三位一体”的动态监管、服务和应急事件响应处置，结合开展新市民实践建设和乡村智慧化建设，引进专业社会组织，在桂花镇蟠龙村打造残疾人融乐阳光家园；推进残疾人康复服务，构建服务精准的残疾人保障体系和服务体系。

【四川善行盲人融合训练基地建设】 彭州市残疾人联合会依托四川省善行盲人融合训练服务中心，承办中国残联、中国盲人举办的“光明之家”中途失明康复训练试点项目，举办中途失明者康复训练培训1期，开展中途失明者康复培训和编写指导手册提供参考经验和彭州模式，承办国家级、省级盲人定向行走暨适应性骨干培训班2期，来自重庆市、西

12月1日，“光明之家”中途失明康复试点项目启动仪式在彭州市残疾人综合服务中心举行

藏自治区、四川等地盲人代表及业务骨干46人参加培训。四川省善行盲人融合训练服务中心被四川省残联授予“四川省盲人训练基地”称号。

【残疾预防与残疾人康复服务】 彭州市残联开展残疾预防及残疾人康复救助，举办助残活动6次，向4800余名社会各界人士宣传残疾预防和残疾人康复知识，发放宣传资料3600余份；残疾人家庭医生签约服务17401人；精神病患者阳光救助住院生活补贴275人，精神残疾人服药救助505人；白内障患者复明手术补贴438人，残疾儿童康复救助186人，残疾人免费适配基本型辅助器具655人。

【民生工程实施】 彭州市残联发放困难残疾学生和困难残疾人家庭子女学生助学金954人；发放三、四级就业年龄段精神、智力低保残疾人居家托养补贴441人；发放机构托养补贴108人；发放残疾人就业创业补贴508人；认定机关、企事业单位按比例安置残疾人就业350人。资助困难残疾人参加基本医疗保险和大病互助补充保险4650人，重度残疾人参加社会养老保险1647名；走访慰问贫困残疾人114户；发放特殊困难残疾人临时救助金10人。协助市民政局完成审核困难残疾人生活补贴4002人，超计划104.74%。组织35名运动员参加成都市第九届残运会，取得十六金十四银三铜的成绩。彭州市残联获得“优秀组织奖”和“道德风尚奖”。

【残疾人证清理整治】 彭州市残联以残疾人工作者违规持有残疾人证清理工作“回头看”为契机，规范申办工作流程，严把“入关口”。严格执行残疾人证各项规章制度，残疾类别和等级全部由指定评残机构和评残医生评定，并进行公示，全年新办或更换残疾人证560个；开展残疾人工作者违规持有残疾人证清理工作，签署承诺书360份，涉及1340人，对18名目测评残办证的残联专干进行重新评

7月22—24日，彭州市残联分片区召开2020年“量服”工作培训会

残，并按评定结论重新核发残疾人证。

【“量体裁衣式”服务推进】 彭州市残联开展“守初心担使命，做新时代合格残疾人工作者”大讨论活动，分6个片区，对全市残联专干、残协联络员380余人进行“量服”工作和业务工作培训，组织全市残疾人工作者深入20134名残疾人家庭收集掌握生活状况和实际需求，制定并落实帮扶措施，人均落实服务项目1.4项次，入户率达96%以上，残疾人及家属满意率达98%以上。

【残疾人文创作品工作室】 彭州市残疾人联合依托彭州市精神残疾人融乐阳光家园和桂花镇蟠龙村融乐阳光家园，打造残疾人文创作品工作室，开展文创作品人才选拔、培训、展销等服务，助推“悦・圆梦”文创产品品牌的推广。选送33件作品参加“彭州有品・生活有味”2020年文创生活节暨彭州文旅项目推介会；举办“助残脱贫奔

5月19日，举办“助残脱贫、决胜小康”残疾人文创作品展

小康”残疾人文创作品有奖征集活动和“助残脱贫，决胜小康”残疾人文创作品展。

【优化服务】 彭州市残疾人联合会以开展残疾人事务治理能力提升年建设和“坚守初心使命，做新时代合格残疾人工作者大讨论活动”为契机；强化残疾人服务项目办理全程监督管理，从制度机制上强化白内障复明手术补贴、重度残疾人购买养老保险资助工作等6个残疾人服务项目的廉政风险。牵头社保、税务等部门优化重度残疾人参加养老保险资助工作流程；完善白内障患者复明手术补贴、精神残疾人服药补贴、精神病患者阳光（住院生活费补贴）救助、残疾儿童康复救助等服务项目申请审批工作流程，提高服务项目质量和与预算资金执行的一致性、规范性、精准性。

【残疾人就业培训】 彭州市残疾人联合在通济镇举办残疾人蛋鸡养殖培训班，培训残疾人及家属45人，为参训人员发放蛋鸡鸡苗和饲料，在隆丰街道举办残疾人果树种植培训班，培训残疾人及家属50人，为参训学员发放果树及肥料，在成都石化工业学校举办2020年残疾人电商就业创业技能培训班，培训残疾人50余名。将优秀蛋鸡养殖残疾人任传均列入2020年残疾人蛋鸡养殖培训班实地培训点位。支持彭州市精协、彭州市聋协举办残疾人实用技术培训班，培训听力残疾人、精神残疾人、智力残疾人及其家属170余人。

彭州市红十字会
Pengzhou Branch of the Red Cross Society of China

【概况】 2020年，彭州市红十字会围绕市委、市政府中心工作，发挥在人道领域的工作助手作用，推

1月19日，彭州市红十字会在朝阳中路社区开展国家急救日宣传活动

动“三救三献一传播”核心业务工作发展，开创红十字“为国奉献、为民造福”新局面。

彭州市红十字会常务副会长：王莉兰。

【应急救护培训】 彭州市红十字会打造应急救护培训品牌，深入镇村、企业等收集意见，根据实际需求和意见建议，对应急救护培训课程、培训方式、培训内容等进行优化，对授课老师的授课水平进行评比，打造“流动公益课堂”“周末公益课堂”等培训品牌，开展普及培训25期7029人次，救护员培训班13期502人。开展红十字救在身边系列活动，利用周末公益课堂开展应急救护培训“五进”等活动，对不同群体及培训需求开展应急救护培训。在“5·8”世界红十字日及博爱周等特殊时段，宣传艾滋病、新冠肺炎的防治和应急救护避险知识。利用中小学校、镇村活动等平台开展普及培训，组织全市5000余名中小学生

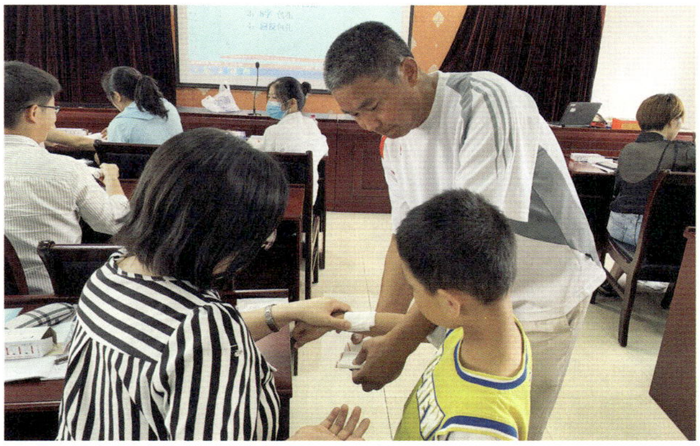
7月，彭州市红十字会面向群众开展周末公益课堂普及应急救护知识

参加防灾减灾和应急救护知识竞赛。

【募捐筹资】 彭州市红十字会备案取得新冠疫情募捐资格，及时制定《新冠疫情捐赠款物管理办法》，畅通微信、现金、银行转账等多种捐赠渠道，确保当日捐款全额汇转，捐物全部上交市防疫指挥部统筹安排，疫情期间接收捐款284.67万元，接收防疫口罩、医用防护服、手套等防疫物资近17万个（套），消毒液10余吨。引导社会资源为退伍军人关爱基金筹资10余万元。引导社会爱心力量采用面对面和定向捐助等方式救助困难群众。建立“爱心桥”贫困家庭数据库，采取资金帮扶、产业帮扶困难家庭，筹集救助款物118.25万元。帮助葛仙山镇群柏村开展新冠疫情防控知识培训，支持其成功申报博爱健康社区，落实相关资金近3万元，慰问困难群众20余户，帮助解决信访问题3个。

【人道救助】 彭州市红十字会着力应急救助，精准救助弱势群体。采取党员带队入户走访，收集困难群众信息，开展应急临时救助16人3.2万元，为5名先心病和白血病患儿申请小天使、阳光基金20余万元。开展“红十字博爱送万家”活动，慰问困难家庭280户11.2万元，动员爱心企业为黑水县捐赠价值100余万元的衣物。

【应急救灾】 彭州市红十字会发挥红十字人道优势，广泛动员社会力量，共同阻击疫情，发动红十字志愿者多方联系生产厂商、寻找货源、跟踪协调物资运送，确保防疫物资运达彭州市，紧急采购84消毒液200桶5吨、消毒酒精50桶250升、口罩129950个。强化防疫后勤保障，慰问彭州市抗疫逆行者12人（户），发放慰问金1.2万元/户。24小时备战值守防疫物资，规范出入库管理流程，发放防疫物资48批次。配合有关部门在山区镇的村（社区）开展防灾减灾，应急演练，安全社区创建，应急救护培训等工作。“8·11”特大暴雨期间彭州市红十字会组织一支20人红十字救援队随时待命，运送发放177个急救包和120顶救灾帐篷等救灾物资到镇村。

11月27日，彭州市红十字会到敖平镇星河村入户走访困难群众

【志愿者社会服务】 彭州市红十字会以红十字活动为平台、媒介为推动，日常宣传与纪念日主题宣传相结合，开展社区教育“三下乡”活动，在城乡社区开展“5·8”世界红十字日、国际志愿者日、“5·12”防灾减灾日、“世界急救日”等红十字主题宣传活动8次，组织志愿者2000余人次参与天彭、致和街道社区及农贸市场疫情防控。利用红会官方微博、微信朋友圈、宣传海报等载体转发最新防疫动态和政策，推送防护知识和疫情防控措施、累计发81条阅读量100761人次。开展无偿献血、遗体和人体器官捐献，造血干细胞捐献宣传动员，新增登记遗体和人体器官捐献志愿者9人。

彭州市党外知识分子联谊会
Pengzhou Non-Party Intellectuals Association

【概况】 彭州市党外知识分子联谊会（简称彭州市知联会）于2017年12月28日成立，是由中共彭州市委统一战线工作部组织推动，彭州市各界党外中高级知识分子尤其以无党派代表人士为主自愿结成联谊性、非营利性的统一战线性质的社会团体，是市委联系党外知识分子的桥梁和纽带，是开展党外知识分子工作的载体，是党外知识分子之家。2020年，彭州市知联会有会员70名，设常务理事8名、理事24名。

彭州市党外知识分子联谊会会长：郭双全。

【参政议政】 彭州市知联会围绕彭州市委、市政府中心工作和人民群众普遍关心的热点、难点问题，深入调研，会员中的各级人大代表、政协委员提交提案建议13条，内容涉及经济、政治、文化、社会建设等方面；组织开展重点课题调研活动，完成《高质量推进成都公园城市建设彭州篇章》《以“产业集聚”推动彭州中医药产业高质量发展》等调研文章，有10名会员的调研报告、论文获得省市级奖励。

【社会服务】 彭州市知联会围绕精准扶贫、乡村振兴和服务民生等主题，组织开展“知心彭益”文化艺术鉴赏分享活动、“崇尚科技　关爱人才”专题活动、“画卷彭州　你我为墨”青年人才联谊活动、“彭州市第二届粮油产业品牌发展”论坛、“‘三产联动’中医药产业发展新进展”研修班、“知识产权知多少”专题讲座等活动12次；深入开展“走基层、访民情”专题走访活动，由会长、副会长带队走访会员和企业，听取对知联会的建设性意见，了解企业发展状况、需求等；融入区域协同发展，助力成德眉资同城化，在知联会副会长单位彭州航空动力园区实验小学召开彭州市、什邡市、广汉市三地“深度学习”联合教研活动；充分发挥自身优势作用，通过各种形式捐资捐物，同心医疗团队多名医务工作者投身疫情防控阻击战，践行初心使命，体现责任担当，为打赢疫情防控阻击战奠定基础。

【会员教育活动】 彭州市知联会注重加强会员的教育引导，深入学习贯彻习近平新时代中国特色社会主义思想以及中共十九大和十九届二中、三中、四中、五中全会精神，增强“四个意识”，坚定“四个自信”，做到“两个维护”；加强知联会活动的组织策划，发挥会员特长，提升活动的针对性和可参与度，鼓励会员参加各类活动，会员参与活动160人次；组织会员到新津区交流学习，深入了解新津区推动乡村振兴、建设公园城市等方面先进经验、做法。

彭州市新的社会阶层人士联谊会
Pengzhou New Social Stratum Association

【概况】 彭州市新的社会阶层联谊会人士联谊会（简称彭州市新联会）于2017年9月30日成立，是由中共彭州市委统一战线工作部组织推动，彭州市私营企业和外资企业的管理人员和技术人员、中介组织和社会组织从业人员、自由职业人员、新媒体从业人员中的代表人士为主体所组成的具有统战性、联谊性、知识性、非营利性的社会团体。新联会是市委联系新的社会阶层人士的桥梁和纽带，是开展新的社会阶层人士工作的载体，是新的社会阶层人士之家。2020年，彭州市新联会有会员52名，设会长1名、副会长4名、秘书长1名、常务理事5名、理事15名。

彭州市新的社会阶层联谊会会长：胡晓东。

【“走基层、访民情”调研】 彭州市新联会围绕中央、四川省委、成都市委和彭州市委关于抗击新冠肺炎疫情和加快复工复产的系列安排部署，组织会员代表人士参加由市委统战部发起的“走基层、访民情”专题调研，及时收集并向市委统战部报送相关会员生产生活困难和问题，并提出意见建议，推动复工复产。

【社会服务】 彭州市新联会组织会员全力抗击新冠肺炎疫情，多方筹集酒精、口罩等抗疫物资，帮助会员做好防疫工作。发挥会员网络人才优势，组织开展互联网促进企业转型、疫情期间财税政策等分享活动，满足广大企业经营者脱困复产需求。配合脱贫攻坚，在会员中发起爱心捐款，组织会员代表赴黑水县石碉楼乡小学开展帮困助学活动，其中每年定向支助 1 名贫困优秀学生 7000 元，直到高中毕业。

【湔江“新彭友”实践创新基地创建】 彭州市新联会围绕龙门山湔江河谷生态旅游功能区建设，成立彭州市新联会湔江分会，吸纳首批会员 28 名。在龙门山镇渔江楠村委会，创新打造的彭州市湔江“新彭友”新的社会阶层人士实践创新基地被成都市委统战部推荐参加全省新的社会阶层人士实践创新基地路演活动，并参评省级新阶实践创新基地，获省市统战部领导肯定。

彭州市农业职业经理人联谊会
Pengzhou Agricultural Professional Managers Association

【概况】 彭州市农业职业经理人联谊会（简称彭州市农联会），于 2019 年 9 月 27 日成立，是中共彭州市委统战部领导的，以包括农业职业经理人在内的新型职业农民中的代表人士为主体组成的具有统战性、联谊性、服务性的非营利社会团体。农联会是市委联系农业职业经理人这一新的社会阶层人士的桥梁和纽带，是开展农业职业经理人统战工作的载体，是彭州农业职业经理人之家。2020 年，彭州市农联会共有会员 44 名，设会长 1 名、副会长 11 名、秘书长 1 名、副秘书长 3 人、监事长 1 名、监事 2 名、理事 9 名。

彭州市农业职业经理人联谊会会长：张仕伟。

【农业产业发展献策】 彭州市农联会组织会员代表深入农业一线开展调研，在市委统战部组织召开的农业职业经理人建言献策，结合彭州农业发展实际，提出现代农业产业发展意见建议 10 条，获得市委分管领导肯定性批示。相关建议被市农业农村局采纳，并制定相应工作方案推进落实。

【社会服务】 新冠疫情期间，彭州市农联会推进与成都蔬菜供应链协会、保利集团成都分公司、京东商城邛崃馆、美菜网、红旗连锁、苏宁易购等 7 家商家（机构）磋商，先后与保利集团成都分公司、京东商城邛崃馆等 4 家经销商达成供销协议，利用线上销售和线下物业代购，破解疫期供销瓶颈，实现蔬菜每日销量 10 吨以上。组织代表人士深入会员企业了解生产生活状况。发动会员捐款，购买酒精、口罩等防疫物资，免费提供给会员和部分种植大户，帮助做好防疫，全力复工复产。

【抗疫捐赠活动】 彭州市农联会制发《关于开展活动的倡议书》，号召全市农业职业经理人带头向疫区和抗疫一线捐资捐物。拍摄实名捐赠抖音视频，点击量达 150 余万次。全市 13 个镇（街道）共有 6 名农业职业经理人和 24 户种植大户，带动 280 名市民主动捐赠。骨干成员主动担当，自费承担捐赠物资收集、运输，向社会招募志愿者 1000 余人次，顺利完成多批次捐赠蔬菜采摘，招募到四川运通、四川佳星物流两家爱心公司全免费完成运输。先后向湖北省广水市、孝感市两地输送爱心蔬菜 3 批次 130 余吨，获当地党委、政府和防控指挥部书面感谢；向抗疫一线单位彭州市公安局和彭州市人民医院捐赠蔬菜 4.8 吨；向 7 个偏远村（社区）和 14 个小区捐赠蔬菜 35 吨。发动 282 名农业职业经理人为抗击疫情捐款 80366.64 元。创新产供直销进社区模式，将 10 余吨大地菜直供到彭州城区居民小区。农联会抗击新冠疫情的相关信息被中央统战部采用，受到成都市委统战部高度肯定。

法治·军事

RULE OF LAW AND MILITARY

法　治 / 军　事

法　治
Rule of Law

依法治市

【概况】 2020年，彭州市全面贯彻新时代全面依法治国决策部署，健全依法治市制度体系，强化依法治市责任落实，推动全面依法治市组织领导持续完善。以强化疫情依法防控，优化法治化营商环境，深化民生服务保障为目标，全面提升法治服务能力。健全重大行政决策制度，严格规范公正文明执法，提升网络理政效能，加强行政权力监督，推动法治政府建设不断增强。推进司法责任制综合配套改革，深化诉讼制度改革，司法体制改革走深走实。完善公共法律服务体系，加大全民普法工作力度，法治社会建设有效推进。

【全面依法治市推进】 彭州市统筹推进全面依法治市工作，积极履行统筹协调、督促检查、推动落实等职能。组织召开市委全面依法治市委员会第二次会议，出台《彭州市全面依法治市2020年工作要点》，对22类法治工作任务层层细化。持续健全组织架构，深化"1＋4＋N"工作格局，发挥市委依法治市办运转中枢作用，编制印发全面依法治市工作简报12期，突出"立、执、司、守"四个协调小组牵头归口职能，聚焦重点任务难点问题，健全法治督察和法治考核机制，压实部门法治建设主体责任，推动全面依法治市各项决策部署落地落实。

【依法行政】 彭州市司法局严格落实重大行政决策公众参与、专家论证、风险评估和合法性审查程序，全年审查各类文件519件，较2019年同期同比增长8.5%；市级各部门备案规范性文件4件，向成都市备案规范性文件2件。

【行政复议与应诉】 彭州市全面落实行政复议与应诉职责，全年收到行政复议案件26件，受理16件，不予受理10件，结案16件。全市行政机关因实施具体行政行为而被诉的行政诉讼案件共计37件，其中诉市政府6件、诉镇（街道）及市政府组成部门31件，经三级法院审结31件，未结6件，行政机关负责人出庭应诉率100%，判决撤销、变更以及确认违法等败诉案件4件，较2019年下降7.4%。

政法综治

【概况】 2020年，彭州市坚持问题导向、标本兼治，全面构建"一网三体系三战役"工作格局，推动解决社会治理"小病""大病""重病"，筑牢全市风险防控网，夯实社会治理基层基础，防止重大不稳定事件发生，社会大局持续稳定。在2020年全省平安建设群众满意度测评中，综合得分93.77分，排名成都市前列。

【平安彭州建设】 彭州市以市域社会治理现代化试点为契机，成立平安彭州建设领导小组，分解下达试点工作成都市级共同任务清单48项、特色任务清单12项、负面清单6项及彭州市级创新任务9项，2020年45项试点任务100%完成。坚持以品牌特色助推社会治理，获"2020社会治理创新典范城市"。推进13个镇（街道）、202个村（社区）综治中心实体化实战化常态化建设，推进"雪亮工程"续建完成，拓展"雪亮工程"在交管治安、社区矫正、防汛防灾、砂石盗采等方面的应用，发现处置各类案件线索149件。加强网格力量，将网格员增至540个，动态调整网格员职责清单，完善网格化服务管理考核办法，围绕市委、市政府中心工作，参与疫情防控、

网格员对重点区域巡防

9月2日，彭州市委政法委支部开展“固定党日”活动

防汛救灾、森立防火等工作，发现报告处置办理各类事件 17.2 万件。深入推进“1 + 3 + N”专群联动，出动网格员、“红袖套”等群防群治力量 103.9 万人次。弘扬见义勇为精神，营造社会正能量，1 人代表成都市获评四川省见义勇为先进个人，1 人获评彭州市“见义勇为”公民。强化 3815 名严重精神障碍患者服务管理，落实监护“以奖代补”协议签订和资金发放，全年未发生严重精神障碍患者恶性肇事肇祸案（事）件。加强未成年人权益保障，在全市创新试点“高危未成年人临界预防工作”，预防帮教高危未成年人 8 人次。

【法治建设】 彭州市持续开展涉案财物规范处置工作，规范处置涉案物品 593 件，涉案款 210 余万元。深化涉法涉诉信访改革，完善涉法涉诉信访案件定期分析制度，受理涉法涉诉信访案件 246 件，办结案件 232 件，办结率达 94.31%。加强对困难当事人的国家司法救助力度，救助困难当事人 19 人，发放救助资金 24.99 万元。

【扫黑除恶专项斗争】 彭州市围绕“治标”“治根”“治本”目标要求，开展扫黑除恶专项斗争。2018 年至 2020 年底，接收线索 154 条，100% 办结；追回各类网逃人员 232 名，100% 清零；依法打击 9 类涉恶案件 90 件 211 人、重点涉黑恶案件 3 件 24 人，审结“3·11 特大电信网络诈骗案”、张某等黑社会性质组织犯罪案系列重大案件；查处“保护伞”2 件 2 人；整顿软弱涣散村（社区）党组织 63 个。

【政法队伍建设】 彭州市围绕“学先进、找差距、转作风、提能力、树形象”主题，全面贯彻落实《中国共产党政法工作条例》、省委实施细则、《推进全市政法队伍建设大发展十条措施》。在全市政法系统组织开展向“全国模范法官”祝增巧学习系列创先争优活动，开展“坚持政治建警全面从严治警”教育整顿，实行常态化执法司法监督，全面营造“比学赶超”良好氛围。全市政法系统 75 名个人、66 个集体受到成都市级以上表彰。完善党委政法委“协查”“协管”机制，推动 2 名领导干部、78 名中层干部轮岗交流。做好全市 13 个镇（街道）政法委员配备、管理工作，制定《市公安局派出所所长兼任镇（街道）党（工）委委员管理暂行办法》，任命 21 名派出所所长兼任所在辖区党（工）委委员，进一步理顺基层政法单位与镇街党委关系。

【禁毒专项行动】 彭州市全面贯彻中央、四川省委和成都市委关于禁毒工作系列决策部署精神，认真践行禁毒工作主体责任，以禁毒办实体化运行为抓

彭州市禁毒教育基地

4月21日，彭州市乡镇治理现代化研讨会在丹景山镇举行

手，深入开展禁毒人民战争。全面提格升级禁毒委领导层级，构建禁毒委市委书记、市长“双主任”高位推动，禁毒办“两科一队一中心”实体化运行的禁毒工作新模式，夯实“四高五全”工作体系，创新“三大”治理亮点，毒品综合治理取得明显成效。“禁毒2020两打三控”专项行动成效位列全省60个重点县（市）第二，在2020年禁毒工作目标绩效考核考评中位列成都市第一，彭州市公安局禁毒大队被国家禁毒委表彰为“全国禁毒工作先进集体”。

【“一体化”乡镇治理现代化试点】 彭州市围绕推进“一体化”乡镇现代化治理的总目标，深化“社会综合治理＋社区发展治理”双线融合治理体系，在丹景山镇开展“一体化”乡镇治理现代化试点，统筹构建“一支队伍统管、一张网格统揽、一个平台统调、一套机制统筹”的基层治理格局。以防范化解基层社会治理风险问题为着力点，以增强居民获得感、幸福感、安全感为落脚点，在丹景山镇打造1个镇级“一体化”群众事务中心和10个村级“一体化”群众共治中心，突出“治理＋服务”场景建设与功能应用，聚焦社会治理资源整合、力量融合、功能聚合、手段综合，推动基层“赋权”与“赋能”有机结合，让乡镇成为市域社会治理的枢纽站，村（社区）成为市域社会治理的起点站，实现乡镇发展与治理良性互动、秩序与活力融合共生，为加快建立现代治理体系提供保障。

【信访问题和矛盾纠纷化解】 彭州市坚决落实成都市委决策部署，做好突出问题排查化解，深入推进36个突出信访问题化解；组织开展集中治理重复信访化解积案专项工作，97个重复信访问题已化解30%；开展排查防范个人极端案事件风险隐患专项行动，围绕四大项28类排查范围，制定具体工作措施42个，排查风险隐患47个；实体化运行市矛盾纠纷多元化解协调中心，打造“15N”联调模式，有效管控重大矛盾纠纷隐患288件，挽回和避免经济损失3.7亿余元。

5月27日，彭州市劳动争议多元化解联调中心揭牌成立

【财政金融风险防控】 彭州市以“排查全覆盖、处置硬措施、风险软着陆”为目标，全面掌握金融领域风险隐患、非法集资风险隐患动态，破获“融信远创非法吸收公众存款案”，为100余名群众挽回损失400余万元。组织对全市590家投资理财类公司深入调查摸底，对168家重点公司实行业务跟排，对富登、美兴两家小额贷款公司进行风险评估，对涉众型经济犯罪开展分析研判，形成报告3篇。市公安局、市法院、市检察院、市市场监督管理局联合开展“守住钱袋子 护好幸福家”防范非法集资宣传活动20余次。市财政局通过合理安排偿债资金预算、调整和优化财政支出结构、挖潜盘活闲置存量国有资产，缩减政府债务规模，化解债务存量，降低政府综合债务率。

【国际化营商环境政法保障】 彭州市营造国际化营商环境，严厉打击危害市场主体犯罪，批捕42人，起诉48人；保护创新创造，依法严惩侵犯知识产权犯罪，批捕2人，起诉13人；贯彻落实“少捕慎诉慎押”司法理念，对涉案民营企业人员依法不批捕8人、不起诉8人。深化民事诉讼程序繁简分流改革试点，推进“民营经济司法护航基地”“家和促进”前端共治体系实质运行，设立全省法院首个小额诉讼中心，“立审执监一体化”小额诉讼模式获评“成都国际化营商环境建设区（市）县十佳创新案例”，在最高人民法院调研西南片区民事诉讼程序繁简分流改革试点座谈会上进行经验交流。推进跨区域司法合作，与广汉市、什邡市等地政法机关达成司法协作共4大方面56项，深化公安“放管服”改革，启动居住证积分受理工作，设立24小时不打烊“便民超市”2个，实现71项服务事项在线办理；在第二政务中心创新推行“一窗通办”，让群众“最多跑一次”。稳步推进公益诉讼，建立“公益诉讼＋网格化”信息共享协作机制，办理公益诉讼案件37件，彭州市现制现售水生产经营不规范行政公益诉讼案获评“2020年全省公益诉讼检察优秀案例”。

公　安

【概况】 2020年，彭州市公安局以习近平新时代中国特色社会主义思想为指导，坚持“稳”字当头、“干”字为要、“新”字为魂，持续开展公安改革和智慧警务建设，推动公安工作和队伍建设创新发展，高质量完成战疫情、护安全、保稳定、促发展等各项工作，全市违法犯罪警情比上年下降14%。

【社会治安管理】 彭州市公安局面对受疫情影响带来的隐患和风险，总结固化维护社会稳定“十大

6月16日，《加强彭什两地司法行政合作，服务成德眉资同城化建设合作框架协议》签订

4月10日，彭州市公安工作会议召开，图为受表彰的先进个人

战法”，在全省率先推行“1 + 10 + N”分线维稳模式，协助党委、政府开展风险评估 24 次，妥处聚集事件 36 起，打击暴力抗法等 4 人，重大事件预警率保持 100%，保障第十一届中国四川（彭州）蔬菜博览会等 30 余场次大型活动的安全举办。完成 145 个视频监控全智能化改造，升级 50 个车辆卡口，侦破部挂特大民族资产解冻诈骗案，单案逮捕团伙成员 12 名，查获涉案金额 200 余万元；打掉诈骗团伙 7 个，止付账户 2836 个，止付金额 9492.9 万元，捣毁“两卡”团伙 3 个；关乎群众切实利益的盗窃汽车、入室盗窃、“两抢”警情同比下降 61%、37%、43%。

【打击黑恶犯罪】 彭州市公安局提高政治站位，全面落实责任，加强统筹推进，深入推进“六清”“六建”行动，全面清仓线索，抓大案攻坚，开展扫黑除恶专项斗争。2018—2020 年，打掉黑社会性质组织 1 个，打掉恶势力集团 2 个，涉恶团伙 5 个。以扫黑除恶专项斗争思维和机制牵引黄赌查处，全年侦办黄赌刑事案件 28 件，采取刑事措施 71 人；侦办黄赌行政案件 82 件，行政处罚 369 人；侦破省挂“利用闲聊 App 开设赌场案”、陈某等人跨境赌博案等系列案件。

【营商环境保障】 疫情期间，彭州市公安局运用“大数据”精准核查 5446 人，破获成都宣判首例防疫物资诈骗案，保障疫情高发地区购销农产品 5000 余吨。对表成德眉资同城化发展战略部署要求，在成都公安机关范围内率先开启成德警务合作（彭州市、什邡市、广汉市），从 4 大方面确定 24 个区域警务合作事项，常态长效开展务实合作。助力特色产业打造，创新推出未办证住宿场所管理 App，有效解决该类未办证住宿场所入住人员信息滞后、管控缺失的问题；颁发成都市首张乡村民宿酒店“特种行业许可证”。简化企业办事流程，公章刻制后台审批时限缩短至 4 小时，民爆矿山、剧毒企业购买证、运输证审批实行网上申请、容缺办理、当天审批，对第二、三类易制毒化学物品购买、运输备案申请审批在一个工作日内办结。

7月31日，彭州什邡广汉三地区域警务合作发展协议签订仪式举行

【“一室两队”警务机制改革】 彭州市公安局以健全与城乡基层治理体系相适应的新型社区警务机制为导向，持续深化派出所“一室两队”警务机制改革，优化完善“夜间联勤”模式，明确派出所工作不出辖区、社区民警不出责任区，将工作重心和人力物力向融入城乡社区网格化治理倾斜，推动派出所工作主攻方向向属地社区治理回归。结合镇（街道）体制机制改革，有序推进基层派出所机构优化调整，将原有 21 个派出所优化为 14 个派出所和 7 个警务中队，实现与镇（街道）行政区划的有效匹配，确保“一域一安”。

【禁毒示范城市创建】 彭州市公安局以创建禁毒示范城市为引领，提炼运用“聚焦情报，线索优先；多维研判、动态分析；分类经营、强化查缉；源头斩链，区域整治”四大战法，推行实施“343”工作机制，破获涉毒刑事案件 54 起，刑事打击 105 人，捣毁制毒窝点 9 处，查处涉毒人员 1353 人；与毒品高度关联的侵财类警情同比下降 24%。发挥社戒社康工作站作用，压实镇（街道）责任，合力推动涉毒

彭州市公安局户政大队开启办证“绿色通道”，确保考生方便快捷领取居民身份证

犯罪前科人员动态管控，管控率达91.2%，巩固区域性毒品治理基础。

【户籍管理】 彭州市公安局固化“派出所工作不出辖区、社区民警不出责任区”机制，完成第七次全国人口普查户口整顿工作；推行“网上办”“预约办”“快速办”“错时办”“邮政直通车”“容缺后补”、居民身份证“两年照片延用”、临时居民身份证“立等可取”等服务举措；在濛阳、第二政务中心设立24小时不打烊的“便民超市”，在第二政务中心创新推行“一窗通办”，业务范围涵盖所有公安证照办理事项，让群众“最多跑一次”；落实市领导关于“着力提升彭州市的吸引力和人口竞争力”重要批示，359位引进人才顺利落户。全年办理户口业务52831件、居民身份证43277件、临时身份证11462件，边境证4111件，居民身份证挂失申报9806件；户籍业务网上办37件，身份证免费邮寄10290件，“微户政”咨询225件，“预约办”54件。

【道路交通安全管理】 彭州市公安局联合市交通运输、应急管理等部门，深入98家“两客一危”“一货校车”企业514次，检查企业主体责任落实情况和制度执行情况，发现安全隐患121处，以现场下达整改通知或约谈负责人的形式督促整改；以国省道交叉口、低等级公路、临水临崖、桥梁隧道等路段为重点，“地毯式”排查出较为突出的道路安全隐患30余处；紧抓道路交通违法不放松，查处各类货运车辆违法行为28000余件，全年道路交通事故死亡人数和件数分别同比下降20.21%、20.83%；围绕牡丹大道打围施工、龙兴寺拆建等“城市提升工程”强化缓堵保畅，维护交安设施360余处，优化导流线划布、交通信号灯配时、车位规划290余处，增加警力分流点位28个，推进交通管理改革创新，建成全省首家县级交管业务监管中心。

检　察

【概况】 2020年，彭州市人民检察院坚持讲政治、顾大局、谋发展、重自强，围绕“稳进、落实、提升”和“创新提能年”工作主题，抗疫履职两手抓，服务“六稳”“六保”，推动“四大检察”协调发展，为彭州加快建设践行新发展理念立体山水公园城市提供司法保障。全年办理各类案件1209件，其中，受理审查逮捕案件304件，审查起诉案件465件，受疫情影响，同比分别下降31.68%和13.56%；办理刑事、民事、行政等监督案件207件；办理公益诉讼、控告申诉等案件233件。

彭州市人民检察院检察长：孙泽晖（7月离任），杨堰宁（7月代理）。

【刑事检察】 彭州市人民检察院针对暴力犯罪下降、轻刑犯罪上升的趋势，不断在做优刑事检察上下功夫，建立案件繁简分流机制，加大速裁、简易程序适用范围，适用率达94.97%，贯彻矛盾纠纷在刑事案件中得到有效化解的理念，全面落实认罪认罚从宽制度，适用率达87.4%，确定刑量刑建议率达95.97%，量刑建议采纳率达99.78%。坚持谦抑审慎、少捕慎诉理念，对无社会危险性、无羁押必要性和证据不足的，不批捕 90 人，不起诉 33 人，坚决防止冤假错案，切实保障人权，发挥检察机关在反腐败斗争中的职能作用，与市监委建立联络员制度，职务犯罪案件全部提前介入，决定逮捕 4 人，起诉 9 人。把检察监督贯穿于立案、侦查、审判、执行各个环节，坚决纠正有案不立、立而不查、以罚代刑、插手民事经济纠纷等侦查活动违法情形，依法纠正定罪不当、量刑失衡和审判、执行活动违法情形，监督立案 9 件、撤案 6 件，监督侦查、审判活动违法情形 60 件次，追捕 13 人，追诉 20 人，提出刑事抗诉 3 件，确保刑事追诉不枉不纵。强化刑事执行监督，开展羁押必要性审查 32 件次，变更强制措施 32 人，监督纠正刑罚执行和监管活动违法情形 40 件次。

【民事行政检察】 彭州市人民检察院以精准监督为导向，不断做强民事检察监督、做实行政检察监督，监督民事、行政案件 36 件。推进民事执行监督，协助破解“执行难”，办结执行监督案件 11 件，成功化解一起 9 年未执行的交通事故赔偿纠纷。开展虚假诉讼专项治理行动，与市法院、市公安局、市司法局等单位会签《关于防范和查处虚假诉讼的意见（试行）》，监督虚假诉讼案件 5 件，涉案金额 164 万元，均再审改判，保障当事人合法权益，维护正常诉讼秩序和司法权威。开展行政争议实质性化解和行政非诉执行专项监督，与相关行政部门建立联席会议制度，化解行政争议 2 件，促成当事人息访息诉，实现案结事了政和。

【公益诉讼检察】 彭州市人民检察院认真履行在食药品安全、生态环境保护、国有财产保护和国有土地使用权出让等领域公益诉讼职责，办理公益诉讼案件 37 件。针对人民群众关心的食品安全问题，开展公益诉讼调查，发出诉前检察建议 11 件，针对人民群众关心的扬尘、生活垃圾、餐饮油烟等问题，开展公益诉讼调查，发出诉前检察建议 12 件，全部得以整改。针对违规领取养老金、拖欠土地出让金、公租房租金、无偿占用国有财产、骗取医保金等侵害国家利益行为，开展公益诉讼调查，发出诉前检察建议 8 件，与人社、住建、国资等部门共同追回国有财产 285 万元，推进“司法 + 行政”的公益保护共同体格局形成。2 件案件分别被四川省、成都市检察院评为典型案例。市检察院办理的“督促整治现制现售水安全问题行政公益诉讼案”入选最高检“3・15”食药品安全消费者权益保护检察公益诉讼典型案例。

【未成年人刑事检察】 彭州市人民检察院坚持“双

3月30日，彭州市人民检察院开展民营企业申请民事裁判结果监督协调会

现制现售水案件现场调查

8月25日，法治副校长集中聘任仪式

彭州市检察院对涉案企业生产经营状况实地走访

向保护”原则，从严打击侵害未成年人犯罪，批捕6人，对涉罪的未成年人实施“教育、感化、挽救”理念，不批捕9人，不起诉7人。与市教育局、市妇联、团市委等单位建立未成年人社会支持体系等保护机制，开展监护干预，对怠于履行职责的35名监护人开展强制亲职教育，保障未成年人的健康生活环境。对10名高危未成年人实施临界预防，阻断未成年人滑向犯罪。落实“一号检察建议”，针对校园性侵问题，与市教育局建立《校内从业人员犯罪档案查询办法》，并对校外培训机构教师的犯罪档案查询全覆盖。在全市57所中小学开设“开学法治第一课”，推进未成年人犯罪预防常态化。

【污染防控检察】 彭州市人民检察院全面贯彻“三区一地”和濛阳新城建设部署要求，与广汉市、什邡市、绵竹市等地检察机关建立《成德眉资同城化发展检察协作意见》《人民渠沿线水环境保护检察协作意见》等机制，服务区域协调发展。严厉打击非法采矿、非法占用农用地等破坏生态环境的刑事犯罪，受理审查逮捕8人，审查起诉18人。严厉打击影响濛阳新城经济社会正常秩序的犯罪，批捕44人，起诉53人。起诉阻碍重大工程项目实施和乡村振兴的犯罪嫌疑人5人。针对环境污染、违规抽取地下水等问题，制发社会治理类检察建议8件，均回复并整改。组建“刑事检察+公益诉讼”办案专班，对生产、介绍、非法处置工业废水的2家单位和吕某某等16名被告人提起公诉，均获有罪判决。开展公益诉讼调查，协助追回生态损害赔偿金509万元；案被评为“全国检察机关打好污染防治攻坚战典型案例”。

【民营经济发展保障】 彭州市人民检察院保护各类市场主体合法权益，严打危害市场主体人身权、财产权的犯罪，批捕42人，起诉48人。保护创新创造，维护企业核心竞争力，依法严惩侵犯知识产权犯罪，批捕2人，起诉13人。贯彻落实“少捕慎诉慎押”司法理念，审慎使用查封、扣押、冻结等强制措施，准确把握社会危险性法律规定，依法适用认罪认罚从宽制度，对民营企业涉案人员依法不批捕8人，不起诉8人。

【扫黑除恶专项检察】 彭州市人民检察院坚持打深打透，推进扫黑除恶专项检察，落实“六清”行动要求，提前介入引导侦查10件48人，介入率100%，审查起诉9件33人，“案件清结率”100%，办理成都市检察院交办的张某等16人黑社会性质组织案，被告人分别被判处2年至20年不等有期徒刑。结合办案开展行业领域乱象整治，发出类案检察建议2

件，均获采纳。健全完善《关于常态化开展扫黑除恶工作》等机制，确保扫黑除恶工作长效长治。

【创新社会治理】 疫情期间，彭州市人民检察院创新办案方式，通过远程提讯、远程庭审办理案件111件145人，均获有罪判决，无一错案，认罪认罚案件适用率为87.5%，提前介入涉疫案件4件5人，7日内办结彭州市首例涉疫诈骗案，组织开展食品安全领域公益诉讼，排查存在食品安全风险单位56家，以推进“四个最严”专项行动为主线，依法快捕快诉生产销售有毒有害食品、生产销售假药劣药、销售假冒注册商标等食药品案件8件15人。建立“公益诉讼＋网格化”信息共享协作机制，通过“12345”网络理政平台、“两法衔接”平台、“刑民合力监督”等监督渠道，对群众反复投诉的垃圾处理、油烟扰民等问题，借助公益诉讼手段，督促相关部门依法履职，提升群众满意度和政府治理效能。针对保健品市场、餐厨垃圾处置、餐具集中消毒等安全隐患，会同市教育局、市发改局、市市场监管局等部门建立月度抽检校园食品安全工作方案，确保校园食品安全。保健品市场乱象整治工作获评成都市先进，公益诉讼工作获评市委和上级检察机关主要领导肯定。建立“12309”检察服务中心、网站举报、来信来访等多种群众反映诉求渠道，完善第三方参与化解信访案机制。全年办理控告申诉案件92件，全部实现7日内程序性回复、3个月内结果性答复。运用检调对接、刑事和解、刑事申诉、检察建议等方式，依法妥善处置群众合法合理诉求，促进诉源治理。运用民事手段，对社会弱势群体支持起诉，帮助农民工、老年人依法维权，对一起9年未执行到位追偿案，受理当事人监督申请后，促成双方达成和解协议。构建“司法救助＋社会帮扶＋精准扶贫”的综合救助体系，运用经济救助与政策扶持、社会帮扶、法律援助、心理疏导等多种手段，突出对被救助人的多维司法扶贫。全年司法救助10名困境当事人，提供免费法律援助40次。

法　院

【概况】 2020年，彭州市人民法院下设12个内设部门，即综合办公室、政治部（督察室）、立案庭、刑事审判庭（未成年人案件审判庭）、环境资源审判庭、民事审判第一庭、民事审判第二庭（金融审判庭）、行政审判庭（综合审判庭）、执行局、审判管理办公室（研究室）、司法行政装备办公室、司法警察大队；有6个派出人民法庭，即天彭法庭、通济法庭、丹景山法庭、敖平法庭、丽春法庭、濛阳法庭。全院干警217人，其中在编干警117人，员额法官44人，全年受理各类案件10135件，结案9878件，有35项次工作、65人次受到上级表彰，获“全省法院系统先进集体”，整体工作考评居成都市22个基层法院首位 。

彭州市人民法院党组书记、院长：曾耀林。

【刑事审判】 彭州市人民法院全年受理刑事案件424件，审结418件，判处655人。开庭审结省检察院、省公安厅联合挂牌督办的疫情期间成都首

2月21日，彭州市人民法院审理成都首例防疫物资网络诈骗案并当庭宣判

例黑社会性质组织犯罪案件；严惩毒品犯罪和邪教犯罪，分别判处57人和2人。严厉打击电信诈骗、网络诈骗等犯罪行为，审结全省被告人数量最多的“311”电信诈骗系列案，依法判处108人。打击非法采矿、滥伐林木等破坏生态环境犯罪16人，并督促被告人采取实地恢复、公证提存修复费用等方式，最大限度修复环境。快处涉疫情刑事犯罪2件、判处成都首例防疫物资网络诈骗案，3件次入选省、市疫情防控典型案例，被《人民法院报》等媒体宣传报道。

【民事审判】 彭州市人民法院开展“多方共促稳就业，法律先行强保障”专项行动，与市人社局、市总工会等联合成立彭州市劳动争议多元化解联调中心，构建劳资领域民事司法与行政执法衔接联动机制，助力建立和谐劳资关系。稳妥审理劳动就业、医疗教育、社会保障等民生案件，依法审理商品房预售、建设工程、金融借贷等纠纷，妥善调处四川某科技公司疫情防控物资买卖合同纠纷，有力保障民营经济健康发展。审慎处理土地承包租赁、流转等涉农纠纷，诉前实质化解隆丰街道98位农户诉某种植基地土地承包经营权租赁合同系列纠纷，有效服务乡村振兴战略实施。全年受理民商事案件5351件，审结5172件。深化家事审判方式改革，创新家事裁判文书“说理+寄语”二维模式，典型案例入选首届成都市维护妇女儿童合法权益十大优秀案例。

【行政审判】 彭州市人民法院按照成都市行政诉讼案件实行异地交叉管辖要求，全年受理金堂县辖区内行政诉讼案件47件，审结45件，审查裁决全市非诉执行申请案件9件。召开“彭金青”片区行政审判与行政执法、政府信息公开联席会，开展行政机关应诉技巧专题培训，强化司法与行政良性互动，促进行政争议实质化解，共同推动法治政府建设。设立成都市首家行政争议调处指导站，探索运行交叉管辖模式下行政争议诉前调解机制，深化争议源头治理，相关做法被成都中院推广。

【执行工作】 彭州市人民法院全年受理执行案件4093件，执结4024件，严厉打击拒执行为，开展“丹城猎逃”“诚信之约”专项执行行动，集中执行涉企、涉金融债权案件231件，司法拘留13人，判处拒不执行判决、裁定罪3人，系成都基层法院最多。秉持“善执”理念，慎用查封、扣押强制措施，通过灵活执行，妥善执结工业开发区重大招商引资项目债务困境纠纷、仙山旅游资源开发公司“执转破”等系列重大专案7件，有效助力产业功能区建设和重大项目运行。开展“六稳”“六保”服务，做好涉黑涉恶案件财产执行，精准“打财断血”“黑财清底”，获评涉黑涉恶涉职务犯罪专项执行活动先进集体。开展涉民生案件专项执行，妥善执结标的5200余万元的某公司借款合同纠纷系列案时，能动为该公司30名职工预留足额社保款，有效化解潜在民生纠纷，执行双方均向法院赠送锦旗。

【审判监督】 彭州市人民法院增强接受监督的意识，自觉接受人大、政协和社会各界监督，积极改进工作。做好年度工作报告，专题向人大常委会汇报参与基层社会治理情况，向人大、政协报送要案办理、重点改革等工作专报11份。认真办理代表、委员意见、建议和提案2件，办结和回复率100%。将监督联络与重点工作相结合，邀请代表、委员参与旁听庭审、案件评查、见证执行90人次。深化阳光司法，选取赡养纠纷、毒品犯罪等典型案件开展巡回审判55次，在文书公开、庭审直播常态化的基础上，强化审判流程信息公开，让当事人适时了解案件进展，公开裁判文书10216份，庭审直播2462件。

【人民陪审员管理】 彭州市人民法院深化人民陪审员改革制度，规范人民陪审员参审案件、学习培训、日常工作管理。全市有人民陪审员 141 人，分别来自党政机关、卫生教育、个体企业等领域。其中，党政机关（含基层干部、社区工作者）104 人，企事业单位 2 人，其他工作单位人员 26 人，离退休人员 1 人，无固定工作人员 8 人，其中男性 59 人，女性 82 人。在选任好、使用好、支持好人民陪审员工作的前提下，通过规范庭审礼仪、加强业务培养等，提升参审能力。在参审过程中，人民陪审员充分发表意见，取得良好的法律效果和社会效果。2020 年，人民陪审员参与案件陪审 407 件。

【审判管理】 彭州市人民法院规范化推进“办案质效管理、内外沟通协调、办案服务保障”三大中心实质运转，全年发布审判执行态势分析、长期未结案件、静默化监管运行情况、审判执行质效情况等各类通报 42 期。建立审限变更层级申报、长期未结案四级督办、规范缺席执行“五必须”等审判执行管理监督机制，1 年以上长期未结案化解率 100%，居成都法院首位，首次实现“零积案”。开展“审判服务面对面”活动 12 期，每月定期与员额法官、审辅人员交流办案情况，及时解答办案疑惑、交流办案经验、征求审判管理工作建议。综合运用常规评查、专项评查和重点评查等方式深化办案监督管理，全年评查案件 59 件、庭审 47 件、文书 1230 份。

【诉讼服务】 彭州市人民法院全年办理诉讼服务事项 18776 件，结合疫情防控，强化无接触式审判，制定《网络庭审规范》等电子诉讼系列制度，办理网上立案 5103 件，网上开庭 121 次，电子送达 9779 人次。深化“牡丹讲坛”以案说法活动，到社区、企业等开展民间借贷、企业经营方面专题法治讲座 34 期；开展“法企同行”活动，为民营企业提供诉讼维权、风险防控、教育培训等司法服务 176 件次。

【劳动争议联动联调】 彭州市人民法院以稳定劳资关系为出发点，以构建“和谐、法治、集约、高效”的一站式服务平台为目标，由市法院牵头，联合市人社局、市总工会、市司法局共同设立，办公地点位于市总工会，为劳企双方提供法律咨询、法律援助、前端调解等多方位服务，通过发挥司法、行政、仲裁、工会专业职能，形成多方联动联调网络布局，把劳动关系的建立、运行、监督、调处等全过程纳入法制轨道。建立调解人员名录库，吸纳特邀调解员 25 名，全年为劳企双方提供法律咨询 130 余次，开展联合前端调解 170 次，促进 80 余件劳动争议纠纷实质化解。

【小额诉讼“立审执监一体化”运行模式】 彭州市人民法院紧扣小额诉讼程序便捷高效、终局解纷本质要求，在立案庭下设全省法院首个小额诉讼中心，负责办理全市绝大部分小额诉讼案件和司法确认案件，6 个人民法庭就近审理辖区内的小额诉讼案件，形成以小额诉讼中心专审为核心、人民法庭补充延伸为支点的小额诉讼“一心多点”整体运行架构。强化运转配置，组建由 3 名审判法官和 1 名执行法官组成专职办案团队，配备由引导、送达、辅助、文书、执行五大专员组成的审判辅助团队，专设小额诉讼立案窗口、咨询引导区、特邀调解区、执行警示区、可视化管理区等功能专区，集约办理小额诉讼案件在立案、审理、执行、监督环节相关事项。2020 年，运用该模式受理小额诉讼案件 1482 件，审结 1367 件，平均审理期限为 16.18 天，自动履行率 85.93%，获评“成都国际化营商环境建设区（市）县十佳创新案例”，被《人民法院报》等媒体宣传报道。

【“家和促进”前端共治体系】 彭州市人民法院创新“社治 + 法治”的城乡社区“家和促进”前端共治体系，试点范围扩大到彭州市 64 个社区，并在“天府市民云”App 彭州社区部分上线运行“家和

7月3日，彭州市法院、彭州市教育局签订开展“护苗”行动协作意见

促进”单元板块，采取“固定＋灵活”“线上＋线下”方式不间断提供家事教育、普法、文化、咨询、疏导、调和、诉讼、帮扶等八大共治服务，助力高品质和谐宜居生活社区建设，相关调研报告获评全省法院优秀重点调研课题，被成都市委《每日要情》《成都改革》介绍推广，被《人民法院报》头版头条报道。

【未成年人“护苗”行动】 彭州市人民法院开展未成年人“护苗”专项行动，与市教育局会签《“护苗”行动协作意见》，共助共护实现数据共享、建库聘任、联动协作，选任45名员额法官担任法治副校长、法治辅导员，将法治课堂、模拟法庭、学生开放日等普法活动常态化，前延少年家事审判工作触角，实现全市中小学校法治辅导全覆盖。全年深入开展“护苗”法治辅导65场次，惠及52所中小学学生12000余人次。

【“预重整”机制】 彭州市人民法院针对破产重整案件，在成都基层法院率先探索“预重整”机制，在启动重整程序前预先开展债务重组等相关工作，以判断债务人是否具备重整价值及成功可能性，提高程序内重整效率和成功率，全年适用“预重整”机制办理破产案件4件，促进濒危企业及时进入法治化挽救渠道。启动成都法院首个院校合作破产课题研究项目，与成都理工大学共建破产法学教育实践基地，提升破产审判水平，在第二届破产法治·天府论坛作经验交流。

司法行政

【概况】 2020年，彭州市司法局认真履职，推进法治政府建设、普法宣传、矛盾纠纷多元化解、社区矫正、安置帮教、法律援助、指导管理公证、律师及基层法律服务工作，维护全市社会稳定。全年有1项工作获国家级表彰，2项工作获四川省级表彰，3项工作获成都市级表彰，3项工作获彭州市级表彰。

【普法宣传】 彭州市司法局以做好“七五”普法总结验收和“八五”普法谋划为主线，学习宣传习近平总书记全面依法治国新理念新思想新战略，贯彻落实中共十九届四中全会精神，常态化开展“宪法进万家”“青少年宪法晨读”等宪法学习宣传教育。持续深化“法律七进”，通过专题讲座、案例巡展、法治知识竞赛等多种形式，在全市开展“法治四川行”一月一主题、“疫情防控·法治同行”“战疫时刻·与法同行”等专项普法活动318场次，发放宣

7月29日，“法律七进”巡回讲堂

传资料及普法用品12万余份，提供法律咨询1800余人次，直接受教育人数10万余人次。

【法律援助】 彭州市推进法律援助专业化建设，面向社会聘请专业律师援助团队，实行值班制度，实现法律服务受理、审批、指派、办理等一站式服务。推进法律援助标准化建设。实施法律援助“负面清单”制度，拓宽法律援助事项范围。推进法律援助信息化建设。全面贯通实体、热线、网络平台服务，实现功能互通、信息共享、高效联动，实现法律服务“15分钟”可及。全年办理法律援助案件687件，提供法律援助服务3941人次。

【公证服务】 彭州市公证处依法、依规执业，办理各类公证2815件，其中民事类2749件，经济类66件，无错证、假证。全年服务企业90余次，减免收费5万余元；实现“最多跑一次”服务，简单公证事项一次告知、当场受理、当场出证900余件。

【行政执法监督】 彭州市司法局严格落实行政执法“三项制度”，加强行政执法协调机制建设，加大行政执法监督力度。做好全市行政执法证件清查、换发工作，全市有持证执法人员777人，新通过行政执法通用法律知识考试141人，清理、注销使用证件159本。全年组织开展行政执法集中学习培训2次260人，集中开展行政执法案件评查活动，抽取行政许可、行政处罚、行政强制类执法案卷300件，会同政府法律顾问进行集中评查，其中优秀案卷201件、优秀率67%，合格案卷95件、合格率达98.7%。

【公共法律服务】 彭州市司法局打造市—镇—村三级公共法律服务网络体系，完善市级公共法律服务中心、打造镇级公共法律服务工作站13个、建成村（社区）法律之家202个。整合微博、微

通济镇桥楼社区法律之家

信、“12348”四川法网等线上平台，拓宽服务领域。规范人民调解、法治宣传、法律援助等10项服务项目，实施法律服务“清单式”供给。延伸打造“金彭微客厅”，上线“彭州市智慧公共法律服务”微程序，实现基本法律服务需求“线下无死角”“线上一网通”，全年采取现场、定期、预约、上门等形式提供法律服务128次，提供线上咨询1500余人次。拓展基层法律服务范围，严格规范实施村（社区）法律顾问坐班制度，法律顾问全年参与指导村（社区）两委制定村规民约，为村民审查土地流转、租赁等合同260余件，提供专业法律服务3460余人次。

【法治文化阵地建设】 彭州市司法局推进法治文化阵地建设，实施校园法治文化标准化体系建设，完成彭州中学实验学校标准化试点，打造村（社区）“法律之家”示范点2处，法治文化广场1处，全市村（社区）法律之家覆盖率达100%。下沉公共法律服务，搭建小区法律服务平台，打造鸿运星城小区“金彭微客厅”，促进小区自治、德治、法治深度融合，相关经验被《法治日报》宣传报道。

【青少年法治教育基地建设】 彭州市司法局对焦全国校园法治文化地方性建设体系空白，以三个“全国首创”打造可复制、可推广的青少年普法“彭州

9月15日，校园法治文化标准化试点——彭州中学实验学校（法治文化空间站）成立

样本”。依托彭州中学实验学校，开展一个法治空间站、一个礼治文化广场、一条法治文化大道等“五个一”设施打造，完成首个地方性校园法治文化建设标准化试点，相关经验被司法部主办的《司法所工作》杂志以及成都市守法普法工作简报等刊载推广。

【社区矫正】 彭州市司法局依法成立“彭州市社区矫正委员会”，明确17个市级成员单位和各镇（街道）职能职责，定期召开全市社区矫正工作推进研判会，协调相关部门和镇（街道）依法履职，打破社区矫正“单打独斗”的工作僵局。提升社区矫正信息化水平，打造“智慧化矫正”新格局；建立“社区矫正云平台检索、三大运营商信息核查、雪亮工程点验”三位一体监管网络，探索建立“精细化管理、标准化矫正”新模式，推动社区矫正工作从“管得住”向“矫正好”迈进。全市全年新接收社区矫正对象221人，依法解除矫正256人，现在册社区矫正对象368名，其中缓刑342人、管制1人、假释17人，暂予监外执行8人。社区矫正对象全部在控，无脱管、漏管和重新犯罪现象发生。

【安置帮教】 彭州市司法局按照“有教无类、因材施教、感化转换”的基本宗旨，采取购买服务、分工协作、齐抓共管等措施，加强部门衔接、帮教、安置。截至年底，全市刑满释放人员回归401人，帮教389人、帮教率97.01%，安置393人、安置率达98%。

【法律服务】 彭州市司法局严格落实村（社区）法律顾问坐班制度，村（社区）法律顾问全年累计参加村（社区）村民议事会546次，指导开展法治讲座423场，免费提供法律咨询5956次，办理法律援助180件。引导律师参与处置重大信访纠纷化解，全年参与处置“三张清单”90余件。引导15家法律服务机构业务骨干与专职人民调解员强强联合，成立专家团队，组建调解专家智库，收集矛盾线索264件，化解矛盾纠纷581件。全市律师事务所设立知识产权人民调解工作站6个，选聘12名优秀律师作为知识产权矛盾纠纷调解专家，提供专业法律咨询服务30次，参与调处知识产权矛盾纠纷案件8件。

【矛盾纠纷多元化解】 彭州市司法局构建“专班＋专家”模式，组建5个“分管领导＋科室负责人＋司法所负责人＋律师专家”的工作专班，对口联系指导包片镇（街道）；在消费纠纷、劳务纠纷、家庭纠纷、医患纠纷等8大领域建立30人调解专家库，提供专业化解服务，定制“一案一策”。与

彭州市矛盾纠纷多元化解协调中心接受群众法律质询服务

市市场监督管理局联合成立彭州市知识产权纠纷人民调解委员会，在律师事务所、公共法律服务大厅、公共法律服务工作站设立9个成都市知识产权纠纷人民调解委员会彭州工作站。不断加强矛盾纠纷排查化解，全年共组织开展元旦、春节、两会、春耕大忙、汛期等特殊时期和疫情防控期间矛盾纠纷专项排查化解5次，专项排查化解活动2次。深度融合市公共法律服务中心与市矛盾纠纷多元化解协调中心，创新构建融合调解、仲裁、行政复议、行政裁决等多种化解途径的“1+5+N”矛盾纠纷多元化解实体化运行载体，充分发挥统筹推进、汇总研判、分流协调、资源整合、联动化解重大疑难矛盾纠纷的枢纽作用，实现矛盾纠纷信息收集、一体调度、分级调处和依法化解。全市全年受理调解矛盾纠纷46946件，成功化解46273件，成功率达98.6%，有效管控288件重大矛盾纠纷隐患。

综合行政执法

【概况】 2020年，彭州市综合行政执法局围绕市委、市政府中心工作，推进综合行政执法体制改革，开展“行走彭州·精细管理”“局长、中层干部进大厅”活动，通过智慧城市监管平台及一线行走直面城市管理问题，创建良好政务环境，促进城市有序、安全、干净。全年立案1833件，结案1816件，罚没金额5424万元；受理举报、投诉案件5213件，其中劳资纠纷类2270件、住建、自然资源327类件，其他类案件154件，交办率100%，办理率100%；办理信访案件14件，办结率100%，回访群众满意率100%。

【智慧城管建设】 彭州市综合行政执法局构建综合执法指挥体系，印发《彭州市综合行政执法局2020年智慧城管重点工作计划》，建立以智慧城管建设运维工作模式，构建彭州综合执法“1126”智慧城管体系，即1个指挥中心，1个网络理政中心子平台，2个智慧平台，市容秩序监管、环卫固废监管、餐饮油烟、户外广告招牌管理、工地扬尘监控、共享单车管理6大智慧应用。将城市管理区域划分为23个网格，依托成都市综合行政执法智慧服务平台、城市管理视频融合平台，配备移动执法终端120台，配备对讲机47台。开展“智慧+执法巡查”打造智慧城市综合指挥体系，实现城市管理“全覆盖、无盲区”精准指挥。

【城市管理视频融合平台】 城市管理视频融合平台包括数字城管视频监管系统和魔镜慧眼视频监管系统。依托成都市综合执法智慧服务平台，市综合执法局将数字城管、魔镜慧眼、移动执法终端进行充分整合，开发“平台+监控+终端”三级融合的城市智能管控场景，设置172个视频监控点位，按照“一屏抓拍、一键派遣，快速处置、快速反馈”的工作模式，将视频探头抓拍到的城市管理问题第一时间通过移动执法终端“扁平化”指挥一线执法力量赶赴现场进行处置，实现“智慧+巡查”，助力城市日常管理及指挥调度细精化。

【依法行政】 彭州市综合行政执法局向公安移送行刑衔接案件11件，其中公安立案侦查4件；向市法院申请强制执行案件5件，经法院裁定均准予执行；行政应诉3件、行政复议3件，除2件在进一步审理外，案件无败诉、无撤销或被判为行政违法；向市司法局备案重大行政处罚案件128件，向成都市城管委备案重大行政处罚案件26件；回复市法院司法建议1份；完成检察建议书复函8份；根据案件实际情况，市综合执法局采用“集中+分散”的灵活处置方式，对2018年3月至2019年6月办结的108起案件（278批次）罚没物资实施销毁和变价处置，完成2019年度44批次（共30.71吨）涉案危险废物的安全处置。

【执法队伍建设】 彭州市综合行政执法局持有综合类执法证人员420人，待申领执法证人员37人。为提升执法队伍依法行政能力，发挥业务骨干引领作用，开展“传帮带”活动，结成帮扶对子88对，“师傅”将每项岗位技能细化为能够检验的量化标准，有目的、有计划地对帮扶对象实施训练。制定《2020年度干部教育培训方案》，围绕作风教育、行政执法、精细化管理、机关业务工作等六个板块内容细化为“小而专”的培训课程，由部门负责人与业务骨干组成“小教官”开堂授课，全年开展培训40次，1300余人参训，专项培训新进人员27名。对65名缺乏计算机操作技能的干部职工，开展计算机知识及实操培训，组织治理科、指挥中心、扬尘大队等业务部门负责人担任讲师，对派驻机构执法人员开展业务培训，全年参加上级培训35次，85人次参训，组织到重庆市、眉山市、丹棱县、成都武侯区、金牛区、郫都区开展“走出去”拓宽视野提高履职能力调研学习。

【农产品质量安全专项整治】 彭州市综合行政执法局围绕农产品质量安全，严厉打击动物防疫特别是生猪防疫及屠宰方面的违法行为，全年查处涉及农产品质量安全方面的案件49件，入库罚没金额

1月8日，彭州市综合行政执法局进行食品安全专项执法检查

47.49万元。加强与市级相关部门、各镇（街道）派驻执法机构的配合联动，精准打击私屠滥宰违法行为，开展突击检查30余次，捣毁灶台20个，立案查处3起私屠滥宰违法行为，移送公安机关2件。

【劳动权益保障专项执法】 彭州市综合行政执法局以解决民工工资问题为出发点，认真办理群众来信来访投诉件，对欠薪违法违规行为按照相关法律法规实施行政处罚。全年联合相关部门办理劳动保障监察类投诉举报案件3896件次，涉及6200余人次，帮助民工追回工资5500余万元。

【安全生产专项执法】 彭州市综合行政执法局强化与应急部门联动执法，信息互通，与市应急局形成职责分工的会议纪要，重大事项与市应急局共同开展执法，前期介入违法违规行为查处，提升执法办案效能和处罚裁量的准确性。全年办理案件52件，罚没金额454万余元。

【卫生健康专项执法】 彭州市综合行政执法局重点打击“非法行医”和职业健康违法行为，办理卫健案件145件，处罚没金额60万余元，其中办理“非法行医”案件12件，处罚没金额21万余元；办理职业卫生案件34件，处罚没金额15万元，开出成都市首张依据《结核病防治管理办法》处罚的罚单，开出彭州市首张依据《中华人民共和国基本医疗卫生与健康促进法》处罚的罚单、首张依据《医疗美容服务管理办法》处罚的罚单、首张处罚酒店将卫生设施（布草间）擅自挪作他用罚单。

【冷链食品专项整治】 彭州市综合行政执法局结合疫情防控工作需要，对商场超市、餐饮企业、农贸市场冷库及冷冻食品销售专柜的购进台账、产品检验报告、储存条件、环境消杀情况进行检查，督促其要落实好从业人员健康管理，规范操作规程。全

年检查大型农贸市场、冷链企业40余家，各类经营户100余家。

【成品油市场专项整治行动】 彭州市综合行政执法局为规范彭州市成品油市场经营秩序，打击违法违规经营行为，及时消除安全隐患，牵头开展为期1个月的成品油市场乱象专项整治行动，依法查处违法违规生产、运输、存储、销售成品油等行为，期间开展现场检查50余次，在夜间及节假日开展错时执法检查20余次，查获涉案线索17条。全年立案14件，处罚没金额19万余元。

【液化石油气市场专项整治行动】 彭州市开展危险品存储安全检查，检查发现濛阳街道喻某、龙某涉嫌非法销售、存储液化石油气并移交公安机关，当事人喻某、龙某被处以拘留5日的行政处罚；开展春节前液化石油气安全隐患排查整治工作，牵头制定《开展液化石油气安全隐患集中整治专项行动工作实施方案》，对全市2家液化石油气公司、15家液化石油气配送点及2家农贸市场商户的液化石油气使用、存储情况进行突击检查，对检查发现的田某非法运输瓶装液化石油气行为移交公安机关，当事人田某被处以拘留5日的行政处罚。

【砂石盗采整治】 彭州市采取24小时备勤及“白加黑”“5＋2”执法巡查工作模式，利用网格化管理，借助物防措施、雪亮工程形成“人防、物防、技防”三位一体的防控体系，开展砂石整治。2020年立案115起，罚没入库金额137.73万元。

【“十年禁捕”专项行动】 彭州市综合行政执法局落实长江流域十年禁捕要求，从7月起，开展辖区内天然水域土溪河、白土河、濛阳河、小石河、莲花湖等河流、湖泊的执法检查和宣传教育，截至年底，出动执法人员400余人次，劝导一人多杆游钓人群360余人次，发放“十年禁捕”宣传资料500余份，收缴拦河网2000余米、地笼网17副，立案查处3起非法捕捞行为，1起未经批准经营利用国家二级保护水生野生动物案，罚没入库0.51万元；通过抖音小视频宣传十年禁捕政策曝光典型案例，发布抖音小视频3期，浏览量超过11万次。

【“绿剑护农”行动】 彭州市综合行政执法局疫情期间坚持“一手抓疫情防控不松劲，一手抓经济社会发展用足劲”，在科学做好疫情防控同时，按农时复耕要求，开展对种子、肥料、农药、农膜等农资产品的“绿剑护农”专项执法检查，检查农资经营店917家，发放宣传资料500余份。

【“春雷行动2020”暨知识产权保护执法行动】 彭州市综合行政执法局推进疫情期间专项执法行动和“春雷行动2020”暨知识产权保护执法行动同安排同部署，开展交通卡点值守，蒜薹市场、濛阳雨润市场值守和执法检查，通过“无接触”等办案方式，立案调查案件134件，罚没金额64.34万元，推进“春雷行动2020”案件办理。

【商标侵权行为整治】 彭州市综合行政执法局联合市市场监管局，邀请郎酒集团、舍得公司、泸州老窖公司知识产权保护中心打假专员对天彭街道、致

2月6日，彭州市综合行政执法局值守卡点，保障“菜篮子”运输车辆快速通过

1月9日，彭州市综合行政执法局联合市市场监管局查处销售假酒商家

和街道10余家酒类销售商铺进行专项执法检查，查处销售侵犯注册商标专用权商品（白酒）经营点3家，处罚款2.30万元，同时通过微信公众号进行宣传曝光，强化震慑警示作用。

军　事
Military

人民武装

【概况】 2020年，彭州市武装工作坚持以习近平新时代中国特色社会主义思想和强军思想为指导，深入贯彻中共十九届四中、五中全会和军委基层工作会议精神，抓党建固根本、抓备战强能力、抓基层强基础、抓作风正生态，推动全市国防动员工作再上新台阶。彭州市人民政府被成都市人民政府、成都警备区评为2019年度大学生征兵先进单位，市人武部党委被四川省军区党委表彰为先进团级单位党委，市人武部被成都警备区表彰为安全稳定先进单位。

【党管武装】 彭州市人武部组织召开全市年度武装工作会议，推动实施党管武装工作目标考核，坚决拥护地方主要领导兼人武部党委第一书记制度，主动请示报告工作，注重加强军地协调。主动对接成都警备区党委和彭州市委，协调联系军地召开宣布人武部党委第一书记任职大会。严格专武干部任免审批和管理考核，按照行政区划调整改革进度，全年任免专武干部27人次（其中专武部长23人次、专武干事4人次），11月，与市委组织部联合发文，开展专武干部年度集训考核。

【兵员征集】 彭州市人武部开展适龄青年兵役登记，全市18周岁青年兵役登记率100%。严密组织征兵工作。以大学生为重点对象，深入乡镇、村组、社区、学校开展精准宣传，在市区主要地段设置征兵宣传咨询站，协调市电视台在黄金时段播放征兵宣传片。纪检部门全程跟进廉洁征兵监督。严把体格检查、政治考核、役前训练等关口，全年批准入伍新兵占征集总数83.33%，大学生学历新兵超过70%，兵员质量大幅提升，实现“零退兵”。

【国防教育】 彭州市人武部开展第20个全民国防教育日宣传活动，在营门外墙喷绘制作巨幅国防教育宣传画，常态化开展为立功受奖官兵送喜报活动。人武部机关党支部联合市公安局机关党委办公室党支部和指挥中心党支部开展“军警携手前行，传承红色基因”主题党日活动。组织干部、文职人员、职工和民兵骨干到四川省爱国主义教育基地宝山村过“七一”并重温入党誓词、参观四川省国防教育基地桂花镇对越反击战纪念馆，开展心得体会座谈交流。邀请成都市委常委、成都警备区政治委员、成都市国防教育委员会副主任到彭州市为市委中心组理论学习专题授课。彭州市委常委、市人武部部长在全市转业士官岗前培训会作主题党课辅导。

【民兵整组和训练】 彭州市人武部成立彭州市民

疫情期间，民兵配合派出所设卡执勤

8月，民兵参与防汛抗洪

兵调整改革领导小组，与市政府联合开展民兵组织整顿、潜力数据调查、修订国防动员计划方案，编强编实应急、专业、特殊3类力量基干民兵队伍，完成动员潜力分析、社情分析等国防潜力调查任务。通过各项措施全面检验和提高民兵队伍“走、打、吃、住、藏、保”综合能力；组织市民兵应急连连部和防汛抗洪排40人进行冲锋舟操作训练和防汛抗洪演练；组织基干民兵开展集训；组织民兵骨干与军官、文职人员实弹射击训练考核。

【应急救援】 彭州市人武部响应市委、市政府要求，全力打好疫情防控的总体战、阻击战，人武部机关党支部组织全体党员参与抗击新冠肺炎捐款，捐款1万余元。落实外防输入要求，及时启动应急预案，先后投入民兵9080人次担负设卡守点、入户排查，宣传教育、心理疏导、维护稳定、物资搬运、群众劝导、信息登记、防疫洗消、交通管控、巡逻警戒、协助复工复产等工作，组织天彭、致和2个街道安排专人在成都中光洗消剂有限公司执行长达20天的警戒执勤任务。“8·11”“8·16”洪灾发生后，组织濛阳街道、丽春镇、敖平镇、桂花镇民兵连续奋战，抢运物资20余吨，加固河堤500余米，转移受灾群众300余人，省市媒体广泛宣传报道。

双拥建设

【概况】 彭州市在十一届（2015—2019年）双拥模范城创建工作中，落实《四川省双拥模范（先进）城（县、区）创建命名管理办法实施细则》和《成都市创建国家和省级双拥模范城实施方案》，推进彭州市双拥建设。2020年4月，彭州市被四川省双拥工作领导小组命名为四川省双拥先进城。

【双拥推进】 彭州市人武部协调驻军支持地方党委、政府工作，发挥作用，搞好军民共建，积极参与文明单位创建，市人武部被评为市级文明单位。牢记为民宗旨，倾力驻地发展。全年投入资金25万元，用于异地帮扶阿坝州黑水县晴朗乡八字村耕地围栏建设、援建彭州市敖平中学校园文化建设、援建敖平镇红岩子社区安防设施、为红岩卫生院采购办公用品、资助敖平镇10户低收入学生家庭。发挥“面向三军、协调军地”优势，联系彭州市市场监管局、市国税局协助军委国防动员部纪委办案取证，对接成都新材料产业功能区迎接四川省军区工作组新兴园区党管武装工作调研，高效保障山西省军区部队到凉山灭火过境给养服务。协调解决部队生活设施和道路交通困难、协调落实随军家属就业和官兵子女入学入托困难，为退役军人提供档案查询，设立军人军属法律援助站等，密切军政军民团结，提升双拥工作质量。

退役军人事务

【概况】 2020 年，彭州市退役军人事务局以“两活动一制度”为统领，推进退役军人市、镇（街道）、村（社区）三级退役军人服务中心（站）服务保障体系建设，全市退役军人就业创业、移交安置等服务水平全面提升。

【退役军人就业创业】 彭州市退役军人事务局开展全市退役军人就业创业意愿调查；线上线下发布就业信息 26 次，广泛收集适合退役军人的就业岗位；举办市级专场招聘会 2 场，积极定向向退役军人推荐就业岗位。开展“进企业双访活动”，退役军人就业创业孵化基地入驻企业 6 家，白鹿白茶获四川省退役军人创业创新大赛“精准扶贫”类第二名、成都市第一名。与 32 家承训机构合作，探索完善“订单式”“定岗式”培训模式。

10月，彭州市向参加抗美援朝彭州籍志愿军老战士颁发中国人民志愿军抗美援朝出国作战70周年纪念章。图为濛阳街道白平村抗美援朝老战士王文善

10月14日，彭州市退役军人专场招聘会

【军队离退休干部服务管理】 彭州市退役军人事务局严格落实“两个待遇”，定期组织理论学习和文体活动。开展军休人员的疫情防控工作，先后两次购买并发放医用口罩、酒精及消毒液等；引导军休人员加入门球、钓鱼、乒乓球等老年体育协会，丰富退休生活。组织参加 2020 年成都市军队离退休干部门球赛，获第三名；开展重要节假日慰问；为军休人员订购报刊、组织购买 2020 年补充医疗保险。

【退役军人服务体系建设】 彭州市退役军人事务局结合镇（街道）行政区划调整对市、镇（街道）、村（社区）三级退役军人服务中心（站）进行整合，设立市退役军人服务中心 1 个，镇（街道）退役军人服务站 13 个，配置事业编制 42 名，在村（社区）退役军人服务站 202 个，配备专（兼）职人员 404 人。在接待大厅设立法律、心理咨询室；开通市退役军人事务局、市退役军人服务中心两个微信工作服务号，主动收集意见建议，及时回应服务对象关切，打通服务保障退役军人“最后一公里”。梳理《计划分配军转干部接收报到办理指南》等一次性告知事项 18 项，切实方便服务对象。

人民防空

【概况】 2020 年，彭州市人防工作围绕成都市人防办、彭州市委、市政府的中心工作以及下达的目标任务，全面开展人民防空建设工作。彭州市人防办被成都市人防办评为组织指挥先进单位、人防警报工作先进设台单位。

【人防演练】 彭州市人防办完成警报设备升级改造，配合成都市人防办在白鹿镇天台村、龙门山镇中坝村各安装 1 台地灾警报；结合“9·18”防空警报试鸣演练，在彭州北城中学、白马中学组织学生开展紧急避险疏散演练，参加人员 2000 余名；参加成都市人防办组织的人防应急演练暨通信比武以及“成渝两市人防机动指挥通信跨区联合训练”活动。

成都、重庆两市人防机动指挥通信跨区联合训练

【人防宣传】彭州市人防办会同市教育局在天彭镇北城中学等 10 所中学 3000 余名初中二年级学生中开展为期一个月的防空防灾知识教育教学活动；组织采购 800 个应急包并发放到有应急需要的龙门山镇、白鹿镇、葛仙山镇、天彭街道等镇（街道）。

城乡建设与管理

URBAN AND RURAL CONSTRUCTION AND MANAGEMENT

国土空间规划 / 国土资源管理 / 拆迁安置 / 城乡建设 / 城乡管理 / 城市能源保障 / 城乡社区治理 / 生态环境保护

国土空间规划
Territorial Space Planning

【概况】 2020年，彭州市城乡规划全面落实成都市“西控、北改”总体战略，围绕“绿色、文化、时尚、开放”四张城市名片，统筹推进经济、政治、文化、社会、生态文明建设，为打造两山理念样板区、成德同城先行区，建设践行新发展理念的立体山水公园城市，提供规划支撑和要素保障。

【国土空间规划编制】 彭州市编制国土空间规划，按照全市镇（街）行政区划调整方案，结合现场调研和征地分析、摸清彭州市“家底”，同步形成“双评价”“双评估”初稿并向成都市规划和自然资源局汇报底图底数、“双评价”“双评估”及初步方案；结合资料更新情况和成都市局意见，于12月底前将初步方案全套成果通过“一张图”办公门户网站报成都市规划和自然资源局审查。

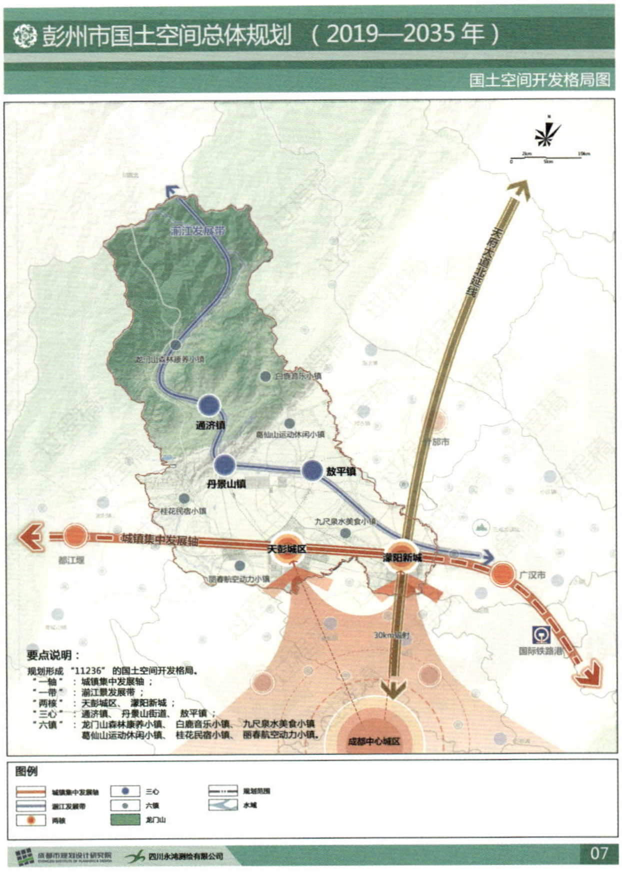

彭州市国土总体规划（2019—2035年）

濛阳新城布局图

【濛阳新城一体化规划编制】 彭州市规划和自然资源局落实四川省委、省政府“成德眉资同城化”重大战略部署，推动“成德同城化”发展。2019年，彭州市启动《濛阳新城一体化综合咨询规划》，规划将濛阳新城打造成为“成德同城化”的城市发展融合极点，建成成德同城化的深度融合区，打造成为大港区农副产品专业物流港、成德同城化的桥头堡、成都北中轴上的公园新城、彭州市城市副中心，重点建设“一港一园一中心”，构建农产品（市场）贸易体系基础上，2020年审定通过《彭州市濛阳新城一体化综合咨询规划》（发展战略及产业规划研究）。

【村镇规划编制】 彭州市启动致和街道太平社区、隆丰街道马牧河村、敖平镇凤泉村、通济镇天台山村、白鹿镇姚家村、丹景山镇石河村、桂花镇丰乐社区7个示范村“多规合一”实用性村规划编制，形成初步方案，预计2021年完成7个示范村规划的编制工作，报彭州市城乡规划委员会专家委员会审查。

国土资源管理
Land Resources Management

【概况】 2020年，彭州市国土资源围绕彭州建设践行新发展理念的立体山水公园城市，推进土地资源管理，为城市发展提供资源要素保障。

【土地规划管理】 彭州市规划和自然资源局推进农村公厕、成都航空动力与新材料产业功能区拆迁安置房建设项目、成都新材料产业功能区危化品车辆综合服务中心等100余个项目用地意见手续报批，推动各项目可行性研究、环评、立项（备案）等前期工作的开展；完成全市22个批次土地报征的土地利用总体规划审查图。

【土地利用管理】 彭州市规划和自然资源局开展闲置土地调查，对彭州新中益中药材种植有限公司、成都头等舱酒店管理有限公司、成都古怪斋艺术品有限公司、彭州金控投资有限公司、陈冬5家用地单位涉及的6宗地（178.58亩）下达闲置土地调查通知书。对成都铁信房地产开发有限公司一宗土地（98.98亩）进行闲置土地认定，并按照规定收回。

【违法用地查处】 彭州市规划和自然资源局持续强化耕地、林地保护责任，严格执行用途管制，开展卫片执法和森林督查。完成12宗（占地面积7.87亩，建筑面积13865.18平方米）违建别墅拆除整改和复垦复绿，通过了成都市和四川省的验收。推进农村乱占耕地建房问题整治，摸排、核定农村乱占耕地建房问题371宗，总面积975.49亩。全年向彭州市综合执法局移交违法使用林地案件7宗、土地违法案件22宗、违法建设案件51宗。

10月22日，龙门山违法建设拆除现场

【土地审批】 彭州市规划和自然资源局深化行政审批制度改革，落实一窗受理、并联审批的工作模式，优化办事流程。坚持快审快批，充分授权，根据全市统筹安排和项目特点，授权相关的功能区管委会负责产业化项目、公共公用配套项目、民宿项目的用地选址（选址红线、用地红线、规划条件）、方案审查和规划验收等规划审批事项权限。协助各功能区开展项目审批，缩短项目审批周期。

【地籍管理与测量】 彭州市规划和自然资源局完成2020年度土地变更调查永久基本农田数据库成果上报、分析核实、入库和2020年度城镇地籍调查更新汇总。推进彭州市第三次全国国土调查和集体土地权属权利调查，按时保质完成，成果通过国家初步审查。全年完成913宗、面积4788.3亩企事业单位用地和个人用地的土地登记地籍调查；完成22个批次勘测定界，面积6116.55亩，5个单选项目，面积1913.1亩；完成54宗地前置调查，面积2888.7亩；完成农村宅基地使用证130宗面积37.05亩初始登记测量，855宗面积411.75亩变更登记测量。

【土地报征】 彭州市规划和自然资源局全年取得6个批次，1340.61亩的项目用地批文，保障彭州市牡丹新城经营性项目、安置点项目和工业项目用地。

全年完成10个挂钩批次，3个一般批次，彭州市三环路一期、彭州市三环路二期，丽春二通道，沙西线彭州支线，九尺冷链物流、G0511线德阳至都江堰高速公路项目（彭州段），彭州市马蓬44-1井组、马井19井、马蓬53增压站、鸭深1井天然气项目共20个批次项目的组件上报工作，组件上报面积合计9300.88亩，报批范围涉及牡丹新城经营性项目、南部新城经营性项目等。其中9个挂钩批次，3个一般批次待上省政府联审会，剩余批次项目待审上会。

【耕地保护】 彭州市规划和自然资源局贯彻落实党中央、国务院决策部署，在全市范围内开展耕地"非农化""非粮化"摸底清理。遏制耕地"非农化"行为，拟定《彭州市人民政府办公室关于坚决制止耕地"非农化"行为通知》（彭府办函〔2020〕23号）文件，对各项工作内容和权责划分进行明确，并于2020年12月24日印发至市级各职能部门、镇（街道），要求准确把握问题类型，坚决防止缩放范围、降低标准、切实做到底数清、情况明、数据实，坚持零容忍，对不符合要求的项目及时调整方案并完善手续，确保项目合规合法，坚决防止新增耕地"非农化"。针对耕地"非粮化"，按照成都市出台的相关政策，结合实际清理情况强化工作责任。

【土地整理】 彭州市规划和自然资源局全年审批完成九尺镇1个城乡建设用地增减挂钩项目，整理规模220.39亩，涉及参与农户274户984人；完成濛阳街道5个农民集中建房整理项目，整理面积538.42亩。完成濛阳街道1个农民集中建房整理项目的验收，项目节余集体建设用地指标50.10亩。

【建设用地出让】 彭州市规划和自然资源局科学编制《彭州市2020年度国有建设用地供应计划》，推进土地上市。全年通过招拍挂出让国有建设用地23宗（其中经营性用地14宗、工业用地9宗），出让土地面积1236亩。

【产权制度改革】 彭州市规划和自然资源局推进《彭州市农村集体建设用地管理办法（初稿）》编制，完成集体建设用地确权登记107宗（940.06亩）。开展农村宅基地使用权退出和集体经营性建设用地就地入市，完成宅基地使用权退出12户6.28亩；完成集体经营性建设用地流转33宗35.92亩，成交总价2319.09万元。推动《彭州市国家城乡融合发展试验区试验措施》实施，形成"健全农村集体经营性建设用地入市机制""探索农村集体建设用地高效利用途径"和"探索农村集体经营性建设用地二级市场"三项具体举措。严格实行工业用地弹性出让年限制和实施差别化土地利用政策等措施，深化土地资源配置制度改革。2020年出让工业用地9宗，其中华尔森、回旋、银裕等7宗以20年期出让，新绿药和永辉商贸2宗以50年期出让。

【矿产资源管理】 彭州市规划和自然资源局全年完成8个非煤矿山矿产资源开发利用年报和3个矿体矿山储量动态检测，年检率100%。督促矿山企业完成8个采矿权、3个探矿权的矿业权信息网上公示，公示率100%。启动矿产资源"十四五"专项规划的编制工作，形成初稿和与成都市级规划的对接。配合四川省自然资源厅、成都市规划和自然资源局实地核查四川亚东水泥有限公司、四川兰丰水泥有限公司所属矿山，督促企业规范化开采资源。加强矿山日常巡查、矿产资源开发利用的监督管理，以及上一轮中央环保督察、中央环保督察回头看涉及矿业权的后续巡视。

【地质灾害防治】 彭州市组织440余人的地质灾害防治专职监测队伍。4月至5月，在8个地质灾害易发镇开展宣传培训114场次，发放宣传资料16000余份，宣传培训9700余人，分层级组织各地灾易发镇、地质灾害隐患点开展地质灾害应急演练596场。避险搬迁受威胁群众14户，消除隐患点11处，减少受灾害威胁对象14户40人。完成3处应急排危项目，减轻16户49人的地质灾害隐患威胁。全年联合发布地质灾害气象风险预警19次（其中二级预警7次、三级预警12次）。预警期间转移地质灾害受威胁群众15153人次，游客7083人次，劝返车辆5334辆，劝返游客17548人；强降雨导致彭州市发生地质灾害灾情1处，险情61处（24处威胁道路，37处威胁群众），实现1起成功避险。

【不动产登记便民服务】 彭州市不动产登记中心推进营商环境优化，联合住建、税务等部门，梳理重构工程建设、交易、缴税与产权登记全流程，推出系列优化不动产登记程序、压缩时限、降低费用等便民利企措施，实现全量业务“一窗受理”，存量房转移登记3小时办结，办理结果免费邮寄等，提升政务服务水平。2020年12月30日，彭州市不动产登记中心在“昌建·星悦城”楼盘现场，试点“交房即交证”。为购房业主现场颁发不动产权证书，实现钥匙、证书同步拿。

【农村承包土地“不动产权证书”登记】 2015年，彭州市完成农村土地承包经营权登记机构和登记业务的整合，由不动产登记中心全面负责农村土地承包经营权登记工作。2020年4月，自然资源部办公厅印发《关于做好农村土地承包经营权登记成果资料接收工作的通知》（自然资办发〔2020〕20号），对农村土地承包经营权登记进行统一部署，彭州市和常州市、潍坊市、长沙市共同被确立为全国农村土地承包经营权纳入不动产统一登记改革试点联系地。全市立即开展农村土地承包经营权历史登记档案移交整合、登记系统开发、成果数据转化等，依据国家《不动产登记数据库标准（试行）》和《成都市不动产登记数据库标准（试行）》，率先将农村土地承包经营权登记数据整合转换为不动产标准数据，并纳入不动产统一登记。全年颁发农村承包地“不动产权证书”1660本，在全国率先完成改革试点任务。

拆迁安置
Demolition and Resettlement

【概况】 2020年，彭州市拆迁安置服务中心围绕市委、市政府重点中心工作部署，把征地拆迁安置作为中心重点工作，全面聚集推进中的重点、难点，创新征地拆迁机制体制，推动建设项目落地落实。

【征地拆迁】 彭州市拆迁安置服务中心围绕经营性用地出让、“3+2+1”产业载体建设、其他重大项目用地，加快项目收尾和建设用地保障。统筹国有土地和集体土地房屋搬迁，实现国有土地和集体土地上房屋搬迁同步推进，缩短征地拆迁周期。自主推进农村集体土地征地拆迁流程改革，构建拆迁安置小区“共建、共治、共享”物业管理机制。派征地拆迁联络员驻各镇（街道），专职负责协调、指导、督导重大项目征地拆迁。建立全市征地拆迁工作推进会议制度，分管市领导定期调度项目征地拆迁进度、协调部门配合、研究重大问题以及特殊个案问题专题研究，制定统一指导政策，破解征地拆迁困局。截至年底，交地44个项目，签订搬迁协议1735户6072人。

【项目拆迁】 彭州市拆迁安置服务中心推进天彭街道牡丹新城2020年出让经营性用地、红星美凯龙、三环路主线（含新增用地）、官渠郊野公园、龙锦B区三期安置点用地、致和街道绿双路、国际友城馆

丽春新居工程一期安置房

12月，技师学院二期建设现场

周边用地、新绿色药业二期、丽春新居工程二期、南片区（百施特项目）、蓝色硅谷动力研发中心、濛阳街道 7 个经营性用地等项目拆迁收尾。新启动天彭街道滨河路改造、官渠郊野公园道路建设、彭州市公共卫生医疗救治中心、致和街道天府中药城科技创新中心、丽春镇锦绣大道、南经 1 路、丽蓉南路一期等共计 27 个项目。

【安置服务】 彭州市拆迁安置服务中心强化责任担当，畅通协调机制，建立拆迁安置推进联席会议机制，形成“部门协作、齐抓共管”的工作格局，推进“安置提速”。实行“清单式”督导机制，逐条逐项推进落实。指派专人提前介入、全程跟踪建设进度，做到“第一时间精准掌握、第一时间协调解决、第一时间跟踪督导”，推动“倒上门服务”制度化常态化。统规统建丽景小区一期、桂花兰丰卫生防护区搬迁安置点、丽春丽航新居一期、濛阳街道新民路安置点、技师学院一期二批次安置点完成分房，建筑面积 29.6 万平方米（不含技师学院一期），安置 1817 户 6361 人。截至年底，彭州市共安置拆迁群众 3300 户 9229 人。

兰丰防护区搬迁丰乐安置点

城乡建设
Urban and Rural Construction

【概况】 2020 年，彭州市住建局落实市委、市政府决策部署，聚焦城乡功能品质、攻坚克难项目建设，聚焦群众幸福安居、实施住房保障工程，推动建筑市场、房地产市场、物业管理平稳发展。

【城市品质提升】 彭州市加快提升城乡功能品质，重构城市中心，打造城市文化客厅、全域旅游门户和公园城市生活典范。全年启动投资 18.58 亿元、规划总面积 1233 亩、建筑规模约 92 万平方米的龙兴寺片区改造项目，推进龙兴寺片区一期核心区 304 亩（商业 135 亩、市政道路 116 亩、公园绿地 53 亩）综合改造，建设特色商业步行街、公共服务配套设施、绿地景观及 11 条市政道路等；对柳河（六支渠）滨河路到牡丹大道 5.3 公里段、新润河天府西路到丹景山镇 12.3 公里段、马路渠隆丰镇金山寺到丹景山镇 7.2 公里段和彭州园周边及彭州工

12月，官渠郊野公园

业开发区致班路母猪山周边进行道路改造工程、立面改造工程，住宅绿植墙立面改造、河道整治工程、产业发展工程、道路改造工程等，推动柳河沿线综合整治，打造城市水生态廊道、提升改造渠首片区、彭州园北片区；推进人民渠沿线6平方公里官渠郊野公园项目建设，加快补齐中心城区绿地建设短板，完成西三环至赛丹景大桥段绿道、水系和园林景观建设并对市民开放。

【绿道体系建设】 彭州市建成官渠绿道、柳河绿道、新材料绿道、牡丹绿道、漫柒村绿道等39公里，累计建成绿地160公里。新建成东远寺小游园、城市之光小游园、西宸铂悦小游园、调露社区小游园、调露社区微绿地、航利星海湾微绿地6个，改造提升昇华台十字路口微绿地4处，完成龙门柒村、蚂蚁家天府绿道科普教育点位挂牌2处，打造“回家的路”（上班的路）50条，构建“绿道慢行交通＋绿色生态空间＋生活消费场景”蓝网体系。

【牡丹大道综合整治】 彭州市推进成彭高速入城段及牡丹大道段综合整治、彭州市环境整治项目（牡丹大道北段）整治，持续提升城市主干道功能品质和园林景观形态。项目全长15.7公里，完成入城段2.4公里的道路断面优化、绿化景观及部分重要节点标识施工，基本完成牡丹大道南段及北段主体施工。

12月31日，渠首片区提升改造现场

【中心城区建设】 彭州市以改善公服质量为目标，提升城市功能品质。加快推进彭州中学（九峰书院）、体育公园二期等72个公服项目，完工41个，全力打造“15分钟公共服务圈”；提升城市内部道路基础设施。实施牡丹新城东西侧片区基础设施建设项目（一期）等市政道路工程5个，涉及道路22条，其中彭州中学周边配套道路项目竣工，其余项目有序推进。持续推进棚户区改造，完成龙兴寺二期改造项目横街子标段30户的签约，兑付资金3000万元。

【国家新型城镇化标准化试点】 彭州市成立试点工作领导小组，制定试点工作总体方案，完善宣传推广、执行服务、专家团队建设等配套工作流程；引进技术服务运营团队全程参与相关研制、实施和评价等工作，通过现场走访、座谈等形式完成花村街、

对村组织集体经济组织标准体系建设进行研讨

渔江楠村、盘龙村和白鹿镇4个核心区域调研；推进视觉系统设计，完成项目标志（LOGO）、配套文字、宣传海报等基础版面设计，形成初步宣传样品；设立专用微信公众号，对项目概况、试点区域特点、重大工作成果等进行宣传推广。

【村镇建设】 彭州市通过留权保护、拆除、重建等方式，完成农村土坯房改造行业目标117户，开展农房风貌整治提升，提供多种农房设计方案供农户参考选择；开展历史建筑保护，葛仙山五七桥1处构筑物被列为成都市历史建筑物；裕盛长和丹景山镇五柏村罗家大院两处历史建筑保护修缮推进。通济镇“百镇建设行动”扩面增量试点镇通过省级验收。

【老旧小区环境改造】 彭州市持续推进老旧小区改造，完成书香居、天泰玲珑居北苑、广院、兴威公司家属区、草甸苑小区、商业局家属院、外南街182号院、杏园致和镇政府家属区8个老旧院落硬件改造。

【杆管线迁改推进】 彭州市按照“统一规划、统一设计、统一迁改”原则，以缩短建设周期、节约建设成本为目标，成立杆管线迁改领导小组，召开13次调度会（专题会）。完成全市85个项目（7个重大政府投资项目和78个征地拆迁项目）杆管线现状摸底，编制年度迁改计划，明确牵头单位和迁改业主。

广苑小区环境改造

推进杆管线迁改“半年攻坚”行动开展，对征地拆迁及“3+2+1”产业载体中在建项目10个，拟建项目10个共20个杆管线迁改重点项目进行攻坚。推动106个重点项目杆管线的实施，投入迁改资金9238万元，完成39个项目杆管线迁改。

城乡管理
Urban and Rural Management

【概况】 2020年，彭州市综合行政执法局紧扣“四大提升工程”“四大攻坚战”，以项目思维提品质，着力补短板、强功能；以精细思维促管理，着力稳秩序、提动能；以系统思维促整治，着力优环境、增效能；以法治思维求善治，着力抓改革、挖潜能，全力推进城市管理各项工作有序有力开展，助力加快建设践行新发展理念的立体山水公园城市。

【城乡环境综合整治】 彭州市综合行政执法局开展城乡环境综合整治专项行动，以“大清洁大整治”“城乡环境突出问题九大攻坚”行动为抓手，推进城郊接合部、农村集中居住区、散居院落等薄弱区域环境整治，组织各镇（街道）排查整治各类环境卫生问题2000余个，拆除不规范垃圾收集点903处，发现阻止露天焚烧900余起。针对农村垃圾治理监管主体多样带来的监管真空问题，试点推行“一把扫帚扫到底”机制，整合全市镇（街道）清扫保洁职责，从2020年5月起，将3条主要公路、19条主要河道保洁工作考核权交由属地镇（街道）统一负责，实行统一标准管理。加强日常督查、问题曝光，发挥城乡环境综合治理补助资金杠杆作用，推动常态治理。全年，向各镇（街道）交办问题2000件，办结成都市交办“三查一体”案件整改612件，扣减城乡环境综合治理补助资金37万元，办理市容秩序、环境卫生、市政工程等各类型案件466件，罚没金额29.87万元。

【背街小巷环境品质提升】彭州市综合行政执法局开展集中整治及文化打造等手段，全面提升兴盛路、新民街等6条背街小巷环境品质，完成安仁东街背街小巷示范街巷打造。实施利民巷、永兴巷等15条背街小巷维护提升。以参加成都市“最美街道”评选为契机，指导各镇（街道）结合本地特色，持续补齐市政设施短板，提升街道环境品质，推选的白鹿镇莫雷街、天彭街道团结巷成功获评成都市“最美街道”。实施铁路沿线环境品质提升，排查整治成汶线、石化专线、郫彭线等铁路沿线环境安全隐患问题150余处；融入铁路文化元素，实施高铁示范线环境品质提升项目，打造“站前·拾光列车”小游园。

【环卫保洁】彭州市综合行政执法局提升环境卫生作业标准，推行环卫作业机械化，引进新能源作业装备、先进小型作业机具39辆，创新“绿化养护车+高压冲洗车+洗扫一体车”三车联动作业的方式，根据不同街道类型量身定制作业方案。根据市民作息实际调整洒水降尘、垃圾收运作业时间，开展生活垃圾预约收运、上门收运服务，按照政府主导、企业主体和商业化逻辑，通过购买服务推进城区环卫清扫保洁、公厕管理、市容秩序辅助管理、餐饮油烟检测等领域服务市场化，实现中心城区64座环卫公厕专业化管护，主城区市容秩序辅助服务覆盖率达64%以上。

【市容市貌整治】彭州市综合行政执法局开展错时延时服务、上门指导等管理服务，推进对占道经营、噪声扰民、污水餐垃乱排乱倒等市容乱象管理力度，保障“五允许一坚持”落地落实。坚持疏堵结合、示范引领的工作思路，打造安仁东街广告招牌设置示范街区，推动广场西街“七彩小火车”美食街、南桥夜市等便民疏导点建设，实施积分制管理，形成“可进可出”的竞争淘汰机制，实现便民疏导点“便民不扰民”。在13个镇（街道）以及2个产业功能区设立派驻机构，建立与镇（街道）、产业功能区的沟通对接、意见交换、问题协调机制，形成“属地管理、以块为主、条块互动”的基层管理与执法新格局。

【濛阳雨润市场专项整治】彭州市综合行政执法局、市公安局、濛阳街道等13个部门成立驻场整治专班，梳理市场承载、环境卫生、交通秩序等8类37项问题清单，制定110条整改措施并逐一明确整治时限和责任人。完成销号公厕管理、道路安全隐患处理等28项，推进9项常态化任务整改，其余整改任务按时完成。累计拆违、改建约45000平方米，消除安全、卫生等隐患约1300余处，清理、增补相

2月11日，雾炮车消杀作业

2月14日，弥雾机消杀

濛阳雨润市场专项整治

关设施设备 4200 余个，补划标识标线 24500 米，制定覆盖市场秩序、环境卫生、安全生产、价格管理、人员管理、应急响应等领域的标准体系和规范 8 个；对照创建国家一流的市场目标制定创建方案，明确设施水平提升、管理服务增效等 4 个目标和完善规划布局、探索智慧应用等 10 项创建任务，推进经营专区建设、老旧棚区改造等 7 个改（扩）建项目按期完工。

【数字化城市管理】 彭州市数字化城市管理平台（以下简称数管平台）于 2012 年建设，有数管探头 410 个，主要分布于中心城区主要道路、人流密集区域及市容秩序、环境卫生重点管控等区域，运用信息采集员人工采集和视频探头抓拍相结合的方式，通过数管平台对发现的城市管理问题进行派遣和处置。市综合执法局负责接收并处理平台派遣的城市管理问题。依托数字城管平台，建立涉及市容秩序、工地扬尘、餐饮油烟等 6 方面“魔镜慧眼”视频监控系统，强化城区垃圾房、环卫公厕、扬尘管理等重点区域点位的可视化管理。研发餐饮油烟智能监测 App 小程序，推广使用 976 家，实现油烟净化设施使用情况 24 小时在线监控。试点建设智能井盖系统，完成环湖路、郫彭路、南大街等 10 条易涝路段共 200 个点位智能井盖传感器的安装工作，提升城市防汛预警能力。

【违法建设拆除】 彭州市综合执法局发挥市级议事协调机构（市违法建设治理办）作用，组织各成员单位召开工作总结部署会，组织召开龙门山违建农房整治、天泉小区整治等专题会议、现场办公会，研究部署违建整治工作 30 余次，印发《彭州市违法建设综合治理工作目标任务考核办法》《彭州市违法建设综合治理工作月考核细则》，明确发现、制止、上报等方面治违工作职责，发出月考核通报 7 期，督促落实辖区内违法建设治理主体责任。组织成员单位开展龙门山违建农房整治、住宅小区消防通道集中清理整治、柳河沿线综合整治等行动，全市拆除各类违法建设点位 556 处，拆除面积 117789.13 平方米，完成成都市下达年度目标任务的 196%。以争创无违建小区（院落）工作为契机，以点带面，推进居民小区（院落）拆违控违，20 余个小区（院落）实施无违建小区改造，其中紫光兴城获评成都市“无违建小区”。推进多部门联合惩戒机制，冻结违建房产 592 户，曝光违建名单 14 批，涉及违建房屋 300 户当事人 367 人，倒逼 83 户违建业主自行拆除违建。

【生活垃圾分类处理】 彭州市综合行政执法局以生活垃圾分类收运处置体系建设为抓手，推进垃圾分类。完成彭州市第二生活垃圾压缩中转站 PPP 项目建设，建成并投运地埋式垃圾转运站 4 座、收集点 679 处，完成 550 处城乡生活垃圾分类收集点新（改）建工作；建成厨余垃圾分布式处理设施、园林绿化垃圾处置场、建筑垃圾临时消纳场等末端处置设施，实现生活垃圾无害化处理率 100%，构建大件垃圾全覆盖处置网，引入专业化公司对镇（街道）大件垃圾进行收运处置，全市设置大件垃圾暂存点 14 处。开展生活垃圾分类示范片区建设，全市新增生活垃圾分类覆盖户数 11.8 万户，置信·丹郡 F 区被评定为成都市生活垃圾分类示范小区。

【便民设施建设】 彭州市综合行政执法局利用城区

复工复产期间建设的临时疏导点

新建成的外东街临时疏导点

闲置用地，通过政府投资、社会资本合作参与等多种方式，因地制宜建成南河东街、牡丹北路、绣城路、协和路等农贸市场，四通北街、北大街、木子里等停车场，新增摊位 886 个、停车位 231 个，解决群众“买菜难”“停车难”；按照“部门搭台、社区唱戏”思路，部分便民设施建成后移交属地社区进行运营管理，提升社区造血能力。推进城乡“厕所革命”。新（改）建环卫公厕 14 座、农村公厕 39 座，建成环卫工人休息房 5 座。治理城市道路检查井盖病害 512 座。在复工复产期间，落实“五允许一坚持”相关措施，设置朋城远界、紫光兴城等 16 个临时摊区，允许 1100 余家商户合理开展临时外摆经营，直接或间接增加就业岗位 3400 余个，取缔不符合条件的临时疏导点 5 个、不适合外摆的餐饮单位 80 余处，实现“放开不放任、便民不扰民”。

【“四大提升工程”推动】 彭州市实施“城乡功能品质提升工程”，以城市容貌整治提升等 12 项重点任务为抓手，实施城乡环境品质提升工程；聚焦铁路沿线环境综合治理，实施占地 5034 平方米的高铁沿线品质示范段提升打造；全力推进“两拆一增”，完成目标点位 38 处，增加公共开敞空间及植绿增绿面积共 222 万平方米，建成望蜀里、花市巷等小游园 2 处，着力营造公园城市场景。实施城市“亮灯行动”，开展背街小巷 200 余套支架灯维护改造，完成天府路 221 套景观灯维护改造及全市 38 条新建道路路灯安装项目，推行“户外消费场景”负面清单城市管理制度，打造西海夜市、南桥夜市等便民疏导点 14 处。

【“四大攻坚战”实施】 彭州市围绕打好“城市安全攻坚战”，推进城区违建综合治理，拆除违建面积约 4 万平方米，紫光兴城小区被评为成都市“无违建小区”。开展食品药品安全、交通安全、农药种子安全等专项执法，严厉打击违法饲养、交易野生动物行为。围绕开展“污染防治攻坚战”，建设扬尘污染在线监管系统，未完工建设项目纳入巡检率达 100%；强化秋冬大气污染防治攻坚，大力开展扬尘治理和餐饮油烟专项执法。围绕打好“国资国企改革攻坚战”，印发《彭州市砂石资源管理利用实施办

7月1日，将水果摊贩游商集中安置到新建成的南桥夜市

西海夜市

法（试行）》《彭州市砂石资源管理利用实施细则》，将项目建设富余砂石交由国有公司统一管理，累计签订《砂石接收协议》5 件，接收富余砂石 6.9 万立方米。

城市能源保障
Urban Energy Guarantee

【概况】 2020 年，彭州市电力消费总量为 46.11 亿千瓦时（其中彭州供电公司总量为 43.27 亿千瓦时，官仓供电公司为 2.84 亿千瓦时）；彭州市全域天然气用气总量为 7.71 亿立方米（其中，市本级天然气用气量 2.18 亿立方米）。

【能源项目建设】 彭州九尺冷链物流产业园分布式能源建设项目：占地面积 60 亩，总装机为 3 万千瓦，年供热量 619 万吉焦，年发电量 1.4 亿千瓦时（投产后数据）。川西气田建设项目，投资 120 亿元，规划勘探开发平台 6 座、平台配套脱硫站 6 座、天然气集输站 1 座，配套天然气集输管道 33 公里、外输管道 58 公里。在建分布式能源项目 2 个，总装机 6 万千瓦。

【电力供应】 彭州市有供电公司 4 家，分别为国网彭州供电分公司、国网官仓供电分公司、国网都江堰供电分公司、国网什邡供电分公司。其中，国网彭州市供电公司主要为彭州市天彭街道、致和街道、丽春街道及桂花镇 2 个村、九尺街道、濛阳街道、隆丰街道 12 个村社、敖平镇 11 个村社、葛仙山镇华南村提供电力保障，供电面积约 450 平方公里，供电户数 298249 户，其中大工业 317 户，非普工业 4889 户，居民生活 257833 户，非居照明 1451 户，商业 15868 户，农排及农业生产 17891 户，公司辖区内重要客户 11 户，其中一级重要客户 5 户（含高危客户 3 户），二级重要客 6 户，全年供应全市电量 43.27 亿千瓦时，占全市用电量的 94%。全市所辖各类变电站共 27 座，其中 220 千伏变电站 3 座、110 千伏变电站 10 座、35 千伏变电站 14 座。主变容量 225.11 万千伏安，城市电网供电可靠率 99.94%，城市电网和农村电网综合供电可靠率 99.82%。有水电站 44 座，其中自供区水电站 15 座。总装机容量 13.2 万千瓦，年发电量 5.3 亿千瓦时，彭州市自用电量 8643 万千瓦时，剩余富余电量上网使用，上网电价 0.24 ~ 0.32 元 / 千瓦时。环保发电厂 1 座，日处理城市垃圾 1750 吨，装机容量 3 万千瓦，年发电量 2.5 亿千瓦时。全市有公共充电站 26 座，充电桩 685 个，主要分布于天彭街道、致和街道、濛阳镇。

电网线路架设维护

【燃气供应】 彭州市有管道燃气企业4家，天然气门站9座，除直供气管网外的天然气管网2550公里，设计供气能力38000万立方米/年，全市各地均实现天然气管网覆盖；压缩天然气（CNG）加气站4座，华润五里CNG加气站、华润清洋CNG加气站、兴威CNG加气站3座加气站，年销售1180.76万立方米。液化天然气（LNG）加气站2座（其中1座在建），年销售3609吨；LNG应急储配库1座，建成2500立方米储罐4个；规划建设9座加氢站，其中3座建设中；液化石油气公司2家，年销售量1440吨，其中宏宁销售量840吨；顺昌销售量600吨，主要对农村用气户进行补充。

【燃油供应】 彭州市有运营加油站57座，其中停业3座（内部改造）。有中石油天彭油库、中石油西北销售彭州油库（四川石化成品油库）2座油库，储存容量120万吨。

城乡社区治理

Urban and Rural Communities Governance

【概况】 2020年，彭州市城乡社区发展治理工作围绕成都市委“创新提能年”主题，把握成渝地区双城经济圈建设和“成德眉资”同城化发展重大机遇，加快构建高效能治理体系，深化党建引领城乡社区发展治理实践，抓好社区疫情防控，分类分层推进示范建设，分类营造多样生活社会新场景，优化社区服务空间，构建社区共建共治新模式，探索社区发展治理新路径。牵头负责彭州市疫情排查防控组工作，发挥党建引领城乡社区发展治理制度优势，注重多元参与、服务牵引、统筹兼顾，彭州市委城乡社区发展治理委员会社会治理科被成都市委、成都市人民政府授予“成都市抗击新冠肺炎疫情先进集体”称号。全年，成功创建成都市级示范社区8个、示范小区7个，创建彭州市级示范社区4个、示范小区7个。彭州市隆丰街道石迎村（原迎春村）、龙门山镇宝山村、葛仙山镇熙玉村被评为四川省首批乡村治理示范村。探索并面向全国率先发布首个《以集体经济为转轴推进乡村社区发展治理指导指标体系》。

【社区疫情防控】 彭州市委城乡社区发展治理委员会强化社区排查防控。构建“市、镇（街）、社区（村）”三级新冠肺炎疫情防控处置体系，组织社区工作者、社区、社会组织、社工、社会企业等2.65万人，对全市范围内高风险地区及境外到彭州人员开展跟踪管理，累计入户1165186户次3187818人次，筑牢城乡社区疫情防控第一线。严格落实社区管理。对成都市外新到（返）彭州人员，通过电话问询、告知引导等，实现3万余人主动到所在社

10月22日，彭州市乡村社区发展治理支持中心正式成立

1月25日，彭州社治委大年初一返岗召开会议安排部署疫情防控工作

区（村）登记备案。对返乡重点人群进行跟踪管理3.2万人次。做实社区服务保障。制定落实关心关爱疫情防控一线城乡社区工作人员补助方案，落实疫情防控一线社区工作人员防疫工作补助政策。推进复工复产复业。实施“战疫情、稳经济、促就业”送岗到家专项行动，制定返岗交通补助和新吸纳就业人员补贴等优惠政策，发放《致广大劳动者的一封信》5万余份，编制“送岗到家”清单7期，提供就业岗位7600余个，达成就业意向性协议3500余人。

【和谐宜居示范建设】 彭州市委城乡社区发展治理委员会以加快建设新发展理念的立体山水公园城市，建设舒心美好、安居乐业、绿色生态、蜀风雅韵、良序善治的高品质和谐宜居生活社区为目标，开展党建引领城乡社区发展治理示范社区（小区）建设，成功创建成都市级示范社区8个、示范小区7个，创建彭州市级示范社区4个、示范小区7个，支持提升型项目3个。

【主题社区打造】 彭州市委城乡社区发展治理委员会实施主题社区建设行动，营造“一社区一特色”场景，打造出金城智慧科技、蟠龙文化创意、白鹿场文化创意3个主题社区点位。

【探索社区发展治理新路径】 10月22日，彭州市发布《以集体经济为转轴推进乡村社区发展治理指导指标体系》，包含党建引领、集体经济、高质发展、良序善治、工作保障五个指标维度共84项具体内容。全市以乡村社区发展治理支持中心智库支撑平台为基础，围绕指导指标体系实施试点先行、资源梳理、专业培训、全程指导、宣传推广五项重点工作，强化多角度成果运用、流程式宣传推广、清单式实地指导，推动乡村社区高质量发展和高效能治理互促共进。

【社区治理资源聚集】 彭州市委城乡社区发展治理委员会以构建社区志愿资源整合模式，开展志愿者星级评定，落实星级志愿者优惠激励措施，开展十大感动人物评选和品牌项目创评活动，启动建设新时代文明实践中心（所、站），完善职工、青少年、巾帼等群体常态化参与社区志愿服务制度，已完成注册志愿者99277人，开展丰富多彩的志愿服务活动达2840次。分类建立社区志愿者队伍，全市社区志愿者服务队共有939支，社区志愿者39387人。培育发展社会组织。出台《彭州市社区社会组织登记和备案管理办法》（彭民发〔2020〕20号），制作社会组织常见问题答疑宣传册，指导社区社会组织的登记和备案。针对社会组织成立登记资料繁多，不易掌握的难点。制作一次性告知书，让服务对象清楚办事程序、审批依据、申报材料、承诺时限等。在致和街道顺和社区建立“彭州市社会组织支持中心”，开展社会组织“一五十N”双进阶行动，提供个性化、持续性的服务支持。新登记成立社会组织15家，备案社区社会组织1469支。引入成都市爱有戏社区发展中心，实施成长“1+1”牵手计划助力示范社区建设，开展初创、品牌、增能、共促、推广和研修六大微计划。引导培育发展社区社会企业。对社会企业孵化培育平台运营服务部分项目进行调整，签订彭州市社会企业孵化培育平台运营服务项目协议补充协议；收集整理彭州市集体经济组织信息，完成13个镇（街道）走访调研并形成调研报告（初稿）；开展社会企业通识培训1次，城乡链接沙龙2场，社区社会企业相关活动2场；组织部分村（社区）到成华区和蒲江县交流参访；联合市场监管局探索有基础及条件的村（社区）转型或成立“社区型社区企业”。构建社会力量参与平台。搭建社区服务供需对接平台，年内完成镇（街）社区发展治理平台全覆盖建设，常态化开展线上线下交流互动，促进社会组织、社会企业服务项目与社区服务需求精准高效对接，实现服务项目化、项目社会化。引入第三方机构，实施金彭微光培力行动。在天彭街道朝阳中路社区建立“彭州市社区基金支持中心”，构建社区（村）公益慈善支持网络。全市累计建立社区微基金15支，实施困难救助、文艺联谊等项目3个。

【乡镇治理现代化试点启动】 彭州市丹景山镇申报成为四川省乡镇治理现代化试点，成为成都市3个试点乡镇之一。彭州市委城乡社区发展治理委员会以全域推广深化“花村街”共建共治共营模式为导向，以“一体化”镇级群众事务中心和村级群众共治中心平台体系建设为载体，以党建引领“治理＋服务”场景建设和功能应用为内容，梳理重点项目16个，投入社区激励资金1500万元，整合部门和镇级资金4000余万元，撬动社会资本、集体资金和群众自筹5000余万元。实现“小事不出村”“有事镇上办”。

【老旧小区发展治理】 彭州市委城乡社区发展治理委员会以老旧小区治理为突破，夯实基层治理基础。针对疫情防控期间全市老旧小区暴露出的权属不清、基础薄弱、治理乏力等诸多难题，联合12个市级部门成立专班，开展老旧小区专题调研，研究制定《关于深入推进党建引领老旧小区多元共治实施意见》及配套方案2个，梳理出具体任务23项，形成三年行动计划和重点任务目标。集成资金近1亿元，在2022年前，计划完成80个老旧小区基础设施改造，实现老旧小区党组织全覆盖、自治组织全覆盖。同步分类分层推进商住楼盘、农村集中居住区的治理，全面提升小区治理精细化、规范化、自治化水平。

【社区专项资金管理】 彭州市委城乡社区发展治理委员会制定社区保障资金项目发包管理办法和社区发展治理专项保障激励资金管理使用九项措施，编制《彭州市城乡社区发展治理专项资金工作指导手册》。面向镇（街道）干部、社区专职工作者开展社区专项资金培训10余场，覆盖人数1000余人。

生态环境保护
Ecological Environmental Protection

【概况】 2020年，成都市彭州生态环境局推进高效能治理、高水平保护、高质量发展，开展污染防治攻坚战。全市空气质量达标303天，较上年同期增加17天，增幅位居成都市第一，空气质量首次消除重度污染；$PM_{2.5}$平均浓度33.8微克/立方米，较上年同期下降14%。全市集中式饮用水水源地水质达标率100%，土壤环境质量总体保持稳定。

【大气污染防治】 成都市彭州生态环境局开展治污减排，关闭砖瓦轮窑企业11户、淘汰造纸生产线1条，治理提升隧道窑企业7家，实施四川石化2台内浮顶储罐浮盘改造并投入使用，完成1户铸造企业技改，1户保温材料厂固化炉煤改气（全市4家保温材料均实现固化炉使用天然气）；亚东、兰丰两家水泥降低燃煤含硫率至0.6%以下，企业排放二氧化硫浓度在10毫克/立方米以内；组织专家对重点区域内4家家具企业、5家汽修厂问诊把脉，推进汽修厂、家具厂大气治理，安装智能监控系统12套，实现产污环节和污染物排放实时监控；开展全市加油站、储油库油气回收装置全覆盖执法检测；在重点区域新增35个空气质量监测微站，基本实现重点区域空气质量监测成网，全年摸排4711个污染源，发现问题1412次；开展挥发性有机物走航监测3次，开展固定式雷达扫描3次，建成大气污染防治网格化监管平台，实现空气质量预警、排查、整改、反馈的闭环管理模式。

【水环境整治】 彭州市坚持“系统治理、统筹推动”，实施碧水攻坚行动。实施濛阳河、柳河水质

3月24日，彭州市召开2020年生态环境保护大会

达标攻坚，清理河岸垃圾1575吨、清淤5.5万吨，清查直排污水口43个，协调人民渠生态补水2500万立方米；新建污水管网60公里，一、二污厂完成提标扩容改造，5座镇级污水厂完工通水，启动建设400吨/日生活污泥无害化处理设施项目；投入340万元推进集中式饮用水水源地规范化建设，落实866万元上级资金加强柏条河饮用水水源保护，彭州市人民渠流域水环境风险防控项目可研报批，人民渠流域视频监控及2座水质网格站建设启动，构建饮用水水源联动保护工作机制；开展13处农村分散式饮用水水源保护范围划分，排查饮用水水源地风险隐患点位309个。全市集中式饮用水水源水质达标100%，湔江罗万场下、人民渠水质净化站、濛阳河井岗桥三个地表水考核断面首次实现全面达标。

【监测网络建设】 根据《彭州市2019年大气污染防治工作行动方案》安排，彭州市3年（2019年、2020年、2021年）总共投资约970万元，在彭州市原有自动监测网络的基础上，新建15个镇（街）空气子站。项目于2020年1月完成软硬件建设，投入试运行；4月，项目通过验收，数据与前期建设的8个空气子站实现并网，实现镇（街）空气自动监测子站全域覆盖。投资900万元，建成主要水体流域水质自动监测站6个，监测数据接入彭州生态环境局环境监测数据平台。

【环境监察执法】 疫情期间，彭州市加强防疫医疗物资生产环境监测，将安装在线的83家企业纳入监督执法正面清单，出动执法人员3822人次，检查重点医疗卫生机构、集中隔离场所、污水处理厂、重点企业等1453家次，现场巡查饮用水水源保护区26次。建立24小时值班处理举报制度，全年办理群众诉求133件，处置率满意率100%；出动执法人员4750人次，现场检查1553家次，下达责令改正违法行为决定书59件，下达处罚决定书24件，处罚金额152.91万元，移送拘留7件。

【生态环境宣传】 彭州市推进桂花镇金城社区环保督察宣教基地建设，打造以投影、影像资料、现场讲解、发放资料手册、特色生态产品展示等为特色的环保宣传形式。借力市及以上宣传媒体，推出环保重点、亮点工作336条；依托新媒体发布环保宣传信息3400余条，其中被生态环境部采用6条；全年撰写调研文章16篇，其中国家级期刊采用2篇；拍摄《让中国更美丽》《山水画卷》等专题片8部，制作“十三五”生态环境成就剪影集并开展“凝绿色神韵·展生态之美”图片展；组织环保设施向公众开放活动6次，生态文明宣讲8场；策划“十三五”生态环境成就巡礼“颂环保”“说环保”“唱环保”活动。

【空气微站建设】 彭州市提升大气污染防控管理能力，投资580万元，在大气环境重点管控区域（城区和工业开发区）建设35个空气微站及其配套的空气质量网格化动态管控平台，实现对大气环境的实时监控和预报预警，提高大气环境监管的科学性和准确性。项目于2020年5月完成设备安装和网格化管控平台的搭建投入试运行，9月通过验收。

特色产业园区

FEATURED INDUSTRIAL PARKS

成都新材料产业功能区 / 天府中药城 / 龙门山湔江河谷生态旅游功能区 / 丽春航空动力小镇 / 天府蔬香现代农业产业园

成都新材料产业功能区
Chengdu New Material Industry Functional Zone

【概况】 成都新材料产业功能区是成都市66个产业功能区之一，属成都市先进材料产业生态圈，范围面积87.4平方公里（涵盖隆丰街道全域），产业发展区规划面积15平方公里。功能区依托四川石化1000万吨/年炼油、80万吨/年乙烯项目和中石化川西气田天然气资源，重点发展石油化工、化工新材料、精细及专用化学品、天然气利用产业，为成都及西南地区电子信息、汽车与航空、生物医药、新能源等四大产业提供电子化学品、高技术膜材料、高性能工程塑料等新材料和氢气等。中石油、中石化、三菱化学、空气化工、奥克化学、佳化化学、中国华能、广东宏川等多家高能级企业落户功能区。功能区推进危废处理、供热供能、创新中心、大连理工大学成都研究院等功能设施和平台布局，全方位构筑产业生态圈创新生态链。功能区被评选为第三批“中国智慧化工园区试点示范（创建）单位”，获批四川省首批院士（专家）产业园、四川省新型工业化产业示范基地称号。2020年，功能区规模以上工业企业产值370亿元，税收85亿元。

成都新材料产业功能区创新中心

【“多维合一”管理机制构建】 成都新材料产业功能区（成都石化园区）落实“两级政府、三级管理、专业高效”管理要求，结合《成都市委编办关于调整成都新材料产业功能区管理机构有关事项的通知》要求，制定《成都新材料产业功能区（成都石油化学工业园区）党工委管委会职能配置、内设机构和人员编制规定》，推动成都新材料产业功能区党工委管委会与成都石油化学工业园区党工委管委会合署办公，组建七部一中心，委托管理隆丰街道，实现功能区管委会与隆丰街道交叉任职，制定功能区管委会与隆丰街道职责任务“两张清单”，坚持以“区镇合一”理念统筹推进功能区和隆丰街道87.4平方公里规划、建设、发展、治理工作，打破传统区划界限和“条块分割”的管理格局，实现成都市级派出机构、彭州市级派出机构、彭州街道的区划、机构、人员、职能、工作“五融合”。

【园区管理】 功能区坚持把环保安全能力建设作为首要任务，高标准设置环保安全准入门槛，严格制定并执行园区产业发展负面清单，全面实施园区封闭管理，开展以安全生产、环境监控、应急处置为核心的智慧园区项目建设，常态化开展环保、安全监管第三方巡查工作，全方位提升监管和处突能力，获批第三批“智慧化工园区试点示范（创建）单位”称号。创新环保监管，实施水气土协同预警体系建设，推进园区大气、水、土壤的全覆盖管控。严格安全监管，与四川石化共建国家危险化学品应急救援（成都）基地项目，形成园区应急响应动态管理体系。推进工程建设项目审批制度改革试点，设置功能区行政审批分局、综合执法大队、司法所、市场监管所，形成56项事项清单、23项岗位职责清单，制定《成都新材料产业功能区（成都石油化学工业园区）管理委员会派驻机构及人员管理暂行办法》，建立“吹哨报到”机制和“逆向考核”机制，创新“一次受理、集成服务、一次办结”的服务模式，初步实现“办事不出功能区”。创新专业化管理，聚焦服务增效，实施“管委会＋平台公司”模式，确定成都石化基地公司为功能区平台公司，开展与彭州市属湔江投资集团开展增资扩股相关工作，鼓励平台企业寻求合作伙伴，将规划设计、建设运营、招商服务、专业服务纳入专业公司职责职能。

【项目建设】 功能区聚焦石油化工、化工新材料、精细及专用化学品、天然气利用细分领域，动态优化完善“两图一表”，以产业特征牵引布局危废处理、供热供能、创新中心、大连理工大学成都研究院等功能设施和平台，全方位构筑产业生态圈创新生态链。截至年底，功能区投产生产性企业8家，建成配套企业8家，加快推进8个产业化项目开工建设。

【招商引资】 功能区鲜明“建链、强链、补链”导向，开展“项目攻坚”行动，提升产业发展能级。全年累计联系企业539家、拜访企业94家，举办“成都市先进材料产业生态圈和彭州市重大项目签约开工暨生态圈党建联盟成立仪式”。截至年底，功能区新签约引进华能西南综合利用能源中心等项目11个，其中重大项目8个，协议投资236亿元。促谈项目15个，总投资约100亿元。

【院企地融合发展】 成都新材料产业功能区深化校院企地融合发展。彭州市人民政府、成都石油化学工业园区管理委员会、大连理工大学三方合作共建大连理工大学成都研究院（以下简称研究院），依托研究院平台，整合聚集四川大学、中科院化物所等高校院所科研力量，构建“以点带面”的高能级研发创新体系，推进产品和工艺创新及“卡脖子”技术攻关。研究院总投资3亿元，大连理工大学负责研究院专家及技术团队建设，并指定专人负责科技项目研究。彭州市为研究院的建设提供科研及办公用房、共性实验设备、配套设施支持。在研究院挂牌运营后5年内，每年根据需要，彭州市财政补贴科研经费2000万元、运行经费1200万元，用于支持研究院建设。截至2020年底，研究院实验楼分析测试中心、实验室已投入使用，中试基地3栋甲类厂房和1栋甲类仓库主体已完成建设。研究院已评审引入一期12个科研及中试项目，一期项目重点以“卡脖子”材料、产业链关键技术和材料、新能源等三类研究项目为主。其中，蹇锡高院士的高性能工程塑料项目、李灿院士的低能耗电解水制氢、梁长海教授的苯酐加氢制苯酞等5个项目入驻研究院。

【用人机制改革】 功能区制定《成都新材料产业功能区（成都石油化学工业园区）党工委管委会员额管理制度改革实施意见》《成都新材料产业功能区（成都石化园区）管委会内设部门岗位管理办法》《成都新材料产业功能区（成都石化园区）管委会薪酬管理暂行办法》，按照规定全面实行员额制管理。核定员额控制数70名，其中行政事业身份人员不超过35名，中层管理岗位市场化聘用率不低于20%，全面实行员额制管理。在彭州市行政事业单位公开选聘14名人员，招聘中层管理岗位社会化聘用人员2名，推动成都石化园区管委会11名人员入额和8名人员分流，实现工作职务和干部职级脱钩，人员岗位专业化适配度达到70%以上。制定功能区管委会岗位管理、薪酬管理和绩效考核制度，打破平均主义，实行结构化薪酬，坚持以实绩论英雄，实现岗级能升能降，推动人员由身份管理向岗位管理转变。2020年11月，在全市行政事业单位公开选聘14名人员，并同步开展社会化招聘工作，构建灵活的选人用人机制。

【园区基础设施建设】 功能区围绕主导产业个性需求，推进园区基础设施建设项目，提升1.3公里绿化、道路、路灯、标识工作。推进国家危化品应急救援（成都）基地综合大队、石化装卸站、大连理工大学成都研究院3个项目建设；加快推进乙烯南路东延

9月17日，成都市先进材料产业生态圈举行党建联盟成立仪式

线、危化品专用停车场、新材料产业园污水处理厂、集中供热等7个项目前期准备工作。针对功能区的特殊性，在限建区以外规划综合服务配套区，融合高品质“生产、生活、生态”场景。截至2020年底，综合服务配套区概念性设计方案形成初稿。

【成都市先进材料产业生态圈党建联盟成立】 2020年9月，功能区承办成都市先进材料产业生态圈和彭州市重大项目签约开工暨生态圈党建联盟成立仪式。活动以“共享机遇、共创未来”为主题，集中签约成都市先进材料产业生态圈和彭州市重大项目共21个，计划投资606.89亿元。其中，现场签约项目15个，计划投资416.94亿元，现场集中开工项目8个。活动上，成都市先进材料生态圈联盟和成都市先进材料生态圈党建联盟正式成立。功能区以党建联盟、产业生态圈联盟建设促进生态圈内优势互补、资源共享，做高产业能级、做优产业生态，提升绿色发展能级。

天府中药城
Tianfu Traditional Chinese Medicine City

【概况】 天府中药城（彭州工业开发区，以下简称功能区）始建于1992年，1998年经四川省计划委员会批准为省级开发区，2019年经成都市产业功能区及园区建设工作领导小组办公室优化调整后正式确定为天府中药城，规划面积37.82平方公里，是成都市66个产业功能区之一，同时也是成都唯一精准定位于发展中医药的产业功能区，重点发展医药研发、医药制造、医药贸易流通、大健康衍生品四大产业。截至2020年底，功能区聚集四川新绿色药业、成都第一制药、丽珠光大制药、康弘济生堂等医药健康企业123家，年销售过亿元中药单品9个。功能区内国际医药港规划面积1120亩，入驻本草堂、龙一等医药流通企业30余家，全年实现交易额40亿元。天府中药城按照“人城境业”融合发展理念，不断完善功能配套，新增8平方公里产业片区为中医药产业发展提供承载空间。聚焦产业链创新研发和成果转化，融合承载商业配套、专业服务、生态公园等混合业态，建设2.27平方公里科创中心，吸引成都中医药大学天府创新港、中医香疗大健康产业研究院等8个科研平台项目入驻。2020年，天府中药城规模以上工业产值133亿元，比上年增长18.75%，中医药制造业规模以上产值70亿元，中药规模以上产值居全省第一；实现规模以上工业增加值增速4.9%，较市本级高出1.8个百分点；服务业投资5.73亿元，完成任务的127.3%。集聚医药健康类企业111家，实现医药健康产业产值79亿元，医药贸易流通额40亿元；全年培育规模以上企业17家，有高新技术企业36家，科技型中小企业29家，产值上亿企业25家。

【园区土地集约利用】 天府中药城按照“人城境业”融合发展理念，推进核心起步区建设。借智清华同衡构建功能齐全的新型产城社区。在30平方公里空间结构布局上整体形成“一脉三轴、四大平台、六大片区”的总体结构，实现职住平衡、就地配套。在规划面积2.27平方公里的核心区，涵盖汇通项目、创新中心、专业研发楼宇、人才公寓等多个配套项

5月22日，成都市产业功能区核心起步区建设加强土地要素保障现场会在彭州召开

目，打造集创新研发、成果转化、场景营造、社区服务等于一体的现代医药健康产业集聚区和高品质城市生活社区。天府中药城全年新开工项目20个，总投资38.51亿元，在建项目22个，竣工项目14个，园区道路建设10条，孵化园1期建成投入使用，创新中心A座主体封顶，人才公寓、中医药博物馆及专业研发楼宇等完成设计方案，陆续开工建设。起草《天府中药城管理委员会关于促进传统低效产业向医药健康产业转型升级的实施办法（试行）》，创新低效闲置用地盘活机制，促进土地二次开发，实行“领导小组＋管委会＋平台公司”工作模式，破解功能区土地低效闲置难题，全年通过协商收回、兼并重组等方式盘活四川塔基农业科技、彭州雅达生化、成都双虎实业、四川今龙头实业发展有限公司等45宗闲置低效项目用地及空置厂房，盘活闲置用地达922.47亩，亩均投资强度由150万元提升至380万元，亩均税收由1.6万元提升至9.1万元。2020年，成都市产业功能区核心起步区建设加强土地要素保障专题现场会在天府中药城召开，天府中药城盘活存量土地，提升土地利用质效，相关经验在成都市产领办《产业功能区建设推进工作简报》中全文刊发并向全市进行推广。

【企业培育】 天府中药城加大中小企业培育力度，选择一批成长性好、科技含量高、创新能力强的工业企业作为后备企业进行重点培育，协助企业申报上规。全年指导17家企业成功上规，完成规上企业15家培育任务。推进企业科技创新，指导功能区企业申报高新技术企业、市级以上创新平台和科技型中小企业，组织园区高新技术企业及拟申报企业开展培训（线上、线下）2次，园区有国家高新技术企业36家，创新平台24个，科技型中小企业29个。

【企业服务】 天府中药城建立以企业需求为导向的精准服务机制，推进“包片领导＋包片部室＋企业保姆”服务，畅通政企交流，打通政务服务“最后一公里”。全年，兑现惠企资金4653万元，办理惠企资金158万元。举办线上“高新技术企业复审及申报业务培训会”及线下“火炬统计业务调查培训会”，指导培训企业100余家，新增认定高新技术企业13家，同比增长60%。聚焦企业融资难的问题，组织“天府信用通”“农贷通”“银政通”等各类融资平台开展服务，联合人民银行、中国银行四川省分行等金融机构为园区企业综合授信45.19亿元，发放贷款金额17.09亿元。

【园区中医药产业链发展】 天府中药城是成都市66个产业功能区中唯一定位中医药三次产业全覆盖的产业功能区。园区具有“种—药—医”闭环的中医药产业生态圈，集中药材种植、制造、贸易、康养于一体产业链，建成全国最大的川芎产业标准化示范基地，汇聚医药健康制造企业111家，培育年销售额超亿元的中药单品有9个。园区拥有税收过亿元企业6家，中医药制造产业门类、中医药规上产值居全省第一。医药贸易物流园区，成都国际医药港一期58万平方米集聚医药贸易企业30余家，实现交易额近40亿元。打造药田观光、康养旅游等中医药融合新场景，开展中医药学术经验传承，培养学术经验继承人15人，建成9个“成都市基层医疗机构示范中医馆”，43个标准化“中医角”。彭州市有两家公立中医医疗机构，分别为“三级甲等中医医院”和“二级甲等中西医结合医院”。

【防疫药物供给】 新冠肺炎疫情期间，天府中药城发挥中医药集聚优势，挖掘存量企业潜力，鼓励企业建立柔性生产线转型转产，保障应急物资供应，全成都市 1/3 以上消毒液，1/10 以上口罩由天府中药城提供。园区企业新绿色药业“流动智能应急中药房”驰援武汉开展医疗援助，免费配发中药配方颗粒超过 40 万副，抗病毒颗粒、氢溴酸山莨菪碱注射液、感咳双清胶囊等药品被浙江省、陕西省、四川省等地纳入新冠肺炎诊疗药品目录或临床治疗期推荐药品，四川新绿色药业多次被央视《新闻联播》《人民日报》等中央媒体报道，恒明科技、中光消洗剂等公司先后被“四川新闻”“红星新闻”等多家媒体广泛宣传报道。天府中药城党工委被四川省委评为四川省先进基层党组织，天府中药城管委会被四川省委、省政府评为抗击新冠肺炎疫情先进集体，被成都市委授予新冠肺炎疫情防控先进集体等称号。

【“投资一体化”模式创新】 天府中药城设立中美医药产业园，引进具有资深波士顿药谷背景的美国普赛睿公司（Protheragen Inc），成立成都湔江医药科技有限公司，依托 Protheragen 公司，联合专业医药投资基金成立总规模 10 亿元的彭州全球生物医药科技成果转化股权投资基金，成为全国以社会资本为先导资金、结合国有资本共同开展投资的新模式。筛选并投资全球范围内的优秀早期创新药研发“种子项目”，采用轻资产运营模式及因地制宜的宽松制度，助推其成长孵化并适时回引，与华人科学家超 1500 人建立联系，获取 518 份商业计划书，完成深圳开悦生命科技有限公司、成都登隆生物医药有限公司等 5 家公司项目投资，中川新迈科技有限公司、四川致坚医疗科技有限公司等 5 家公司项目进入投资流程，完成天府中药城创新孵化器组建。

【中医药人才培养】 天府中药城围绕中医药人才战略，构建全方位人才培养体系。深化与成都中医药大学合作，共同建设成都中医药大学天府创新港，优先建设研究院和研究生院，其中研究生院招生规模约 500 人。建设西南特色中药资源国家重点实验室天府分中心、大健康研究院、民族药研发中心等科研和成果转化、孵化平台。构建应用型人才培养体系，引入四川中医药职业教育院校项目，围绕中医、中药、药剂、中医康复保健、护理 5 个大健康应用领域培养全日制应用型大学生，项目拟于 2021 年 7 月启动建设，2023 年实现招生，在校大学生规模 10000 人以上。依托四川新绿色药业有限公司生产基地和检测中心平台创办绿色菁英职业技能培训学校，推动药物制剂工、药品检验工、医药商品购销员等行业紧缺技能型人才需求开展非学历职业技能培训，为园区医药企业培养和输送高质量产业工人，学校 2020 年 12 月取得成都市人社局办学许可并对外开展订单式培训业务。

【中医药产教融合示范城建设】 天府中药城探索创新“政府 + 高校 + 企业”运作模式，以企业科研需求为导向，精准对接国内一流中医科研院所建立研究院，联合中国中医科学院中药研究所共建成都中医药产业研究院，联合江西中医药大学成立四川中医香疗大健康产业研究院，与中国科学院微电子研究所合作建设中科彭州智慧产业创新中心，累计引进智慧健康、中医药现代化项目 10 个；以园区医药健康企业为依托，引入 58 科创平台，提升医药健康企业流通能力。鼓励企业自主创新，成一制药莨菪类生物碱药材种植与开发工程研究中心于 2020 年 6 月成功申报四川省级工程研究中心，公司独家品种氢溴酸山莨菪碱和樟柳碱 2021 年单品突破 10 亿元；

丽珠医药集团投资6亿余元的中药制剂生产基地项目2020年全面动工建设，并同步建设国家中药现代化工程技术研究中心固体分中心。2020年，园区新增国家高新技术企业14家，为历年总和的64%。打造全国知名的产教融合示范区。由彭州市政府、成都中医药大学、教育部学校规划建设发展中心共建国家中医药产教融合示范城，成为继吉林长春新区、南京溧水区后全国第三个创建中医药产教融合示范城的城市；天府中药城联合成都中医药大学、四川大学等8家川渝地区高校、科研院所成立“成渝地区双城经济圈中医药发展联盟”。申报成都市市场监管局（市知识产权局）2020年专利导航产业发展资助项目，获批立项资助50万元，项目由国家知识产权局专利局专利审查协作四川中心实施，实施周期为2020年9月至2021年2月。

【“医保贷”融资模式创新】 彭州市结合医药产业独有特点，联合中国银行四川省分行和成都市医疗保障局，以医保系统数据为支撑，探索“医保贷”融资新模式，以医保系统结算数据为基础核定企业授信总量，该产品呈现额度高、无抵押、成本低、放贷快等特点，能充分满足相关医药企业及个体“短、小、频、急”的融资需求。针对企业的差异化服务需求，应用于中药材种植收储、医药研发、医药原材料加工、医药制造、医药贸易流通和医药销售、

8月27日，蓉城医保客厅·中国银行“医保贷”金融产品发布会举行

医疗等医药产业链各环节，推出“中银科创贷”“中银税贷通”等9款产品，覆盖医药全产业链。2020年8月，由成都市医疗保障局、中国银行四川省分行、彭州市委市政府主办的蓉城医保客厅·中国银行“医保贷”助力天府中药城产业发展金融产品发布会在彭州市信一雅阁酒店举行，中行省分行向天府中药城企业综合授信20亿元，推出以“中银医保贷”为代表的10款金融创新产品。“医保贷”为天府中药城新绿色药业、成都第一制药、光大制药、维奥制药等医药企业以及多家药店发放医保贷9500万元，办理医保贷3.6亿元。

【营商环境优化】 天府中药城实行挂图作战，推进项目落地投产。创新项目服务管理流程。对项目建设全流程“扫描”，梳理出14项重点环节，配备专业咨询团队，为企业提供贴心的“接力式助跑”服务。创新项目建设审批机制，缩短审批时限。挖掘“绿色通道承诺制”，发挥其在缩短项目审批周期上的优势，实现规划选址、方案设计、施工图审、环评安评审批平行协调推进，实现园区企业办事不出园区，项目签约到动工建设时限最快缩短至半年内。实施“一项目一策”“一企业一人”，当好企业的“贴心保姆”。推进协力制药产业园项目、新绿色现代中药高科技产业化基地项目等四川省、成都市、彭州市重点项目建设，量身定制项目推进方案和计划，优化审批流程方式，实现并联审批再提速，实现项目建设全周期自主办理，自主直办工商注册、项目立项、用地选址等事项共33项，全程代办规划许可、施工许可等事项共20项。通过制定《企业设立登记指南》《天府中药城风貌导则》等高频办事索引30余项，全年直办事项600余件，代办事项400余件。2020年，天府中药城实现光大制药整体搬迁扩建调迁项目等20个产业化项目新开工，第一制药莨菪生物碱系列产品生产项目等14个项目竣工，天府中药城2020年被成都市人民政府评为“投资和重

点项目推进工作成绩突出单位”。

【管理体制创新】 天府中药城按照“领导小组 + 管委会 + 平台公司”建设管理模式，成立天府中药城建设工作领导小组，由彭州市委书记担任组长，彭州市市长担任第一副组长，相关分管市领导齐抓共管，整合优势资源推进天府中药城核心起步区征地拆迁、基础设施建设、生态环境营造、重大项目建设，相关部门按照“吹哨报到”要求，推动各项工作落地落实。挂牌成立全省第一个县级市的“中医药管理局”，与天府中药城管委会合署办公，统筹兼顾，联动发展。创新管理方式，打破人员身份、年龄、资历限制，形成“人员能进能出、职务能上能下、待遇能升能降”的管理机制；健全考评体系，强化薪酬激励。形成“单位—部室—个人”三级绩效管理体系，以实绩为导向制定考核评价办法。强化考核结果运用，将考核结果作为绩效奖励、评奖评优、职位晋升等的重要依据，实现薪酬由“铁工资”向“活薪酬”转变，以企业需求为导向，推行并落实“吹哨报到”制度，园区及企业吹哨，部门报到，从服务频次、质量等维度实行部门逆向考核，让专业人员助力企业发展各环节，打通政务服务“最后一公里”。

【园区基础设施建设】 天府中药城推动亚中生物医药研发制造基地项目、产业园项目等 15 个工业项目用地申报，获批项目 12 个，涉及用地计划指标面积 1405 亩，同比增长 433%。建立土地管理台账，推动 7 个项目 135.40 亩用地的挂牌出让；推进新区 2 平方公里征地拆迁；开展天府中药城核心区 138 户摸底，签订协议 63 户，完成拆迁和推倒拆迁房屋 46 户。完成铁路以北道路雨污水管网接入原有市政管网及新绿药业、东河东路等 5 处地块电力线路下地，亚中等项目地块坑凼回填，推进逢春地块通信线路迁改、35 千伏集濛濛线路、110 千伏永明线、成都燃气管线迁改。实现黄芪路、玉竹路等 14 条道路竣工通车，绿双路、工业大道延伸段等 6 条道路开工建设，万护北路、中药城大道等 10 条道路开展施工前期准备。区域内政府投资基础配套项目 15 个，总投资 12.13 亿元，其中在建项目 3 个，拟建项目 12 个。

【产能发展规划】 天府中药城按照产业功能区的内涵以及“人城境业”融合发展理念，统筹协调、同步推进总体规划和产业规划编制。在发展定位与目标上，将天府中药城发展定位为全国一流的现代中药研发制造基地、中国医药产业创新发展新极核、中国中医药传承创新发展示范区。在产业发展思路上，按照“一城三区，三产联动”的思路，打造“3+3+3”的产业体系，即以中药材种植、中药制造和中医服务三大产业板块为核心，通过建立中药材溯源和流通体系、中药产品研发体系、以养生为特色的中医药服务体系三大体系，大力发展中药大健康衍生品、现代中药设备和生物药、化药 3 大衍生外延产业。在 37.82 平方公里空间结构布局上整体形成“三轴一心、一脉多支、四大平台、七大社区”的总体结构；以每 4 ~ 5 平方公里为一个单元，设置 7 个产城融合的新型城市社区，结合 7 大社区形成 7 个 15 分钟公服圈。功能区产、居、配服用地占比为 39 ∶ 17 ∶ 44，基本实现职住平衡、就地配套。在规划面积 2.27 平方公里的核心区，融合承载企业办公、酒店公寓、餐饮文娱、专业服务、生态公园等混合业态，聚焦产业链研发和总部功能，打造成为集研发设计、创新转化、场景营造、社区服务等于一体的生产生活服务高品质科创空间。借鉴无边界公园城市理念对汇通项目进行优化设计，实现产业空间与城市空间有机融合。

【园区项目推进】 天府中药城塑造“天府中药”品牌，推进政产学研深度融合，与成都中医药大学等院校开展多方位合作，举办中医药产学研联盟专家论坛活动，与省内其他中医药产业县（市）区合作，协同推进现代中医药产业发展。以核心区建设为支点，推进核心区和高品质科创空间建设，融合承载企业办公、酒店公寓、餐饮文娱、专业服务、生态公园等混合业态，聚焦产业链研发和总部功能，打造成为集研发设计、创新转化、场景营造、社区服务等于一体的生产生活服务高品质科创空间。推进生产生活功能平台项目建设，建立由园区管委会为管理主体、国投公司为综合运营商的片区开发模式，推进创新中心综合大楼主体完工，中医药博物馆和5栋专业楼宇开工建设，推动邻里中心、人才公寓等项目启动；通过政府投资与市场运作相结合等方式，补齐公共实验室、GMP中试车间、检测中心等公共服务平台短板，提供研发、检测、中试生产、注册、质量评价等于一体的综合性服务。将5栋专业楼宇作为园区创新研发和成果转化平台，促进中医药院校研究院及科研机构入驻；推动四川中医药职业教育院校建设开工；推进中科院微电子所彭州智慧产业创新中心“中医药＋智慧云”技术支撑平台建设。

【园区招商引资】 天府中药城重构天府中药城产业体系，以现代中药为发展方向，以“两图一表”为导向，在医药研发、医药原材料、生物医药制造、医药贸易流通、大健康衍生品等领域，形成有针对性的招商引资策略，对接西南医科大学、华西科美迪、红日药业、福建友臣、万科物流等行业领军企业（机构）50余家；促进汇利集团医药生产项目等10个总投资约100亿元的强链补链项目合作洽谈，开展以商招商、中介招商、远程招商。创新“项目专家投资一体化”资源嫁接模式，引进具有波士顿药谷背景投资基金在彭州市设立湔江医药公司。借助互联网等新兴媒体平台，召开线上项目推进会，依托异地商会、行业协会等资源优势，在主导产业领域搭建专业性招商交流平台，延伸招商触角。牵头制定并出台《彭州市促进天府中药城高质量发展特色专项政策措施》，促进中信斯泰姆实业公司“健康医养产业项目”、58同城“四川中医药健康58职业学院项目”签约落地核心区。截至年底，天府中药城有40个产业化项目、总投资169.4亿元，其中医药健康产业项目35个、总投资158.9亿元，省重点项目3个、成都市重点项目15个、彭州市重点项目8个，包括食品安全环境检测评估及新药公共研发平台项目、千草现代中药制剂研发制造及综合配套项目、江苏安泰细胞健康城项目等20余个强链补链项目。

【对外宣传】 天府中药城立足彭州，着眼世界，奋力打造“天府中药城”品牌，提升国内外知名度。全年面向全球举办共享新机遇·共谋大合作天府中药城2020年招商引资主题沙龙等大型会议，邀请政府官员、专家学者等各界精英出席，推动知名企业、知名院校、科研机构、投资机构等与天府中药城开展合作。成功举办2020年成都·天府中药城松山湖专场推介会、2020年厦门—彭州企业家投资恳谈会、“共享新机遇”系列三场主题活动。积极参加第五届成都生物医药创新发展大会、全国医药工业信息年会、成渝地区双城经济圈中医药发展联盟成立大会、2020年西部地区仿制药技术峰会暨口服固体&注射剂一致性评价大会、成都对日交流合作推介活动、创业天府菁蓉汇·苏州（无锡）生物医药产业

5月28日，2020成都·天府中药城松山湖专场推介会暨重大项目签约仪式举行

专场活动、中国药物制剂高质量发展研讨会、大湾区政企合作促进恳谈会、成都市医保联盟机会清单发布暨项目招引交流会、2020 年成都医疗器械展览会、2020 年厦门国际投资贸易洽谈会、2020 年中国楼宇经济博览会、2020 中国功能食品创新大会等医药健康类会议会展活动。受到国内各级媒体的普遍关注，多次被人民网、新华网、《成都日报》、成都电视台、“品鉴彭州”等多家网站和媒体报道，天府中药城品牌知名度和影响力得到提升。

龙门山湔江河谷生态旅游功能区

Longmen Mountain Jianjiang River Valley Ecological Tourism Area

【概况】 龙门山湔江河谷生态旅游区为成都市 66 个产业功能区之一，地处“西控”战略区域，旅游区规划面积 557.5 平方公里、核心区 99.1 平方公里，涵盖彭州北部山区 6 个镇，处于“三九大”核心旅游资源的交汇坐标。结合自然文化资源禀赋，依托河滩、半山、山脊不同空间，构建以湔江河谷为发展轴、7 个特色镇村为极点的“一谷两麓·七星耀江”总体布局和“云下—云中—云上”的“立体河谷、三级体验”空间体系，加快塑造“龙门雪山下·七星耀湔江”IP 标识。围绕“体育旅游、生态旅游、文化旅游”三大主导产业，以森林康养、运动医养、川剧文博、花卉艺术、民宿、音乐为主题，形成“一区多园、错位协同”的产业发展思路，打造以生态为本、文化为魂、产业为基、旅游为体、运动为乐的国际山地旅游休闲度假目的地。截至年底，旅游区有 5 个国家级品牌资源、3 个国家 AAAA 级旅游景区、2 个全国乡村旅游重点村，开发特色菜系 20 余个，打造爆款小景点及网红打卡地 35 个；举办全国民宿发展大会 3 届，建成民宿 44 家；亿元以上项目 29 个，总投资 900 亿余元；重大产业化项目计划投资 11.55 亿元，完成投资 14.18 亿元，完成率 137.36%。旅游区全年接待游客 1305.03 万人次，实现旅游收入 54.57 亿元。

止马岛游学养生岛

【止马岛游学养生岛项目】 龙门山湔江河谷生态旅游区推进乡村产业、人才、文化、生态、组织振兴，发挥农业产品供给、生态屏障、文化传承等功能，引入成都寸观尺文化发展有限公司，以止马岛游学养生岛为支撑，打造乡村振兴示范项目，营城聚人兴业实现生态价值转换。项目位于彭州市通济镇，以艺术品、陈年老酒、古树名木、古医书及古药方等收藏为依托，建设国际会议中心、国际艺展中心、主题博物馆、艺术家工作室、影视基地、康养中心等。项目总投资 32 亿元，开工时间 2019 年 11 月，计划竣工时间 2022 年 12 月，截至 2020 年底，基本完成入岛景观、“天下第一锄”、石斛生态园、榕树园和银杏大道等节点打造，建成佛塔一座和古牌坊一座；种植国槐、银杏树、皂角树、榕树、松树、柏树等 6200 余株；入岛石牌楼 33 套、老青砖 600 万块、石罗汉 70 个、千年根雕 10 余根、千年红木 40 余根。

【龙门山柒村民宿产业园建设】 湔江河谷旅游区探索“绿水青山”向“金山银山”价值转化路径和美丽公园城市乡村表达模式，规划建设龙门山柒村民宿

归心湾小镇

海窝子川剧小镇

产业园，推动乡村振兴。产业园签约引进民宿项目21个，其中引进浮云牧场、飞鸟集、大乐之野等品牌民宿12个。建成10家，在建7家，促开工5家。“龙门山·柒村”民宿产业园一期建设初具雏形，呈现“春看山花、夏避酷暑、秋观盛景、冬见雪飘”景色，获评“最值得期待旅行目的地”“2020中国最佳民宿度假目的地”。彭州市获评“2020乡村振兴文旅产业创新实验市（县）”。中秋国庆双节期间，全市精品民宿累计接待游客量2万余人次。

【白鹿音乐小镇建设】 白鹿音乐小镇项目位于国家AAAA级旅游景区内，总投资1亿元，主要建设可容纳1000人的多功能露天音乐厅及附属配套设施、白鹿文创产业园、灯光亮化工程、精品民宿、户外运动绿道等，年度计划投资5000万元。

【丹景山国际旅游度假区项目】 丹景山国际旅游度假区项目选址丹景山镇、通济镇，规划范围约12.3平方公里，其中建设用地约700亩。项目主要包括丹景山国家AAAA级旅游景区提升，归心湾小镇建设，宫崎骏动漫主题乐园、动漫主题酒店、湔水道源康养区等。

【海窝子川剧小镇项目】 海窝子川剧小镇项目业主为四川原乡旅游开发有限公司，位于通济镇海窝子社区，拟建集中国戏剧原乡博物馆、戏剧文创产业园、戏剧名家园等于一体的戏剧主题商业综合体。计划总投资1亿元，占地10.23亩。

【招商引资促进】 龙门山湔江河谷生态旅游区全年参与招商推介会8次，举办2020年政金企对接会、第六届中国花境论坛、第三届中国·彭州民宿发展大会等重大活动，国家级媒体专题报道1次，其他新闻报道70余次。构建“互联网＋旅游宣传”的营销方式。利用湔江河谷旅游区公众号发布推文36篇，吸引用户700余人，接待游客943.4万人次，实现旅游综合收入39.4亿元。建设“互联网＋智慧旅游”的管理系统。提升产品和服务能力，增强游客、旅游资源、旅游企业以及政府部门的互动，推动旅游产业整体发展。搭建“互联网＋便捷预定”的服务平台。通过“龙门山民宿预订服务平台系统”，提供民宿房间、景区门票、当地特产等产品，实现在线预订、支付、支持微信好友及群分享。“对外推出九陇湖山水公园建设招商引资项目”其中牡丹文化小镇项目围绕丹景山前山景区及景区大门周边约400亩区域，建设游梅谷步道，打造200亩牡丹花海梯田景观，改造建设丹景花间、丹景书院等高端特色酒店及文创基地，打造集牡

彭州市举办文旅产业政金企对接会

航空动力产业功能区

丹文创、滨水休闲、特色餐饮住宿于一体的特色街区。

丽春航空动力小镇
Lichun Aviation Power Town

【概况】 丽春航空动力小镇是国家级再制造产业集聚区和四川省航空动力特色产业基地，规划面积13.2平方公里，依托航空工厂行业引领优势，重点发展航空发动机关键零部件和航空材料研发制造、3D增材制造和高端再制造等产业线。截至2020年，建成北航研究院等科研孵化平台，引进航利产业园、仁新科技再制造基地等项目30个、总投资208亿元。聚集成都航利集团、杭州先临三维、成都增材科技、仁新科技、西部蓝色动力科技等行业优质企业；与北京航空航天大学、中国乌克兰研究院、西安交通大学、大连理工大学、四川大学、西南交通大学等院校开展合作，园区“产、学、研”全产业链结构初步形成。

【产业发展】 丽春航空动力小镇（航空动力产业功能区），主要发展航空动力和增材制造产业。2016年2月，航空动力产业功能区被确定为国家级“再制造产业集聚区”，2016年8月被批准为四川省（航空动力与增材制造）特色产业基地。2020年，功能区固定资产投资目标28亿元，其中工业25亿元（功能区目标任务24.5亿元，丽春镇目标任务0.5亿元）；服务业目标任务3亿元。截至年底，工业完成投资25.84亿元，完成全年目标任务的103.4%；服务业1—12月完成投资3.32亿元，完成全年目标任务的110.7%。工业企业实现产值49.9亿元，同比增幅2.4%。

【建设推进】 航空动力产业功能区围绕建成“中国有机新材高地，西部蓝色动力硅谷”定位，着力推进航空动力小镇战略发展规划编制，邀请专业规划团队开展实地调研、资料收集进行前期规划编制，形成航空动力小镇核心起步区概念规划初稿，启动政府采购程序，推进航空动力小镇景观提升工程规划编制。推动北航创新研究院及园区二三期道路竣工验收；促进航空博览科技孵化园及培训中心项目完成总工程量的85%；完成黄竹标准化厂房永久围墙修建、主体施工及装饰装修工程。启动彭温路新建雨污水管网项目、丽蓉北路C段人民渠下穿工程项目、四期道路项目、滨河路雨污水管网建设项目、航空公园透绿式打围、AB地块之间绿化节点打造、航动社区小广场改造7个项目建设。推进一号路北延线支线项目、北部片区景观绿化工程、南部景观湖建设项目、航空动力小镇五期道路、六期道路建设项目等项目纳入彭州市储备政府投资项目。实施园区电力实施迁改和新建工程，启动110千伏回铁线、10千伏沙航Ⅰ线和Ⅱ线、10千伏沙航官渠支线迁改，启动10千伏连航线新建工程前期开工。

【招商引资】 航空动力产业功能区先后参加北京服贸会、“闽彭缘茶叙”2020年厦门—彭州企业家投资恳谈会、四川省川商联合会政企交流发展大会、2020年五省市成渝经济区“航空装备”专业领域需求对接会、首届川渝地区增材制造产业协同发展论坛等交流会。全年外出拜访企业127次，接待企业205次，高层推动9次，其中主要领导2次。收集有效招商引资项目信息22条，全年新签约引进亿元以上项目13个（商务投促局认定9个），其中5亿元以上项目4个。签约总投资金额超36亿元，新增注册项目8个。

【项目建设】 航空动力产业功能区推进航利产业园项目、威士达项目、海空动力一期项目、惠锋一期项目、铁城项目、江西直方项目、朗迪项目、百施特项目、鼎壹项目、金克星项目等重大项目建设。其中，新开工项目6个分别为江西直方项目、朗迪项目、鼎壹项目、百施特项目、威士达一期项目、金克星项目。竣工项目4个分别为铁城项目、航利维修线项目、航利零部件项目、惠锋一期项目。促进5个项目入驻标准化厂房，其中北航高温合金项目正式投产，其余4个项目有序推进。弘迅电梯、华日通讯、中照照明等签约项目进入前期建设报规。

【发展服务】 丽春航空动力小镇搭建与企业家们联系沟通平台，举办“小镇贤聊”活动三期，邀请企业、金融机构和部门70余家，收集整理意见建议90余条。新引进硕士以上人才30人，其中博士研究生4人，硕士研究生26人。协助航空工厂、彭州西部蓝色动力科技有限公司、彭州市海空动力科技有限公司申报2019年度引进高层次创新创业人才26人；协助航空工厂、成都仁新科技股份有限公司、成都小火箭科技有限公司4名员工申报彭州市首届“最美科技工作者”；协助成都仁新科技股份有限公司、四川巴顿航空设备制造有限公司、成都小火箭科技有限公司的7名员工申报2020年第二届“彭州工匠”称号。协调四川省增材制造技术协会、四川甄城有限公司解决人才随迁子女的义务教育、人才党组织关系转移和档案接收、申报人才公寓等问题。协助成都仁新科技股份有限公司申报疫情期间企业员工返岗交通费用补助资金，共4271.5元。退还成都华尔森环保科技有限公司项目履约保证金60.8万元。兑现各类奖励政策资金共1327.37万元。

天府蔬香现代农业产业园
Tianfu Shuxiang Modern Agricultural Industrial Park

【概况】 天府蔬香现代农业产业园规划面积约178平方公里，包括濛阳街道、九尺镇2个镇（街道），有耕地18.9万亩，是彭州蔬菜种植核心区。园区处于成德绵经济区中心，距成都市区25公里、德阳市32公里、绵阳市80公里，距青白江国际铁路港18公里，区位优势突出。园区以打造“四中心三示范两提升一环线”（“四中心”即天府蔬菜种苗繁育中心、天府蔬菜工程技术中心、天府蔬菜文创中心、天府蔬菜社会化服务中心；“三示范”包括菜稻菜水旱轮作示范、农业现代装备示范、绿色可持续发展示范；“两提升”即通过集体经济组织提升、四川国际农产品交易改造提升，“一环线”即打造百里蔬香产业大环线）为抓手，构建蔬菜绿色循环生产示范区、国际农产品加工商贸物流区、都市农业体验与蔬菜科技创新区和天府蔬香农商文旅体融合发展示范带4个功能区。园区内有农业产业化龙头企业30家，其中国家级农业龙头企业1家、省级13家、成都市级16家。省级培育现代农业产业园1个，省级示范农业主题公园1个、成都市AA级林盘景区1个。亿佰家成都冷链物流产业园、四川永辉冷链物流产业园、天府蔬菜种苗繁育中心、四川省蔬菜工程技术研究中心、中国蔬菜博览馆、天府蔬菜社会化服务中心等重大产业化项目有序推进。

【园区总体规划编制】 天府蔬香现代农业产业园先后编制完成《天府蔬香现代农业产业园总体规划》《彭州蔬菜产业提升计划暨现代农业全产业链研究》《中国（成都）国际农产品加工产业园（彭州）核心区总体规划》，围绕蔬菜全产业链发展环节，编制完成园区全产业链全景图、农商文旅体融合发展全景图和重点企业招商名录表。形成《天府蔬香现代农业产业园总体规划（2020—2025年）》，明确园区在2020—2025年按照“五区一带”（蔬菜绿色循环生产示范区、蔬菜科技创新博览区、国际农产品加工区、现代商贸物流区、农商文旅体融合发展区，蔬菜百里蔬香产业融合发展示范带）进行建设，蔬菜产业提升计划暨现代农业产业链研究由四川大学负责编制，初步形成《彭州蔬菜产业提升计划（2020—2025）》《健全现代农业产业链，打造区域绿色农产品保供基地》调研报告。

【天府蔬菜种苗繁育中心建设】 天府蔬菜种苗繁育中心位于天府蔬香现代农业产业园核心区，占地面积约110亩，建有智能温室玻璃大棚4栋，面积15600平方米；新品种试验示范棚4栋，面积16000平方米，配套物流仓储中心、供热中心、水处理中心等。中心以打造蔬菜种子种苗生产与销售、新品种研发引进及展示推广、教育科研、农旅结合的“全国顶尖、世界一流”蔬菜种子种苗高端阵地为目标，引进优质育苗企业成都市金田种苗有限公司入驻，重点培育高端蔬菜种子种苗，保障年生产种苗达1000万株以上，推广示范蔬菜新品种、新技术数项，推进彭州市蔬菜产业结构调整，改善传统种植方式，降低蔬菜生产成本，不断丰富市民“菜篮子”，提高园区核心竞争力，助力彭州市擦亮“川菜”金字招牌，建设中国“西部菜都”。

天府蔬菜种苗繁育中心

【四川省蔬菜工程技术研究中心建设】 四川省蔬菜工程技术研究中心位于天府蔬香现代农业产业园核心区濛阳街道桂桥村。中心由彭州市人民政府与四川省农业科学院合作共建，占地面积130亩，其中科研综合大楼约2000平方米，新品种试验示范基地120亩。有职工57人，技术人员49人，客座专家14人，管理人员6人，其中高级职称48人，博士16人，硕士21人。建有蔬菜分子育种、品质分析评价、病害鉴定和检测、采后商品化处理与加工等实验室，下设蔬菜良种良法配套研究平台、蔬菜采后生鲜加工与物流保鲜研究平台、蔬菜废弃物无害化处理研究平台、蔬菜新品种选育和新技术综合实验示范基地4个科研平台。中心围绕彭州蔬菜全产业链发展中存在的技术瓶颈、共性问题，按照“补链、强链、优链”的要求，开展蔬菜新品种引进、选育与示范推广，推动彭州蔬菜产业科技创新、成果转化，提升蔬菜产业科技水平，建设大地蔬菜产业引领区，促进四川省蔬菜产业高质量发展。

【天府蔬菜社会化服务中心建设】 天府蔬香现代农业产业园按照“一中心、两网站、五系统”建设思路，开发农业大数据分析系统、现代农业管理系统、社会化服务管理系统、农产品电商销售系统和智能问答系统，搭建天府蔬香现代农业园和彭州农业智慧服务中心门户网站，建成彭州市农业大数据中心。截至年底，项目完成基本内容建设，开展市场调研，推进专业运营机构入驻。

【中国蔬菜博览馆建设】 中国蔬菜博览馆位于天府蔬香现代农业产业园核心区，展陈面积3455平方米。展馆围绕蔬乡之源、生成之路、绿色传奇、蔬菜大观四大主题，设立贡品之源、产品之境、商品之网三大展示区，以蔬菜发芽、成长、繁衍为脉络，采用视觉科技与特色蔬菜产品实物相结合，集中展现四川蔬菜生长自然环境、技术环境、销售环境及名优特色产品，实现蔬菜全产业链现代化高质量发展成果的展示与体验。具有科普教育、展览会议、研学旅游等功能，是中国首个以蔬菜文化和产业发展为主题的博览馆。

中国蔬菜博览馆

【国际农产品加工产业园区（彭州）申报】 根据《国务院办公厅关于进一步促进农产品加工业发展的意见》（国办发〔2016〕93号）中“推进加工园区建设”的要求，农业农村部在2018年2月印发的《关于大力实施乡村振兴战略加快推进农业转型升级的意见》（农发〔2018〕1号）中提出在全国建设10个产值超100亿元的国际农产品加工产业园。成都市把握重大机遇，申报创建继河南驻马店、黑龙江肇东之后中国第三个国际农产品加工产业园建设地。四川省人民政府于2019年12月底向农业农村部上报《四川省人民政府关于申请建设中国（成都）国际农产品加工产业园的函》，待农业农村部审批。中国（成都）国际农产品加工产业园以“双核心区+配套区+多点基地”为总体布局，其中双核心区之一落户彭州市。按照先策划后规划，不设计不施工的原则，市农业农村局、市规划和自然资源局现场踏勘，确定濛阳街道为符合条件的选址区域。2020年5月12日，成都市农业农村局回复成都市政府办公厅《关于对〈彭州市人民政府恳请将彭州市纳入中国（成都）国际农产品加工产业园核心区规划范围的请示〉办理意见的函》（成农函〔2020〕87号），明确同意将彭州市纳入中国（成都）国际农产品加工产业园核心区规划范围，并将彭州市作为加工园新核心区重要组成部分，围绕“双核、四驱”总体发展战略，推动产业园区前期建设规划等，彭州市牵头与青白江区共同编制中国（成都）国际农产品加工产业园总体规划等，2020年12月28日，中国（成都）国际农产品加工产业园（彭州）核心区总体规划初步形成。

农业·农村

AGRICULTURE AND RURAL AREAS

农业与农村经济 / 畜牧业 / 林　业 / 水　务 / 气　象

农业与农村经济
Agriculture and Rural Economy

【概况】 2020年，彭州市农业农村工作落实市委、市政府工作部署，通过农业农村部国家农产品质量安全县和四川省级农产品质量安全监管示范县复评，天府蔬香现代农业产业园被评定为成都市级五星级园区，彭什川芎现代农业产业园获成德眉资同城化重大骨干精品项目全省第一名。先后承办成都市乡村振兴暨一产业重大项目集中开工仪式及生猪生产和疫病防控工作会、国家城乡融合发展试验区建设动员会暨"西控"工作推进会——龙门山镇鱼凫湿地项目现场调研等大型会议。全年农业产业增加值67.49亿元，比上年增长3.3%；固定资产投资12.01亿元；农村居民人均可支配收入25520元，增长8.6%。彭州市被评为四川省乡村振兴先进县、成都市实施乡村振兴战略推进城乡融合发展先进县。

表8　2020年彭州市农业和农村主要经济指标表

类别	主要经济指标	单位	数量	增幅(%)
主要产值产量指标	农业增加值	亿元	67.49	3.3
	农村居民可支配收入	元	25520	8.6
	其中：家庭经营收入	元	6201	12.4
	工资性收入	元	12414	7.8
	财产性收入	元	2473	6.2
	转移性收入	元	4432	7.0
	粮食总产量	万吨	24.91	1.1
	其中：水稻	万吨	18.16	1.6
	玉米	万吨	3.16	23.0
	红苕	万吨	0.04	-63.6
	马铃薯	万吨	2.37	6.8
	小麦	万吨	0.48	-4.0
	油菜	万吨	1.38	1.68
	其他粮食作物	万吨	0.69	475
	蔬菜	万吨	233	100.5
	水果	万吨	6.34	-65.0
	花卉	亿元	—	—
	茶叶	万吨	0.0038	90.0
	蚕桑	万吨	—	—
	中药材	万吨	3.62	115.5
	食用菌	万吨	2.98	1555.6

【农业产业发展】 彭州市加大现代农业招商引资力度，由市领导带队开展农业招商7次；完成项目包装12个；新签约亿元以上项目12个，涉及金额约24亿元；引进到位内资约4亿元。市农业农村局牵头推进成都市重点续建项目2个，年度投资6.5亿元。彭州市推进农业企业培育和服务，搭建政企沟通平台，协调解决企业困难，引导企业创新发展，新培育四川省旺达瑞生态农业开发有限责任公司、成都市宁升绿康食品有限公司2家省级重点龙头企业以及四川迪菲特药业有限公司、彭州市全方禽业发展有限公司2家成都市级重点龙头企业。截至2020年底，全市有农业产业化成都市级以上重点龙头企业30家，其中国家级1家、省级13家、成都市级16家。

【农村金融服务改革】 彭州市开展农村金融服务改革，通过政府主导金融助力，创新推动现代农业全产业链发展，各镇村建立服务中心、"农贷通"服务平台和21个村级市场化服务示范站，全市17家各类金融机构全面参与"农贷通"平台，发布53个农村金融产品，截至年底，全市"农贷通"平台贷款3490笔、28.09亿元，比上年分别增长40%和56%，居成都市前列。

【农村集体资产股份化改革】 彭州市13个镇(街道)、191个村(社区)、2520个组级集体经济组织以2020年12月31日为基准日，开展农村集体资产清产核资工作，清理核实农村集体资产48.4亿元，其中流动资产12亿元、林木资产0.52亿元、长期资产0.7亿元、固定资产34.42亿元、其他资产0.59亿元；集体土地总面积141.7万亩，其中农用地131.01万亩、建设用地8.79万亩、未利用地1.9万亩。印发《关于2020年探索农村集体经济新的实现形式和运行机制的试验方案》，指导农村村级集体经济组织成立股份经济合作联合社，采取单独或联合开发的方式推进集体资产资源开发利用。探索“以村集体资产股份量化为基础、以镇村两级集体经济组织股权合作为路径、以项目为载体、以收益分配为激励”的共建联营模式。2020年底成立村级集体经济组织股份经济合作联合社65家。引导集体资产股份制经营主体通过农村土地经营权的租赁创新农村集体经济运营机制，实现集体经济收入1.2亿元，比上年增长30%。

【新型经营主体培育】 截至年底，彭州市培育农民合作社1330家，其中国家级示范社2家，四川省级示范社11家，成都市级示范社4家，彭州市级示范社6家；有各类家庭农场713个，其中四川省级示范家庭农场4家，成都市级示范家庭农场17家，彭州市级示范家庭农场18家。全年新增合作社65家，增长5.1%；新增家庭农场84家，比上年增长13.4%。

【蔬菜产业链发展】 彭州市蔬菜种植面积82万亩（含复种面积），产量230余万吨，产值36亿元，外销190万吨。建成以濛阳街道、九尺镇等为核心的蔬菜生产基地，新建高标准农田2.1万亩（含高效节水灌溉0.2万亩）。引进试验示范蔬菜新品种140余个，新技术5项；推广新品种12个，新技术2项，开展蔬菜工厂化育苗、露地蔬菜病虫害防治等技术指导培训10000余人次。全年国家级蔬菜批发市场四川国际农产品交易中心蔬菜、水果等农产品交易量580万吨，交易额410亿元，其中蔬菜380万吨，交易额220亿元，全市农产品冷藏保鲜容量达14万吨以上。

【第十一届中国·四川（彭州）蔬菜博览会】 11月22日至26日，第十一届中国·四川（彭州）蔬菜博览会在彭州市举办。菜博会由中国农产品市场协会、中国蔬菜流通协会主办，农业农村部信息中心、

11月22日，第十一届中国四川（彭州）蔬菜博览会在天府蔬香博览园蔬香广场举行开幕式

四川省农业农村厅、四川省商务厅、重庆市农业农村委员会指导，成都市农业农村局、成都市博览局、四川省农业科学院、重庆市潼南区人民政府支持，中国蔬菜流通协会“一带一路”和南菜北运分会、成都市农产品市场流通协会、彭州市国有资产经营管理有限公司承办。菜博会以“擦亮川菜金字招牌　建设中国西部菜都”为主题，围绕贸易洽谈、展示展销、田园体验、乡村旅游等内容，通过“田间展”“场景展”“云上展”三大陈展方式，全面展示蔬菜产业发展成果，参展商家500余家，线上线下参观人数超过100万人次。其间，举行第十一届“中国·四川蔬菜博览会”蔬菜机械化演示展示，演示国际、国内先进蔬菜机械化移栽、直播、植保、精整地、开沟起垄覆膜等机械化作业过程及机械化种植蔬菜效果、田间长势和叶菜类蔬菜机械化收获技术，静态展示农产品烘干、冷链物流设备及技术，展现成都农机装备水平和蔬菜机械化装备100余台套，召开2020年成都市主要农作物全程机械化生产培训会；举行第六届成都种业博览会（秋季）、中国蔬菜产业高质量发展高峰论坛、中国蔬菜产业科技创新高峰论坛、四川（成都）项目推介暨产销对接签约仪式等系列活动，成功签约农贸智慧物流中心、农产品供应链服务基地暨结算中心、川产道地药材种植基地及育苗中心等18个农业产业项目，总投资200亿元。

【农业品牌建设】 彭州市推动农产品品牌打造，促进品牌化与产业化、市场化、规模化、标准化融合发展。举办第十一届中国·四川（彭州）蔬菜博览会，组织企业参加上海·全国优质农产品博览会、深圳礼品展、“游绿道公园 品时令佳果”成都特色农产品品鉴展销活动等展示展销，推进九尺板鸭、“盈棚”泡菜、“芙思塔”鱼子酱等品牌农产品展示展销和宣传推介。九尺板鸭获选“2020年四川省庆丰收金秋消费季最受消费者喜爱农产品”“2020年成德眉资地方名优产品名录”。截至2020年底，成功创建“彭州大蒜”“敖平川芎”省级特色农产品优势区，培育“龙门山”蔬菜区域公用品牌和广乐、盈棚等企业自主特色农产品品牌，全市“三品一标”产品认证126个，“彭州大蒜”获国家地理标志保护产品，“彭州莴笋”“彭州川芎”获国家农产品地理标志产品登记保护，“九尺板鸭”“彭县黄鸡”获国家地理标志证明商标。

【农产品质量安全监管】 彭州市新制定和修订《彭州市农业农村局农产品质量安全检打联动办法》《中共彭州市委农村工作领导小组办公室关于加强农产品质量安全监管的实施意见》《彭州市农产品质量安全“黑名单”监督管理制度》《彭州市农产品质量安全事故应急预案》等20余项制度、方案、办法、实施意见。进一步明确和落实主体责任、监管责任等，推动全市农产品质量安全监管，制定和实施《彭州市试行食用农产品合格证实施方案》，全市43家市场经营主体、550家食用农产品生产主体纳入试点管理，发放3000张食用农产品合格证告知书，开具合格证159万余张，位居全省前列。推进农产品质量安全监管对象数据更新，促进农产品质量安全监管全覆盖，把控农药经营许可审查证核发，扩大农药集中配送面，健全农产品质量安全日常检测制度，每月定期开展对全市农业标准化生产基地、批发市场主要农产品质量安全状况的检测分析，全市镇、村两级检测机构检测农产品样品71175个，平均合格率超99%。1038家三品一标认证企业、合作社、家庭农场注册进入国家农产品质量安全追溯管理信息平台。“三品一标”农产品达到113个（其中地理标志保护农产品认证5个、有机农产品认证51个、绿色食品认证14个、无公害农产品认证43个），建立规模经营业主农产品生产档案，推进经营业主、农资经营商家、检测人员、监管、协管人员宣传培训，全市农产品生产主体质量监管纳入农产品质量溯源平台，实现在线监管。

【幸福美丽新村建设】 彭州市围绕城乡品质提升和生态环境改善，以建设“美丽四川·宜居乡村”为抓手，全面推进规划引领、农村人居环境整治“三大革命”、村容村貌提升“六化”工程、“六网一中心”工程、美丽经济“五变”行动和山水林田湖治理等，改善农村人居环境，全年创建“美丽蓉城·宜居乡村”示范村20个，“美丽四川·宜居乡村”达标村59个，实现行政村（涉农社区）全覆盖；农村无害化卫生厕所普及率95.68%；行政村生活垃圾收运覆盖率100%，常态化保洁制度覆盖率100%，垃圾无害化处理率100%；农村污水治理率达99.5%；畜禽粪污资源化利用率超90%。

【农业机械化发展】 彭州市机耕作业108万亩，机播32.2万亩，机收44.35万亩，机械化秸秆粉碎还田11.05万亩，农机合作社机械化作业面积19.93万

11月23日，农业机械化展示

亩；常年提水保灌面积30.315万亩；主要农作物综合机械化水平83.58%。有农机购置补贴农机具152台，农机购置补贴中央资金结算进度超90%；农机总动力403957.19万千瓦，其中拖拉机4243台，配套农具5407台（套），联合收割机235台，插秧机84台；农机年检率53%。全市全年未发生农机致人员死亡事故。

【新型职业农民培训】 彭州市高素质农民、新型职业农民培训594人（高素质农民培训276人、新型职业农民318人），项目资金合计108.1万元。高素质农民培训276人（现代青年农场主培训3人、省市级调训1人、市级调训6人、经营管理型人才培训266人）；新增农业职业经理人培训200人；新型职业农民精英培训40人；乡村专业人才培训35人；国家成都农业科技中心人才基地培训40人；省外先进基地培训3人；推进一批爱农业、懂技术、善经营的新型职业农民能力提升。

【移民安置】 截至2020年底，彭州市有来自国内51个大中型水库（电站）移民区移民人口2761人，彭州市推进移民后扶人口直发直补扶持，对认定的移民人口按600元/年·人标准进行生活补助，发放补助资金124.09万元，通过"一卡通"按月兑现，对69位无土安置的移民按800元/月·人（最新标准）发放生活补贴。开展移民后扶项目扶持，落实各级财政专项资金，以移民人口或移民安置村（社区）为主要受益对象，安排各类移民后扶项目，改善移民家庭及移民聚居区生产生活条件，促进移民人口留得下、住得稳、发展好，实现全面小康。

【扶贫开发】 彭州市扶贫开发根据《彭州市农村扶贫开发领导小组关于印发〈彭州市2020年高标准全面建成小康社会城乡扶贫开发工作实施方案〉的通知》等指导性文件，推进高标准城乡扶贫开发，彭州市对2个经济薄弱村（隆丰街道玉皇村、桂花镇插旗村）产业发展（含基础设施建设）项目，补贴成都市、彭州市级扶贫专项资金80万元，对15户52人产业帮扶户到户生产资料补贴5.2万元，每人补贴标准为1000元。经济薄弱村按照相关政策要求，编制产业发展规划，发展地瓜产业、优质水稻、花卉苗木等相关产业，孵化培育蓉测点蔬菜种植家庭农场、玉皇生态蔬菜种植专业合作社等新型经营主体，辐射带动村民产业发展。经济薄弱村人均收入19030.06元，为当地农民人均可支配收入的74.28%，收入增幅8.48%；全市15户产业帮扶户人均可支配收入达22237.11元，为当地农民人均可支配收入的86.80%，收入增幅13.76%。

【高标准农田建设】 彭州市在敖平镇凤泉村、兴泉村、鹤泉村、石音村，九尺镇高林村、永兴村，三界镇元胜村、丰碑村，军乐镇银定村、石埂村，升平镇银雀村、石桥村，丽春镇君平街社区、天鹅村、保平村、花棚社区，隆丰镇回龙村、西北村、文家村7个乡镇19个村实施高标准农田建设项目，建成面积2.1万亩，完成田形调整1643亩，地埂建设6.86公里，土壤改良5600亩；整治排灌渠29.71公里，提灌站1座，田间道路29.76公里。

【农村面源污染治理】 彭州市推进秸秆综合利用和禁烧，实现"不见烟雾、不见火光、不见黑斑"，未向河道、沟渠抛弃农作物秸秆，农作物秸秆综合利用量20.19万吨，利用率98.38%。发放各类秸秆综合利用和禁烧宣传资料20万份。

【农业信息化建设】 彭州市推进农业信息化建设，初步形成智慧农业、农产品电商和信息进村入户三大特征。建有物联网示范基地9个，益农信息社252家，农村电子商务镇级服务站5个，农产品电子商务网上零售额5.7亿元，实现市级以上农业龙头企业电商覆盖率100%，市级以上合作社、家庭农场电商覆盖率90%，建立起宁升绿康、彭州天地网等龙头网络农产品电商销售平台。以四川国际农产品交易中心为依托，建成全国重要的市场价格形成中心、产销信息服务中心、科技交流中心、会展贸易中心、物流集散中心。光纤网络主流带宽从100M提升到1000M。构建市、镇、村三级农产品质量安全监管服务体系，主要优势农产品标准化生产覆盖率90%以上，以蔬菜为主的农产品质量安全抽检合格率达到99%。彭州市全年投入资金1400万元，促进产业强镇、农贷通平台、智慧农业服务中心、农产品安全溯源体系、智慧动监等农业信息化建设。

畜牧业
Animal Husbandry

【概况】 2020年，彭州市生猪出栏34.91万头、比上年增长22.4%，小家禽701.43万只、同比减少7.5%，肉牛4993头、比上年增长0.2%，肉羊7411只、比上年增长1.2%，肉类总产量3.67万吨、比上年增长8.4%，禽蛋产量1.18万吨、比上年增长3.4%，牛奶产量6283吨，水产品产量3131吨。新创建市级畜禽标准示范场4个。

表9　　2020年彭州市畜禽主要产品产量表

类别	单位	数量	增幅（%）
生猪	万头	34.91	22.4
小家禽畜	万羽	701.43	-7.5
肉牛	头	4993	0.2
肉羊	只	7411	1.2
肉类总产量	万吨	3.67	8.4
牛奶	吨	6283	5.2
禽蛋	万吨	1.18	3.4

【养殖污染治理】 彭州市开展畜禽养殖监管，推进养殖污染治理，实施“畜禽养殖场铺设管道进行雨污分离；粪污进行干稀分离，分成液态排放物和固态排放物；固态排放物采用堆肥发酵还田处置；液态排放物（尿液、废水等）进入沼气池、氧化塘处理”的处置模式。推进《2019年成都市畜牧业转型升级绿色发展项目》《彭州市畜禽养殖粪污资源化利用整县推进项目》等用于畜禽养殖粪污资源化配套设施建设，全市畜禽粪污综合利用率95%，规模化养殖场设施设备配套率100%。

【畜禽地方优良品种资源保护】 彭州市开展成华猪、彭县黄鸡性能测定，保护和开发利用成华猪、彭县黄鸡两个国家和省级品种资源，对品种进行系统的选育提纯、复壮。提高畜禽产品核心竞争力，满足市场畜禽产品多样化需求。

【鱼种质资源场建设】 彭州市实施《四川省彭州市国家重口裂腹鱼种质资源场建设项目》，投资1100万元，新建鱼池、生态净化池、孵化车间、鱼苗车间、进排水工程等生产性基础设施和大门、门卫室、泵房、配电房、停车场、管理房、围墙、道路、沉淀池、电缆工程、临时工程、水环保工程等生产性辅助设施，促进水产养殖品种结构的调整和养殖效益的提高，推进农村剩余劳动力就业，实现农民增收。

【动物防疫检疫】 彭州市严控非洲猪瘟、高致病性禽流感、狂犬病等人畜共患病及其他常见病，全市产地检疫生猪28万头、家禽1170.6万羽；生猪屠宰检疫12793.3吨。无害化处置病死猪0.2万头，家禽3.8万公斤，无害化处理率100%。开展畜禽养殖、屠宰环节“瘦肉精”监测1.2万份次，其中养殖环节0.7万份次、屠宰环节0.6万份次，检测率达到100%。全年免疫生猪31.22万头，家禽389.08万羽（鸡341.47万羽、鸭36.78万羽、鹅10.83万羽），牛2万头，羊1.09万只，犬5.99万只，免疫率占应免数的100%，耳标佩戴率达100%；畜禽群体免疫抗体检测血清样品1220份，抗体合格率达超70%，符合农业农村部要求。推进8家试点养殖场免疫疫苗“先打后补”项目项目资金申报；完成跨省畜禽调运牛血清布病监测1223份，鸡血清H5H7抗体检测110份；开展非洲猪瘟等重大动物疫病防控“大消毒、大培训、大宣传”专项行动2次；招募特聘动物防疫专员9名。奶牛“两病”净化695头，补检入境奶牛47头，检出布病阳性奶牛15头，结核病阳性奶牛4头，其中双阳性奶牛4头，扑杀染疫奶牛15头；畜禽跨省调运实验室布病检测监测牛1223头，检出布病阳性牛4头，扑杀染疫牛4头。全年全市未发生区域性重大动物疫情和人畜共患病流行。

【兽医社会化服务推进】 彭州市农业农村局推动兽医社会化服务，开展与社会机构（协会、企业等）具备动物产地检疫技术性组织的服务协议签订，经市动监机构培训合格的兽医人员承担特定区域内动物临床检查等动物产地检疫技术性辅助工作。社会机构按合同约定组织落实兽医人员，并接受市动监机构的培训考试上岗。市动监机构围绕购买服务合同目标制定管理办法和实施标准对服务全过程跟踪监管、对服务成果检查验收，确保承接主体按照合同约定提供各项优质服务。通过实施社会化服务，培育全市兽医社会化服务组织发展，提高现代畜牧业发展对兽医需求。

【动物诊疗机构管理】 彭州市有9家动物诊疗机构，主要从事犬猫宠物诊疗。彭州市根据《中华人民共和国动物防疫法》《动物诊疗机构管理办法》依法对全部诊疗机构开展“动物诊疗许可证”监督检查，确保各机构配备有执业兽医对病死动物、病理组织及医疗废弃物、废水按规定进行处理。全年未发生安全生产伤亡事故。

【畜禽产品质量安全监管】 彭州市按照四川省、成都市农产品监督抽样工作通知要求，制定辖区监督抽样计划，全年监督抽样畜产品81个，猪肉12个，禽肉7个，禽蛋8个，生鲜牛乳27个，猪肝10个，水产品17个，合格81个，合格率100%；监督抽样饲料样本70个、合格70个、合格率100%，监督抽样兽药产品6个、合格6个、合格率100%，全面完成生产环节畜产品质量安全监督抽样任务。

林业
Forestry

【概况】 2020年，彭州市林业系统学习贯彻习近平新时代中国特色社会主义生态文明思想、习近平总书记来川视察重要讲话精神，为彭州市建设践行新发展理念的立体山水公园城市、打造生态绿色之城作出积极贡献。全市全年净增森林面积3200.2亩，净增森林蓄积10.9334万立方米，森林覆盖率达42.54%，被评为“国家森林乡村”。

表10　　2020年彭州市林业资源情况表

时间	森林面积（公顷）	林地面积（公顷）	森林蓄积（万立方米）	森林覆盖率（%）
“十二五”末期	59444.29	60796.40	418.82	41.82
2019年	60260	60673	441.88	42.39
2020年	60533	60660	450.02	42.56

【林木资源保护】 彭州市按照夯实生态本底，实现生态价值转换的原则，实施天然林资源保护工程3.76万公顷，巩固退耕还林成果5000公顷，认定并公布彭州市一、二、三级名木古树257株，挂牌实行常

白水河国家级自然保护区

态化巡查保护，修枝排危城区影响行人安全的古树名木1株，抢救复壮长势衰弱古树及病虫害防治8株。编制《关于推进竹产业高质量发展建设大美湔江竹林风景线的工作方案》并通过市政府常务会审议和市委常委会审定。抚育通济镇阳平村楠竹林93.33公顷，申报成都市竹林人家1户。

【林业和园林项目建设】 彭州市落实成都市级现代林业产业项目资金875万元，用于葛仙山森林小镇、丹景山鲜花特色小镇、中药材示范园区、现代竹产业高质量发展科技示范园、美丽乡村公园社区项目建设以及扶持新型林业经营主体等。全年新增绿地120公顷，完成1处老公园景观提升，1处公园城市示范街区打造，实施林盘生态管护与修复12处，创建3处市级园林式居住小区，完成1处老旧小区园林绿化景观改造试点，建成园林绿化垃圾处置站1处。打造2处“新改扩建小游园、微绿地”和2处“红点”“奇点”景观；16条街道行道树增量提质、9处拆墙透绿、围墙增绿，新增立体绿化面积1.2万平方米；打造8条“回家的路”、14条“上班的路”。

【森林防护】 彭州市推进林业有害生物监测预报“人巡＋技测”建设，构建市、镇、村三级网格化智能监测体系，实现全市9个有林镇67个涉林村林业有害生物监测全覆盖。全年发放生态保护资金791.66万元。其中，集体公益林（地）生态保护资金327.46万元、森林生态效益补偿资金164.12万元、集体和个人天然商品林停伐管护补助资金19.47万元、退耕还生态林森林抚育资金280.61万元。以石化防护林、柳杉用材林、马尾松林为重点，开展林业有害生物监测覆盖率90%以上；对松墨天牛、黑腹绒鼠、云斑天牛、星天牛等林业有害生物进行综合防治，全年实施防治面积2300公顷，无公害防治率91.6%，实现林业有害生物零成灾；启动林业监测网格化管理，防控锈色棕榈象，阻击松材线虫病、红火蚁等外来林业危险生物入侵；建设森林专业扑火队伍，督导各涉林镇（街道）开展森林防火宣传“五进”活动，出动宣传车200余车次、发放森林防火宣传物品1000余件、宣传单20000余份、制作森林防火宣传牌横幅1000余个，在防火期内联系市气象局每天发布森林火险等级。全市组建镇村两级1721人的群众性义务扑火队伍，联合市消防救援队伍对全市523名扑火队骨干进行森林扑救火培训。保障全市三级防火器材库森林防火扑火物资10000余件。市政府投入900万元建设全市森林防火预警监测体系，安装视频监控探头580个、语音播报卡口72个、环境及气象监测系统21个、火险因子监测系统12套、网格巡护管理App1套、全民保护微信公众号1套、森林防火监测预警软件系统1套、市级指挥中心1套。森林火灾控制在0.09%以下，彭州市连续34年未发生较大及以上森林火灾。

【野生动植物保护】 彭州市结合“世界野生动植物日”“爱鸟周”等，开展野生动植物保护宣传，发放宣传海报105张，张贴野生动物鸟类保护的通告100张，发放非法猎捕、交易、养殖野生动物保护鸟类法律责任摘要宣传单20000余份。定期开展保护巡护，全年徒步巡护120余次，巡护里程1000公里。投入10万余元，救助53只（头）国家二级、“三有”陆生野生保护动物。开展生物多样性监测巡护和红外相机野外监测，收集到大熊猫野外种群状况监测记录282份、伴生动物监测记录206份，发现大熊猫、斑羚、扭角羚等动物痕迹100余处，收集到拍摄有金丝猴、牛羚、野猪、红腹锦鸡等珍稀野生动物的照片8976张，视频3240个。

【大熊猫国家公园彭州管护总站】 大熊猫国家公园彭州管护总站于2020年8月27日挂牌成立。9月17日，彭州总站代表成都市熊猫分局接受大熊猫国家公园体制试点评估验收工作，评估组对大熊猫国家公园彭州管护总站现有入口社区建设、熊猫健康小镇的谋划、生态综合信息监管平台运行、大熊猫国家公园彭州管理总站信息化建设构思给予充分肯定，通过验收。大熊猫国家公园彭州区域面积318.6平方公里，其中核心保护区面积为281.6平方公里，一般控制区面积为37平方公里。在地域上沟通什邡、汶川、都江堰等大熊猫国家公园，是岷山大熊猫B种群的关键走廊带。全国第四次大熊猫调查统计大熊猫国家公园彭州区域内有7只大熊猫，栖息地面积1万多公顷，潜在栖息地面积2万多公顷，与岷山山系南段1500余平方公里的大熊猫栖息地连成一片，对促进大熊猫种群间基因交流，稳定和发展大熊猫种群具有重要的作用。大熊猫国家公园彭州区域地形复杂多样，森林植被保存完整，自然景观美丽，生物多样性丰富，全区保存有植物1760余种，野生动物424种。有国家I、II级重点保护动植物共70种，如大熊猫、金丝猴、牛羚、珙桐等。

11月13日，野生动物保护宣传

【天彭牡丹花基地建设】 天彭牡丹保育中心于2018年5月开始建设，截至2020年，园区建设面积6.73公顷，投入建设资金655.6万元，种植牡丹品种114个10万余株。天彭牡丹保育中心推进收集和建立彭州牡丹种植资源保存库建设，研发牡丹新品种和保护濒危牡丹品种，开发有自主知识产权的牡丹新品种，提高天彭牡丹声誉和地位，开展园区科教和展示宣传，利用中心特有的牡丹景观价值和开展的科普教育等活动，塑造彭州牡丹文化品牌。

水务
Water Affairs

【概况】 2020年，彭州市水务局主动适应经济发展新常态，抢抓机遇，改革创新，加大投入，全力推进各项水利重点工程建设，有效改善全市水利基础设施条件，为全市经济社会发展提供支撑和保障。

【水利基础设施建设】 彭州市推进水土保持示范项目建设，实施严家河生态清洁型等小流域工程建设，全年治理水土流失面积15平方公里。推进白鹿湖水库和湔江堰灌区现代化建设。白鹿湖水库获取省水利厅批复；湔江堰灌区现代化建设，完成前期可研编制。推进城镇排水管网建设和重点区域污水管网加密工程。新建污水管道69.98公里，雨水管道17公里。截至年底，建成污水管道282.2公里，雨水管（沟）366公里。

【防汛减灾】 彭州市严格落实防汛责任，修订完善防汛预案，实施汛前加固、河道清障、堤防修复等工程。完成彭州市2019年县管河道水毁堤防修复工程、彭州市2019年湔江河道水毁堤防修复工程，修复、新建堤防6.8公里，实施沙金河和白水河河道清淤工程项目，清淤河道14.15公里。落实市级补助资金300万元，开展55处防洪隐患点的治理，储备砂石料、块石、编织袋、无纺布、铅丝网兜、照明灯具等防汛物资。加大洪水灾害防御知识宣传力度，组织13个镇（街）完成洪水灾害防治知识培训演练，编制洪水灾害防御预案、应对“8·11”“8·16”等强降雨天气过程，按照《彭州市防汛应急预案》规定启动蓝色预警响应3次、黄色预警响应2次、橙色预警响应2次。按照“提前避让、主动避让、预防避让”原则提前转移受威胁群众，应对汛期强降雨过程实现零伤亡。

【水资源管理】 彭州市按照长江经济带小水电清理整改工作要求，牵头成立小水电整改工作专班，明确分管领导、责任科室和具体人员，开展整改类和退出类小水电“一站一策”整改方案编制，落实长江经济带取水工程核实登记和整改，推进78家取水企业取水许可手续整改和64座小水电清理整改。建立跨部门跨区域联动机制，完成规模以上河流青白江划界和规模以下河道9条共228.48公里划界工作。

【污水处理厂建设】 彭州市实施城镇污水厂新改扩建PPP项目，开展城镇污水处理厂提标升级改造20座，扩容总规模93700吨/日（扩建规模27300吨/日），全年，污水处理厂扩容改造1.59万吨/日，提标改造规模4.5万吨/日，完成总投资约2亿元。

【河长制管理推行】 彭州市推进水环境治理，推动河长制从“有名”到“有实”转变，强化监督考核和目标管理，在河长制“1+6”制度体系基础上，补充制定《彭州市河长述职评议制度》，推动建立“官方河长+民间河长”工作体系，压实河长责任。全市全年河长巡河8.7万次，解决巡河发现水环境问题765个。常态化开展“清四乱”和“清河”专项行动，四乱点位实现动态清零，全年打捞河渠垃圾5800吨、清淤5.5万吨、拆除违法乱建4500平方米。实施重点小流域综合治理。完成《濛阳河小流域水生态综合治理详细规划》编制，沱江流域彭州段综合治理项目一期完成初设方案评审。落实《濛阳河水质达标工作方案》《柳

4月22日，彭州市总河长全体会议暨濛阳河水质达标推进会召开

河分干渠水质达标工作方案》，濛阳河、柳河考核断面水质全年实现均值达标，全市出境断面水质稳定。会同市综合执法局建立24小时河道巡查监管制度。打通“部门+属地”协作机制，与都江堰市、德阳市什邡市、绵阳市绵竹市及德阳市旌阳区等地检察院签订人民渠水源地保护检察异地协作机制，制定人民渠治理管护“十一条”。

【农村饮用水供应】 彭州市提升农村饮用水供水能力，实施2019年农村抢险救灾供水工程项目，对隆丰团结等35个点位进行新建管网入户、小区总平管网改造，解决约3.8万人供水问题。启动农村供水PPP项目前期工作，基本完成可行性研究报告编制和资产评估等前期工作，开展解除农村供水委托协议和确定城市特许经营权谈判工作。

【涉水宣传】 彭州市挖掘具有彭州特色的水文化，彭州市河长办组织参加第二届“守护美丽河湖—争创示范河湖”全国短视频公益大赛，制作《守护的传承》参与宣传推广、投票点赞群众10万人次，播放量50万人次，获全国“优秀奖”和“快手特别奖”。围绕“世界水日”“节水宣传周”等节点，开展节水云课堂、主播进学校、污水处理市民开放日、节水知识网络问答等主题活动，线上线下立体式讲好彭州“水”故事。

气象 Meteorology

【概况】 2020年，彭州市气象监测与预报树立“精准、融合、一流、品质”的工作理念，求真务实，开拓进取，推进各项目标任务完成。

【气候特点】 彭州市全年短时强降雨、阵性大风等局地强对流天气频发：8月多站次出现小时雨量超过50毫米的短时强降雨天气，其中全年最大小时雨量达94.3毫米（九尺镇双土村8月11日）。全市年平均气温达17.0℃，较常年同期（15.9℃）偏高1.1℃。年极端最高气温为36.6℃（8月26日、8月27日），全年日最高气温大于35℃的日数有6天。年极端最低气温–2.3℃（12月21日）。全年总降水量1173.6毫米，较常年同期（867毫米）偏多35%。暴雨日达6天，其中大暴雨日达2天，8月11日的降水量更是达到171.7毫米。降水时空分布不均特征明显：强降水时段主要集中在8月，累计降水量710.9毫米占全年总降雨量的6成，最大监测点年降水量为2228.5毫米（龙门山镇红房子）。全年全市辖区内无标准大风天气，雷电活动频率较正常，有7天发生明显的雷电天气。年总日照时数945.5小时，较常年日照时数（1080.7小时）偏少12.5%。

【气象防灾减灾】 彭州市气象局准确预报强降温天气过程和局地强降雨、区域性暴雨天气过程，及时发布各类气象服务材料300余期。在8月11—16日连续性强降雨天气过程中，市气象局立足“早准快”，在全市气象部门内率先将应急响应升级至Ⅰ级，助力各镇（街道）提前转移避险群众，实现零伤亡。全年发布森林火险气象等级预报365期，山洪地质灾害气象风险预警19期，大风、雷电、暴雨、大雾等气象灾害预警信号50期，发送手机短信500万余条。自主研发彭州市智慧气象民生保障服务系统，以高精度3D GIS地理系统为载体，接入54个区域自动站、雷达等气象实时数据与预报数据，整合全市382个地灾隐患点、361个山洪危险区、11个水库、境内河流、道路、下穿隧道等信息，融合全市地灾监测员和防汛人员信息；开发“智慧叫应”系统，提前筛查气象灾害隐患天气，达到阈值自动编发推送告警短信。构建民生监测“一张网”、综合研判“一张图”、调度指挥“一

表 11　　2020 年彭州市气象要素情况表

	1月	2月	3月	4月	5月	6月	7月	8月	9月	10月	11月	12月	全年
平均气温（0.1℃）	75	101	139	165	232	251	255	252	216	161	133	58	170
降水量（0.1 毫米）	87	71	270	270	404	1002	1269	7109	704	407	60	83	11736
日照时数（0.1 小时）	617	812	886	1153	1419	1179	873	1080	562	275	375	224	9455

队伍”、预警发布“一键式”。对接生态环境、规划和自然资源、水务、应急管理、农业农村等部门，建立信息共享、会商研判、联合发布、应急联动和联席会议工作机制。

【公共气象服务】 彭州市气象局为第 31 届大运会倒计时一周年系列活动主题晚会、成都市先进材料产业生态圈和彭州市重大项目签约开工暨生态圈党建联盟成立仪式、2020 年成都市全国科普日彭州专场活动启动仪式、第十一届中国·四川（彭州）蔬菜博览会等重大活动提供气象服务；协助白鹿场社区申报全国综合减灾社区，开展社区气象灾害风险区划、自然灾害应急队伍建设、科普宣传、防灾知识培训等工作；助力生态旅游发展，整理分析彭州市 13 个镇（街道）常年气候概况，制作“一镇一品”推荐宣传稿件，通过“彭州气象”官方微博、微信公众号等多渠道宣传；制作通俗易懂的气象科普作品，被“成都气象”官方微信公众号采纳 50 余篇；联合市科协、市交警大队利用公交站台广告牌、交通诱导屏等开展气象科普宣传。

【大气污染防治】 彭州市气象局与彭州生态环境局建立业务联动机制，落实每日常态会商不定时加密会商，着力发展气象扩散条件预测、预估业务，每日向政府提供未来三天气象条件分区预报，每周提供未来十天大气污染潜势预报，探索开展气象扩散条件月、季预估服务，为市政府提前启动管控措施和开展重污染天气成因诊断等决策提供重要支撑。适时开展人工影响天气作业，改善空气质量。截至年底，全市建成由 5 门高炮、2 部车载火箭、3 套地面碘化银发生器和飞机（成都市气象局统一飞行）组成的地基与空基相结合、固定与移动作业互为补充、较为现代化的人影作业体系。

【防雷安全监管】 彭州市气象局严格落实危化品企业防雷安全监管责任，联合彭州市应急管理局印发《关于进一步做好防雷安全工作的通知》，建立涵盖全市防雷安全重点单位的信息库，健全防雷安全重点单位清单、防雷隐患排查治理清单，有效实施日常管理、监督检查和业务指导。开展防雷安全执法检查 72 次，气球施放安全执法检查 48 次。依托四川一体化政务服务平台、全国防雷减灾综合管理服务平台等，推动“互联网 + 监管”“互联网 + 执法”系统建设。

【气象科研合作】 彭州市气象局依托彭州大气环境气象综合监测基地，诚邀南京信息工程大学气象科学技术研究院专家支持指导建设彭州市大气污染防治气象联防联控服务体系；与成都信息工程大学资源环境学院、大气科学学院在防灾减灾、大气污染防治、乡村振兴等方面合作；与广汉市气象局、什邡市气象局签订“彭什广”区域气象合作协议，建立联合观测、联动会商、信息共享、技术研发和党建联动为一体的气象区域协调发展体制机制，不断提升三地气象监测、预报、预警服务水平及防灾减灾能力，强化区域气象协同联防发展。

工信产业 · 建筑业

INDUSTRY AND INFORMATION INDUSTRY, BUILDING INDUSTRY

工信产业
Industry and Information Industry

工业经济运行

【概况】 2020年，彭州市依托优势资源，优化工业产业结构，重点发展新材料、航空动力装备、现代中药、增材制造4大主导产业；推进家纺服装、家具、食品、机械制造、建材及其他传统产业发展。全市有工业企业1137户，其中规模以上工业企业164户、规模以下工业企业970户、其他未纳入统计单位3户。彭州市被工信部确定为国家级“再制造产业集聚区”和“纺织服装创意设计试点园区”；获批四川省“第二批工业强县示范县”；被四川省经信委表彰为“四川省信息化工作先进集体”。全年全市164户规模以上工业企业实现产值646.71亿元，同比下降17.15%；实现工业税收98亿元，占全市总税收118.9亿元的82.42%；新增规模以上工业企业28户；民营经济增加值增速2%，民营经济增加值占地区生产总值比重36.8%。全年工业投资128.3亿元，新经济企业风险投资件数5件、投资金额2879万元；规模以上工业企业R&D经费投入4.24亿元；高新技术产业主营业务收入112.69亿元。

【产业发展】 彭州市的工业主导产业实现4次提升：由改革开放前，以锦江厂、中亚厂等“三线建设”及煤炭等资源开采为主到改革开放至20世纪末，以制药、食品、机械制造、建材、家具等产业为主到21世纪初，按照“一区一主业”要求，确立石油化工、家纺服装“一重一轻”主导产业布局；再到近年来，彭州市不断优化提升产业格局，形成新材料、航空动力装备、现代中药、增材制造为主的4大主导产业，现代产业体系逐步构建，工业体量不断做大。2007年彭州市规上工业总产值迈上百亿元台阶；2011年迈上200亿元台阶；2014年迈上500亿元台阶；2017年迈上600亿元台阶；2019年迈上700亿元台阶。

生物医药产业企业

【产业转型升级】 彭州市以产业转型升级为契机，通过政策引导，先后淘汰关闭70余家墙体材料、110家小石灰窑、9家小水泥厂、14家电镀厂、16家印染厂以及若干煤电厂、砖厂和瓦厂等“三高一低”企业，累计降低能耗30万吨标准煤/年。以“散乱污”工业企业清理整治为突破口，对近1000家不符合产业政策和当地产业布局规划、行政审批手续不齐全、设备落后等企业进行综合整治，关闭淘汰376家企业，整改696家企业，调迁69家企业。以大气污染防治为着力点，加大对亚东水泥、兰丰水泥监管，协助企业完成氮氧化物超低排放稳定在80毫克/立方米以下，减少排放0.12万吨/年。梳理全市用水量较大的企业，形成高耗水企业台账，推进10余家节水型企业创建，实现节水460万吨/年，创建4家省级绿色制造示范企业。

【复工复产】 彭州市在成都市经信系统率先启动应急物资保供生产，组织全市企业开展疫情防控和复工复产，推进彭州企业保障成都市占比100%的次氯酸钠、95%的医用酒精、38%的消毒液和10%的医用口罩的疫情防控和复工复产需求，央视《新闻30分》《晚间新闻》和新华社先后进行报道。以“两报到一公示两承诺”抓疫情防控，以“两到位一专班两重点”抓企业生产，开展“送政策、帮企业、送服务、解难题”专项行动、“三比三创”活动，为企业纾危解困，解决问题742个，在成都市首批实现规模以上工业企业复工率100%，首批实现工业企业达产复产率100%。

【创新型平台建设】 彭州市全年入库国家科技型中小企业40家；新增成都市级以上企业创新平台3个。持续开展“校企双进”活动，组织企业参加成都市校企双进云对接等活动36场。推进北航成都创新研究院、大连理工成都研究院、西安交大快速制造国家工程研究中心四川创新中心等校企合作创新型平台建设。引进研究生以上人才50人；引进刘大响、宫声凯、蹇锡高等10个院士专家团队，带动高性能工程塑料、飞机特种功能涂层等10余个项目入驻。

【新经济产业发展】 彭州市借智借力，推进新经济产业发展，完成全市新经济产业发展建议报告，形成产业初步规划。建立新经济重点企业库，2020年，宇亨智能设备等8户企业纳入成都市新经济梯度培育计划，数量居成都市远郊区市县第1名。创新推动场景示范工程，陋室餐饮“无人便利店”等4个新经济产品被纳入成都市天府绿道100个示范产品推广目录，西奇仪器“等离子体射流光谱仪”等4个新场景和产品纳入成都市高品质科创空间100个示范产品和场景推广目录。

【产业要素保障】 彭州市提升要素保障能力，新建5G基站238个，推进市网络理政中心5G室内分布系统建设，实施能源、电力、燃气建设项目21个。川西气田建设，完成年度投资16亿元，掘进6万米，保障协力制药产业园等34个工业项目取得年度用地计划2430亩；办理先临三维3D打印创新中心等16个项目（用地面积625亩）用地挂牌前产业准入手续。

信息化建设

【概况】 2020年，彭州市推进信息化基础设施建设，提升信息化水平。全市13个镇（街道）、村（社区）全部实现光纤通达，建成“光网城市”；宽带用户数32万户、家庭宽带平均接入带宽100兆；通信基站数3094个、移动电话用户数108万户、固话用户数28万户、4G网络覆盖率98%，实施天彭、致和、濛阳等6个镇（街道）的千兆光网改造，截至年底，完成5G基站建设332个。

【两化融合能力提升】 彭州市通过信息化建设，助推工业经济“高质量发展”，修订完成《彭州市加快主导产业发展的若干政策措施》，出台工业互联网（两化融合）、数字车间（智能工厂）、企业信息化应用等相关扶持政策，全市新增四川省两化融合管理体系贯标试点企业2家、达标企业2家，成都市两化融合示范项目12个、工业互联网示范项目1个，智能制造示范项目1个，智能经济重大项目2个。

线路整理

【信息安全保障】 彭州市加强无线电监管，提升信息安全保障能力。推进全市无线电台（站）清理核查，做到人机见面，查获非法无线电电台 60 余处，协助公安机关抓获犯罪嫌疑人 10 余名；查找、排除通信、无线电干扰 200 余次，承担各级各类重大考试和活动保障 40 余次；处理工业网络信息安全事件 30 余次，完成全市燃气、电力、供水、军工等重点领域工业控制系统安全检查，全市无重大信息通信安全事故。

建筑业
Building Industry

建筑行业管理

【概况】 2020 年，彭州市住建局为当地建筑业企业提出针对性的发展思路，改变彭州市建筑企业习惯“等、靠、要”和缺乏“走出去”思想的现状，从体制上改变公司的组织体系和经营管理模式；推动全市建筑业高质量发展，深化建筑行业改革，指导帮助当地建企和国有平台公司抱团发展，完成整合初步方案。全市纳入统计的建筑业企业 31 家，其中 4 家为新入库企业。

【建设项目审批管理】 彭州市住建局推进工程建设项目行政审批制度改革，实施办理建筑许可 2.0、3.0，“清单制 + 告知承诺制”改革，将工程项目类型从 8 类细化为 11 类，审批事项从 52 项精简至 33 项，将工程建设项目全流程审批时间分类控制在 20 ~ 90 个工作日以内；针对乡村民宿类风险可控项目实施差别化监管，实行全流程承诺制，简化流程、缩短报建周期，助力全市打造精品民宿；取消社会投资小型仓库厂房项目施工图审查，工业公建项目推行施工图审查政府购买服务；派驻专业技术人员入驻并充分授权园区管委会，助推园区项目早开工、早投产。

建设工程质量监督管理

【建筑市场招投标管理】 彭州市实现依法招标项目全流程电子化招标，实现不见面开标、异地远程评标等全流程电子化，完成房屋和市政基础设施项目招标 31 个，完成找投标书面情况报告收讫共计 24 个。

【建筑工程质量监管】 彭州市住建局新办备案工程 77 个、竣工验收工程 62 个，受监工程质量监督覆盖率达 100%，竣工验收合格率 100%；培育创建四川省优质工程天府杯奖 1 个、成都市优质工程“芙蓉杯”奖 1 个、“成都市结构优质工程”3 个，全年报建工程未发生工程倒塌和质量事故。

【建筑工程安全监管】 彭州市住建局全年出动 1775 人次，检查工地 727 个次，通过智慧工地系统线上抽查建筑工地 600 个次，针对发现的安全文明施工问题下发责令限期整改通知书 20 份、停工整改通知书（局部）9 份，扣减施工现场信用评价分 25 起，移交综合执法局行政处罚 13 起。全市报建在建工程未发生 1 起一般及以上安全生产事故。

【建筑工地扬尘治理】 彭州市住建局全年出动 2011

人次，检查工地 806 个次，抽查非道路移动机械和运渣车 400 台次，下发《责令限期整改通知书》53 份、《停工整改通知书（局部）》4 份，移交市综合执法局查处案件 23 起；落实信用评价扣分 55 起，警示约谈项目 60 家，组织召开全市建筑工地环境整治安排部署会议 3 次，以全市 98 个“智慧工地”系统为抓手实施精准管控，构建全天候立体抑尘除尘及监测系统；打造四川省安全文明工地 1 个、成都市安全文明工地 7 个、成都市绿色施工工地 5 个、成都市“绿色标杆工地”10 个。

房地产管理

【概况】 2020 年，彭州市加强房地产市场监管，开展预售资金监管等各类维护房地产市场秩序专项检查，建立预售资金监管台账，严格执行商品房预售价格指导机制，坚持“房住不炒”，落实“稳地价、稳房价、稳预期”工作目标，保持量价平稳增长。全市房地产固定资产完成投资 45 亿余元，新建商品房销售面积 173.87 万平方米，各类指数涨幅均在健康范围内。

【商品房预售】 彭州市批准预售商品房 28824 套（间），面积 186.61 万平方米，同比增长 45.85%，其中批准住宅面积 133.56 万平方米 11945 套，商业面积 5.93 万平方米 890 间，办公面积 1.44 万平方米 341 套，车位面积 45.68 万平方米 15648 个。

【保障性住房建设】 彭州市完成住房保障资格年审 605 户，受理公租房新申请 254 户，实物配租 115 户，收取租金 454 万元；向 134 户保障家庭发放租赁补贴 12.36 万元，对低收入保障家庭完成物业补贴 969 户。加大保障资格动态管理力度，通过政策宣讲、登门动员、物业联动等措施，办理保障对象退房手续 133 件，资格注销 233 件。

保障性住房分配

【房地产市场秩序整治】 彭州市开展房屋预售资金监管工作检查，建立预售资金监管台账，落实《彭州市住房和城乡建设局关于转发〈成都市住房和城乡建设局关于进一步加强商品房预售款监管工作的函〉的通知》；整顿和规范房地产市场秩序，召开商品房预售资金监管工作会、房产中介管理工作会及房地产市场监管业务培训会等，开展房地产项目综合整治等专项检查。

【物业管理】 彭州市物业管理项目 181 个、面积 996.67 万平方米，其中住宅项目 155 个、面积 881.80 万平方米；归集维修资金 4298.54 万元，新增建筑区划 8 个，2004 年至 2020 年累计归集维修资金 33121.69 万元，建筑区划 254 个，做到应归尽归。推进彭州市交通局家属区、实验小学教师苑、农行家属区、体育场东街 168 号院等老旧小区自主加装电梯 7 部并投入使用。

住房公积金管理

【概况】 成都住房公积金管理中心彭州服务部位于彭州市天彭州街道金彭西路 365 号，牡丹云锦写字楼四楼。是成都住房公积金中心垂直管理的派遣机构，负责彭州市行政区域内住房公积金归集、贷款管理和服务工作。2020 年，全辖新增归集住房公积金 86895.06 万元，新增缴存单位 106 户，新增缴职工 4468 人，提取 19346 笔，金额 58806.43 万元。发放住房公积金贷款 83488.50 万元，支持 2111 户职工家庭贷款购房，新增销售楼盘合作项目 14 个，累计 47 个，与辖内在售正常销售楼盘的合作率达 100%，支持受疫影响导致生产经营困难的企业 5 家，其中 4 家企业缓缴，1 家企业降比。

【住房公积金扩面管理】 成都住房公积金管理中心彭州服务部以行政事业单位聘用人员和社区工作人员建制为重点，以点带面进行建制工作。动态建立 2020 年服务部归集扩面重点单位名录进行跟踪了解，根据企业经营状况、规模大小开展催建。利用新媒体等网络渠道对公积金政策进行宣传。

【住房公积金政务服务】 成都住房公积金管理中心彭州服务部强化窗口服务管理，严格窗口服务规范，落实窗口服务承诺制度，结合窗口服务质量测评，制定整改措施，提升服务质量和效率，服务质量测评结果名列窗口部门前茅。及时解答单位、职工的政策咨询和问题，回复率、准确率达 100%。推进市长信箱、人民网、成都市信访大平台信访件的受理工作，解答群众问题，接访回复率、准确率达 100%。

商贸·旅游·金融
COMMERCE AND TRADE, TOURISM, FINANCE

商业贸易 / 旅　游 / 金　融

商业贸易
Commerce and Trade

商贸服务

【概况】 2020年，彭州市实现社会消费品零售总额107.86亿元，其中限额以上消费品零售总额同比增长10.9%；服务业固定资产投资140.8亿元，比上年增长8.2%；服务业增加值180.25亿元，增长0.2%，其中三季度当季增速实现8.2%，超过成都市下达的当季目标2.2个百分点。外贸进出口首次突破10亿元，达到10.1亿元。新增规上限上服务业企业13家。

【市场流通体系建设】 彭州市建成南部新城香颂苑市场，协助相关部门推进锦阳社区农贸市场和铧炉街市场建设。推进农贸市场“厕所革命”工作，提升全市农贸市场卫生状况和服务水平，改善城乡人居环境，改造市场厕所5座（水岸名都临时市场1座，濛阳市场4座）。配合成都市商务局完成2019年申报的成都市广土农业有限公司冷链仓储建设等3个农商互联暨农产品供应项目建成投运后的专家现场评审，申报奖励资金860.86万元（预拨付270万元），待审计机构审定。开展“送政策、帮企业、送服务、解难题”专项行动，兑现惠企政策，为红旗连锁拨付成都市总部经济奖励资金12.98万元；兑现2018年企业申报资金59.59万元；落实相关会展企业2018年度会展资金24.95万元。按照商务部“大力发展循环经济，完善再生资源回收利用体系”的要求，编制完成《彭州市再生资源回收利用体系规划》，指导属地镇、街道开展再生资源回收站点日常监管，督促整改点位31个。

【柳河特色商业街规划编制】 彭州市实施主城区城市商业网点布局规划编制工作，指导城区商业科学布局。结合柳河片区城市更新改造，推进柳河特色商业街区打造，制定《彭州市柳河特色商业街区风貌管控导则》和《柳河特色商业街业态指导目录》，指导市国经公司实施街区统一运营管理。

【服务业提档升级】 彭州市开展“消费嘉年华·彭州新魅力”2020年彭州消费新场景年度评优活动，评选出“十佳美食店”“十佳特色小店”“十佳网红打卡点”30家。推荐胡子兔、军乐镇蔡记锅盔店、杨木匠仿古工艺品3家小店入选成都市“2020百家成都特色小店”榜单名录，推荐今日田原、成都锦尚牛仔港餐饮管理有限公司、磨刀石冷水鱼庄等8家餐饮企业入选198家“成都市绿色餐饮示范店（2020）”名单。推荐望蜀里入选“2020年度成都100个夜间经济示范点位”，成为最新成都十大夜间风情街。参加2020中国楼宇经济全球合作大会，获中国楼宇经济投资高地城区奖。开展国家级楼宇经济服务标准化试点，被成都市商务局、成都市市场监督管理局授予“成都市国家级楼宇经济服务标准化试点示范单位”称号。

【网上订货服务】 彭州市支持商贸企业开展电子商务、无接触外卖等业务，疫情期间彭州市沃尔玛超市、鲜品家源超市等各大生鲜超级开展网上订货派送到家服务，为市民在疫情期间的日常生活提供支持保障。成都市泰便利电子商务有限公司承接美团外卖专送业务，企业配送业务范围由成都市区逐步扩充到四川其他城市，由省内快速覆盖到省外，经营范围包括四川省、重庆市、湖南省、湖北省、贵阳市等地，2020年企业营收4.6亿元，成为全市电商龙头企业。阳氏田鸭肠火锅开展网络直播，线上实时观众20余万人。

【招商引资】 彭州市招商引进服务业500强广东宏

川、成都市外餐饮品牌“茶主播”、成都市首店景龙轩湖畔火锅宫殿、30亿元以上重大服务业项目成都科学艺术城、国际消费中心城市消费场景四川戏剧文博中心、生活性服务业品牌大乐之野等服务业。签约服务业外资（标果）0.2亿美元。落户星巴克国际咖啡连锁店1家。推荐的玖望运动康养中心项目、步步高项目、成都科学艺术城项目3个服务业招商引资重大项目被成都市商务局选中，参加8月和9月成都市商务局组织的现代服务业重大项目集中签约仪式并现场签约。

【服务业复商复市推进】 疫情期间，彭州市成立服务业专班，构建“15个工作组+44个工作小组+63名驻企专员”三维联动工作网络，实现对77个服务业领域市场经营主体精准服务全覆盖。为65家规上限上服务业市场经营主体提供“一对一”“保姆式”服务，形成13个服务业行业主管部门、13个镇（街道）及3个产业功能区整体联动、分工合作机制，推动全市服务业企业全面实现复商复市。开展餐饮业、外卖送餐员、商超冷冻制品从业人员等核酸检测，检测相关人员14000人次。协调解决企业复商复市问题200余个，全市65家规上限上服务业企业除影院外的63家于3月实现全面复产并逐步稳产满产。制定《应对新冠肺炎疫情稳定经济运行政策申报指引》《疫情期间金融支持类政策申报指南》，发放疫情期间生活必需品保供企业保供奖励资金81.5万元，安全复工企业防疫体系建设补助资金7.05万元，新开工重大社会投资项目防疫补贴10万元；完成濛阳市场疫情期间交易服务费补贴、物流补贴审核上报，涉及资金415.8万元。保障日常生活物资供应，日均蔬果交易量超1万吨，大型商超生活储备充足、价格稳定。鼓励置信逸都城、望蜀里等服务业载体企业疫情期间实施租金减免，减免租金约600余万元。协助商贸企业申报各级防疫抗疫政策资金530.3万元。

【服务业防疫保障】 彭州市制发各类防控保供和复工指导文件，构建“15个工作组+44个工作小组+63名驻企专员”的三维联动网络，抽调单位力量建立防控保供和复工复产专班，开展企业驻点指导和服务，促进餐饮、商超、市场等重点企业和保供单位解决防疫物品，集中开展餐饮服务单位等从业单位和个体户的核酸检测，对全市大中型商场超市、重点服务业、商贸流通企业进行不间断安全检查和工作指导督促整改问题合计323项。

粮油购销

【概况】 2020年，彭州市有4个国有粮食购销企业、24个粮食仓库，占地面积332.42亩，年末固定资产原价8920万元，较上年末8242万元增加678万元，粮食储备有效仓容103442吨，储油罐7050吨。纳入统计的粮食流通统计企业9家，其中国有经营企业4家，非国有企业5家，日处理能力稻谷660吨、油菜籽120吨，粮食行业人员208人。

【粮油收购与销售】 彭州市全年粮油收购45165.2吨，其中小麦6994.8吨、稻谷38170.4吨、油菜籽819.3吨；国有粮食企业收购13283吨，纳入统计的社会粮食收购31882.2吨。彭州市全年粮油销售57618.2吨，其中稻谷15823吨、大米23112吨、小麦8743.8吨、面粉24吨、油菜籽421吨、菜籽油5269吨（以上购销粮油总量为折合数据）。

【粮油储备管理】 彭州市国有粮食企业年平均库存36238吨，比2019年减少2827吨，年末库存总量35774吨，其中省级储备粮4000吨、市级储备粮13000吨、县级储备粮15928吨（代城区储备8800吨）、商品粮2846吨。国有粮食企业四川彭州蒙阳省粮食储备库、四川彭州敖平省粮食储备库获得中央、省储备粮承储资格。四川彭州国家粮食储备库获省储备油承储资格。粮食仓储备案企业5个。国有粮食企业建成9套粮食烘干设备，全市粮食烘干能力提升至12000吨/年。

【粮油应急保障体系建设】 彭州市推进粮油应急保障体系建设，贯彻执行《彭州市粮食应急预案》，国有粮食企业隆丰粮油管理站建有日产80吨大米应急生产线1条，能保障应急大米加工。在通济镇建有覆盖山区的应急供应网点和储备仓库。现有粮油应急网点14个、放心粮油店8个，其中国有粮食企业4家。

烟草专卖

【概况】 2020年，彭州市卷烟零售持证户2203户，销售卷烟25551箱，创税利3.2亿元，比上年增长6.7%。川烟自有品牌销售（含雪茄）10128箱，增长7.5%，占总量的39.6%，提升2.3%。彭州市烟草专卖局被评为全市系统2020年度“先进党支部”。

【烟草市场监管】 彭州市持续终端市场监督管控，截流堵口、保障市场健康发展，全年查获烟草类案件125起，包括5万元以上案件7起，“双五万”案件3起，网络案件3起，查扣“三烟”243.9216万支，其中真烟60.5776万支、假烟走私烟183.344万支，涉案金额208.31万元，追刑12人，其中5人实刑，7人缓刑。对有重大犯罪嫌疑的涉烟线索，报请公安部门提前介入共同侦办，筑牢卷烟打假打私的联防基础。开展“夏季终端”“清网”等专项行动，联合市纪检监察部门、市政法委开展无证户治理，查获案件112起，其中持证户案件78起，大户案件35起，取缔违规大户4户（吊销），市场净化率达99.38%。

【烟草销售与服务】 彭州市坚持以市场为导向，建立多维度信息采集机制，调整考核细则，将工作重心向“优状态”转移，社会卷烟存销比稳定在0.55左右，零售户盈利水平持续稳定在13.2%左右。围绕“大品牌、大市场、大企业”战略，推动川烟正向发展，促进川烟品牌价值和市场份额稳步提升，川烟市场份额达到39.6%。以红码、智慧收银机为载体，完善“面向消费者现代营销体系”建设；以“互联网+营销服务管控系统”为抓手，推进客户经理职能转型，提升客户服务水平、提高客户满意度。创建彭烟微语公众微信号，传递彭烟好声音；开展“提升专卖咨询服务便捷性”QC课题，实现便民利民。

供销合作经营

【概况】 2020年，彭州市整合涉农资源，推进供销合作社综合改革，凝聚为农服务合力，立足“三农”，助农惠农，促农增收。全年商品购进总额3.39亿元，较上年增长8.31%，较“十二五”期末增长24.17%，其中农副产品收购额1.71亿元，较上年增长43.69%，较“十二五”期末增长79.62%。实现商品销售总额4.88亿元，较上年增长29.78%，较“十二五”期末增长69.44%，其中农资销售1.52亿元，较上年减少35.86，较“十二五”期末增加36.93%。

【供销社经营服务体系建设】 彭州市以供销社企业为支撑，构建，实现涉农乡镇全覆盖，成立农业服务公司1家（农业服务中心1个）、分中心13个、代理记账公司1个，新增镇级基层社4个、村级基层社4个，新增或改造提升综合服务社236个。动员农民专业合作社、家庭农场纳入供销社的指导、服务，提升农民合作社规模化、规范化水平，纳入指导、服务的农民专业合作社198个，入社成员4700家，家庭农场20个。

12月2日，彭州市召开农资经营户暨农药包装废弃物废旧农膜回收工作培训会

【农资服务管理】 彭州市以资源整合为依托发展合作经济载体，推动合作经济组织、各类为农服务组织协同发展，构建具有产、供、销一条龙服务功能的新型农村合作经济组织。建立完善行业指导，对庄稼医院、农资放心店等430余名农资从业人员实行全员培训，开展农业职业经理、农业服务技能、农药包装废弃物和废旧农膜回收培训600余人次。

【农资供应】 彭州市围绕农资市场需求变化，深化农资供应体制，发挥农资供应主渠道作用，满足全市农业生产生活所需。全市全年供应农药800吨、农膜520吨。化肥6万吨，其中氮肥3万吨、磷肥3600吨、钾肥1800吨、复合肥1.8万吨、有机生物肥6600吨。

旅　游
Tourism

【概况】 2020年，彭州市接待游客1305.03万人次，同比恢复至上年的68.14%，其中接待过夜游客252.36万人次，过夜游客占比19.34%，同比恢复74.01%；实现旅游总收入54.57亿元，同比恢复72.11%。

【旅游项目建设】 彭州市全年开展文体旅重点产业项目14个、总投资130.3亿元，其中龙门山·柒村、白鹿音乐小镇、置信·仙林谷乡国际旅游度假区、水墨江山二期、宝山太阳湾二期、通济花溪民宿集群、丹景山牡丹文化小镇、林野杏林中医主题村、湔江河谷文化博览生态旅游岛9个项目竣工，投资58亿元；开工建设龙门春天康养中心、天府原乡、四川戏剧文博中心、艺术家部落、丹景山国际文化旅游度假区5个项目，投资72.3亿元。

【旅游信息化建设】 彭州市开展智慧景区建设，推进A级景区游客中心、停车场以及游客集散地等重要场所实时监控数据接入省智游天府平台。通过线上购票、游客网上提前预约制度控制客流量，与宣传、交通、公安、国土、气象等部门联动和信息共享，通过品鉴彭州、漫享彭州微信公众号、电视台等融媒体发布彭州文旅活动信息，发布天气状况和交通信息，推进“厕所革命”，全市A级景区、旅游沿线及乡村旅游景点52座旅游厕所完成百度地图线上标注，缓解决游客如厕难问题，方便游客出行，提升旅游形象。

【旅游行业管理】 彭州市推进旅游环境卫生整治，提高旅游环境卫生标准化建设。在行业内开展安全培训，提升旅游从业人员队伍的安全防范意识。加大旅游市场秩序整治，开展专项治理工作，严厉打击旅行社服务网点无照经营、超范围经营以及“低价游”等违法违规行为，规范旅游合同、规范旅行社服务网点租赁旅游包车行为。全面净化旅游市场秩序和旅游环境。

【旅游项目招商引资】 彭州市全年新签约亿元以上

项目 2 个，其中中蒙那达慕文化旅游基地西南总部项目 1.5 亿元、无人机科创中心项目 1 亿元；开展高层推动旅游项目活动 4 次；到位内资 15000 万元；推出九尺镇粮库旧址新奇异消费平台文化创意产业园区项目（暂定名）、青岛石匠葛仙山运动康养项目、盛世牡丹苑项目、三和大院童话村田园综合体项目、川艾道中医文化康养项目、中国·敖平·中药自然疗愈乡村康养产居聚落项目、无人机科创中心项目、无人机科创中心项目有效招商引资信息 8 条；包装三和大院童画村田园综合体项目、九里拾院水上花市乡野综合体项目、乡村味道美食博物馆项目、青龙水乡泉水生态园项目、四物元舍中国·药食溯源主题村项目、凤泉二组·七星泉村项目 6 个。

【精品民宿打造】 彭州市全年建成民宿 41 家，包括无所事事梧桐店、遇见美好时光咖啡馆、海窝子客栈、新龙门别院等特色民宿，较 2019 年增加 10 家民宿。

【"旅游 + 乡村振兴"】 彭州市开展全域旅游示范区创建，推进文旅融合，坚持生态保护、规划引领，推动乡村旅游特色化、文创化、品牌化、连片化发展，依托文化旅游资源，打造乡村旅游消费新场景，全年建成无所事事梧桐店等 41 家特色民宿，开展乡村旅游从业人员技能培训，提升旅游服务品质，推动乡村旅游成为农村经济发展增长点，促进彭州成为乡村休闲度假旅游目的地。

【"美丽彭州·四季游"活动】 彭州市持续打造旅游品牌，开展"千万大礼包，邀你耍彭州""行走的绿道"——龙门山寻宝记、2020"彭州有品　生活有味"文创生活节、夏天日记、2020 春之声·白鹿春季音乐季、2020 夏之梦·白鹿夏季音乐季、2020 年秋之语——第八届白鹿·法国古典音乐艺术季、通济花海·华灯夜宴夏季主题活动等系列文旅活动，

"彭州有品　生活有味" 文创生活节

活动创新设置文创市集、非遗体验、彩虹跑等环节，形成融合发展场景，提升活动品质，丰富广大市民游客文化旅游体验。

【"彭州有品　生活有味"文创生活节】 6 月 18 日，暨彭州文旅项目推介会在彭州白瓷艺术中心举行。活动围绕"助商兴市、优品推介、创新分享、双线体验"，"线上 + 线下"双场景同时进行，邀请彭什两地文创企业共同参展，文创生活节涵盖文创新品展示、文创集市、文创分享会、非遗手作体验、特色农创、美食品鉴等板块，邀请 13 家非遗文创企业、35 家特色农产品企业、50 家涉旅企业、8 家云商线上销售平台、11 家金融机构参与，展出"彭州好物"2000 余件，包括白瓷文创产品、非遗手工技艺、传统美术工艺、生态健康食品等，首次展出本土特色文创品牌"彭州十三品"。

【中秋诗词朗诵会】 9 月 27 日，四川省乡村艺术节彭州市分会场、四川省万人赏月诵中秋集中展演彭州市分会场、彭州市第三届中秋诗词朗诵晚会在彭州市官渠郊野公园举办。活动以"月映湔江　诗咏龙门"为主题，通过"线上 + 线下"的形式，开展郊野嘉年华、郊野欢乐跑、秋之物语　古早夜市、诗话郊野主题互动、街舞专场展演、诗词朗诵晚会多种活动，采取"现场 + 直播""艺术 + 旅游""预热 + 会演"的方式进行。

金　融

Finance

【概况】 2020年，中国人民银行彭州市支行贯彻党中央国务院重大决策部署，统筹抓好疫情防控与金融支持经济社会发展，聚焦“六稳、六保”，落实稳健的货币政策，综合运用货币政策工具、宏观审慎评估、涉农信贷政策导向评估、综合评价等措施，引导金融机构加大对实体经济的支持力度，助推地方夺取“双胜利”。全年银行业金融机构各项存款余额726.75亿元，比上年增加63.59亿元，增长9.6%；各项贷款余额367.35亿元，比上年增加44.21亿元，增长13.7%。

【银行机构发展】 截至年底，彭州市有银行业金融机构11家，营业网点89个，从业人员1300余人。其中有6家中资全国性大型银行、1家中资全国性中小型银行、4家中资区域性中小银行（包括村镇银行）。全市20个镇银行业金融机构网点全覆盖。

【金融服务】 中国人民银行彭州市支行支持企业复工复产和稳产满产，印发《关于进一步优化融资服务支持民营和中小微企业复工复产的通知》等文件11份，牵头发起“一先二快三不”金融助力抗疫承诺，春节期间仅用一天时间发放四川省和中行系统第一笔应急贷款，向30余户全国重点保障企业发放专项再贷款6.58亿元。畅通疫情资金“绿色通道”，办理疫情资金收付189笔7962.83万元、直达资金收入15笔61116.51万元、拨付112笔58612.56万元。推进两项直达货币政策工具落实，制定《金融支持稳企业保就业工作实施方案》和战疫金融服务等手册，推动“服务零距离　融资大畅通”专项行动，督促银行对接企业和个体工商户3994家，发放贷款859笔75亿元，办理延期还本付息6740.4万元，发放普惠小微信用贷款1734.29万元。探索政务数据在金融领域共享运用，完善“儿家抬”联动机制，首创“医保贷”“医药贷”等信用产品。牵头印发《彭州市金融创新支持现代中医药全产业链发展实施方案》，支持特色产业功能区建设，创新政银合作方式，与7个市级部门发起文旅产业联创联建党建联盟，凝聚政银资源，合力支持文旅产业高质量发展。推进信用体系建设，探索金融支持乡村振兴新方式，对4个村整村授信6000万元，支持村集体组织发展、村民创业和特色中药材种植。

2—3月，彭州市市财政局会同人行彭州市支行对全市金融机构网点疫情防控工作进行三轮督察，确保金融业安全有序复工

【金融改革】 彭州市深化农村金融服务综合改革试点，助力乡村振兴，形成具有全国影响力的农金改“彭州模式”，接受中国人民银行、农业农村部、中国人民大学、中国农业大学等评估、调研，相关工作受到各方领导、专家高度评价。创新搭建“国库惠民服务+‘农贷通’村级金融综合服务站”工作机制，推动建设国库惠民服务平台。创新推动数字人民币试点，建立“政府+人行+试点机构”联合推进机制，围绕四川雨润国际农产品交易中心打造以“乡村惠农助农”场景为核心，以农业产业链和日常消费链为“两翼”，逐步辐射彭州全域的“产业链+社会圈层+区域生态圈”的数字人民币“一核两翼全域”试点框架，在成都市率先拓展政府机关事业单位数字人民币补贴发放场景。

交通运输·通信业

TRANSPORTATION, COMMUNICATION INDUSTRY

交通运输 / 通信业

交通运输
Transportation

交通建设

【概况】 2020年，彭州市紧抓国家“一带一路”、省域“一干多支、五区协同”等机遇，规划形成以成万高速、成都第二绕城高速、成都经济区环线高速、成汶高速、成德高速濛阳连接线“五高”；天府大道北延线、成彭快速路、彭广青淮快速路、彭州市三环路、都彭大道（沙西线彭州支线）、成濛快速路“六快”；成汶铁路、城际铁路外环线、成彭快铁、彭青铁路、市域轨道S10线、市域轨道S11线、西控轨道二级线网“七轨”；小虹路—银白路、小夫路—蒲新路、S401（原S106）、湔三旅游通道、九号支渠—隆丰军乐连接道路、金彭大道、温彭路—天府路—蔬香路、汇通大道“八横”；北桂路—君太路、天桂路—磁桂路、郫彭路—彭白路、牡丹大道—花源路、什新路、彭万路—万白路、九罗路—九清路、彭敖路—湔红路“九纵”的交通路网体系，构建四向立体开放交通新格局。截至年底，全市实施交通领域项目23个，其中四川省重点项目1个（三绕高速）、成都市重点项目6个（三环路、沙西线彭州支线、昌衡大道、金彭大道西段、天府东路、成彭高速〈成绵复线段〉扩容改造）。在建项目5个，完工2个，开展前期工作16个。列入前期项目储备22个，列入政府投资计划4个。成彭大道（沙西线彭州支线）、昌衡大道建设项目建成投用。成都经济区环线高速公路（成都第三绕城高速公路）彭州段主体工程完工，三绕（含丹景山互通）、三环路、金彭大道西段、天府路东段、成彭匝道5个建设项目按时间节点推进。其中，成彭匝道建设方案确定，三绕丹景山互通运管协议报请市常务会审议。

天桂路

6月24日，都彭大道（沙西彭州支线）建成通车

【成汶高速彭州段建设】 成汶高速起于二绕高速古城互通连接沙西线，经郫都区古城，彭州市致和街道、丽春镇、桂花镇、通济镇、龙门山镇，然后设置特长隧道穿越龙门山，与拟建汶九高速公路连接，之后继续向北，设置克枯隧道至克枯乡连接汶马高速，路线全长约105公里，总投资约357亿元、其中一期工程（绕城高速至通济段）长约50公里，双向六车道，共规划互通出入口5处，估算总投资约130亿元。截至年底，已启动招商准备工作。

【成彭快速路建设】 成彭快速路起于新都区新繁街道龙腾大道，在毗河大桥北桥头接五环路，经新都区清流镇进入彭州市境内，经濛阳、九尺、天彭、

工业大道延伸段建设

建设中的丽春二通道

隆丰等镇（街道），与成都经济区环线高速葛仙山互通，全长约 40 公里，其中新都段 15 公里、彭州段 25 公里。项目采用一级公路技术标准，设计速度 80 公里 / 小时。已完成项目全段工程可行性研究报告编制。

【三环路建设】 彭州市三环路起于汉彭路（光明电站处），止于汉彭路（光明电站处形成闭环），全长约 25.3 公里，项目采用一级公路建设标准，双向六车道配辅道，路基宽度 55.5 米，同步配套人行道、绿道、雨污水管网、驿站及便民服务、智能交通管理设施等配套设施，全线设 12 处分离式立交（新建 9 处公路立交、利用 1 处公路立交、新改造两处铁路立交），总投资约 59.3 亿元。截至年底，三环路路基全线贯通，桥涵、雨污水管网施工加快推进，四标段 1.2 公里示范段完成半幅施工并通车，开展 500 米绿化示范段打造，预计 2021 年年底建成通车。

【城区道路建设】 彭州市推进城区道路金彭大道西段（丽春二通道）、天府路东段（工业大道延伸线）主体工程建设，其中金彭大道西段（丽春二通道）全长约 4.7 公里，双向四车道配辅道，总投资约 3 亿元；天府路东段（工业大道延伸线）长约 3.5 公里，路基宽度 50 米，总投资约 3.26 亿元。

【村道建设】 彭州市推进“四好农村路”建设，完成 20 座病、危桥梁整治项目可研编制，完成新建、改善天桂路等 10 条道路路灯项目前期规划，推进陆航团配套项目、石化基地北环线项目进入勘察设计及招标准备；按程序启动湔江路、彭白路等 7 处水

建设中的三环路四标段

昌衡大道

毁边坡建设。九号支渠产业路、“三绕”师古出口连接线、小虹路等 13 条约 80 公里骨干路、跨区域断头路、瓶颈路纳入 2020 年农村农路提档升级第一批项目，新改建都彭大道、昌衡大道、丽春镇君太路等农村公路 21.35 公里，创建成为 2020 年省级“四好农村路”示范县。

交通运输

【概况】 2020 年，彭州市境内有道路旅客运输企业 9 家，普通货运企业 54 家，危险品货运企业 14 家，汽车维修企业（户）315 家，机动车驾驶培训机构 22 家，快递物流企业 15 家，分支机构及末端快递网点 217 家。彭州市交通运输局履行交通行业主管部门监督管理责任，维护道路运输行业秩序被评为 2020 年度履行邮政管理职能部门先进单位、2020 年度推动县域邮政快递行业发展先进单位、2020 年度船舶检验工作先进单位、2020 年度海事工作先进单位，市交通运输局机关党委被评为成都市防汛救灾先进基层党组织，市交通管理服务中心被评为成都市抗疫先进集体。

【交通运输管理】 彭州市全面落实交通运输行业安全监管主体责任，聚焦春节、国庆、汛期等重要时间节点全覆盖开展行业安全风险防控，保障交通运输安全。春运期间投入各类客运车辆 957 辆（其中公交车 331 辆、农村客运车辆 115 辆、班线车 81 辆、定制客运车辆 26 辆、出租车 404 辆），运送旅客 326.0757 万人次（其中公交 159.5188 万人次、农村客运 23.5204 万人次、班线客运 10.8 万人次、定制客运 2.2365 万人次、出租车 130 万人次）。高考期间抽调 35 辆客运班车以及 42 辆出租车服务高考。“8・11”“8・16”暴雨险情期间，组建客运车辆 30 辆，货运车辆 30 辆，应急运输保障人员 80 人的客货运应急运输保障队伍进行抢通保畅，保障全市主要干道安全顺畅。加强道路运输企业日常监督，对全市道路危险货物运输运行满 1 年以上 10 家危险货物运输企业开展年度质量信誉考核，初步认定 AA 级企业 1 家、A 级企业 8 家、B 级企业 1 家。

【交通道路安全管理】 彭州市全年修补公路桥梁桥面铺装层 200 余平方米，修复桥栏 78 米，维修桥梁伸缩缝 120 米，汛期期间，清理排查 82 处全市公路地质灾害隐患点，处理“8・11”“8・16”“8・30”暴雨险情，第一时间组织人员对湔江路、彭白路、小夫路、G350、花源路等 16 条出现塌方、泥石流等险情的主要道路进行抢通，清理塌方 3700 余立方米，在沿山公路重点路段、重要桥梁、铁路下穿隧道安装高清摄像头 31 个，进行 24 小时实时监控，汛期全市交通运输行业无人员伤亡。承办成都

高考守护者

强降雨防汛抢险抢通保畅作业

1月29日，成万高速彭州九尺站疫情防控检查点

2月2日，服务区工作卡点人员向驾驶员仔细询问

市2020年公路地质灾害应急抢险演练暨交通运输安全生产应急管理培训，提升道路安全应急处置能力。

【交通安全隐患整治】 疫情期间，彭州市制定《彭州市交通运输行业新型冠状病毒肺炎疫情监测预警工作实施方案》，常态化对冷链运输企业从业人员、冷链运输车辆、寄递企业从业人员、客运场站从业人员进行核酸检测，组织车辆消毒21.02万台次，出入站人员检测406.96万人次；推进客运、货运、危化品运输等领域安全，开展出租汽车行业事故应急救援演练和急救知识培训会，组织全市21家"两客一危"运输企业、13家维修企业、2家驾培企业、13家普货运输企业召开3次安全生产清单制管理培训会；制定《2020年交通运输行业领域内隐患排查治理百日攻坚行动工作方案》，开展"百日攻坚"行动，排查出交通运输行业各类安全隐患268个，牵头制定《彭州市交通运输安全专项整治三年行动实施方案》，全面落实安全隐患整治。

【交通秩序整治】 彭州市全年出动公路巡查人员4560余人次，执勤车辆1580余台次，巡查公路76800余公里，桥涵检查526次、地灾点位485次，清理占道摊点1790处、移动店招907个、横幅139条、公路堆放220平方米、打场晒粮126处；加强涉路施工管理，督促施工方严格执行安全作业规程，全年监控涉路施工点位310余次，清除公路污染220余处。发放交通宣传资料12800余份，拆除违法搭建5处，上报安全隐患22件，办结路政赔偿类案件43件，案件查处率100%。

【机动车维修企业管理】 截至年底，彭州市有机动车维修企业315家，其中一类维修企业14家、二类维修企业99家（CNG维修企业10家、尾气治理维护12家、具备二级维护资质14家）、三类维修企业203家（综合小修6家）。彭州市严格落实环境污染防治主体责任，推进各企业完成绿色钣喷汽车维修与备案。联合市环保局、市综合执法局形成监管长效机制，督促维修企业采用符合节能环保要求的新设备，改进工艺等进行维修作业，同时根据专家意见，完成延秀小学周边5家涉漆作业维修企业

9月17日，机动车修理厂危险废物处置检查

快递配送三轮车统一规范化管理

整改工作。制作发放新固废法宣传手册 500 份，邀请环保专家开展危固废管理处置专项培训，并督促企业签订废机油回收合同 180 余份，废电瓶回收合同 200 余份。

【寄递物流业管理】 彭州市组织快递企业开展邮政快递专用电动三轮车驾驶证培训，协调彭州市车辆管理所按照国家标准为达标车辆办理上牌手续。实施寄递配送三轮车规范化管理，实现“一人一车一证”，规范寄递行业快递末端投递。截至年底，全市有顺丰、京东、圆通、申通、中通、韵达、百世、天天、菜鸟驿站、优速、德邦、邮政、苏宁、东骏、泰便利等寄递品牌 15 个，快递网点 217 个，入驻丰巢、易邮柜等快件智能柜 191 组，涵盖城区重点居民小区，从业人员 700 余人，快件货运和揽派件车 230 余辆，全市日均揽件超 8 万件，派件超 10 万件。

旅客运输

【概况】 2020 年，彭州市客运总量为 2464 万人次，客运周转量为 35162 万人公里。全市有运输企业 5 家，巡游出租客运 4 家，出租车 404 辆，客运站 4 家，长途客运班线 34 条，投放车辆 80 辆。有公交车 332 辆，营运线路 35 条，日均运营班次 3500 班，日均客流量 5 万人次，全年营运 1400 万人次；农村客运车辆 115 辆，运营线路 16 条，日均运营班次 700 班，日均客流量超 0.6 万人次，全年营运 107 万人次。公共交通全面覆盖全市 13 个镇（街道），运营线路总里程达 758 公里（公交 510 公里、农客 248 公里）。

【彭州客运中心站】 彭州客运中心站位于天府中路 2 号，二级客运站，2001 年 4 月投入使用，占地面积 33335 平方米。中心站全年经营线路 37 条，其中班线线路 31 条车辆 200 余辆（县内农村客运 3 条、县际班线 16 条、市际班线 12 条）平均日发班次 420 班，日客运量 4000 余人次，公交线路 6 条，车辆 80 辆，平均日客运量 1500 人次，全年发送旅客 716123 人次。

【濛阳客运站】 濛阳客运站位于濛阳镇外南街，五级客运站，占地面积 3300 平方米，1992 年 5 月投入使用，属于班线车、公交车为一体的综合式客运站，从濛阳发班线路 2 条 18 辆车，全年发送旅客 339415 人次。

【龙门山客运站】 龙门山客运站位于龙门山镇，五级客运站，2009 年灾后重建投入使用，占地面积 1898 平方米，现有彭州至白水河 24 辆车，彭州至白鹿 15 辆车，全年发送旅客 79500 人次。

【磁峰客运站】 磁峰客运站位于磁峰镇，是五级客运站，2010 年建成投入使用，占地面积 1800 平方米，现有彭州至磁峰 10 辆农村客运班线车在该站发班，全年发送旅客 80339 人次。

【成彭快铁公交化运营】 彭州市推进成彭快铁公交化运营，对接成都市交通运输局，优化成彭快铁开行时刻表，增加高铁南站、步行街站停靠班次，10 月 11 日，成彭高铁实现 23 对 / 日。使用成彭快铁“天府通”刷卡进站乘车，推动轨道公交与常规

成彭快铁班次加密开行

公交高效接驳换乘，开行对接成彭快铁的通勤公交、夜间公交、旅游客运至22条。

【城市交通惠民服务】 彭州市推进公共交通“后半篇”改革，在国有化回购的基础上，实现彭州系列天府通卡刷卡乘车，实施“两元”通乘票价，市民公交出行成本下降超过40%；优化调整公交线网，在原有20条公交线路的基础上，增加公交线路15条，构建“城区＋乡镇”的公交服务网络体系；在主要公交站点启动智能公交站台建设，开发掌上公交查询App；推出“个性化”服务，投入天府行运行车辆22辆，线路与成都地铁1、3、5、7号线等线路实行无缝对接，采取热线电话“96579”、微信公众号、小程序等叫车方式实行点到点的服务。开行清明祭祀摆渡专线1条、丹景山花卉展赏花专线3条、10所学校定制公交线路25条、4家企业定制公交线路8条、成彭快铁延时公交线路3条。全市拥有332辆公交车（新能源车辆达150辆），营运线路35条，公共交通覆盖全市13个镇（街道），全年运营里程达1500万公里，日均载客5万人次，全年运送旅客1400万人次。

【农村客运体制改革】 2020年6月，彭州市全面完成乡村客运资产回购，6月30日，彭州市公交公司正式投入运营，打破多企业运营制约，实现“一县一公司”，成为成都市首家实现农村客运国有化运营的县（市）。在农村客运国有化运营基础上，申报成为四川省乡村客运“金通工程”首批试点市（县），在完成省交通运输厅“四统一”要求的基础上实现“六统一”。优化设置590个村级招呼站（牌）；对全市352台大型乡村客运车辆、51台小型乡村客运车辆的车身左右张贴全省统一的乡村客运LOGO标识，对51台小型乡村客运车按全省统一标准改为金黄色车身；对城乡客运465名驾驶员统一编号，制作统一样式的工装、工牌、工作帽，全面实施“2元通”票制，实现城乡客运均等化；提升乡村通客车服务水平。

【社区巴士运营】 彭州市推进社区巴士运营，将社区、学校、商业区、交通枢纽站有效串联起来，满

天府行定制专线

乡村客运

足市民多样化出行需求，有效解决“最后一公里”出行问题。开通 S1（高铁彭州站—碧城中学）、S2（檀木社区—双龙社区）、S3（牡丹新城—彭州中学）、S4（高铁彭州站—锦阳社区）、S5（客运中心—锦阳社区）、S6（龙兴寺—团结村）、S7（牡丹新城—致和小学）、S9（水岸名都—水岸名都）8 条社区公交线路，日均运送旅客约 4000 人次。

通信业
Communication Industry

邮政通信

【概况】 2020 年，彭州邮政分公司下设综合办公室、市场营销部、渠道平台部、金融业务部、文化传媒部、运营监控部 6 个部室班组。下辖 14 个邮政支局，14 个邮政代办所，农村代办投递人员 35 名，村邮站 119 个。有邮政支局及代办所 27 个，其中代理金融网点 12 个；社会代投点 325 个，快邮驿站 3 个，邮快合作点位 6 个，绑定智能包裹柜 338 组，担负全彭州市 20 个乡镇 271 个行政区（社区）77 万人的邮政服务，全年投递快递包裹 233.40 万件。

【物流体系建设】 彭州市有汽车邮路 4 条，长 218 公里；城乡投递段道 56 条，其中城市投递段道 21 条，农村投递段道 35 条，总长 1622 公里。彭州邮政系统以客户为中心，推进“放管服”改革，与彭州政务中心签订“政府买单”双向免费寄递协议，推广政务服务“网上办”普及，助力实现群众“零跑腿”。推进警邮、税邮、法邮、交邮、快邮合作，优化站点布局，升级改造普服网点 7 个。开展强化制度执行、客户投诉整治和服务品质再提升等专项活动，建立邮件寄递直联互通工作机制，申报及时受理等关键指标达标率 100%、建制村直接通邮率均达到 100%，乡镇人民政府所在地、城市党政机关党报党刊实现当日见报。

【报刊邮发】 彭州市全年投递报纸 723.62 万份，杂志 13.7 万份，国内平常信件 1.48 万件，国内平常印刷品 0.42 万件，国内挂号信件 1.61 万件，国内快递包裹 126.28 万件，国内普通包裹 2.28 万件，机要信件 0.12 万件。

【代理业务】 彭州市全年代理金融类业务实现收入 4054.52 万元，新增储蓄余额 1.61 亿元，新增保费 5717.69 万元，建成便民服务站点 51 个。

【社会服务】 面对新冠肺炎疫情，彭州邮政切实做到“四不中断　四免费办”，承运各类企业捐赠防疫物资 10000 余件，成立党员志愿队，深入社区乡镇开展防控志愿服务。全民读书日，彭州分公司携手市委宣传部开展“畅游湔江书海、聆听龙门诗语”主题活动，向桂花镇中小学开展图书捐赠活动，“世界邮政日”，青年志愿者深入社区乡镇宣传邮政服务，开展金融知识、集邮业务等宣传讲解。

电信通信

【概况】 彭州电信公司是中国电信在彭州市设立的分支机构，隶属成都电信分公司管辖，下设“一部五组十九分支局”及所属班组，有员工 106 人，是彭州主导电信运营企业和综合信息服务提供商，承担彭州市的普遍电信服务、党政机要通信、国防通信、保密通信、应急通信等服务任务，运营服务党政网、公安网、卫生网、教育网、司法网、劳保网、石化园区网等主要专用网络。

【电信业务发展】 彭州市全年新增营业网点 52 个，

通信应急保障

经渠道整合，现存77个。年内，光纤网络主流带宽5G双千兆+提升到5G三千兆+，全市网络能力和品质进入成都市一流水平。有电信手机用户17.5万户，宽带用户11.2万户，电视用户14万户，全年主营业务收入1.8亿元。

【通信保障】 彭州电信公司全面启动彭州5G网络建设，截至年底，投入建设资金超6000万元。全市5G基站数量增加140个，彭州通信网络5G三千兆+割接完成3000余户及5G商用。全年投入390余人次，参与彭州市各种重大活动的通讯维护，保障现场和后台指挥的调度畅通，实现重大通讯保障零差错。

【信息化建设】 彭州电信公司推进社会视频监控平台建设，全年电信魔镜慧眼新增超1.5万个，实现与公安图综平台的技术对接，向公安部门推送2700余路监控视频流。成为继“天网”“雪亮”之后第三张政府理政网络。服务公安、水利、城建、旅游、城管、应急、防疫等领域。启动“云改数转”工程，实施网络升级，加大网络优惠力度，补贴企事业单位上云；推进云资源池建设，加强云间高速互联；提供IaaS、PaaS，SaaS应用，满足企事业单位“云改数转”需求，推进政府部门、企事业单位安全上云。打造以“七芯卡”为载体的翼卡通智慧门禁系统，实现手机刷公交、小区门禁、单位门禁、校园门禁等多场景门禁管理。在紫光新城小区，实现电信翼卡通刷手机门禁管理。在市人民医院，根据“一患一陪”管理要求，安装智慧门禁系统，为医院提供防疫管理服务。

彭州电信公司信息化建设

移动通信

【概况】 2020年，中国移动通信集团四川有限公司彭州分公司（以下简称“彭州移动”）设有一部三中心、9个分局、1个旗舰厅、2个自营业厅、160余个服务网点，通过“10086”热线、网上营业厅、掌上营业厅、短信营业厅、自助营业厅、电话营业厅等服务用户，发挥建设网络强国、数字中国、智慧社会作用，持续打造移动精品网络，为全市客户提供通信保障和便捷服务。

【业务发展】 彭州移动业务全年收入3.95亿元，上网用户数64万户，家庭宽带客户17万户。彭州移动坚持“以人民为中心”“客户为根、服务为本”理念，围绕服务全市经济发展，构建具有彭州特色的5G产业生态体系，新建开通5G基站158个，并实现SA组网商用，在工信部组织的“2020年十大城市重点场所移动网络质量评测”中，被授予中国移动通信集团“5G标杆”城市称号。配合市公安局打造平安乡村标杆村，开展智慧社区建设，结合彭州市智慧社区整体建设规划，提升彭州市智慧社区管理能力和水平。

【通信保障】 彭州移动提升网络通信质量，促进产业功能区建设，配合场镇风貌整治、产业功能区建设、市政施工等工程，迁改线路500余条，保障城市建设，促进招商引资。全年为彭州市“两会”、高考会议、重大产业化项目集中签约暨开工仪式、文旅产业政金企对接会等活动提供通信保障，为防汛抢险应急保障等重大现场提供应急通信保障22次。

【信息服务】 彭州移动发挥移动信息化优势，落实建设高速宽带网络促进提速降费要求，推动网络信息服务于乡村振兴、疫情防控、防险减灾等。疫情期间，彭州移动第一时间启动“防疫指挥部、党政机关、省市卫健委、疾控系统、定点医院”等重要领域24小时绿色通信保障，搭建5G远程系统服务防疫调度和远程会诊，安装33台5G+云视讯硬件终端，7×24小时的保障通信网络及平台的稳定，协助抗疫指挥中心在全市范围内发送抗疫短信700万条。为两会、政金企对接会、产业功能区核心建设会等，提供测温、消毒机器人，助力疫情防控。

彭州移动通信便民活动

帮扶全市147个通信门店复工复产。为综合行政执法局开展的“智慧平台服务政府采购项目”提供智慧终端，为构建智慧教育新体系，通过5G+同步远程课堂服务全市中小学及师生，保障停课不停学；为全市师生提供到校提醒、班级通知等短信服务，为彭中校和延秀小学提供2台测温安检门和3台远距离考勤机；在湔江河谷项目建设中，公司为生态旅游区管理委员会推出“智慧导视系统”，推动智慧旅游建设；与人民医院部分院区建立的“5G+无线生产体系”合作，拓宽智慧医疗方面应用领域，为亚东水泥提供200余台4G对讲机，促进矿山生产调度智能化和远程化，为彭州提质增效培育经济发展新动能提供保障。

综合经济管理

COMPREHENSIVE ECONOMIC MANAGEMENT

发展和改革 / 对外开放与合作 / 物价管理 / 公共资源交易管理 / 市场监督管理 / 国有资产经营管理 / 财政管理 / 税务管理 / 审计管理 / 统计管理

发展和改革
Development and Reform

【概况】 2020年，彭州市主动适应经济发展新常态，坚持宏观谋划与微观服务两手抓，强化运行管理与真抓实干相结合，推进“十三五”规划收官及“十四五”规划编制，开展经济运行监测、项目管理、投资促进、产业转型、粮食保障、民生服务等重大问题研究，推动固定资产投资、重点项目建设、价格监管、成本调查、价格认证等平稳健康发展。彭州市发改局获四川省、成都市发改委表彰，被成都市委、市政府评为“模范单位”，被彭州市委、市政府评为“目标管理工作先进集体”“招商引资攻坚行动先进单位”“产业功能区建设先进单位”“安全生产先进单位”。

【疫情防控统筹】 彭州市出台《彭州市应对新冠肺炎疫情稳定经济运行的若干政策措施》《彭州市关于统筹新冠肺炎疫情防控和经济社会发展奋力完成2020年经济社会发展目标的实施意见》，帮助中小企业纾难解困，快速恢复经济社会发展，1124家工业企业在成都市首批次全面复产，31个省、成都市重点项目在2月底前全部复工。开展“送政策、帮企业、送服务、解难题”行动，派出联络专员334人蹲点企业（工地）精准助力企业纾困，协调解决企业诉求1484件，向疫情防控相关企业发放贷款6.04亿元，平均利率低至3.71%，兑现各级各类稳定经济运行扶持补助奖励资金3551.5万元。

【重大项目集中开工推进】 3月8日，彭州市2020年一季度重大项目集中开工仪式在天府中药城科技创新中心项目现场举行。集中开工重大项目20个，总投资162.79亿元，涉及产业高质量发展、基础设施补短板、保障民生强服务等多个领域。其中，产业化项目9个，总投资58.04亿元；基础设施项目6个，总投资68.58亿元；民生和社会事业项目5个，总投资36.17亿元。7月31日，彭州市第三季度重大项目集中开工仪式在龙兴寺片区城市更新项目现场举行。集中开工重大项目17个，总投资156.8亿元。其中，产业化项目10个，总投资106.7亿元；基础设施项目5个，总投资38亿元；民生和社会事业项目2个，总投资12.1亿元。

【项目投资促进】 彭州市统筹全市投资促进专班力量，围绕“两图一表”、联动“线上线下”开展重大项目招引，在成都市组织的“百日擂台赛”中以签约注册重大项目22个（其中5亿元以上项目12个）、走访高能级500强企业135家、获取有效项目信息71条的成效，获2020年成都市投资促进“百日擂台赛”流动红旗；在2020年成都市项目招引攻坚行动中，统筹全市项目招引攻坚力量，围绕“精准拜访、签约注册、开工促建”开展重大项目攻坚，签约注册重大项目58个（其中10亿元以上项目16个、百亿级项目6个）、51个项目开工建设，取得成都市第四、郊区县（市）第一的优异成绩。

【“彭什”融合发展推动】 彭州市贯彻落实国家成渝地区双城经济圈建设和四川省委成德眉资同城化发展战略，主动对接德阳什邡市，推动彭什交界地带融合发展。成立彭什区域协同发展领导小组，设立领导小组办公室，明确领导小组及办公室工作职责职能，推动工作专班筹建。联合起草并发布《彭州市—什邡市交界地带融合发展实施方案》，确立将彭什跨区域资源转化试验区整体打造为成德同城化发展“先行区”、产业高质量协同发展“标杆区”及成都都市圈乃至成渝地区双城经济圈资源高效协同转化“示范区”的战略定位。双方从交通互联互通、产业协同发展、生态联防联控、公共服务共建共享等多方面入手，推进彭广青淮快速路、湔三旅游快速路等12个项目纳入成德眉资同城化发展暨成都都市圈建设重大骨干支撑性工程项目表。共同谋划彭什融合规划，编制形成《彭什区域协同发展规划（初稿）》。打造共融产业圈，发布《2020年彭什产业生态圈深度融合发展企业目录（第一批）》，彭什川芎现代农业产业园区以总分第一名进入四川省成德眉资交界地带融合发展首批精品示范项目。

【“十四五”规划编制】 彭州市按照国家、四川省、成都市的统一部署，于2019年7月启动“十四五”规划编制，2020年6月形成《彭州市“十四五”时期经济社会发展基本思路》，11月形成《中共彭州市委关于制定国民经济和社会发展第十四个五年规划和2035年远景目标的建议》，12月形成《彭州市国民经济和社会发展第十四个五年规划和2035年远景目标纲要（初稿）》。2021年1月，《纲要》提交并通过市政府常务会、市政府全体会、市委常委会、市政协会审议，并于1月23日经彭州市十八届人大五次会议批准。《纲要》共三个部分10篇43章。第一部分共1篇，主要包含规划背景、指导思想和基本原则、发展目标等内容。第二部分共8篇，是《纲要》的主要内容，涵盖彭州市“十四五”期间重点工作及经济与社会发展重点方向，包含构建四向立体开放交通体系、建设成德眉资同城化区域协同发展示范区、提升四向拓展区域协同发展能级、建设公园城市先行区及高品质生活宜居地、筑牢成都北部生态屏障等35章内容。第三部分共1篇，主要为切实有效实施规划提供保障。

【固定资产投资】 受新冠肺炎疫情影响，1—3月彭州市固定资产投资比上年同期下降25.1%。彭州市克服疫情影响，通过优机制、传压力、抓开工、强保障等一系列措施，扭转投资逆势，5月实现“由负转正”，6月恢复至正常增速，7月、8月增速均保持在15%以上，9月增速在成都市排名第一。固定资产投资全年增长11.7%，超成都市下达增速目标3.9个百分点，增速在全成都市排名第9位，较2019年排名提升6位。

【重大项目推进】 彭州市抓项目促投资，制定《彭州市重大项目推进工作机制》。成立由市政府主要领导为组长，项目责任市领导为副组长，相关职能部门为成员单位的彭州市重大项目推进工作领导小组。领导小组下设办公室，分设规划用地、征迁安置、行政审批、能源保障、金融服务、基础配套、督查考核七个服务保障专班，健全推进机制，强化组织协调，促进项目落地建设。全市全年74个重点项目完成投资166.65亿元，占年度计划投资141.77亿元的117.55%。其中，31个四川省、成都市重点项目完成投资134.66亿元，占年度计划投资113.4亿元的118.75%。

【国资国企改革】 彭州市按照打好国资国企改革攻坚战有关决策部署，制定出台《彭州市市属国有公司改革整合实施方案》《彭州市行政企事业单位低效闲置国有资产分类处置工作实施方案》，将彭州市国有投资有限公司、彭州市创业融资担保有限公司、四川龙门山文化旅游发展有限公司、彭州市统一建设集团有限公司4家公司进行重组整合，注入注册资本金6.67亿元，组建成都湔江集团，并完成集团主体信用AA+评级工作。全面梳理全市行政事业单位资产情况，共清查出低效闲置资产1217宗，将资产划分为工矿用地、商铺等4类，分类分批依法依规进行处置。全面完成829宗资产盘活处置，涉及土地面积6095.53亩，房屋建筑面积1349067.06平方米，入账价值40.8亿元。

【政府投资项目管理】 彭州市全年实施两批次年度

投资计划。其中，第一批政府性工程建设项目年度投资计划项目 14 个，项目总投资 32.65 亿元，年度计划投资 5.41 亿元；第二批政府投资项目年度投资计划及市属国有公司投资项目年度投资计划项目 30 个，项目总投资 26.76 亿元，年度计划投资 3.99 亿元。全年整理 2021 政府性投资储备项目 86 个，总投资 111.63 亿元。严格按照《彭州市重大项目评审联席会实施办法》，推进项目投资管控。通过召集相关单位及行业主管部门通过专家审核、现场踏勘会审的方式，搜集梳理彭州市政府投资项目超批复投资、合同价 11 个议题及相关材料，涉及增加投资约 5.108 亿元，报请市委、市政府有关领导专题审议 4 次。

【社会信用体系建设】 彭州市在工业领域开展企业社会信用体系建设，成立成都企业联合会彭州市分会。组织企业召开信用体系建设培训会；督促企业建立健全完善信用体系建设相关制度，建立诚信企业联席制度。探索建立违建信用联合惩戒机制，将附有违建未整改的房屋列入冻结管控名单，倒逼违建者主动拆除违法建设设施，验收合格后，恢复解冻相关房屋产权登记手续。全年全市房产冻结 404 户，解冻 50 户。疫情防控期间，优化办事流程，推行企业“不见面、线上办”“线上＋线下”零接触信用修复模式，助力 21 家企业完成信用修复，其中“零接触”信用修复 9 家。

【濛阳新城片区开发建设】 濛阳新城在成都百里中轴线天府大道北延线之上，彭州市以濛阳新城为战略支点推进成德眉资同城化先行区建设，拉升彭州城市骨架，重构城市发展格局，制定《彭州市濛阳新城（濛阳组团）片区综合开发方案》，授权市国经公司作为濛阳新城片区综合开发城市综合运营商，按照市场化运作原则，采取股权合作、项目合作、设立产业投资基金等多种方式开展项目建设。2020 年 12 月 31 日，濛阳新城片区综合开发项目通过招商，由中交城投牵头，中交路建、中交四公局、中交二航局组成的联合体作为投资人参与濛阳新城的开发建设，项目投资额约 471 亿元，合作期 20 年。

对外开放与合作
Opening-up and Cooperation

【概况】 2020 年，彭州市紧扣“创新提能年”工作主题，以“产业能级提升工程”为工作主线，统筹推进疫情防控和经济社会发展。全年引进产业化重大项目 9 个，新签约引进重大项目注册 7 个，高能级产业化项目实际到位内资 85.47 亿元、利用外资实际到位 6.12 亿元，省级平台签约项目履约率、开工率、投产率、资金到位率分别为 90%、80%、40%、35% 以上，高能级企业和项目招引 35 个，拜访企业 503 家，签约引进亿元以上项目 75 个，其中 100 亿元以上特别重大项目 6 个。获 2020 中国楼宇经济投资高地城区奖、2020 年成都市投资促进“百日擂台赛”工作流动红旗、2020 年项目招引攻坚先进单位、2019 年成都市投资和重点项目推进工作成绩突出单位等表彰。

【区域经济合作】 彭州市推进国家战略成渝地区双城经济圈建设和省委“一干多支”发展战略实施，加快成德眉资同城化发展进程，与德阳什邡市共同协商，提出《彭什区域协同融合发展实施方案》，方案明确：推进区域规划衔接融合，推进基础设施同城同网，推进区域产业协同共兴，推进生态环境共保共治，推进公共服务共建共享，推进人才发展体系共建，推进社会治安协同治理，推进发展机制改革创新八个方面重点任务。

【投资服务】 彭州市修改完善彭州招商引资宣传

片《山水画卷天府金彭》，编制全新2020年版《彭州投资指南》及《彭州投资指南拉页》等招商宣传资料。疫情期间，创新制作发布“彭州市线上投资地图”，内容涵盖彭州市投资环境介绍、2020年版招商宣传片、重点投资项目等，方便投资者通过手机一键了解彭州产业情况及招商项目信息。统筹整合区域优势资源，围绕新材料、航空动力、医药健康、文化旅游、现代农业等主导产业，策划包装招商项目106个，精包装项目40个并形成《彭州市2020招商引资推荐项目册》，全年全市发布4次彭州市城市机会清单，协助主导产业及园区完善推介基础资料，通过QQ、微信、邮箱等发送至目标企业。

【招商引资】 彭州市在投资促进“百日擂台赛”中，签约注册亿元以上项目22个，其中5亿元以上12个，走访高能级500强企业135家，获取有效项目信息71条，获2020年成都市投资促进“百日擂台赛”流动红旗。牵头“3+2+1”产业载体，根据产业定位靶向梳理出637家目标企业；拜访409家，其中六类500强企业97家、“两图一表”企业193家，市主要领导率队拜访企业83家，捕获项目信息214个。签约亿元以上项目58个，总投资额1347.48亿元，其中30亿元到100亿元项目4个，100亿元以上项目6个。项目招商取得成都市第四、近郊区县第一。全年外出招商155批次，参加2020中外知名企业四川行活动、2020中国楼宇经济博览会、2020全球文旅产业精品住宿高峰论坛活动、中日（成都）城市建设与现代服务业开放合作示范项目合作推介暨集中签约活动、第三届中国国际进口博览会等重大省市级活动40余次，挖掘投资讯息150余条。

【重大项目集中签约】 彭州市举办“天府金彭·机遇之州——彭州市2020年城市价值推介暨重点项目签约仪式”，签约项目包括德仁堂大健康产业合作项目、彭州濛阳西南供应链中心及智能仓储物流产业园项目、“七星耀江，幻游龙门”文旅综合开发项目、濛阳新城片区开发项目等8个项目，协议签约总金额达614.5亿元；举办第三季度集中签约活动，集中签约抗感染药及高端医疗器械研发制造、新型杂环高性能工程塑料、无线电频谱管理研发中心、高端频管装备生产基地及检验检测中心、智慧云仓及冷链物流中心、西南交通大学彭州智能制造产业创新中心等项目7个，投资178.4亿元；承办“第十一届中国·四川（彭州）蔬菜博览会四川（成都）项目推介暨产销对接签约仪式”，签约农业投资项目18个，协议资金约190亿元；产销对接项目5个，蔬菜产销数额85万吨，协议金额12亿元。

【对外劳务合作】 彭州市建立健全对外劳务季报制

7月28日，厦门—彭州企业家投资恳谈会召开

7月31日，彭州市2020年三季度重大项目集中签约暨开工仪式举行

度，实时收集并掌握外出务工人员信息，设置联动机制，引导市民增强依法务工意识、自我防范意识，先后在通济镇、葛仙山镇举行宣传培训活动，为群众答疑解惑，及时处置纠纷事件，全年彭州市64名公民依法办理外出务工，无非法外出务工人员和滞留国外等事件。

【对外贸易】 彭州市以培育孵化外贸潜力企业为基础，国际大型活动为平台，各项政策资金为助力，引导企业转型升级，有序推进对外贸易工作。完成新增46家企业备案登记，培育孵化6家企业开展自营进出口业务，外贸进出口总额10.2亿元。

物价管理
Prices Control

【概况】 2020年，彭州市发挥价格机制的调节作用，服务实体经济，支持企业走出困境和复工复产，实施优惠的水电气价格政策，将成本监审列入政府制定和调整价格的重要程序；加强价格监测，认真分析价格变动趋势，向困难群体发放价格补贴。

【价格调控】 疫情期间，彭州市实施优惠的水电气价格政策，工商业电价再下降5%；降低参与疫情防控企业的非居天然气和工业水价价格，按现行政策90%结算，全年为全市工商企业减少用水用气和用电负担3100余万元。发挥价格机制调节作用、保障居民基本生活用水、用气需求，引导节约用水、用气，继续实施居民用水、用气阶梯价格制度。落实《成都市发改委 成都市经信局 成都市财政局 成都市商务局关于做好临时电费补贴相关工作的通知》，对纳入临时电费补贴的企业，发放疫情电费补贴1950余万元。

【价格监督检查】 彭州市市场监督管理局建立大型商超、农（集）贸市场等日常联系机制，对米面油等生活必需品、蔬菜水果等主要农产品及猪肉、油品等重要商品实行动态监测并建立储备保障台账，研判非正常价格波动，严厉打击哄抬价格、囤积居奇、相互串通操纵市场价格等违反价格法律法规行为，受理价格投诉举报380件，办结率100%，立案查处价格违法案件20件。

【专项整治服务】 彭州市市场监督管理局强化价格监管，维护市场价格秩序。建立大型商超、农（集）贸市场等日常联系机制，抽调专人在城区12个市场全天候驻场保价；打击价格违法行为，开展重点商品市场价格巡查，全面排查群众反映线索，严厉打击哄抬价格、囤积居奇、相互串通操纵市场价格等违反价格法律法规行为；开展濛阳雨润市场集中整治。以市场管理服务收费项目为切入点，对涉嫌价格歧视等违法违规行为进行集中整治并立案调查，着力打造规范化标准化市场。

【价格监测和预警】 彭州市市场监督管理局完成《蔬菜批发价格及运价报表》84期、《成都市水果价格及运价监测报表》84期、《成都市农业生产资料价格及运价监测报表》48期、《猪肉及生猪价格监测日报表》365期及疫情期间《医用物资价格报表》10期等10类价格监测报表共900余期，及时向上级主管部门汇报主要商品价格变动趋势。

【价格服务（含12315投诉热线）】 彭州市市场监督管理局全年受理价格投诉举报380件，办结率100%，立案查处价格违法案件20件。查处的军乐镇某药店涉嫌哄抬一次性使用医用口罩价格案被四川省市场监管局、成都市市场监管局作为典型案件发布，并在四川省电视台进行曝光，震慑违法行为，维护疫情期间价格秩序。

【价格补贴联动机制】 彭州市印发《彭州市完善社会救助和保障标准与物价上涨挂钩联动工作机制》，向城乡低保对象、农村五保对象、城乡重点优抚对象城乡孤儿、失业人员、困难学生等发放一次性价格补贴工作。全市全年发放价格补贴5487.3051万元，惠及低收入困难群众2.5余万人。

【行政事业收费管理】 彭州市提高行政事业性收费政策的透明度，推进政务公开和社会监督，公布成都市行政事业性收费等目录清单。贯彻国家、四川省、成都市减免、降低部分行政事业性收费政策，降低行政事业性收费3项，切实减轻社会负担。

公共资源交易管理
Public Resources Transaction Management

【概况】 2020年，彭州市公共资源交易服务中心主动开展四川省公共资源交易服务标准化规范化“示范交易中心”创建，规范配置1200平方米的综合服务、交易受理、交易组织、交易评审、专家抽取、专家评审、现场监督、档案管理8个功能区（室）；通过“互联网+公共资源”已探索实施工程建设项目远程异地评标、不见面开标和投标保证金缴纳多样化，政府集中采购项目电子采购和零交易保证金投标以及资产资源网上竞价等服务方式，营造市场主体便捷服务环境，提升交易服务社会满意度。全年服务项目3305宗、总交易额112.35亿元，市场主体37000余家，实现节约财政性资金15.23亿元，溢价3000余万元；先后获四川省三八红旗集体、共青团成都市委国际化营商环境建设青年文明号、彭州市先进党组织等荣誉。

2020年，彭州市公共资源交易服务中心创建四川省示范交易中心验收评估意见交换会召开

【交易平台建设】 彭州市公共资源交易服务中心探索运用“互联网+公共资源交易服务”的理念，围绕平台融合发展，项目受理、投开评标全流程全环节信息化，以及成德眉资区域协作等，探索“5G+区块链技术”在公共资源交易服务的场景应用。通过深化对成都市政采云系统的运用，推行工程建设项目投标保证金在线缴退，扩大不见面开标范围，推进异地远程评标常态化以及成德眉资公共资源交易信息跨区域跨平台发布等，提升电子交易信息化、智慧化服务水平，构建区域一体化、服务智慧化的交易服务新体系。

【公共资源交易监管】 彭州市公共资源交易服务中心按照“管办分离、统一交易、统一监管”的原则，整合资源和机构，构建“一委两办一中心”（即彭州市公共资源交易管理委员会，彭州市公共资源交易管理委员会办公室和彭州市公共资源交易监督委员会办公室，彭州市公共资源交易服务中心）的公共资源交易监督管理服务模式。实施全流程、全环节、全类别电子化交易，构建规范管理事项，定人、定事、定岗的交易服务体系，推进四川省“公共资源交易服务标准化规范化交易中心”创建。

【交易服务创新】 彭州市公共资源交易服务中心推进公共资源交易服务“放管服”改革，通过电子交易服务平台探索和创新交易服务方式。探索推行政府集中采购网上竞价、电子商城两种电子采购方式，以及零投标保证金投标等，实现计算机等 24 类通用采购品目全部实现“淘宝式”采购，政府集中采购全程“零费用”。探索推行工程建设投标保证金多样化、远程异地评标以及不见面开标等服务方式，全面降低交易主体参与招投标活动的综合成本和风险。全面推行资产资源和土地矿产交易网上竞价，实现资产资源和土地挂牌交易全程“零跑腿”，提升交易服务效率。综合精简优化公共资源交易服务流程 10 项，实现平均缩减综合交易服务时间 35% 以上，多次获得上级和行业相关部门肯定。

远程异地评标

【国际化营商环境建设】 彭州市公共资源交易服务中心探索公共资源交易服务新方式，通过实施政府集中采购项目网上竞价和电子商城采购，土地矿权和资产资源网上竞价，实现交易服务全面提速、交易主体参与项目交易周期综合缩减 85%。实施政府采购零交易保证金投标、工程建设项目使用银行保函、保险保函等方式缴纳投标保证金，实现市场主体参与项目交易“零费用”，累计为市场主体节约流动资金近亿元。通过全面提升电子化交易功能，实施异地远程评标和不见面开标服务，全面提升交易服务效率、降低交易廉政风险，完成的 27 个项目没有出现违规违纪违法行为，获得市场主体好评。

【公共资源交易实效】 彭州市公共资源交易服务中心完成项目交易 559 宗，实际交易额 24.67 亿元，实现财政资金综合节约率 4.35%，溢价率 5.98%，服务市场主体 4122 家。2020 年 1—7 月，完成项目交易 215 宗，实际交易额 37.3 亿元，实现财政资金综合节约率 12.32%，服务市场主体 7895 家。其中，彭州市实际交易额居成都市第五，综合节约财政资金居成都市第三。

【首例异地评标招标项目】 5 月 7 日，彭州市首个跨区异地远程电子评标工程，成都市“2018 年道路维修改造工程监理二标段”招标项目在成彭两地公资交易中心完成交易，远程评标以成都市公资交易中心为主场、彭州市公资交易中心为副场同时进行，主副场评标专家同时通过电子招投标会商系统进行在线语音、视频等完成实时联动评审，监督人员通过音视频监控系统进行实时远程在线监督，实现两地同步在线评审、同步在线监督等全程智慧化交易，打破传统评审地域限制，专家资源得到互通共享，有效规避交易风险，降低招投标交易成本，公共资源交易领域营商环境得到优化。

市场监督管理
Market Supervision and Management

【概况】 彭州市市场监督管理局，加挂彭州市知识产权局牌子，内设科（室）19 个、派出市场监管所 17 个（实设 11 个）、下属事业单位 1 个，在编在职人员 174 名。2020 年，彭州市市场监督管理局聚焦质量强市、知识产权“两大战略”，全力坚守食品、药品、特种设备、产品质量“四大安全”，打造国际一流营商、公平竞争市场、放心舒心消费“三大环境”，推进职能大融合、改革大提速、监管大提效、

3月31日，市市场监管局检查学校食堂

12月12日，冷链食品疫情防控检查

服务大提质、能力大提升。获得各级表彰奖励20项，包括国家级1项，省级1项，成都市级14项。多项工作得到市委、市政府主要领导肯定。

【市场规范管理】 彭州市市场监督管理局牵头开展各类专项整治，重点对辖区内食品生产小作坊、小餐饮、小副食店等涉及食品安全隐患领域开展食品安全专项整治。排查经营户3559家，其中无证332家、无照207家。引导办证302家，办照179家；促进在彭电商平台严格履行平台主体责任，提高对入驻平台内经营者及其商品的管理和审核，维护公平竞争秩序，开展电子商务平台经营者履行主体责任双随机定向抽查；开展网络销售野生动物、网络销售长江流域及成都市天然水域非法捕捞获物专项整治，责令3户商家删除涉野生动物禁售、“河鲜”等字样宣传信息；开展“双十一”期间网络交易涉嫌不公平不合理条款线索处置，责令删除不公平格式条款15条。全年立案查处市场秩序类案件41件，结案23件。

【疫情防控保障】 疫情期间，彭州市紧盯农（集）贸市场、餐饮单位、商场超市、零售药店、医疗器械、野生动物及活禽市场等开展监督检查，依法查处制假售假、哄抬物价等疫情防控相关行政违法案件469件，处罚金额113.79万元，保障疫情期间市场生产生活秩序平稳和产品质量安全；建立“一二三”工作办法，对投诉、举报、咨询件进行分类处理，累计受理涉“疫”投诉举报448件，办理率100%。捣毁大型制假售假窝点2个；牵头开设“鄂渝蔬菜交易专区”，为湖北省、重庆市等重点疫区开通农产品采购“绿色通道”，累计销售蔬菜5000余吨，值达1700余万元，进驻40家重点企业现场办公，对25家意向企业开展“一对一”上门服务，全市获批扩产或转型生产医用防护物资企业11家，取得医用外科口罩、一次性医用隔离衣等医疗器械注册证或备案凭证25个，转产民用口罩企业40余家，日产超150万只，对全市523家冷链食品生产经营户（其中进口入川首站水果企业68家、进口入川首站肉类企业9家）、845个食品冷冻冷藏库进行地毯式摸排，按照“一户一档”全面建档。落实冷库“库长制”，全面压实“部门主管、属地监管、企业主体、个人管理”四方责任。

【商标注册】 彭州市提升商标管理与保护效能，健全和完善商标公共服务体系，促进品牌产品培育，全年商标申请3051件，比上年增长61%；商标注册1882件，增长13.7%。

【消费维权】 彭州市市场监督管理局建立纠纷调解“定时、定人、定责”和专人“包调处、包跟踪、包反馈”的“三定三包”工作机制，完善事前及时预防、事中快速联调、事后评价考核的闭环流程。全年受理消费纠纷 4458 件，挽回各类经济损失 105.57 万元；发动个私、餐饮等 13 个行业协会，在沃尔玛、一品蓉和等 53 个企业建立维权服务站，召开法律法规培训会议 17 次，培训从业人员 300 余人次，推动 107 件轻微纠纷自主化解。培育“放心舒心消费示范单位”12 家；联合住建、商务投促等部门调处房地产、汽车销售等热点领域消费纠纷 15 件，化解群体性和重大纠纷 5 件。将 43 家消费纠纷量多和调解成功率低的企业按季度通过成都和彭州政务网站进行公示，倒逼企业提升诚信经营水平。

【信用监管】 彭州市市场监督管理局建立市场监管领域跨部门联合“双随机、一公开”联席会议制度，以抽查制代替巡查制，完善抽查事项清单 53 类 143 项，覆盖市场监管全领域，实现“进一次门、查多项事”。“双随机、一公开”抽查 34 次，涉及各类企业和农民专业合作社 4070 户次，对劳务派遣、校外培训等行业 29 户企业进行联合抽查；对轻微违法违规行为实行预先提醒、主动指导、及时纠正。通过行政指导、行政约谈等方式开展柔性执法 1112 次，引导企业及时主动纠正轻微违法违规行为 100 余起；通过电话预约、网上报审等线上服务方式，对不涉及食品药品等群众生命财产安全的企业实行暂缓列异、容错整改措施，企业信用修复最短压缩至当日可办结。全年为 118 户失信企业办理信用修复；建立完善公平竞争审查工作联席会议制度，梳理排查出台现行政策措施 2113 项，其中涉及市场主体经济活动的 20 项，需要调整、修改或废止的 6 项。

【产品质量监管】 彭州市市场监督管理局加强儿童学生用品、消防产品、电线电缆等重点产品监督抽查，完成监督抽查 185 批次，不合格处理 7 件。工业产品抽检合格率连续五年保持在 96% 以上；严格危化品等重点领域证后监管，对 25 家企业实施专项检查，推动 24 家企业完成整改。

【“质量竞争力调查 + 质量诊断”服务】 彭州市市场监督管理局在全国市场监管系统率先创新“质量竞争力调查 + 质量诊断”的服务实践，对 157 家规上制造业企业开展质量竞争力调查，全面掌握企业质量水平与发展能力现状，形成《彭州市企业质量竞争力调查报告》。精选成一制药等 15 家具有产品质量提升空间的代表性企业开展质量诊断，从质量文化建设、质量战略管理等 6 个方面帮助企业梳理潜在的质量管理薄弱环节，提出改进建议。累计诊断出 88 项问题点，提出 108 项改进建议，企业总体采纳率为 95.4%，整体满意率为 98.07%。

6月，教育培训机构双随机检查

10月14日，彭州市市场监督管理局在维奥制药进行质量诊断

9月10日，市市场监管局调研川芎省级农业标准化项目

9月23日，市市场监管局检查游乐设施特种设备

【川芎品质标准制定】 彭州市市场监督管理局成立项目领导小组和技术指导小组，制定相关工作方案和推进计划，就项目内容、成员单位分工和时间节点等进行细化；完成和兴平、鹤泉、紫音泉及白塔店4个主要种植村落调研，摸清川芎种植销售、产业社会化服务、初加工现状等产业基底；围绕种苗选育、肥料使用、生产技术规程等环节搭建《敖平镇川芎生产技术标准体系》框架，形成《敖平川芎品质标准》和《敖平川芎生产技术规程》初稿，对接第三方检测机构完成主要种植地土壤采样和人民渠灌溉用水采样。

【计量监督管理】 彭州市市场监督管理局落实计量器具强制检定经费340余万元，强制检定计量器具42000余台次；开展重点用能单位能源计量审查“回头看”专项行动，指导全市4家重点用能单位通过审查；开展商品定量包装抽查49批次。

【特种设备安全监察】 彭州市登记在册各类特种设备14563台（套），在用设备9569台（套），其中在用压力容器5843台。特种设备风险辨识8356台（套），数量居成都市第一名。推进城市安全隐患排查百日攻坚等专项行动，推广移动安全监察平台日常检查，开展节假日和重大活动安全保障。联合第三方机构检查电梯、压力容器等500余台特种设备和10000余米压力管道，推进监管部门、主管行业、专业机构和使用单位的多元化监督体系建设。

【质量体系认证】 彭州市市场监督管理局推动强制性产品认证29家，各类管理体系获证组织375家。有机认证企业39家，增幅超过400%。认证产品20余种，

7月19日，市市场监管局强制检定农贸市场计量器具

7月10日，市市场监督管理局检查成都亿泰气体公司

有机产业规模居全省前列；1家企业被省政府授予首届四川省天府质量奖、成都市第二届市长质量奖。

【国家食品安全城市创建】 彭州市出台《彭州市市级党政领导干部食品安全工作责任清单》等系列文件，全面落实食品安全党政同责；市食安委及时调整成员单位、优化工作规则，进一步厘清职责边界、压实工作责任，形成统一领导、分工负责、分级管理的食品安全工作机制；实施"土壤污染防治和地力提升""农药零增长"行动，加大"三品一标"认定认证和证后监管力度。全市农业"三品一标"认证127个，其中无公害农产品认证61个，有机产品认证39个，绿色食品认证22个；创新白酒"双签留样"制度，强化食品生产"证前服务、证后监管"，开展"小作坊整治提升"行动，推动"彭州九尺板鸭"食品小作坊的发展，建立规范化九尺板鸭小作坊27家，培育标准化板鸭生产企业2家；开展"食品安全放心工程建设攻坚"，实施"校园食品安全守护""餐饮质量安全提升""农村假冒伪劣食品治理""保健食品行业专项清理整治"等专项行动。对全市获证的3964家食品流通单位、3872家餐饮服务单位全覆盖实施风险分级管理，量化分级评定率100%；推进10所学校食堂接入成都市网络理政中心，实现"视频厨房"向"网络厨房"转变，全市持证餐饮服务单位"明厨亮灶"覆盖率100%，网络餐饮服务第三方平台代理商、合作商备案率100%；实现农村群宴全覆盖指导，全年推进网上报备4949起，纸质报备50起，数量位居成都市第3名；全市4家哨点医院上报食源性病例885人，食品理化监测合格率100%；食用农产品二维码溯源体系覆盖全市2个批发市场和18个农贸市场，实施食用农产品二维码溯源2243户，在雨润国际农产品交易中心、白庙市场等5个市场建立6个食用农产品快速检测室，全年检测20万余批次；全市2家餐饮具集中消毒单位安装在线监控系统，消毒餐饮具产品抽检合格率100%；对食品问题多发易发的领域和区域进行针对性抽检2060批次，完成146批次不合格后处理。

【知识产权强县工程创建】 彭州市制定《彭州市促进产业发展的奖励办法》，建立企业、高校(院)所、服务机构协同合作专利培育机制，实施彭州九尺板鸭地理标志小镇建设工程，鼓励企业进行知识产权贯标，培育知识产权优势、示范企业，推动现代中(成)药产业专利导航项目落地。全市发明专利250件，万人有效发明3.2件，有效注册商标9084件；整合专利、商标、地理标志知识产权管理保护职责，实现知识产权相对集中统一管理，建立健全知识产权行政执法体制机制，组建知识产权执法队伍；维护企业合法权益，构建公平有序的市场竞争秩序，加强知识产权司法和行政保护衔接，6家企业纳入成都市知识产权保护直通车。全市设立13个知识产权维权站(点)，9个知识产权纠纷调解站，受处知识产权纠纷33件，查处侵权案件23件，罚没金额48万余元；发布《彭州市知识产权资助管理暂行办法》，鼓励企业完成知识产权质押融资12笔，累计金额5050万元。与成都市知识产权交易中心签订协议，支持企业通过债权融资转化知识产权成果，运用云计算、大数据、移动互联网等新技术为企业提供综合金融服务；设立知识产权网络服务平台，规范在彭知识产权服务机构代理行为，与西华大学知识产权学院签订校地合作协议，为重点企业提供知识产权管理服务。

【食品药品安全宣传培训】 彭州市市场监督管理局在全市11个片区召开专题学习、业务培训等30余次，全覆盖培训468名乡厨、223名食品安全网格员、1571名食品安全管理从业人员通过在线培训考核；举办2020年彭州市食品安全突发事件桌面演练，各镇(街道)、食安委各成员单位分管领导及工作人员150余人现场观摩，提升应急处置队伍的系统思考能力与分析应对能力；利用“赶集日”“西瓜节”等特殊时段和重大活动开展宣讲活动98场次，印制发放年画、海报等宣传资料15万余份，在各级媒体宣传食品安全工作88次，营造食品安全氛围。

【药品化妆品器械监管】 彭州市市场监督管理局对506家零售药店、585家医疗机构（含村卫生站）实行归档管理，动态监管。在286家药店推广含特药品“互联网+智慧监管”试点，实现含特药品销售信息透明共享；开展中药饮片、执业药师挂证等8个专项整治，检查药品、医疗器械、化妆品相关经营主体8000余个次，查处违法违规案件18件，上报不良反应602例；开展现场调研，收集并解决产品研发、企业扩建等方面问题，帮助9家企业取得GMP认证，1个专业品种通过全国药物一致性评价；开展无菌和植入性医疗器械、医疗器械化妆品“清网”行动、非法经营装饰性彩色平光隐形眼镜、避孕套、体外诊断试剂、医疗美容行业等专项检查，开展国家局公布的316个批次共8次不合格化妆品核查工作，配合卫健等部门开展2次打击非法行医检查。

【地理标志产品保护】 彭州市市场监督管理局按照“培育一批、成熟一批、注册一批”的指导原则，挖掘地方特色优势产品潜力，加强和指导“桂花土陶”“白鹿白茶”“敖平川芎”“彭县黄鸡”等有历史文化底蕴和特殊品种的品牌梳理；对“彭州蒜薹”“三界莴笋”进行地理标志保护产品申报；协助隆丰街道向国家知识产权局商标局申请注册“彭州军屯锅盔”集体商标；推进对“彭州九尺板鸭”“彭县黄鸡”地理标志证明商标的指导力度，建立专标使用、标识印制、质量监测、市场监控等内部管理制度，推动地标权利人以“彭州九尺板鸭”地理标志证明商标为母品牌，推行“区域品牌+企业品牌”的“母子品牌”模式，打造梁老二、世权食品等14家许可使用单位；以“彭州九尺板鸭”地理标志小镇建设为契机，完善九尺板鸭溯源体系建设；推广取得国家地理标志产品保护的“彭州大蒜”品牌应用，拟申请专标使用备案企业7家，启动“彭州大蒜”地理标志产品标准制（修）订；加强地理标志行政执法保护，对集中使用地理标志的成都濛阳农副产品综合批发交易市场进行检查，联合相关职能部门严厉查处侵犯地理标志商标专用权的违法行为，维护地理标志专用权。

国有资产经营管理
State-owned Assets Operation and Management

国经公司

【概况】 彭州市国有资产经营管理有限公司于2017年5月正式成立，注册资本19400万元，有正式员工275人。业务范围为国有资产经营管理、公交运营管理，路灯管护，城区绿化、市政设施管护，农村供排水管理，户外广告位管理，公务用车租赁，临时停车位（场）管理，人力资源管理、体育公园、农贸市场管理，九陇公墓管理、濛阳新城片区综合开发、天府蔬香现代农业产业园运营等。下属全资子公司7个，控股公司1个，代管公司1个，入股公司3个。截至年底，公司资产总额106.25亿元，实现营业收入10211.28万元，净利润849.74万元，国有资产保值增值率102.46%。

【国有资产监管】 彭州市国有资产经营管理有限公司以市场为导向、以企业为主体，优化国有资本结构和布局，发挥资产“乘数效应”。启动处置安居苑及中和新城部分闲置住房 36 套，报废业务用车 7 辆，处置出租车 16 辆、租赁车 5 辆；清理国有存量房，以长租为主，实行对外竞价租赁，出租住房 39 宗、铺面 98 宗，其他房产 7 宗，利用存量房实施人才公寓项目，管理人才公寓 188 套，出租 4 套，公开挂网出租单立柱、公交车身、公交站牌等广告位资产，实现国有资产保值增值；对所管理的国有资产进行常态化巡查，全部录入行政事业单位资产管理信息系统，实行信息化管理，做到“家底”常清、情况常明。

【公交（农客）国有化改革】 彭州市国有资产经营管理有限公司在按期完成 20 条线路 179 辆公交车辆的城市公交国有化回购后，2020 年 5 月，完成农村客运国有化回购，回购农村客运线路 14 条、车辆 79 辆，新购中型客车 31 辆、小型客车 30 辆，率先成为成都首个近郊市（县）实现城市公交、农村客运双国有化运营的（市）县。彭州市乡村客运被四川省交通运输厅列为四川省金通工程改革示范点。全市全年拥有营运公交、农客车辆 440 辆，常规营运线路 51 条，定制专线 32 条，公共交通机动化出行分担率 30.1%，公交占公共交通机动化出行分担率 69.8%。

【市场化办会模式探索】 11 月 22—26 日，以“擦亮川菜金字招牌 建设中国西部菜都”为主题的第十一届菜博会在濛阳街道“中国·四川天府蔬香博览园”召开。菜博会以扩大和深化市场化办会的运作模式，围绕招商引资、贸易洽谈、展示展销、行业交流、田园体验、乡村旅游等展示内容，打造精彩纷呈的线上线下活动，参展参会人数超过 30 万人次，签订农业投资项目 18 个，协议资金 200 亿元；产销对接项目 5 个，蔬菜产销数量达 85 万吨，协议金额 12 亿元，菜博会首次由专业协会参与承办，彭州市国有资产经营管理有限公司为承办单位之一。

【市政设施管护】 彭州市国有资产经营管理有限公司维护路灯 25053 盏，比上年增长 1.3%，其中城区路灯管护数量为 17120 盏，乡镇路灯管护数量为 7933 盏，路灯亮灯率、完好率 98%以上；对城区绿化、市政道路绿化管护面积 204.98 万平方米，增长 13.36%；鲜花栽植管护面积 12163 平方米，比上年增长 35%；城区道路桥梁及其附属设施零星维护面积 465 万平方米，比上年增长 10.83%；新增医药港、工业开发区等 14 条道路清扫保洁与垃圾清运作业面积 25 万平方米；新建北大街、南大街、朝阳中路 3 处社区公园（小游园）。

【停车泊位管理】 彭州市国有资产经营管理有限公司管理规划临时占道停车泊位 3300 余个；管理公共停车场 5 个，停车泊位 948 个（其中北大街停车场 35 个泊位、南大街电信停车场 68 个泊位、高铁彭州站停车场 219 个泊位、体育公园地下停车场 480 个泊位、市政府第二办公区停车场 146 个泊位）；探索共享停车新模式，开通“共享泊位”停车位 694 个，停车位“让位于民”；管辖内停车位全面实现电子发票，非现金收费比例 72.5%以上。成都市交通运输局对彭州市 2019 年停车场质量信誉考核综合评级为 AA 等级、彭州市第二办公区的共享停车场获成都市 2019 年度车位共享绩效与服务质量信誉考核 AA 等级。

【九陇公墓管理】 彭州市国有资产经营管理有限公司坚持“建文化陵园、创陵园文化”理念，以“人文化、生态化、景观化、园林化”为标准，精细化管理维护九陇公墓墓位 10000 余个。全年推进九陇公墓基础设施、墓区环境和服务质量提升，先后硬化墓区地坪、维修改建场区道路、规划重建办公用房，打造上山人行道路和车行道路两侧景观风貌，提升墓区基础设施和环境品质。清明节期间，创新推出公交专车祭扫、鲜花换购等多种祭祀服务，构建生态健康、景观适宜的殡葬环境和文明和谐的殡葬文化。

【农村供排水管理】 彭州市国有资产经营管理有限公司新建自来水管道30万余米，新建供水泵站6座，小型供水站2座，解决全市20万余人的饮水安全问题。提标扩能改造彭州市第二污水处理厂，污水处理量从1.5万吨/日提升到3万吨/日，排放标准提升至两江流域标准；强化53座农村微型污水处理设施管理，污水处理规模5250吨/日；经营管理全市27座污水处理厂，降低污染物直排对环境影响，提升城市水质量。

【濛阳新城片区综合开发】 彭州市国有资产经营管理有限公司作为濛阳新城片区综合开发城市综合运营商，市国经公司按照"整体规划、片区开发、专业运营、综合平衡"的思路，以坚持市场化的方式，12月通过公开招标确定中交城市投资控股有限公司联合体为彭州市濛阳新城片区综合开发投资商，项目投资471亿元。

【协和路市场开市】 彭州市协和路综合市场位于彭州市致和街道协和路259号，12月25日正式开市。市场占地约10000平方米，经营场地约6000平方米。内设商铺98间，独立熟食品岛亭区18个，固定经营摊位155个，农户自产自销摊区300平方米，大型超市1个，配套有公厕，货运电梯、果蔬垃圾处理设施、应急发电机等设施，建设机动车停车位56个，非机动车位160个，改善南部新城5万余名市民购物环境。

协和路市场开市

玲珑居北苑改造后

【老旧院落改造】 彭州市国有资产经营管理有限公司按照老旧院落改造阶段性目标要求，分别对天彭街道书香居、天泰玲珑居（北苑）、广院、兴威公司家属区、草甸苑、外南街182号院、杏院、商业局家属区八个老旧院落进行提升改造，总投资约1725万元，于2020年12月竣工验收。安装健身器材36套、路灯168盏，购置消防安全器材298套，维修屋面及墙体防水31846平方米，清掏化粪池460平方米，新建沥青路面15935平方米，铺设电缆7734米、供水管网2265米，增设安防监控系统81处，绿化改造3996平方米等，惠及群众590余户。

【天府蔬菜种苗繁育中心建设】 11月，彭州市国有资产经营管理有限公司负责实施的天府蔬菜种苗繁育中心建设项目竣工，项目位于濛阳街道桂桥村，处于天府蔬香现代农业产业园核心区，占地面积110亩，总投资为3284.15万元，建成15000平方米玻璃温室大棚、3300平方米育苗播种仓储物流中心、5000平方米新品种展示大棚及1000平方米废弃物回收利用设施及蔬菜新品种试验示范区30余亩。

【川芎种植核心区基础设施建设】 12月，彭州市国有资产经营管理有限公司负责实施建设的彭州市2019年省级现代农业园区培育项目——川芎种植核心区基础设施建设（片区一、片区二）竣工，项目位于彭州市敖平镇，投资1128.27万元，完成渠道衬砌修复9.1公里，新建田间道路7.2公里，整改田型2100亩。

湔江投资集团

【概况】 为贯彻落实市委、市政府关于国资国企改革工作的系列安排部署，按照建设“践行新发展理念的立体山水公园城市为目标”的目标，根据《中共彭州市委 彭州市人民政府关于印发〈彭州市市属国有公司改革整合实施方案〉的通知》（彭委发〔2020〕6号）精神，2020年4月，以彭州市现代交通投资开发有限公司作为整合主体，将市国资金融局直接控股的彭州市国有投资有限公司（含下属四川龙门山文化旅游发展有限公司、彭州市创业融资担保有限公司）、彭州市统一建设集团有限公司统一纳入改革整合范围，筹建成为成都湔江投资集团有限公司（以下简称湔江投资集团）。湔江投资集团完成工商登记变更，注册资本金10亿元。现有员工375人，高级职称16人，中级职称117人，初级职称66人。整合后湔江投资集团按照现代化法人治理体系建立健全公司内部组织机构，成立党委会、董事会、监事会等组织；内设9个业务部门。

鹿野城堡俯瞰图

根据湔江投资集团整体战略布局和业务发展规划，对湔江投资集团及下属公司实行一级、二级、三级化管理。一级公司即湔江投资集团，围绕服务于市委、市政府中心工作，以统筹管理指导为目标，负责集团各项工作的全面统筹、政策制定等，负有监督、管理、指导下属公司开展具体投资项目、融资事项、工程项目建设和生产经营决策等职能职责；二级公司为彭州市国有投资有限公司、彭州市统一建设集团有限公司、四川龙门山文化旅游发展有限公司、彭州市创业融资担保有限公司，以完成功能任务为目标，以“投建营一体化”模式实施片区综合开发，具体开展投融资、工程建设、旅游开发、金融担保等业务工作；三级公司为旅游、酒店、文创、资产、房产、建设、建材和建设服务八大板块完全市场竞争性公司，围绕服务于湔江投资集团整体战略，以盈利创收为目标，全面充分参与市场竞争。

截至年底，公司资产总额689.85亿元，实现营业收入28.58亿元。

【资金保障】 湔江投资集团积极对接评级相关机构，达到主体信用评级提升至AA+，切实保障彭州市融资环境。

在市委、市政府的坚强领导下，在彭州市国有资产监督管理和金融工作局的监督管理下，充分利用区域内现有资源，根据公司融资需求，结合融资市场供求和降低资本成本等要求，逐步实现融资多元化，采用银行贷款、非公开定向债务融资工具、债权融资计划、公司债券、债务重组、隐性债务置换及信托贷款、融资租赁等方式筹集资金，且年融资综合成本低于其他同级别区市县。积极推进“壮大贷”和“就业创业担保”，全年新增担保贷款103户1.85亿元，截至年底，在保项目245户，在保余额5.5亿元，帮助企业新增销售收入约60亿元，实现就业人数5000余人，促进全市规上企业的可持续发展，切实解决中小微企业资金短缺和“融资难、融资贵”难题。

【国有资产增值保值】湔江投资集团为确保国有资产保值增值，创造国有资产经营效益，通过出租等方式完成352宗资产盘活利用。在市低效闲置国有资产处置工作方面，配合市国资金融局对符合调规变性条件的22宗国有工矿用地完成土地调规变性工作，完成25处闲置行政办公用房资产评估及资产划转工作，完成其他低效闲置资产清理工作；根据项目建设需要完成龙门山宿集项目、葛仙山林野杏林项目等民宿产业项目共计21宗集体经营性建设用地收购，面积共约15亩；完成白鹿艺术家部落项目1宗国有建设用地收购；完成小鱼洞旺登乐资产、葛仙山冰川瀑布资产等市域其他闲置资产收购。

【创投功能】湔江投资集团以服务全市战略、布局新兴产业为己任，聚焦新材料、智能制造、医疗医药和教育培训等领域，助力彭州战略性新兴产业发展。截至年底，集团直接、间接参与投资的企业（项目）约38个，总投资额291236.27万元。其中，与中国石油化工股份有限公司、成都先进制造产业投资有限公司、成都城投能源投资管理集团有限公司共同完成有史以来第二大项目川西气田项目的投资组建工作，为彭州经济发展提供更加充足的能源保障；与四川发展兴展产业引导股权投资基金合伙企业（有限合伙）、四川弘科启迪股权投资基金管理有限公司共同设立彭州全球生物医药科技成果转化股权投资基金合伙企业（有限合伙），有效推动全市医药健康产业的高速发展；与中国人民解放军第5719厂共同货币出资组建成立成都航利航空工程职业教育有限公司，有力助推军民深度融合和航空动力小镇的发展。

【项目建设管理】湔江投资集团以做实项目建设成为城市发展基建先锋，承担安置房、市政基础设施、公路和市政道路、堤防、排水管网以及景观绿化等项目共计88个，总投资额约270.06亿元。以高品质建设立体山水公园城市，特别是官渠郊野公园核心区的建成开放，牡丹大道南段、西段以及成彭高速入城段建成并通车，有效改善中心城区交通通行条件，龙兴寺片区改造、柳河沿线综合整治、“百里景观大道”、老旧院落改造等项目，做到质量与民生共进，稳定经济发展，稳住社会大局，实现经济与口碑双赢，加快呈现大美公园城市形态。

【多元化市场经营】湔江投资集团实施“一企一业、术业有专攻”，鼓励下属公司积极走出去到市场“游泳”，有效激发公司经营活力和市场竞争力。龙兴置业公司开发建设的“国投·天樾雲宸”房地产项目开创冠誉全城开盘即售罄的瞩目佳绩，奠定国有公司自主开发房地产市场基石，实现销售额1.32亿元；统一建材公司原材料入库量157.87万方，实现营业收入1.35亿元；兴彭建筑公司实现营业收入1.65亿元，上缴各类税费849万元；建筑材料及室内空气检测全年实现营业收入476.54万元，上缴各类税费25.57万元；造价咨询及招标代理全年公司实现营业收入798.99万元，上缴各类税费58.74万元。

【生态文创旅游】湔江投资集团全力打造龙门山·柒村精品民宿产业园，推进“东有莫干山，西有龙门山”民宿发展新格局，引入白瓷艺术馆、地球仓、石门停车场、白瓷展厅、蟠龙文创聚落、大乐之野、山海观、小春、木芽MUUA、飞鸟集20余家实力品牌民宿入驻，截至年底，白瓷艺术馆、无所事事民宿、柒宿·地球仓等民宿已建成投运。龙门山宿集获得2020中国民宿榜黑松露奖、最佳民宿度假目的地称号，成功注册“龙门山民宿”品牌，鹿野城堡获评龙门山民宿优宿级；投资建设以“水墨江山”为代表的旅游房产，租赁盘活以“龙门蓝湾”

为代表的存量资产，策划包装以“鹿野城堡”为代表的酒店地产；通过项目提档升级和标准化建设，通济温泉花海景区在2020年成都市第三届乡村振兴“十大案例”评选活动中获得十大最美观花公园奖；合资公司“四川鲤跃文化传播发展有限公司”自主开发创建的文创美食“锵锵鸭”在第七届成都创意设计周上荣获好评，并在线上线下深受顾客喜爱。

【民生服务保障】 湔江投资集团筑牢疫情防控，有序推进复工复产。按照市委、市政府的安排部署，制定并下发疫情防控措施方案和宣传手册共计300余份；协助施工单位解决防疫物资口罩13000余只，消毒液1100升，测温枪16只；响应“春风行动”支持施工单位，联系专车迎接民工到工地复工复产，确保政府投资项目的复工率和人员到岗率均达到100%；勇挑重担，防汛抗洪保民生。2020年8月，成都平原普降暴雨，彭州山区、城区降水量破纪录，河流超警、汛情严峻。暴雨造成彭州13个乡镇（街道）相继出现河堤决堤、桥梁垮塌、道路被淹、公路水毁、房屋倒塌、农田被淹、供水中断、城区内涝等严重险情。湔江投资集团不讲条件，尽锐出战，立即派出应急抢险队伍3支共150余人、成立党员突击小组1支15人，调动挖掘机、推土机、装载机、抽水泵、发电机等机械设备80余台，准备近200套雨衣、雨鞋，10000个吨袋、5000个宾格笼及300个防洪沙袋等必备救援物资，以临战状态防大汛、抗大灾。防汛抗洪期间，湔江投资集团研判精准、决策果断，甚至制定“小时制”作战地图，倒排工期计划，同步推进方案、施工、资源保障等各项工作，拼速度、保节点，下苦功、保完成，共计对全市71处重大险情点位实施抢险作业，用行动树立起标杆和榜样；狠抓检查，增强事故预防能力。湔江投资集团组织集团各部门、各公司结合自身实际深入开展对建筑施工、安全生产、道路交通、工程运输、砂场作业、抢险疏浚景区设施设备等重点行业领域的安全专项整治和隐患排查治理工作。本年度排查发现安全隐患问题累计565项、完成整改隐患565项。通过安全检查和强化监督，稳步推进集团的安全生产工作，为确保年度安全目标的实现打下坚实基础。

财政管理
Fiscal Administration

【概况】 2020年，彭州市财政局全面贯彻落实中央、省、成都市决策部署，统筹做好疫情防控与依法理财，围绕做好“三篇文章”要求，坚持“三保一优”支出原则，加大对重要点位、重点项目、重大产业的支持，提高资金配置效率，全年全市一般公共预算收入35.95亿元，占预算的111.3%，较上年增长0.7%。

2020年彭州市一般公共预算收支执行平衡表

表12　　　　单位：万元

收　入	执行数	支　出	执行数
一般公共预算收入	359485	一般公共预算支出	583480
转移性收入	517018	转移性支出	293023
上级补助收入	251892	上解上级支出	70849
返还性收入	12959	体制上解支出	24466
一般性转移支付收入	203614	专项上解支出	46383
专项转移支付收入	35319		
接受其他地区援助收入	—	援助其他地区支出	—
债务转贷收入	84123	债务转贷支出	69123
地方政府一般债务转贷收入	84123	地方政府一般债务还本支出	69123
上年结余收入	40046	安排预算稳定调节基金	116475
动用预算稳定调节基金	111441	结转下年支出	36576
调入资金	29516		
收入总计	876503	支出总计	876503

【民生投入】 彭州市全年民生支出39.77亿元，占一

般公共预算支出的68.2%。安排资金8.2亿元，统筹城乡居民养老保险金和城乡低保专项资金拨付。城乡基本医保财政补助标准从每人每年的530元提高至560元，城乡低保从每人每月的650元提高至800元，城乡特困人员供养补助从每人每月的845元提高至1040元。安排资金3.53亿元，用于支持基本公共卫生服务、重大公共卫生服务及公立医院等项目建设。安排资金1587万元，落实扶持和促进就业创业政策，做好大学生创业、职介、培训、社会保险、公益性岗位等补贴资金保障。改造152间标准化办公房作为企业人才公寓过度使用，建成人才公寓178套。

【政府采购监督管理】 彭州市政府采购预算金额7.07亿元，合同金额6.88亿元，节约资金0.19亿元，资金节约率2.8%。与2019年相比，采购预算金额增加1.41亿元，增幅25%；合同金额增加1.36亿元，增幅25%。受理政府采购投诉、举报案件6起，做出行政处罚决定5个，涉及2家代理机构、2家采购单位和1家供应商。全年无行政复议、行政诉讼发生。开展3次政府采购专项检查，向相关责任单位发出责令整改通知书10份，政府采购工作建议书12份。

【政府债务管理】 彭州市严格落实政府债务风险管理方面的各项政策制度，精准做好政府债务和隐性债务统计工作，定期分析债务风险情况，按时将偿债举措及债务偿还情况完整录入管理系统，及时增添风险防控办法。全年安排预算资金3.85亿元，用于偿还到期政府债务及隐性债务，从根本上缩减政府性债务规模。对接上级主管部门，准确把握政府债券发行政策动态，做好项目储备和包装，全年度新增一般债券1.5亿元、新增专项债券9.9亿元。截至年底，全市政府债务余额73.9亿元，控制在成都市批准限额内。

【预算绩效管理】 彭州市制定出台《彭州市级预算事前绩效评估管理实施细则》《彭州市市级财政预算绩效结果应用的管理办法》等，提升绩效管理可操作性，推动预算绩效管理落到实处。推进预算部门绩效目标编报全覆盖，将项目支出和部门整体支出绩效目标与部门预算同步布置、编制、审核、批复和公开。组织第三方机构对“彭州市农业农村局中国蔬菜博览馆布展项目预算”开展事前评估。根据预算单位上报的项目预算绩效监控情况表，对项目预算执行和目标完成情况进行审核，并督促相关单位进行问题整改。全年选取10个项目支出、3个财政支持政策项目、5个部门整体支出、1个政府购买服务项目开展重点评价，涉及金额3.77亿元。

【国库集中支付】 彭州市财政部门继续深化国库集中支付改革，183个预算单位纳入国库集中支付改革范围，其中一级预算单位76个、二级预算单位107个。符合财政部国库改革“横向到边、纵向到底”的要求。全年国库集中支付业务113545笔108.87亿元，其中直接支付6411笔37.31亿元，授权支付107134笔71.56亿元。

【防疫资金拨付】 彭州市财政局按照全市疫情防控要求，通过盘活存量资金等方式，根据疫情发展态势和防控需求，精准聚焦，精准投放，投入疫情防

2月28日，彭州市财政局到企业了解防疫物资生产融资情况

控专项资金3.5亿元，主要用于设备和防控物资采购、基层医疗机构疫情防控支出、疫情宣传、发热门诊和观察室改造、集中隔离观察、疫情防控人员补助发放等。

【企业纾困】 彭州市举办“中小企业金融纾困专项行动暨融资对接活动”“彭州市2020年深化农村金融服务综合改革推进会暨融资签约仪式”等产融对接活动，截至年底，辖内金融机构共对接回访企业和个体工商户3994家，全市民营小微企业贷款余额达122.99亿元。普惠小微企业贷款余额122.99亿元。成功发放“蓉易贷”160笔7000余万元。彭州“农贷通”平台累计向3490户农业经营主体发放28.09亿元贷款，通过“农贷通”向3490户农业经营主体发放28.09亿元贷款，放款笔数、放款成功率、注册用户数等位居成都区（市）县前列。推出“税易贷”“易采贷”“政采贷”等产品，拓宽企业融资渠道，解决中小微企业融资难、融资贵、融资慢等问题。支持解决第一制药、协力制药、仁新科技、华融化工等重点拟上市企业问题和困难。畅通企业对接多层次资本市场渠道，全年推动4家企业进入四川省拟上市企业后备资源库，新增3家在天府（四川）股权联合交易中心挂牌的企业。争取数字人民币“乡村惠农助农场景”试点在彭落地，基本形成以四川国际农产品交易中心为核心的数字人民币交易链条，白名单客户数、电子钱包下载量、交易笔数及金额均稳步上升。

3月3日，彭州市财政局帮扶疫情受困企业四川民福记食品有限公司融资700万元

税务管理
Tax Administration

【概况】 2020年，国家税务总局彭州市税务局面对疫情和各种突发事件，坚持“应收尽收，应减尽减”原则，全年组织各项收入138.18亿元，比上年下降21.25%，其中组织税收收入118.9亿元，下降24.89%，组织非税收入5.4亿元，下降21.21%；组织社会保险基金收入13.56亿元；组织工会经费收入2900万元，增长23.4%，全年完成区县级一般公共预算收入29.42亿元，占全市财政地方一般公共预算收入的81.84%。贯彻落实《中华人民共和国资源税法》，深入企业开展多种形式税法宣传，助推彭州绿色经济发展。

表13　2020年彭州市税收情况表

项目	收入（万元）	比上年增减（万元）	增减率（%）
税收收入合计	1188984	-394018	-24.89
中央级	829120	-340610	-29.12
省级以下（会统口径）	359864	-53408	-12.92
其中：省级	91845	-17792	-16.23
彭州市级	270459	-33176	-10.93
一般公共预算收入	252032	-20663	-7.58
其中：增值税	348505	-110688	-24.10
消费税	569929	-290759	-33.78
企业所得税	109084	-4043	-3.57
个人所得税	28543	13944	95.51
资源税	4445	-194	-4.18
城建税	61267	-5708	-8.52
房产税	8181	907	12.47
印花税	4349	633	17.03
城镇土地使用税	15186	-288	-1.86
土地增值税	11566	3572	44.68

续表 13

项目	收入（万元）	比上年增减（万元）	增减率（%）
车船使用税	3262	-2	-0.06
车辆购置税	2327	-489	-17.37
耕地占用税	3862	-1343	-25.80
契税	16961	456	2.76
环保税	1446	-98	-6.35
营业税	71	82	100.00

表 14　2020 年彭州市主要行业增值税入库情况表

序号	行业	本期数（万元）	同期数（万元）	同比增减（万元）	同比增减（%）
1	石油加工业	142617	236241	-93624	-39.63
2	房地产业	21374	21924	-550	-2.51
3	医药制造业	46042	45565	477	1.05
4	非金属矿物制品业	29213	36180	-6967	-19.26
5	化学原料制造业	16730	21498	-4768	-22.18
6	批零业	17049	19245	-2196	-11.41
7	金融业	9945	9037	908	10.05
8	造纸和纸制品业	8150	7573	577	7.62
9	房屋建筑业	8999	13191	-4192	-31.78
10	交通运输业	3134	2578	556	21.57
11	租赁与商务服务业	7573	7431	142	1.91

表 15　2020 年主要行业企业所得税入库情况表

序号	行业	本期数（万元）	同期数（万元）	同比增减（万元）	同比增减（%）
1	石油加工业	9546	33756	-24210	-71.72
2	房地产业	19596	12399	7197	58.05
3	医药制造业	13980	12052	1928	16.00
4	非金属矿物制品业	23131	21321	1810	8.49
5	化学原料制造业	10458	9962	496	4.98
6	批零业	6379	5418	961	17.74
7	金融业	3452	771	2681	347.73
8	造纸和纸制品业	3185	2340	845	36.11
9	房屋建筑业	1513	1956	-443	-22.65
10	交通运输业	6925	2191	4734	216.07
11	租赁与商务服务业	523	1230	-707	-57.48

【综合治税】国家税务总局彭州市税务局推进与综合治税成员单位协作，利用第三方涉税信息，优化长效联合工作机制，开展对规模以上企业以及政府重点培育企业税源状况关注，在税务部门已有的涉税信息基础上，促进第三方信息与税务征收系统信息相结合，税务部门进行专题分析，查找征管薄弱环节，下发风险任务，探索税收管理规律，挖掘涉税信息使用价值，从源头上堵塞税收漏洞。2020 年，收集民政局、住房和城乡建设局、市场监督管理局等部门的涉税信息共 11000 余条，查补入库税款 11110 余万元。

【纳税环境优化】国家税务总局彭州市税务局推行纳税服务“三化”建设，升级自助办税区，建立“桌面云”动态数据中心，提升工作效率。开展“便民办税春风行动”，落实“最多跑一次”“全程网上办”清单，开展“疏堵保畅”，执行“1+14”纳税服务措施，落实“首问责任制”“延时服务制”“局长进大厅”等各项服务优化机制。完善小微企业诉求快速响应机制及投诉快速处理机制，开通“轻微涉税违法举报”“服务投诉”专线。推出“票 e 达”移动办税服务，开展企业“发票网上办理，邮政免费送达”，全年 33505 户次企业和个体工商户受到服务。实现 15 大类、203 项涉税事项“一窗受理”，其中 5 大类 31 项业务可通过自助办税终端机办理。推进税银互动，推出“税银通”“税易贷”等 11 款纳税信用贷产品，与 6 家银行深度合作，实现企业纳税信用贷款全程网上办，为 707 户企业提供贷款

7月22日，彭州市税务局开展云端纳税人学堂

57825万元，让纳税信用变为“真金白银”。

【税收数据分析】 国家税务总局彭州市税务局利用税收大数据优势，调配专业骨干成立税收经济分析团队，搭建税收经济分析机制，对彭州市产业功能区和主导产业税收情况进行全面分析掌握，对标先进城市开展区域差异比较分析，深入开展重点企业、支柱产业、关键行业等专项分析，形成税收形势分析10篇、税收专题分析5篇，有力服务地方经济社会发展大局。全年共承接彭州市委领导指示3条，完成复工复产经济分析专报5篇，为地方党委、政府决策提供精准靶向。

【税费征管划转】 国家税务总局彭州市税务局协调财政和项目划出部门，推进社会保险费和非税收入职责划转，提前开展摸底调研、政策梳理、征管模式和信息系统互联互通研究等准备，保障后续非税收入划转。推进办税服务厅改造为“办税、办费”服务厅，规范征收服务流程，推进“税费统管”“税费统征”，稳定征收方式，拓展缴费渠道，开通特殊人群缴费服务，防范征收风险。建立社保费协同共治格局，完善税务、人社、医保三部门两级联合运维机制，推进参保登记、保费征缴和权益记录全流程衔接顺畅，保障缴费人权益。截至年底，彭州市税务局征收机关事业单位基本养老保险费23427.11万元，承接划转参保企业5400余户，灵活就业人员64000余户。

4月15日，彭州市税务局在四川石化公司进行个人所得税汇算清缴培训

【资源税法贯彻落实】 9月1日，《中华人民共和国资源税法》正式施行。国家税务总局彭州税务局贯彻落实中央、国务院决策部署，组织培训，辅导申报，通过深入重点企业等形式宣传税法，帮助企业掌握税法变化；强化部门协作联动、信息共享，加强与国土、环保、水利、自然资源等部门的交流协作，确保信息对等、管理到位，确保资源税管理到位、税收新政策执行到位，助推彭州绿色经济发展。

审计管理
Audit Management

【概况】 2020年，彭州市审计工作围绕市委、市政府中心工作，服务经济社会发展大局，依法履行监督职责，创新审计模式，提高审计监督实效，全年完成审计项目115个，查出问题272个，挽回、避免损失1.17亿元，提出审计建议421条，促进被审计单位建章立制136项。获四川省审计系统先进集体，内部审计等三项工作被成都市审计局通报表扬，1个项目被评为成都市优秀项目。

【重大政策审计】 彭州市审计局立足经济监督，担当政治责任，聚焦中央关于疫情防控决策部署和财政贴息以及贷款优惠等政策落实，着力关注财政资金和捐赠款物的管理使用，重点对市卫生局等8个单位进行抽审，涉及金额636.25万元，形成审计快报4期，综合报告1份，提出建议5条。开展新增财政资金专项审计，涉及金额61292.08万元，促进资金及时拨付、精准使用。围绕民生实事，重点对医保资金，公交车补贴等10项专项资金进行审计调查，涉及资金211.75万元，提出建议10条，推动惠民政策落地生根。

【财政审计】 彭州市审计局坚持一年一重点，聚焦财政资金预算编制、预算执行、存量资金管理开展审计，促进部门上缴各类资金 1024.84 万元；对财政暂付款等开展审计，促进提高财政资金使用效益；聚焦“四大攻坚战役”，对污染防治、失业保险基金等 6 项专项资金进行延伸审计，发现问题 15 个，提出建议 4 条，提交报告 3 个，促进财政资金安全高效使用。首次对 75 个一级预算单位的预算执行情况进行数据分析全覆盖，采取现场审计和非现场审计相结合的方式，核实疑点 107 条，重点对资金规模大、项目多的 8 个部门预算执行情况和 4 个镇（街道）财政决算进行现场审计，查出问题 107 个，提出建议 39 条，提交报告 12 个，推动建章立制 17 个。开展市统建集团资产负债损益审计、国企高成本融资和债务置换专项审计调查，提出审计建议 3 条，助力国有企业健康发展。

【政府投资审计】 彭州市审计局统筹制定政府投资项目审计计划，前移审计关口，将事前预防、事中控制和事后监督结合，实现常态化跟踪，重点对三环路建设项目、彭州中学（九峰书院）、柳河沿线综合整治等 11 个项目开展现场跟踪 200 余次，密切关注工程招投标、现场施工管理等关键环节，提出审计建议 132 条，督促相关单位履职作为，促进项目实施。继续抓好工程竣工结（决）算审计，完成结（决）算审计项目 85 个，挽回经济损失 1.17 亿元，严肃查处“高估冒算”“虚报冒领”，促进政府投资项目的规范实施和绩效提升。全力解决投资审计遗留问题 14 个，涉及金额 1.44 亿元，取得防范重大风险和节约财政资金的“双赢”。

【经济责任审计】 彭州市审计局探索“1+3+N”、嵌入式审计等新模式，针对不同审计对象，制定差异化审计方案，对市委社治委、市教育局等 7 个单位 11 名领导干部开展经济责任审计、对 1 名领导开展自然资源资产任中审计，审计查出问题 91 个，提出建议 24 条，促进建章立制 12 个，筹备召开市经济责任审计联席会，修订完善《彭州市经济责任审计工作联席会议制度》《彭州市党政主要领导干部“三责联审”办法》等 3 个文件，完善沟通协作机制，形成监督合力。完善市管领导干部离任经济责任事项交接办法，办理 26 个单位 56 名领导干部的离任经济责任事项交接工作。

【内部审计】 彭州市审计局强化行业监督和专业指导，全年指导全市各内审单位完成审计项目 346 个，促进增收节支 355 万元，审计建议被采纳 646 条，促进建章立制 107 个，内审工作做法在全省作为区（市）县审计局唯一代表交流发言，其特色做法在中国审计报刊载 11 篇次。

【审计整改】 彭州市审计局围绕“治已病、防未病”目标，推进《关于进一步加强审计查出问题整改工作的通知》的贯彻落实，将问题整改纳入市委、市政府目标督查考核，对上级审计机关和本级审计查出的 379 个问题，进行全覆盖式检查，发出整改温馨提示 38 份、整改督促检查通知 36 份，整改不规范金额 13.7 亿元，整改率 100%。促进完善制度 13 个，推动系统性整改、行业性规范，实现“审计一个、整改一批、规范一片”。

统计管理
Statistical Management

【概况】 2020 年，彭州市统计工作围绕市委、市政府中心工作，按照“加快建设践行新发展理念的立体山水公园城市”总体部署，以深化统计改革为动力，以依法统计为主线，全面提高数据质量，扎实做好统计监测，助推全市经济社会高质量发展。全市经济普查、农业监测调查、居民收支调查工作获得国家、省市多项表彰。

【统计改革】 彭州市统计工作以《关于深化统计管理体制改革提高统计数据真实性的实施办法》为基础，结合彭州实际作出创新调整，推进“加强党对统计工作的领导和统计系统自身建设”“加强统计专项目标考核管理和队伍建设”等10项深化统计管理体制改革任务。制定并实施《彭州市固定资产投资项目联审制度》，促进各职能部门齐抓共管，规范基层统计，完善部门统计工作协调机制，形成政府综合统计与部门统计资源共享机制，全面提升统计数据真实性，受到省统计局领导肯定。推进镇（街道）、产业功能区统计规范化建设，组织镇（街道）、产业功能区、部门开展各专业和综合业务培训23次，培训人数1000余人次。

【统计法治建设】 彭州市以“依法统计”为目标，促进统计法治建设。建立会前学法和干部学法制度，在市委常委会、市政府常务会议上专题学习习近平总书记关于统计工作重要论述精神、统计法律法规以及国家统计政令。将领导干部统计法治培训纳入干部培训计划，增强党员领导干部维护统计法律法规和履行防惩统计造假领导责任的自觉性。推进统计造假专项整治工作，印发《彭州市统计局关于统计机构负责人和统计人员防范和惩治统计造假弄虚作假责任制实施办法（试行）》《彭州市统计局数据质量责任制（试行）》等文件，开展落实防范和惩治统计造假、弄虚作假第一责任和主体责任自查，督促各行业主管部门建立防范和惩治统计造假弄虚作假责任机制，纳入依法统计目标考核。制定《彭州市统计局2020年“双随机”统计执法检查实施方案》，联合市综合执法局、市市场监管局开展统计执法检查，检查企业11家，未发现统计违法行为。利用媒体开展普法宣传活动，发放资料300余份。

【统计服务】 彭州市统计工作结合全市各项战略部署，提高对全市经济发展的监测预警、分析研判、统计服务水平。加强企业走访指导与统计监督，实现“四上”企业走访全覆盖。强化综合统计预判分析服务，疫情期间及时掌握行业发展趋势，提前研判疫情对全市经济造成的影响并形成统计专报《新冠疫情对彭州市经济影响情况的报告》报送市委、市政府。开展实地调研，助推重点企业复工复产。2020年发布《彭州市第四次全国经济普查公报》《2019年彭州市国民经济和社会发展统计公报》《统计专报》《2020年统计年鉴》等各类统计资料40余期，通过“彭州统计”微信公众号推送150余篇文章。

【统计监测】 彭州市统计局严格落实执行国家报表制度，开展覆盖国民经济各行业，内容涉及基本单位、投资消费、劳动就业、能源资源、科技文化等各领域基础统计监测。在数据报送过程中，加强平台监测和摸底调查，推进与相关牵头部门沟通联系，及时通报数据报送进度及情况，对存疑的数据及时与企业、牵头部门联系，认真核实数据的真实性、准确性，聚焦产业功能区建设、乡村振兴战略、民生福祉提升等重点，开展专项统计监测，提供基层统计业务管理和统计指导，协助做好统计监测分析报告。

【第七次全国人口普查】 彭州市根据国家、四川省、成都市统一部署开展第七次全国人口普查。通过自制人普川剧、快板、“人普一堂课”以及抖音主题赛、电视媒体宣传等方式，营造普查氛围。开展宣传动员、入户登记、数据质量检查等工作。建立日调度机制，高标准做好异常数据比对分析。严格数据评审，建立三级联动，开展“五落实”督查、普查登记“回头看”和数据质量检查，普查指标数据质量均符合国家方案标准。人口普查工作得到成都市统计局和市委、市政府主要领导肯定。

社会事业

SOCIAL UNDERTAKINGS

教　育 / 基础教育 / 社区教育 / 科　技 / 文　化 / 融媒体 / 广电网络 / 卫生健康 / 体　育

教 育

Education

教育发展

【概况】 2020年，彭州市有各级各类学校（含幼儿园）212所，专任教师6717人。面对突如其来的新冠肺炎疫情，彭州市教育局全力以赴抓防控，精准施策促发展，教育服务品质持续提升，教育总体水平居郊区新城前列。

【复学复课】 2020年1月新冠肺炎疫情以来，彭州市教育局把师生生命安全和身体健康放在第一位，制定科学完善的防控措施，发挥教育系统党员先锋模范作用，发挥卫健疾控、市场监管等方面专家和健康副校长作用，开展教育系统全覆盖的疫情防控卫生员培训，组织开学复课疫情防控演练和应急处置示范演练，疫情防控督查纳入学校年终目标考核。关护学生心理，其中“彭州市抗疫心理支持网络热线”成为全国专业可靠的中国心理热线（第三轮）公布5家名单之一。坚持公办民办学校一体化原则，防疫物资采取“统一采购、统一存放、统一发放”方式，此项工作作为学校防控亮点上报成都市教育局

12月28日，彭州教育“十四五”发展规划征求意见座谈会召开

4月10日，彭州市教育系统复学工作会召开

防控指挥部，被省委办公厅内参点名表扬肯定。彭州市教育系统实现“安全、健康、平安、有序”的疫情防控工作目标。

【教育投入】 彭州市加大教育投入，优化教育支出结构，充分发挥财政资金使用效益，确保2020年教育投入“两个只增不减”，义教段生均公用经费标准提高50元/生·年，公办学校“员额”教师经费、激励性奖励津贴、“厕所革命”和校舍维修经费纳入财政预算，涉及金额达9878万元，落实上级专项资金到位953万元。教师一次性绩效标准从2018年的1.5万元提高到2020年的3.4万元，全年教育经费投入13.26亿元，其中基本支出11.70亿元，项目支出1.56亿元。

【项目建设】 彭州市新建、改（扩）建学校建设项目6个，其中改（扩）建项目3个，新建项目3个。竣工项目3个，建成校舍34305平方米；在建项目两个，在建校舍93469平方米；1个新建项目进入施工招标。全年项目投资约5.2亿元。新增学位6000个。其中彭州中学（九峰书院）建设项目总投资70013万元，总建筑面积92510平方米，办学规模60个班，容纳学生3000人。

【优化教育资源配置】 彭州市投入资金0.4亿元，为全市中小学、幼儿园配置教育教学设备、信息化

设备、办公设备等，分批次更换数字校园设备，保障学校教育教学需求。建成彭州中学课堂教学 AI 分析系统，促进彭州中学智慧校园建设。推进教育城域网提档升级，全市新扩建学校（园）网络全覆盖，教育专网覆盖率 100%。实施城乡学校（园）布局新一轮规划调整，结合镇（街道）行政区划调整，重构教育发展空间布局，完成全市 40 所学校更名，新设立城区学校（园）6 所，撤并小规模学校 4 所，新规划项目 14 个，其中新（改扩）建中小学（园）11 所，新增学位 8678 个。

【教育“三化”推进】 彭州市坚持教育优先发展战略，优化资源配置，强化教师队伍建设，推进义务教育优质均衡发展。全市全年义务教育校际均衡指数 0.19，教育现代化达成为 91.88%，教育均衡程度、教育现代化程度均高于成都市平均水平。组织开展国际理解教育专题培训 3 次，全市中小学（幼儿园）干部教师 270 人次参加；取得“国际汉语教师能力证书”教师 10 人；组织 23 名师生赴塞浦路斯开展艺术教育交流；8 所学校与国（境）外友好学校开展“双师课程”远程教学活动约 200 节；新缔结国际友好学校 10 所；创建 1 所成都市教育国际化窗口学校；5 所学校参与中外人文交流特色学校建设计划（成都试验区）；1 所学校被确定为“中法百校交流计划”第四批项目学校；组织 100 名学生参加“联合国教科文组织世界遗产城市组织绘画大赛”，获 3 个一等奖、2 个三等奖以及大赛特别组织奖。

【教育区域合作】 彭州市推进与德阳市什邡市、金牛区、温江区、崇州市、简阳市、成都东部新区等地教育部门联盟机制建设，实现管理融合。建立工作制度 5 个，形成联盟《工作指南》2 册。拓宽共同体交流，六地 30 个发展共同体涵盖学前、义务教育段和普通高中、职业高中，学校实现网格化全覆盖。推动云端平台建设，六地教育部门、联盟共同体学校利用微信、QQ、钉钉、校校通、智慧校园、校园网站等信息平台，建立资源共享平台 20 余个、远程教室 100 余间，开展远程教育教学活动 60 余节次。彭州市聘请金牛区、温江区、崇州市、德阳市什邡市等区域联盟 7 名优秀督学担任“督学顾问”，定期对彭州市中小学进行发展性督导。

【依法治教】 彭州市强化安全宣传教育深入开展，集中整治和常态化整治校园周边环境 350 余次，整治校园周边乱象 20 余处，建立安全生产清单制管理，深化“三张清单”管理，开展矛盾纠纷化解、重大风险防控和“安全生产三年攻坚行动”。开展“扫黑除恶教育乱象”、校园欺凌专项整治，推动中小学幼儿园安全防范建设达标行动和“平安校园”建设，投入安全专项资金 1000 余万元，推进中小学、幼儿园安全防范设施建设，通过成都市达标验收，被评为成都市安全生产月活动先进集体、彭州市矛盾纠纷化解先进集体、彭州市安全生产先进集体。贯彻落实中央八项规定精神和《加强全市教育系统干部作风和师德师风建设行动方案》，组织开展违规公款吃喝送礼风专项整治，各下属（直属）单位党政主要负责人、市教育局机关中层及以上干部签订承诺书 212 份，查处“违规公款吃喝送礼风”典型案例 1 例。每月至少开展一次对各学校的师德师风建

5月8日，教育系统召开“三张清单”化解稳控工作会

设的随机督查，专项督查在职教师校外培训机构任课、勾连输送生源等现象，完善师德师风建设制度，实行师德失范“一票否决”制。实施校外培训机构日常督查、年检、“黑白名单”机制、联合执法机制，推进校外培训机构办学行为规范。联合相关部门，全年排查整治在公共场所非法办学教育培训机构 41 所，其中 33 所或依法关闭或停办或转向，优化教育营商环境。

【教师队伍建设】 彭州市深化“市管校聘”人事制度改革，以全市教师队伍建设为重点，实行师德失范“一票否决”制。促进城乡学校教师交流，义务教育段教师交流 227 名，交流比例 18.4%；交流骨干教师 151 名，交流比例为 32.5%。推进脱贫攻坚和校对校帮扶工作，选派 4 名教师到凉山州开展扶贫攻坚任务，选派 52 人次到阿坝州黑水县支教，接受 23 名黑水县干部教师跟岗培训，开展“心连心”“手拉手”等活动 26 次，捐赠资金物资 18.36 万元，接收黑水县户籍学生 106 人就读，其中 39 人享受资助。开展教育系统工勤人员人事档案缺失材料的查找、补充、审核工作。完成国家级培训 44 人次，省级培训 22 人次，市级培训 195 人次，县级培训 15000 人次。教师继续教育、专业技术人员公需科目全员培训 5000 人。推荐选拔四川省中小学名班主任 1 名，成都市优秀青年教师 5 名，成都市教坛新秀 5 名，成都市师德标兵 2 名，成都市优秀支教教师 4 名，成都市秀域美丽教师奖 3 名，成都市万腾特教园丁奖 1 名；评选出彭州市特级教师 21 名，彭州市学科带头人 63 人，彭州市各类优秀教师共 925 名。推荐评审中小学高级教师 254 名、中小学一级教师 107 人。组建彭州市第六批名师工作室 5 个。开展教师学历提升工程，小学本科率 74.86%，初中本科率 95.74%，普高研究生率 10.52%，职高研究生率 8.48%。引进教师 74 名，其中高校直选硕士研究生 20 名，免费师范 5 名；考核招聘硕士研究生 17 名；面向师范类及相关专业毕业生公开招聘新教师 32 名。

【师资素养提升】 彭州市完善举报受理流程，压实师德建设主体责任，开展师德师风专项治理行动 3 次，查处通报违规事件 1 起。健全高层次人才引进机制和“编制 + 员额”教师补充机制，招聘编制内教师 74 名，补充员额教师 63 名，完成教师三级体系培训，实现教师培训全覆盖。组建成都市级名师工作室 3 个，彭州市级名师工作室 18 个、卓越班主任工作室 2 个，制定实施《义务教育首席教师制度》，发挥名优教师引领辐射。建立教师专业成长激励机制，落实农村教师职称评审倾斜政策，960 人名优教师获得各级各类奖励，254 名教师晋升高级职称。

【教育资助】 彭州市开展学前教育段、义务教育段、高中教育段（含中职）、大学生源地信用助学贷款、低保家庭学生蛋奶工程、农村义务教育段学生营养改善计划等学校教育资助项目 17 个，涵盖全市中小学校 56 所，惠及 39120 人次，普惠性幼儿园 136 所，惠及 3565 人，资助资金 5153.47 万元。彭州市规范教育资助申请、审核、认定、公示、发放流程；实行教育资助三级审核、公示；实施精准资助，实现困难家庭学生应助尽助，受助学生信息在全国学生资助信息管理系统录入率、教育资助政策宣传知晓率、学生资助资金打卡（含惠民惠农一卡通）发放率、资助资金发放区片交叉督查率均达 100%。

基础教育

【概况】 2020 年，彭州市有各级各类学校（含幼儿园）212 所，其中公办幼儿园 65 所、小学 23 所（含 6 个校区）、九年制学校 10 所、初中 11 所、完全中学

3 所、高级中学 2 所、职高 1 所、特教学校 1 所；民办幼儿园 91 所、小学 2 所、九年制学校 1 所、初中 1 所、十二年制学校 1 所。全市有学生 93319 人，其中公办幼儿园 11886 人、小学 36632 人、初中 13698 人、普高 7755 人、职高 4836 人、特教 169 人；民办幼儿园 11782 人、小学 2859 人、初中 3501 人、普高 201 人。全市有专任教师 6717 人，其中学前教育 1707 人、义务教育 3869 人、非义务教育 1141 人。

【学前教育】 彭州市有 156 所幼儿园，在园幼儿 23668 名，入园率 99.76%，普惠性幼儿园 131 所，普惠性学前教育覆盖率达 86.79%，公办园在园幼儿比例达 50.22%，提前完成“80”“50”目标。公办和普惠性幼儿园 117 所，新开园 2 所，新增学位 630 个，新增成都市二级园 8 所，优质学前教育资源学位覆盖率达 95%。新设立实验幼儿园和学海湖幼儿园 2 所独立机构编制幼儿园，城区优质幼儿园孵化为 4 所公办优质幼儿园。幼儿教师学历提升大专以上 148 人，79 人取得幼儿教师资格证，107 名保育员取得初级任职资格证，100 名卫生保健人员取得任职资格证，选派 48 名园长及骨干教师参加成都市级以上培训。依托专业培训机构和本土优质幼儿园建立专家团队分层完成 127 名园长领导力提升培训、300 新入职教师岗位培训、240 名卫生保健人员及 300 名保育员业务能力提升培训工作，组织全市托儿所 56 名育婴师开展规范性培训。选聘 65 名“健康副园长”，建立健全幼儿园卫生保健工作和新冠肺炎常态化疫情防控的长效机制。以课程建设为抓手，形成“名师工作室 + 教研联组 + 集团建设”的“三合一”活动方式，受益幼儿园达 36 个，开展培训活动 16 次，川师大鄢超云团队到园指导机幼课程建设 5 次，开展线上培训 5 次。新建幼儿园文化建设、农村薄弱幼儿园基建改造、设备购置和等级园提升共投入专项资金 400 余万元。对公办和公益性幼儿园在园幼儿实施财政补助 1507.232 万元。将非在编教师、保育员、安保及伙食团从业人员待遇纳入财政保障，投入经费 3082.88 万元。

6月23日，2020年彭州市民办小学一年级新生电脑随机录取工作会召开

【义务教育】 彭州市完善义务教育阶段入学相关政策，规范入学程序和学籍管理等招生入学行为，全市义务教育非正常跨服务区择校率为零，普通高中择校率为零，民办小学和民办初中招生均实行电脑随机录取，推进义务教育免试入学全覆盖，促进义务教育优质均衡发展。彭中附小办学效益得到市民认可，6 所公办初中“强校工程”有效推进，全市义务教育校际均衡指数 0.19，居郊区新城第一位。义务教育阶段适龄儿童少年就近入学率 100%，小学段辍学率为零，初中段辍学率 0.01%。义务教育阶段三类残疾儿童少年入学率为 98.5%。妥善安置随迁子女就近入学 1699 人。实施公办初中强校工程，实验校制定强校工程三年行动方案，明确优质学校对口引领，推动全市初中教育优质均衡发展。借助镇街行政区划调整契机，优化调整农村学校布局，整合 4 所农村初中学校，新建彭州中学附属小学。

【普通高中教育】 彭州市有普通高中 5 所，十二年制学校 1 所，其中省级示范性普通高中 3 所，学生 7908 人。高中阶段入学率达 99.1%，普高三年巩固率达 97.7%，毕业率达 98.5%。普通高考质量继续位居远郊新城区县前列，获成都市普通高中教育教学质量评估“优秀”等级。高中教育抓优质特色，实现省级示范校“1+2”格局，领先成都部分中心城区；高考成绩连续多年保持郊区新城前列，“双一流”名校录取比例逐年上升。彭州中学、彭州一中、成都石室白马中学、濛阳中学被评为“普通高中教育教学工作优秀学校”，汪加云等 28 名教师被评为“普通高中教育教学工作优秀教师”。推动普通高中教育优质多样发展和特色品牌建设，彭州中学探索“领航高中”和“拔尖人才培养基地校”建设，彭州一中“云·慧·智”成都市特色高中建设推进，通过成都市特色高中评估验收。

【职业教育】 彭州市职业教育抓优质融合，在全省首批中职示范校项目建设中期指导评估中获第二名，师生技能大赛获多个国家、省级奖项。推动成都石化工业学校创建首批四川省示范中等职业学校、成都市第三批特色职业院校，创建工作通过四川省首批示范中等职业学校建设计划项目中期评估，学校代表四川省参加全国职业院校技能大赛，

12月9日，四川省示范中等职业学校建设计划项目第二年度中期指导情况反馈会召开

获二等奖。建立完善中职学生升学通道，中职学生考入高等院校学生逐年攀升。被四川省教育局厅评为四川省民族地区“9+3”免费教育计划工作先进集体。

【特殊教育】 彭州市义务教育阶段残疾少年儿童入学率 98.5%；79 名重度残疾学生享受送教上门。按照每生每年 8000 元标准拨付特殊教育学校学生、普通学校随班就读学生生均经费，落实“三免一补”扶残助学政策和 30 万元特殊教育专项经费；组织为期 5 天的全市特教师资专项培训，320 人次参培；组织参加成都市第九届残疾人运动会获 14 个奖项，1 个特教科研课题被成都市教育局确定为年度立项精品课题；创建 2 个成都市示范性资源教室；开展 1 次彭州市学校特殊教育工作专项督导摸底评估。

【德育教育建设】 彭州市组织全市德育干部、班主任 588 人开展专业胜任力提升培训。评选出四川省名优班主任 1 名、优秀团干部 1 名，成都市优秀德育工作者 5 名、优秀少先队辅导员 4 名、优秀班主任 17 名，彭州市特级班主任 2 名、卓越班主任 10 名、优秀班主任 84 名、“班主任贡献奖” 198 名。组建彭州市卓越班主任工作室 2 个。科技作品获成都市一等奖 3 个，宪法活动获成都市特等奖 2 个，环保演讲比赛获成都市二等奖 2 个，节日小报获成都市一等奖 1 个，29 名同学获得成都市“防疫小卫士”称号。创新构建“六个一”心理健康育人模式，组建彭州市中小学专业心理咨询团队，抗疫心理支持网络热线被推荐为专业可靠的中国心理热线，同彭州市精神卫生中心签订共建彭州市中小学“心理健康绿色平台”协议。开展家庭教育专项课题研究，德育实践创新案例获四川省一等奖，3 所学校被评为成都市家庭教育示范校。推进“以劳夯基”行动，评选彭州市劳动教育实验学校 8 所，建立“一体八

翼”区域劳动教育联盟 8 个。彭州市申报成为成都市劳动教育试点区域，5 所学校被列为成都市劳动教育试点学校。创建四川省中学生志愿服务示范学校 2 所，“四川省优秀少先队集体”2 所、“成都市优秀少先队集体”4 所，创建成都市“节水型学校”6 所，149 所学校（园）完成生活垃圾强制分类验收。协同开展“2020 成都市全国科普日彭州专场”系列活动。成功承办“2020 年成都市城乡学校少年宫成果展示”展示系列活动。

【体育艺术教育】 彭州市 2 所学校命名为“四川省优秀传统文化传承学校（传习基地）”，创建四川省级阳光体育示范校 1 所，创建成都市阳光体育示范校 1 所，成都市艺术特色学校 2 所；参加“爱成都·迎大运”成都市第五届小学生综合运动会获团体二等奖；参加成都市第八届体育教师专业技能大赛获一等奖；10 所（除幼儿园）全国青少年校园足球特设校完成复核、管理信息系统平台补录工作；2 所幼儿园获评 2019 年度优秀足球幼儿园；4 人获成都市青少年校园足球 2019 年度优秀表彰；2 人入选成都市足球专家委员会；5 名学生入选成都市青少年校园足球最佳阵容；组织全市初中学校中考体考；启动举办第四届中小学生体育节，学生参与

11月16日，彭州市全民终身学习活动周开幕式举行

面 100%；通过教育部《国家学生体质健康标准》测试抽查复核；开展中小学生体质健康监测并上报数据，合格率达 98.3%。四川省川剧传习普及展演中节目获得一等奖，2 人获年度先进个人；2 所川剧特设校参加成都市第七届少儿川剧展演获一等奖；组织音乐教师 60 余人参加第八届白鹿·法国古典音乐艺术季大师讲堂培训；2 人入选成都市教师舞蹈团。

社区教育

【概况】 2020 年，彭州市推进学习型社区建设。参加成都市“乐韵悠扬·唱醉成都”市民歌唱比赛，获二等奖 1 个、三等奖 2 个；彭州市诗书画研究会被评为“成都市终身学习品牌项目”；成都市 2020—2021 年科研课题立项 6 个；天彭街道武朝正被评为“成都市百姓学习之星”；全市被评为成都市学习型社区 5 个，学习型示范社区 1 个，老年教育示范点 3 个，老年教育星级示范点 1 个，为学习型城市建设发挥积极作用。

【社区教育队伍建设】 彭州市组织 13 个镇（街）成教专干召开社区教育常规工作、重点工作，科研课题等工作会议 8 次；组织全市专干到蒲江县社区教育学院考察学习早教课堂进社区的先进经验和典型做法；协助组织社区教育志愿者队伍 10 余支，实现社区教育资源共享，协助联系社区举办各类学习讲座 30 余场次。

【家校共建】 彭州市开展家校共建共育，共促青少年成长，全市全年社区教育学院开展主题为“共读一本书　点亮一座城”的社区雏鹰公益活动，乡镇（街道）、村（社区）、学校 10000 余人参与，评选出“阅读小明星”60 个、“学习型家庭”40 个，活动得到家长和学生的认可。

科　技
Science and Technology

北航研究院效果图

【概况】 2020年，彭州市实施“创新驱动”发展战略，融入成都市“5+5+1”产业体系，推进科技成果转化，指导成一制药等28家被企业认定高新技术企业，全市有效高企总数达到50家，提前完成高企三年倍增计划。科技型中小企业入库48家，规模以上高新技术产业主营收入完成146亿元，新增省级工程研究中心1个，成都市企业技术中心2个、校企合作共建成都市级产学研联合实验室2个，规模以上工业研究与试验经费（R&D）投入4.5亿元，技术合同成交额1.6亿元。

【“校企双进”活动促进】 彭州市围绕主导产业需求，与中国药科大、中国中医科学院、西南医科大等高校开展“校企双进”系列活动36余场次，推动11所校院企地合作项目入驻彭州。组织产业功能区和园区及企业参加“菁蓉汇·校企双进·企业家进校园”西南交通大学云对接轨道交通专场、2020成都全球创交会暨首届国际区块链产业博览会等校企双进线上线下对接活动20余场；组织盈创新材料（苏州）有限公司等4家企业参加成都市（苏州、无锡）投资促进推介会。推荐的“基于碳纳米管射线源的超低剂量高精度CT成像系统”项目参加2021“蓉漂杯”高层次人才创新创业大赛粤港澳大湾区专题赛成都路演活动。对接8位院士参加两院院士四川行活动，邀请刘大响、李灿、蹇锡高、曹文宣等院士到彭州市考察调研，获得省委组织部、省科技厅发文肯定表扬。

【创新平台建设】 彭州市推进北航成都航空动力创新成都研究院、大连理工大学成都研究院等重大科技创新平台项目建设；促进西南交通大学合作共建的西南交通大学彭州成果转化基地签约建设装修。引进科美迪药品食品安全环境检测评估及新药公共研发平台新型研发机构1个。成一制药获批建设省级工程研究中心，华融化学成都市级企业技术中心被认定为省级企业技术中心。民福记食品等2家企业技术中心被认定为成都市级企业技术中心，迪菲特药业、金大力2家企业与高校共建成都市级产学研联合实验室。截至年底，全市建设成都市级以上创新平台45个（国家级3个、省级25个），其中院士（专家）工作站3个，博士后创新实践基地3个。

【企业科技能力提升】 彭州市完善《彭州市加快主导产业发展的若干政策措施》等政策，兑现彭州市本级科技创新奖励资金1139万元；到位成都市级以上科技创新项目资金1300余万元。举办高新技术企业认定、科技项目建设等线上线下培训会3场，500余人次参训。指导成一制药、先临三维等28家企业完成高企申报，全市高新技术产业实现营业收入146亿元，入库国家科技型中小企业48家。指导先临三维的成都市科技资源共享服务平台获批为成都市科技创新服务平台，指导四川省增材制造孵化基地获批为省级众创空间，截至年底，建成省级众创空间1个，成都市级科技企业孵化器6个。支

孵化园及航空工程培训中心

持企业承担各级科技项目，推荐上报2020年成都市级以上科技创新项目40余项，其中新绿色药业、协力制药等企业的14个项目被列入省科技创新计划。国营川西机器厂申报的国家科技进步奖进入专家答辩。

【创新人才引育】 彭州市坚持“引进一个高端人才、聚集一个创新团队、带动一个新兴产业”理念，加大人才引育力度，根据企业发展实际，组织开展中小企业服务云课堂、“新彭提能”企业沙龙等培训活动7场，培训人数达600余人次。全年引进研究生以上创新人才81人，促进四川大学侨联共建专家工作站挂牌，确定刘大响、李灿、宫声凯、蹇锡高等10个院士专家团队，高性能工程塑料、飞机特种功能涂层等10余个项目入驻研究院。

【科普宣传】 彭州市提升全民科学素质，在全市范围内举办科技活动周、科技“三下乡”等科普活动8次，发放宣传资料8000余册；推进科普基地和科技信息服务站点建设，全市建设科技信息服务站8个，举办农村实用技术培训20余次，参培人数1100余人次。航利集团航空发动机科普基地、增材制造（3D打印）科普基地等5个科普基地多次与学校、青少年活动机构合作，开展科普知识宣讲、科普基地参观学习等活动。

文　化
Culture

【概况】 2020年，彭州市推进天彭街道文化中心、天彭街道南大街文化中心、葛仙山镇文化中心、龙门山镇鱼凫文化中心、隆丰街道银定社区文化中心等基层综合性文化服务中心示范点建设。举办2020年少儿春晚、2020年群众迎春大联欢、四川舞蹈精品晚会“舞耀彭州”“4·23”世界读书日全民阅读系列活动、第六届成都（彭州）西瓜文化旅游节、2020“彭州有品　生活有味”文创生活节暨彭州文旅项目推介会、我们的节日——“粽”情相约系列活动、“夏天日记”系列活动、2020“夏之梦”·白鹿夏季音乐季、通济花海·华灯夜宴夏季主题活动、2020“秋之语”——第八届白鹿·法国古典音乐艺术季、彭州市第三届中秋诗词朗诵晚会、最国庆·海窝子戏曲体验周、白鹿旅游美食音乐生活周、第三届龙门山民宿发展大会、成都市第七届创意设计周彭州展、四川省大学生校园戏剧展、演季“环境戏剧”展等大型文体旅活动，开展“众志成城　共战疫情”专题征稿、“文化和自然遗产日”有奖答题等活动。

【文化产业项目建设】 彭州市全年新增文创园区1个（蟠龙民宿产业园），文创街区2条（金城文创街区、龙门山快乐老街），文创镇（村）2个（金城社区、宝山村），新增丹景玉露、猫熊三国社、小火车营地等文创空间20个。其中彭州白瓷文创园被纳入四川省文化产业发展库。

【文化惠民活动】 彭州市开展文化惠民演出40场，

1月18日，在龙泉驿区参加“成都文化四季风”民俗闹春活动

以“成都文化四季风”为平台，组织开展“民俗闹春、音乐消夏、欢歌庆秋、劲舞暖冬”等系列群众文化活动。开展“众志成城　共战疫情”专题征稿、“文化和自然遗产日”有奖答题等多样化线上文化活动。举办全民阅读活动、《湔江讲坛》、“4·23”世界读书日、“牡丹杯”读书征文等大型活动，参与人数近万人。周末，常态化开展“精品视听资源鉴赏”“国学教育”及“互动乐园”三个品牌活动，参与人数1000余人次。

【文化市场监管】 彭州市文体旅游局与市综合行政执法局配合，加强市场监管与执法队伍建设，开展文化市场从业人员培训，年内培训人员350余人次，落实安全生产一岗双责与文化经营单位签订安全生产责任书，建立安全生产动态档案，开展文化市场安全检查1632家次，提高经营业主守法经营意识和消防安全意识。推进文明城市建设，促进市场繁荣，新增旅行社服务网点1家。全市全年文化市场无安全责任事故。

【文创产业发展】 截至年底，彭州有文创产业单位1493家。其中，规模以上文创产业单位33家，标准以上文创产业单位61家。规模以上文创产业单位实现增加值24.06亿元，标准以上文创产业单位增加值0.83亿元，小微文创产业单位增加值13.42亿元，全市文创产业实现增加值38.31亿元，比上年增长31.3%；文创产业增加值总量在成都市远郊区市县中位列第二位，占全市地区生产总值7.6%。

【图书馆建设】 彭州市图书馆继续实行免费开放，实行错时、延时开馆制度。图书总藏量30余万册，电子图书100万册，电子资源50TB。年上架新书20598册，报刊年入藏量1000余种，全年接待到馆读者约19万人次，图书期刊流通量突破17万册次，向20个分馆流转图书2000余册，开展培训67次，联合分馆开展活动20次，接待读者5000余人。建成5个村级公共阅读服务点，更新、管理和提升202个农家（社区）书屋。严格疫情防控，利用春节、“4·23”世界读书日、六一、七一、国庆、中秋等节假日开展大型活动10余次，联合举办文艺表演、开展主题绘画展，摄影展、举办“牡丹杯”读书征文比赛、推荐优秀书籍等形式吸引群众参与。推出线上打卡阅读活动“春节宅家中，共享阅读乐”“加油，武汉！”原创征文比赛、“书香悦读智赢战役”“21天倾情陪伴”诗词分享会、“武汉不孤‘读’我们共战‘疫’”“宅而不荒，知心相伴”心理健康讲座、“知识闯关云祭奠，线上清明寄哀思”等主题线上全民阅读活动，充实群众“宅”家中的精神文化生活。全年开展《湔江讲坛》公益讲座线上21期，线下18次。编印《参考咨询》12期，组织开展的第七届“牡丹杯”读书征文活动，收集征文9545篇。开展图书馆品牌活动“花样阅读”亲子系列活动4期。开展全民阅读活动进分馆、进农家书屋（社区）30余次。图书馆被全国妇女联合委员会评为“全国巾帼文明岗”，被四川省图书馆学会评为“全民阅读先进单位”“四川省图书馆学会优秀单位”。

【文化馆建设】 彭州市文化馆履行基层公共文化

服务的职能，坚持免费开放政策，通过国家一级文化馆复评达标。全年网络平台总点击量65.61万次、服务群众65.64万人次；App、微信公众号新增注册和关注用户3564人，累计注册和关注用户42034人。受新冠疫情影响，文化馆现场的文艺活动及培训课程受到限制，全年组织参加成都市“文化四季风”系列活动、承办2020年彭州市党政系统春晚活动、举办2020年“春满龙门·彭州年”群众迎春大联欢晚会、举办彭州市市民艺术学校秋季培训班，开设14个门类的培训班，培训人数近千人。协助完成越剧《五女拜寿》《西厢记》到彭州演出。组织书画作品参加“四川省春联大赛”、彭州市优秀作品参加成都市群文作品大赛并获优秀奖。组织书画作品参加首届四川省“农民艺术节”书画作品展、彭州木雕项目、彭州白瓷、彭县肥酒等项目参加成都市局2020年成都美好生活系列会展、非遗项目“九尺板鸭”参加2020年文化和自然遗产日成都主会场活动。“彭州白瓷”在国际非遗博览园参加“巴蜀地成渝情”2020成渝地区文才会现场展示。其他多个非遗项目参加2020年全省“文化和自然遗产日”非遗博览园主会场现场展示。彭州市优秀文艺队伍参加“成渝地·巴蜀情”2020年“文旅超市”采购大会，并被录入“文旅超市”名录。举办“迎五一”全市优秀书画摄影作品展，展出作品120余件。组织线上“庆六一”全市儿童诗歌书画大赛，收到作品200余件，评选出优秀作品68件。举办“2020年全国文化和自然遗产日彭州活动”书画作品展，举办“迎中秋庆国庆”书画作品展，与彭州书协联办“我写，我书，抒我情，美丽彭州书法展”。组织参加成都市文化广电旅游局主办的线上“基层公共文化服务培训”学习。邀请专家，举办“四川民歌演唱及处理方法”专题培训。

5月11日，隆丰彭州白瓷“洗脑壳”荣获首届“天府文创”大赛铜奖

【博物馆建设】 彭州市博物馆馆藏古籍160册；推进博物馆预防性保护项目（一期），购置恒温恒湿柜，改善库房有机质文物的保存环境；促进文物信息数字化采集和保护，实现馆藏938件珍贵文物数字化，推进151处一般不可用测绘，提供“多规合一”文物保护规划；实施全国重点文物保护单位彭州佛塔（正觉寺塔、镇国寺塔、云居院塔）防雷工程。市博物馆在做好疫情防控工作的前提下，继续对游客实行免费开放，全年接待游客20367人次，“5·18”国际博物馆日活动期间，在彭州市文化广场举办文物图片展，宣传普及文物保护法律法规，完成市博物馆微官网宣传平台搭建，提升博物馆观展体验，推动博物馆文化服务方式创新，扩大文博交流合作，联合什邡博物馆，在德阳市什邡市举办两地精粹文物专题图片展，宣传彭州古蜀文化。在成都市博物馆成都历史文化陈列中出借9件文物，展示彭州悠久历史文化。

【文化非遗保护】 彭州市推进非遗2019年年报，组织第二批彭州工匠申报。彭州传承人刘遵福、王永参加成都市2019年度优秀传承人评选。搜集彭州抗疫非遗类作品报送成都非遗中心，参加成都博物馆抗疫作品展。走访彭州石雕、白鹿白茶、宝山红茶等非遗项目。开展彭州非遗普查并进行资料汇总报送。完成彭州白瓷、巴蜀汉陶非遗项目“湔江微课堂”教学视频录制。组织成都市级及

丽春民俗——舞龙

以上非遗项目参加成都市局组织的微视频大赛。推进成都市第七批非遗项目和第二批非遗基地申报、彭州市第六批非遗项目和第六批非遗代表性传承人申报。开展畅游成都体验非遗彭州市系列展演活动。推进全省文化旅游资源普查彭州非遗类资料搜集整理报送。

【民俗文化传承】 6月25日，通济镇海窝子第五届端午祭活动举行，通过古蜀祭祀开幕式、曲艺表演、雄黄化妆会、草药集市、戏装扫街等多个环节，让游客游古街、看古景、听川曲，全视角感受古蜀文化与川剧文化的碰撞，细品传统民俗文化的厚重。

【文物保护】 彭州市完成第七批成都市级非遗项目和第二批传承基地申报、第六批彭州市级非遗项目和非遗传承人申报；开展非遗进校园、非遗进景区活动，推动“海窝子川剧小镇”“敖平风筝之乡”打造。完成龙兴寺城市改造项目工地、妇幼保健院工地等53个基建项目地下文物勘探，勘探面积3031亩；保护性回填濛阳街道南佛村宋墓、天彭街道利安场社区民国墓葬等3座墓葬；抢救性清理发掘彭州中学九峰书院工地宋墓、龙兴寺城市改造工地唐墓等9座墓葬；完成全市151处不可移动文物测绘工作；开展文物巡查85次，出动巡查340人次；完成博物馆库房部分预防性保护。

融媒体
Convergence Media

【概况】 2020年，彭州市融媒体中心设办公室、策划部、总编室、采访部、编辑部、技术播出部、视频部、拓展部、服务部、财务部10个部室，在岗职工98人。中心所属国有独资公司——成都广视影业有限公司。中心自办电视栏目有《彭州报道》《十分关注》，联办电视专题栏目《校园巡礼》《健康彭州》《彭州党建》《彭州质量追踪》《廉韵彭州》《说城道事》等。形成电视、广播、报刊、新媒体（移动客户端、微信、微博、抖音、快手、视频号、网站）等媒体传播矩阵平台，媒体用户近200万人。

【重大项目宣传】 彭州市融媒体中心围绕重大项目开展宣传。策划实施“吹响三大会战的号角·展望彭州　触摸未来”聚焦重大项目攻坚暨功能区建设系列访谈和贯彻落实市委十四届十次全会精神“一把手”微访谈、百日攻坚、营商环境、坐“镇”十三、美丽彭州四季游、城市品质提

疫情期间记者现场采访

升、文明城市创建、疫情防控、防洪防汛等重大时政和民生系列专题报道栏目 10 余个。其中，“一把手”微访谈推出原创图文视频报道 100 余篇，新媒体阅读量 50 万人次，点赞超过 1 万次，留言近 1000 条。整合全媒体资源聚焦牡丹大道、柳河、三环路、龙兴寺、郊野公园、龙门山柒村等重大项目开展宣传，策划相关报道 100 余篇，摄制宣传汇报片和短视频 60 余部，借助品鉴彭州微信公众号、彭州市融媒体中心抖音号等新媒体平台立体化、全方位传播。

【城市形象宣传】 彭州市融媒体中心加强与中央、四川省、成都市主流媒体的垂直融合，推动与中央广播电视总台、《四川日报》、四川广播电视台、成都广播电视台等融媒合作，促进共融互通，放大宣传效应。疫情防控期间抖音平台发布《彭州部分医疗企业开启春节不休加班模式，全力保障市场口罩需求！》点击量达 2200 余万次，获赞 99 万次；微信平台发布《赞！彭州 11 个村自发捐蔬菜 4 名司机不计报酬运武汉》在成都市区县抗疫报道看度点击排行榜中，以 5.8 万次阅读量居榜首；新闻《彭州市：临时党支部成立　党旗在疫情防控一线高高飘扬》《彭州交通筑牢疫情防控第一线》被央视频采用，《四川彭州：“3+9+3”模式做好疫情防控》和短视频《彭州味道》《“老员外”提醒你：防疫别忘“忙春耕”》被“学习强国”平台采用；央视 1、2、4、13、17 套和《人民日报》、新华社等中央级权威媒体相继报道市融媒体中心首播的彭州口罩生产企业、消洗剂企业 24 小时不停工生产、春耕备耕、第十一届菜博会等内容。摄制抗疫宣传片《携手相暖　共渡看花开》和抗疫公益歌曲《爱的奇迹》在四川省、成都市各级平台宣传，被“学习强国”国家平台选用 10 条。全年中央、四川省、成都市级媒体刊（播）相关稿件 500 余篇条。

【新媒体宣传】 彭州市构建“报台网微（两微信一微博）+ 抖音快手短视频 + 直播及延伸平台今日头条、搜狐、网易、看度及学习强国”等媒体矩阵，总阅读浏览 2.73 亿次，其中抖音、快手和直播等新媒体平台增幅近 1.9 亿次。“品鉴彭州”微信和“彭州电视台”微信共刊发原创微信 1000 余条，总阅读量接近 800 万次，比上年同期增加 200 万余次。“品鉴彭州”微信公众号连续四年获“成都市十大影响力微信”，三次获“‘微政四川’年度十佳成都区县政务新媒体奖”。市融媒体中心所属抖音、快手平台共发布短视频 1300 余条，20 万人关注，获赞 630 万次，总浏览量 1.39 亿次。抖音话题“品鉴彭州”浏览量 2.2 亿次，彭州市融媒体各直播平台直播 36 场，观看人数 134 万人次。“彭州发布”微博发布 8000 余条，65.3 万人关注，总阅读量 6000 万次。打造“爱上彭州”App 客户端，打造成为彭州市唯一的官方新闻信息发布和体现党政服务的移动客户端。全年采集电视新闻 2580 余条，制作电视专题专栏 7 个、156 期，刊发报纸 55 期，《品鉴彭州》期刊 1 期。

【宣传活动策划】 彭州市融媒体中心宣传策划完成 2020 年彭州市文旅项目网络直播推介会暨云签约仪式、彭州市商务和投资促进局网络直播推介会、“2020 中国彭州第十一届九尺美食（板鸭）文化节暨彭州第七届年货购物节”、彭州市卫健局和彭州市医保局 2020 年迎新晚会、彭州市营商环境提升工程政策解读云发布、彭州市敖平镇第 33 届风筝节、2020 年成都新材料产业功能区项目网络直播推介会暨云签约仪式、2020 年四川花卉（果类）生态旅游节分会场暨第六届成都（彭州）西瓜文化旅游节、2020 年成都新材料产业功能区项目网络直播推介会暨云签约仪式、2020 彭州市都市现代农业项目网络直播推介会暨云签约仪式、“健康人生　绿色无毒”2020 年彭州市禁毒宣传有奖征集活动、“禁毒 · 我知道”2020 年彭州市禁毒知识竞赛活动、“健康人生　绿色无毒”2020年彭州市中学生“6·26”禁毒演讲决赛、“花开丽春　绽放盛夏”中国彭州丽春2020年首届花卉文化旅游节、第十一届中国·四川（彭州）蔬菜博览会、蓉城医保客厅·中国银行“医保贷”助力天府中药城产业发展金融产品发布会等活动。

【视频摄制】 彭州市媒体中心围绕市委、市政府中心工作，先后承接摄制完成《璀璨绽放·繁星入野》《默默无闻的工作、轰轰烈烈的事业》《彭州市创建旅游示范县》《过年要彭州　年味新体验》《携手相暖　共渡看开》《十二援鄂英雄　欢迎回家》《民宿点亮乡村　产业活化场镇》《诗意乡村　心之安处》等宣传片（短视频）和汇报片50余部。短视频《彭州白瓷》在省“两会观察　融媒先锋”2020优秀融媒体产品征集评选活动中获四川省最佳融媒创新奖。《不容忽视的青少年心理健康》获国家卫生健康委员会办公厅、中共中央宣传部办公厅、科技部办公厅、中国科学技术协会办公厅共同举办的“健康知识普及行动——2020年新时代健康科普作品征集大赛”电视节目类优秀作品。《彭州渔江楠：90后驻村萌妹子带你村里寻“三宝”》获四川省委组织部组织的全省党员教育电视片随手拍微视频优秀作品二等奖。

彭州市融媒体中心指挥调度中心

广电网络
Radio and Television Network

【概况】 2020年，四川广电网络彭州分公司隶属四川省有线广播电视网络股份有限公司，占地面积1.4亩，有办公及机房建筑面积2500平方米，有正式员工80余人，其中大学本科学历22人，专科学历28人，初中级以上专业技术职称17人。

【广电数字网络建设】 彭州市提升有线电视网络质量，全年新立项工程47个，完工36个，转固31个，投入建设资金1885.30万元。建成公安局敖平镇视频监控专网工程、彭州生态环境局大气监测子站专线接入专网工程以及彭州市公安局各派出所、交警队等23个点位的电子政务外网工程。推进全域彭州IP城域网引入新型关键性技术MPLS-TE（流量工程）。促进各类平台业务、专网业务实现网络资源带宽合理分配，流量管控，达到从源点到目的地端到端Qos保障，提高整个IP传输网的可靠性。四川省有线广播电视网络股份有限公司以市、镇（街道）、村（社区）三级综治中心为平台；推进“雪亮工程”群防群治综治工程项目建设，搭建市、镇、村三级会议系统。与彭州市广播电视台合作建成彭州市融媒体中心（彭州市广播电视台）信息化系统，与电力公司合作建成“基于广电网络的电力远程集采项目”。

【广电惠民服务】 四川省有线广播电视网络股份有限公司实施惠民项目建设，与市委宣传部、市文化体育和旅游局等相关单位合作，在文广局多功能厅建成“旅游大数据平台+智能应急广播系统”指挥中心大屏，为旅游管理部门提供实时的数据服务。推进龙门山镇、桂花镇多灾智能应急广播的勘测与设计，建成龙门山镇11个村（社区）的多灾智能应急广播系统。与市委宣传部、金沙院线电影公司合同，承担2020年彭州市农村公益电影的放映工作。推进“新冠肺炎疫情”防控，为彭州市人民医院、彭州市行政中心建设“热成像体温筛选防疫项目”“桂花镇热成像体温筛选防疫系统项目”。拓展广电业务，邀请彭州市融媒体中心，拍摄广电管家短视频，通过电视、微信朋友圈、抖音等App进行展示；视频内容涵盖广电管家的个人介绍、职能职责、光纤宽带活动、驻点宣传、上门维护等情况。

卫生健康

Hygiene and Health

【概况】 2020年，彭州市卫健局贯彻落实健康中国战略，深化医药卫生体制改革，加快转变卫生与健康发展方式，通过国家卫生城市巩固工作省级复查；创建成为国家计划生育优质服务先进单位与四川省中医药产业发展示范县；市人民医院、市妇计中心接受三甲评审。全市医疗卫生机构561个（市级医院7个、镇卫生院19个、卫生机构6个、社区卫生服务中心3个、民营医院27个、村卫生室345个和门诊部、诊所154个），其中三级甲等医院1所、三级乙等医院2所、二级甲等医院3所、二级乙等医院3所、二级甲等疾控中心1所。卫生从业人员7103人（公立机构5071人），其中卫生技术人员6463人；执业（助理）医师总数2469人，每千人口2.93人，比上年增长5.42%；注册护士3349人，每千人口3.88人，增长7.86%。医疗机构床位6911张。全市城乡居民人均寿命81.97岁，比上年增加3.33岁，人口自然增长率0.01‰，婴儿死亡率2.08‰，5岁以下儿童死亡率3.74‰。2020年，全市具备新冠病毒核酸检测能力机构达8家，全年检测重点人群356786人次、重点地区往（返）人员1490人。实现入境人员从国门到家门、从口岸到社区全流程闭环管理，管控境外航班21个，管理服务乘客3318人，拦截确诊病例20例。医学观察密切接触者562人，实现疫情防控零感染、零本土病例。

【卫生城市创建】 彭州市卫健局结合新冠肺炎疫情防控，发挥新时期爱国卫生运动的防疫堡垒作用，引导全市人民适应新冠疫情“新常态”并主动参与卫生城市建设，国家卫生城市创建，通过成都市级暗访评估、成都市级技术评估及四川省级技术评估，获评成都市“国卫县城（乡镇）创建复审工作先进单

8月5日，彭州市疾控中心成立新冠防控应急小分队

2月14日，市中西医结合医院职工开展无偿献血活动

9月29日，卫健局组织医务人员开展义诊活动

位”。推进健康细胞工程建设，全年全市新创建健康街道（乡镇）1个、健康社区（村）1个、健康单位（企业、机关、学校、医院）6个、推进10个健康家庭前期准备。针对春秋病媒传播高发季节，落实全市范围病媒生物防制专项行动，创建病媒生物防制示范点15家。推进“十三五”艾滋病、地方病、寄生虫病、血吸虫病防治各项指标达到标准，全市新增5个市级监测点位，优化市、镇、村三级网络血吸虫病防治管理模式，连续27年未发现当地感染病人。全市艾滋病病毒感染者和病人治疗覆盖率为94.84%；病毒载量检测比例为96.64%；抗病毒治疗成功率为97.71%，孕产妇艾滋病检测率100%，孕早期检测率达95.12%，感染孕产妇及所生婴儿抗病毒用药率100%，艾滋病母婴传播率“0”。四川省第二轮艾滋病综合防治示范区通过验收，被评为成都市“传染病防控、结核病防治、艾滋病防治、慢性病防治、精神卫生工作先进单位”。推进彭州市国民营养计划，营养技术人员、社会卫生员协同开展合理膳食行动，提高居民健康水平。搭建“线上+线下”宣传平台，通过《健康彭州》电视节目、“健康彭州”微信公众号等渠道，引导群众树立正确的健康理念，提升全民健康素养。依托市疾控中心及讲师团开展健康宣教，开展健康巡讲活动20场次。2020年中央电视台新闻频道以《关爱精神障碍人群，护佑心理健康》为题目对彭州市精神卫生工作进行报道。全年彭州市无偿献血36168人次，采集全血66390.95单位，占成都市全血采集量的五分之一。血小板采集206人次，298个治疗量。开展对口帮扶贫困县医疗卫生工作，选派28名专业技术骨干支援贫困地区，累计参与诊疗1.2万人次，开展手术380例、学术讲座209次、教学查房281次、新项目新技术19项。

【医药卫生体制改革】 彭州市卫健局推进城市医疗集团、县域医共体、专科联盟和远程医疗协作网建设，结合对口支援服务薄弱地区工作，增加下沉专家人员，帮助基层医疗机构提升综合服务能力。截至2020年9月，全市城市医疗集团9个，组建县域内医共体3个，专科联盟31个，远程医疗协作平台5个；医联体建设公立医疗机构覆盖率100%，并纳入民营医疗机构4家，基层医疗机构分级诊疗签约率达100%。医联体内城市三级医院共下沉专家832人·天，县级医院下沉人员4047人·天，医联体内上挂学习培训人员7440人·天；向上级医院转诊患者3540人次，下转患者1108人次。推进医疗机构综合能力提升，全市建成省级重点专科5个，2020年新增省级中医重点专科建设单位1家；成都市级重点专科6个，成都市级重点专科建设单

10月14日，彭州市妇计中心通过省卫建委“三甲”现场评审

位3家（其中2020年新增成都市级重点专科建设单位2家），彭州市级重点专科23个；市人民医院胸痛中心完成国家胸痛中心认证基转标现场核查；四方医院创建成为二级乙等医疗机构，市人民医院、市妇计中心完成省卫建委“三甲”现场评审。截至年底，全市建成各医疗质量控制中心16个，质控小组10个，基本实现对全市所有医疗机构及专业的医疗质量管理与控制网络全覆盖。推进预约诊疗服务、远程医疗建设、临床路径管理、检查检验结果互认、日间手术服务、重点专科建设、公立医院绩效考核等改善医疗服务。组织参加“改善医疗服务行动2020全国医院擂台赛”，市人民医院、市妇计中心在主题评选中获9项大奖，其中“最具价值案例”4个、“优秀案例”5个，市人民医院“构建和谐医患关系”主题案例，获主题决赛银奖，并晋级全国总决赛。

【医疗卫生基础设施建设】 彭州市卫健局提升城市综合配套服务能力，补齐全市医疗服务设施短板，实施市第二人民医院、市妇计中心、市中医医院、市人民医院、市公共卫生医疗救治中心、市疾控中心改造建设，医疗卫生机构建设项目总占地面积374亩，新增建筑面积28.53万平方米，购置医疗设施设备4.1亿元，增设床位2040张，总投资26.94亿元。截至年底，市第二人民医院扩建项目竣工；市妇计中心住院综合楼扩建项目完成附属用房建设；市中医医院新院项目开工建设。市公共卫生医疗救治中心建设项目、市疾病预防控制中心建设项目、市人民医院城南院区感染病区扩建项目和彭州市人民医院金彭西路院区扩建项目开展项目规划方案设计。基层医疗卫生机构基础设施提升改造项目22个，完工18个、主体施工2个、施工图设计2个；村卫生室公有化标准化建设项目229个全部竣工。全市镇卫生院、社区卫生服务中心总床位数1739张。镇卫生院、社区卫生服务中心100%达标，100%的村卫生室房屋实现公有化和标准化建设。

【中医药建设推进】 彭州市卫健局推进中医重点专科建设，市中医医院中风病确定为四川省中医重点专科（专病）建设单位；市中医医院、市人民医院、市妇计中心、天彭社区卫生服务中心等5家医疗机构7个科室确定为市中西医结合医院重点专科建设单位。彭州段氏中医骨科医院成功创建二级乙等中医骨伤医院，开展中医馆、中医角提档升级建设，全市3个“示范中医馆”、10个“规范化中医角”完成提档升级建设。依托市中医医院不断加强基层常见病多发病中医药适宜技术推广培训，提升基层中医药服务能力，组织参加成都市卫健委、成都市中医管理局、成都市总工会主办的“2020年成都市基层中医药适宜技术技能大赛”获团体一等奖，成功创建成为四川省中医药产业发展示范县。完成《彭州市中医药健康产业发展规划》编制，梳理中医药产业发展总路谋划产业发展方向。

【养老服务事业推动】 彭州市卫健局提升市镇村三级居家养老服务水平，财政补贴7712万元建成养老机构105家，提供养老服务床位4374张。全市养老机构与25家医疗机构签订“医、护、养”长期合作协议，在3家综合医院开设老年病科、增设老年病区，开通老人就医“绿色通道”，转诊服务老人300人次。依托镇级卫生院、社区卫生服务中心医护力量，成立家庭医生服务团队139支，为1.4万名老人提供慢性病医疗护理等个性化健康服务。探索“医养结合”服务模式，推进第二批全国安宁疗护试点，彭州市人民医院祥福照护中心通过评审。配合致和街道创建成为全国第四批智慧健康养老示范乡镇（街道）。在全市范围内开展医疗机构内养老、养老机构内设医疗机构、医疗机构与养老机构合作、医养结合进社区进家庭等

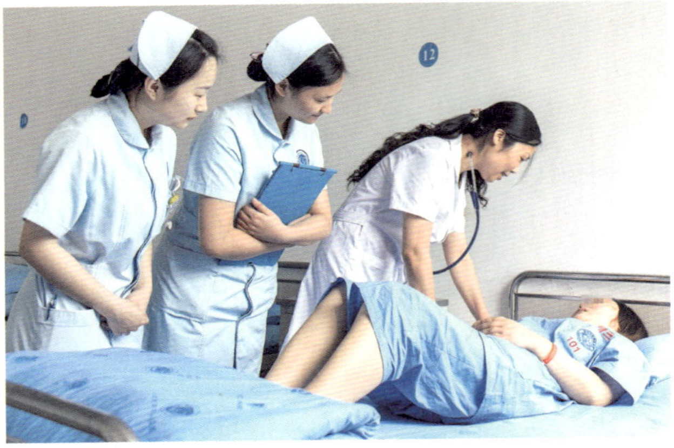

优质服务

四种模式的医养融合发展，完成省级医养结合示范机构初评。

【妇幼健康服务】 彭州市卫健局在全市22家基层医疗卫生机构中组建5个片区骨干团队，通过现场观摩学习、片区交叉检查等方式提升团队业务水平，由片带面地提高妇幼保健工作服务的整体水平。装修改造一体化产房（住院、待产、分娩、产后康复一体化），以家庭化温馨舒适环境为基础，提供6（产科医师、护士、助产士、麻醉师、导乐师、新生儿医师）对1（一名孕产妇）的特色服务，突出人性化服务和家属全程陪伴，提升孕产妇分娩体验。推进住院综合楼扩建项目、发热门诊、核酸检测（PCR）实验室建设，创建三级甲等妇幼保健机构，打造乳腺专科和产后康复、儿童康复、中医康复等特色品牌专科。8月28日，四川省卫健委发布《关于2018年全省三级妇幼保健机构绩效考核结果的通报》，彭州市妇计中心排名全省第三；2020年成都市百万职工技能大赛妇幼健康技能比赛中，彭州市获第一。彭州市选送参赛案例《伟大的母爱　无须贴上疼痛的标签》获进一步改善医疗服务行动计划2020年全国医院擂台赛“最具价值案例奖”。协调市级相关部门、镇（街道），推进婴幼儿照护服务。截至10月底，全市有注册托育机构94家，指导市妇计中心打造3岁以下婴幼儿照护服务示范机构，该机构为事业单位性质的托育机构，已在编制部门注册。

【计生家庭关爱行动】 彭州市推进婚检、孕检“一站式”服务，实现孕检全覆盖，完善全面两孩政策配套，提前谋划全面两孩政策实施后新增人口的入托、入学工作，政府投入资金7.88亿元，新（改扩）建公立学校、幼儿园48所，新增学位15300个。推进国家计划生育优质服务先进单位创建，开展计划生育特殊家庭关怀，慰问计划生育特殊家庭人员2659人，发放慰问金265万元；局领导春节走访慰问对口联系特殊家庭人员16户，发放慰问金及慰问品1.6万元。市领导走访慰问计划生育贫困家庭8户，发放慰问金及慰问品8000元；端午节集中慰问特殊家庭人员2659人，发放慰问金53.18万元。

【医疗机构行风治理】 彭州市深入开展全系统“14+1”、行业领域突出问题专项整治，找准群众关心的问题，精准施策，补足医疗服务中的短板。强化行业监督，开展药品采购专项防控、卫生健康行业作风专项整治等切合行业实际的廉政风险防控工作，解决卫生健康行业存在的“大处方、泛耗材”等突出问题，通过线索摸排及联合督查发现问题265项，督查整改到位。印发《彭州市医疗机构巡查工作实施方案（2020—2022年度）》，开展医疗机构巡查，推动全市医疗机构持续党风廉政建设，营造风清气正医风医德，医师节期间，开展系列评先推优活动。疫情期间，开展“党员示范行动”，卫健系统先进党员和基层组织的先进事迹被人民网等多家媒体报道，3名人员入党。

【卫生健康行业监督】 彭州市在线监测餐饮具集中消毒单位，实现智慧监督。推进卫生计生移动执法终端使用，提高规范化水平。全面完成学校、宾馆、美容美发、游泳馆等重点场所监督抽检任务，开展打击非法行医等工作。完成重点公共场所监督检查698家，下达监督意见书698份。对非法行医保持高压态势，打击非法口腔诊疗窝点、黑诊所等15处。

【医护人才培育】 彭州市加强对外合作，与上海瑞金医院等单位建成远程医疗协作平台3个，覆盖全市基层医疗机构的区域医学影像、区域心电远程诊疗系统。市中医医院建成中医住院医师规范化培养基地、市妇计中心建成院内护士规范化培养基地，天彭社区卫生服务中心建成成都市基层卫生实用技能培训基地。开展柔性引才新举措，全年引进省级重点学科团队2个、三甲医院主任医师3名；培育正高9名，副高52人，高层次人才总数达535人，培养的卫生高级专业技术人才总数在各区县排第一。

【智慧医疗建设】 彭州市推动“互联网+医疗健康”。从6月1日起，全面开展电子健康卡应用，停用原有各类院内就诊卡，实现全市就医诊疗、结算、信息查询等各个应用场景“一码通”，发放电子健康卡30.9万张，“健康彭州就医通”关注人数14.2万人。升级优化区域可移动远程会诊平台服务1035人次；区域远程影像诊断平台服务26万余例；区域远程心电诊断平台开展服务2.2万余例。推广使用“四川外出务工人员健康申报和查询系统”和“天府健康通”系统，“四川外出务工人员健康申报和查询系统”办理健康证明4.9万张。全市55家医院（含民营医院）100%推行“天府健康通”“亮码”通行，群众“亮码”通行日占比约93%；在“健康彭州就医通”平台和各医院线上平台开设新冠肺炎免费咨询问诊，提供服务5900人次。

彭州市阳光家园精神障碍患者康复训练项目

3月11日，疾控中心消杀队员对城市便捷酒店隔离病房进行终末消毒

【疾病防控管理】 彭州市全年无甲类传染病病例报告；乙类传染病报告发病10种，报告病例1013例，丙类传染病报告发病6种，报告病例1846例。乙、丙类传染病报告发病率366.02/10万，其中乙类传染病发病率129.69/10万，实现成都市急性（甲、乙类）传染病发病率控制在250/10万以下目标；丙类传染病发病率236.33/10万，比2019年下降75.09%。报告乙类传染病死亡病例44例，死亡率5.63/10万。全市在册严重精神障碍患者3816人，建档管理患者3671人，在册率达常住人口的4.9‰，社区管理率96.2%，在管患者治疗率88.97%，严重精神障碍患者参保率100%，免费住院阳光救助患者254人。为慢性病患者提供健康教育、健康咨询、健康指导等健康管理服务。全年糖尿病管理人数21242人，糖尿病患者规范管理率73.95%。高血压管理人数55034人，高血压患者规范管理率75.39%。

体　育
Sports

【概况】 2020 年，彭州市全面贯彻落实《中华人民共和国体育法》《全民健身条例》《国务院关于加快发展体育产业促进体育消费的若干意见》，坚持全民健身和竞技体育协调发展，创新开展各项体育工作，完善全民健身体育设施建设，推进体育产业健康发展。

【体育设施建设】 彭州市全年建成各类体育场地配套设施 37 个，全市有各类体育场地设施 2896 个，体育场地总面积 170.1682 万平方米，人均体育场地面积 2.18 平方米，社区、行政村健身设施全覆盖，构建城市 15 分钟健康圈和农村 5 公里健身圈。市体育场馆“一场一馆一池两中心”免费（低收费）向市民开放，全年接待健身群众 12 万人次；经常参加体育锻炼群众 42 万人。

龙门山国际户外生态三项赛活动

【全民健身】 彭州市全面落实《全民健身条例》《彭州市全民健身实施计划（2016—2020 年）》，以“运动成都·幸福彭州”为主题，举办风筝放飞、足球联赛、篮球联赛及天府绿道行系列活动等赛事活动 110 次；举办历时 8 个月的彭州市第七届全民健身运动会，开展篮球、足球、排球、健身球操、广场健身操（舞）、柔力球、绿道系列活动、武术、门球等项目比赛，参赛人数 3 万余人次；培训三级社会体育指导员 155 名；组织参加成都市第七届全民健身运动会总决赛，分别获得健身气功、五禽戏团体“一等奖”；参加四川省《国家体育锻炼标准》达标赛成都分站赛，获团体“优胜奖”；参加成都市第五届社会体育指导员健身技能交流展示，获“最佳编排奖”；群众体育工作获“成都市群众体育工作先进单位”。

【体育产业发展】 彭州市促进“体育 + 旅游”融合发展。推出体育消费新场景 5 个，分别是四川童话火车总动员、宝山户外运动中心、鱼凫湿地体育公园、彭州莱运国际台球中心、彭州市圣力凯运动中心。

【竞技体育】 彭州市组队参加成都市第十四届运动会（青少年组）田径、柔道、武术、游泳、足球、沙滩排球等项目比赛，获金牌 13 枚、银牌 8 枚、铜牌 12 枚。获“体育道德风尚奖”；承办成都市第十四届运动会青少年柔道项目总决赛，获“最佳赛区”。

【赛事活动】 受新型冠状病毒肺炎疫情影响，2020 年 CBSA 成都·彭州中式台球国际公开赛、2020 年中国·成都（彭州）生态运动季暨龙门山国际户外生态三项赛延期至 2021 年举行。

| 社会民生 |

SOCIETY AND PEOPLE'S LIVELIHOOD

劳动就业与社会保障 / 医疗保障 / 应急管理 / 民政事务 / 对口帮扶 / 民族宗教事务

劳动就业与社会保障
Labor Employment and Social Security

【概况】 2020年，彭州市人社局实施就业优先战略和积极的就业政策，重点做好高校毕业生、农村转移劳动力、城镇就业困难人员的就业和返乡农民工创业；构建和谐劳动关系，推进劳动人事争议预防调解，深化劳动保障监察力度，维护劳动者合法权益；贯彻实施《中华人民共和国社会保险法》，以统筹城乡为主线，以改善民生为目标，建立健全社会保险公共服务体系，坚持以人为本，强化服务意识，突出重点工作，创新工作举措，促进全市社会保障和谐稳定。彭州市人社局被成都市委、市政府表扬为“中华人民共和国成立70周年大庆安保维稳信访工作表现突出的公务员集体”，被彭州市委、市政府表彰为“2020年彭州市产业功能区建设突出贡献先进集体”，被成都市人社局表扬为“2019—2020年度人事考试优秀单位”；市社保局窗口被省人社厅表扬为“优质服务窗口”；市劳动人事争议仲裁院获批首批“四川省劳动人事争议标准化仲裁院”。

【就业促进】 彭州市实现城镇新增就业9547人，失业人员再就业3846人，其中就业困难人员再就业308人，农村富余劳动力向非农产业转移就业新增6917人，城镇登记失业率控制在4%以内，动态消除“零就业”家庭。彭州市人社局开展“战疫情，稳经济，促就业”送岗到家专项行动，组织动员社区工作者、网格员和志愿者等1200余人，向全市劳动者精准推荐岗位8000余个；建立与金牛区、德阳市什邡市、绵竹市、南充市营山县和阆中市，以及重庆等地的人力资源协同机制，定期交换岗位信息，推进人力资源市场一体化运行；鼓励村（社区）开发公共卫生、消毒保洁等5类临时性公益性岗位，最大限度安置因疫情失去岗位的困难人员。截至年底，全市就近就地就业5000余人，输出务工人员5.79万人，公益性岗位安置就业困难人员260余人。

【就业援助】 彭州市推进覆盖城乡的就业援助，为全市30家企业发放社保补贴45.46万元、岗位补贴45.10万元、公益性岗位补贴751.25万元、灵活就业社保补贴67.13万元，促进338名就业困难人员在公益性岗位上实现就业，通过灵活就业实现就业困难人员就业713人次。截至年底，彭州市实现就业兜底保障300人，发放失业保险金7743万元、为领取失业保险人员代缴医疗保险费2475万元，发放失业补助金4562万元。

2月6日，“战疫情”春风行动网络招聘会召开

2月22日，“战疫情，稳经济，促就业”送岗到家专项行动开展

【就业创业推进】 彭州市鼓励和支持农民工、大学生和退役士兵等人员返乡创业，新增吸纳大学生就业创业1609人，开办大学生创业培训5个班次292人。全市6个高校毕业生见习基地吸纳80名高校毕业生见习，与14家机关事业单位共同建立高校毕业生见习协作机制，提供见习岗位32个，17人成功见习；返乡农民工创业培训846人，劳务品牌培训1100人。全年发放创业补贴30万元，落实创业贷款41户688万元。彭州市人社局对全市200余家重点企业开展"一企一员"和"一企一策"培训提能行动，通过"成都职业培训网络学院"等平台为求职者提供免费职业技能培训3725人次，发放培训补贴3943.76万元，涉及3.46万名职工技能培训平台建设补贴142万元，实现新增就业9547人。

【和谐劳动关系构建】 彭州市集中开展第二届"五级联动"争创模范劳动关系和谐单位活动，139家单位被成都市协调劳动关系三方委员会分别评价认定为A至AAAAA级成都市"模范劳动关系和谐单位"。其中，AAAA级单位36家，AAAAA级单位22家，彭州市被认定为AAAAA级"模范劳动关系和谐区（市）县"。

【劳动监察和仲裁】 彭州市全年受理劳动人事争议案件345件，涉及劳动者370人（其中农民工264人），涉案金额895.79万元，结案率94.90%，其中裁决结案88件，调解、撤诉结案247件，撤调率73.73%，一裁终局率40%；在镇、机关事业单位、规模企业设立劳动人事争议调解委员会203个，通过镇（街道）调解组织调处劳动争议案件126件，涉及劳动者1892人，涉及金额3569.70万元。彭州市人社局联合住建、综合执法、交通、水务等部门开展根治欠薪春秋冬季专项行动，重点对辖区内农民工较为集中的加工制造企业、住宿和餐饮企业、各类在建工程项目进行工资支付和制度落实情况检查，对发现问题及时要求整改，全年受理投诉件491件。

【工伤认定与行政审批】 彭州市全年审批特殊工种提前退休253件，企业职工因病退休2件；工伤认定受理522件，办结520件；劳动能力鉴定受理496件，办结483件。

【技能人才培养】 彭州市全年企业申报成都市级以上高技能人才培训基地、技能大师工作室等11个建设项目，涉及石油化工、机械制造、工程防水、酒店餐饮等多个领域工种，获批国家级2个、成都市级项目4个。开展专业技术职称制度改革。推进人才评价制度衔接，实现高技能人才与工程技术人才职业制度互通；推进职称评审，丰富职称评价方式，为专业技术人员提供优质的人才评价公共服务。

【养老保险】 彭州市基本养老保险参保率达到90%，城乡居民基本养老保险参保覆盖率达到90%以上。城乡居民基本养老保险参保人数26.61万人，城镇职工基本养老保险参保25.27万人（其中企业职工基本养老保险在职参保12.87万人，完成目标任务的105.58%，机关事业单位养老保险在职参保1.29万人，完成目标任务的100%）；退休人员实现社会化管理，养老金社会化发放率达到100%。

【社保服务优化】 彭州市梳理规范"不见面"政务服务事项清单44项，优化更新经办服务事项手册，全面加强"网上办、手机办、自助办、预约办、延后办"；深化"放管服"改革，推进社税移交，"人社服务快办行动"，推动材料齐全一次受理、关联事项一次办理；新增8项基础性业务向镇（街道）下延，建立线上业务指导平台，对镇（街道）经办业务进行实时指导和远程监督，提升基层经办业务的多样性和准确率。

10月27日，彭州市工伤预防培训工作组开展工伤预防培训

【失业保险】 彭州市参保 9.41 万人；工伤保险参保 12.69 万人，完成目标任务的 98.13%，建筑业新开工建设项目工伤保险参保率达到 90%。

【工伤保险】 彭州市举办工伤保险进建设工地、工伤预防进技校，以及职业病防治专家讲座等专题活动 10 期，培训企业 420 余家；深入 10 家重点企业开展工伤危险因素评估和工伤预防培训，培训人员 1106 人；政策下乡宣传覆盖 13 个乡镇（街道）8000 余名群众。

【稳岗补贴发放】 彭州市落实省社保“降费调基”政策，为 5000 余户企业减少社会保险费用 4.59 亿元；对疫情期间坚持不裁员或少裁员的参保企业，发放稳岗补贴 2052.07 万元，惠及 2399 家企业 73000 名职工；出台疫情期间“一次性吸纳就业”“培训 + 就业”补贴政策，发放补贴 68.3 万元。为 66 家企业发放暂时经营困难稳岗补贴 4438.5 万元，发放失业保险金 7743 万元；为领取失业保险人员代缴医疗保险费 2475 万元，发放失业补助金 4562 万元。

【社保基金监管】 彭州市督促涉尘企业参保，与行政审批、住建部门建立信息共享机制，与人社、镇（街道）建立协同督查机制，督促完成 39 个在建项目、100 家粉尘企业、162 名职工参保；推进养老保险基金反欺诈力度，全年核实身份信息异常人员和生存状态异常人员 116 人，处理死亡冒领人员 17 人，追回基金 9.04 万元，处理重复领取 6 人，追回基金 2.39 万元，清退在押服刑人员违规领取待遇 13 人，追回基金 33.31 万元；与税务部门、银行建立常态化协查机制，严防企业恶意补缴社会保险费，全年处理职工权益维护信访 19 件，受理职工权益维护投诉 21 件，追缴社保基金 88 万元，核查养老保险一次性趸缴的人员 2976 名；核查异常业务数据 4381 条、清查缴费基数异常企业 32 户，约谈整改 6 户。

【“蓉漂人才”招聘】 彭州市编制发布《彭州市人才开发指引（2020）》（彭州人才白皮书），突出“3+2”产业载体，搜集全市 134 家重点企业急需紧缺人才需求，涉及岗位种类 231 个。搭建平台招才引智。面向社会公开招聘事业单位工作人员 230 名、“三支一扶”大学生志愿者 201 名；开展进社区“送政策、送岗位、送技能、送信息”活动 4 期、

9月19日，彭州市企业组团参加2020年成都秋季“蓉漂人才”招聘会

搭建“彭程万里·才源九州”线上人才信息交互平台，举办“云聘会”13场次，发布3200余个岗位，达成就业意向968人；组织重点企业41家，提供优质岗位846个，参与“蓉漂人才荟”系列活动，走进四川工程职业技术学院、重庆大学等高校；组织四川巴顿航空设备制造有限公司、成都市双虎实业有限公司、四川龙一医药有限公司等6家重点企业到成都新国际会展中心，参加由成都市人社局举办的“2020秋季‘蓉漂人才荟’暨‘成渝双城’（成都）人才招聘会”。现场提供岗位200余个，涉及航空航天机械设计、药物合成等多个行业领域。展会现场，参会企业与各类人才进行交流、协商，收到简历100余份，与30余名人才现场达成初步就业意向。

医疗保障
Medical Security

【概况】 2020年，彭州市医保局发挥医疗保障工作的城市治理参与、医疗服务保障、产业发展支撑三大作用，抓好社会治理、医保改革、服务中心、队伍建设四大任务，深化医保改革创新，强化“医银企”合作，释放医保数据经济价值，向医药行业提供融资依据，撬动运营资本，实现彭州疫情防控和经济社会发展双胜利，为加快建设践行新发展理念的立体山水公园城市贡献医保力量。

【医保资金支付】 彭州市全年支付医保基金11.37亿元。其中，城镇职工基本医疗保险报销428.91万人次，基金支付6.06亿元；城乡居民基本医疗保险报销116.57万人次，基金支付3.63亿元；大病医疗互助补充保险报销18.22万人次，基金支付1.06亿元；工伤保险报销0.23万人次，基金支付0.36亿元；生育保险报销0.33万人次，基金支付0.24亿元。医疗救助5988人次，划拨救助资金443万元。

【城乡居民医保】 彭州市全年城乡居民基本医疗保险参保登记人数52.85万人，参保登记率达99.44%，参保缴费50.03万人，参保征缴率达98.74%。申请财政专项资金693.55万元，资助12189人参加城乡居民基本医疗保险，资助2436人参加城乡居民大病互助补充医疗保险，医保资助对象参保资助率达100%。

【长期照护保险试点】 彭州市长期照护保险基础照护待遇为重度失能一级1077元/月·人，重度失能二级1437元/月·人，重度失能三级1796元/月·人。全市累计受理失能人员申请353人，评估294份申请，通过223人，通过率78.85%；发放长期照护保险待遇9343人次，涉及金额1117万元。

【医保基金巡查监管】 彭州市全年开展“两定”机构巡查1500余家次，接收成都市局移送处理案件24件，查处违规违约等各类问题180起，责令机构限期整改135家次，暂停医疗费用拨付75家次，追回违规费用86.6万元，收缴违约金72.13万元，1家医院被中止科室1个月，1家医院、14家定点药店被暂停医保刷卡业务2个月。

【医保支付方式改革】 彭州市推进总额控制下按病

11月5日，彭州市医保局组织召开定点医疗机构按病组付费工作培训会

组分值付费改革，建立模拟分析长效机制，推进医保数据按新的支付方式模拟运算和分析。不断优化完善改革路径，调整完善方案，确保按病组分值付费改革稳步推进。全市有46家定点医院实施总额控制下按病组分值付费改革。

【医保药品集采试点】 彭州市持续扩大国家药品集中采购范围和药品种类，鼓励民营医院参加药品集采。全市有32家医疗机构参与不同批次国家药品集中采购，采购药品涵盖2个批次57个品种，共计采购总量85.25万盒（支），实际采购总金额979.66万元，超额完成合同采购量133.65%。

【异地就医联网结算】 彭州市扩大异地就医定点医疗机构范围，建成覆盖全市的异地就医及时结算网络，全市600余家定点医药机构开通全国异地就医联网结算业务，开通率100%，累计有1200人办理异地就医备案，异地结算6.2万人次1345.26万元。

【医保信息标准化建设】 彭州市推动15项国家医保信息业务编码标准在彭落地使用，打造信息业务编码标准化工作典型示范点，形成统一的医疗保障标准化体系，逐步实现与全国医疗保障信息互联互通。全市619家定点医药机构已完成基础信息编码标准录入，编码标准在各个场景的模拟应用试点稳步推进。

应急管理
Emergency Management

【概况】 2020年，彭州市应急管理局（简称市应急局）按照中央、四川省、成都市的安排部署，认真落实安全生产和应急管理工作职能职责，严格开展疫情防控各项措施，积极助力企业复工复产，深入开展安全生产专项整治三年行动，综合提升应急管理能力，全力做好防汛抢险救灾，切实维护全市人民群众生命财产安全。全市全年共发生安全生产事故12起，死亡12人，事故起数、死亡人数较2019年均下降20%。

【应急机制体制建设】 彭州市应急委工作规则和市应急委办公室工作细则发布实施，建立监测预警、应急值守、信息报告、会商研判、预案管理等工作制度；确定镇（街道）、部门、专项指挥部三级响应机制和处置流程；坚持村（社区）、企事业单位等基层组织以先期处置、自救互救、预防为主，镇（街道）落实属地管理，行业部门执行监督管理相结合的工作原则；突出专项指挥部实施现场组织指挥和应急委综合协调作用，建立“军地、警地、企地”联动协调机制，提高全市防灾减灾救灾的综合应急能力。

【防汛救灾应急处置】 彭州市应急局在“专业＋基层＋社会＋志愿”四维应急救援体系的基础上，增加每日备勤组对突发事件进行先期处置，加强突发事件现场应急处置力量。依托应急指挥平台，详细掌握突发事件发生地应急物资情况及周边、应急物资种类和数量，为应急物资的紧急调配提供可能。利用无人机、卫星电话、单兵装备等现代装备增强信息掌握能力、现场处置能力和信息传输能力，提高应对突发事件的整体处置水平。“6·26”小石河险情，彭州市应急局迅速开展救援，救出五名被困群众；面对“8·11”洪涝灾害，市应急局立即启动自然灾害救助应急预案（Ⅳ级）响应，提前转移受威胁群众2773人、游客1796人；关闭全市所有A级景区，劝返外来车辆1298辆、游客3601人；借助应急指挥平台，与市发改局联合调拨雨衣692件、雨靴238双、棉被1335床、棉垫1330张、强光电筒400支、泡面2400桶、矿泉水2400瓶等救灾物

8月，彭州市应急局开展汛期救援

2月11日，彭州市应急局开展非煤矿山检查

资支援受灾镇（街道），协调彭州消防救援大队、成都安全生产应急救援彭州中队、爱之援救援队、天空之眼救援队等队伍参与应急救援，出动应急装备车辆221台次，救援队伍人员2745人次；成功解救受困群众134名，并抽调专业救援力量15人，于16日23时30分驰援金堂，协助抗汛。

【应急演练】 彭州市应急局全年组织应急演练400余场次，参演培训人数达20余万人次，涵盖山洪地质灾害应急实战演练、道路清障、应急物资保障、城市防汛、医疗救援保障、群体性事件处置、建筑工地高空坠物演练、地震疏散逃生演练等内容。开展社区群众在线有奖学习答题活动；开展“第一届市应急委专项指挥部应急安全知识竞赛活动”和“第二届基层应急能力大比武活动”，全面提高群众灾害识别能力和自救互救技能。

【安全风险隐患整治】 彭州市应急局面对突然爆发的新冠疫情，针对全市安全生产领域、自然灾害领域重大风险隐患众多的特殊情况，积极探索、聚焦疫情防控、城市安全、风险排查等多个方面，组织市级有关部门、各镇（街道）通过成都市城市安全风险信息管理系统开展城市安全风险辨识，填报公共风险源数量707个，重大公共风险源0个，较大公共风险源28个，一般及以下公共风险源679个；实施安全风险诊断分级单位603家，其中1级单位18家、2级单位23家、3级单位175家、4级单位387家；全市企事业单位填报风险源数量13627个，其中重大风险源23个、较大风险源408个、一般及以下风险源13196个。开展隐患排查治理，依托成都市安全生产事故隐患排查治理动态监管系统平台，督促企业开展隐患自查自报自改，并利用该系统对企业隐患排查治理情况进行在线动态监控，全市有效企业有1521家，完成企业基础信息采集1504家，完成率为98.88%；开展隐患自查企业1486家，自查上报隐患26198条，整改率99.77%。推动企业安全生产标准化建设，全市工贸企业标准化达标考评52家，77家危险化学品生产、经营企业已达标58家，剩余19家正在申请考评或复评。全市在森林防火、消防安全、医药化工、危险化学品、特种设备、建筑施工、交通运输、旅游安全、城市运行等重点行业领域开展安全风险隐患大排查大整治，组织检查组1028个，检查企事业单位7103家，排查安全隐患10871条，完成整改10339条，整改率95.11%。

【应急责任清单管理】 彭州市制发《彭州市委市政府和党政领导干部安全生产责任清单（2.0版）》（彭安委〔2020〕18号）和《彭州市安全生产监管工作职责任务清单》（彭机编〔2020〕85号），健全安全生产责任制；根据《彭州市委市政府和党政领导干部安全生产责任清单（2.0版）》《彭州市安全生产监管工作职责任务清单》，市级相关部门制定部门监管责任清单，各镇街道、产业功能区制定属地监管责任清单；按照《彭州市进一步推进安全生产清单制管理工作实施方案》（彭安委〔2020〕3 号）的相关要求，各行业主管部门督促指导本行业企业编制安全生产管理责任清单，危险化学品、非煤矿山、交通运输、烟花爆竹、城镇燃气等重点行业领域企业已完成清单编制工作，并正式进入试运行阶段。

【安全生产专项整治三年行动】 彭州市政府安委会制发《彭州市安全生产专项整治三年行动实施方案》（彭安委〔2020〕15 号），明确 2 个专题和 8 个专项整治的主要任务和工作目标，组建 10 个专项（专题）整治工作专班，分别负责各专项（专题）整治工作的具体推进落实，制发《彭州市安全生产专项整治三年行动“三项工作制度”》（彭安办〔2020〕52 号），建立信息报送、工作会商和工作通报三项制度，制发《彭州市实体化专班推进安全生产专项整治三年行动实施方案》（彭安办〔2020〕56 号），督促牵头单位制定各专项（专题）整治的任务分解表，为安全生产专项整治三年行动提供路线图和时间表；在危险化学品安全、城乡消防安全、交通运输安全、城市建设安全、工矿商贸安全、特种设备和目录外游乐设施安全、产业功能区安全、危险废物安全 8 个重点领域全面深入开展专项整治，成立专项检查组 286 个，对企事业单位开展督导检查 919 次、1563 家，排查安全隐患 3368 条，其中一般安全隐患 3362 条，完成整改 2897 条，整改率 86.2%，排查重大安全隐患 6 条，均已整改销号。

【“铸安 2020”监管执法专项行动】 彭州市制发《彭州市安全生产“铸安 2020”监管执法专项行动实施方案》（彭应急〔2020〕52 号），全市有 300 余家企业开展安全隐患自查自改，市应急局和市综合执法局选拔 17 名业务骨干和 4 名安全生产专家成立 4 个执法行动组，严格按照“启动会 + 现场执法检查 + 总结会”和“企业主要负责人 + 安全管理人员 + 岗位操作员工全过程在场”执法模式，推行“解剖式”“说理式”执法。“铸安 2020”专项执法行动小组共检查企业 28 家，排查整治安全隐患 285 条，下达责令限期整改指令书 37 份，立案处罚企业数 7 家，处罚金额 23.5 万元。向企业赠送安全生产相关法律法规资料 200 余套，并通过“彭州应急”微信公众号、“今日彭州”和“彭州新闻”等媒介，积极引导舆论，以“执法 + 普法”的模式，营造防事故，促生产的浓厚宣传氛围。启动使用“互联网 + 执法”系统，大力推动网上执法，电子文书等新工作模式，建立健全标准化、规范化、简易化执法流程，为安全生产形势持续好转提供坚强支撑。全年市应急局监督检查生产经营单位 405 家次，其中非煤矿山企业 11 家次、危险化学品企业 153 家次、烟花爆竹批发经营企业 9 家次、工贸企业 232 家次，累计排查整治安全隐患 1142 条，查处安全生产违法违规行为 28 起，行政罚款 197.24 万元。

7月1日，彭州市开展安全生产“铸安2020”监管执法专项行动

【国家危险化学品应急救援（成都）基地建设】 总投资 3.2 亿元国家危险化学品应急救援（成都）基地，选址丹景山镇场镇东则建设部分，用地面积 102 亩，项目投资概算为 18206 万元，主要建设内容包括综合教学楼、救援队住勤楼、宿舍食堂、物资仓库等场内实训设施包含定制实训设备、指挥及真火系统、粉尘防爆、模拟培训四个方面，截至年底，项目已

救援基地

地震展示馆

进入装饰装修。另一部分，占地 24 亩，位于四川石化园区消防支队炼油大队南侧，主要开展应急救援。基地全部建成后，定位“立足成都、支撑四川、辐射西南、国内一流”规划服务区域内特别重大和复杂危险化学品事故处置救援，具备危险化学品应急救援人才储备、技术储备、装备储备和救援人员培训与演习训练等功能。

【成都市防震减灾科普教育基地】 2008 年 5 月 12 日汶川特大地震中，彭州市白鹿镇原白鹿中心学校两栋教学楼巍然屹立，被誉为“最牛学校”，其断层剖面更揭示大地震导致的逆断层褶皱变形现象和近三次龙门山特大地震活动，整个探槽壁呈现出彩色的图案分层，在龙门山断裂带独一无二，是世界上难得的教科书式经典剖面，对于地震科普和旅游开发具有非常高的社会意义和经济价值，曾多次在国内外学术刊物中引用，陆续受到国内外专家的研究考察和游客参观，在国内类似科普馆中独树一帜。彭州市应急管理局向成都应急管理局推荐将原白鹿中心学校地震遗址建设成为成都市防震减灾科普教育基地，作为成都市两个（另一个位于崇州市街子镇）防震减灾科普教育基地之一。项目财政预算金额 400 万元，2020 年 4 月现场布展施工，预计 2021 年 5 月 12 日正式开馆。

【应急救援体系建设】 彭州市应急局制定《彭州市基层综合应急救援队伍规范建设试点工作方案》，推进“国家救援基地 + 专业力量 + 社区力量 + 社会力量”一体化救援队伍体系建设。专业救援力量方面：彭州市应急救援中队新招录退伍士官 8 名、引进高层次人才 1 名，采取标准化方式管理，定期组织开展演练，提升队伍纪律性和专业能力。2020 年，彭州市在完成 83 个村（社区）应急能力示范社区基础上，新建应急能力示范社区 26 个，综合减灾示范社区 10 个，新筹划组建自然灾害和安全生产应急救援突击队；新组建基层应急队伍 26 支，总数达 95 支，涵盖全部 13 个镇（街道）；引进爱之援、天空之眼两支救援队伍，形成多方联动的立体救援网络。

【应急预案编制】 彭州作为成都市“应急预案数字化管理”及“综合基层综合应急救援队伍规范建设”两项工作的试点，市应急局积极推进相关工作，进一步提升应急救援能力。完成应急预案数字化管理系统的开发和运用，达到从“风险管理、评估、编制、评审、备案、抄送、演练”等全流程的应急预案要素的动态管理，实现“横向到边、纵向到底、科学有效”的应急预案体系。截至年底，18 个专项指挥部完成应急预案编制，全市各行业部门完成对企事业单位备案管理 959 个。依托“综合基层综合应急救援队伍规范建设”试点工作，强化应急救援能力建设，组织召开专题研究会，讨论综合基层应急队伍建设实施方案，确定天彭街道、隆丰街道为2020年试点点位。

【应急信息化建设】 彭州市应急局将应急指挥信息化平台作为提高应对突发公共事件能力的重要措施。探索信息化在应急预案管理领域的应用。借力成都市应急预案管理数字化应用系统开发试点，推动应急预案管理信息化"风险管理、评估、编制、评审、备案、抄送、演练"等全流程的应急预案要素的动态管理，实现"横向到边、纵向到底、科学有效"的应急预案管理体系。探索信息化在应急指挥领域的运用，依托现有装备车辆，新置无人机、海事卫星电话、单兵装备等集成系统，建立移动指挥中心，确保灾害发生时前沿应急指挥和应急救援的有效性。

【森林草原防灭火和城乡防火专项整治】 彭州市以森林草原防灭火专项整治为抓手，坚持人防、物防、技防、联防"四防"并举，积极探索创新信息化监测手段，实现连续34年无重大森林火灾和人员伤亡事故。构建"大应急"体系，彭州市成立以市政府、驻地部队、市级部门主要或分管领导为构架的森林防灭火指挥部，推行4级指挥长制度，建立市、镇、村、组四级森林防灭火组织体系，层层签订森林防灭火工作目标责任书。以消防救援力量为主，基层应急救援力量为辅，组建市级155人的扑火队伍，在有林镇组建不少于30人的义务扑火队，通过800余名巡山员常态化巡护，520名网格员"一日双巡"，形成横向到边、纵向到底的市、部门、镇三级防灭火力量。设置临时检查站和疫情检查卡口180余处，建造应急物资储备库，补足防火物资6500余件。运用"天上一张网，地上一张图，空中无人机巡察、视频监控防火设备信息传输"等手段，推进森林防火智能监控系统建设。搭建260套双红外火灾探测器和320套复合型火灾探测器，同时依托"雪亮工程"1587个高清探头，实现全天候、全自动林区早期火情监测预警。开展"五级联防"，建立"市级领导包片、镇干部包村、村干部包点、护林员包小班、林权权利人和经营单位包山头地块"的5级联防责任制。全年出动人员1300余人次，巡查里程10000公里以上，覆盖全市所有镇（街）。

民政事务
Civil Affairs

【概况】 2020年，彭州市民政部门全面落实"创新提能年"要求，围绕"四大提升工程""四大攻坚战""六稳""六保"等中心工作，突出"七个聚焦聚力"提升民政服务质量，以做好受疫情影响困难群众保障等十二项重点工作为抓手，推动民政事业实现新突破。高标准完成村（社区）体制机制改革工作；全年发放低保、特困、儿童、残疾人等保障金、临时救助金以及价格补贴12897.90万元；健全养老服务体系，建成1个社区养老服务综合体、2个嵌入式养老示范点位和2个助餐点位。实施护理型床位改造280张床位，为1800户困难老年人家庭适老化改造；孵化培育15家社会组织，新增持证社工195名，全市30家行业协会商会全面实现脱钩；全年办理婚姻登记11342件，实现零差错、零投诉；落实惠民殡葬补贴政策，发放惠民殡葬补贴4700人228万元。

【社会救助】 彭州市城乡低保标准、城乡特困人员供养标准分别提高至800元/人·月、1040元/人·月。新增城乡低保237户378人，退出648户1116人，全年为城乡低保5988户8822人，发放6629.59万元，做到"应保尽保、应退必退"。城乡特困供养人员1796人，累计发放2015.63万元，集中特困供养人员716人，有意愿集中供养特困人员集中供养率达100%，分散特困供养人员均签订《分散供养特困

1月10日，成都市慈善会2020年新春“送年货·暖民心”活动发放仪式暨彭州市大爱暖冬活动启动仪式举行

彭州市综合社会福利中心

人员照料护理服务协议》。实施临时救助、社区快速救助4428人次，发放救助金143.95万余元，价格补贴2433.63万余元。接待和劝导流浪乞讨人员105人次，实际救助79人次，医治18人次，使用医疗救助费用5.01万元，对符合条件的救助人员实施100%救助。开展“寒冬送温暖”“夏季送清凉”专项救助行动。组织开展夜间街面联合督查巡查20余次、巡查633次，劝导22人次，救助流浪乞讨人员79人次。为11.6万人次发放残疾人两项补贴1594万元。

【社区和居家养老服务】 彭州市有城乡社区日间照料中心192个，2020年新增嵌入式养老点位2个、助餐点位2个，全市城市覆盖率达100%，农村覆盖率达80%，在隆丰街道新建1个社区养老服务综合体，实现养老服务设施的合理化和精准化配置。规范居家养老服务，全年为4298名老年人提供411.62万元居家养老服务补助资金。建立居家探访制度，支持和引导基层组织、社会组织为403名空巢、留守、高龄、失能等特殊困难老年人开展探访与帮扶服务。

【养老机构建设】 彭州市有养老机构32个，其中农村敬老院14个，综合福利中心1个，社会化养老机构17个，养老服务床位4374张。开展养老院服务质量提升行动，投入305.91万元实施养老机构食品、消防安全达标工程。投入420万元对楠杨敬老院、隆丰敬老院280张床位实施护理型床位改造，投入160万元对九尺敬老院160张床位实施提升改造，投入180万元为1800户困难老年人家庭适老化改造。为80岁以上老年人发放高龄津贴1925.47万元，为716余名集中特困供养人员发放供养金1017.19万元及护理费153.56万元，为27家机构和461名从业人员发放养老机构一次性运营补贴和一线养老从业人员奖补53.15万元，给予9家民办养老机构服务性床位补贴94.05余万元。

【儿童关爱】 彭州市在册223名特殊群体儿童，其中孤儿29人、困境儿童22人、事实无人抚养儿童20人、农村留守儿童152人。发放孤儿生活补贴48.12万元，困境儿童生活补贴11.36万元，事实无人抚养儿童生活补贴22.22万元。开展孤儿“明天计划”“福彩圆梦”行动。发放孤儿大学生福彩圆梦助学金6.5万元，为152名留守儿童落实监护责任；免费为18名孤儿提供健康体检，152名留守儿童均落实家庭监护责任，委托监护责任确认书签订率100%。指导镇（街道）儿童督导员、村（社区）儿童主任开展走访巡查，巡访特殊群体儿童223人，实现走访巡查全覆盖。

【社会组织管理】 彭州市推进孵化培育社会组织，搭建社会组织服务平台，对490余名社会组织负责人开展能力提升培训。制定《彭州市社区社会组织登记和备案管理办法的通知》，全市登记社会组织

5月24日，彭州市“合力相伴 健康成长”特殊群体儿童关爱保护暨庆祝“六一”活动

社工专业知识培训

347 家（民非 246 家、社团 128 家）备案社区社会组织 1927 家。搭建社会组织服务平台，推出社区治理项目 4 个，投入资金 20 余万元，评选品牌社会组织 5 家，建立社区社会组织联合会 13 家。推动社会组织诚信意识建设，完成脱钩、年检、抽查、评估等工作，增强社会组织信用度。配合市委社治委打造致和街道清林社区、濛阳街道白土河村等 8 个成都市级和白鹿镇白鹿场社区、桂花镇蟠龙村等 7 个彭州市级社区营造示范点位。

【社工志愿者队伍建设】 彭州市开展社会工作培训 26 期 2500 余人次，新考社工 195 名，其中社会工作师 38 名、助理社会工作师 99 名、员级社工 58 名，推进创建“社会工作服务”示范社区，指导全市 18 个社会组织申请成都市级社会组织扶持发展“社工 + 志愿者”“循乐 1459 绿色发展”项目、“九尺镇社区营造支持中心”项目等 4 个，资金 72.11 万元。“彭州市携程社会工作服务中心”被评为“成都市十佳社工机构”。致和街道顺和社区（原 1459 社区）创建成都市社会工作服务示范社区。

【村（社区）调整改革】 彭州市 355 个村（社区）调减到 202 个，调减村（社区）153 个，调减比例 43.10%，调整后，设置村 119 个，社区 83 个（含“村改居”25 个）。全市 286 个涉改村（社区）优化调整方案全部一次性通过，群众参与率平均 90.44%。全市村（居）民小组由 4515 个调减至 2678 个，调减 1837 个，调减比例 40.69%，全市涉改的 3556 个村（居）民小组调整方案表决通过率 100%。

【婚姻登记】 彭州市巩固和提升国家 AAA 级婚姻登记机关创建成果，抓好婚姻登记机构和队伍建设，新配婚姻登记多功能一体机等现代信息技术设备，推行温心、耐心、细心“三心”服务，疫情期间开通电话、网络预约婚姻登记。全年办理婚姻登记 11342 件，其中结婚登记 4843 件，离婚登记 2897 件，补领结婚登记 3223 件，补领离婚登记 379 件，保持“零差错”“零投诉”，整理、装订婚姻档案 306 卷，合格率达 100%。

【殡葬改革】 彭州市引导文明丧葬、移风易俗，落实

2020年，村（社区）体制机制改革挂牌

惠民殡葬补贴政策，全年发放惠民殡葬补贴4700人228万元。开展“清明文明·绿色祭扫”，推行“鲜花换纸钱”“云祭扫”“专车祭扫”服务和无人机保障，接待祭扫群众19000余人次，实现墓区内零燃放。注重工作人员的教育培训和惠民政策的宣传，确保惠民殡葬政策平稳实施，推动全市节地生态安葬。

【地名管理】 彭州市完成“互联网+”区划地名平台建设，实现相关数据的交换与共享。完善地名命名机制，严格执行地名专家论证制度，建立储备地名专家库，新进地名专家库16名。完成天府中药城、航动园区等38处有关地名命名工作，印制《彭州市地名志》。对全市“问题地名”进行专项整治，整治率达100%。

【慈善事业】 彭州市统筹社会力量参与慈善事业，做好慈善募捐，募集疫情捐款208.3万元及物资3352件并及时划转到武汉市慈善总会及全市各医院。联合成都市慈善总会开展“送年货·暖民心”活动，为150户困难家庭送过冬物资。开展“扶贫日”暨“慈善一日捐”活动，接收56.1万元捐款，用于困难群众温暖过冬项目。做好各项阳光工程项目救助，资助困难学生244人次，救助金额40余万元。

对口帮扶
Pairing Assistance

【概况】 2020年，按照《彭州市对口帮扶黑水县2020年专项实施方案》，彭州市划拨财政帮扶资金400万元，实施并完成教育保障、医疗保障、产业发展、就业帮扶、干部人才帮扶、社会力量帮扶、基础设施七方面11个项目。促成阿坝州黑水县与成一制药成功签约为期15年的中药材产业发展“1+3”合作协议，指导黑水县建设农村电商服务站点61个，开展“千企帮千村”帮扶行动，全市30余家企业进黑水县参与对口帮扶工作，社会力量筹措衣物棉被等物资194.19万元，采购农特产品64.47万元，助推黑水县于2020年2月18日顺利通过脱贫摘帽验收。2019年、2020年连续两年，彭州市对口支援黑水县工作在四川省内脱贫攻坚成效考核中均获得110分满分，综合评价为“好”，彭州市获四川省委、省政府“2019年省内对口帮扶藏区彝区贫困县先进集体”通报表扬。

【产业帮扶】 彭州市引导四川协力制药、成都第一制药等中医药龙头企业在黑水县建大黄、贝母、莨菪等种植基地1325亩。成都第一制药与黑水县政府签订合作协议，共同开发黑水县“冰山彩林药蜜谷”项目，建立特色高原中藏药材的种苗繁育基地、建药材初加工厂，全年该药材加工厂已向黑水县纳税近100万元。彭州市帮助黑水县拓宽销售渠道，支持黑水县鑫康农业公司在彭州蓥华西路建设“净土阿坝（藏香人家）”体验店，指导黑水县建农村电商服务站点61个，通过站点及电商平台销售农特产品，月销售额约500万元。

【教育援助】 彭州市全年投资财政帮扶资金70万元推进黑水县俄窝村幼儿园改建，新建园舍120平方米，并配齐相关设施设备。接收23名黑水县教师到彭州市跟岗学习，接收106名黑水县学生入学；

1月17日，黑水县与成一制药签订中药材项目

北城小学去黑水县结对学校卡龙小学交流

7月22日，黑水县夏季专场招聘会举行

派出 26 名骨干教师到黑水县中小学支教，组织黑水县老师参加教育教学研修活动 230 人次，向黑水县学校捐款捐物 18.36 万元。

【医疗援助】 彭州市开展“三基三严”培训、院级继续教育培训，全年培训 160 余人次，选派 5 名医护人员交流学习。疫情防控期间，全市 17 名支医人员参与到预检分诊、发热门诊等工作，指导黑水县医务人员熟练掌握前期诊断、科学治疗等知识，提升医疗救治能力和自我防护能力，累计开展医院医学留观 15 名。

【就业帮扶】 彭州市全年组织 12 家企业到黑水县开展夏季招聘，提供岗位 150 余个，发放资料 1600 余份，实现转移就业 29 人。6 月 18—20 日，在黑水县沙石多乡昌德村举办“提升旅游业就业创业能力”为主题的技能培训班，集中培训人员 30 余名，促进黑水县旅游业劳动者就业技能和自主创业能力提升。

7月22日，黑水县夏季专场招聘会

【干部人才帮扶】 彭州市建立健全彭州市黑水县两地干部人才互派共育机制。实施黑水县干部专项培训，接收黑水县 15 名党政干部到彭州挂职锻炼，组织 48 人到彭州市“宝山学院”进行能力提升培训，帮助培养储备党建、民宿人才等。彭州市 91 名（其中组织部选派 51 人、教育局选派 21 人、卫健局选派 19 人）对口支援干部人才在黑水县各条战线上开展对口支援工作。

【帮扶方式拓展】 彭州市构建“1+N”结对帮扶工作方式。在疫情的特殊情况下，彭州市根据黑水县的实际情况，探索“1+N”结对帮扶工作方式，“1”是脱贫攻坚，对口支援干部的核心工作，“1+N”是指对口支援干部在做好脱贫攻坚工作的前提下，同步推进疫情防控、森林草原防火等重点工作，在脱贫攻坚中融入重点工作，实现一人多角色，实现帮扶价值最大化。通过“1+N”结对帮扶，在疫情防控上，募集捐赠价值 43 万元的防疫物资；在社会治理上，宣传实行喜事延办、丧事简办的风俗，累计取消婚宴、坝坝宴等活动 130 场。

民族宗教事务
Ethnic and Religious Affairs

【概况】 2020年，彭州市民族宗教部门学习、贯彻、落实习近平新时代中国特色社会主义思想和中共十九大以及中央、四川省、成都市民族宗教工作相关会议精神和工作要求，围绕落实党的民族宗教政策，抓好民族宗教事务法治化管理，促进民族团结和宗教领域和谐稳定，促进全市民族团结进步发展，提升依法管理宗教事务能力。

【民族事务管理】 彭州市探索建立城市流动少数民族管理数据库，加强对全市少数民族弱势群体关心、慰问。1月组织开展为少数民族代表人士、少数民族困难群众送米、面、油等慰问品，撰写春联、送年画等；推进少数民族群体的疫情防控宣传以及管理、慰问。新冠肺炎疫情防控期间，彭州市民族宗教事务局配合天彭街道外北社区、桂花镇丰乐社区、公安局流管办、濛阳镇派出所、天彭镇派出所、桂花镇派出所做好少数民族流动人口的隔离防控，加强市域内少数民族流动人口日常管理。组织清真寺管委会对天彭街道外北社区、东大街社区、天彭派出所的工作人员、志愿者进行慰问；开展清真食品企业、餐馆监督管理和疫情防控期间的复工复产（业）调研工作。了解全市清真食品企业（餐馆）在疫情防控期间存在的实际困难和问题；督促指导外北街社区、丰乐社区结合宣传、党建、社会治理等工作深入开展民族团结进步创建工作；引导少数民族群体爱国守法，维护社会和谐。

金华寺

【宗教场所管理】 彭州市在龙兴寺举办庆祝中华人民共和国成立71周年画展，在清凉寺、金华寺初步建成两个牡丹文化基地，通过宣传正确宗教观，引导全市宗教组织与社会主义社会相适应，抵制非法宗教活动，防范境外势力利用宗教进行渗透活动。推进全市宗教活动场所重大节日、大型活动的安全防控，做好宗教场所在重大节假日期间的安全维稳工作；与文体旅局、市市场监管局、市综合执法局等相关职能部门对全市各宗教场所出版物情况进行检查。加强宗教场所的日常安全巡查和整改。每月按计划对全市39处宗教活动场所建筑安全、消防安全、食品安全、人员安全等例行检查，发出问题整改通知12份，督促按期完成整改。开展宗教活动场所附近森林消防安全检查，在林区各宗教活动场所张贴禁火令，设立警示牌，宣传引导文明祭祀。健全宗教活动场所财务管理制度，要求各宗教活动场所财务人员，出纳与会计单独设立，持证上岗，坚持会计管理制度，重大支出民主管理。完成对宗教场所的第三轮审计，召开2020年宗教活动场所财务审计反馈会。落实成都市民宗局厨卫改造资金40万元，市财政配套30万元，用于龙门寺、金山观、福林寺、正觉寺的厨卫改造项目，完善宗教场所基础设施建设，消除安全隐患。

【宗教团体管理】 彭州市民族宗教事务局加强基层

宗教工作干部的政策理论培训学习。对宗教工作领导小组成员单位、各镇（街道）宗教工作分管领导20余人进行政策培训，对全市及各镇（街道）统战委员13人开展宗教工作培训，对全市各村（社区）支部书记300余人开展宗教政策和宗教工作培训。10月，举办2020年全市宗教教职人员培训会，传达中央、四川省、成都市宗教工作精神，学习《中华人民共和国民法典》《宗教活动场所财务管理办法》等法律法规，强化安全、反恐等方面业务培训。

【民族团结进步示范社区建设】 彭州市民族宗教事务局牵头各职能部门和桂花镇政府加强桂花镇丰乐场社区民族团结进步示范区建设，为丰乐场社区打造一处民族文化交流长廊并积极协调各单位支持丰乐场社区组建民族团结进步党支部，促进丰乐场社区藏族与汉族居民交往、交流、交融。

街道·镇

SUB-DISTRICTS AND TOWNS

天彭街道 / 致和街道 / 濛阳街道 / 隆丰街道 / 丽春镇 / 九尺镇 / 敖平镇 / 龙门山镇 / 通济镇 / 白鹿镇 / 丹景山镇 / 葛仙山镇 / 桂花镇

天彭街道
Tianpeng Sub-district

【概况】 天彭街道是彭州市政治、经济、文化中心，距成都市市区 19 公里。天彭街道因关口湔江堰两岸牛心、寿阳两山之间的“天彭门”而得名。辖区面积 66.62 平方公里，辖 6 个行政村和 22 个社区，376 个村（居）民小组，有社区企业 17 个；2020 年末户籍人口 175152 人，常住人口 231867 人。

天彭街道位于成都平原西北部，北纬 30° 59′，东经 103° 56′，地形北高南低，地貌平原，东与九尺镇接壤，南与致和镇毗邻，西与丽春镇接壤，北与隆丰镇毗邻。天彭街道属亚热带西南季风气候区，气候温和，雨量充沛，四季分明，雨热同期，有利于发展农业。水系有沱江、岷江两大水系贯穿镇域。北面为沱江水系湔江，源出北部高山区，由北向南汇入岷江水系的人民渠。岷江水系的青白江由西向东横贯全境，与湔江分流各河道相交，形成水利网络，地下水丰富。

天彭街道历史悠久、文化灿烂，唐武德三年（620 年）设置彭州，属县治所在地；清代属南方绣城里，1912 年称城厢；1935 年，设城厢联保；1940 年设彭县中心镇；中华人民共和国成立初期属彭县第一区；1952 年改为第八区；1955 年更名为城关镇；1958 年并入红旗公社（直属菜蔬营）；1962 年红旗公社撤销成立蔬菜公社，属城关镇管辖；1980 年全国地名普查更名为天彭镇（当时镇政府驻北大街）；1992 年原清平乡并入天彭镇；2004 年 9 月全市区划调整时，彭州市撤乡并镇，原利安乡、西郊镇并入天彭镇，镇政府驻东湖路（东湖大街 399 号）；2016 年 5 月，彭州市人民政府撤销天彭镇设立彭州市人民政府天彭街道办事处，街道办事处驻东东湖大街 399 号。天彭街道境内有龙兴寺、彭州园、博物馆等风景名胜和历史人文景观；有成彭高速、石化大道、牡丹大道、成德绵高速复线等高等级快速路和客运枢纽彭州客运中心、成彭高铁彭州站点；有医药、建筑、建材、塑料等工业产业和雷音葡萄、利安大葱、周家花卉、大地蔬菜等农业产业；有西华大学、白马中学（成都石室中学）、彭州中学、彭州一中、彭州职中、城南中学等 9 所大中专学校，有小学 13 所、幼儿园 38 所、医院 12 所、敬老院 3 所。

天彭街道党工委书记：郑雨露；街道办事处主任：杨勇。

【村（社区）调整改革】 天彭街道有序推进体制机制改革，完成 46 个村（社区）调整为 28 个、628 个村（居民）小组调整为 376 个。两委选举共选举出村（社区）两委班子成员 217 名。其中，选举出村（社区）党组织委员（含书记）140 名，村（居）委委员 139 名，两委交叉委员 62 名。从党建指导员、后备干部、网格员、巡逻队员中充实 16 人进入“两委”班子。换届选举提拔重用 9 人，其中 30 岁及以下村（社区）党组织书记 3 人。28 名党组织书记全部实现“一肩挑”。

表 16 2020 年彭州市天彭街道村（社区）调整情况表

序号	村（社区）名称	村（居）民小组（个）	性质	合并情况
1	东林社区	26	城市社区	原东大街社区、金彭中路社区
2	南津社区	19	城市社区	原南大街社区、天府西路社区
3	西海社区	19	城市社区	原翠湖社区、西大街社区
4	里仁社区	23	城市社区	原北大街社区、延秀社区
5	天府中路社区	11	城市社区	未调整
6	柳河社区	15	城市社区	原繁江北路社区、金彭西路社区
7	北塔社区	15	城市社区	原外北街社区、龙塔社区

续表 16

序号	村（社区）名称	村（居）民小组（个）	性质	合并情况
8	东湖社区	12	城市社区	原金彭东路社区、东湖社区
9	朝阳中路社区	8	城市社区	未调整
10	清平社区	16	城市社区	原旌旗社区、花龙社区、八一社区
11	人和社区	19	城市社区	原顾福桥社区、谢家社区、周家社区
12	锦阳社区	9	城市社区	未调整
13	百和社区	12	城市社区	未调整
14	光明社区	10	城市社区	未调整
15	白马社区	15	城市社区	未调整
16	龙檀社区	14	城市社区	原二龙村、檀木社区
17	站前社区	12	城市社区	原繁江南路社区、陈家社区
18	滨河路社区	6	城市社区	未调整
19	临江社区	14	城市社区	原寂光社区、杜家社区
20	枣子树社区	12	城市社区	原先锋社区、壁山社区
21	利安社区	15	城市社区	原利安场社区、三星村
22	龙安社区	12	城市社区	原隆兴社区、安澜社区
23	雷音村	13	村委会	原雷音村、七里村
24	星光村	6	村委会	未调整
25	双星村	12	村委会	未调整
26	牌坊村	10	村委会	未调整
27	银木村	11	村委会	未调整
28	白庙村	10	村委会	未调整

2月28日，天彭街道基干民兵在白庙蔬菜市场值守

【疫情防控】 天彭街道全面落实“五有一网格”精准化防控措施，召开20余场专题会议，发动街道400余名党员干部，2000余名志愿者参与防控。以线上“两微一抖”新媒体平台结合线下海报、LED屏、横幅在辖区全覆盖、矩阵式宣传疫情防控政策和防护知识，线上制作发布微信、抖音专题宣传40期，微博信息100条，线下印发3000余份宣传海报，20余万份《天彭街道疫情防控倡议书》。严格管控，对所有成都以外返（到）彭州人员全面落实“四问四登记”，对境外返彭居家隔离人员，探索“一问二告三观四服五督六解”六字工作法，通过准确采集信息、告知注意事项、落实三重防范、提供暖心服务、督查隔离情况等方式，做好疫情防控工作，对省外来（返）彭州人员实施全面核酸检测。以“户籍排查+属地排查”双排查，小区防控“八个一”及居家观察“六个字”工作方法为抓手，发动5000余名人员，走访排查辖区小区500余个，8万余户，23万余人，检查“五类场所”400余次，排查冷链冻库76户，120处，巡查200余次。抽精选优，成立疫情防控办公室，实行“双班子成员”负责制，成立1321人的应急响应队伍，自筹资金71万元用于保障队伍运行，购买物资，机关及各村（社区）严格按照“五有”要求采购口罩，消毒液等防疫物资20余万只（件），夯实疫情防控物资基础。

【城市建设】 天彭街道促进城市发展，成立多个城建小组，推进丽春二通道、牡丹新城小学、中医院等23个重点项目建设，促进牡丹大道、三环路、彭州市公共医疗卫生救治中心、红星美凯龙等13个项目建成，官渠郊野公园道路建设、滨河路改造等10个新增项目建设推进，全年签订859户搬迁协议，交地3800余亩，解决三环路一标段、航空动力城等项目970名失地农民社保。推进彭州中学、中医院项目、牡丹新城等经营性用地项目489户、1365人安置协议签订，丽景一期分房安置1298套，安置人数3600余人，滨河一小区划地安置10户，滨河小区安置点划地安置4户，繁北安置点前期工作完成，龙锦B区、龙锦C区、彭温路小区和铧炉景园四个统规统建小区不动产权证办理简化程序推进落实。杜家一小区、白庙小区等4个小区的天然气管道铺设入户，杜家、滨河二小区自来水管道及污水管网铺设完成，解决澎洲岛长达10年的历史遗留问题，妥善安置11户相关群众。

【产业发展】 天彭街道助力企业复工复产。组织1200人次，走访联系企业84家，实行“一企一策”，全面梳理企业复工复产困难清单，解决企业后顾之忧，为辖区企业解决困难60余个，发放口罩等物资2700余件，保障光大制药春节不停产，迪菲特等规上企业节后第一批复产，82家工业企业4月前全面复工。全年固定资产总入库7.8亿元，其中工业入库0.97亿元，服务业入库6.8亿元，新增两家规模以上企业。优化集体经济组织管理制度，放宽集体经济参与经营活动条件，采取独资、合资、联营等方式，引进专业经营人才，推进雷音葡萄、西海七彩火车、光明夜间市场、东林文化创意等15家村（社区）企业发展，依托街道自然资源，以“雷音葡萄”现代化农业建设、川西林盘“西花町”打造等项目为抓手推进乡村振兴，其中建成雷音葡萄种植基地1650亩，全年产量3375吨，实现产值2400万元。

天彭街道办公区域清除杂草

【民生保障】 天彭街道推进城乡人居环境整治。投入550万元，完成厕所革命示范村建设项目6个，新建3座环卫公厕，4座农村公厕，户厕改造361户。投入245.5万元健全垃圾处理体系，新建93个站台式垃圾收集点，3座地埋式垃圾站，四分类桶390组，投入266万元推进环境整治，日清运垃圾15吨，打围拆迁区域2万平方米，裸土覆盖1.5万平方米，顺利通过国卫和省文明城市复审。完成城镇新增就业4900余人，创业担保贷款60万元，品牌培训100人，返创培训30人，高校毕业生一次性创业补贴8人，城乡居民养老保险覆盖人数18000余人，企业用工年审320家，城乡居民医疗保险参保率99%，缴费率98%。创业担保贷款增幅100%。推进人口普查，设立46个普查区，选调100多名指导员和普查员、185名网格员参与，摸底登记119270户，短表上报119417户，完成率100.91%，长表上报8193户，完成率99.14%。成立28个村（社区）退役军人服务站，社保接续办理639人，建立“一人一档”6919人，发放慰问金35万元，覆盖1538人。

【社会治理】 天彭街道开展安全清单制管理，排查检查餐饮单位991家，开展食品安全专项检查110余次，针对八项重点领域安全，检查各类生产经营单位1298家次，排查整改安全隐患2039条。开展道路交通安全整治，完成村道安全隐患整治29处，完善村道标牌、标识20处，查处交通违法行为550余起。会同有关部门对辖区内10所中、小学，42所幼儿园进行安全检查100余次。推进维稳工作，落实“吹哨报到”机制，会诊解决疑难问题8个，化解成都市交办“三张清单”案件8件，成都市交办化解类案件2件，成都市交办稳控类化解案件1件，彭州市自排梳理化解类案件2件，全年办理各类案件4402件。协调处置涉稳事件7起，预防5起民转刑纠纷，预防排解矛盾纠纷 1649 起。开展禁毒宣传 386 次，覆盖 1 万余人次，排查巡查近 600 次。开展防邪宣传 80 余次，发放各类资料近 3000 份。

【党建引领社区发展】 天彭街道强化体制机制改革，村（社区）由 46 个调整为 28 个，减少 45%，村（居）民小组由 628 个调整为 376 个，减少 40%。推进 28 个村（社区）党群服务中心亲民化改造，按照“一社一品”高品质打造里仁、南津、北塔、西海等主城区，推进“党建+”小区党建创新模式，新建小区党群服务站 13 个，拓展宣传渠道，利用“两微一抖”新媒体宣传平台开展“党建引领谁更亮”“感动人物”等 12 期党建点赞宣传活动，覆盖 28 个村（社区），参与人数 20 万人次，在街道形成“党建引领有温度，社区治理有力度”氛围。全年新建社区停车场 1 个，改造城市社区停车场 5 处，新建社区小游园 5 个，新增西海社区、天府中路社区临时市场两处。

【党风廉政建设】 天彭街道党工委全年研究部署相关工作 6 次，严格履行“一岗双责”，坚持“三重一大”民主集中制，制定责任清单 20 余份。切实做到“两个维护”。完善党工委领导反腐败制度机制，制定《天彭街道 2020 年党风廉政建设和反腐败工作要点》。保持高压态势惩治腐败，全年办结违纪违法案件 21 件 21 人，多形式开展警示教育 30 余次。组织检查各级责任落实情况，查找重点岗位廉政风险点 78 个，制定防控措施 82 条，完善《天彭街道采购管理办法》，设专职部门项目办管理街道重大项目事务。落实市委巡察反馈意见，针对反馈问题，制定整改方案实行台账式销号管理督促整改，开展整改回头看，优化完善整改措施 10 余条，确保整改见实效。围绕搬迁安置、集体经济管理、社治资金使用等民生领域监督检查 38 次，运用“四种形态”处置相关问题，对 53 名党员干部给予提醒谈话和批评教育。开展违规公款吃喝送礼风自查等专项整治活动 5 次、自查自纠 6 次。开展流动接访、基层听音、居民坝坝会等活动 235 次，建立台账收集并处理意见建议 199 条，解决调露小区断头路、西海社区居民买菜难等突出问题，提升群众获得感和满意度。

致和街道
Zhihe Sub-district

【概况】 致和街道位于彭州市东南部，距成都市 25 公里，全街道面积 63.77 平方公里，辖 7 个行政村和 15 个街道社区，259 个村（居）民小组。2020 年末，全街道城乡居民总户数 31110 户，户籍人口 78083 人，常住人口 139356 人。

致和街道地理位置优越，是彭州市向南发展的主区域，也是彭州市的工业开发区所在地，同时也是成都市半小时经济圈的发展区域。致和街道水电气路等基础设施完善，人民渠一、二、三、四、五、六、七号支渠贯穿全境，拥有 3 座小型水力发电站——太平电站、致和电站和清江明月电站；街道区域交通线路 3 条，全长 29 公里。

致和街道地势平坦，均属平坝，气候温和湿润，四季分明。1 月平均气温 5.2℃，极端最低气温 -6.2℃；7 月平均气温 30.1℃，极端最高气温 36.9℃。无霜期年平均 230 天，年平均降水量 925 毫米，降雨集中在每年 5 月至 9 月，7 月最多。街道内水系区域西南部为岷江水系分支河流清白江，中部和东侧有湔江水系分支河流新开河、白土河，从西向东有都江堰灌区人民渠 1 ~ 7 支渠灌溉网以及大小塘埝组成区域的水系灌溉网和雨季水排泄网。

致和街道清代属南乡连封、仁凤二里。1935 年成立致仁大贤护联保；1940 年始置致和乡；1950 年初为致和乡公所；1951 年 10 月改为乡人民政府；1955 年 10 月更名为乡人民委员会；1958 年 9 月改为致和大队管理委员会，隶属红旗公社；1961 年 5 月撤销红旗公社后建立致和人民公社管理委员会；1968 年 3 月成立致和公社革命委员会；1980 年 9 月撤销致和公社革委会，恢复致和公社管委会；1983 年 12 月撤销致和公社，恢复致和乡党委、政府；2002 年 8 月撤乡建镇，致和乡更名为致和镇。2004 年 9 月，经四川省人民政府同意，成都市将原太清镇所属行政区域并入致和镇。2005 年 8 月，致和镇与彭州开发区党委职能整合，成立了彭州工业开发区党工委。2006 年 8 月开发区与致和镇党委职能分割，恢复致和镇党委。2019 年致和镇行政区划调整改为致和街道。

2020 年，街道党工委学习贯彻习近平新时代中国特色社会主义思想和中共十九届五中全会精神，聚力社区治理、乡村振兴、要素保障等重点工作，继续夯实党建基础，促进经济较快发展，民生持续改善。全年固定资产投资 4.93 亿元，新培育彭州中科成污水净化有限公司 1 家规上企业，完成省外内资 1.7 亿元项目招商。

致和街道党工委书记：缪军；街道办事处主任：刘卓林。

【村（社区）调整改革】 致和街道有序推进机制体制调整，完成 37 个村（社区）合并为 22 个、385 个村（居民）小组调整为 259 个，推进村（社区）党组织换届工作，配备党组织委员 134 名，离任干部 14 名，跨村交流 17 名，启用后备干部 9 名，实现党组织成员学历年龄“一升一降”，计划实现村（社区）党组织书记“一肩挑”全覆盖，释放改革创新发展动能。

表 17　2020 年彭州市致和街道村（社区）调整情况表

序号	村（社区）	村（居）民小组（个）	性质	合并情况
1	长庆社区	12	城市社区	未调整
2	北京堂社区	9	城市社区	原五里社区、北京堂社区
3	汇通湖社区	11	城市社区	原清泉社区、梅花社区
4	东远社区	10	城市社区	原青石社区、东远社区
5	连封社区	6	城市社区	原连封村
6	兴仁社区	15	城市社区	原仁义村、复兴村
7	护贤社区	15	城市社区	原护国社区、贤德社区
8	清洋社区	5	城市社区	原清洋村
9	普照社区	13	城市社区	原高山社区、高泉社区
10	清林社区	24	城市社区	原清林村
11	顺和社区	20	城市社区	原斑竹社区、四方社区、九江社区、独柏社区、百苍社区
12	百祥社区	6	城市社区	原百祥村
13	太平社区	11	涉农社区居委会	未调整
14	万家社区	13	涉农社区居委会	未调整
15	双龙社区	15	涉农社区居委会	未调整
16	古云村	7	村委会	未调整
17	花土村	10	村委会	未调整
18	和兴村	15	村委会	原大林村、京果村
19	明台村	5	村委会	未调整
20	高桥村	15	村委会	原晓阳村、中平村
21	和源村	10	村委会	原观泉村、红瓦村
22	龙盘村	12	村委会	原龙泉村、棋盘村、元通村

【基础设施建设】 致和街道推进太平、万家等 6 个社区安装太阳能路灯 338 盏，新建沟渠 7.8 公里，4 个村 1000 余户自来水管网安装竣工。着力开展基层医疗卫生机构提升工作，完成四村联建圣德贤庭卫生室和三村联建香颂苑卫生室建设，基本完成万家、太平污水管网建设。全覆盖开展交通干道、公共场所垃圾清理，通报问题点位 623 个，整改点位 615 个，户户行动、人人参与，通过创国家卫生城市复审省级验收。

城南邻里人家阅读休闲空间

低保户34户。发放社区快速救助143户447人，金额69000元。一类临时救助3户11人，金额15000元；二类救助1户，救助金额10998元；城乡医疗救助13人次，救助金额92560.3元。慰问残疾人士、留守老人52人次，覆盖致和境内21000人；建成退役军人服务站22个，组织退伍军人参加成都市、彭州市两级专场招聘会2次，建成全国示范性镇级退役军人服务站。

【城乡建设】 致和街道以示范项目建设促进城乡功能品质提升。推进彭州市城市社区发展治理中心、智慧小区等3个成都市级示范项目建设。启动中央公园试验段建设，设计策划溯·清风明月、汉唐风韵、东南亚民俗艺术文创园3个项目。探索乡村振兴致和模式，推进留舍、明台村城乡建设用地增减挂钩方案编制，借助四川龙门山文化旅游发展有限公司，综合考虑产业发展、田园景观、文化振兴等因素，打造特色川西林盘，推进顺和社区微绿地，汤家院子、“留舍”项目基础配套建设完成。以特色场景营造推动乡村产业转型发展，策划古玩水乡等11个乡村特色产业项目，以绿道为纽带，建设“田间广场”“泉眼公园”“农家驿站”等乡村新场景。

【社会民生】 致和街道开展“送岗到家”“3+1就业服务”“线上+线下招聘”等专项活动，发布用工招聘信息18期，举办现场招聘会2场，实现城镇新增就业740余人，农村劳动力转移就业620余人；现场促进就地就业640余人；加强城居、城职社会养老保险政策宣传力度，完成城居参保缴费4000余人，城职参保缴费200余人；推进城乡居民医疗保险筹资，多种缴费渠道并行，完成参保缴费33287人，缴费率98%。加快安置补偿，分配技师学院一期剩余房屋375套，安置群众359户，办理香颂苑一期不动产权证73套，协调处置安置房屋建筑质量缺陷1137个。致和街道全年新申请低保户12户，清退

【征地搬迁】 致和街道围绕百里景观廊道等重点项目，拆除违法建筑2240平方米，完成天府中药城核心起步区1287户1821亩搬迁工作，搬迁率93.53%，国际友城馆周边、天府中药城大道等4个项目386户群众全部完成搬迁；改造杏园等老旧院落3个，外南街182号城镇老旧小区有序施工。三环路新增面积、绿双路等项目完成67户征地搬迁。

【矛盾纠纷化解】 致和街道建立街道、村、组三级联动机制，通过“一个班子成员、一个片区、一类问题、一个方案、一包到底、限期办理”的措施，化解各类矛盾。建成村级群众工作之家22个，组建人民调解委员会22支，新增“雪亮工程”监控探头86个。接待群众516人次，处理矛盾纠纷166起，开展矛盾纠纷排查684次，协调化解不稳定因素142件，预防5起民转刑纠纷。重要信访案件，实行领导100%包案，到期办结率达100%，息诉息访率达96%。促进部门联动化解难题。向统建集团、市住建局等部门派单11件，妥善处置蓝色纠纷164件、黄色纠纷2件。开展“网上信访”，配合市信访和群众工作局按要求启动全国信访信息系统办理信访件，主要领导对网上信访件和群众投寄本人信件的阅读率达100%，分管领导阅信达100%，到期办结率100%。全年化解中央交办“四重”攻坚案件1件，成都市交办突出信访问题清单案件4件，彭州市自排清单案件7件。

【政务服务】 致和街道紧紧围绕“便民、公正、廉洁、高效”的工作原则，落实减证便民专项服务，推进“一窗式”服务、“延时服务”等服务模式，实现政务服务“仅跑一次”，全年窗口服务30000余人次。推进个体工商户登记事项下沉，全年办理个体工商营业执照新增662户，变更219户，注销229户。推进政务公开，加强重点领域信息公开并做到及时更新，镇、村两级全年共发布各项基层公开信息14000余条。

【基层党建】 致和街道围绕习近平新时代中国特色社会主义思想、中共十九届五中全会精神等重要内容，组织中心组会议学习12次，专题调研2次，机关大会学习40余次，班子成员到各村（社区）、小区党支部宣讲各级全会精神70余次，组织党员全覆盖轮训16场，开展“沙河练兵”等主题党日活动6次、“两新”党组织专题教育活动3场，党员参训率97.18%。压紧压实责任，在逸景苑等15个小区成立党支部，电信小区等15个老旧院落联建支部5个，选配小区支部委员64名，实现辖区有物业管理的小区党组织全覆盖。全年党工委专题研究意识形态工作3次，开展相关学习10余次，班子成员与党外干部谈思想、谈工作12次，严格履职。全面巡查开放宗教场所32次，加强宗教领域中国化方向，增进政治认同、思想认同、情感认同；全年发布微信推文380余条、政务微博1600余条，被成都市级以上媒体报道20余次；组织开展最美家园、文明家庭等评选活动，向上级推荐“蓉城好邻居”、文明家庭等先进集体和个人12个，办理民生诉求1960件，实现回复率、满意率双百。聚焦依法行政、履职尽责，力戒形式主义和官僚主义，切实为基层减负。组织党风廉政建设工作会4次，上廉洁党课2次，邀请成都市党纪党规辅导员授课，培训干部群众2000余人，梳理岗位廉政风险点4个，研究制定党风廉政建设和反腐败工作要点7类24项，正风肃纪高压态势不断巩固。发布《廉情专报》6期，日常监督检查120余次，开展“嵌入式”监督40余次，督促整改问题4个，提出规避风险意见5条；开展各类警示教育12次，运用四种形态加强党员队伍建设，全年开展提醒谈话17人，警示谈话8人，诫勉谈话5人，批评教育2人。

顺和社区党员轮训

濛阳街道
Mengyang Sub-district

【概况】 濛阳街道地处彭州市东南，北连德阳市什邡市、南接新都区、东临广汉市，位于成都市纵贯南北的城市主轴线上，是成德同城发展中心区域，属成都市“北改”——国际铁路港大港区建设范围，有蔬香大道、濛阳大道、物流大道等城镇道路，成德大道、成都第二绕城、汉彭路、什新路贯穿全境。街道经2019年彭州市镇（街道）行政区划调整撤销原濛阳镇、原三界镇后设立，街道办事处驻地濛海街1号，属全国重点镇、四川省百镇建设行动试点镇、四川省经济发达镇行政管理体制改革试点镇。街道区域面积117.84平方公里，村（社区）从44个优化调整为26个，村（居）民小组从557个优化调整为337个。

濛阳街道历史文化底蕴深厚，有3000多年历史，素有“濛州左都、天彭重镇”之称，与广汉三星堆文化遗址同处一个台地，是医药宗师唐宗海、川剧大

濛阳白土河水景观

师阳友鹤、抗日将领李宗舫、革命先烈杨达的故乡。作为成都市最大的无公害蔬菜生产基地之一，依托国家级蔬菜博览会金字招牌，加快构建现代农业体系，建成500亩农副产品加工园区、2000亩现代农业物流园区、3000亩蔬菜主题公园和5000亩设施农业基地，基本形成以现代农业种植、农副产品加工、农产品商贸物流为主导的现代都市农业产业链，已成为辐射国家中西部的农产品集散地。

2020年，濛阳街道坚持以习近平新时代中国特色社会主义思想为指导，深入贯彻落实习近平总书记对四川及成都工作系列重要指示精神，全面落实四川省委、成都市委、彭州市委各项重大决策部署，锐意进取，经济社会保持稳中有进、持续向好的发展态势。全年完成固定资产投资18.47亿元，其中农业投资约1.08亿元、工业投资约9.44亿元、服务业投资7.95亿元，全口径税收收入3.02亿元。

濛阳街道党工委书记：万里飞；街道办事处主任：韩小强（6月离任）、李冲宇（6月任职）。

【村（社区）调整改革】 濛阳街道有序推进机制体制调整，完成44个村（社区）合并为26个、557个村（居民）小组调整为337个；推进村（社区）党组织换届，配备党组织委员135名，离任干部50名，实现党组织成员学历年龄“一升一降”，计划实现村（社区）党组织书记“一肩挑”全覆盖，释放改革创新发展动能。

表18 2020年彭州市濛阳街道村（社区）调整情况表

序号	村（社区）	村（居）民小组（个）	性质	合并情况
1	濛江社区	15	城市社区	原柏桥社区、伏龙社区
2	罗万社区	15	城市社区	原罗家场社区、红家村、凌泉村
3	义和社区	13	城市社区	原新埝村、三界场社区
4	杨湾社区	16	城市社区	未调整
5	星月社区	19	城市社区	原三湾社区、东星社区
6	竹瓦社区	10	城市社区	原青江社区
7	永桥社区	11	城市社区	未调整
8	凤凰石社区	12	城市社区	原园石社区、凤霞社区
9	东塔社区	14	城市社区	原东塔社区、一二社区
10	丰碑村	18	农村社区	原丰碑村、元胜村
11	三邑桥村	16	农村社区	原佛踏村、清卓村
12	蔬香村	10	农村社区	未调整
13	白土河村	10	农村社区	未调整
14	金凤村	17	农村社区	原彩林村、高寿村
15	百兴村	16	农村社区	原文山村、祇园村
16	三王村	7	农村社区	未调整
17	汉王村	11	农村社区	原大汉村、天王村
18	桂桥村	9	农村社区	未调整
19	泉沟村	10	农村社区	未调整
20	普华村	10	农村社区	未调整
21	宝石村	18	农村社区	原宝祝村、南佛村
22	清远村	10	农村社区	原电光村、戊寅村
23	方义村	10	农村社区	未调整
24	春泉村	17	农村社区	原春山村、北泉村
25	清圣村	11	农村社区	原清凉村、观圣村
26	白平村	12	农村社区	原东平村、白衣村

【基础设施建设】 濛阳街道推进濛阳新城战略规划通过规委会主任会审议，推进濛阳街道城市设计及启动区控制性详细规划编制通过规委会专家评审会审查，配合完成濛阳街道国土空间规划初稿编制工作。完成春山村村庄规划编制及评审工作。完成物流一路、中横东延线、学子西路、园区纵二路、中横西段、飞星路西延线、濛阳河中段宜居水岸等项目建设。

【重大项目建设】 濛阳街道推进步步高商业彭州濛阳西南供应链中心及智能仓储物流产业园项目签约，协助国际铁路港大港区农副产品专业物流港项目、标果（西南）智慧农产品供应链服务基地暨结算中心项目、中国供销成都老邻居智慧云仓及冷链物流中心项目、四川文化艺术学院项目投资协议签订，投资总额150亿元。舞东风农产品冷链物流项目、四川省农业科学院植物高技术育种实验基地建设项目、万春农牧机械车间改造项目、成都北大荒豆制品加工生产线、永辉配送中心冷链保鲜库改造项目、永辉供应链现代产业园自动分拣工程项目六个重点项目竣工，完成投资1.8亿元。

【社会民生】 濛阳街道按照“应保尽保”原则，全年新申报审批低保24户34人、特困供养人员12人。建立主动发现机制，及时救助困难群众185户，发放救助金10.93万元。建立高龄津贴动态管理制度，新增80岁高龄549人，90岁高龄129人。推进计划生育奖励扶助和特别扶助，全年享受农村部分计划生育奖励扶助11803人，城镇部分计划生育奖励扶助37人，特别扶助416人。提出“围”重点区域、“追”重点人群、“堵”重点时段、“截”重点问题，破解流动人口来源广规模大、流动频繁配合差，人户分离普遍、居住情况复杂等难题，确保普查不漏房、不漏户、不漏人，推动所辖区域完成全国第七次人口普查。结合“爱成都·迎大运”社区共建共治共享行动，组织村（社区）围绕居民需求开展邻里活动600余次，打造东塔社区“桐凤学院”、白土河村“妈妈手工”等文化生活新场景。开展街道“六个好”系列先进评选，推选身边榜样候选人300余名。

【基层社区工作】 濛阳街道构建共建共治共享治理格局，坚持分类施策、示范推动，积极探索党建引领城乡社区发展治理濛阳模式，丰碑村创建成为成都市示范社区、白土河村创建成为成都市示范小区，桂桥新村小区创建成为彭州市示范小区，清凉小区、东星小区等小区治理推进；培育社区社会组织239个，开展邻里节活动200余场，推动社区社会组织扎根小区、下沉服务；建立小区共管资金队伍3支，筹集小区治理项目资金100万元，推动共建共治共享格局形成。落实信访工作联席会议制度，强化“吹哨报到”，成功化解“三张清单”案件8件，受理回复人民网和群信访案件86件，办结回复网络理政2050余件，2020年被成都市评为人民满意窗口。推进村（社区）群众之家创建工作，代理完成信访件26件，满意率达100%。建立“1+9”矛盾纠纷多元化解体系，调处各类矛盾纠纷530起，化解526起，调处率100%，成功率99.2%。建成濛阳街道综治中心，探索实践“1+3+N”专群联动机制，对517名在册严重精神障碍患者、800余名涉毒人员、127名涉邪人员进行分类管控。常态化开展网格化服务管理和“大联动·微治理”，录入各类事件22199件。

【环境整治】 濛阳街道开展“散乱污”关闭企业巡查480次，巡查1820家，及时处理新增“散乱污”问题3个。完成濛阳河临时管控3次，对沿河企业开展检查34次，排查白土河入河排污口2次，整改问题4个。开展重污染天气黄色预警管控2次、臭氧管控工作30次，检查企业140余次，限产停产4家企业，发现并整改问题12个。新建标准化分类垃圾房8座、岗亭式垃圾收集点68处，外投放分类垃圾桶60组，拆除不规范垃圾收集点（桶、池、房）216处。开展“厕所革命”，新建环卫公厕1座、农村公厕2座，范围内16座公厕24小时免费开放。

【基层党建】 濛阳街道结合村（社区）体制机制改革，规范12个村（社区）党组织设置，选优配强下设45个党支部班子，新成立商业小区党支部7个、“两新”党支部1个，整顿提升软弱涣散党组织2个，丰碑村党委被命名为成都市“蓉城先锋”示范基层党组织。以街道内设机构改革为契机，实行中层干部双向选择制，15名中层干部主动让位年轻干部，9名中层干部轮岗锻炼；建立中层干部月考核机制，提拔考核成绩突出的年轻中层干部12人，交流考核成绩连续靠后的中层正职为中层副职1人，约谈考核成绩较差4人，形成年轻干部干事创业激励与奖惩相融共生机制。

【党风廉政建设】 濛阳街道召开12次党工委会议，对主体责任落实、党纪党规学习、制度机制、纪律审查等工作进行了专题研究和部署。制定《濛阳街道2020年全面从严治党、党风廉政建设和反腐败工作要点》，细化6大类51小项工作项目、明确151项工作措施，责任落实到人。支持和保障街道纪工委查办案件，全年立案查处20件20人，开展提醒谈话、批评教育、书面检讨39人次。

隆丰街道
Longfeng Sub-district

【概况】 隆丰街道由原隆丰镇、原军乐镇经乡镇行政区划调整合并成立，位于彭州市北部，距彭州市市区3公里，距成都市44公里，东连九尺镇，西接桂花镇，北毗丹景山镇、葛仙山镇，南邻天彭街道、丽春镇，享有"军屯锅魁乡""隆丰大蒜之乡""川剧艺术之乡"的美誉，区域面积80.79平方公里，街道办驻地兴府街103号，2020年户籍人口72386人，辖4个社区、15个村。街道党工委下设基层党委11个，党总支部8个，党支部77个，党员2456名。

隆丰街道辖区有省道成(都)白(水河)公路，彭(州)白(水河)铁路呈南北纵贯全境，交通十分方便，是通往省级风景名胜丹景山、九峰山、银厂沟的必经之道；海拔690米，属亚热温湿润性季风气候，雨量充沛，四季分明，气候温和湿润，年平均气温16℃，年降水量1100毫米左右；粮食主产水稻、小麦、玉米，经济作物有油菜、大蒜、茶叶、药材等；工业以榨油、酿造、食品加工、建筑建材为主。

隆丰场始建于清乾隆五十年(1786年)，原名仁兴场，在今隆丰镇万安村境内万家庵、古濛阳河畔，由于地势低，水患频繁乃废仁兴场而迁今址，自此更名隆丰，取"发达兴隆，人寿年丰"之义；又说因建场于乾"隆"年间，开场之时庄稼"丰"年而故名，今镇治于此，沿用其名，更名隆丰镇。清乾隆五十年，仁兴场迁今址，更名隆丰。军屯场历史悠久，源远流长，人杰地灵，文化发达，自古为兵商必争之重镇；相传三国时期，蜀将姜维，明代末年农民起义领袖张献忠，清咸丰年间起义军兰大顺等历代后依相继在此屯军垦田，休养生息；往镇西约200米处，遗址尚存，因此为名"军屯乡"。

2020年，隆丰街道坚持以习近平新时代中国特色社会主义思想为指导，认真贯彻落实中央、四川省委、成都市和彭州市委的决策部署，主动融入成渝地区双城经济圈与成德眉资同城化发展大局当中，围绕成都市新材料产业功能区建设，依托"陶瓷文化""三国文化""川剧文化"和大蒜、锅魁两张名片，构建"一核两心两翼"产业布局，加快建成生态田园与现代工业新型城镇。全年人均可支配收入达25578元，同比增长15%，农业增加值1760万元，农产品加工业产值达25亿元。一、二、三产固定资产投资分别为9520万元、29098万元、27733万元。

隆丰街道党工委书记：欧阳伟；街道办事处主任：徐建。

【村(社区)调整改革】 隆丰街道原辖32个村(社区)，其中村27个，社区5个，村(居)民小组402个。经村(社区)体制机制改革和村居小组优化调整后，现辖19个村(社区)，其中村15个，社区4个，村(居民)小组262个。为推进村(社区)党组织换届工作，配备党组织委员149名，启用后备干部24名，实现党组织成员学历年龄"一升一降"，计划实现村(社区)党组织书记"一肩挑"全覆盖。

表 19　2020 年彭州市隆丰街道村（社区）调整情况表

序号	村（社区）	村（居）民小组（个）	性质	合并情况
1	双埝社区	12	农村社区	未调整
2	润林社区	13	农村社区	原新润社区、公林村
3	西京村	16	农村	原西北村、金山村
4	文家村	13	农村	原回龙村、文家村
5	九九村	21	农村	原九九村、同德村
6	西河村	18	农村	原太尉村、大宝村
7	万皇村	16	农村	原万安村、高皇村
8	集贤村	19	农村	原富集村、团结村
9	岚锦村	9	农村	未调整
10	桂花林村	11	农村	未调整
11	九龙村	8	农村	未调整
12	双河村	10	农村	原红光村、双河村
13	石迎村	12	农村	原迎春村、石埂村
14	井堰村	23	农村	原香水村、朝阳村
15	马牧河村	9	农村	原红星村、华光村
16	军屯场社区	19	农村社区	原乐兴社区、黑龙社区、军屯场社区
17	银定社区	7	农村社区	未调整
18	军屯村	15	农村	未调整
19	玉皇村	11	农村	未调整

【疫情防控与复工复产】　隆丰街道把常态、长效疫情防控作为党工委重点工作，定期研判分析，细化防控措施。发放口罩 57579 个、消毒液 807 瓶、温度计 240 支，印发宣传资料 16371 份，制定隆丰街道秋冬季疫情防控工作方案及应急预案，顺利完成大规模核酸演练。全覆盖开展三轮入户走访，完成信息排查。组建党员志愿服务队 33 支、招募社会志愿者 1200 余人，保障疫情防控。精准收集辖区内企业招工需求，实施"定制服务"，助力企业复工复产。收集 8 家企业招工岗位 600 余个，发放用工需求单 1000 余份，促成适龄求职者就近就业 30 余人。

【"一核两心两翼"产业布局】　"一核"指以新材料产业功能区为核心，主动适配产业功能区建设运营方向，坚持"产业的配角、配套的主角"定位，构建"功能区主导 + 企业参与 + 街道服务"的管理模式，强化社会治理能力，做好功能区的配套服务。"两心"指新材料产业功能区以西，隆丰街道场镇打造城镇事务中心，新材料产业功能区以东，原军乐片区打造文化生活中心。"两翼"是指以隆丰片区为西翼，军乐片区为东翼。西翼主要依托良好的山湖林自然资源、历史悠久的彭州大蒜品牌资源，打造生态养生度假区；东翼主要依托优美的泉水林盘肌理、远近闻名的美食文创为基础，打造文化文创体验区。

【基础设施建设】　隆丰街道投资 3600 余万元完成马牧河和濛阳河生态廊道项目建设；投资 800 余万元完成原军乐镇场镇基础设施建设；投资 110 万元，实施集贤广场及兴隆大街"最美街道"打造。完成马路渠及南片滨河走廊建设。完成石化周边村 1200 户应急自来水安装工程。促进 G0511 成都第三绕城高速丹景山互通项目建设，摸底 102 户，签订协议 84 户；推进兰成渝输油管道、新材料产业园安置点等青苗及附着物补偿、彭什二通道道路施工协调、北控彭州第三供水管道青苗丈量及附着物清点、500 千伏蜀丹线线下房屋拆除等项目建设。

【基层治理】　西京村、银定社区创建成为"美丽蓉城·宜居乡村"示范村。石迎村通过 2020 年成都市级示范社区（小区）中期验收，润林社区丰林丰太苑创建成为 2020 年彭州市级示范小区。银定新区创主题攻坚任务"四个三"工作法案例，获评彭州社区发展治理创新一等奖。以银定、石迎和马牧河三村（社区）为试验田，构建"1+4+X"的"三治融合"体系，群众主动参与交通劝导 3000 余人次，6 名社区能人主动对接缺失家庭 13 户，群众出资 10 万余元整治小区内河 3 条，开辟停车位 200 余个。

【民生服务】　隆丰街道开展计划生育家庭奖励扶助、特别扶助，新增初审 1060 人。完成三金发放和 296 名特扶对象扶助工作；组织 19 个村（社区）700

余名妇女（含流动人口）参加“两癌筛查”及生殖健康普查。坚持“宣教为主，预防为先”的原则，结合农村实际发放防艾宣传资料2000余份、安全套2000余只，开展重点人群HIV检测5318人。学校组织中小学开展健康教育进课堂活动，开展防艾知识讲座5次，落实低保动态管理680户1023人。

【基层党建】 隆丰街道开展党工委中心组学习、大会学习、专题学习等共670余场次，学习教育覆盖率达100%。“党员e家”平台总学时达到184116个学时，“学习强国”平台注册人数突破1700人。建立村（社区）干部直系亲属发展党员报备制度，全年发展党员16名，转正党员26名；创新“四问四改”工作法，全面完成32个村（社区）体制机制优化调整改革和村（居）民小组优化调整，备案社会组织184个，成立社区社会组织联合会404个，村（居）民小组调整优化为262个，新建党组织46个，撤销66个，更名48个。实施的“强基铸魂抓村治，忠诚为民促发展”项目获“彭州市党建工作重点项目组团攻坚行动”二类案例，军屯场社区党委与文家村党委两个软弱涣散党组织，通过制定健全村级财务管理、审批、监督制度，加强党员教育，增强服务群众意识，做实后备干部培养等措施，实现脱帽。

8月27日，隆丰街道开展“当一天非遗传人·感悟文化最美”体验式党课

【党风廉政建设】 隆丰街道全年召开党工委会专题研究部署党风廉政建设和反腐败工作4次，党工委书记听取班子成员汇报履行“一岗双责”情况4次，对班子成员、办（中心）负责人和村（社区）主要负责人落实主体责任情况开展督查24次。学习传达上级有关反腐倡廉文件、规定和精神27期，举办警示案例讲堂12期，50余名村（社区）干部谈体会、讲思路、明要求。开展意识形态专题研究2次，专题学习2次，会议通报意识形态工作情况1次，组织党员干部开展意识形态相关学习13次，处置网络舆情10件，通过网络理政平台回应解决群众诉求711件。通过“两微一端一抖”发布正面宣传信息2418条，开展“廉政风险点”排查，全面梳理岗位风险点10个，精准制定防控措施28条。查处案件19件19人，追责问责村干部1人，运用第一种形态开展谈话提醒48人次。开展不作为及“懒散拖”问题专项整治，带头召开坝坝会20余次，收集群众反映干部作风问题10类，集中整治不作为、慢作为等问题16个。推进市委第三巡察组2018年巡察原军乐镇反馈的6个方面16项问题，2019年巡察原隆丰镇反馈的5个方面15项问题全部整改。

【乡村振兴】 隆丰街道启动马牧河村高堰子、九里拾院两个川西林盘保护项目。完成新农村建设469户农户危房拆除，推进原回龙村、原西北村等5个村高标准农田建设4367亩，调整田形103亩、整治田间道路5594米、整治沟渠8191米。引导粮食经营实现规模化，种植大户及农业专业合作社规模化经营面积达到3834.2亩，比上年增加276.2亩，增幅7%。玉皇村实现经济薄弱村脱帽，2个产业扶贫户在农业产业帮扶下，收入达到街道人均水平70%以上。推进农产品初加工设施建设，成功新建烘干设备和冻库1处。完成农村公路提档升级；彭白路、彭什路路灯，小马公路改扩建纳入规划；旅游轻轨和公交站台完成优化调整；农村道路护栏和红绿灯隐患整改等全面完成。推进马牧河两侧绿道建设，马路渠河道整治和新建滨河走廊，标准化厕所建设，团结村、回龙村自来水主管网铺设，太尉安置点主体施工，土坯房改造、公租房、农房建设等完成。投入资金38.6万元在军屯场富民农贸市场外新建1座80平方米的标准化环卫公共厕所，投入82万元完成银定社区和玉皇村、石迎村、马牧河村等5个村（社区）农村公厕建设。投入12万元建设垃圾分类收集房6个，投入22万元建设岗亭式生活垃圾分类收集点44个。玉皇村“经济薄弱村”成功摘帽，村集体经济收入迈过3万元大关，农民人均可支配收入达15288元，较2017年增长34.5%。马牧河村创建成为成都市级乡村振兴示范村，西京村、银定社区创建“美丽蓉城·宜居乡村”示范村。

【文旅融合发展】 彭州白瓷被纳入成都市级非遗项目，全年承接各类白瓷艺术培训80余场。将彭州白瓷作为彭州十三品推介文创产品同隆丰竹雕、根雕等组团，在天府文创大集市、天府书展、龙门山柒村民宿发展峰会等重要场所、会议上展出，“洗脑壳”飘逸杯获四川省文创大会铜奖。建成新时代文明实践所1个、新时代文明实践站4个、新时代文明实践基地1个，其中彭州白瓷新时代文明实践基地获评成都市新时代文明实践示范点位。新增银定故事屋和马牧河村剪纸艺术工作室2处文化空间，开展“成都好邻，一起运动吧”“第三届中国农民丰收节暨第十二届军屯锅魁美食文化节”，承办“6·18彭州有品　生活有味”文创新品推介会暨彭州文旅项目线上招商会和“爱成都·迎大运”夏季邻里活动等10余场大型文化体育活动，结合“我们的节日”主题，组织街道、村（社区）送春联、开展包粽子、做月饼等传统民俗活动50余场次，举办“食在田园　童画乡村”第三届中国农民丰收节暨第十二届军屯锅魁美食文化活动大型活动，开展“当一天非遗传人·感悟文化最美”体验式党课，承办培训4期，培训200余人次。开展“忆乡愁、话古今、传佳话”活动12场，打造最美文化墙7个，提供“微心愿”服务9项，建成堂前议事场所4个。搭建陶艺中心、农人创客、友邻学院3个平台，吸引18家艺术院校、培训机构入驻，挖掘家风及农耕文化作品9个，盘活撂荒土地200余亩。

隆丰街道举办“爱成都·迎大运”社会主义核心价值观主题活动

丽春镇
Lichun Town

【概况】 丽春镇位于彭州市西南部，距彭州市5.8公里，距离成都市西北30公里，东与彭州市的天彭街道、致和街道接壤，南与郫都区唐昌镇交界，西与都江堰市毗邻，北接桂花镇、隆丰街道；镇政府驻地丽蓉大道285号，辖5个社区、13个行政村，2020年辖区户籍人口67981人。

丽春地处成都平原的西北部，属亚热带季风气候区。区内气候温和，雨量充沛，四季分明，无霜期278天左右。春季气温回升早，但不稳定。夏季酷热，无严寒。四季降雨分布不均，秋季多阴。丽春年均气温15.5℃，年日照时数1196～1241小时，常年有效积温5760℃，年平均降雨量1000毫米左右，常年盛行西北风。域山坝兼备，水旱并存。全镇除8个村属浅丘村外，其余村属冲积平原。地势南北高于东西，相对高差85米。区内谭家场以北区域属浅—深丘地貌单元，海拔高程620~750米，相对高差50~100米。浅丘区地势起伏不大，沟宽谷缓；深丘区沟谷狭窄，地形坡度多在15°~25°之间。出露地层为白垩系灌口组棕红色岩屑石英砂岩、粉砂岩、砂质泥岩韵律互层、第四系中下统强风化泥砾卵石层，砂岩裂隙发育，岩石破碎，第四系地层结构松散，易垮塌。平坝地区，土壤有机质含量高，土壤中性偏酸，主要土壤类型有水稻土类、渗育灰棕潮田土属、灰棕潮油砂田，其次是铁杆黄泥田、灰棕潮大泥田、砂田等，利于农作物生长。丽春镇地形由东北部浅丘和西南部平原组成，北部浅丘地区山形丰润，溪谷开阔，林茂果丰，荷塘农舍相映成景；西南部平原地区林盘星罗棋布，沟渠成网，阡陌纵横，村舍炊烟相望，鸡犬之声相闻。境内水系发达，柏条河、蒲阳河、人民渠贯穿全境，水流量大，水质好，有着良好的景观资源。

丽春镇历史悠久，区内有相当丰富的历史文化资源。丽春因花得名，宋代诗人陆游的《陆游翁记》云"春月花开，游人多聚花竞胜，因名（花街）"，为彭州市郊具有历史传统的赏花休闲目的地之一。并且君平社区是西汉道学家严君平的故里，有众多传说和遗迹有待整理和发掘。镇内分别在塔子村和花街子社区分布有青龙寺和罗汉寺。

丽春镇先后获评"国家级卫生镇""成都加快建设全面体现新发展理念的城市改革创新先进集体"，被工信部等五部委确定为国家级"再制造产业集聚区""四川省院士（专家）产业园"等。截至年底，固定资产投资完成135.92亿元，签约亿元以上产业化项目38个，其中5亿元以上项目14个。全镇地区生产总值31.92亿元，农村人均收入25220元。

丽春镇党委书记：陆敏（9月离任），苟柳（9月任职）；镇人民政府镇长：苟柳（9月离任），文李（女），（9月任职）。

【村（社区）调整改革】 丽春镇以城镇优化格局为引领，开展村（居）民小组优化调整，推进丽春镇30个村（社区）391个村（居）民小组调整为18个村（社区）203个村（居）民小组。

表20　2020年彭州市丽春镇村（社区）调整情况表

序号	村（社区）	村（居）民小组（个）	性质	合并情况
1	碧鸡村	16	建制村	原联合村、红旗村、碧鸡村
2	黄鹤村	15	建制村	原青光村、黄鹤村
3	黄龙村	11	建制村	未调整
4	长廊村	6	建制村	未调整
5	东风村	11	建制村	原跃进村、东风村
6	景林村	20	建制村	原黄竹村、天顺村、景林村
7	利和村	7	建制村	未调整
8	塔子村	11	建制村	原土溪村、塔子村
9	白果村	9	建制村	未调整
10	花草村	9	建制村	未调整
11	元义村	9	建制村	未调整
12	合江村	10	建制村	未调整
13	天鹅村	15	建制村	原保平村、天鹅村
14	航动社区	18	涉农社区	原官渠社区、白鹤社区、清河社区
15	花棚社区	9	涉农社区	未调整
16	花街子社区	10	涉农社区	未调整
17	君平街社区	12	涉农社区	原蒲阳村、君平街社区
18	谭家场社区	10	涉农社区	原石匣社区、谭家场社区

【基础设施建设】 丽春镇推进航空动力小镇战略发展规划编制，邀请专业规划团队开展实地调研、资料收集进行前期规划编制，形成航空动力小镇核心起步区概念规划初稿，启动政府采购程序，推进航

空动力小镇景观提升工程规划编制。推动北航创新研究院及园区二、三期道路竣工验收；促进航空博览科技孵化园及培训中心项目完成总工程量的85%；完成黄竹标准化厂房永久围墙修建、主体施工及装饰装修工程。启动彭温路新建雨污水管网项目、丽蓉北路C段人民渠下穿工程项目、四期道路项目、滨河路雨污水管网建设项目、航空公园透绿式打围、AB地块之间绿化节点打造、航动社区小广场改造等7个项目建设。推进一号路北延线支线项目、北部片区景观绿化工程、南部景观湖建设项目、航空动力小镇五期道路、六期道路建设项目等项目纳入彭州市储备政府投资项目。实施园区电力实施迁改和新建工程，启动110千伏回铁线、10千伏沙航Ⅰ线和Ⅱ线、10千伏沙航官渠支线迁改，启动10千伏连航线新建工程前期开工。

【重大项目建设】 丽春镇推进航利产业园项目、威士达项目、海空动力一期项目、惠锋一期项目、铁城项目、江西直方项目、朗迪项目、百施特项目、鼎壹项目、金克星项目等重大项目建设。其中，新开工项目6个分别为江西直方项目、朗迪项目、鼎壹项目、百施特项目、威士达一期项目、金克星项目。竣工项目4个分别为铁城项目、航利维修线项目、航利零部件项目、惠锋一期项目。促进5个项目入驻标准化厂房，其中北航高温合金项目正式投产，其余4个项目有序推进。签约弘迅电梯、华日通讯、中照照明等项目。

【花草产业发展】 丽春镇以“政府牵头+社区融入+群众参与”为路径，围绕“产、销、赏、住、娱”等要素，支持北君平街、利和、景林等村（社区）发展草花、多肉植物等特色农业。组织君平种花大户和花农成立君平街社区股份经济合作联合社，邀请规划公司和花农代表共同编制3000亩花卉产业园总体方案。推广“农业共营制”“土地预流转+履约保证保险”等适度规模经营方式，耕地适度规模经营率达70%以上，新发展家庭农场1家，农业合作社2家。

【疫情联防联控】 丽春镇组建镇新冠疫情防控指挥部，下设11个防疫工作小组，制定专项疫情防控应急预案，指导各村社区开展疫情防控，签订丽春镇镇疫情防控居民承诺书3万余份，落实11类70余项防控措施，实行日报告、日调度、日督查督办。

【乡村振兴】 丽春镇以粮食生产功能区和重要农产品生产保护区为重点，推进3000亩高标准农田建设和2000亩高效节水灌溉，新建道路5.2公里，沟渠4.9公里，完善核心区内路网水系，依托农机专业合作社开展农机社会化服务，优化农机购置补贴，新培育农机合作社1个，主要农作物耕种收综合机械化率85%。推进农业绿色发展，提高农业生态保护。推进蓝莓、红衣花生等特色农产品种植，实施农村人居环境“五大行动”，探索建立农村户厕长效管护机制，高标准改造厕所205户，新建农村公厕4座，推动人民渠2号桥头100余户无改厕条件农户生活污水处置。投放42个农膜回收桶，全年回收农膜21.3吨，创建省级达标村17个，示范村1个。发展村级集体经济，推动君平街社区“村支部+农户+基地”建设，组织君平花农、群众成立股份经济合作联合社。航动社区采用“集体经济+企业对半占股合作”模式，开展施工设计等7个领域28项，推动集体资产增值创收，景林村38户兰花种植大户联合成立丽景兰花农林合作社，通过技能培训等8项综合措施结对帮扶26家贫困户脱贫致富。白果村、东风村获评省级“四好村”。

【兰花产业培育】 丽春镇以川西林盘为载体，以农商文旅体融合发展为路径推动生态价值转化，推动兰花产业体能升级，努力诠释“画境兰乡、诗礼幽

兰花产业

谷”的田园画卷。丽景兰业位于彭州市丽春镇景林村，规划占地约300亩，建设用地空间为65.3亩，坐落于航空动力特色小镇旁，拟打造集文化旅游、文创民宿、餐饮休闲、亲子体验为一体的田园综合体。丽景兰业以彭州兰花协会组织建成，引入彭州及周边兰友入驻进行品种繁育，形成交流交易平台。园区占地80余亩，入驻商家达110余户（其中本土兰农30余户），种植兰花30万盆，品类多达20余种。2020年丽景兰业通过“线上+线下”相结合的销售模式创造业绩2000余万元，利用公司+农户的模式带动周边兰农增收100余万元，建成西南地区标准化、规模化、产业化、品牌化兰花种养、培育、研究、交流及交易中心，具有全国兰花定价权。

【城乡建设推进】 丽春镇推进百施特项目、丽春新居工程二期项目、蓝色动力硅谷研发中心、北航创新研究院（老）4个征地拆迁项目实施，保障航空动力小镇项目建设推进。开展南片区“回铁线”迁改的全面摸底测量，促进10座塔基交地。拆迁5户房屋，推进“三号平台”脱硫站建设。迁改亚泥矿区电力线路塔基9座，促进各项拆迁赔付执行，线路通电。启动南经一路、锦绣大道、丽蓉南路一期、南部片区飞天景观湖、拟征工业用地等五个项目征地拆迁。

【生态环境保护】 丽春镇全面开展征占用林地、砍伐采伐排查，林地保有量565.95公顷，森林面积1722.88公顷，森林蓄积65557.6立方米，森林覆盖率达22.31%。开展野生动植物保护宣传、救助活动，发放野生动植物保护宣传资料1000余份，救助野生动物4次，对25株名木古树进行建档挂牌管理。开展森林防火宣传，悬挂播放防火标语200余条，发放宣传标语2000余份，增设防火警示标牌8个，悬挂森林防火布标60幅，培训7支共140人的半专业灭火队伍，对重点地段开展24小时不间断巡查，提高对森林火灾的综合防控能力。整治规范“散乱污”企业65家，指导20家企业办理环保手续。推进柏条河、人民渠水源保护区保护，在柏条河水源地保护区安装智能红外线音频控制系统，提高水源地保护的智能化管理。

【民生保障】 丽春镇成立综合便民服务中心，下设综合服务、咨询等5个窗口，日均办理相关业务50件。建成日间照料中心26个并投入使用，打造居家养老服务平台并联合三方机构对特扶、特困、低保老人等514人开展4658次居家养老服务。开设“最成都·市民课堂”公益课程，开展社区教育培训60余次，创造“学习型示范社区”“学习型社区”等多个荣誉社区。开展校园安全大检查，全面清理无证幼儿园，发放“告家长书”300余份。落实帮扶救助，建立“不落一人”帮扶机制，开展残疾人“自立自强”相关活动，帮扶202人就业，生活护理552人，提供医疗保险301人，适配辅助器具57人，白内障筛查148人并发放复明手术补贴29人。配合丽春镇公立卫生院签约家庭医生1490人，“量服”平台在册人员入户率100%，见面率98%以上。拉网式摸排高龄老人、残疾人、孤儿等困境人员生活情况，确保生活费、医疗费等专项补贴按时足额发放到位，开展“慈善一日捐”等慈善帮扶活动。全年办理落实730人的被征地农民社会保险。开展“入户大宣传”系列活动，推进城乡居民基本养老保险参保，辖区企业网办开通率95%；全面取消养老待遇集中认证，实现一公里内灵活验证，验证工作零投诉。

【创建“成都党建引领城乡社区发展治理示范单位”】 1月18日，成都党建引领城乡社区发展治理暨“不忘初心、牢记使命”主题教育成果展举行。彭州市丽春镇被评为“成都党建引领城乡社区发展治理示范单位”。作为彭州城市发展延展区、产业发展拓展区，丽春镇着力搭建“三类示范”框架，在全镇基层党委、党总支、党支部三类党组织中树立先进典型，实施党建引领城乡社区发展治理示范工作。重点在花街子社区打造“党建引领”，基层党组织规范化建设示范型社区；白鹤社区打造“服务园区”，提供生活配套服务型社区；花草村围绕“平安主题”，打造现代化安全管理模式型社区。充分发挥三类示范型社区的示范作用。围绕产业振兴中的‘产业兴旺、生态宜居、治理有效、乡风文明和生活富裕’的方针，各村（社区）党支部结合群众需求，有针对性地分析自己的特长及短板，找准群众最迫切的需要、找准自己的发展方向和定位并努力推进，这种方法以典型带面的形式推动全镇三类社区全面进步。党建引领城乡社区发展治理的共建共治共享格局初步形成，以人民为中心的发展理念得到深入贯彻，城乡社区发展治理工作初步实现“城市有变化、市民有感受、社会有认同”的目标。

【和谐劳动关系构建】 丽春镇促进和谐劳动关系构建，走访排查辖区企业，推进企业招用备案36家、录用备案20家，完成105家劳动单位用工年审，辖区用人单位劳动合同签单率98%以上，集体合同签单率95%。推动企业劳动争议调剂委员会组建，组建率100%。依法受理处理劳动争议事件25起，农民工工资清欠率100%。申报各类标准企业及园区27家，村社区15家，其中丽春镇获成都市模范劳动关系“AAAAA”级奖牌。

九尺镇
Jiuchi Town

【概况】 九尺镇位于彭州市区东郊，享有“板鸭之乡”美誉，镇政府驻地九尺镇兴隆街114号。镇域面积60.08平方公里，2020年6月，经村（社区）体制机制改革后，辖7个行政村和4个社区，196个村（居）民小组。2020年12月，经村（社区）党组织换届后，下辖71个基层党组织（其中党委11个、总支1个、支部59个），党员总数2169名。耕地面积6万余亩，83个家庭农场，109个农业合作社。常住人口2.1万余户6.4万余人。辖区内共有农业企业7家，其中4个省级农业产业化重点龙头企业，工业企业87家。特色产业有冷链物流园（集旅游、仓储等于一体）、九尺板鸭与鹅肠火锅、升平稻田鱼虾、墓山贡烟、九尺美食文创园、积谷仓农庄等。主要产业为农业和畜禽加工业，是著名的“板鸭之乡”、都督尹昌衡故乡。

九尺镇地处四川盆地亚热带湿润气候区的“盆地北部区”，气候温和，雨量充沛，四季分明，无霜期长，全年无霜期278天，多年平均降雨量为1225.7毫米。九尺镇地势平坦，河渠纵横，地下水源丰富，全镇大小泉、堰近百处，水质清澈为洌，素有“九尺水好养人”的说法。耕地属湔江冲积土壤，以水田为主，土壤肥沃，自流灌溉，宜种性广，有利于精耕细作，集约经营，有利于精耕细作、集约经营。九尺镇农业发展具有得天独厚的优势。种植业中粮食作物以水稻为主，经济作物以蔬菜、油菜为主。

明代，于今九尺镇境内设过袁家场，后废，建老街。清雍正年间，始于今九尺镇街址建场。当地盛产蓝靛，有靛池九口，称为“九池”，讹作“九尺”。九尺场由于紧靠濛阳河畔，洪水为灾，清乾隆三十一年（1766年）曾于地势较高处建立新街，因位置不当，嘉庆以后，废新街，遗址尚存。清后期一直属东乡巽恭里，1935年以九尺镇和方会、高林二乡，设九方高联保，1940年改九尺乡。中华人民共和国成立后，划入原升平的五、六村（今颜家庙子、龚家场一带）和原义和乡黄土河以南的土地。1954年1月于场上建镇，乡镇并存。1958年公社化时，并入公社，改名东方红公社。九尺镇编为第十管区。1962年体制调整后，称九尺公社，驻地九尺铺川王宫。1963年3月，恢复九尺镇建制，驻地在九尺铺正街。1985年9月实行镇管村体制，撤乡存镇，驻地在原乡政府所在地。2019年12月，乡镇机构调整，合升平镇，驻地在原九尺镇政府所在地。

2020年，九尺镇聚力打造生态环境优美、产业特色鲜明、人文气息浓厚的川西特色美食小镇，获评AAAA成都市模范劳动关系和谐单位、彭州市实施乡村振兴战略推进城乡融合发展工作先进镇和示范村（社区）、彭州市落实全面从严治党主体责任先进单位等表彰。全年完成固定投资5.789亿元，农民纯收入达2.76万元。

九尺镇党委书记：王勇；镇人民政府镇长：岳金玫（7月离任），刘婷婷（7月任职）。

【村（社区）调整改革】 九尺镇有11个村（社区），经机制体制调整有序推进，原有的20个村和3个社区调整为7个村和4个社区，调减率为52.17%，其中村改“居”4个；原有的345个村（居）民小组，调整为196个村（居）民小组，调减率56.81%。全镇村（社区）“两委”换届选举出委员80名，其中交叉任职34名；村（社区）党委书记、村（居）民委员会主任实现100%“一肩挑”目标。

表21　2020年彭州市九尺镇村（社区）调整情况表

序号	村（社区）	村（居）民小组（个）	性质	合并情况
1	升平社区	20	社区	原莲泉村、玉泉村、升平场社区
2	石泉村	14	行政村	原石桥村、积泉村
3	宝马村	19	行政村	原鹿鹤村、宝马村
4	昌衡村	10	行政村	未调整
5	九尺铺社区	21	社区	原双土村、九尺铺第一社区、九尺铺第二社区
6	广山村	18	行政村	原墓山村、广圣村
7	金沙社区	16	社区	原永兴村、金沙村
8	龙福村	19	行政村	原龙吟村、龙福村
9	青雀村	22	行政村	原青春村、银雀村
10	玉源社区	18	社区	原金鼓村、玉源社区
11	天宝村	19	行政村	原高林村、天宝村

【乡村振兴】 九尺镇全年培育市级示范家庭农场2家、申报国家级示范合作社1家；推进与省农科院园艺所专家合作，提高蔬菜品质，有3项科研成果在高林村推广种植，种植面积2000余亩。聚焦农村集体经济增收，探索“村（社）联合公司制”，推进彭州市九尺镇高林农业资源开发农民专业合作社实施的水稻蔬菜集约化育苗中心建设项目。实施昌衡田园运动中心、稻米精深加工、宁升绿康工厂化食用菌、妙杏民宿，昇金艺术5个项目。通过“农贷通”等平台，拓宽农业经营主体贷款融资渠道，2020年办理贷款7笔，发放贷款669万元；以集聚人才、发掘培养专业技术人才为抓手开展高素质农民培训、新型职业农民精英培训、农业专业人才培训33人。新培育农业职业经理人20人；每月开展农民实用技术培训200人次。孵化培养农村电商人才10人、企业电商人才3人，全年实现电商销售收入2572.5万元；建成镇域特色农副产品线上销售平台及线下服务展示中心，实现镇域特色农副产品网

上销售，全年九尺板鸭一项产品上网销售额 200 余万元。

【基础设施建设】 九尺镇推进彭州九尺特色美食小镇基础设施配套和风貌提升项目建设，风貌改造商铺 190 余间。濛阳河九尺段污水治理工程投入使用，启动九尺镇污水处理厂升级项目；促进群众日常休闲健身，新建一批小型广场、微绿地等。推进交通设施建设，启动下兴街、九天路、鹿鹤巷、兴旺街道路改造 1200 米，同步配套完善雨污水管网及市政工程。推进昌衡大道建设，建成道路长 8535 米，启动昌衡大道 5 条支线长 6837 米道路建设。推动彭州市首个“政府引导 + 群众自改”观音泉巷老旧场镇自主改造；完成冷链物流配套道路（玉源村）安置点建设，实现群众分房入住；启动冷链物流二期双土安置点、金鼓安置点开工建设。

【项目建设推进】 九尺镇推进亿佰家成都冷链物流产业园建设，总规划占地面积约 951 亩，规划总建筑面积近 100 万平方米，计划分三期实施，预计总投资约 30 亿元。项目一期用地 86.811 亩（工业用地），于 2017 年 1 月取得；项目二期规划用地 450 亩，其中分布式能源站供地 50.9 亩（工业用地），于 2020 年 1 月取得；其中 269 亩（仓储用地）拟分批次报征，剩余 130.1 亩（仓储用地）纳入年度用地计划；三期规划用地 414 亩（商业用地 229.28 亩，仓储用地 184.72 亩）。截至年底，园区一期 6.5 万平方米标准化厂房交付使用；二期 165 户拆迁完成，269 亩用地进入报征；园区招商引入意向性合作企业 20 余家，签约规模以上企业 4 家。彭州九尺冷链产业园分布式能源项目，是四川彭州（九尺）冷链物流产业园的子项目，由铁能电力公司与成都亿佰家共同出资组建，主要从事园区天然气分布式能源建设、运营和管理。2018 年 6 月 1 日，项目取得成都市发展和改革委员会《关于彭州九尺冷链产业园分布式能源项目核准的批复》（成发改核准〔2018〕21 号），分布式能源站动工建设，增量配电网成为国家第五批试点业务，确定承接业主流程推进。园区被纳入成都市物流节点设施（服务站），作为国际农产品加工物流园的起步项目推进。

【场景业态创新】 九尺镇优化资源配置，盘活国有资源，推进九尺铺文化创意美食园、积谷仓文创园区建设。九尺铺文化创意美食园以小黄鸭作为 IP 形象，投资 800 余万元，占地 7.6 亩，新（改）建面积 1550 平方米，新建五谷丰登消费新场景、露天咖啡公益开放电影观影平台、乡野魅力展示大舞台等。设置文旅产品体验区、特色火锅体验区、儿童游乐区、

九尺亿佰家冷链

九尺铺文化创意美食园

户外休闲演艺区、艺术长廊、轻食餐厅、美食博物馆、亲子餐厅、网红打卡店等功能区。与三方公司合作，依托现有川西农耕资源，发展场景经济。将传统文化、匠人精神与体验式消费相结合，引入竹编、木工、传统小吃制作、书法艺术等特色商家入驻观音泉巷、川王宫巷，打造体验式匠人街区。项目以“政府引导、群众主体”的场镇改造新模式，带动川王宫巷老旧院落改造，辐射九尺老街区，通过局部拆迁、建筑物功能置换、保留修缮方式优化区域功能，改善人居环境，激发场镇老街区经济活力，推进九尺老街转型升级。积谷仓文创园区占地面积9016.7平方米，建筑总面积1313平方米，其中仓房面积657平方米，附属设施656平方米，利用位于九尺镇升平社区4座空闲谷仓及周边建筑房屋修建。2020年7月22日投资10万元开展谷仓创意集市、稻田荧光跑活动。12月7日，四川麋鹿品牌管理有限公司与彭州市九尺镇益农集体资产管理有限公司签订《彭州市九尺镇“积谷仓文创园区”产业项目合作协议》，投资金额120万元，流转停车场用地3.45亩。打造创意集市、谷仓展览、稻田美食新消费场景、艺术装置等。

【特色产业发展】 九尺镇打造稻田鱼、稻田虾、鱼香米、虾香米品牌，试点百亩稻田鸭养殖，培育“泉水稻田”系列产品。编制《九尺镇美食小镇专项规划》，成功申报九尺板鸭非遗传承人，推进九尺板鸭标准体系建设，验收备案板鸭户20余家，引导板鸭户获取食品安全许可（SC）认证。督促“赵老四”等鹅肠火锅企业优化店铺环境、提升服务质量，打造田园生态精品火锅企业，塑造九尺鹅肠火锅精品品牌，促进板鸭、火锅产业提质增效。

【社会民生保障】 九尺镇全年城乡居民养老保险参保人数达27809人；城镇职工参保扩面451人；城乡居民医疗保险参保率达99%，缴费人数达37993人；设置综合服务窗口5个（其中升平便民服务站2个综合服务窗口），实行“综合受理、一窗通办”工作模式，全年办件量20145件。推动校园周边和场镇食品安全整治，严格农村群宴管理。建立健全“三级五覆盖”安全生产责任体系，开展安全生产大检查和各项专项治理，定期召开企业安全生产工作例会，推进消防安全、生产安全、环境安全等隐患限期整改。全年开展安全检查320余次。全年，在宝马村鹿鹤小区、宝马小区两处开放小区，新增监控探头32处，新增防盗网100余米，防爬刺22处，新增消防设施44处，提升“人防、物防、技防”设施建设，推进治安防范措施的落实。全年排查出矛盾纠纷743件，化解742件，成功率99.87%；围绕“健康人生　绿色无毒　乐享彭州”“防范金融风险　打击非法集资”“扫黑除恶”“学生不吸毒　校园无毒品”“抵制邪教　崇尚科学”“宪法日”法治宣传日等各类专题宣传活动为主线，开展各类法律法规宣传40余次，制作宣传横幅17条，发放宣传单8000余份，受教育群众10000余人次。

【公共文化服务】 九尺镇推进镇、村公共文化服务阵地建设，举办“迎新春”趣味游园会；“我们的中国梦·文化进万家”——送春联活动，野菜课堂之亲子耕种体验活动，美味泡菜DIY、风车手工制作体验、积谷仓非日常狂欢活动，九尺泉水美食小镇稻渔美食荟；“我们的节日·七夕”——巧克力DIY、经典诵读活动，庆国庆迎中秋文艺会演，党建带团建素质拓展，彭州九尺板鸭前传——百日稻田鸭、彭州九尺板鸭后记——制作体验活动，举办第十二届“九尺美食（板鸭）文化节”。成都天府古国围棋邀请赛；开展“我们的节日”——重阳系列文化活动及柔力球、少儿足球、书画、手工制作等各类文化培训。吸引镇域内文艺爱好者、骨干开展以“守望相助·抗击疫情”为主题文艺作品创作；大力弘扬文明新风尚，推进“文明村”“三美示范村”创建工作。开展“道德模范”“身边好人”“新乡贤”等先进典型评选活动，评选表彰榜样人物40余人。组织志愿者服务队集中开展关爱孤寡老人、关爱贫困留守儿童、助残服务、交通秩序维护、普法科普等政策宣传志愿服务活动400余次。坚持每月每村放映一场公益电影，文化站五大功能室及体育设施对外免费开放。

【环境整治】 九尺镇开展“散乱污”企业监督检查和环保督察“回头看”，发挥网格化监管力量，全覆盖每周检查1次。常态化开展大气污染防治，开展洒水降尘，控制扬尘污染。安排洒水车在重污染天气期间对主要道路、场镇、绿化节点进行洒水作业，全年出动洒水车800余台次，洒水180万平方米。实施垃圾分类全覆盖，新修建密闭式垃圾分类房12座，岗亭式生活垃圾分类收集点40座，设置有害垃圾暂存点12个，新建大件垃圾暂存场所2个，在各小区增设垃圾分类宣传展板19个，发放垃圾分类桶500余个，配备分类收运车10辆。组织镇、村、机关办所专题培训10次，召开镇村干部大会宣传20余次，转发微信宣传文章60余篇，完成线下定点宣传31场次。新建宣传栏100余个，印发各类宣传资料2500余册，发放宣传小礼物1000余个；推进农村改厕工作，新建公厕12座，累计改造旱厕1201座。实施九尺镇“一河一策”清单管理，建立彭州市九尺镇河长制管理工作会议制度、信息通报制度、督导检查制度、考核激励办法、巡查督办制度等配套制度及办法，推动河长制管理落到实处，镇级河长每月巡河不少于3次，村级河长每周巡河次数不少于1次。

【示范社区创建】 九尺镇推进玉源社区五显苑小区创建彭州市级示范小区，在小区内打造“乐享广场”“微绿地”等，提升空间功能和美感，完善小区自治体系、成立小区管委会，常态化开展邻里活动60场；推动玉源社区创建成为成都市级示范社区，以“蔬香玉源·梦想田园”为主题，推进“1+2+N”（1指坚持党建引领为核心，2指集体资产管理公司和基层党组织，N指院落自治委员会、志愿服务队等自治组织）治理模式，通过集体资产管理公司和基层党组织相互促进的方式，推动社区治理和产业发展。

敖平镇
Aoping Town

【概况】 敖平镇是彭州市东北门户，处于成德一体化发展轴上，2019年行政区划调整，与原红岩镇合并，现镇政府驻地敖兴街85号，另有第二办公区位于敖平镇敖家场社区6组，距彭州市12公里、成都市区42公里。东与德阳市什邡市交界，南与隆丰街道、濛阳街道接壤，西与葛仙山镇毗邻，北接白鹿镇。全镇辖区面积75.61平方公里，经村（社区）体制机制改革后，辖2个社区、9个行政村，143个村（居）民小组。2020年末，全镇有常住人口33905人，户籍人口45139人。

敖平镇拥有得天独厚的自然条件，地形以平原为主，地势平坦；位于亚热带季风气候区，四季分明，

敖平镇五珠泉广场

年平均气温16℃，无霜期长；属湔江、人民渠灌区，沟渠纵横，泉凼散落田间地头，水源充足。优越的自然环境不仅适宜农作物生长，也为敖平镇一、二、三产业的融合发展提供有利条件。敖平镇是彭州市粮油生产基地之一，主要粮食作物有水稻、小麦、玉米，经济作物有油菜、川芎、西瓜、木耳；工业以建材、酿造、食品加工为主；商贸繁荣，是当地有名的集市，为附近市、县重要物资集散地；旅游业兴旺，镇域内有红岩谷、蜀水荷乡、十龙山生态旅游度假区等多个景区。

镇政府驻地——敖家场，是全镇的政治、经济、文化中心，也是彭州北部重要的区域交通枢纽和商贸物流集散地。场镇始建于清康熙年间，历史悠久，是彭州有名的大镇，民间素有“一濛（阳），二敖（平）”的说法。这里有发展川芎产业而孕育的川西农耕文化，有星罗棋布的泉眼而形成的泉游文化，有广泛传承风筝制作技艺而产生的风筝文化，有珍贵文化遗存川剧座唱的川剧文化；是享誉川内外的“川芎之乡”“风筝之乡”，川芎、风筝和香花醋被人们称为“敖平三宝”。作为川芎道地产区，敖平镇常年种植川芎面积超3万亩、产量达8000吨，川芎优势区土地适度规模经营率达80%以上。西瓜种植3000余亩，产值达3000余万元。食用菌种植规模超4000万袋，产值达6000余万元。成都市在建三绕、彭什路、川西旅游环线穿境而过，交通优势明显，是彭州市“11236”城市空间发展格局中的区域中心镇和天府中药城全域中药材种植核心区。

2020年，敖平镇先后获四川省安全社区、成都市征兵工作先进单位、彭州市实施乡村振兴战略推进城乡融合发展工作示范村等表彰，敖平镇凤泉村被命名为2020年度成都市实施乡村振兴战略推进城乡融合发展示范村（社区），彭什川芎现代农业园区被纳入《成德眉资同城化发展暨成都都市圈建设三年行动计划（2020—2022年）》重大骨干支撑项目，入选成德眉资交界地带融合发展首批精品示范项目。全年全镇完成固定投资4.001亿元，农民纯收入21088元。

敖平镇党委书记：刘汉军；镇人民政府镇长：杨建。

【村（社区）调整改革】 敖平镇有序推进机制体制调整，完成21个村（社区）合并为11个、279个村（居民）小组调整为143个，推进村（社区）党组织换届工作，配备党组织委员67名，离任干部22名，启用后备干部11名，实现党组织成员学历年龄“一升一降”，计划实现村（社区）党组织书记“一肩挑”全覆盖，释放改革创新发展动能。

表22　2020年彭州市敖平镇村（社区）调整情况表

序号	村（社区）	村（居）民小组（个）	性质	合并情况
1	敖家场社区	17	农村社区	原场镇一社区、二社区、楠桥社区
2	红岩子社区	17	农村社区	原红岩社区、龙九村、虎形村
3	友谊村	9	农村	未调整
4	凤泉村	8	农村	未调整
5	鹤泉村	10	农村	未调整
6	星河村	8	农村	未调整
7	兴平村	18	农村	原兴泉村、平安村
8	漓沅村	16	农村	原梨花村、灵石村、幸福村
9	白塔店村	14	农村	原塔桥村、窝店村
10	石龙山村	9	农村	原白石沟村、八角村
11	紫音泉村	18	农村	原紫泉村、石音村

【复工复学推进】 疫情期间，敖平镇组建党员服务队、党员突击队、民兵联队等28支350人，成立9个工作专班开展广播自导自演快板书、重点地区人员摸排，劝导扎堆聚集闲聊、维护场镇经营秩序等。推进“六员联动”强化对卡点、农贸市场、商超等重要点位人员、车辆管控。保姆式服务复工复产，指导企业建立全员健康监测制度，常住人口天府健康通注册率110.27%。全镇32家工业企业、18个在建项目4月全部复工复产，15

所学校、幼儿园和校外机构及时复学复课，推进春耕备耕开展，恢复生产生活秩序。持续加强中高风险地区人员到（返）彭管控，构建完善“两委干部+医务人员+楼栋（院落）长+小组长”联动机制，实施分片包干，完善政策宣传、人员排查、体温检测、上报处理等动态管控流程，全镇病例零发生。

【川芎产业发展】 敖平镇推动省级现代农业园区项目培育、成都市高标准农田建设项目以及“川芎药泉”特色镇项目等重大项目推进。四川省标准化示范乡项目完成方案制定并挂网招标，16个川芎全产业链支撑项目，推动川芎产业发展所涉的标准覆盖、质量提升、品牌创建与运营、储运与营销管理和交易规范。完成川芎产业园内川芎初加工、冷链物流中心、电商平台等6个产业园区项目建设。川芎核心种植区内18条沟渠，15条道路建成。“兰若·青田居”民宿项目建设推进，“七星·泉村”项目启动建设招标，生态循环产业化项目、天府中药材项目启动，川芎药泉特色小镇产业基础进步夯实。

【彭什融合】 敖平镇推进彭州川芎现代农业产业园区纳入《成德眉资同城化发展暨成都都市圈建设三年行动计划（2020— 2022年）》建设重大骨干支撑性工程项目。与什邡市马井镇成立“中国（彭什）川芎现代农业产业园”建设工作领导小组，由两地党委书记担任双组长，共同完成中国（彭什）川芎现代农业产业园区规划建设方案编制。建立健全联席会议制度，先后召开工作对接协调会4次，在议事机构设立、园区规划编制、项目方案设计等方面形成合力。与湔氐镇合作启动“彭什食用菌现代农业产业园”建设，规划打造湔江河谷中医药生态景观带项目，“中药材（川芎）博物馆”“风筝民宿记忆馆”等项目。

川芎核心种植区

【基础设施建设】 敖平镇建设完成产业园官渠绿道、13公里泉水绿道、10公里小石河观光道路等产业道路。建成镇史馆、滨河长廊、药王街特色街区等产业融合点位。川芎产业园区内“七网”配套完善，园区内主要道路全部硬化，建成高标准农田24100亩、灌溉沟渠202.9公里、排灌站52座，有效灌溉面积达100%。陆航机场征地拆迁安置外场项目进场施工，完成3号战备路用地收方测绘，10千伏、35千伏电路迁改完毕，完成陆航大道及配套沟渠项目方案编制。彭什沿山路列入政府投资项目储备库，彭什沿山路、白红路、川芎小镇旅游环线道路腾地自行开展。场镇污水管网建设、漳州路延伸段建设项目进场施工，集中式饮用水源地规范化建设和农村抢险救灾供水工程进度的80%。

【特色乡风文化活动】 敖平镇初步拟定风筝特色文化小镇方案，成功举办第33届风筝节、第六届西瓜生态旅游节、第三届端午诗会活动，利用活动契机组织“爱成都·迎大运”运动会、梦想成“筝”志愿服务活动等邻里活动18次，传承非物质文化遗产，做靓天府文化新名片。

【党建引领示范社区建设】 敖平镇建设彭州市党建引领示范社区友谊村“八院时光·土罐记忆”示范点位，凤泉村李家院子打造、桂荷别苑示范小区

天然泉凼

提档升级项目进场施工。推动所辖小区、院落围绕川芎文化、泉水文化、川剧坐唱文化等开展项目打造，厚植乡村文化底蕴，形成“一村一品”“一村一景”的特色文化场景。

【社会治理】 敖平镇开展人居环境常态化整治，推进“三大战役”，添置和维护环卫基础设施，率先实行农村生活垃圾市场化保洁。结合成都市三美示范村创建、散居院落打造、百村容貌整治契机，打造楠桥社区夏家院子、鹤泉杨家大院、友谊唐家院子等示范点位。提前完成3791户农村旱厕改造任务，建设长泰路观景平台等景观节点32处，全域增绿超6万平方米。推进卫生、民政、残联、教育、医疗保障等服务。开展进企业、进家庭活动，构建全方位社区服务网络。完善“一窗式”便民服务，拓展电话预约、上门服务等便民服务。以“双带双扶促双创”为抓手，引领相对贫困村鹤泉村实施基础设施改善等项目并通过脱贫验收。以“四深入四结合”助力黑水县脱贫攻坚，同步奔小康。在全市率先启动“雪亮工程”建设试点，建成24小时覆盖的多维社会管理防控服务体系。开展“扫黑除恶”专项斗争，建立健全“41N”工作协调机制，完善“35N1”信访机制，规范办事流程，依法依规调解信访矛盾。连续举办风筝文化节、川芎美食节、西瓜文化旅游节等节会活动，促进精神文化建设。2个村获评四川省级“四好村”，5个农集区获评成都市级“六好平安小区”，3个村被评为成都市级“三美示范村”。

龙门山镇

Longmenshan Town

【概况】 龙门山镇位于彭州市北部山区，原镇政府驻龙门山镇街村，乡镇机构调整后，合小鱼洞镇，现镇政府驻地复兴路331号。距成都市72公里，享有“鱼凫古镇”与“天然氧吧”的美誉，全镇区域面积443.42平方公里，辖9个行政村和2个场镇社区，有125个村（居）民小组。2020年末，全镇有常住人口16135人，户籍户数9236户，户籍人口24398人（其中非农业人口7584人）。

龙门山镇辖区内有五大国家级品牌（龙门山国家级重点风景名胜区、龙门山国家级自然保护区、龙门山国家级地质公园、龙门山国家级森林公园、龙门山国家级大熊猫公园）、1个国家AAAA级旅游景区（宝山旅游景区）、1个AAA级林盘景区（鱼凫竹海林盘）。龙门山镇以中药材种植、乡村旅游、特色餐饮为主要产业，盛产冷水鱼、猕猴桃、竹笋等特色农产品。先后获评国家级生态乡镇、全国乡村旅游重点镇、全国群众体育先进单位、四川省卫生乡镇、四川省安全社区等称号。

全镇植被覆盖率达86.7%，全境皆山，重峦叠嶂，气势磅礴，既有雄伟的群山峻峰，又有秀丽的峡谷深涧；既有壮观的日出云海，又有神奇的彩虹幻影。辖区内季风气候明显，常年平均气温12℃，空气清新，负氧离子含量高，是天然的避暑胜地，有“天然大空调”“生态大氧吧”之称。全境地层古老，地史久远，是当今地质学界研究推覆构造的热点，具有极其重要的科学价值。龙门山镇是动植物的天堂，辖区内有大熊猫、小熊猫、牛羚、金丝猴等珍稀动物，鸟类190余种。全镇较好地保持原始森林风貌，呈明显的垂直带谱分布。分布着亚热带常绿阔叶林、针阔混交林、亚高山针叶林。有珙桐、连香树、水青树、延龄草和千年银杏等国家保护植物。

龙门山镇是一座具有五千年文明史的天下名山。古称茶坪山、湔山，又叫龙山。传说中华民族最早的一位治水英雄——大禹就诞生在龙门山。为纪念大禹"凿龙门、铸九鼎、治水患"，又称龙门山。龙门山在地质发展史中已高寿37亿年。其间经历多次翻天覆地的构造运动，从而奠定时下的地质特征，雕塑现今的地貌形态，它恰似一道龙门横亘于四川盆地和川西高原这间。清属鹿坪里。《蜀王本纪》载"鱼凫田于湔山"，是古蜀人部落从岷江河谷向成都平原迁徙繁衍的重要节点，是成都市天府古镇联盟27个成员镇之一，具有"鱼凫故里，小鱼洞天"的美称。

2020年，龙门山镇认真贯彻落实"西控"战略部署，围绕"三区一地"的新定位新方向，坚决做实"三篇文章"，统筹推进疫情防控和经济社会发展"两手抓、两手硬、两手赢"，全年实现固定资产投资3.385亿元，地区城镇居民人均可支配收入36294元，农村居民人均年纯收入23900元，全年游客接待量约330万人次，年旅游产值10.5亿元。

龙门山镇党委书记：游忠源；镇人民政府镇长：李刚（10月离任）、杨林（10月任职）。

【村（社区）调整改革】 龙门山镇有序推进机制体制调整，完成16个村（社区）合并为11个、185个村（居民）小组调整为125个，推进村（社区）党组织换届，配备党组织委员55名，离任干部6名，跨村交流7名，启用后备干部11名，实现党组织成员学历年龄"一升一降"，计划实现村（社区）党组织书记"一肩挑"全覆盖，释放改革创新发展动能。

表23 2020年彭州市龙门山镇村（社区）调整情况表

序号	村（社区）	村（居）民小组（个）	性质	合并情况
1	白水河社区	5	居委会	未调整
2	小鱼洞社区	19	涉农社区居委会	原太子村、复兴场社区
3	宝山村	13	村委会	未调整
4	团山村	9	村委会	未调整
5	九峰村	12	村委会	未调整
6	三沟村	11	村委会	未调整
7	大湾村	3	村委会	未调整
8	草坝村	10	村委会	未调整
9	龙源村	13	村委会	原杨坪村、中坝村
10	湔江源村	15	村委会	原董坪村、国坪村
11	渔江楠村	15	村委会	原渔洞村、江桥村、大楠村

【产业发展】 龙门山镇以乡村振兴战略为总抓手，推进农商文旅融合发展。回龙沟景区完成提档升级，连接回龙沟太阳湾索道、高空蹦极项目开通运营；鱼凫湿地镜山水月、八卦花田等消费新场景4处并入选成都市首届公园城市网红打卡点50强；新增自在山居等民宿6家，半盏山房入选2020中国民宿榜"黑松露"奖TOP50，熊猫的森林等8家民宿被评为彭州市精品民宿。"鱼凫竹海林盘"被评为成都市"十大川西林盘消费新场景"。成立龙门山水里农产品公司，统筹冷水鱼等农业资源，实现农产品生产、包装、销售一体化发展，推出"鱼凫龙门"系列伴手礼。"鱼凫龙门"伴手礼全年实现营业收入35万元。推进农村集体产权制度改革，新成立村级股

8月，龙门山小鱼洞社区打造快乐老街旅游示范项目

份经济合作联合社3家；成立成都市渔凫生态农业有限公司，并完成区域商标注册；成立乡村振兴众创空间平台公司（鱼凫龙门公社），并引进“龙门山下”青年团队入驻平台公司，支持回乡青年创业；巩固“1+C+N”集体经济联营制成果，全年实现集体经济经营收入1120万元（不含宝山），比上年增加288万元，增长34.62%。

【基础设施建设】 龙门山镇聚焦“人城产”推动城市有机更新，以“三区一地”发展为方向，以项目为抓手，推进城镇、景区基础配套建设。启动场镇危旧房改造及公共服务配套基础设施建设项目建设；小鱼洞旅游服务中心项目竣工验收；凤鸣湖饮用水水源地保护区搬迁安置点建设推进，完成前期附着物赔偿，开展房型设计；辖区内5处饮用水源完成“一源一案”并实现应急演练全覆盖；完成凤鸣湖饮用水源应急物资库标准化建设；建立饮用水水源保护区常态化巡查机制，三沟村安置小区污水管网改造完成；创建湔江源村、龙源村、九峰村3个村为农村生活污水治理“千村示范”村。配合成都市挥发性有机物监测站前期选址考察；设立两个子站全年实时监测镇域大气质量。全年空气质量优良天数龙门山站337天、小鱼洞站334天，$PM_{2.5}$浓度全市最低，综合排名位居全市第一。

【民生保障】 龙门山镇各类群体民生兜底保障发放资金170万元；完成全镇近2.5万人第七次全国人口普查任务，村（社区）体制机制改革和村（居）民小组优化调整为11个村（社区）和125个村（居）民小组，推进机制体制改革“后半篇”文章；城镇新增就业目标任务实现100%；劳务品牌、失业人员培训超100余人；高校毕业生成功创业4人，提交创业担保贷款3户45万元；开发公益性岗位5个；创建成为成都市模范劳动关系和谐（乡镇），龙源村为成都市模范劳动关系和谐（村、社区），中国葛洲

7月，龙门山宝山村开展茶文化体验活动

坝集团易普力股份有限公司彭州分公司创建成都市模范劳动关系和谐企业。全镇参加城乡居民医疗保险参保缴费人数12227人，参保缴费率99.8%。开展迎中秋、庆国庆等各类文化活动约70场、文艺作品展览2次，推动文化站每周至少免费对外开放40个小时。全年接待信访群众300余人、协调成功率96%；运用“矛盾纠纷多元化解”调处纠纷416起，涉及人数1300余人，调解成功率99.27%；化解“三张清单”6件。137处雪亮工程视频探头提档升级，龙源村开展争创“六无”平安示范村，草坝、龙源村实现乡村客运“金通工程”；排查整治交通隐患50处，整改率100%。

【项目建设】 龙门山镇推进太阳湾二期（回龙沟）、鱼凫湿地提升项目建成投运，接待游客超100万人次；置信·仙林谷乡国际旅游度假区建设封顶，水墨江山二期项目交付推进；大熊猫国家公园入口社区展示中心项目全面启动。

【生态文明建设】 龙门山镇严守生态红线，推进龙门山国家级风景名胜区农房违建综合整治工作。全年处置违建房屋20.3万平方米，拆除19.2万平方米、没收1.1万平方米，还耕复绿5100平方米。8月，农业农村部到龙门山镇开展违法占用耕地建房调研，对风景名胜区综合整治农房违建给予肯定。

通济镇
Tongji Town

【概况】 彭州市乡镇机构调整后，新兴镇并入通济镇，镇政府驻地三明路3号，另有第二办公点石狮南路19号，通济镇位于彭州市北部山区的区域中心，距彭州市中心20公里，全镇区域面积82.04平方公里，原辖19个行政村和3个社区，经体制机制改革后，现辖6个行政村和6个社区，有村（居）民小组206个。2020年末，全镇常住人口3.52万人，户籍户数1.4万户，户籍人口35767人（其中非农业户口4798人），人口出生率7.27‰，人口自然增长率-0.39‰。

通济镇，俗称青杠林，位于四川彭州市西北部山区的中心，自古为三河七场的中心。交通四通八达，是山区乡镇的经济、文化、交通枢纽，拥有丰富的历史文化、宗教旅游、矿产等资源，是农业、工业、旅游开发理想之地。海拔800米至2400余米，年平均温度19℃，空气质量优良天数达300天以上/年。境内山、丘、坝俱全，山峦起伏，溪沟纵横交错，以丘陵为主，湔江河从镇西北入境，顺杉树坡河狮子山山脚达丹景山镇皂角岩，流出镇境，湔江流经地区形成狭长的山间河谷盆地。

通济是古蜀文明发源的重要区域，通济历史文化丰富，历史可追溯到远古鱼凫时期。据专家学者分析，古蜀人农耕渔猎活动主要区域在今通济镇黄村坝平原及周围丘陵地带，秦汉时期为湔氐县治所在。西汉蜀郡太守文翁曾在这里治理水患，有佛教文化、川西民居（俗）文化。通济镇海窝子地处湔江河谷小盆地中心，为古蜀王国开国中心之一，（《华阳国志》：载“蜀王鱼凫田于湔山，建都瞿上。”瞿上即今“海窝子”。）具有悠久的历史，相传蜀蚕丛后远古时代黄河上游羌族的一个支派，从高原地区向南迁徙，自岷山进入岷江定居，这一支就是蜀族祖先。海窝子在湔江西畔，为通向山区七场的重镇，连接城镇和山区的要冲。明时，有殷氏弟兄于今场南五里兴办煤矿，逐渐发展为殷家场。清乾隆五十五年（1790年），又以此场靠山边处有一天然洞穴，终年有水流出而得名海窝子。

通济镇历史文化底蕴深厚，境内有离成都市最近的山地花海、郁金香观赏基地、有距成都最近的天台山赏雪胜地、阳平观、海窝子古街等风景名胜和历史人文景观，是成都市历史文化名镇。主要产业以旅游、住宿、文创、农业、林业和家畜养殖业为主，是国家级卫生镇、省“百镇建设行动”新增试点镇、省级安全社区、成都市安全生产先进单位、成都市安全生产监督管理示范镇、成都市平安乡镇。

2020年，通济镇贯彻“实施‘四大提升工程’、开展‘四大攻坚战役’，践行新发展理念的立体山水公园城市”建设。全镇一般公共预算收入2140.8万元；人均可支配收入19285元；全年完成固定资产投资2.5亿元，全镇在谈项目6家，签约项目1家，开工项目2家，竣工项目1家。接待游客60万人次，实现旅游收入6000万元。

通济镇党委书记：李兵；镇人民政府镇长：陈本海。

【村（社区）调整改革】 通济镇原辖19个行政村

桥楼村“乡愁记忆馆”

和3个社区，2020年经体制机制改革后，现辖6个行政村和6个社区。其中，青杠林社区，由原通济场社区、崇德村和原景山社区合并组成；圆通坝社区，由原筒西村和羊叉村合并组成；桥楼社区，由原桥楼村优化调整为桥楼社区；黄村坝社区，由原黄村优化调整为社区；海窝子社区，由原海窝子社区、原狮山村和原止马村合并组成；阳平社区，由原阳平村优化调整为阳平社区；天台山村，由原麻柳村、春芽村、龙定村合并组成；凤坪村，由原大坪村、红山村合并组成；龙怀村，由原龙怀村、断山村合并组成；花坪村，由原花坪村、石梯村合并组成。花溪村、君山村保持不变。

表24　2020年彭州市通济镇村（社区）调整情况表

序号	村（社区）	村（居）民小组（个）	性质	合并情况
1	青杠林社区	29	农村社区	原崇德村、景山社区与通济场社区
2	圆通坝社区	15	农村社区	原羊叉村、筒西村
3	桥楼社区	8	农村社区	撤销原桥楼村，设立桥楼社区
4	黄村坝社区	10	农村社区	撤销原黄村，设立黄村坝社区
5	海窝子社区	34	农村社区	原狮山村、止马村与海窝子社区
6	阳平社区	10	农村社区	撤销原阳平村，设立阳平社区
7	天台山村	23	行政村	原春芽村、龙定村与麻柳村
8	凤坪村	13	行政村	原大坪村、红山村
9	龙怀村	22	行政村	原断山村、龙怀村
10	花坪村	21	行政村	原石梯村、花坪村
11	君山村	11	行政村	保持不变
12	花溪村	10	行政村	保持不变

【项目建设】 通济镇依托山、水、林等资源，发展特色产业，在春芽村实施“水美乡村”项目，盘活当地高山、竹林等资源。发展林下经济、三木药材等，先后建立春芽笋用竹基地、花溪村三木药材基地，实施君山村白果园现代林业产业森林游憩类项目等。依托省级农业科技园区，创新产业发展模式，带领周边6500户群众发展笋用竹，1000户农户发展食用菌。引进止马岛文化博览生态旅游项目，完成项目征地拆迁；推进川剧文博小镇建设，促进戏剧文博中心完成国有资产处置；启动天府原乡项目，开展涉及农户和土地等情况核实，初步形成社保分配方案；引进花溪民宿集群建设项目，一期投入运营；龙门山·柒村（花坪、君山）项目，花坪民宿聚落引进无所事事、上山上等民宿项目。

【基层党建】 通济镇巩固“不忘初心、牢记使命”主题教育成果。组建“微通济”宣讲团，先后组织集中学习12场次，领导干部带头讲党课24场次，邀请成都市讲师授课2场次，组织镇村干部到沙湾沫若戏曲小镇等地对标学习6次。坚持党建引领乡村振兴，党员投身项目建设，推进止马岛项目用地和后期保障，促进“龙门山·柒村”民宿产业园项目建设、毛家湾区域供地。打造党建引领乡村振兴示范带，实施天台山村水美乡村项目、花溪村乡村景区项目，盘活属地高山、竹林等资源。专题安排、研判、督查意识形态工作17次。利用“天府原乡·微通济”等微博微信公众号平台，开展宣传68次，举办“人生如戏·古蜀祭祀”“今日有戏”“邻里好活动”等活动7场。

【社区管理】 通济镇提升生态保护力度，打好“三大战役”。通过交通管控、洒水降尘、禁烧秸秆、关闭散乱污工业企业等推动全镇空气质量达标（2020年优良天数较2019年增加8天）；推进镇内饮用水源相关点位的日常网格化巡查，辖区内饮用水源实施一级保护区管理。促进场镇建设。对灾后重建统规统建房漏水进行整改；新建海窝子游客接待中心，配套建设上场口绿化停车场、文化广场、下场口牌坊、中场文化广场；对海窝子场镇800余户的房屋进行古建筑风貌改造提升；启动通济镇牌楼小广场及山货市场片区规划设计编制。开展示范创建，按照一村一个示范点位，统筹推进全镇示范创建活动，凤坪村“党建+人居环境治理”、海窝子社区—阳平社区“党建+小园区”，花溪村“党建+乡村振兴”等示范工作推进。

【党风廉政建设】 通济镇坚守红线底线，营造风清气正环境。增强政治敏锐性，带头落实党风廉政建设职责，层层落实责任到人；落实中央八项规定精神，反思“月饼采购”事件，开展违规公款吃喝送礼专项整治，制定整改措施44项；完善“三重一大”事项集体决策制度，重新梳理村干部权力清单29条，制定防控措施70条；全年立案审查11人，提醒谈话32人。

【意识形态管理】 通济镇利用“天府原乡·微通济”微博微信公众平台，开展意识形态宣传，推送上级决策部署、优秀传统文化精选等100余期，提升宣扬主旋律的责任感。利用各村（社区）LED屏、宣传栏等媒介，宣传社会主义核心价值观、扫黑除恶等信息专栏60余条（处）；推动宗教场所管理，整治违法寺庙2处。

【基础设施建设】 通济镇配合市级部门开展彭州百里景观通道总体规划、成阿高速、MTR旅游轨道交通建设规划前期准备；推进花溪村、原大坪村、原断山村、龙怀村等村组道路网建设，新建道路30余公里，开通春崇路小公交线路2条。改善城乡配套设施，完成污水处理厂扩建和通济水厂扩容，污水管网改造3公里、供水管网改造20公里；扩建卫生院，新建日间照料中心7个。推动花溪绿道、阳平绿道规划设计，年内阳平绿道路基建设完成。建成楠竹林游步道、凤坪沿江绿道等绿道3公里。

【社会民生】 通济镇开展农村人居环境治理。推进“厕所革命”“垃圾革命”“污水革命”提升村容村貌，3年改厕588户，新建农村公厕5座、环卫公厕1座，创建“美丽四川·宜居乡村”省级达标村10个，创建狮山村、春芽村等省级四好村5个。实施便民服务亲民化改造，改造镇级服务站2个，村级服务点12个，开通网络服务、掌上办公等互联网服务方式；加大扶贫帮困力度，帮扶96户群众实现脱贫。

2020年度通济镇海窝子中秋节活动

【基层治理】 通济镇落实国际化营商环境建设要求，落实压实乡镇安全生产工作责任制，创建成为成都市安全生产示范镇，“省级安全社区”通过验收。落实综治领导责任制。定期走访，强化肇事肇祸精神病患者，社区矫正、刑满释放、吸毒人员管理教育。全年镇网络理政平台接件604件，其中电话工单455件，民生服务110件，信访工单32件，问政四川7件，转办单按期办结，回复周期为7个工作日，满意率为94.12%。

【文化惠民活动】 通济镇推进全镇文化场所和队伍建设，组建25支文化志愿者队伍，实现文化活动常态化。开展川剧坐唱、川剧进校园、川剧民众齐参与等活动，免费为群众提供舞蹈、书法等培训课程；以镇独特的历史文化、传统民俗、地域产品、自然风光为基础，构建四大承载平台，形成“一心一街三片区五广场”的空间布局，打造“海窝子川剧文旅小镇”，建成桥楼村“乡愁记忆馆”。

白鹿镇
Bailu Town

【概况】彭州市白鹿镇是成都市十大古镇之一，清乾隆十九年（1754年）设场（镇）于白鹿山东麓，并以白鹿山命名为白鹿场。原镇政府驻地白鹿镇清河街18号，乡镇机构调整后，通济镇原思文场社区、涧安村、梓柏村、双杨村、官田村、姚家村、天生桥村划归白鹿镇管辖，现镇政府驻地白鹿镇思文街300号，距离成都市区70公里、彭州市区34公里，面积108.56平方公里，辖2个社区、6个村，6370户16403人。

白鹿镇地处省级森林公园和龙门山国家地质公园的核心地带，境内山清水秀、空气清新，森林覆盖率达97%，常年平均气温12℃，气候宜人，有"天然氧吧"的美誉；拥有龙门山国家地质公园的核心景区塘坝子"孙子背爷爷"的绝妙飞来峰景区，以"青藏高原冰川漂砾"地质奇观蜚声中外；作为龙门山国家地质公园核心景区的塘坝村，大小百余溶洞各具特色，有石笋、石钟乳、石幔、石柱、石瀑等多种岩溶地质景观。白鹿镇盛产黄连、杜仲、厚朴、川芎等中药材，白茶种植历史悠久，受到广大游客喜爱。

白鹿镇历史悠久，境内建筑风格独特，是典型的山乡古镇，具有深厚的文化底蕴。据《华阳国志·蜀志》载："周慎王五年秋，秦伐蜀，蜀王败绩，为秦军所害。其相、傅及太子退至逢乡，死于白鹿山。开明氏遂亡。"自此以来有2000多年历史，可见白鹿与古蜀王朝的渊源以及这一地名之源远流长。白鹿镇是中国本土宗教和外来宗教的交会之地，宗教文化资源丰富。于道教而言，这里曾经是道教的中央教区，"二十四治"的漓沅山治就位于白鹿镇内。清咸丰十年（1860年），法国传教士洪广化带着圣经和他法国式的浪漫来到白鹿镇，依山傍水选址建造修道院，以上书院（领报修院）和下书院（无玷书院）最为知名，其上书院为培养高级神哲人员的高级修院，今为全国重点文物保护单位。

2014年，被评定为国家AAAA级旅游景区。2017年，被成都市确定为重点打造的音乐小镇。2018年，首创"白鹿音乐榜""白鹿国际音乐夏令营""白鹿星工厂"三大自主品牌，打造白鹿四季音乐季等音乐节会；作为常务理事机构加入中华文化促进会音乐产业联盟，获批成都市文化创意产业园。2019年，成立白鹿音乐小镇艺术家联盟委员会，叶小钢担任联盟主席；在法国莫雷市挂牌彭州市招商旅游推介机构"白鹿之家"；举办中国音乐小金钟——"童唱新时代"等6个国际级国家级品牌活动、白鹿·法国古典音乐艺术季等相关音乐活动100余场，获评中华人民共和国"建国七十周年音乐产业杰出机构""2019年度最具时尚影响力文旅机构"。

白鹿镇按照成都市打造中国音乐之都和世界音乐名城的决策部署和彭州市委、市政府发展战略，依托高山流水的良好生态本底，充分发挥与法国友城交流基础，挖掘中法交流的历史文化特质，在灾后重建中建成独具中法文化交融风格的小镇，以国际化社区示范建设为引领，深入开展对外交流，着力发展"音乐+旅游"产业，为成都市"三城三都"建设贡献白鹿元素。2020年9月，被四川省人民政府授予"文化旅游特色小镇"称号，被成都市委组织部评为"党建引领城乡社区发展治理示范单位"。

白鹿镇党委书记：陈红昊（7月离任）、岳金玫（7月任职）；镇人民政府镇长：胥波。

【村（社区）调整改革】白鹿镇推动村（社区）体制机制改革将16个村（社区）优化调整为8个，调减比例50%，调减比全市排名第二，180个村（居）民小组调减为 102 个，调减比例 43.33%，达到全市平均值。

表 25　2020 年彭州市白鹿镇村（社区）调整情况表

序号	村（社区）	村（居）民小组（个）	性质	合并情况
1	白鹿场社区	17	城市社区	原白鹿场社区、水观村、回水村
2	思文场社区	20	城市社区	原思文场社区、洄安村、双杨村、梓柏村
3	塘坝村	12	农村社区	原塘坝村、白鹿村
4	白鹿顶村	15	农村社区	原关沟村、天台村
5	白茶村	11	农村社区	原白茶村、三河店村
6	天生桥村	8	农村社区	未调整
7	姚家村	11	农村社区	未调整
8	官田村	8	农村社区	未调整

【文化旅游特色小镇创建】 白鹿镇推进钻石音乐厅及配套设施和上书院保护性开发利用项目建设，提升场镇风貌，进行街区花化美化亮化；建设游步道和吊桥串联辖区内各景点，延长游客驻留时间；招引艺术家部落、爱乐之家、爱乐之城等项目落地白鹿；打造文创园区，推出白鹿镇旅游形象 IP“白白”和“鹿鹿”；举办白鹿四季音乐季等专业音乐活动，日常开展线下和线上音乐活动，以活动聚人气，提升游客体验度。2020 年 9 月，经现场查勘和专家团队评审，白鹿镇被四川省人民政府授予“文化旅游特色小镇”称号。

白鹿街景

9月29日，白鹿音乐节

【国际化示范社区建设】 按照成都市规划，白鹿镇白鹿场社区被确定为彭州市唯一的商旅生态型国际化社区。2020 年，白鹿镇依托音乐小镇和旅游景区建设，以白鹿场社区为载体，突出“浪漫白鹿、中法融萃”主题，提出“123 发展战略”导向，即聚焦 1 个定位——成都市中法文化交流体验中心，突出 2 大功能——“文化体验”+“生态旅游”，建设“中法融萃之地、天籁休闲之谷、和谐共融之家”三大社区场景，梳理形成覆盖基础设施、公共服务、产业发展、社区治理等 11 个方面 31 个具体项目清单，构建惠及社区居民、游客和外籍友人的国际化社区发展治理体系，推进商旅生态型国际化社区建设。推出 2020—2022 年白鹿场国际化社区建设包装项目 27 个，总投资预计约 1.5 亿元，截至年底完成投资 9000 余万元。

【国家卫生乡镇复审】 2016 年白鹿镇被命名为国家卫生乡镇，2016—2019 年按照国家卫生乡镇（县城）标准巩固创卫成果，2020 年高标准通过国家卫生乡镇复评。

丹景山镇
Danjingshan Town

【概况】 丹景山镇位于彭州市西北平原到山区的过渡地带、湔江的出水口，地处成都市1小时交通圈内，距成都西北50公里，彭州市区12公里，区域面积65.42平方公里，辖10个村（社区）、129个村（居）民小组，30716万人。

丹景山镇境内山、丘、坝俱全，自然形成"六山一水三分坝"的地理格局和"一江九河四库"的优势水利基础，是彭州市区域中心镇和湔江河谷门户。丹景山镇气候温和，风景秀丽，河渠纵横，湖泊星罗，物产丰富，自古以来就是一个"灵秀独钟"的地方。镇域内水系发达，彭州的母亲河——湔江由此处分水为九河，故丹景山镇有"一江九河"之说。丹景山镇盛产鲤鱼、鲢鱼、鲫鱼、草鱼等，农业主要种植水稻、玉米和大蒜等作物，林业主要种植巨桉、千丈、桤木、桦树及核桃、枣、猕猴桃等经济林木。唐朝在今丹景山、三昧水一带的茶陇山盛产堋口茶，其中所产的石花、仙崖等上品曾作为唐时贡茶之一，中国茶圣陆羽在《茶经》中也有记载，当地仍有出产。

丹景山镇原名九陇镇，历史悠久，文化灿烂、山清水秀，是蜀文化的发源地之一，在南北朝至宋朝的几百年间，曾在这里设九陇郡、县治所。自唐朝以来，丹景山上便广种牡丹至今，其历史文化底蕴极其丰富，集"牡丹之乡、宗教文化、古蜀文化、水文化"等特色资源于一体。境内的丹景山风景区是国家AAAA级旅游景区，素有"丹岳岱宗""古唐胜迹""丹景第一"之称，是中国天彭牡丹的发源地。景区从1985年开始举办牡丹花会，已举办37届。宗教文化旅游资源十分丰富，佛教、道教、天主教俱全。如佛教圣地，有三昧禅林、法藏寺、金华寺等；道教圣地有始建于唐朝唐玄宗时期的真武宫和坐落于丹景山景区的天师宫、鲁班庙等；天主教有白鹿上书院的前身、与之一脉相承的马桑经堂。在几千年的历史变迁中，丹景山镇还形成望乡台朝山祈福、关口棒棒会、长寿文化等许多独特的民间传说和习俗。

2020年，丹景山镇围绕建设"九陇湖山水公园"奋斗目标，抢抓机遇、攻坚克难，推进各项目标任务完成，全年农业增加值增长3.2%，二产完成550万元，三产完成1.5亿元，人均可支配收入24042元，比上年增长9%。

丹景山镇党委书记：袁熙玉（9月离任）、兰肖雄（9月任职）；镇人民政府镇长：兰肖雄（9月离任）、叶南村（9月任职）。

【村（社区）调整改革】 丹景山镇有序推进机制体制调整，完成18个村（社区）合并为10个，216个村（居民）小组调整为129个，推进村（社区）党组织换届工作，配备党组织委员50名，离任干部19名，新进两委干部10名，实现党组织成员学历年龄"一升一降"，计划实现村（社区）党组织书记"一肩挑"全覆盖，释放改革创新发展动能。

表26 2020年彭州市丹景山镇村（社区）调整情况表

序号	村（社区）	村（居）民小组（个）	性质	合并情况
1	关口社区	19	涉农社区居委会	原白塔社区、关口场社区
2	石洞埝社区	29	涉农社区居委会	原东河村、石洞埝社区
3	东前社区	12	涉农社区居委会	原东方村、东前社区
4	石牛社区	12	村委会	原马桑村、石牛社区
5	武备村	18	村委会	原五柏村、武备村
6	杉柏村	13	村委会	原前方村、杉柏村

续表 26

序号	村（社区）	村（居）民小组（个）	性质	合并情况
7	新春村	9	村委会	原将军村、新春村
8	丹景村	8	村委会	不变
9	双松村	12	村委会	原集埝村、双松村
10	石河村	9	村委会	不变

丹景山镇共享厨房

【社区治理】 丹景山镇落实“共建、共治、共享”社区发展治理理念，引导群众参与“显山露水”建设，促进干道两侧杂树、杂草清理，亮出 8 公里观山透视走廊。引导群众参与花溪街打造、金鹭新居小区提升、永定老街引水上街等项目建设，社区治理相关经验做法被中央电视台《新闻 30 分》《人民日报》和人民网等主流媒体宣传报道，入选 2020 社会治理创新十佳示范名单。落实“河湖长制”，开展人居环境整治，制定《丹景山镇农村人居环境整治工作考核奖励办法》，设立丹景山镇人居环境整治工作奖励专项资金、“先进村（社区）”流动红旗。整改问题 332 个，清理各类杂物 200 余吨、清理乱堆乱放、卫生死角 260 余处，拆除违建及干道两侧支棚搭架 120 处 1900 平方米。

【乡村振兴】 丹景山镇推动产业提档升级。引进优质农产品，丹枣、百香果、草莓等种植；挖掘牡丹资源，研发牡丹养生酒、牡丹养颜茶等特色产品；推进新春村岳家林盘打造，培育新春村、丹景村创建成为彭州市乡村振兴示范村。改造提升老站书吧文创空间，打造花溪街、岳家林盘、共享厨房等一批生活场景和共治场景。规划建设乡村博物馆，网红小火车实现双向对开，童话火车总动员 10 月开园营业，成为新晋网红打卡地，牡丹文创孵化基地建设推进。

【项目建设】 丹景山镇按照市委、市政府再现“天彭门”盛景的发展部署，打造九陇湖山水公园，推动丹景山国际旅游度假区建设谋划；新农村建设、成都三绕等重大项目有序推进，10 千伏、35 千伏、

花街村堂屋

12月16日，丹景山镇承办成都市基层综合应急救援队伍规范建设现场会

150千伏、220千伏等53个塔基进场施工，三绕互通、三绕杆线迁改按期完成；助力实现童话火车总动员、丹景花间、丹景传习院等项目实施；推动白塔文创聚落、牡丹文创孵化基地等12个产业聚落建设；引进龙门山·民宿、国家危险化学品应急救援（成都）基地、丹景·翰林农业产业园等多个重点项目，推进场镇污水户集支管网建设、建设路路面、绿化及风貌改造完工。

【民生保障】 丹景山镇开展就业培训，促进就业创业100余人；重点优抚对象补助、困难残疾人生活补贴、临时救助资金等及时发放到位；新建环卫公厕1座，农村公厕1座，修建生活垃圾收集设施13个；第七次人口普查工作全面完成；创建成为成都市健康乡镇，配合彭州市创建成为国家优质计划生育服务县；全年开展企业安全、交通安全、食品安全、消防安全等安全检查200余次，整改安全隐患300余处，承办成都市“基层综合应急救援队伍规范建设”现场会，获“彭州市消防工作先进集体”。建立综合巡逻队伍，常态化巡查风险隐患，处理各类风险700余件次，获成都市第三批“扫黄打非”基层示范点。启动集中居住小区治理，统筹推进花溪街、永定老街改造提升，惠及群众9000余人。处置灾后重建、征地拆迁等10余起群体性事件，调处矛盾纠纷300余件。

【基层党建】 丹景山镇切实履行管党治党责任，全年召开党建工作专题会16次，整顿提升东前社区、杉柏村软弱涣散党组织，推动2019年述职评议问题整改。推进村（社区）体制机制改革“后半篇文章”，优化调减8个村（社区），开展村（社区）两委换届，统筹推进镇级一体化中心和10个村（社）“堂屋”阵地建设，深化“党建引领、双线融合”治理机制，拓展实践“花村街”治理路径，相关做法被中央电视台《新闻直播间》《人民日报》等关注报道。

葛仙山镇
Gexianshan Town

【概况】 葛仙山镇位于彭州市北部，区域面积68.07平方公里。距成都市40公里，属成都1小时交通圈内。距彭州中心城区20公里。辖9个村和3个社区。2020年，全镇总户数1.3万户，36534人。

境内有龙门山核心地质公园葛仙山，国家级文物单位云居院塔，葛仙山镇以农商文旅体融合发展为引领，促进生态价值转化、空间形态优化、田园景观美化，形成1万亩花木果树和5万亩彩田林盘，先后获评“全国休闲农业与乡村旅游示范点”“省级旅游度假区”“成都市乡村振兴先进镇”等。

葛仙山称谓几经变化，终以葛仙山闻名。葛仙山（《无绪志》“仙翁拾遗”曰：葛仙翁永贵，居蜀上清山，白日升天，时人称此山为葛仙山）；隋称道场山（《隋志》记：九陇县有道场山）；唐称莲花山，初唐四杰之一王勃登葛仙山，《唐书·文苑传》记：“勃尝登葛仙山旷望，慨然思诸葛武侯之功，赋诗寄情”。著《莲花峰赋》，朱书于葛仙殿壁，故该山又称莲花山。因山形特点，有东、南、西、北、中五峰又名五斗山；葛仙山是中国道教发祥地之一，东汉顺帝时（126—144年），张陵于鹤鸣山创道教，设二十四治，葛仙山居第五治，道教始兴盛于葛仙山。镇内山丘坝俱全，以鸭子河为界，北是丘陵、低山区，南是广袤平原，生态环境得天独厚，气候适宜各种农作物生长。葛仙山是龙门山国家地质公园核心景区，喀斯特地貌，即“飞来峰”溶蚀盖帽山地的典型代表，第四纪地层——“擦痕”；灰岩覆盖于侏罗纪地层——接触带，其地质景观世界罕见，山中溶洞众多，有“九九八十一洞”之说，游玩、科考极具魅力。葛仙山镇山丘坝俱全，产业发展具有多样性，每到春天，上万亩桃花、李花、梨花、樱花、牡丹花等次第开放，形成了色彩斑斓的大地景观，春花、夏果、秋叶（枫叶、银杏）、冬雪，极具乡村旅游本底特色的葛仙山已成为人们休闲、娱乐、健身的最佳去处。

葛仙山镇围绕彭州市“一一二三六”发展战略，以打造龙门山湔江河谷生态旅游区为发展定位，立足运动休闲特色镇建设，全年一般公共预算收入2685.69万元，完成固定资产投资20亿元、农民人均纯收入31200元。

葛仙山镇党委书记：梁恩均；镇人民政府镇长：陆小强。

【村（社区）调整改革】 葛仙山镇推进村（社区）调整，22个村（社区）调减至12个村（社区），235个村民小组调减至130个，村（社区）平均面积由3.29平方公里增加到6.03平方公里，平均人口由1700人增加到3200人，村（社区）的资产、资源优化，乡村旅游能力提升。

表27 2020年彭州市葛仙山镇村（社区）调整情况表

序号	村（社区）	村（居）民小组（个）	性质	合并情况
1	万年社区	11	农村社区	原万年社区、蒲沟村、乐江村
2	张泉村	7	农村	不变
3	楠杨社区	14	农村社区	原楠杨社区、杨柳村、永乐村
4	楠林社区	14	农村社区	原楠新村、文林村
5	熙玉村	12	农村	不变
6	花园村	7	农村	不变
7	群柏村	7	农村	不变
8	云居村	14	农村	原大曲村、建新村
9	官仓村	9	农村	原官仓村、东虎村
10	华顺村	9	农村	原华南村、百顺村
11	井泉村	13	农村	原山泉村、八井村
12	普红村	13	农村	原普胜村、红庙村

【项目建设推进】 葛仙山镇开展“一个重点项目一个服务专班”服务。打造云居、熙玉、万年社区三个示范引领片区。建成运营的“稻田野趣”民宿，提升“梨花读·熙玉乡村图书馆”；推进占地320亩、投资1.28亿元的“林野·杏林中医主题村”一期项目建成投入运营，打造中医川西合院式林盘院落消费新场景；推进投资1.2亿元的康弘药业组培中心和中药材种植基地、“小满·未满田园生活馆”项目进场建设。推进“云山擒景”“烟火渡”等3个民宿项目建成投营；促进“仙山贤庭”乡村酒店项目进场建设、台湾石匠文旅集团投资10亿元打造“彭州魔力棒球乐园”，启动万年场镇有机更新并完成“赶万年场·寻仙山灵”特色街区一期打造，保障成都三绕建设和川西气田4口井建设。

【乡村建设】 葛仙山镇推进7个村级合作联社和各村合作联社入股筹建的葛仙优品文化旅游开发有限公司，开展集体土地、停车场、旅游景区等资源整合，采取集体资产入股、集体建设用地合作开发、劳务输出等方式实现资源变资产。整治拆除辖区内危旧房屋和违建棚房，75处4700平方米；清理闲置工矿用地和集体建设用地68宗299亩，盘活出让30宗35亩。实施农商文旅体融合发展，举办“熙玉酥梨”“花园贡李”采摘季活动。推进熙玉酥梨、云居桑葚有机农产品认证，包装熙玉梨汁、梨膏糖、梨花白道茶等“葛鲜汇”“葛村长”系列农创品牌。提升水环境质

8月1日，第四届 “醉美熙玉 香甜酥梨”采摘活动

量，启动葛仙山镇水资源开发利用建设项目，通过串联牌坊沟水库—冷浸沟水库—熙玉河—花园沟沿线水系，改善熙玉河、花园沟的水生态环境，保障以中医药为主题的养生休闲度假区建设，提升乡村旅游品质。

【基层治理】 葛仙山镇选优配齐村（社区）、组干部和议事会、监事会成员。邀请省农科院、市社治委、同济大学等专家教授讲课，提升镇村干部服务水平。吸引优秀人才返乡或外地人才到葛仙山创业成为“新村民”，推进乡风净化和乡村治理。在全镇小区推行“334”准物业管理模式收取物业清洁费，提升小区环境品质和生活体验。定期组织村（社区）开展乡村振兴竞进拉练，推进“一村一示范”，与同济大学等校地合作，共建“同济大学乡村振兴创新基地”，拓展“写生经济”和“游学经济”。建设“熙玉讲堂”，推进“新型职业农民培训”“乡村振兴政策讲解”等。开展“优秀退伍军人”“优秀组长”“好公公好婆婆”等评选，树立社会正气和崇德向善仙山风气，凝聚发展合力。

桂花镇
Guihua Town

【概况】 桂花镇位于彭州市西部，原镇政府驻地桂花镇金桂西街268号，乡镇机构调整后，合磁峰镇，现镇政府驻地桂花镇金桂西街268号，另有第二办公点磁峰社区钟鼓楼路204号，距离彭州市区18公里，西与都江堰市接壤，享有“西蜀陶瓷之乡”的美誉。全镇区域面积112.08平方公里，辖9个行政村和5个社区，205个村（居）民小组。2020年末，全镇城乡居民总户数为16127户，年末总人口43689人。

葛仙山镇推行“334”准物业管理模式

桂花镇生态资源丰富，平均海拔997米，年均降雨量1100毫米，年均气温14.5℃，森林覆盖率61%。境内有万亩竹海、万亩药材、万亩猕猴桃、一千亩莲花湖、四百亩罗汉洞水库，又有四川规模最大的金丝楠木林，境内土溪河、埃山河、桐麻河、蒲阳河四条主要河流纵横交错，其中土溪河因两岸翠竹绵延数十里，又有西部“翠竹长廊”之美誉，两岸植被郁闭近100%，负氧离子充沛，动植物物种多样，2019年被四川省气象协会评为淑气小镇。

桂花镇历史悠久，建场已有500余年历史。境内拥有世界唯一连续双足迹蜥类、中国迄今为止最久远的恐龙脚印化石；有土溪河畔的汉代崖墓；有三国著名人物张松故宅、张松祠、张松墓，其宅院改建的三圣寺，数百株古楠木郁郁葱葱；插旗山也因当年张献忠义军驻军而得名。桂花镇是古代成都平原陶器的重要产地之一，2005年，有千年历史的“桂陶”制作被评为四川省非物质文化遗产。川内迄今最早的仿定窑窑口磁峰窑，明朝嘉靖年间修建的“龙窑”，近500年仍在使用。2004年被四川省文化厅授予“西蜀陶艺之乡”称号；2008年“桂陶”被收入四川省非物质文化遗产名录；2017年桂花镇被评为成都市第一批10个非物质文化遗产特色小镇之一。2018年桂花镇对越自卫反击战纪念馆被四川省人民政府评为第四批省级国防教育基地。镇域内长期流传王勃与金城慈竹、杜甫与磁峰白瓷、高适与鹿鸣荷畔、苏轼与磁峰麻饼等历史文化名人、历史故事和民间传说。境内有“三国张松

桂陶作坊

故里”“三圣寺”“真武宫”“猎枪会”“双红樱花山”“衡州玫瑰谷”“万亩竹海”“莲花湖”“天河农业”“龙门·柒村”等风景名胜和历史人文景观。主要产业以农业和“陶瓷”“民宿”产业为主，是四川省的“陶艺之乡”。

2020 年，桂花镇贯彻“五朵金花”竞放发展战略，以农业产业为基础、以桂陶特色产业为抓手、以旅游康养项目为重点，互动一、二、三产业协调发展，打造集生态康养、旅游度假、文化传承于一体的文旅特色小镇。全年完成固定资产投资 62000 万元，引进项目 8 个，农民人均纯收入 20214 元。

桂花镇党委书记：杨胜余；镇人民政府镇长：周煜。

【村（社区）调整改革】 5 月 25 日，桂花镇按照彭州市人民政府《关于同意桂花镇花塔村等 25 个村（社区）优化调整方案的批复》文件精神，将花塔村与蟠龙村合并设立蟠龙村；一龙村与衡州村合并设立衡州村；灯塔村与三圣村合并设立三圣村；石花村与双红村合并设立双红村；清桥村与双林村合并设立林泉村；高峰村与龙头村合并设立龙头村；插旗村与丰乐场社区合并设立丰乐社区；西一村、莲花湖社区、磁峰场社区合并设立磁峰社区；沂水村与桂花社区合并设立桂花社区；庙坪村、涌华村、小石社区合并设立金城社区；滴水村、皇城村、鹿坪社区合并设立鹿坪社区；利济村、红石桥村、石门村不做调整。桂花镇调整至 9 个行政村和 5 个社区。

表 28　2020 年彭州市桂花镇村（社区）调整情况表

序号	村（社区）	村（居）民小组（个）	性质	合并情况
1	桂花社区	19	涉农社区	原沂水村、桂花社区
2	丰乐社区	15	涉农社区	原插旗村、丰乐场社区
3	磁峰社区	10	涉农社区	原西一村、莲花湖社区、磁峰场社区
4	金城社区	21	涉农社区	原庙坪村、涌华村、小石社区
5	鹿坪社区	19	涉农社区	原滴水村、皇城村、鹿坪社区
6	双红村	17	行政村	原石花村、双红村
7	三圣村	12	行政村	原灯塔村、三圣村
8	林泉村	14	行政村	原清桥村、双林村
9	红石桥村	10	行政村	未调整
10	利济村	10	行政村	未调整
11	衡州村	16	行政村	原一龙村、衡州村
12	龙头村	14	行政村	原高峰村、龙头村
13	蟠龙村	14	行政村	原花塔村、蟠龙村
14	石门村	8	行政村	未调整

【产业发展】 桂花镇镇内有工业企业 83 家，其中规模以上企业 4 家。建成精宿 3 家、优宿 5 家、乐宿 6 家。其中无所事事精品民宿获评首批国家级五星民宿称号，上榜 2019 中国民宿榜 TOP50。境内以“桂陶”闻名，俗称“西蜀陶艺之乡”，获评为四川省非物质文化遗产，2017 年桂花镇被评为成都市首批 10 个非物质文化遗产特色小镇之一，2019 年彭州桂花土陶技艺体验基地被列为第一批四川省非物质文化遗产项目体验基地。

【社会民生】 桂花镇以救助、就业为抓手，提升群众幸福指数。完善全镇 159 名特困人员生活保障，快速救助和临时救助 84 人 16300 元，发放高龄津贴

7619人次554900元，开展集中品牌劳务培训1期30人，对全镇6个日间照料中心进行提档升级，提供定期保健、定期卫护、定期辅导的“三定”服务老人；以“蓝天碧水净土”保卫战为抓手，启动智慧巡河试点工作，常态化开展清垃圾、清沟塘、清畜禽、改变不良习惯为主要内容的“三清一改”行动，推进人居环境整治，建成污水处理站1座、旅游公厕2座。20余亩建成田园自然景观——花花世界花卉观赏园提档升级，推进蟠江河5公里河道和水质进行生态化治理，建成200亩绣球花谷；拓展“123”“五户联助”群众工作法，以“示范城镇社区+示范乡村社区+示范产业社区”为抓手，引导党员群众共建共治高品质和谐宜居生活社区。建成全市首个“智慧社区”，金城社区创建成为成都市“百佳示范社区”，推进1个成都市级示范社区、1个提档升级社区和1个彭州市示范小区创建，促进丰乐社区争创省级汉藏民族团结社区。

【治安风险防控】 桂花镇以安全生产、扫黑除恶、“三张清单”化解为抓手，化解“三张清单”案件11件。各类矛盾调解率100%，成功率94%。开展扫黑除恶专项斗争，办结涉黑涉恶线索6条，推进2个消防社区、2个基层应急能力提升村和2个综合减灾示范村建设。开展安全隐患大排查大整治攻坚行动，排查和整治隐患40余个。

【党建引领振兴】 桂花镇落实管党治党主体责任，推动全镇社会经济发展。抓农业复工复产措施被2月20日《人民日报》经济版报道，3月27日成都市乡村振兴暨一产业重大项目集中开工仪式、成都市生猪生产和疫病防控工作会在桂花镇举行，举办“龙门山·柒村”首届乡村文创生活节、2020年“金城森林·自然生活节”，吸引2020年中国·彭州龙门山艺术节第六届花境论坛暨四川花境产业发展峰会、第三届龙门山民宿发展峰会在镇举办。民宿点亮乡村，产业活化场镇的做法在成都市被撤并乡镇资源整合利用现场推进会上作书面交流发言。蟠龙村获评四川省、国家级乡村旅游重点村。以“不忘初心、牢记使命”主题教育为抓手强化队伍思想政治建设，建立“4+N”（即4个教育基地和院落党课加农民夜校、微党校等多个课堂）常态化教育模式学习。截至年底，组织党员干部2000余人次到4个教育基地参观学习，举办农民夜校15期、开展院落党课10余次。以镇、村级建制改革为契机，开展支部“结对共建+竞进拉练”争优比拼行动，结成党建对子7对，开展3类11项“农村党建+产业发展+社区治理”，提升联建联助联动联推能力。开展“结对共建”党员教育、阵地建设和产业发展活动20余次，“竞进拉练”1次。推进村级建制调整，12个村（社区）支部书记、主任“一肩挑”，两委班子新进成员9人，岗位调整62人；358个村（居）民小

白瓷博物馆

桂花镇龙门山·柒村

组调整为205个；履行全面从严治党主体责任，围绕“三重”和龙门山·柒村、天河农业、三圣林盘、龙窑等五大重点项目，建立“领导专班+专人定责+督责问责”责任机制，开展“现场督查+定时提醒+失职必问”的“懒散拖”专项治理，提醒谈话1人，解决久拖不决事项2个，化解项目推进遗留问题1个。

【特色产业】 桂花镇以“体验式观光农业”和“民宿产业园区”相结合的方式，以蟠龙文创聚落和小石亲子聚落为突破口，探索集体资产与社会资本、“社会资本轻资产投入+村集体重资产补运营能力短板的合作和利益共享机制”“社会资本重资产+村集体经济”参与的补资金短板的利益共享机制，实现全镇村级集体经济组织年收入增长目标；打造生活场景，完成小石玉衡台等3个文旅配套项目建设，小石共享等2个集体示范民宿投入运营，地球仓等3个精品民宿主体工程完工，推进中国·彭州无人机智慧谷项目和玖望2个文旅项目签约。打造生产场景，窑食记、乡村集市、瓷艺坊等8个项目启动建设，乡味民宿、蜀中糖门投入运营。打造生态场景，提升花花世界观赏基地建设，实施3公里蟠江河生态治理和水景观、石门精品林盘打造，完成三级慢行系统的策划规划、石门—金城示范段建设。投入40万元完成三圣林盘专项策划和产业发展研究，投资近300万元天河盛境河滩地生态修复示范工程完工90%。

附　录

APPENDIX

荣誉榜 / 文件目录 / 民生实事 / 专题记述 / 调研报告 / 统计资料

荣誉榜

Honor List

2020年彭州市获奖单位一览表

表 29

获奖单位	荣誉称号	颁奖单位	颁奖时间
彭州市	省级平安铁道线	四川省铁路护路联防工作领导小组	2020.1
彭州市	2019 年度全市精神文明建设专项工作先进单位	成都市精神文明建设办公室	2020.1
彭州市	成都市重大行政决策示范案例	成都市法治政府建设工作领导小组	2020.1
彭州市	“运动成都”2019 年成都市“十大阳光体育活动”综合评估篮球活动一等	成都市体育局、市教育局、市精神文明建设办公室	2020.1
彭州市	“运动成都”2019 年成都市“十大阳光体育活动”综合评估排球活动二等	成都市体育局、市教育局、市精神文明建设办公室	2020.1
彭州市	“运动成都”2019 年成都市“十大阳光体育活动”综合评估武术活动二等	成都市体育局、市教育局、市精神文明建设办公室	2020.1
彭州市	“运动成都”2019 年成都市“十大阳光体育活动”综合评估田径活动二等	成都市体育局、市教育局、市精神文明建设办公室	2020.1
彭州市	“运动成都”2019 年成都市“十大阳光体育活动”综合评估乒乓活动二等	成都市体育局、市教育局、市精神文明建设办公室	2020.1
彭州市	“运动成都”2019 年成都市“十大阳光体育活动”综合评估游泳活动二等	成都市体育局、市教育局、市精神文明建设办公室	2020.1
彭州市	“运动成都”2019 年成都市“十大阳光体育活动”综合评估网球活动二等	成都市体育局、市教育局、市精神文明建设办公室	2020.1
彭州市	“运动成都”2019 年成都市“十大阳光体育活动”综合评估棋类活动二等	成都市体育局、市教育局、市精神文明建设办公室	2020.1
彭州市	“运动成都”2019 年成都市“十大阳光体育活动”综合评估模型活动一等	成都市体育局、市教育局、市精神文明建设办公室	2020.1
彭州市	2019 年度全省农村改革先进县	四川省委办公厅、省政府办公厅	2020.3
彭州市	2019 年度成都市对口支援藏区工作先进集体（区市县）	成都市对口支援藏区工作领导小组	2020.3
彭州市	2019 年医改目标管理考核先进单位	成都市深化医药卫生体制改革工作领导小组秘书处	2020.3
彭州市	2019 年度全省农村改革先进县	四川省委办公厅、省政府办公厅	2020.3
彭州市	第十一届四川省双拥先进城	四川省双拥工作领导小组	2020.4
彭州市	四川省双拥先进城（县、区）	四川省双拥工作领导小组	2020.4
彭州市	2019 年国卫县城（乡镇）创建复审工作先进单位	成都市爱国卫生运动委员会办公室、成都市卫生健康委员会	2020.4
彭州市	2019 年健康细胞（街道、乡镇、社区、村、单位）创建工作先进单位	成都市爱国卫生运动委员会办公室、成都市卫生健康委员会	2020.4

续表 29

获奖单位	荣誉称号	颁奖单位	颁奖时间
彭州市	2019 年省内对口帮扶藏区彝区贫困县先进集体	四川省委、省政府	2020.5
彭州市	2019 年省内对口帮扶藏区彝区贫困县工作成效考核评价情况为好的市	四川省委办公厅	2020.5
彭州市	关于表扬第七届中国成都国际非物质文化遗产节组织工作先进集体、先进个人的通报	四川省人民政府	2020.5
彭州市	2019 年法治政府建设年度报告制度落实较好单位	成都市法治政府建设领导小组办公室	2020.5
彭州市	4 月成都市服务业招商光荣榜	成都市服务业发展领导小组办公室	2020.5
彭州市	2020 年四川省乡村旅游重点名单	四川省文旅厅、省发改委	2020.6
彭州市	为庆祝中华人民共和国成立 70 周年活动组织统筹工作做出突出贡献部门	成都市委办公厅、市政府办公厅	2020.6
彭州市	2020 年全国、省、市“两会”期间信访维稳工作表现突出区（市）县	成都市信访工作联席会议办公室	2020.6
彭州市	庆祝中华人民共和国成立 70 周年活动组织统筹工作突出贡献单位	成都市委办公厅、市政府办公厅	2020.6
彭州市	2020 年全国县域旅游发展潜力百佳县	全国县域旅游研究课题组、北京华夏佰强旅游咨询中心	2020.7
彭州市	国家农产品质量安全市	成都市人民政府	2020.7
彭州市	2020 年全国县域旅游发展潜力百佳县	全国县域旅游研究课题组、北京华夏佰强旅游咨询中心	2020.7
彭州市	2020 年成都市投资促进“百日擂台赛”工作流动红旗	成都市对外开放领导小组	2020.7
彭州市	国家农产品质量安全市	成都市人民政府	2020.7
彭州市	2019 年度四川省县域经济发展强县	四川省委办公厅	2020.8
彭州市	2019 年重大疾病防控工作综合评估先进单位	成都市卫生健康委员会	2020.8
彭州市	体育道德风尚奖	成都市第十四届运动会组委会办公室	2020.8
彭州市	2019 年度四川省县域经济发展强县	四川省委、省政府	2020.8
彭州市	2020 年度报刊宣传先进集体	中国红十字会总会	2020.9
彭州市	2020 中国西部百强县市	竞争力智库、中国经济导报社、中国信息协会信息化发展研究院、北京中新城市规划设计研究院	2020.9
彭州市	“2020 中国特色旅游商品大赛”银奖	中国旅游协会	2020.9
彭州市	2020 中国西部百强县市	竞争力智库、中国经济导报社、中国信息协会信息化发展研究院、北京中新城市规划设计研究院	2020.9
彭州市	2020 中国西部地区县域全面建成小康社会典型案例	竞争力智库、中国经济导报社、中国信息协会信息化发展研究院、北京中新城市规划设计研究院	2020.9
彭州市	四川省第二批天府旅游名县候选县（市、区）、文化旅游特色小镇	四川省人民政府办公厅	2020.9
彭州市	“2020 四川特色旅游商品评选”银奖	四川省旅游商品与装备协会	2020.9
彭州市	8 月成都市服务业招商光荣榜	成都市服务业发展领导小组办公室	2020.9

续表 29

获奖单位	荣誉称号	颁奖单位	颁奖时间
彭州市	2020 中国西部地区县域全面建成小康社会典型案例	竞争力智库、中国经济导报社、中国信息协会信息化发展研究院、北京中新城市规划设计研究院	2020.9
彭州市	1—9 月成都市服务业招商光荣榜	成都市服务业发展领导小组办公室	2020.10
彭州市	2020 年项目招引攻坚先进单位	成都市项目招引攻坚行动领导小组	2020.10
彭州市	2020 中国民宿榜黑松露奖乡村振兴文旅产业创新实验市（县）	借宿（活动由世界旅游联盟、四川省文化和旅游厅、四川省旅游学会指导，成都市人民政府主办）	2020.10
彭州市	中国县域旅游发展潜力百强县市	竞争力智库、中国经济导报社、中国信息协会信息化发展研究院、北京中新城市规划设计研究院	2020.11
彭州市	2020 中国县域旅游发展潜力百强县市	竞争力智库、中国经济导报社、中国信息协会信息化发展研究院、北京中新城市规划设计研究院等机构联合发布	2020.11
彭州市	2020 中国楼宇经济投资高地城区奖	中国楼宇经济全球合作大会评委会	2020.11
彭州市	四川省第十次孕前优生健康检查项目临床检验室间质评活动成绩优秀县（市、区）	四川省卫生健康委员会	2020.11
彭州市	2020 年成都市疾病预防控制（预防接种暨精神卫生防治）技能竞赛团体奖	成都市卫生健康委员会、市总工会、市妇联	2020.11
彭州市	2020 中国县域旅游发展潜力百强县市	竞争力智库、中国经济导报社、中国信息协会信息化发展研究院、北京中新城市规划设计研究院等机构联合发布	2020.11
彭州市	2020 中国楼宇经济投资高地城区奖	中国楼宇经济全球合作大会评委会	2020.11
彭州市	彭州市芙蓉花境优胜奖	成都市公园城市建设管理局	2020.11
彭州市	成都市第一届营养配餐技能竞赛三等奖	成都市卫生健康委员会、市人力资源和社会保障局、市商务局、市总工会	2020.11
彭州市	精神卫生防治技能竞赛区县团体二等奖	成都市卫生健康委员会、市总工会、市妇联	2020.11
彭州市	2020 年度计划生育家庭保险工作先进单位	成都市计划生育协会、中国人寿成都分公司	2020.11
彭州市	2020 年成都市农村户厕改造提升健康教育宣传科赛课活动优秀课件三等奖	成都市爱国卫生运动委员会办公室	2020.11
彭州市	2020 年四川省《国家体育锻炼标准》达标赛成都分站赛暨成都市《国家体育锻炼标准》达标赛总决赛团体优胜奖	成都市体育局	2020.11
彭州市	2020 年成都市第五届社会体育指导员健身技能交流展示最佳编排奖	成都市体育局	2020.11
彭州市	10 月全市服务业招商光荣榜	成都市服务业发展领导小组办公室	2020.11
彭州市	成都市国家级楼宇经济服务标准化试点示范单位	成都市商务局、市市场监督管理局	2020.11
彭州市	第五届四川省文明城市	四川省精神文明建设委员会	2020.12
彭州市	2020 中国县级市全面小康指数前 100 名	竞争力智库、中国经济导报社、中国信息协会信息化发展研究院、北京中新城市规划设计研究院	2020.12
彭州市	2020 年法治政府建设优秀城市	《法治日报》	2020.12

续表 29

获奖单位	荣誉称号	颁奖单位	颁奖时间
彭州市	2020 法治政府建设优秀城市	法治日报社、法治周末报社	2020.12
彭州市	2020 平安创建优秀城市	法治日报社、法治周末报社	2020.12
彭州市	2020 社会创新示范城市	法治日报社、法治周末报社	2020.12
彭州市	2020 社会治理创新示范城市	法治日报社、法治周末报社	2020.12
彭州市	2020 平安创建优秀城市	法治日报社、法治周末报社	2020.12
彭州市	2020 法治政府建设优秀城市	法治日报社、法治周末报社	2020.12
彭州市	第五届四川省文明城市	四川省精神文明建设文员会	2020.12
彭州市	四川省中医药产业发展示范市	四川省中医药管理局、省财政厅	2020.12
彭州市	2020 年度川烟培育和现代烟草农业发展成效突出县（市、区）	四川省烟草发展工作领导小组	2020.12
彭州市	“天府文创大赛”铜奖	中国旅游商品与装备协会、四川文化创业产业院、四川文化和旅游创意产业联盟	2020.12
彭州市	四川省中医药产业发展示范市、县	四川省中医药管理局、省财政厅	2020.12
彭州市	七五普法特色亮点工作（彭州市创新推进青少年法治文化教育）	四川省司法厅	2020.12
彭州市	第五届四川省文明城市、文明村镇、文明单位和第二届四川省文明家庭、文明校园及新一届四川省未成年人思想道德建设工作先进	四川省精神文明建设委员会	2020.12
彭州市	彭州白瓷文创集市“四川文创集市”	四川省文化和旅游创意产业联盟	2020.12
彭州市	2020 年度川烟培育和现代烟草农业发展成效突出县（市、区）	四川省烟草发展工作领导小组	2020.12
彭州市	四川省农机推广工作突出单位	四川省农机技术推广总站	2020.12
彭州市	2020 年健康相伴文明同行知识大赛优秀组织奖	成都市爱国卫生运动委员会办公室、成都市精神文明建设办公室	2020.12
彭州市	天府市民云“十佳”市民口碑特色服务优秀奖	成都市城乡社区发展治理工作领导小组	2020.12
彭州市委、市政府	2020 年度人民网网民留言办理工作民心汇聚单位	人民网	2020.10
彭州市委、市政府	2020 年度人民网网民留言办理工作民心汇聚单位	人民网	2020.11
彭州市委、市政府	2020 年第二届全国党建引领城乡社区发展治理论坛“十佳优秀案例”	人民日报《民生周刊》杂志社、四川党建期刊集团	2020.12
彭州市委	2020 年全国科普日活动优秀组织单位	中国科协办公厅	2020.12
彭州市委	2020 年全国科普日活动优秀组织单位	中国科学技术协会办公厅	2020.12
彭州市委办公室	《中办通讯》订阅学用工作二等奖	成都市委办公厅	2020.12
彭州市委办公室	《秘书工作》订阅学用工作二等奖	成都市委办公厅	2020.12
彭州市委办公室	2020 年度“1001 任务先进集体”	成都市委办公厅	2020.12
彭州市政府	2019 年度成都市网络理政先进集体	成都市人民政府办公厅	2020.1
彭州市政府	第七届中国成都国际非物质文化遗产节组织工作先进单位	四川省人民政府	2020.5
彭州市政府	第四届上海·全国优质农产品博览会优秀组织奖	上海·全国优质农产品博览会	2020.8
彭州市政府	成都市大学生征兵工作先进单位	成都市人民政府、成都警备区	2020.9
彭州市政府	2019 年安全生产先进单位	成都市人民政府	2020.9
彭州市政府	2019 年成都市投资和重点项目推进工作成绩突出单位	成都市人民政府办公厅	2020.11

续表 29

获奖单位	荣誉称号	颁奖单位	颁奖时间
彭州市政府	2019 年成都市投资和重点项目推进工作成绩突出单位	成都市人民政府办公厅	2020.11
彭州市政府办公室	成都市政府系统值班值守工作先进集体	成都市人民政府办公厅	2020.5
彭州市政府办公室	成都市政府系统政务督查工作先进集体	成都市人民政府办公厅	2020.5
彭州市委宣传部	2019 年全市“扫黄打非”工作先进集体	成都市“扫黄打非”工作领导小组	2020.4
彭州市委宣传部	庆祝中华人民共和国成立 70 周年活动单项工作做出突出贡献部门	成都市委办公厅、市政府办公厅	2020.6
彭州市委宣传部	2019 年度全市宣传思想文化系统调研工作先进单位	成都市委宣传部	2020.6
彭州市委宣传部	2020 年成都市群众体育工作先进单位	成都市体育局、市体育总会	2020.8
彭州市委宣传部	成都市 2020 年中华经典诵写讲演系列活动优秀组织奖	成都市委宣传部、市精神文明建设办公室、市语言文字工作委员会、市教育局、市广播电视台	2020.12
彭州市委宣传部	成都市社科联系统 2020 年度先进集体	成都市社会科学界联合会	2020.12
彭州市委政法委	成都市 2019 年度网格化服务管理“双十佳、双百佳”评选活动组织奖	成都市委政法委员会办公室	2020.1
彭州市委政法委	2019 年平安建设群众满意度测评第三名	四川省委政法委员会办公室	2020.2
彭州市委政法委	中华人民共和国成立 70 周年大庆安保维稳信访工作中表现突出公务员集体	成都市委办公厅	2020.6
彭州市委政法委	2019 年度全市新型宣传工作先进单位	成都市委政法委员会	2020.6
彭州市委政法委	四川省政法系统“微党课”评选活动优秀组织单位	四川省委政法委员会	2020.7
彭州市委党史研究室	2020 年度成都党史工作先进单位	成都市委党史研究室	2020.12
彭州市委党史研究室	2020 年度优秀党史调研文章	成都市委党史研究室	2020.12
彭州市委党史研究室	2020 年度党史十佳信息员	成都市委党史研究室	2020.12
彭州市监察委员会	2019 年四川省纪检监察系统信息工作先进单位	四川省纪委办公厅	2020.1
彭州市监察委员会	2019 年成都市纪检监察工作考核先进单位	成都市纪委监委	2020.3
彭州市精神文明建设办公室	2020 年城乡学校少年宫建设成果展示活动优秀组织奖	成都市精神文明建设办公室、市教育局	2020.12
彭州市法院	全省法院 2019 年度执行信息调研宣传工作二等奖	四川省高级人民法院执行局	2020.1
彭州市法院	新中国成立 70 周年大庆安保维稳信访工作通报表扬	成都市中级人民法院	2020.1
彭州市法院	基本解决执行难工作中表现突出先进集体	四川省高级人民法院	2020.4
彭州市法院	全省法院信息工作先进集体	四川省高级人民法院	2020.4
彭州市法院	四川省政法优秀新闻作品奖	四川省委政法委员会	2020.4
彭州市法院	全省法院宣传文化工作先进单位	四川省高级人民法院	2020.4
彭州市法院民事审判第一庭	员额法官办案竞赛活动优胜集体	成都市中级人民法院	2020.4
彭州市法院	基层法院组织工作先进奖	四川省高级人民法院	2020.6
彭州市法院	四川省法院系统先进集体	四川省高级人民法院、省人力资源和社会保障厅	2020.9
彭州市法院	2015—2020 年成都市法学研究杰出贡献单位	成都市委政法委员会、市法学会	2020.9
彭州市法院	“廉韵润初心·忠诚铸铁军”主题演讲三等奖	成都市中级人民法院	2020.10
彭州市法院	文化品牌评选二等奖	成都市中级人民法院	2020.10
彭州市法院	首届成都市维护妇女儿童合法权益十大优秀案例	成都市妇联	2020.12

续表 29

获奖单位	荣誉称号	颁奖单位	颁奖时间
彭州市法院审判管理办公室（研究室）	集体嘉奖	成都市中级人民法院	2020.1
彭州市公安局禁毒大队	全国禁毒先进集体	国家禁毒委	2020.6
彭州市公安局	成都市新冠肺炎疫情防控专项五一劳动奖状	成都市总工会	2020.6
彭州市公安局	成都市抗击新冠肺炎疫情先进集体	成都市委、市政府	2020.11
彭州市司法局	2019 年度成都市组织系统网络宣传先进集体	成都市委组织部	2020.7
彭州市司法局	省级规范化社区矫正中心	四川省司法厅	2020.11
彭州市退役军人事务局	2020 年四川省退役军人创业创新大赛成都选拔赛优秀组织单位	成都市退役军人事务局	2020.7
彭州市退役军人事务局	2020 年成都市退役军人事务系统信息宣传工作成绩突出单位	成都市退役军人事务局	2020.12
彭州市退役军人事务局	2020 年解决部分退 役士兵社会保险接续工作先进单位	成都市退役军人事务局	2020.12
彭州市退役军人事务局	2020 年退役军人事务领域信访工作先进单位	成都市退役军人事务局	2020.12
彭州市退役军人事务局	成都退役军人关爱援助专项基金筹资工作先进单位	成都市退役军人事务局	2020.12
彭州市教育局	“蓉城先锋·党员示范行动”第二批示范单位	成都市委教育工委	2020.1
彭州市教育局	成都市第八届体育教师专业技能大赛团体一等奖	成都市教育局	2020.3
彭州市教育局	2020 年四川省“立德树人”优秀实践创新案例一等奖	四川省教育科学研究院、省教育学会	2020.8
彭州市教育局	2020 年成都市社区教育“先进集体”	成都市教育局	2020.9
彭州市教育局	2020 年成都市党员教育电视片观摩交流活动三等奖	成都市组织部	2020.11
彭州市教育局	2019—2020 年度教育资助及学生营养改善计划工作优秀单位	成都市教育局	2020.12
彭州市教育局	2019—2020 学年度普通高中教育教学质量优秀单位	成都市教育局	2020.12
彭州市总工会	四川省职业技能竞赛第二届建筑防水行业（防水工）职业技能竞赛暨全国建筑防水行业（防水工）职业技能大赛西南赛区初赛优秀组织奖	四川省建筑防水协会、省置业技能鉴定指导中心、省建设建材工会委员会	2020.7
彭州市总工会	“职工普惠杯”首届成都市集体协商竞赛组织奖	成都市总工会	2020.7
彭州市总工会	2019 年职工互助保障工作优秀单位	中国职工保险互助会	2020.8
彭州市总工会	2020 年度成都市工会组织工作先进单位	成都市总工会办公室	2020.12
彭州市总工会	2020 年成都市工会信息工作先进单位	成都市总工会办公室	2020.12
彭州市总工会	2020 年成都市工会职工文体活动“百千万”工作先进单位	成都市总工会办公室	2020.12
彭州市总工会	2020 年成都市工会评星定级工作先进单位	成都市总工会办公室	2020.12
彭州市总工会	2020 年成都市工会招工就业工作先进单位	成都市总工会办公室	2020.12
彭州市总工会	2020 年成都市百万职工劳动和技能大赛优秀组织单位	成都市总工会办公室	2020.12
彭州市总工会	2020 年成都市工会普惠服务工作先进单位	成都市总工会办公室	2020.12
彭州市总工会	2020 年成都市工会女工工作先进单位	成都市总工会办公室	2020.12
彭州市综合行政执法防疫青年突击队	成都市疫情防控青年突击队	成都团市委	2020.3

续表 29

获奖单位	荣誉称号	颁奖单位	颁奖时间
彭州“青力青为”助力复工复产青年突击队	成都市复工复产青年突击队	成都团市委	2020.3
彭州市中医院急诊科青年突击队	成都市青年突击队标兵	成都团市委	2020.4
彭州青年志愿者协会	成都市疫情防控优秀青年志愿服务组织	成都市青志协	2020.5
共青团彭州市委	成都市疫情防控优秀青年志愿服务组织	成都市青志协	2020.5
共青团彭州市委	成都市疫情防控优秀青年志愿服务组织	成都市青志协	2020.5
共青团彭州市委	成都市关心下一代宣传工作先进集体	成都关心下一代委员会	2020.9
共青团彭州市委	成都市关心下一代宣传工作先进集体	成都关心下一代委员会	2020.9
共青团彭州市委	2020 年成都市少先队辅导员风采大赛优秀组织奖	共青团成都市委、市教育局、少先队成都委员会	2020.10
共青团彭州市委	2020 年成都市少先队辅导员风采大赛优秀组织奖	共青团成都市委、成都市教育局、少先队成都委员会	2020.10
共青团彭州市委	暑期文化科技卫生“三下乡”社会实践活动优秀组织奖	成都团市委	2020.11
共青团彭州市委	暑期文化科技卫生“三下乡”社会实践活动优秀组织奖	成都团市委	2020.11
共青团彭州市委	2020 年青年人才驿站工作先进单位	共青团成都市委办公室	2020.12
共青团彭州市委	2020 年中学共青团工作先进单位	共青团成都市委办公室	2020.12
共青团彭州市委	2020 年成都市少先队组织建设先进单位	共青团成都市委办公室	2020.12
共青团彭州市委	2020 年青年人才驿站工作先进单位	共青团成都市委办公室	2020.12
共青团彭州市委	2020 年中学共青团工作先进单位	共青团成都市委办公室	2020.12
共青团彭州市委	2020 年成都市少先队组织建设先进单位	共青团成都市委办公室	2020.12
彭州市妇联	基层组织建设先进单位	成都市妇联	2020.3
彭州市妇联	维权品牌建设先进单位	成都市妇联	2020.3
彭州市妇联	2020 年度全国妇女宣传舆论阵地建设先进单位	中国妇女报社	2020.11
彭州市妇联	“指尖的爱・四寻”系列活动优秀奖	成都市妇联、市农业农村局、市文化广电旅游局	2020.11
彭州市妇联	成都市 2020 年垃圾分类巾帼志愿服务项目优秀组织单位	成都市妇联	2020.11
彭州市妇联	2020 年成都市优秀儿童之家评选组织奖	成都市妇联	2020.12
彭州市妇联	2020 年成都市妇联系统新媒体优秀作品	成都市妇联	2020.12
彭州市妇联	第四期中国妇女社会地位调查工作先进单位	成都市妇联	2020.12
彭州市妇联	2020 年区（市）县妇联家庭文明工作先进单位	成都市妇联	2020.12
彭州市残善行盲人融合训练服务中心	全国盲人定向行走及适应性骨干培训班	中国残联康复部	2020.9
彭州市残联培育善行盲人融合训练服务中心	四川省盲人融合训练基地	四川省残联	2020.12
彭州市残联	2020 年度基层党建工作先进单位	成都市残联	2020.3
彭州市残联	成都市第九届残疾人运动会暨第五届特殊奥林匹克运动会“优秀组织奖”	成都市第九届残疾人运动会暨第五届特殊奥林匹克运动会组织工作委员会	2020.9

续表 29

获奖单位	荣誉称号	颁奖单位	颁奖时间
彭州市残联	成都市第九届残疾人运动会暨第五届特殊奥林匹克运动会“体育道德风尚奖”	成都市第九届残疾人运动会暨第五届特殊奥林匹克运动会组织工作委员会	2020.9
彭州市残联仁爱社会服务中心	成都市“十佳志愿服务项目”	成都市文明办	2020.9
彭州市红十字会	抗击新冠肺炎疫情暨红十字应急救护知识竞赛活动单位组织奖三等奖	中国红十字会总会办公室	2020.10
彭州市红十字会	新冠肺炎疫情防控工作优秀集体	四川省红十字会	2020.6
彭州市红十字应急救援队	新冠肺炎疫情防控工作优秀红十字志愿服务组织和志愿者	四川省红十字会	2020.6
彭州市科学技术协会	2019 年科普 e 站优秀管理员评选活动优秀组织单位	成都市科学技术协会	2020.1
彭州市科学技术协会	2020“智竞未来—成都市全民科学素质大赛”优胜奖	成都市科学技术协会	2020.7
彭州市科学技术协会	第 35 届四川省青少年科技创新大赛基层优秀奖	四川省科学技术协会	2020.8
彭州市人防办	组织指挥先进单位	成都市人民防空办公室	2020.1
彭州市建设工程质量安全监督站	先进集体	成都市住房和城乡建设局	2020.5
彭州市公园管理服务中心	老公园·新活力优秀单位	成都市公园城市建设管理局	2020.12
彭州市计生协会	2019 年计划生育协会目标考核优秀单位	成都市计划生育协会	2020.6
彭州市老科协卫健分会	新冠肺炎疫情防控工作先进集体	成都市老科学技术工作者协会	2020.8
彭州市工商联	四川省“五好”县级工商联	四川省工商联	2020.5
彭州市社科联	四川省社科组织先进集体	四川省人力资源和社会保障厅、省社会科学界联合会	2020.6
彭州市社科联	全市社科联系统 2020 年度先进集体	成都市社会科学界联合会	2020.12
彭州市人力资源和社会保障局	中华人民共和国成立 70 周年大庆安保维稳信访工作表现突出	成都市委、市政府	2020.6
彭州市规划和自然资源局	2019 年度单项工作成效突出单位（办公室管理工作）	成都市规划和自然资源局	2020.2
彭州市规划和自然资源局	2019 年度单项工作成效突出单位（多测合一改革推进工作）	成都市规划和自然资源局	2020.2
彭州市规划和自然资源局	2019 年度单项工作成效突出单位（耕地保护工作）	成都市规划和自然资源局	2020.2
彭州市规划和自然资源局	2019 年度单项工作成效突出单位（地质灾害防治工作）	成都市规划和自然资源局	2020.2
彭州市规划和自然资源局	2019 年度单项工作成效突出单位（违建别墅清查整治及卫片执法工作）	成都市规划和自然资源局	2020.2
彭州市规划和自然资源局	四川省大熊猫保护突出贡献奖先进集体	四川省林业和草原局、省人力资源和社会保障局	2020.12
彭州市规划和自然资源局	四川省森林草原防灭火公益微视频优秀奖	四川省森林草原防灭火指挥部办公室、省林业和草原局、省广播电视局	2020.12
彭州市住房和城乡建设局	先进集体	成都市住房和城乡建设局	2020.3
彭州市住房和城乡建设局建筑和科技管理科	先进科	成都市住房和城乡建设局	2020.3
彭州市住房和城乡建设局房屋租赁管理办公室	先进科（处）	成都市住房和城乡建设局	2020.3
彭州市住房和城乡建设局	先进单位	成都市棚户区改造工作领导小组办公室	2020.4
彭州市住房和城乡建设局	2019 年省内对口帮扶藏区彝区贫困县先进集体	四川省委、省政府	2020.5

续表 29

获奖单位	荣誉称号	颁奖单位	颁奖时间
彭州市住房和城乡建设局	先进单位	成都市住房和城乡建设局	2020.7
彭州市住房和城乡建设局	先进单位	成都市住房和城乡建设局	2020.8
彭州市住房和城乡建设局	先进单位	成都市人民防空办公室	2020.8
彭州市住房和城乡建设局	先进单位	成都市住房和城乡建设局	2020.9
彭州市住房和城乡建设局	先进单位	成都市住房和城乡建设局	2020.7
彭州市住房和城乡建设局	先进单位	成都市住房和城乡建设局	2020.7
彭州市住房和城乡建设局	先进单位	成都市住房和城乡建设局	2020.7
彭州市住房和城乡建设局	“百个公园”示范工程建设杰出贡献单位	成都市公园城市建设管理局	2020.12
彭州市综合行政执法局	全市卫生计生监督技能竞赛先进单位	成都市卫生健康委员会、市总工会	2020.1
彭州市综合行政执法局	2019 年卫生健康综合监督等工作先进单位	成都市卫生健康委员会	2020.7
彭州市综合行政执法局	四川省“厕所革命”三年行动先进单位	四川省推进“厕所革命”工作领导小组	2020.12
彭州市综合行政执法局	2020 年成都市环卫管理创新示范奖	成都市城管委	2020.12
彭州市综合行政执法局	成都市 2020 年度“门前三包”推进工作先进单位	成都市城乡环境综合治理领导小组办公室	2020.12
彭州市交通运输局	2019 年度全市“断头路”建设先进单位	成都市重大城建项目建设领导小组	2020.2
彭州市交通运输局机关党委	成都市防汛救灾先进基层党组织	成都市委	2020.11
彭州市交通运输局	成都市抗击新冠疫情先进集体	成都市委、市政府	2020.11
彭州市交通运输局	“成都榜样·最美交通人”	成都市委宣传部、市委组织部、市交通运输局、市精神文明建设办公室	2020.11
彭州市交通运输局	2020 年度船舶检验工作先进单位	成都市船舶检验局	2020.12
彭州市交通运输局	2020 年度海事工作先进单位	成都市地方海事局	2020.12
彭州市交通运输局	2020 年度推动县域邮政快递行业发展先进单位	成都市邮政管理局	2020.12
彭州市交通运输局	2020 年度履行邮政管理职能先进单位	成都市邮政管理局	2020.12
彭州市农业农村局	2019 年农作物品种试验示范工作先进单位	四川省种子站	2020.1
彭州市农业农村局	第二批四川省特色农产品优势区	四川省农业农村厅	2020.1
彭州市农业农村局	2019 年度成都市对口支援藏区工作先进集体（区市县）直部门	成都市对口支援藏区工作领导小组	2020.3
彭州市农业农村局	2019 年粮食生产先进单位	成都市农业农村局	2020.4
彭州市农业农村局	2019 年农业安全生产工作先进单位	成都市农业农村局	2020.4
彭州市农业农村局	2019 年度农业生态环境保护工作先进单位	成都市农业农村局	2020.4
彭州市农业农村局	2019 年农村人居环境整治工作先进单位	成都市农业农村局	2020.4
彭州市农业农村局	2019 年特色镇（街区）建设川西林盘保护修复工作先进单位	成都市农业农村局	2020.4
彭州市农业农村局	2019 年农村集体产权制度改革工作先进单位	成都市农业农村局	2020.4
彭州市农业农村局	2019 年脱贫攻坚和农村扶贫开发工作先进单位	成都市农业农村局	2020.4
彭州市农业农村局	2019 年全市农业社会化服务工作先进单位	成都市农业农村局	2020.4
彭州市农业农村局	2019 年生猪生产工作先进单位	成都市农业农村局	2020.4
彭州市农业农村局	2019 年度全市“菜篮子”建设先进单位	成都市农业农村局	2020.4
彭州市农业农村局	2019 年目标绩效管理工作先进单位	成都市农业农村局	2020.4
彭州市农业农村局	成都技能大赛 2020 年农业行业动物防疫职业技能竞赛优秀组织奖	成都市农业农村局、市人力资源和社会保障局、市总工会	2020.9

续表 29

获奖单位	荣誉称号	颁奖单位	颁奖时间
彭州市农业农村局	黄连病虫害防治试验工作先进集体	四川省农业科学院经济作物育种栽培研究所	2020.11
彭州市农业农村局	2020 年成都市农业行业职业技能竞赛团体农机无人机操作竞赛优秀组织奖	成都市农业农村局、市人力资源和社会保障局、市总工会	2020.11
彭州市农业农村局	游绿道公园品时令佳果成都特色农产品品鉴展销活动	成都市公园城市建设管理局、市农业农村局	2020.11
彭州市农业农村局	2020 年四川省农业交流合作工作突出单位	四川省农业援外办公室	2020.12
彭州市农业农村局	川芎主要病虫害绿色防控技术推广先进集体	四川省农业科学院经济作物育种栽培研究所	2020.12
彭州市农业农村局	2020 年度化肥减量增效技术推广工作先进集体	成都市农业技术推广总站	2020.12
彭州市农业农村局	2020 年度耕地安全利用与治理试验示范工作先进集体	成都市农业技术推广总站	2020.12
彭州市农业农村局	2020 年度粮油技术推广工作先进集体	成都市农业技术推广总站	2020.12
彭州市农业农村局	重大动物疫病防控及人畜共患病防治先进单位	成都市动物疫病预防控制中心	2020.12
彭州市农业农村局	畜牧技术推广先进单位	成都市动物疫病预防控制中心	2020.12
彭州市农业农村局	2020 年度农产品质量安全风险评估工作先进单位	农业农村部农产品质量安全风险评估实验室（成都）	2020.12
彭州市农业农村局	成都市第二次全国污染源普查表现突出集体	成都市第二次全国污染源普查领导小组办公室	2020.12
彭州市商务和投资促进局	2019 年度全市投资促进工作活动推广先进单位	成都市投促局	2020.1
彭州市商务和投资促进局	外贸高质量发展先进单位	成都市商务局	2020.1
彭州市商务和投资促进局	“成都造”市场拓展工作先进单位	成都市商务局	2020.1
彭州市商务和投资促进局	美食之都建设工作先进单位	成都市商务局	2020.1
彭州市商务和投资促进局	市场体系建设及二手车出口工作先进单位	成都市商务局	2020.1
彭州市商务和投资促进局	安全生产工作先进单位	成都市商务局	2020.1
彭州市商务和投资促进局	信访维稳工作先进单位	成都市商务局	2020.1
彭州市文化体育和旅游局	关于通报表扬成都市群众体育工作先进单位先进个人的通知	成都市体育局、成都市体育总会	2020.8
彭州市文化体育和旅游局	选送的《月之韵》节目，在四川省 2020 年万人赏月诵中秋集中展演成都市分会场活动中荣获优秀奖	成都市文化广电旅游局	2020.9
彭州市文化体育和旅游局	四川省 2020 年万人赏月诵中秋集中展演成都市分会场活动《月之韵》优秀奖	成都市文化广电旅游局	2020.9
彭州市文化体育和旅游局	2020 年度成都非遗抖音作品评选活动优秀组织工作奖	成都市文化广电旅游局	2020.10
彭州市文化体育和旅游局	2020 年度成都非遗抖音作品评选活动优秀组织工作奖	成都市文化广电旅游局	2020.10
彭州市文化体育和旅游局	“爱成都 迎大运”成都成就梦想——青年友好城市国际青少年非遗文化作品邀请赛优秀组织奖	共青团成都市委、市外事办、市文广旅局、市人民对外友好协会	2020.12
彭州市文化体育和旅游局	“爱成都 迎大运”成都成就梦想——青年友好城市国际青少年非遗文化作品邀请赛优秀组织奖	共青团成都市委	2020.12
彭州市卫生健康局	2019 年度医疗器械不良事件监测工作先进集体	成都市市场监督管理局、市卫生健康委员会	2020.1

续表 29

获奖单位	荣誉称号	颁奖单位	颁奖时间
彭州市卫生健康局	新冠肺炎疫情防控专项五一劳动奖状	成都市总工会	2020.3
彭州市卫生健康局	2019 年计划生育家庭特别扶助工作先进集体	四川省人口和计划生育领导小组	2020.6
彭州市卫生健康局	2019 年综合执法改革卫生健康监督工作先进单位	成都市卫生健康委员会	2020.7
彭州市卫生健康局	2019 年度执法办案先进单位	成都市卫生健康委员会	2020.7
彭州市卫生健康局	2019—2020 年度改善医疗服务成效显著先进单位	成都市卫生健康委员会	2020.7
彭州市卫生健康局	2019 年度公共场所和生活饮用水卫生监督先进单位	成都市卫生健康委员会	2020.7
彭州市卫生健康局	2019—2020 年度医疗费用控制成效明显先进单位	成都市卫生健康委员会	2020.7
彭州市卫生健康局	2019—2020 年度对口支援工作先进单位	成都市卫生健康委员会	2020.7
彭州市卫生健康局	第四届“成都榜样・大美医者”微视频大赛三等奖	成都市卫生健康委员会	2020.8
彭州市卫生健康局	2016—2020 年度成都市群众体育先进单位	成都市体育局、市体育总会	2020.9
彭州市卫生健康局	2020 年成都百万职工技能大赛妇幼健康技能比赛一等奖	成都市卫生健康委员会、市总工会	2020.10
彭州市卫生健康局	2020 年第一届“成渝双城杯”暨成都市第三届“蓝盾杯”卫生健康监督执法技能竞赛三等奖	成都市卫生健康委员会、市总工会	2020.11
彭州市卫生健康局	成都市抗击新冠肺炎疫情先进集体	成都市委、市政府	2020.11
彭州市卫生健康局	2020 年新时代健康科普作品电视节目类优秀作品	国家卫生健康委办公厅、中宣部办公厅、科技部办公厅、中国科协办公厅	2020.12
彭州市卫生健康局	2020 年“金舟杯”全国卫生健康影像抗疫题材作品大奖	国家卫生健康委办公厅、健康报社	2020.12
彭州市卫生健康局	2020 年成都市中医经典竞赛三等奖	成都市卫生健康委员会、市中医管理局	2020.12
彭州市卫生健康局	2020 年成都市基层中医适宜技术技能大赛一等奖	成都市卫生健康委员会、市中医管理局、市总工会	2020.12
彭州市卫生健康局	2020 年成都市健康科普知识传播技能竞赛优秀组织奖	成都市卫生健康委员会	2020.12
彭州市应急管理局	2019 年成都市安全生产先进集体	成都市人民政府	2020.7
彭州市应急管理局	2019 年度成都市基层平安创建单位	成都市政法委	2020.10
彭州市审计局	2019 年度区（市）县审计机关单项工作突出单位	成都市审计局	2020.1
彭州市审计局	四川省审计系统先进集体	四川省审计厅	2020.2
彭州市审计局	2020 年度优秀审计项目二等奖	成都市审计局	2020.8
彭州市市场监督管理局	2019 年度药械化安全性监测工作先进集体	成都市市场监管局、市卫健委	2020.1
彭州市市场监督管理局	2019 年度规范经营性无证无照行为工作先进单位	成都市规范经营性无证无照行为联席会议办公室	2020.1
彭州市市场监督管理局	商事制度改革工作先进单位	成都市市场监管局党组	2020.2
彭州市市场监督管理局	助推高质量发展工作先进单位	成都市市场监管局党组	2020.2
彭州市市场监督管理局	“四大安全”工作先进单位	成都市市场监管局党组	2020.2
彭州市市场监督管理局	知识产权工作先进单位	成都市市场监管局党组	2020.2
彭州市市场监督管理局	规范市场秩序工作先进单位	成都市市场监管局党组	2020.2
彭州市市场监督管理局	新冠肺炎疫情防控先进集体	成都市委办公厅	2020.4
彭州市市场监督管理局	企业年报工作亮点突出先进单位	成都市市场监管局	2020.8
彭州市市场监督管理局	2019 年度全省企业年报公示工作先进单位	四川省市场监管局	2020.10
彭州市市场监督管理局	2020 年为中国消费维权宣传作出突出贡献	中国消费者报社	2020.12

续表 29

获奖单位	荣誉称号	颁奖单位	颁奖时间
彭州市市场监督管理局	2020 年真抓实干助推高质量发展工作先进单位	成都市市场监管局	2020.12
彭州市市场监督管理局	2020 年知识产权工作先进单位	成都市市场监管局	2020.12
彭州市市场监督管理局	2020 年商事制度改革工作先进单位	成都市市场监管局	2020.12
彭州市市场监督管理局	2020 年消费环境建设工作先进单位	成都市市场监管局	2020.12
彭州市信访局	2019 年信访单项工作和市级先进单位—初信初访办理质量先进单位、群众来访调处服务窗口先进单位、信访信息宣传和调研先进单位	成都市信访局	2020.2
彭州市信访局	2020 年全国、省、市“两会”期间信访维稳工作表现突出单位	成都市信访局	2020.6
彭州市行政审批局	四川在线“问政四川”网民留言办理工作先进单位	四川日报报业集团四川在线	2020.1
彭州市行政审批局	2019 年度成都国际化营商环境建设先进集体	成都市委、市政府	2020.8
彭州市行政审批局	2019 年度成都市基层平安创建合格单位	成都市政法委员会	2020.10
彭州市行政审批局	2020 年成都国际化营商环境建设区（市）县十佳创新案例	成都市国际化营商环境建设工作领导小组办公室、每日经济新闻每经智库	2020.12
彭州市税务局	四川省（最佳）文明单位	四川省精神文明建设委员会	2020.12
彭州市社会保险事业管理局	四川省人力资源社会保障系统 2020 年度优质服务窗口	四川省人力资源和社会保障厅	2020.11
彭州市气象局	2019 年度目标考核结果优秀单位	成都市气象局	2020.1
彭州市气象局	2019 年度成都市气象服务先进集体	成都市气象局	2020.1
彭州市气象局	2020 年成都市气象行业综合气象业务职业竞赛团体第一名	成都市气象局	2020.6
彭州市气象局	2020 年 8 月中旬持续性强降雨天气过程气象服务先进集体	成都市气象局	2020.8
彭州市气象局	四川省文明单位	四川省精神文明建设委员会	2020.12
彭州市天彭街道	2019 年度消防工作先进单位	成都市人民政府	2020.9
彭州市天彭街道	AAAA 级成都市模范劳动关系和谐单位	成都市协调劳动关系三方委员会	2020.12
彭州市天彭街道	2019 年度“门前三包”推进工作先进单位	成都市城乡环境综合治理领导小区办公室“门前三包”推进办	2020.12
彭州市致和街道	成都市 2019 年安全生产先进集体	成都市人民政府	2020.9
彭州市致和街道	第四批智慧健康养老示范街道	工信部、民政部、国家卫生健康委员会	2020.12
彭州市致和街道	AAAA 级成都市模范劳动关系和谐单位	成都市协调劳动关系三方委员会	2020.12
彭州市致和镇双龙社区	2020 年街心花园建设试点方案评比二等奖	成都市公园城市建设管理局	2020.12
彭州市濛阳镇	2019 年四川省卫生镇	四川省爱国卫生运动委员会	2020.1
彭州市濛阳街道	新冠肺炎疫情防控五一劳动奖状	成都市总工会	2020.3
彭州市濛阳蔬菜主题公园	四川省第二批省级示范农业主题公园	四川省农业农村厅	2020.4
彭州市濛阳街道党工委	成都市抗击新冠肺炎疫情先进集体	成都市委、市政府	2020.11
彭州市濛阳街道党工委	成都市先进基层党组织	成都市委、市政府	2020.11
彭州市濛阳街道	第二届成都市模范劳动关系和谐单位	成都市协调劳动关系三方委员会	2020.12
彭州市濛阳街道办事处	成都市第二次全国污染源普查表现突出集体	成都市第二次污染源普查领导小组	2020.12
彭州市濛阳街道白土河村	成都市第三批“扫黄打非”进基层示范点	成都市“扫黄打非”工作领导小组办公室	2020.12
彭州市隆丰街道办事处	2019 年全市“扫黄打非”工作基层示范点	成都市“扫黄打非”工作领导小组	2020.4
彭州市隆丰街道办事处	第二届成都市模范劳动关系和谐单位	成都市协调劳动关系三方委员会	2020.12

续表 29

获奖单位	荣誉称号	颁奖单位	颁奖时间
彭州市隆丰街道办事处	成都市第二次全国污染源普查表现突出集体	成都市第二次全国污染源普查领导小组办公室	2020.12
彭州市丽春镇	党建引领城乡社区治理示范单位	成都市委组织部、市委社治委	2020.1
彭州市丽春镇	2017—2019 周期国家卫生乡镇	全国爱国卫生运动委员会	2020.7
彭州市丽春镇	AAAAA 级成都市模范劳动关系和谐单位	成都市协调劳动关系三方委员会	2020.12
彭州市通济镇	2019 年四川省安全社区	四川省安全生产委员会	2020.3
彭州市通济镇（不包含原新兴镇片区）	“成都市安全生产监督管理示范镇（街道）”	成都市人民政府安全生产委员会办公室	2020.7
彭州市通济镇	“扫黄打非”进基层示范点	成都市“扫黄打非”工作领导小组	2020.10
彭州市通济镇综合文化站	成都市第四次乡镇（街道）综合性文化服务一级站	成都市文化广电旅游局办公室	2020.11
彭州市白鹿镇	党建引领城乡社区发展治理示范单位	成都市委组织部、市委社治委、华西都市报社、华西社区报社	2020.1
彭州市白鹿镇白鹿场社区	2019 年度成都市实施乡村振兴战略推进城乡融合发展先进示范单位	成都市委办公厅	2020.1
彭州市白鹿镇	最美特色街区	成都市委组织部、市委社治委、华西都市报社、华西社区报社	2020.1
彭州市白鹿镇	成都市影视服务中心拍摄基地	成都市影视服务中心	2020.6
彭州市白鹿镇	2017—2019 周期国家卫生乡镇	全国爱国卫生运动委员会	2020.7
彭州市白鹿镇莫雷街	成都市最美街道	成都市城市管理委员会、市城乡环境综合治理工作领导小组办公室	2020.7
彭州市白鹿镇	人防警报工作先进设台单位	成都市人民防空办公室	2020.8
彭州市白鹿镇	十大最佳婚纱摄影地	第三届（2020 年）成都七夕国际情歌节组委会	2020.8
彭州市白鹿镇	文化旅游特色小镇	四川省人民政府办公厅	2020.9
彭州市白鹿镇	2019 年度成都市文明旅游诚信服务先进单位	成都市精神文明建设办公室、市文化广电旅游局	2020.9
彭州市白鹿镇白鹿场社区	成都市第三批“扫黄打非”进基层示范点	成都市“扫黄打非”工作领导小组办公室	2020.12
彭州市葛仙山镇	成都市实施乡村振兴战略推进城乡融合发展先进示范单位	成都市人民政府办公厅	2020.1
彭州市葛仙山镇	2017—2019 周期国家卫生乡镇	全国爱国运动卫生委员会	2020.7
彭州市葛仙山镇	成都市群众体育先进单位	成都市体育局	2020.8
彭州市葛仙山镇	成都市安全生产先进集体	成都市人民政府	2020.9
彭州市桂花镇	成都市第一批干部教育培训现场教学基地	成都市委组织部	2020.6
彭州市桂花镇	2017—2019 周期国家卫生乡镇	全国爱国卫生运动委员会	2020.7
彭州市桂花镇	2020 年度 A 级成都市模范劳动关系和谐单位	成都市协调劳动关系三方委员会	2020.12
彭州市天府中药城党工委	新冠肺炎疫情防控先进集体	成都市委办公厅	2020.2
彭州市天府中药城	2019 年成都市投资和重点项目推进工作成绩突出单位	成都市人民政府办公厅	2020.2
彭州市天府中药城党工委	四川省抗击新冠肺炎疫情先进集体	四川省委、省政府	2020.11
彭州市天府中药城党工委	四川省抗击新冠肺炎疫情先进基层党组织	四川省委、省政府	2020.11
彭州市天府蔬香现代农业产业园	2020 年度成都市星级现代农业园区	成都市人民政府	2020.12
鱼凫湿地	2020 网红打卡点新星奖	成都市公园城市建设管理局	2020.11

2020年彭州市获奖个人一览表

表30

姓名	工作单位	获奖名称	颁奖单位	颁奖时间
马　静	彭州市委宣传部	2019年彭州市开创发展新局突出贡献先进个人	彭州市委、市政府	2020.2
马　静	彭州市委宣传部	成都市庆祝中华人民共和国成立70周年活动突出贡献公务员，嘉奖	成都市委、市政府	2020.6
尹粒安	彭州市委宣传部	2019年成都市“扫黄打非”先进个人	成都市“扫黄打非”工作领导小组	2020.4
魏东波	彭州市委宣传部	成都市庆祝中华人民共和国成立70周年活动突出贡献公务员，记三等功	成都市委、市政府	2020.6
邱林彬	彭州市委宣传部	四川省未成年人思想道德建设工作先进工作者	四川省精神文明建设委员会	2020.12
兰昌伟	彭州市人民政府发展研究中心	成都市抗击新冠肺炎疫情先进个人	成都市委、市政府	2020.11
陈科林	彭州市委政法委	2019年彭州市开创发展新局突出贡献先进个人	彭州市委、市政府	2020.2
陈　令	彭州市统战部	2019年度成都市对口支援藏区工作先进个人	成都市对口支援藏区工作领导小组	2020.3
罗玉晴	彭州市委政法委	成都市政法信息宣传工作先进个人	成都市委政法委	2020.6
祝增巧	彭州市法院	全国模范法官	人力资源和社会保障部、最高人民法院	2020.1
屈亚冲	彭州市法院	司法警察执法规范化建设活动先进个人	四川省高级人民法院	2020.1
刘　红	彭州市法院	全省法院信息工作先进个人	四川省高级人民法院	2020.4
祝增巧	彭州市法院	成都好人	成都市文明办	2020.6
祝增巧	彭州市法院	中国好人	中央文明办	2020.8
祝增巧	彭州市法院	四川好人	四川省文明办	2020.8
王文兵	彭州市法院	四川省法院系统先进个人	四川省高级人民法院、省人力资源和社会保障厅	2020.9
祝增巧	彭州市法院	全国先进工作者	中共中央、国务院	2020.11
王　丽	彭州市法院	优秀庭审	四川省高级人民法院	2020.12
欧超男	彭州市法院	四川省环资审判工作先进个人	四川省高级人民法院	2020.12
曾正泽	彭州市检察院	2019年度四川省抗击重大自然灾害先进个人	四川省应急管理厅、省人力资源和社会保障厅	2020.12
王福权	彭州市公安局	全省抗击新冠肺炎疫情防控先进个人	四川省委、省政府	2020.11
刘　芹	彭州市司法局	“大排查、早调解、护稳定、迎国庆”专项活动表现突出个人	司法部	2020.1
陈　聪	彭州市司法局	四川省司法行政系统先进个人	四川省人社厅、省司法厅	2020.1
沈继荣	彭州市退役军人事务局	2019年彭州市开创发展新局突出贡献先进个人	彭州市委、市政府	2020.2
徐　晖	彭州市退役军人事务局	彭州市总工会新冠肺炎疫情防控先进职工	彭州市总工会	2020.4
张　玲	彭州市退役军人事务局	2020年成都市退役军人事务系统信息宣传工作成绩突出个人	成都市退役军人事务局	2020.12
游　曦	彭州市卫生健康局	成都市青年突击手标兵	成都团市委	2020.4
蒙小建	成都石化工业学校团委书记	成都市复工复产青年突击手	成都团市委	2020.3
罗　超	彭州市桂花镇退伍军人	成都市复工复产青年突击手	成都团市委	2020.3
王婷婷		成都市疫情防控青年突击手	成都团市委	2020.3

续表 30

姓名	工作单位	获奖名称	颁奖单位	颁奖时间
焦善国	彭州市军乐镇初级中学青年教师	成都市疫情防控青年突击手	成都团市委	2020.3
伍　娟		成都市疫情防控优秀青年志愿者	成都市青志协	2020.5
王　琴		成都市 2019 年度优秀青年志愿者	成都市青志协	2020.5
王　琴		第八届四川省青年优秀志愿者	共青团四川省委、四川省青年志愿者协会	2020.12
文　仪	彭州市妇联	2019 年彭州市开创发展新局突出贡献先进个人	彭州市委、市政府	2020.2
唐　霞	彭州市妇联	新冠肺炎疫情防控先进职工	彭州市总工会	2020.4
张礼燕	彭州市妇联	彭州市禁毒工作先进个人	彭州市禁毒委员会	2020.6
宋传豹	彭州市残联	2019 年彭州市开创发展新格局突出贡献先进个人	成都市委	2020.2
章玉贵	彭州市残联	2019 年禁毒工作先进个人	成都市禁毒委	2020.6
曹　亦	彭州市残联	巾帼建功标兵	成都市妇联	2020.6
张　维	彭州市残联	“残疾人非遗面塑手工艺品制作技能培训”二等奖	成都市残联	2020.11
孙云勇	彭州市残联	优秀残疾人运动员	成都市政府、残工委	2020.12
周　洪	彭州市红十字会	新冠肺炎疫情防控工作先进个人	四川省红十字会	2020.6
税英瑛	彭州市红十字会	新冠肺炎疫情防控工作优秀红十字志愿服务组织和志愿者	四川省红十字会	2020.6
毛泽燕	彭州市红十字会	新冠肺炎疫情防控接受捐赠款物工作先进个人	四川省红十字会	2020.6
徐远隆	彭州市精神文明办公室	成都好人	成都市文明办	2020.12
李　超	彭州市规划和自然资源局	2019 年彭州市开创发展新局突出贡献先进个人	彭州市委、市政府	2020.2
钟光伦	彭州市规划和自然资源局	2020 年度四川最美巡护员	四川省林业和草原局	2020.11
王成祥	彭州市规划和自然资源局	四川省大熊猫保护突出贡献奖先进个人	四川省林业和草原局、省人力资源和社会保障厅	2020.12
曾　彦	彭州市规划和自然资源局	四川省大熊猫保护突出贡献奖先进个人	四川省林业和草原局、省人力资源和社会保障厅	2020.12
林鸽鹏	彭州市住房和城乡建设局	成都好人	成都市文明办	2020.1
毛光虎	彭州市住房和城乡建设局	先进个人	成都市人民政府办公厅	2020.1
杨　驰	彭州市住房和城乡建设局	先进个人	成都市棚户区改造工作领导小组办公室	2020.1
王　维	彭州市住房和城乡建设局	先进个人	成都市住房和城乡建设局	2020.3
刘　鹏	彭州市住房和城乡建设局	先进个人	成都市住房和城乡建设局	2020.3
石晓川	彭州市住房和城乡建设局	先进个人	成都市住房和城乡建设局	2020.3
靳　杨	彭州市住房和城乡建设局	先进个人	成都市住房和城乡建设局	2020.3
邓　伟	彭州市住房和城乡建设局	先进个人	成都市住房和城乡建设局	2020.5

续表 30

姓名	工作单位	获奖名称	颁奖单位	颁奖时间
吴健雄	彭州市住房和城乡建设局	先进个人	成都市住房和城乡建设局	2020.5
代　勇	彭州市住房和城乡建设局	嘉奖公务员	成都市委、市政府	2020.6
王远东	彭州市住房和城乡建设局	先进个人	成都市住房和城乡建设局	2020.7
叶方玺	彭州市住房和城乡建设局	先进个人	成都市人民防空办公室	2020.8
宋真明	彭州市综合行政执法局	2018—2019 年度全国无偿捐献造血干细胞奖奉献奖	中华人民共和国国家卫生健康委员会、中国红十字会总会、中央军委后勤保障部卫生局	2020.12
韩　柳	彭州市综合行政执法局	2020 年四川省第二批“最美家庭”	四川省妇联、省文明办	2020.12
张星强	彭州市综合行政执法局	新冠肺炎疫情防控五一劳动奖章	成都市总工会	2020.3
文熙宸	彭州市农业农村局	2019 年彭州市开创发展新局突出贡献先进个人	彭州市委、市政府	2020.2
刘巍申	彭州市农业农村局	新冠肺炎疫情防控优秀工会先进职工	彭州市总工会	2020.4
董秀凤	彭州市农业农村局	2019 年度彭州市禁毒工作先进个人	彭州市禁毒委员会	2020.6
王代春	彭州市农业农村局	2020 年项目招引攻坚行动先进个人	彭州市委	2020.10
周小野	彭州市农业农村局	蔬菜根肿病试验示范工作先进个人	四川省农业科学院经济作物育种栽培研究所	2020.11
周小野	彭州市农业农村局	川芎主要病虫害绿色防控技术推广先进个人	四川省农业科学院经济作物育种栽培研究所	2020.12
易延富	彭州市农业农村局	动物疫病监测和流行病学调查工作先进个人	成都市动物疫病预防控制中心	2020.12
钟育静	彭州市农业农村局	农产品质量安全检验检测工作先进个人	成都市动物疫病预防控制中心	2020.12
陈　啸 钟育静	彭州市农业农村局	2020 年度农产品质量安全风险评估先进个人	农业农村部农产品质量安全风险评估实验室（成都）	2020.12
周　继	彭州市商务和投资促进局	先进个人	彭州妇联	2020.6
邓鸿波	彭州市商务和投资促进局	先进个人	彭州市委	2020.10
曾洪敏	彭州市商务和投资促进局	先进个人	彭州市委	2020.10
青绍强	彭州市商务和投资促进局	先进个人	彭州市委	2020.10
王　雯	彭州市商务和投资促进局	先进个人	彭州市委	2020.10
梁恩才	彭州市文化体育和旅游局	2019 年彭州市开创发展新局突出贡献先进个人	彭州市委、市政府	2020.2
廖　君	彭州市退役军人事务局	四川省拥军优属先进个人	四川省双拥工作领导小组	2020.4
龚乃波	彭州市退役军人事务局	四川省模范退役军人	四川省退役军人事务厅、省人力资源和社会保障厅	2020.8
周开琼	彭州市审计局	2019 年彭州市开创发展新局突出贡献先进个人	彭州市委办公室	2020.2
周术梅	彭州市审计局	新冠肺炎疫情防控先进职工	彭州市总工会	2020.4
廖阳曦	彭州市审计局	2019 年全市优秀共青团干部	共青团彭州市委	2020.5
唐　杰	彭州市审计局	2020 年项目招引攻坚行动先进个人	彭州市委办公室	2020.11
王　茜	彭州市信访局	2019 年彭州市开创发展新局突出贡献先进个人	彭州市委、市政府	2020.2

续表 30

姓名	工作单位	获奖名称	颁奖单位	颁奖时间
黄仁松	彭州市信访局	中华人民共和国成立 70 周年安保维稳信访工作表现突出公务员	成都市委、市政府	2020.6
王晓涛	彭州市税务局	2020 年全省优秀巡察干部	国家税务总局四川省税务局	2020.11
费良建	彭州市气象局	第四届四川省气象行业综合气象业务职业技能竞赛优秀奖	四川省气象局	2020.8
黄　雷	彭州市天彭街道	二等功	—	2020.3
朱阳飞	彭州市通济镇	二等功	—	2019.1
王　森	彭州市通济镇	二等功	—	2019.12
周启洪	彭州市通济镇	“扫黄打非”优秀网格员	成都市“扫黄打非”工作领导小组	2020.4
李　兵	彭州市通济镇	四川省第八届先进工作者	四川省人民政府	2020.6
岳金玫	彭州市白鹿镇	成都建设全面体现新发展理念的城市改革创新先进个人	成都市委、市政府	2020.12
陈贵静	彭州市白鹿镇	成都市劳动模范	成都市委、市政府	2020.12
王　锐	彭州市国有资产经营管理有限公司	成都市防汛救灾优秀共产党员	成都市委	2020.11
罗秀强	彭州市天府中药城	成都市五一劳动奖章	成都市总工会	2020.3
王洪彬	彭州市天府中药城	党内统计先进个人	彭州市委组织部	2020.4
王　舒	彭州市天府中药城	2019 年彭州市优秀共青团员	共青团彭州市委	2020.5
黄晓珊	彭州市天府中药城	2019 年彭州市优秀共青团员	共青团彭州市委	2020.5
刘　嘉	彭州市天府中药城	2020 年项目招引攻坚行动先进个人	彭州市委、市政府	2020.10
王　舒	彭州市天府中药城	2020 年项目招引攻坚行动先进个人	彭州市委、市政府	2020.10
梁　艳	彭州市天府中药城	2020 年项目招引攻坚行动先进个人	彭州市委、市政府	2020.10
郑　宁	彭州市天府中药城	2020 年项目招引攻坚行动先进个人	彭州市委、市政府	2020.10

2018—2020 年度彭州市三八红旗手（集体）、巾帼建功先进个人（集体）名单

一、彭州市三八红旗集体名单（4 个）

市委外事办

丹景山镇关口社区居民委员会

通济镇蓝天小学

市中医医院内科五病区

二、彭州市三八红旗手名单（13 人）

祝增巧　市法院丹景山人民法庭庭长

宁佐萍　市信访局接待办信科科长

杨先凤　九尺镇小学党支部书记、校长

高洪梅　市人民医院老年医学科护士长

刘丽琼　市人民医院呼吸与危重症医学科副护士长

刘　琴　市人民医院重症医学科副护士长

梁　露　市中医医院推拿科护士长

王婷婷　市中医医院护师

唐　静　市中医医院护师
刘迪一　市妇计中心护师
程　菲　市人民医院心血管内科护士
李　蓓　中国人民解放军第五七一九厂发动机二部主体故检工
巫平丽　成都香颂文化传播有限公司董事长

三、彭州市巾帼文明岗名单(8个)

市纪委监委宣传部
市委党校(行政学校)教育培训管理科
市综合执法局执法三大队
市融媒体中心"品鉴彭州"编辑部
市机关事务中心餐厅服务班
濛阳政务服务中心
市妇计中心妇女保健和计划生育技术服务部
成都公德物业管理有限公司

四、彭州市巾帼建功标兵名单(45人)

黄　芳　市纪委监委驻市委统战部纪检监察组副组长
何　倩　市法院审判员
胡露薇　市检察院第一检察部主任
王亚娟　市检察院法警大队四级高级警长
刘益伶　市社会管理信息服务中心副主任
周国蓉　市委社治委妇委会主任、市城乡社区发展治理研究中心主任
冯　路　市委编办综合科负责人
刘　茜　市公安局户政管理大队民警
杨尚静　市公安局政工监督室民警
林　姣　市司法局普治科科长
魏　征　彭州生态环境局行政审批科工作人员
刘　丽　市综合执法局案件管理科科长
欧阳倩　市综合执法局规划和住建执法大队三中队中队长
文婷杰　市交通运输局办公室主任
周　继　市创新创业和投资促进服务中心综合部部长
陈海燕　市农业农村局市场和企业服务科副科长
易艳珠　市应急局应急指挥中心副主任
贺余婷　市市场监管局消保科科长
樊　巧　市市场监管局天彭所工作人员
牟　雨　市统计局调查服务中心工作人员
梁　艳　市机关事务中心党组书记、主任
刘　艳　市行政审批局妇委会主任
谢　毅　天府中药城党工委副书记
文清苗　龙门山湔江河谷生态旅游区管理委员会副主任
胡庆思　市总工会工作人员
王　娟　团市委妇委会主任
曹　亦　市残联办公室工作人员
何　玲　市红十字会工作人员
卢四萍　市住房保障服务中心工作人员
孙　璐　市融媒体中心主持人
袁德惠　国家税务总局彭州市税务局丽春税务分局局长
龙茜如　国家税务总局彭州市税务局税源管理股副股长
覃光辉　市国经公司党总支书记、董事长
钟德芳　天彭街道北大街社区党委书记
张　茜　致和街道纪工委副书记
代秀蓉　隆丰街道农业综合服务站负责人
权　力　龙门山镇妇联主席
李　静　通济镇桥楼村巡逻队员
李　亚　通济镇海窝子社区文书
古礼燕　丹景山镇丹景村党支部书记
何　川　彭州市南街幼儿园保教主任
魏学琴　市妇计中心儿童保健部副部长、儿科主任
李　栋　中国人民解放军第五七一九工厂操作技术员
刘文玲　四川和力新创环境监测有限公司总经理
黄　玲　彭州市博爱义工协会会长

文件目录

File Catalog

2020 年中共彭州市委发文一览表

表 31

发文号	文件标题	发布机关	发文日期
彭委发〔2020〕1 号	关于印发《市委常委会 2020 年工作要点》的通知	中共彭州市委	2020 年 3 月 20 日
彭委发〔2020〕2 号	关于印发《彭州市关于统筹新冠肺炎疫情防控和经济社会发展奋力完成 2020 年经济社会发展目标的实施方案》的通知	中共彭州市委 彭州市人民政府	2020 年 4 月 9 日
彭委发〔2020〕3 号	关于印发《贯彻落实〈中共成都市委关于贯彻落实中共十九届四中全会精神建立完善全面体现新发展理念的城市现代化治理体系的决定〉的实施方案》的通知	中共彭州市委	2020 年 3 月 23 日
彭委发〔2020〕4 号	关于继续适用《进一步加快转变经济发展方式促进市域经济转型升级的若干奖励政策》和《进一步加快经济发展的十二条措施》的通知	中共彭州市委 彭州市人民政府	2020 年 4 月 9 日
彭委发〔2020〕5 号	关于批转《彭州市人大常委会 2020 年工作要点》的通知	中共彭州市委	2020 年 4 月 21 日
彭委发〔2020〕6 号	关于印发《彭州市市属国有公司改革整合实施方案》的通知	中共彭州市委 彭州市人民政府	2020 年 4 月 24 日
彭委发〔2020〕7 号	批转《中共彭州市人大常委会党组关于召开彭州市第十八届人民代表大会第四次会议的请示》的通知	中共彭州市委	2020 年 5 月 9 日
彭委发〔2020〕9 号	批转《中共政协彭州市委员会党组关于召开政协彭州市第十四届委员会第四次会议的请示》的通知	中共彭州市委	2020 年 5 月 14 日
彭委发〔2020〕11 号	关于印发《彭州市 2020 年全面从严治党、党风廉政建设和反腐败工作要点》的通知	中共彭州市委 彭州市人民政府	2020 年 7 月 20 日
彭委发〔2020〕12 号	印发《关于深入贯彻落实“西控”战略推进城乡融合发展加快建设践行新发展理念的立体山水公园城市的实施方案》的通知	中共彭州市委	2020 年 9 月 10 日
彭委发〔2020〕13 号	关于深入贯彻落实成德眉资同城化发展和“北改”战略加快建设濛阳新城的决定	中共彭州市委	2020 年 9 月 18 日
彭委发〔2020〕14 号	关于印发《彭州市完善重大疫情防控体制机制健全公共卫生应急管理和紧急医学救援体系实施方案》的通知	中共彭州市委 彭州市人民政府	2020 年 10 月 30 日

2020 年中共彭州市委办公室发文一览表

表 32

发文号	文件标题	发布机关	发文日期
彭委办〔2020〕1 号	关于印发《彭州市新型冠状病毒感染的肺炎总体防控方案》的通知	中共彭州市委办公室 彭州市人民政府办公室	2020 年 1 月 23 日

续表 32

发文号	文件标题	发布机关	发文日期
彭委办〔2020〕2 号	关于印发《贯彻落实锐平书记来彭调研经济社会发展所作指示精神工作方案》的通知	中共彭州市委办公室 彭州市人民政府办公室	2020 年 3 月 21 日
彭委办〔2020〕3 号	关于印发《天府中药城（四川彭州工业园区）党工委管委会职能配置、内设机构和人员编制规定》	中共彭州市委办公室 彭州市人民政府办公室	2020 年 4 月 3 日
彭委办〔2020〕4 号	关于印发《彭州市龙门山湔江河谷生态旅游区党工委管委会职能配置、内设机构和人员编制规定》的通知	中共彭州市委办公室 彭州市人民政府办公室	2020 年 4 月 3 日
彭委办〔2020〕5 号	关于印发《中国共产党彭州市天彭街道工作委员会彭州市人民政府天彭街道办事处职能配置、内设机构和人员编制规定》的通知	中共彭州市委办公室 彭州市人民政府办公室	2020 年 4 月 3 日
彭委办〔2020〕6 号	关于印发《中国共产党彭州市致和街道工作委员会彭州市人民政府致和街道办事处职能配置、内设机构和人员编制规定》的通知	中共彭州市委办公室 彭州市人民政府办公室	2020 年 4 月 3 日
彭委办〔2020〕7 号	关于印发《中国共产党彭州市隆丰街道工作委员会彭州市人民政府隆丰街道办事处职能配置、内设机构和人员编制规定》的通知	中共彭州市委办公室 彭州市人民政府办公室	2020 年 4 月 3 日
彭委办〔2020〕8 号	关于印发《中国共产党彭州市九尺镇委员会彭州市九尺镇人民政府职能配置、内设机构和人员编制规定》的通知	中共彭州市委办公室 彭州市人民政府办公室	2020 年 4 月 3 日
彭委办〔2020〕9 号	关于印发《中国共产党彭州市敖平镇委员会彭州市敖平镇人民政府职能配置、内设机构和人员编制规定》的通知	中共彭州市委办公室 彭州市人民政府办公室	2020 年 4 月 3 日
彭委办〔2020〕10 号	关于印发《中国共产党彭州市龙门山镇委员会彭州市龙门山镇人民政府职能配置、内设机构和人员编制规定》的通知	中共彭州市委办公室 彭州市人民政府办公室	2020 年 4 月 3 日
彭委办〔2020〕11 号	关于印发《中国共产党彭州市通济镇委员会彭州市通济镇人民政府职能配置、内设机构和人员编制规定》的通知	中共彭州市委办公室 彭州市人民政府办公室	2020 年 4 月 3 日
彭委办〔2020〕12 号	关于印发《中国共产党彭州市白鹿镇委员会彭州市白鹿镇人民政府职能配置、内设机构和人员编制规定》的通知	中共彭州市委办公室 彭州市人民政府办公室	2020 年 4 月 3 日
彭委办〔2020〕13 号	关于印发《中国共产党彭州市丹景山镇委员会彭州市丹景山镇人民政府职能配置、内设机构和人员编制规定》的通知	中共彭州市委办公室 彭州市人民政府办公室	2020 年 4 月 3 日
彭委办〔2020〕14 号	关于印发《中国共产党彭州市葛仙山镇委员会彭州市葛仙山镇人民政府职能配置、内设机构和人员编制规定》的通知	中共彭州市委办公室 彭州市人民政府办公室	2020 年 4 月 3 日
彭委办〔2020〕15 号	关于印发《中国共产党彭州市桂花镇委员会彭州市桂花镇人民政府职能配置、内设机构和人员编制规定》的通知	中共彭州市委办公室 彭州市人民政府办公室	2020 年 4 月 3 日
彭委办〔2020〕16 号	关于印发《彭州市行政企事业单位低效闲置国有资产分类处置工作方案》的通知	中共彭州市委办公室 彭州市人民政府办公室	2020 年 4 月 17 日
彭委办〔2020〕17 号	关于印发《中国共产党彭州市濛阳街道工作委员会彭州市人民政府濛阳街道办事处职能配置、内设机构和人员编制规定》的通知	中共彭州市委办公室 彭州市人民政府办公室	2020 年 4 月 21 日

续表 32

发文号	文件标题	发布机关	发文日期
彭委办〔2020〕18 号	关于印发《中国共产党彭州市丽春镇委员会彭州市丽春镇人民政府职能配置、内设机构和人员编制规定》的通知	中共彭州市委办公室 彭州市人民政府办公室	2020 年 4 月 21 日
彭委办〔2020〕20 号	关于印发《彭州市 2020 年补短板强弱项深入实施乡村振兴战略推进农业农村高质量发展行动计划》的通知	中共彭州市委办公室 彭州市人民政府办公室	2020 年 4 月 28 日
彭委办〔2020〕21 号	关于表扬 2019 年度全市农村改革、现代农业园区建设工作先进单位的通报	中共彭州市委办公室 彭州市人民政府办公室	2020 年 4 月 28 日
彭委办〔2020〕22 号	关于印发《成都新材料产业功能区（成都石油化学工业园区）党工委管委会职能配置、内设机构和人员编制规定》的通知	中共彭州市委办公室 彭州市人民政府办公室	2020 年 5 月 18 日
彭委办〔2020〕24 号	印发《关于进一步加强和改进党委（党组）理论学习中心组学习的实施意见》的通知	中共彭州市委办公室	2020 年 7 月 17 日
彭委办〔2020〕25 号	关于印发《彭州市推进党校分类建设实施方案》的通知	中共彭州市委办公室	2020 年 10 月 16 日
彭委办〔2020〕26 号	关于印发《成都新材料产业功能区（成都石油化学工业园区）党工委管委会员额管理制度改革实施意见》的通知	中共彭州市委办公室 彭州市人民政府办公室	2020 年 10 月 29 日
彭委办〔2020〕27 号	关于印发《彭州市经科信局等部门违规公款采购月饼问题的整改方案》的通知	中共彭州市委办公室 彭州市人民政府办公室	2020 年 12 月 17 日
彭委办〔2020〕28 号	关于印发《彭州市市级党政领导干部食品安全工作责任清单》的通知	中共彭州市委办公室 彭州市人民政府办公室	2020 年 12 月 31 日

2020 年彭州市人民政府发文一览表

表 33

发文号	文件标题	发布机关	发文日期
彭府发〔2020〕1 号	关于印发彭州市 2020 年重点项目计划的通知	彭州市人民政府	2020 年 2 月 24 日
彭府发〔2020〕2 号	关于印发彭州市应对新冠肺炎疫情稳定经济运行的若干政策措施的通知	彭州市人民政府	2020 年 2 月 19 日
彭府发〔2020〕3 号	关于做好第七次全国人口普查工作的通知	彭州市人民政府	2020 年 3 月 9 日
彭府发〔2020〕4 号	关于做好 2020 年民兵组织整顿工作的通知	彭州市人民政府 彭州市人民政府武装部	2020 年 5 月 18 日
彭府发〔2020〕5 号	彭州市人民政府关于下达 2020 年度符合政府安排工作条件退役士兵安置任务的通知	彭州市人民政府	2020 年 8 月 10 日
彭府发〔2020〕6 号	彭州市人民政府关于印发《彭州市突发事件总体应急预案》的通知	彭州市人民政府	2020 年 12 月 15 日

2020 年彭州市人民政府办公室发文一览表

表 34

发文号	文件标题	发布机关	发文日期
彭府办发〔2020〕1 号	关于印发彭州市防汛应急预案的通知	彭州市人民政府办公室	2020 年 5 月 14 日

续表 34

发文号	文件标题	发布机关	发文日期
彭府办发〔2020〕2 号	关于印发彭州市受地质灾害威胁农户避险搬迁安置与城乡建设用地增减挂钩试点项目相结合工作方案（修订）的通知	彭州市人民政府办公室	2020 年 1 月 18 日
彭府办发〔2020〕3 号	关于印发 2020 年第一批政府投资项目年度投资计划的通知	彭州市人民政府办公室	2020 年 2 月 28 日
彭府办发〔2020〕4 号	关于印发 2020 年第一批市属国有企业自筹资金建设项目计划的通知	彭州市人民政府办公室	2020 年 2 月 28 日
彭府办发〔2020〕5 号	关于印发彭州市贯彻落实成都市稳定生猪生产保障市场供应十条措施工作方案的通知	彭州市人民政府办公室	2020 年 3 月 16 日
彭府办发〔2020〕6 号	关于印发彭州市中医药健康产业发展规划（2019—2028 年）的通知	彭州市人民政府办公室	2020 年 3 月 17 日
彭府办发〔2020〕7 号	关于印发彭州市促进天府中药城高质量发展特色专项政策措施的通知	彭州市人民政府办公室	2020 年 3 月 24 日
彭府办发〔2020〕8 号	关于印发彭州市地质灾害气象风险预警及响应制度的通知	彭州市人民政府办公室	2020 年 5 月 19 日
彭府办发〔2020〕9 号	关于印发彭州市域铁路沿线环境品质提升实施方案的通知	彭州市人民政府办公室	2020 年 5 月 24 日
彭府办发〔2020〕10 号	关于印发彭州市人民政府 2020 年度法治政府建设工作要点的通知	彭州市人民政府办公室	2020 年 6 月 5 日
彭府办发〔2020〕11 号	关于印发彭州市加强规范和治理校外培训机构的工作方案的通知	彭州市人民政府办公室	2020 年 6 月 8 日
彭府办发〔2020〕12 号	关于印发 2020 年《政府工作报告》目标任务责任分解方案的通知	彭州市人民政府办公室	2020 年 6 月 24 日
彭府办发〔2020〕13 号	彭州市人民政府办公室关于印发彭州市公用移动通信基站规划设置管理暂行办法的通知	彭州市人民政府办公室	2020 年 7 月 2 日
彭府办发〔2020〕14 号	彭州市人民政府办公室关于印发彭州市稳就业保就业工作方案的通知	彭州市人民政府办公室	2020 年 8 月 18 日
彭府办发〔2020〕15 号	彭州市人民政府办公室关于印发 2020 年《政府工作报告》目标任务细化分解方案的通知	彭州市人民政府办公室	2020 年 9 月 2 日
彭府办发〔2020〕16 号	彭州市人民政府办公室关于印发彭州市 2020 年防范化解政府债务和隐性债务风险工作方案的通知	彭州市人民政府办公室	2020 年 10 月 10 日
彭府办发〔2020〕17 号	彭州市人民政府办公室关于改革完善医疗卫生行业综合监管制度的实施意见	彭州市人民政府办公室	2020 年 10 月 21 日
彭府办发〔2020〕18 号	彭州市人民政府办公室关于印发彭州市天然水域禁捕工作实施方案的通知	彭州市人民政府办公室	2020 年 11 月 11 日
彭府办发〔2020〕19 号	彭州市人民政府办公室关于做好彭州市“十四五”重点专项规划编制工作的通知	彭州市人民政府办公室	2020 年 12 月 4 日
彭府办发〔2020〕20 号	彭州市人民政府办公室关于印发彭州市危险化学品事故处置应急预案等 5 个预案的通知	彭州市人民政府办公室	2020 年 12 月 15 日

民生实事

People's Livelihood Work

2020 年四川省级民生实事目标彭州市承担任务完成情况表

表 35

序号	民生项目内容（成都目标及任务数）	彭州目标及任务数	完成情况	承办部门	备注
1	减免非民族自治地区 3.4 万名幼儿保教费	0.1595	已减免非民族自治地区 0.16 万名幼儿保教费	市教育局	超额完成
2	为 3.5 万名义务教育阶段家庭经济困难寄宿生提供生活费补助	0.2582	已为 0.2603 名义务教育阶段家庭经济困难寄宿生提供生活费补助	市教育局	超额完成
3	为 1.42 万名义务教育阶段家庭经济困难非寄宿生提供生活费补助	0.0445	已为 0.0624 万名义务教育阶段家庭经济困难非寄宿生提供生活费补助	市教育局	超额完成
4	支持选派 192 名教师到“三区”支教	13	已选派支教教师 13 名全部到位	市教育局	完成
5	免除 15.6 万名中职学生学费	√	春秋两季学期共对 9546 名中职学生免除了学费	市教育局	完成
6	持续为全市 1605.4 万城乡居民免费提供国家基本公共卫生服务	76.49	已持续为 77.80 万城乡居民免费提供国家基本公共卫生服务	市卫健局	超额完成
7	为符合条件的计划生育对象提供计划生育扶助保障	奖励扶助 65822 人；特别扶助 2561 人	确认计划生育奖励扶助对象 72956 人；确认计划生育特别扶助对象 2686 人。已完成扶助金发放	市卫健局	超额完成
8	提高 829.33 万城乡居民基本医疗保障水平	50.28	2020 年城乡居民参保登记人数 50.60 万人，并按要求做好参保人员财政补助资金预算工作，按照成都市统一安排做好补助资金解缴工作	市医保局	超额完成
9	落实 110.7 万名城乡居民基本养老保障待遇	11.09	已落实 12.74 万城乡居民基本养老保障待遇	市人社局	超额完成
10	代缴 4.65 万贫困人口、低保对象、特困人员等困难群体城乡居民基本养老保险个人缴费	3814	代缴 3937 人，缴纳社保费用 314.85 万元	市人社局 市农业农村局 市民政局	超额完成
11	组织开展各类补贴性职业技能培训 16 万人次	3265	已组织开展各类补贴性职业技能培训 3270 人次	市人社局	超额完成
12	提高 43262 名困难残疾人生活补贴标准	3821	按照“动态管理、应补尽补、应退尽退”原则累计困难残疾人生活补贴 44452 人次 941 万元	市民政局 市残联	完成
13	推进实施绿色惠民殡葬政策	采取减免费用或提供补贴等方式做好政策范围内的基本殡葬服务，推进实现基本殡葬服务的普惠性、均等化	为符合政策的群众办理惠民殡葬补贴申请 4749 件，发放惠民殡葬补贴资金 2278794 元	市民政局	完成

续表 35

序号	民生项目内容（成都目标及任务数）	彭州目标及任务数	完成情况	承办部门	备注
14	城镇棚户区住房改造开工5238套	30	已完成龙兴寺二期改造项目横街子标段30户的签约和资金兑付工作	市住建局	完成
15	建成20个安全社区	2	敖平镇、桂花镇已建成省级安全社区	市应急局	完成
	建设118个城乡社区儿童之家	20	20个儿童之家已完成建设，资金拨付100%	市妇联	
16	实现426个“五馆”免费开放			市文体旅局	完成
	图书馆	1	彭州市图书馆已开放		
	文化馆	1	彭州市文化馆已开放		
	乡镇文化站	19	葛仙山镇、通济镇等19个文化站已开放		
	城市社区（街道）文化中心	1	天彭街道文化中心已开放		
	博物馆和纪念馆	1	彭州市博物馆已开放		

说明：√表示成都市下达的任务，有这项工作，但是数量不定

2020年成都市十大民生实事目标彭州市承担任务完成情况表

表 36

序号	成都市民生项目内容	彭州任务及数量	完成情况	承办部门	备注
	一、交通出行				
1	完成城市道路检查井盖病害治理10000座。（含市本级3950座）	200	已完成雨污井盖病害治理200座	市综合执法局	完成
	二、提升市容环境				
2	中心城区新建小游园、绿地80处	2	已完成东远寺小游园、恒大城市之光和西宸铂悦、升华台（二环路西侧）等小游园、微绿地建设	市住建局	完成
3	打造公园城市示范街区35处	1	已完成1处打造	市住建局	完成
	创建公园小区30个	1	结合老旧院落改造，已完成草甸苑景观提升；同时结合创建园林式居住小区的牡丹名城、天立世纪华府、海德花园小区，创建1个公园小区		
4	规划建设1000条“回家的路（上班的路）”社区绿道，锦江公园建成6条滨水慢行街区示范段，建成全长7.8公里的锦江自行车专用道	50	结合牡丹大道综合整治、郊野公园、新材料产业功能区市政设施维护等项目建设，已建成50条	市住建局	完成
5	打造背街小巷环境综合整治示范街22条	1	已完成安仁东街的环境综合整治打造	市综合执法局	完成
6	新改建公厕344座（含市本级9座）	19	已完成19座公厕的新（改）建工作	市综合执法局	完成
7	建设水美乡村40个	1	葛仙山镇建新村水美乡村建设已完工	市水务局	完成
	三、就业促进				
8	城镇新增就业23万人、失业人员再就业5.65万人，新增吸纳大学生就业创业7万人			市人社局	超额完成
	城镇新增就业230000人	5312	城镇新增就业10584人		
	失业人员再就业56500人	2542	失业人员再就业达3863人		
	新增吸纳大学生就业创业70000人	1600	已新增吸纳大学生就业创业1609人		

续表 36

序号	成都市民生项目内容	彭州任务及数量	完成情况	承办部门	备注
9	农村富余劳动力向非农产业转移就业 73000 人	6500	农村富余劳动力向非农产业转移就业 6883 人	市人社局	超额完成
10	新增示范性青年之家 22 个，开展活动 1960 场，服务青年蓉漂、青年人才 2.64 万人次			团市委	完成
	新增示范性青年之家 22 个	1	已建成白鹿镇普罗旺斯青年之家		
	开展活动 1960 场	40	开展活动共计 56 场次		
	服务青年蓉漂、青年人才 26400 人次（市本级服务 3600 人次）	800 人次	已开展“彭程万里·什步香草”彭什青年人才共话成长主题沙龙等品牌活动 7 场次，覆盖 470 余人次，青年人才驿站入驻 401 人次，累计服务人才 901 人次		
11	运营青年人才驿站 23 个，为本科及以上学历外地来蓉求职青年大学生提供 7 天以内免费住宿，全年入住 1.4 万人次			团市委	完成
	运营青年人才驿站 23 个	1	已建成青年人才驿站 1 个		
	为青年大学生提供 7 天以内免费住宿，全年入住 14000 人次	400	青年人才驿站入驻 401 人次		
12	举办退役军人专场招聘会 50 场以上，提供就业岗位 10 万个，建立退役军人创业园（孵化基地）10 个以上，为退役军人提供免费技能培训 800 人次			市退役军人局	完成
	举办退役军人专场招聘会 50 场以上	2	已举办退役军人专场招聘会 2 场		
	提供就业岗位 10 万个（市本级 67000）	1500	已提供就业岗位 3160 个		
	建立退役军人创业园（孵化基地）10 个以上	1	已建立退役军人创业园（孵化基地）1 个		
	为退役军人提供免费技能培训 800 人次	37	已为退役军人提供免费技能培训 46 人次		
13	农民工劳务品牌培训 3000 人	220	农民工劳务品牌培训达 840 人	市人社局	超额完成
			四、做好扶弱助困		
14	向符合条件的困难残疾人、重度残疾人分别发放生活补贴、护理补贴	√	发放困难残疾人生活补贴 44452 人次 941 万元、发放重度残疾人护理补贴 71983 人次 652.94 万元	市民政局	完成
15	有意愿且符合条件的特困人员集中供养率达 100%	100%	100%	市民政局	完成
16	免费救助严重精神障碍患者，做到应救尽救，社区管理率达 85%	√	免费救助严重精神障碍患者，社区管理率达 96.13%	市卫健局	完成
17	按照社会救助和保障标准与物价上涨挂钩联动机制的要求，向困难群众及时、足额发放价格临时补贴	√	发放价格临时补贴 5487.3051 万元	市发改局	完成
18	为符合条件的建档困难职工每人每年提供 800～1500 元的生活、医疗救助	√	为 22 名建档困难职工发放生活和医疗救助金共计 6.976 万元，人均发放 3168 元	市总工会	完成
			五、教育助学		
19	通过新建改建公办幼儿园等方式，2020 年新增公办学位 80000 个	630	通过新建顾福桥幼儿园和回收香颂苑幼儿园方式已完成 630 个学位目标	市教育局	完成

续表 36

序号	成都市民生项目内容	彭州任务及数量	完成情况	承办部门	备注
20	新建、改扩建中小学 40 所，新增学位 5 万个			市教育局	完成
	新建、改扩建中小学 40 所	1	建成南部新城学校，新增学位 2400 个		
	新增学位 50000 个	2400			
21	实施公办初中“强校工程”，培育“家门口的好学校”30 所	3	确定一中实验等 3 所成都市级和北城中学等 3 所彭州市级“强校工程”初中实验校，明确优质学校对口引领。制定强校工程实施意见，按照三年行动实施方案，积极推进培育工作	市教育局	完成
22	对义务教育阶段公办学校城乡低保家庭学生及特困供养人员中的优秀非住宿学生给予助学补助，小学每生每年 1000 元，初中每生每年 1250 元	√	按要求已完成对 591 名学生给予助学补助	市教育局	完成
23	对公办中职学校成都籍学生及非成都籍但家庭经济困难学生免除住宿费，对民办中职学校符合免费条件的学生给予住宿费补助	√	按要求已完成对 4835 名学生免除住宿费及对民办中职学校符合免费条件的学生给予住宿费补助	市教育局	完成
六、医疗养老					
24	完成 50 家社区卫生服务中心（乡镇卫生院）基础设施提升改造	4	已完成 4 家提升打造	市卫健局	完成
	完成 400 家村卫生室公有化标准化建设	40	已完成村卫生室公有化标准化建设项目 40 个		
25	完成 50 个“示范中医馆”、200 个“规范化中医角”提档升级			市卫健局	完成
	完成 50 个“示范中医馆”提档升级	3	3 个示范中医馆提档升级建设已完成		
	完成 200 个“规范化中医角”提档升级	10	10 个中医角提档升级建设已完成		
26	新生儿疾病免费筛查率 95%	95%	免费筛查率达 99.94%	市卫健局	超额完成
27	为 1.5 万名建档困难职工和环卫工人免费健康体检	480	已完成建档困难职工和环卫工人体检 480 人次	市总工会	完成
28	城乡居民基本医疗保险参保登记率达 98%，参保居民住院医疗费用政策范围内报销比例达 75%	√	参保登记率达 99.44%，参保居民住院医疗费用政策范围内报销比例达 75%	市医保局	完成
29	城乡居民基本养老保险参保覆盖率保持在 90% 以上，符合代缴条件的建档立卡贫困人口、低保对象、特困人员等困难群体实现城乡居民基本养老保险政府代缴率达 100%	√	养老保险参保率已实现 90% 以上，贫困人员代缴率 100%	市人社局	完成
30	改造特困人员供养设施（敬老院）护理型床位 2000 张	280	完成改造特困人员供养设施（敬老院）护理型床位 280 张	市民政局	完成
31	新增老年助餐服务点 180 个	2	新增 2 个助餐点位分别在天彭街道柳河左岸小区和丹郡兰庭小区	市民政局	完成
七、食药安全					
32	在药品零售环节开展含特殊药品复方制剂“互联网 + 智慧监管”试点，全市试点药店达 3000 家以上	10	已完成 10 家试点任务	市市场监管局	完成

续表 36

序号	成都市民生项目内容	彭州任务及数量	完成情况	承办部门	备注
33	在全市中小学（含幼儿园）推行明厨亮灶工程，公办学校明厨亮灶率 95%，民办学校达 85%	√	全市 187 家中小学（幼儿园）食堂，其中公办食堂 88 家，已完成明厨亮灶 88 家，完成率 100%；民办食堂 99 家，已完成明厨亮灶 99 家，完成率 100%	市市场监管局	超额完成
34	开展食品安全科普体验活动 150 场以上	8	已开展食品安全科普体验活动 8 场	市市场监管局	完成
	八、住房安居				
35	实施基本公共服务设施攻坚行动，项目开工建设900个以上，累计建成不少于 400 项			市住建局	完成
	项目开工建设 900 个以上	18	彭州中学（九峰书院）新建项目、铧炉街市场、锦阳社区农贸市场、场镇公厕新改建项目等 18 个项目均已开工		
	累计建成不少于 400 项	5	公安局白水河派出所、顺和苑颐养中心、莱运望蜀里台球中心以及七处公厕共 10 个项目已完工		
36	实施中心城区易涝区整治 8 处，易积水小区整治 50 个			市住建局	完成
	实施中心城区易积水小区整治 50 个	2	已完成光明苑、碧美．恋城公馆 2 个易积水小区的整治		
37	实施棚户区改造 5238 户，完成老旧院落改造 300 个，发放公租房租赁补贴 5000 户			市住建局	完成
	实施棚户区改造 5238 户	30	已完成龙兴寺二期改造项目横街子标段 30 户的签约和资金兑付工作		
	老旧院落改造 300 个	7	已完成 8 个老旧院落硬件改造工作		
	发放公租房租赁补贴 5000 户	50	发放租赁补贴 82 户，发放金额 7.382 万元，完成目标任务的 164%		
38	完成农村土坯房改造 2.41 万户	0.0117	已建成 117 户	市住建局	完成
39	城镇社区和农村集中居住区生活垃圾分类覆盖率达 60%	新增 2.97 万户	已新增 12.2 万户，覆盖率达 90%	市综合执法局	超额完成
	九、文体惠民				
40	新建基层综合性文化服务中心示范点 44 个	2	已完成隆丰街道银定村文化中心、天彭街道南大街文化中心示范点打造	市文体旅局	完成
41	开展“乐动蓉城”月末惠民音乐会 32 场、“文化四季风”群众文化活动 92 场、“走基层”文化惠民演出 1000 场				完成
	“文化四季风”品牌群众文化惠民示范活动 92 场（市本级 4 场）	4	已举办 4 场	市文体旅局	
	“走基层”文化惠民演出 1000 场（市本级完成 120 场）	40	已完成 40 场	市委宣传部	
42	为行政村、涉农社区以及特殊人群放映公益电影 4.45 万场，开展“公益电影进影院”免费放映 3000 场			市委宣传部	完成
	为行政村、涉农社区以及特殊人群放映公益电影 4.45 万场	3726	已完成 3726 场次		
	开展“公益电影进影院”免费放映 3000 场	50	已完成 52 场次		

续表 36

序号	成都市民生项目内容	彭州任务及数量	完成情况	承办部门	备注
43	公共体育场馆免费（低收费）开放 380 万人次，开展全民健身活动 3000 场次，国民体质监测 12 万人，培训社会体育指导员 2700 名			市文体旅局	超额完成
	公共体育场馆免费（低收费）开放 380 万人次	11	场馆免费（低收费）向市民开放达 12 万人次		
	开展全民健身活动 3000 场次	100	开展各类全民健身活动达 107 次		
	国民体质监测人数达 120000 人（市本级完成 5600 人）	5200	完成国民体质监测 5241 人		
	培训社会体育指导员 2700 名（市本级完成 500 名）	100	完成社会体育指导员培训 155 人		
44	新建绿道科普基地 5 家、科普教育点位 50 个，开展绿道科普教育活动 150 场				完成
	新建科普教育点位 50 个（市本级 6）	2	已完成蚂蚁家、龙门柒村两个天府绿道科普点位的提升和挂牌工作	市住建局	
	开展绿道科普教育活动 150 场	8	已开展绿道科普教育活动 10 场	市科协	
	十、便民服务				
45	推广运营"天府市民云"平台，集成服务达 220 项以上，每个区（市）县特色门户项目达 15 项以上，依托"天府市民云"建设智慧应用场景示范社区 100 个				完成
	每个区（市）县特色门户项目达 15 项以上	15 项以上	已完成 18 项	市委社治委	
	依托"天府市民云"建设智慧应用场景示范社区 100 个	4	建成 4 个示范社区		
46	新建社区（村）法律之家 28 个，为群众提供法律援助服务 11 万人次			市司法局	完成
	新建社区（村）法律之家 28 个	2	在天彭街道南津社区和通济镇桥楼社区建成并投入使用		
	为群众提供法律援助服务 110000 人次（市本级完成 51280 人）	3500	已为群众提供法律援助服务 3799 人次		
47	新建省级安全社区 21 个、综合减灾标准化社区 200 个。			市应急局	完成
	新建省级安全社区 21 个	2	敖平镇、桂花镇已建成省级安全社区。		
	新建综合减灾标准化社区 200 个	10	已完成 10 个基层综合减灾建设社区建设		
48	新建电动自行车消防安全规范管理示范点 120 个（市本级完成 2 个）	5	已建成丹郡湖岸、丹郡兰庭、置信丽岛、首城国际、财信上河新界小区 5 个示范点	市应急局	完成
49	建成人口疏散示范基地建设 3 个，发放应急包等人防用品 1.5 万个，在龙门山沿线和岷江沿线增设防灾警报设施 10 台			市住建局	完成
	在龙门山沿线和岷江沿线增设防灾警报设施 10 台	2	已完成白鹿天台村、龙门山镇中坝村 2 台防灾警报的安装		
50	打造城乡居民两险"网格化"服务管理模式，服务基本养老保险城乡居民缴费人 90 万以上，服务基本医疗保险城乡居民缴费人 810 万以上			国家税务总局彭州市税务局	超额完成
	打造城乡居民两险"网格化"服务管理模式，服务基本养老保险城乡居民缴费人 90 万以上	7.62 万以上	已服务基本养老保险城乡居民缴费人数 8.55 万人		
	打造城乡居民两险"网格化"服务管理模式，服务基本医疗保险城乡居民缴费人 810 万以上	49.28 万以上	已服务基本医疗保险城乡居民缴费人数 50.7 万人		

说明：√表示成都市下达的任务，有这项工作，但是数量不定

专题记述
Special Records

应对疫情“稳就业、惠民生”

彭州市人力资源和社会保障局

2020 年，彭州市人社局紧紧围绕市委、市政府中心工作部署，始终坚持“民生为本、人才优先”的工作主线，紧盯新冠疫情对人社工作带来的负面影响，突出问题导向，抓紧抓实就业创业、社会保险、人事人才、构建和谐劳动关系等各项工作落实，高标准完成年度目标任务，全局全面建设取得了长足进步。2020 年，被成都市委、市政府表扬为“中华人民共和国成立 70 周年大庆安保维稳信访工作表现突出的公务员集体”，被彭州市委、市政府表彰为“2020 年彭州市产业功能区建设突出贡献先进集体”，被成都市人社局表扬为“2019—2020 年度人事考试优秀单位”，“市社保局窗口”被省人社厅表扬为“优质服务窗口”，市劳动人事争议仲裁院获批首批“四川省劳动人事争议标准化仲裁院”。

一、社会保障全面推进

（一）注重发挥社会保险的“稳定器”作用，稳步推进社会保险提质、扩面、增效

一是强化社保政策宣传。深入开展“送政策、帮企业、送服务、解难题”专项行动，走进镇（街道）和产业功能区，为 400 余家企业集中开展惠企政策宣讲，实地走访企业 8 户，现场解决企业难题 40 余件。

二是稳步推进征缴扩面。截至 12 月，全市城乡居民基本养老保险参保人数 26.61 万人，城镇职工基本养老保险参保 25.27 万人（其中企业职工基本养老保险在职参保 12.98 万人，机关事业单位养老保险在职参保 1.29 万人），失业保险参保 9.41 万人，工伤保险参保 12.69 万人，新开工建设项目工伤保险参保率达 90% 以上，养老金社会化发放率达 100%。

三是持续优化社保经办服务方式。梳理规范“不见面”政务服务事项清单 44 项，优化更新经办服务事项手册，全面加强“网上办、手机办、自助办、预约办、延后办”；深化“放管服”改革，稳步推进社税移交工作，有序推进“人社服务快办行动”，切实推动材料齐全一次受理、关联事项一次办理；新增 8 项基础性业务向镇（街道）下延，建立线上业务指导平台，对镇（街道）经办业务进行实时指导和远程监督，提升基层经办业务的多样性和准确率。

四是落实社保扶贫政策。截至 12 月，为 4001 名符合代缴条件的贫困人员代缴社保费用 319.47 万元。

（二）注重发挥人才引领作用，全方位抓实人才引育工作

一是及时发布人才白皮书。编制发布《彭州市人才开发指引（2020）》（彭州人才白皮书），突

出“3+2”产业载体，搜集全市134家重点企业急需紧缺人才需求，涉及岗位种类231个。

二是搭建平台招才引智。面向社会公开招聘事业单位工作人员230名、“三支一扶”大学生志愿者201名；开展四期进社区“送政策、送岗位、送技能、送信息”活动、搭建“彭程万里·才源九州”线上人才信息交互平台，举办“云聘会”13场次，共发布3200余个岗位，达成就业意向968人；组织企业参与“蓉漂人才荟”系列活动，走进四川工程职业技术学院、重庆大学等高校，组织全市重点企业41家，提供优质岗位846个。

三是强化技能人才培养载体建设。全市企业申报成都市级以上高技能人才培训基地、技能大师工作室等建设项目11个，涉及石油化工、机械制造、工程防水、酒店餐饮等多个领域工种，获批项目6个（2个国家级、4个成都市级）。

四是深化专业技术职称制度改革。加快推进人才评价制度衔接，在工程技术领域实现高技能人才与工程技术人才职业制度互通；继续推进职称评审工作，丰富职称评价方式，切实为专业技术人员提供优质的人才评价公共服务。

五是关心关爱一线医护人员。疫情发生后，全市共考核招聘援鄂一线6名医务人员为事业单位工作人员，审核临时性工作补助316人次，涉及金额35.67万元，审核卫生防疫津贴享受人数178人，涉及金额5.32万元；疫情期间对医疗卫生机构一次性绩效核增总量860.46万元。

六是持续加大收入分配调整。与财政部门、教育主管部门对接，对2020年全市义务教育教师绩效工资进行一次性核增绩效工资总量，确保义务教育教师人均工资水平不低于公务员人均工资水平，做到既注重“多劳多得”，更注重兼顾公平。

（三）积极营造“劳有所得”的社会风尚，全方位构建和谐劳动关系

一是稳步推进和谐劳动关系构建。集中开展第二届“五级联动”争创模范劳动关系和谐单位活动，139家单位被成都市协调劳动关系三方委员会分别评价认定为A～AAAAA级成都市“模范劳动关系和谐单位”（其中AAAA级单位达36家，AAAAA级单位达22家），彭州市被认定为AAAAA级“模范劳动关系和谐区（市）县”。

二是扎实做好根治欠薪工作。联合住建局、综合执法局、交通局、水务局等部门开展根治欠薪春秋冬季专项行动，重点对辖区内农民工较为集中的加工制造企业、住宿和餐饮企业、各类在建工程项目进行工资支付和制度落实情况检查，对发现问题及时要求整改，全年共受理投诉件491件。

三是稳步推进工伤预防工作。建立由人社局牵头，财政、住建、卫健、应急等10余家职能部门参与的工伤预防工作联席会议制度，坚持数据共享、信息互通、职能互补、科学防控，统筹推进全市工伤预防工作向纵深发展。全年受理工伤认定486件、劳动能力鉴定申请445件、提前退休申请231人。

四是下大力气调解劳动争议案件。截至12月，受理劳动人事争议案件345件，涉及劳动者370人，涉及金额895.79万元，结案率94.90%，其中裁决结案88件，调解、撤诉结案247件，撤调率73.73%，一裁终局率40%；各镇（街道）调解组织调处劳动争议案件126件，涉及劳动者1892人，涉及金额3569.70万元。

二、多措并举“稳就业、保就业”

一是降低用工成本“稳岗”。落实省社保“降费调基”政策，为5000余户企业减少社会保险费用4.59亿元；落实各级援企稳岗政策，对坚持不裁员或少裁员的参保企业，发放稳岗补贴2052.07万元，惠及2399家企业7.30万名职工；出台疫情期间“一次性吸纳就业”“培训＋就业”补贴政策，促使企业不裁员、少裁员，稳定就业岗位，发放补贴68.3万元。

二是创新服务方式挖掘就业潜力。开展“战疫情，稳经济，促就业”送岗到家专项行动，组织动

员社区工作者、网格员和志愿者等1200余人，向全市劳动者精准推荐岗位8000余个；建立与金牛区、什邡市、绵竹市、南充市营山县和阆中市，以及重庆等地的人力资源协同机制，定期交换岗位信息，推进人力资源市场一体化运行；鼓励村（社区）开发公共卫生、消毒保洁等5类临时性公益性岗位，最大限度安置因疫情失去岗位的人员。截至12月，全市就近就地就业5000余人，累计输出务工人员5.79万人，公益性岗位安置就业困难人员260余人。

三是以技能提升练内功促就业。对全市200余家重点企业开展“一企一员”和“一企一策”培训提能行动，通过“成都职业培训网络学院”等平台为求职者提供免费职业技能培训3725人次，发放各类培训补贴3943.76万元，涉及3.46万名职工技能培训平台建设补贴142万元，实现新增就业9547人。

四是盯住重点力求保障全覆盖。始终坚持把高校毕业生就业和就业困难人员就业摆在就业服务工作的重要位置，截至12月，全市6个高校毕业生见习基地已吸纳80名高校毕业生见习，与14家机关事业单位共同建立高校毕业生见习协作机制，提供见习岗位32个，17人成功见习；对全市200户以上集中安置社区，落实“一社区一名就业联络员”工作制度，探索在社区建立“培训＋就业”服务新模式，指导社区最大限度开发公益性岗位安置未就业高校毕业生和就业困难人员。截至12月，实现就业兜底保障近300人，累计发放失业保险金7743万元、为领取失业保险人员代缴医疗保险费2475万元，发放失业补助金4562万元。

优化资源布局　促进教育均衡发展

彭州市教育局

2020年，市教育局紧紧围绕“一个中心”，狠抓“两项保障”，实现“三个提升”工作，努力为人民群众提供更多更加优质公平的教育服务。

一、围绕“一个中心”，定位更高教育目标

彭州市教育局始终坚持以人民为中心的发展思想，紧紧围绕全市发展战略，认真贯彻落实市委、市政府决策部署，聚焦人民群众关切，准确把握工作着力点和努力方向。以跻身“成都教育第一方阵”为目标，通过持续深化改革、不断加大投入、优化资源布局等举措，促进教育发展取得新的成效，基础教育群众满意度连续3年名列成都市前3位。

二、狠抓“两项保障”，教育发展基础更牢

（一）财政保障力度加大。全年教育经费投入13.26亿元，义教段生均公用经费标准提高50元/生·年，实现“两个只增不减”。公办学校“员额”教师经费、激励性奖励津贴、“厕所革命”和校舍维修经费纳入财政预算，涉及金额达9878万元，教育支出结构不断优化。积极争取上级专项资金支持，到位953万元。教师一次性绩效标准从2018年的1.5万元提高到2020年的3.4万元，实现义务教育教师平均工资收入水平高于本地公务员年平均工资收入水平，职业荣誉感有效提升。

（二）硬件保障建设提速。扎实做好“两项改革”后半篇文章，实施城乡学校（园）布局新一轮规划调整，新设立城区学校（园）6所，撤并小规模学校4所，新规划项目14个，其中新（改扩）建中小学（园）11所，学位8678个，教育发展空间布局优化重构。彭州中学（九峰书院）等5个在建教育攻坚项目加快推进，新增学位10695个，中心城区学位不足的矛盾得到缓解。引进“川文艺”“中央美院”等3所高校到彭举办高等教育和特色高中，支持在彭优质民办教育扩大办学规模，进一步壮大优质资源。

三、实现“三个提升”，教育质量成效更优

（一）教育品质全面提升。学前教育抓普及普惠，普惠性幼儿园覆盖率86.79%，公办园在园幼儿比例达50.22%，创建成都市一级园3所，提前完成“80”“50”目标。义务教育抓优质均衡，彭中附小办学效益得到市民高度认可，6所公办初中“强校工程”有效推进，全市义务教育校际均衡指数0.19，居郊区新城第1位。高中教育抓优质特色，实现省级示范校“1+2”格局，领先成都部分中心城区；高考成绩连续多年保持郊区新城前列，“双一流”名校录取比例逐年上升。职业教育抓优质融合，在全省首批中职示范校项目建设中期指导评估中获第二名，师生技能大赛获多个国家、省级奖项。全市现有成都市新优质学校12所、各类省市特色示范校67所。

（二）师资素养持续提升。完善举报受理流程，压实师德建设主体责任，开展师德师风专项治理行动3次，查处通报违规事件1起。健全高层次人才引进机制和“编制＋员额”教师补充机制，招聘编制内教师74名，补充员额教师63名，师资结构更加合理。强化专业支撑，完成教师三级体系培训，实现教师培训全覆盖。组建成都市级名师工作室3个，彭州市级名师工作室18个、卓越班主任工作室2个，制定实施《义务教育首席教师制度》，发挥名优教师引领辐射。建立教师专业成长激励机制，落实农村教师职称评审倾斜政策，960人名优教师获得各级各类奖励，254名教师晋升高级职称。

（三）治理能力加快提升。探索新建公办学校办学体制改革，在彭州中学附属小学试点彭州版“一核二定三自主”办学体制机制改革和校长职级制，有效激发学校办学活力，得到市民高度认可。实行公、民办中小学校同步招生，义务教育阶段民办学校报名人数超过招生计划，均首次实行100%电脑随机录取，实现义务教育免试就近入学全覆盖。实施校外培训机构“黑白名单”动态管理，建立部门联动开展“双随机一公开”工作机制，有效消除公共场所非法办学的文化教育机构，消除率100%。

调研报告
Investigation Reports

县级智慧城市建设的思考

——以智慧彭州建设情况为例

智慧城市概念最早由IBM公司2008年提出，其核心在于利用各种信息技术或创新概念，打通并集成城市各类系统和服务，以提升资源运用效率、优化城市管理服务、改善市民生活质量。我国于2012年启动智慧城市建设，截至2020年4月，国家住建部公布的智慧城市建设试点城市有290个，如果计算发改委、科技部、工信部、国家测绘地理信息局等部委确定的智慧城市相关试点数量，全国智慧城市试点数量累计已达749个。从试点推进情况看，各地都将"信息化到智能化再到智慧化"作为建设智慧城市的必由之路，但目前各地均处在信息化、智能化和智慧化交错演进阶段，而且多侧重于数字政府建设，与"智慧化"尚有较大差距。为此，我们带着对未来"智慧城市"形态的思考，实地考察学习了先发地区智慧城市建设经验，并以彭州智慧城市建设现状为例，对县级智慧城市建设提出了若干建议。

一、彭州市智慧城市建设现状

彭州市智慧城市建设于2016年启动，目前进度与全国大多数县级城市相当，其建设历程具有当前全国县级城市智慧城市建设的典型特征。

（一）地方政府一体主导。成立了由市长任组长的智慧彭州建设工作领导小组，负责统筹全市智慧城市建设工作；领导小组办公室设在市行政审批局（简称市智慧办），负责落实领导小组日常工作，牵头智慧彭州建设各项具体任务。设立了彭州市大数据和民生服务中心（市政府直属财政全额拨款正局级公益一类事业单位），具体负责全市电子政务、政府数字化转型、智慧城市建设、大数据发展等工作。

（二）数字政府建设先行。彭州市紧紧围绕数字政府建设开展智慧彭州建设，目前已取得阶段性成效。一是在成都市第一个独立选址并建成投运网络理政中心。二是采用全球最新开放式生态架构设计，与华为公司合作建设政务大数据平台，目前已完成47个部门和全部镇（街道）的2262项业务梳理，挂接经济、治安、应急、教育、卫健、环保等领域数据资源336个，其中文件资源248个、接口资源88个，累计交换数据2000万条。三是建成融合指挥调度平台，实现了手机、对讲机、IP电话等终端设备的跨级语音互通，天网工程、雪亮工程等2738路监控探头视频资源的集中调阅，形成了成都市、彭州市、镇（街道）三级一体的高清视频会议系统。

（三）基本完成总体规划。彭州市于2017年选定了智慧城市规划编制单位，并随即开始了智慧彭州规划方案编制。但由于基础工作面宽量大，且智慧城市建设缺乏明确标准，规划编制期间历经多次反复。截至目前，智慧彭州规划方案已基本定稿，但由于成都市智慧城市整体规划未正式出台，故仍未进入法定化程序。

二、智慧城市建设的创新探索案例

当前，全国智慧城市建设亮点纷呈、特色突出、成效显著，上海人工智能赋能城市精细化治理、广州推进城市治理数字化、武汉建设城市“超级大脑”、深圳推进智慧法治建设、长沙打造智慧城市生态、重庆促进数字经济和实体经济深度融合等，都为智慧城市建设提供了重要实践经验。结合实地学习考察情况，重点剖析浙江省杭州市和浙江省安吉县智慧城市建设。

（一）浙江省杭州市创新建设城市大脑

浙江杭州是城市大脑的诞生地。2020 年 3 月，习近平总书记在浙江考察时，对杭州城市大脑给予了充分肯定。2020 年 6 月，杭州市委十二届九次全会审议通过《中共杭州市委关于做强做优城市大脑打造全国新型智慧城市建设“重要窗口”的决定》，开启了杭州“让城市更聪明、更智慧”的全新征程。

1. 城市大脑源于智慧治堵的探索。杭州曾经一度因为交通拥堵而著称，在高德交通发布的《中国主要城市交通分析报告》中，2014 年第二季度至 2016 年第二季度共 9 期报告中，杭州一直处于“拥堵榜”前五，并在 2015 年度以 1633 小时的拥堵时长成为全年堵车时间最长的城市。基于治理城市拥堵的考量，2016 年 4 月杭州提出“建设城市大脑、实现智慧治堵”的设想，正式开启利用大数据改善城市交通的探索。2016 年 9 月，城市大脑交通模块在萧山区市心路投入使用，数据显示道路车辆通行速度平均提升 3%~5%，部分路段甚至提升了 11%。在高德交通发布的《2016 年度中国主要城市交通分析报告》中，杭州的全年拥堵排名下降至全国第 8，此后连年下降至 2019 年的全国第 35 位。

2. 智慧治堵迈向智慧治城的创新。从 2017 年 10 月发布交通系统 1.0 版，到 2018 年 10 月发布综合版，杭州城市大脑正式开始了从“治堵”向“治城”迈进。2018 年 12 月，欢快旅游、畅快出行、舒心就医、便捷泊车、智慧警务五大应用场景正式接入“中枢”；2019 年 9 月，数字驾驶舱上线运行，实现“一部手机治理一座城市”；2020 年 2 月，杭州健康码、亲情在线等应用场景相继上线 ...... 目前，杭州城市大脑已上线数字旅游专线、应急防汛、叶菜基地管理、食安慧眼、电梯智管、智慧环保等 11 个重点领域 48 个应用场景，日均协同数据 1.2 亿条。

3. 杭州城市大脑的总体形态。一是五位一体的顶层设计。以经济、政治、文化、社会、生态五大领域为“根目录”进行顶层设计，每个根目录又派生出二、三、四级目录等，从而构建一张脉络清晰的树状图，实现纲举目张。如经济领域的二级目录为第一产业、第二产业、第三产业和开放合作。二是全面覆盖的组织架构。构建了纵向到区县（市）的 15 个“平台”，横向到各部门 50 余个“系统”，全部接入城市大脑“中枢”，并成立了集中枢运维、指挥应用、成果展示和专班研发于一体的城市大脑运营指挥中心。三是各具特色的数字驾驶舱。平台数字驾驶舱围绕经济、政治、文化、社会和生态的可视化内容展开，系统数字驾驶舱围绕各单位工作职责、工作领域和工作重点的可视化内容布局，数字驾驶舱包括大屏版和手机版。四是丰富多彩的应用场景。从惠民利民的小事切入，如“舒心就医”场景实现了就医全程“最多付一次”，“便捷泊车”场景实现了“无杆”停车和“先离场后付费”，“亲清在线”场景实现了企业诉求、行政审批、惠企政策兑现等事项一键直达，无须企业提交各种证明资料。

4. 杭州城市大脑的建设机制。一是“一把手”亲自抓，市级层面成立由市委书记挂帅的城市大脑建设领导小组，由 6 位市领导担任副组长，一位副市长主抓，各区县（市）和各部门主要负责同志均为领导小组成员。二是注重顶层设计统揽，2016 年 5 月，杭州市正式发布《杭州市城市数据大脑规划》，作为“原则性建设纲要”，主要讲清楚城市数据大脑要“做什么、怎么做”。三是面向市场公司化运营，将城市大脑作为可复制的产品推广，先后成立了混合所有制的杭州城市大脑有限公司、杭州城市大脑停车运营有限公司等 10 余家企业，拉动数字经济发展。四是以项目为单元的专班工作机制，项目确定后赓即组建包括政府部门、企业在内的工作专班集中办公，已先后组建专班 30 余个、涉及工作人员近 400 名，专班之间相互“比武”提升效能。五是统筹考核推动，市考评办等单位联合对 101 个部门、15 个区县（市）和功能区下达城市大脑建设任务书，列入年度考评，每季度发布“赛马榜”。

（二）浙江省安吉县打造绿色智慧城市的探索实践

浙江省安吉县是“两山”理念的发源地。2019 年 9 月，新时代浙江（安吉）县域践行“两山”理念综合改革创新试验区建设工作大会召开，标志着安吉正式由“两山”发源地向“两山”试验区迈进。2019 年 11 月，安吉举行数字化转型助推新时代“两山”试验区建设启动仪式，其绿色智慧城市之旅就此全面展开。

1. 基于标准体系下的主动探索。早在 2012 年 5 月，浙江省政府就印发了《关于务实推进智慧城市建设示范试点工作的指导意见》（浙政发〔2012〕41 号），鼓励各市县科学务实推进智慧城市建设试点；并于同年编制了《浙江省智慧城市标准化建设五年行动计划（2015—2019 年）》，形成了智慧城市标准体系总体框架。这些意见和标准，特别是浙江省标准研究院参与编制的《国家新型智慧城市评价指标》（GB/T33356-2016）于 2017 年正式发布实施，为浙江省各市县主动探索推进智慧城市建设提供了重要遵循。在这样的背景下，安吉县于 2018 年 4 月设立了大数据管理中心，2019 年 1 月成立了大数据发展管理局，负责牵头全县政府数字化转型相关工作。在明确绿色智慧城市建设目标后，安吉县成立了书记、县长“双组长”的加快数字安吉建设打造绿色智慧城市领导小组，办公室设在大数据局，统筹推进绿色智慧城市建设。

2.“3+N”的总体架构。“3”分别指大数据局、数字资产经营公司和“两山转化”数字研究院。其中，大数据局是全县信息化建设的主管部门；数字资产经营公司是县财政局所属国有独资企业，由大数据局指导，主要负责信息化项目投融资和建设；“两山转化”数字研究院由大数据局指导、杭州数梦工场等 3 家企业牵头发起、海康威视等 7 家企业参与，是安吉县信息化建设的“智囊团”（民非组织）。“N”是指 N 家服务安吉智慧发展的专业信息化技术企业，均为市场化的生态合作伙伴。

3. 不断完善的规划和制度体系。一是坚持规划和制度先行，陆续出台了《安吉县促进大数据发展实施意见》《安吉县打造绿色智慧城市助推新时代“两山”试验区建设实施方案》等总体规划型文件，制定了《安吉县信息化项目管理办法》《安吉县公共数据管理办法》《安吉县电子政务云平台管理办法》等工作制度，明确了绿色智慧城市的总体规划、建设原则、工作目标、主要任务及保障措施。二是强化数字化项目建设统筹，全县数字化建设项目经相应部门申报后，由大数据局依托“两山转化”数字研究院、联合财政局共同审核，再由数字资产经营公司统一建设，N 家信息化技术公司具体承建，大数据局负责最终验收，形成了绿色智慧城市项目闭环式管理机制。

4. 城市大脑建设起步于电子政务。第一步，完善电子政务网络，以 2G 双链路互联网线路实现电子政务外网县级部门、乡镇、村社区全覆盖，在此基础上整合部门业务专网，依托视联网实现全县视频资源共享。第二步，建设政务云平台，整合扩容县内既有云资源建设 2676 核 CPU、5.8TB 内存和

520TB存储空间的云资源平台，按照“上云为常态，不上云为例外”的要求推动部门85个业务系统有序迁云。第三步，建设公共数据平台，根据应用需求持续推进数据归集共享，建成“目录清晰、标准统一、一数一源、动态更新”的公共数据资源管理体系。目前，累计归集数据34.8亿条，日交换量达500余万条。

5. 工作推进中的特色做法。一是举办中国·安吉“两山”数字论坛，邀请国内数字领域权威专家学者、知名互联网企业共商绿色智慧城市建设大计，既宣传城市、又碰撞智慧。二是申报绿色智慧城市建设专项债，整合城市大脑、智慧交通等投入较大的智慧城市建设项目，包装成为绿色智慧城市建设二期项目申请地方专项债，总申报资金量达4.5亿，目前已下发7500万元。三是以数字资产经营公司为主体开展融资，目前首笔8000万融资已经到位，而目前安吉县在建信息化项目122个总投资约1.57亿元，有望实现绿色智慧城市建设的自我循环。四是以“爱安吉”平台创新运营城市，由安吉新闻集团投入3000万元研发运行的“爱安吉”App,集新闻舆论、社会治理、便民服务等多种功能于一体，大到政策发布、小到家政服务无所不包，并将乡镇、部门工作人员餐饮补贴纳入“云豆子体系”促进在线消费，真正成为一个“线上安吉”。App投运首年便实现营业收入2800余万元，不仅有力地推动了安吉传统产业向智慧信息产业转型发展，而且还为安吉新闻集团下属文澜公司带来了相对固定的现金流和超1000万的沉淀资金，年度资金流量稳定在亿元以上。

6. 亮点纷呈的创新应用。目前，安吉县已推出“互联网 + 政务服务”“互联网 + 监管”“智慧医疗”“智慧旅游”等众多应用，亮点主要包括以下方面。一是精准助力疫情防控。结合疫情防控和复工复产需要，先后开发了口罩预购、健康码查询、企业员工信息管理、惠企政策兑付等系统，有效服务了36万余人次申购口罩240万只，强化了疫情防控重点人员的智慧化管控，实现了130项政策100%在线兑现、涉及资金4900多万元。二是扎实推进“掌上办公”。围绕机关内部“最多跑一次”改革目标，推动323个非涉密事项“线上办”，以开放共享的内部会务系统实现了会务“云办理”。三是建设“数字乡村”，聚焦乡村规划、乡村经营、乡村环境、乡村治理和便民服务五大板块，创新使用“一户一码”“一物一码”等区块链技术，实现了乡村治理“信息一张图、保障一张网”。四是搭建基层治理综合信息平台，将公安、司法、综合行政执法、市场监管等多个部门纳入网格，构建了城乡一体的社会治理一张网。五是建设智慧环保综合平台，集成了污染源综合管理、环境质量综合管理、行政处罚、信访投诉、在线监测、固废管理、全省农村生活污水监管等功能，为生态环保工作保驾护航。

三、智慧彭州建设主要问题的对标分析

对标杭州市和安吉县的智慧城市建设，智慧彭州建设当前主要存在以下问题和不足。

（一）启动早步伐慢。彭州市于2016年启动智慧城市建设，与杭州市大体相当，早于安吉县2年多。目前，杭州市已经成为全国“城市大脑”首创地，安吉的智慧生活也已经深入全县方方面面。而彭州市仍停留在“智慧政务”这个版块，甚至在“智慧政务”版块的数据运用都还有巨大差距。仅以数据交换量为例，彭州市截至目前的累计交换量为2000余万条，而安吉县每日的交换量就达500多万条。其他智慧城市应用场景如智慧环保、智慧井盖等虽已投运，但仅在中心城区部分设施上安装有相应的传感器，覆盖面小，对城市管理的影响还不够明显。

（二）认知观念亟待转变。一是现实需求不够强烈。智慧城市建设在先发地区开展较快，突出的原因之一在于先发地区普遍存在大城市病（人口膨胀、交通拥挤、住房困难、环境恶化、资源紧张等）相对严重的情况，急需通过智慧化城市建设提升城市管理效率。而彭州市虽然是成都市所辖县级市，但

城市发展水平相对沿海先发地区还较低，城市管理压力尚不明显，导致对智慧城市建设的现实需求不强。二是担心增加政府投入。与传统的城市建设相比，智慧城市建设在一定程度上存在增加投资成本，短期见效不明显、后期维护费用更高等特点。导致对于类似彭州市等政府财力相对薄弱地区在主动推动智慧城市建设工作资金顾虑更多，积极性相对不高。

（三）缺乏顶层设计统揽。一是缺乏上级规划指导。彭州市虽然于2016年便成立了智慧彭州建设工作领导小组，于2017年选定了智慧城市规划编制单位，并开始了智慧彭州规划方案编制。但前期由于缺乏上级规划方案指导（成都市于2020年10月发布了《成都市智慧城市建设行动方案（2020—2022）》），处于自行摸索阶段，未能全面推进。二是未建立完整的智慧城市建设管理闭环。虽然彭州市组建了市行政审批局以及彭州市大数据和民生服务中心，但未组建专业的智慧城市项目运营建设公司，全市各信息化系统的建设运营职权仍在各主管部门手中，各自为政，缺乏统一调度管理。三是未建立完整的考评体系。由于缺乏正式的彭州市智慧城市建设规划，故未将智慧城市建设任务具化到市级相关部门、镇（街道）的目标考核体系，导致相关部门缺乏推动相关工作的主动性。

（四）未形成可持续的投融资模式。项目建设资金问题通常是制约一个城市推进智慧城市建设的核心问题之一。一是单纯依靠政府财政资金投入难以持久。彭州市2019—2020年新型智慧城市重点项目5个，总投资约1.3亿元，均为政府投资或购买服务，给地方财政带来较大压力。而安吉县通过申报绿色智慧城市建设专项债、以数字资产经营公司为主体进行融资等方式，目前已经筹集到位资金1.55亿元，基本解决了目前在建的122个信息化项目（总投资约1.57亿元）的资金需求，基本实现绿色智慧城市建设的自我循环。二是缺乏对社会资本参与的吸引力。由于智慧城市建设的验收和收益往往缺少明确的标准，为企业带来的回报并不明确，投资运营风险较大，尤其是一些纯公益类或回报周期过长的项目，很难吸引企业参与。加之，缺乏直接鼓励企业参与智慧城市建设的相关政策以及信息安全门槛较高等原因，导致企业参与积极性不高。

（五）智慧化基础设施建设不足。一是缺少“城市大脑”。彭州市网络理政中心尚未能真正发挥城市大脑的作用，无法在一个系统里集成包括地理信息、北斗卫星数据、建筑物三维数据、统计数据、摄像头采集画面等多类数据并进行智能分析，为指挥决策提供的参考作用有限。二是智慧城市基础设施起步较晚。目前智慧城市建设投入较多的主要是在智慧政务方面，其他如智慧医疗、智慧交通、智慧社区、智慧养老等应用的智慧基础设施建设尚处于谋划或起步阶段。三是存在信息壁垒。目前，彭州市有177个信息化系统，其中成都垂管系统有130个占比73.45%。由于垂管系统管理权限在成都市及以上相关部门，本级进行系统接入存在困难。

（六）智慧城市应用体系还未建立。一是缺乏高质量的应用平台。安吉县通过“爱安吉”App，将新闻舆论、社会治理、便民服务等多种功能于一体，大到政策发布、小到家政服务无所不包。将原有的分散的各个子系统进行了系统整合，既增加了App营收，又便于向群众推广，增加了群众使用便利度。而彭州市目前虽然已通过彭州市民云平台，将智慧政务、智慧医疗、智慧交通等进行了一定的整合，有网上政务大厅、挂号就医、教育缴费等12个板块，但除网上政务大厅、挂号就医、彭州人才等板块内容相对完整以外，天府中药城、彭州气象、漫享彭州等板块存在内容少，数据更新不及时等问题，实际操作体验不佳。二是群众的知晓度不高。目前彭州市对智慧城市应用的宣传以智慧政务、交通、医疗为主，且多依靠政府机关自有的微信公众号、微博等平台进行，覆盖面有限，未能起到最佳宣传效果，大部分群众对于智慧城市建设情况不了解。三是群众感受度不高。虽然彭州市在智慧政务方面取得了一定的成效，但群众日常政务服务需求相对较少。而对群众日常生活关联度最高的智慧医疗、智慧交通以及智慧社区等核心应用建设推进相对缓慢，导致群众对智慧城市建设成效感受度不强。

四、下一步工作建议

智慧社会的美好生活场景值得期待，下一步推动彭州市智慧城市发展，需要以建设智慧社会为目标，牢固树立新发展理念，坚持智慧城市、数字乡村一体化统筹发展，技术与制度创新并重，抓住优政、兴业、惠民三个关键点，通过数据融合汇聚和共享开放，充分挖掘城市数据资源的价值，助力城市治理、公共服务和科学决策等，使得智慧城市建设成效得以大幅提升。

（一）强化智慧城市顶层设计。一是结合已出台的《成都市智慧城市建设行动方案（2020—2022）》，尽快优化完善彭州市智慧城市规划，明确彭州市新型智慧城市的推进思路、发展目标、重点任务和保障措施。二是结合正在编制的彭州市"十四五"规划，围绕智慧城市建设目标，聚焦智慧旅游、智慧社区、智慧医疗、智慧园区等领域，统筹考虑城市发展需求，科学研判"十四五"时期相关技术和产业发展，借力专业的规划团队，谋划好发展蓝图，制定相应的指标体系，确保相应项目能够落地实施。三是完善评价监测体系。在现有新型智慧城市评价工作基础上，进一步扩展指标的适用范围，深化指标体系的科学性和实效性，以人为本及时对智慧城市建设进行科学全面监测评价，对智慧城市建设方向、目标、任务进行调整，确保智慧城市成效让群众看得见、摸得着、体会得到。

（二）转变营城理念。一要以时不我待的决心推进智慧城市建设。强化先发地区营城理念的学习，结合当前彭州发展实际，充分认识广大群众对于美好生活的需求与当前彭州存在的交通拥堵、停车难、内涝多发、营商环境还需持续优化等问题之间的矛盾。转变对彭州市城市病的固有认识，在城市管理、城市建设过程中，特别是随着近年来大量的城市更新项目建设过程中，充分融入智慧城市管理理念，推进智慧城市设施建设。二是算好经济账，推动智慧城市良性循环。转变对智慧城市建设投入是"只投入无经济回报"的传统认知。浙江省的经验告诉我们，推进智慧城市建设不仅不会增加地方财政负担，甚至能为地方政府运营增加现金流、提高融资评级，在推动政府高效管理的同时，解决政府发展资金需求。

（三）优化智慧城市运行机制。一是组建运营公司统筹建设。由市国有公司与具备相应能力的企业合作，组建一家能够和彭州共成长的集技术型、融资型、建设型、运维型、产业培育型于一体的合资公司。赋予合资公司政府数据特许经营权，通过对数据开发，提取数据商业价值，挖掘新的商机并发展，同时服务企业。以承接非经营性项目实现基本生存，以运营经营性项目实现自我造血，并走出去实现企业增值。二是全力打造智慧城市大脑。以网络理政中心为城市大脑中枢，采用"打管道、架立交"方式，在不替代部门业务信息系统、不打破部门应用体系格局的同时，打通"城市大脑"与管理末端的"神经"，集成全域所有信息系统与视频摄像、物联感知设备信息，整合叠加到城市运行态势一张图上，将"单打独斗"业务重构为"协同联动"场景，形成"全天候能在线监测、能分析预测、能应急指挥"、多级联动的智能城市治理运行体系，推动实现重点项目调度、工业企业运行、应急事项处置、环保在线监测等"一网通看、一网通查、一网通督"。三是优化完善目标考核机制。加大对市级部门、镇（街道）智慧城市建设目标考核权重，引导规划和自然资源、发改、交通、住建等部门在项目建设中重视信息化建设。建立容错机制，鼓励相关单位在自身职责范围内对智慧城市建设、运行、管理等方面进行创新。

（四）充分利用政策资源解决项目资金。一是抓紧城市更新红利窗口期。今年以来，国家层面先后出台老旧小区改造、2万亿专项债等政策，为财政并不充裕的中西部县城提供了绝佳的城市更新窗口期。彭州市应当在新基建项目中，加强智慧城市基础设施建设补短板，为智慧城市建设奠定坚实的基础。二是开发智慧城市类REITs产品。REITs全称为基础设施证券投资基金，2020年8月，国家发改委、证监会正式启动REITs发售业务试点工作，明确优先用于新型城镇化建设等工作。彭州市要组织专业人员，吃透相关政策，借此获取一条长期可靠的智慧城市融资渠道，解决资金短缺的问题。三是出台激励政策吸引企业参与建设。要结合自身财力，出台具有一定吸引力的激励政策，对社会资金投资建设项目主动按照智慧城市建设要求，增加诸如智慧安防、智慧小区等建设内容的企业给予税收减免、以奖代补等激励政策，以政府激励资金为杠杆，吸引企业入场，撬动社会资本加大对于智慧城市基础设施建设，加快智慧城市建设步伐。

（五）夯实智慧城市运行基础。一是全面整合现有资源。对已实施的信息化项目软硬件资源充分利用，对不同部门相同需求的信息化项目进行统建。严格按《彭州市新型智慧城市项目管理暂行办法》对建设需求和设计方案进行审查，监督信息化项目使用效果，确保数据信息资源共享。二是加强信息基础设施建设。按照信息通信基础设施建设适度超前的原则，以下一代互联网、广播电视网的建设为依托，构建"随时随地随需"、统一高效的泛在网络。优先实现5G网络在交通枢纽、产业园区、热门景区、核心商圈等热点区域深度覆盖。积极推行"微基站+智慧杆塔""5G+WiFi6"等新型网络部署方式。鼓励政府部门及企业在工业制造、交通物流、文化旅游、教育医疗、安全应急、社会治理等领域开展"5G+"融合应用示范。三是重点建设分步实施。围绕彭州市政务信息化、产业发展、民生需求最紧要的环节进行重点建设、分步实施，以点带面逐渐铺开，避免贪大求全造成财政资金浪费和国有资产闲置。

（六）提升智慧城市优政、兴业、惠民水平。一是继续扩大数据中台的系统和数据接入范围。重点推进整合水电气、税务、生态环境、安全生产等领域的数据归集，打破信息孤岛、打破传统流程，丰富完善市网络理政中心的数据内涵，同时针对大数据的采集、分析、清洗、应用全流程，深化对已有数据的分析梳理，构建完善人口库、法人库、空间地理库等主题库和专题库，支持应用开发，同时鼓励市级相关部门提出数据应用需求，倒推数据汇集，从"独角戏"向"大合唱"转变。二是持续推进智慧产业建设。通过政府引导和市场主导机制，以彭州"3+2+1"产业功能区为载体，以智慧园区、智慧旅游等智慧应用为着力点，重点推进新材料、中医药大健康、航空动力装备、文化生态旅游及康养、现代都市农业及商贸物流等产业的信息化升级。充分发挥彭州市产业比较优势，重构与整合产业链条，推动形成特色鲜明的智慧产业。三是优化彭州市民云App。以数据融合共享为核心，以市民的需求导向，建立跨部门、跨地区业务协同、共建共享的民生服务体系，不断丰富彭州市民云App的内容。构建纵向贯通、横向集成、社会广泛参与的综合治理信息化平台，推动现代信息技术与政务服务、医疗、教育、养老、居住等各领域的深度融合。实现集中管理、综合治理，为市民提供多层次、全覆盖、人性化的公共服务。

推动国企改革从“资产”入手向“运作”发力

——关于组建彭州市国有企业投资集团公司的若干思考

当前彭州市正加快推进国有投资集团公司组建，如何借助本次国资国企改革，真正提升国有企业在重点领域控制力，本文重点围绕提升国有资本运营效率、实现国有资本“四两拨千斤”撬动作用展开思考，以期为国有企业善管良治提供有益借鉴。

一、彭州市国企改革背景及路径

自2017年以来，彭州市国有企业经过系列整合重组，虽形成了含功能类、竞争类的5家市属国有公司，但改革重组不彻底，仍存在资本聚集能力不强、资产增值放大效果不明显、融资成本较高等问题。故弄清新一轮国企改革的功能定位、路径模式尤为重要。

（一）国有投资集团公司组建背景。根据《中共中央国务院关于深化国有企业改革的指导意见》，本轮国资国企改革重点在于“以管资本为主，改革国有资本授权经营体制”，即改组组建国有资本投资、运营公司，探索有效的运营模式，通过开展投资融资、产业培育、资本整合，推动产业集聚和转型升级，优化国有资本布局结构；通过股权运作、价值管理、有序进退，促进国有资本合理流动，实现保值增值。特别是自成都市2018年召开国企改革动员大会以来，基本确立了“加快国有公司横向专业化重组和纵向压缩层级”改革思路，即横向上多个国有公司合并为产业集团的“1+N”模式；纵向上，以产业链对产业上下游企业进行整合，如：围绕交通投资产业链进行的“投资、设计、施工、运营、材料”的一体化延伸。目前成都市相关区（市、县）均采取组建1—2家综合性国有资本投资运营公司方式，通过资产注入提高市属国企信用评级和议价能力。

（二）金融机构信用评级的关键支撑因素探究。国企信用评级是企业自身核心竞争力的综合体现，通过对企业经营水平、财务状况、所处外部环境等因素进行分析，就其信用能力（主要是偿还债务的能力及其可偿债程度）作出的综合评价。信用评级等级越高，代表企业信誉越高、各方面资质实力越高，是企业获得银行和担保机构贷款、发行债券资格的先决条件。信用评级主要因素包括国企所属政府行政级别、财力及国企自身财务数据、市场化经营能力，从短期看国企增信可通过注资包装实现，但实现国有企业长期健康发展，增信后仍需将多元化企业收入来源、降低政府性收入比例作为可持续发展目标。

（三）提高国有资产长期运营效益至关重要。从前期考察情况看，目前各区（市、县）普遍存在国有资产体量大，但分散严重、结构单一、经营性资产较少等情况。以彭州市为例：现有5家市属国有公司，均由融资平台公司转型而来，可持续盈利的实体经营业务相对缺乏。2019年5家市属国有公司资产总额为537.51亿元，净资产总额45.89亿元，负债总额542亿元，资产负债率达91.78%。尽管从财务数据看，国有公司总资产、净资产均具备一定规模，但若剔除安置房、道路等无效资产，优质经营性资产寥寥无几。从营业收入来看：全年主营业务收入最高的彭州市统建集团仅2.64亿元，为成都天投集团（1—9月主营业务收入20.53亿元）的七分之一，仅为成都香城投资集团（1—9月主营业务收入

34.44 亿元）的十三分之一。故从长期看，国有投资集团公司成立后，仍然需不断探索资本运营新模式，提升自身发展能力和市场竞争能力。

二、国有投资集团公司的核心目标

通过重组业务资产、整合资源优势、优化资本布局，未来国有投资集团公司重点应围绕提升核心业务板块竞争力，发挥国有资本在基础性、公共性、平台性、资源性、引领性等关键领域和优势产业集中度方面作用，最终提高国有资产运营质量和效益。

（一）开展投资融资和产业培育，提高资本运作效率。以主导产业发展为目标，瞄准战略性新兴产业前景好、回报率高等优势，逐步以市场化方式完成核心战略产业投资任务，做好化工新材料、燃气能源、生物医药等领域的项目投资和服务，重点探索本地主导产业发展的资本支持新路，充分发挥国有资本的引领带动、示范作用，吸引和撬动更多社会资源参与本地主导产业发展，逐渐实现投融资业务多元化发展。

（二）服务城乡建设开发与运营，持续推进地方发展。通过承担城市重大基础设施投资、建设、管理、运营、服务，将建筑业、市政施工、公共交通建设作为主业，非居住性类房地产开发为辅业，通过资产运营推动形成具有竞争力的建设施工企业集团，并逐渐形成“以土地一级开发为依托、以片区综合开发为带动、以配套房地产开发为主体”的经营链条。

（三）优化公共服务和产品供给，形成规模规范经营。将提供城市优质公共产品和服务作为主要板块，以社会效益和保障城市运行为目标，将有经营收入的特许经营业务资源（如常见的水、气、热等及市政、水利、农业、砂石等领域的特许经营资源）纳入服务范围和经营领域，培育新的经济增长点。

三、以国有资产管理向运作发力

目前，国有资产高水平运营各地均处于长期探索阶段，较少有可借鉴、可直接复制的经验。但笔者认为国有资产运作应充分把握未来发展趋势、市域特色资源及国有经济竞争力较强等突出特点，因地制宜推动国有企业市场化经营能力、经营性收入提升。

（一）以融合数字互联为突破，推动国有企业城市公共服务板块运营走向“高大上”

1. 相关背景：数字互联网经济已成为经济和民生事业新引擎。从国家、省、成都市发展趋势看，刚刚发布的《中共中央国务院关于构建更加完善的要素市场化配置体制机制的意见》明确指出“提升社会数据资源价值。培育数字经济新产业、新业态和新模式，支持构建农业、工业、交通、教育、安防、城市管理、公共资源交易等领域规范化数据开发利用的场景”。据《2018 四川省互联网行业发展报告》，按常住人口计算，四川省互联网普及率达 79.7%，数字互联网产业发展势头强劲，全省正着力构建电子信息、装备制造、食品饮料、先进材料、能源化工和数字经济“5+1”现代产业体系，2018 年全省数字经济总量破万亿。同时在成都市 2018 年财政支出中，科技产业发展投入创历史最高，达 27.91 亿元，同比增长 70.18%。对地方国企而言，既要承担社会责任，服务地方发展，也要兼顾经济效益，故可充分借助数字互联网技术实现一举多得，处理好“经营性”与“公共性”关系，在健全成本补偿和利益回报机制的同时兼顾社会利益，做到两者相协调。

2. 本地实际：（1）大量互联网平台企业发展势头良好。近年来，彭州市生活性服务业发展走上快车道，各类互联网平台企业“百花齐放”。催生了彭州手机生活站（问鼎文化传媒）、彭州生活、彭州掌上生活、彭州生活站、彭州同城生活等大量服务中介类互联网平台企业。一方面，新兴互联网平台企业提供了诸如：相亲交友、顺风车、招聘求职、房源租售、住宿餐饮、农事体验、影视制作等 15 大类 30 余小类服务业务。以彭州某网络平台顺风车业务为例，其月均发布信息达 100 余条，涵盖货客运、长短途、市内市外等多种类型线路。从调研情况及实际使用情况看：各民间生活性互联网业务态势稳中有进、趋于向好。但另一方面，社会互联网平台发展最大阻碍在于创新有余但信用资质不足，如网约车、家政看护、互联网招聘、末端配送等因行业规范不完善且直接接触消费者，存在较多安全隐患，极易发生矛盾纠纷。如近年发生多起滴滴顺风车单身女性遇害事件、网络招聘传销陷阱等问题。

（2）城市智慧治理中心基础资源优渥。国企在政府部门沟通协调方面具有得天独厚优势。目前已建设完成的城市智慧治理中心未来可成为国企发展互联网数字经济的强大助力，通过汇聚城市治理数据、叠加分析和深度利用，充分挖掘数据资产价值，实现现代化数字城市运营管理目标。

3. 未来方向：以“互联网＋产业数字化”拓宽国有公司城市运营服务范围和经营领域，推进新型智慧城市建设。根据未来数字互联网发展趋势及彭州市生活性互联网服务平台现状，在下一步国资国企改革中，国有企业应利用群众信任度高、经营管理专业、人才技术相对集中等优势，引导国有资本提前向生活性服务业互联网化布局，由国有企业通过建立自媒体、整合互联网平台等方式拓展城市生活服务，将搬家开锁、家政服务、家电维修、管道疏通、跑腿公司等城市生活服务集成上网，推广“5G+AI、大数据、物联网”等技术在各生产领域应用，推动数字互联网经济与跨境农产品电商、消费者行为预测、中医药健康服务等细分领域融合发展。进一步加强与网络运营商对接，在工业互联网顶层设计、产业互联网基础设施布局、构建数字化运营管理模式等方面下功夫，借助5G灯杆小微基站等新技术提升路灯等基础设施附加值，最终实现既满足居民生活性服务需求，又引领带动现代生活性服务业提档升级目标。

（二）以混合所有制改革为契机，推进国有企业引领本地建筑业抱团发展

1. 相关背景：建筑业发展外部环境相对有利。

（1）传统基建新基建推动建筑施工行业强筋健骨。从历年经济发展情况看，当经济承压时基建项目均充当起稳投资的“顶梁柱”，本次新冠疫情后，基建大概率同样如此。工业化、信息化、智慧化将成为建筑业转型升级新引擎。特别是疫情期间火神山、雷神山医院建造速度世界瞩目，两个医院的建造模式、施工管理、整体协调规划等将成为今后一段时间内建筑业研究蓝本。

（2）积极的财政政策持续发力建筑业。国家目前正不断加大对基建项目的贷款支持。财政部近期拟再提前下达1万亿元地方政府专项债额度，并尽快形成实物工作量，预计2020年专项债限额在2.8—3万亿之间，且长期债券占比近九成。另一方面，新增地方政府债券期限更加趋于合理。今年以来，各地发行新增专项债券11607亿元，主要用于新建和在建项目建设。其中，用于新建项目4179亿元，约占36%；用于在建项目7428亿元，约占64%。发行的新增专项债券，全部用于交通基础设施、农林水利、市政和产业园区基础设施等领域重大基础设施项目建设。这些积极变化将为基建投资带来增速的上行，宽松的货币政策、充裕的流动性将支持建筑行业等实体经济得到较快发展。

（3）城镇化进度加快为建筑业带来较大投资空间。从中期看，随着复产复工加快，短期积压的建筑市场需求有望在疫情结束后加速释放。结合目前彭州城镇化进程，2018年常住人口城镇化率仅为47%，分别低于四川省、成都市5.3个百分点和26.1个百分点。伴随城市和产业持续发展，预计未来5—10年全市城镇化率将保守增长30%以上，城市化进程带来的投资增长将为工程建设服务带来增长需求，新型城市基础设施建设也将为建筑业及相关产业发展提供机遇，促进单纯工程施工向投资、建设、运营、服务一体化运作，建筑业未来发展空间广阔。

2. 彭州实际：民营建筑业发展情况不容乐观。

截至2018年，全市有资质建企21家，实现建筑业增加6.95亿元，同比下降11.8%，其中11家为民营企业，占据建筑业的大半壁江山。由于民营建企实力相对偏弱，加之成都市新的评标政策增加了与实施项目数量密切相关的信用评分比重，本地民营建企难以中标，导致民营建企易陷入“不能中标—无项目实施—信用评分低—不能中标”的恶性循环。部分国企在中标后，受管理、施工团队不足和运行成本相对偏高等因素影响，绝大多数均采取“抽取管理费后再外包”方式实施项目，部分项目“层层抽取管理费、层层转包”，最终流转至本地建筑企业具体实施。项目所在地税费收入流失、投资者（含政府）项目成本和地方政府管理成本增加等问题极大地压缩了本地建筑企业利润空间。另一方面，本地民营建企从业人员中农民工比例较高、施工劳务队伍管理相对松散，对技术研究开发投入较少，适用新工艺、技术装备水平较低，缺乏驾驭市场的决策应变能力，总体来说仍属于劳动密集型产业。

3. 未来方向：推动国有、民营资本优势互补，增强建筑企业市场竞争力。

（1）打造市管建筑业龙头企业、提高行业集中度。从短期来看，应充分利用国资国企改革契机，将市域内国有建筑企业进行合并重组，尽快提升其建筑施工总承包方面相应资质（含建筑施工总承包企业和监理企业信用评价分数），通过控股、合资、参股等方式与部分民营建企开展资源重组，以国有资本、集体资本、非公有资本交叉持股、相互融合推进混合所有制改革。立足既方便各类投资主体进出激发国有企业活力，又有助于民营资本参与社会经济建设，将国有企业有形的手、市场无形的手和建筑团队的勤劳之手联动起来，推动本地建筑行业从“游击战”转为“阵地战”、由“散兵游勇”转为正规团队、由各自为政转为抱团发展、由借挂包工转为正规竞标、由松散管理转为精细管理、由全线作战转为重点进攻，提升本地建筑企业品牌影响力和行业地位，逐步实现“统一品牌、统一管理、统一标准、统一服务、统一核算”。实现传统建筑施工模式向“投资带动工程承包”模式、“从项目经营到城市经营”转型。

（2）以集团化发展，提升建筑业工业化现代化水平。从中长期看，市管建筑龙头企业在总承包市场上进行规模竞争或集团竞争，实现项目竞标后将项目总承包工程的中的相关专业工程向下属子公司专业承包企业扩散，逐层分包。通过引导中小型建筑企业向专业化、特色化、精益精简方向发展，进一步规范本地分包市场，通过明确分层竞争的组织结构，界定本地建筑业大型企业和中小企业不同层次的竞争空间，避免业内各类企业过度竞争，以获得专业化分工协作的规模经济效益。同时，随着法人治理结构日趋完善、市场开拓能力增强后，可尝试“走出去”积极参与外部竞争，拓展更大发展空间，在“与狼共舞”中增加忧患意识，形成积极的“攀比效应”，最终在某一领域形成核心竞争力。

（三）以归并主业、集中生态资源为统揽，提升国有企业转化、经营生态价值的专业化水平

1. 相关背景：国家战略、政策落地助力文旅革新。

（1）体现国企担当，服务国家重点战略布局。地方国有投资集团公司是由地方政府授权经营国有资本的独资公司，与地方政府联系最为紧密，不仅要以利润最大化为目标，同时要兼顾地方政府其他职能目标、服务地方发展。彭州作为成都西部片区之一，被列入国家城乡融合发展试验区，处于成都打造“一心两翼·一环三廊”空间格局关键区域。《四川成都西部片区国家城乡融合发展试验区实施方案》中明确成都将围绕“一环”（成都西部旅游环线）串联龙门山沿线优质旅游资源，加快建设一批功能复合农商文旅体融合发展综合体，打造成彭农商文旅体综合发展走廊，国家城乡融合发展试验区建设推进必将推动本地农商文旅融合发展迎来新的春天。

（2）注重因势而谋，拓宽文旅产业发展新思路。近期发布的《中共中央国务院关于全面加强新时代大中小学劳动教育的意见》，明确提出“根据各学段特点，在大中小学设立劳动教育必修课程，系统加强劳动教育。农村地区可安排相应土地、山林、草场等作为学农实践基地”，可以预见未来随着教育体制改革，实践式劳动教育将有效推进，青少年研学、劳动教育将纳入整个教育体系。目前，作为朝阳产业的文化旅游由于产业范围过广，导致目前同质化发展严重。作为国有资本投资运营公司重要板块的文旅产业，也应围绕市场最新变化，前瞻性开发诸如游学、劳动教育等相应文旅新产品，提升“旅游目的地”吸引力，最终实现旅游产业链提质增效创收。

2. 目前实际：文旅资源丰富，但集聚效应不强。

（1）传统文旅产品盈利能力相对较弱，倒逼旅游产品提档升级。传统文旅产品“围景建区、设门售票”盈利模式相对单一导致目前文旅产业市经营效益不佳。据文旅公司 2019 年经营情况统计，主营业务收入达 2418 万元，但实现利润 -1779 万元。同时，文旅行业作为本次新冠疫情的“重灾区”，机遇与挑战并存：以非典为例，非典过后的 2004 年，国内游人数增长 26.6%，旅游总收入增长 36.9%。据专家分析，本次疫情后研学、亲子、康养旅游、体育及户外运动旅游，线上旅游、在线教育、“科技 + 旅游”等领域都将迎来快速发展，故文旅企业应密切关注市场消费趋势，把握好旅游市场反弹机遇。

（2）红岩谷游学基地可借鉴经验。位于敖平镇的红岩谷青少年研学基地利用竹林、花海等浅丘地貌，面向学校单位开展研学活动，开发了猕猴桃、莴笋等果蔬农事采摘体验，农耕学习、亲子游等系列旅游产品，全年接待青少年游客 10000 余人次，同时项目所在地虎形村村民流转土地每年收益 400 元每亩，部分村民在红岩谷等企业内务工实现月收入 2000 余元，特色鲜明、惠及各方的田园综合体项目具有一定借鉴意义。

（3）农耕非遗文化蕴藏丰富。彭州作为全国五大商品蔬菜生产基地之一，享有“中国蔬菜之乡”“中国大蒜之乡”“中国莴笋之乡”美誉，且国际蔬菜博览会已举办十届。全市现有各级非遗名录项目 60 项，2 项被列入四川省级非遗保护名录，5 项被列入成都市级非遗保护名录。桂花土陶制艺、肥酒酿造技艺、天彭牡丹花会、军屯锅魁制艺和九尺板鸭制艺等非遗项目，受到人们广泛关注。丰富的地域文化元素为旅游产品差异化开发提供了无限可能。

3. 未来方向：突出旅游产业投资运营，强化文旅资源策划包装。

（1）抢抓政策红利，强化要素保障。《四川成都西部片区国家城乡融合发展试验区实施方案》明确提出“支持彭州市等地探索村集体在农民自愿前提下，依法把有偿收回的闲置宅基地、废弃集体公益性建设用地转变为集体经营性建设用地入市，重点发展民宿、旅游、文化等农商文旅体融合经济，允许利用宅基地建设生产用房，将农村宅基地使用统筹到田园综合体开发上来。”作为集团公司主业之一的文旅板块，应充分利用好上述试点政策红利，探索由村集体经济组织集中零散宅基地，与国有资本合作共同开发，对有能力发展产业或自愿入股参与农村新型经营主体、农业产业化企业经营的，通过国有企业提供专业技术支持和资金人才保障，实现以田园综合体、农商文旅体融合项目带动旅游消费增长、产业生产增量、游客日益增多、创业人才常驻等目标。

（2）大力培育新兴业务，率先抢占产业风口。组建国有资本投资运营公司后，一方面可通过国有资产无偿划拨和国有股份作价入股等方式，为文旅板块子公司做强主业予以充分授权，逐步退出持股比例低、控制力弱或不具备市场竞争力的项目，及时收回前期投入及投资收益，保证新文旅板块业务孵化有稳定的资金来源。另一方面，应充分把握大中小学加强劳动教育实践、国家城乡融合发展试验区建设、疫情后旅游市场反弹等契机，探索根据不同群体需求，小众化细分市场，调整产品和线路的结构，开发打造青少年研学基地、市民游学基地等精品文旅项目。进一步推动轻资产运营，抢先制定行业标准、进行行业指导，着力打造信息聚合平台，进一步密切同教育部门配合，将“标准建设”上升到政策层面，实现“学生实践教育基地”标准化建设。同时把建设权威研学网站或者 App 作为运营内容，加强对老人、青少年等群体文化旅游内容研究，将研学基地项目与历史文化、学习相结合，涵盖景区资源与客户端、产品介绍、背景知识，结合本地历史文化元素，打造独具特色的文旅产品。

（3）强化互联网思维，与时俱进拓展服务内容。对比省内其他县市，如西昌旅投公司，其属于西昌市市属国有独资企业，其经营范围涵盖了：文化旅游投资开发、旅游地产经营、项目投资、文旅策划、车辆租赁、旅行社服务、餐饮住宿服务等业务，通过其微信平台即可提供在线订房、车辆租赁、旅游直播等服务。故在推进国有企业改革中，新文旅板块运营公司应着力培育多元业务类型、承担好市场功能，如开展景区项目投资、餐饮住宿、旅游旅行、旅行社、会议会展等服务。同时深刻把握新时代消费者利用互联网多媒体终端记录、分享生活习惯，譬如近年来流行的网红景区及网红打卡点，积极推动互联网更好地与文旅行业融合，以创意思维、创新思路谋求文旅产业新发展。

村（社区）体制机制改革后“一肩挑”书记廉政风险不容忽视

全市村（社区）体制机制改革已全面推开，村级党组织书记将通过法定程序对村（居）委会主任和集体经济组织负责人“一肩挑”。为保障改革顺利推进，实现既定改革目标，彭州市纪委监委对村级权力运行状况进行认真分析，发现村级“两委”“一把手”廉政风险较大，改革后的“一肩挑”书记权力更为集中，在能更好贯彻执行上级工作部署的同时，滋生权力腐败的风险也相应加大。现结合近 3 年查处的村级“两委”“一把手”违纪违法案件，将有关情况分析如下：

一、案件查处过程中暴露出的问题

一是村级“两委”“一把手”违纪违法问题占比较高。2017 年 1 月至 2020 年 3 月，全市共 90 个村（社区）发案“一把手”违纪违法问题，占村（社区）总数的 25.4%；累计查处 125 人（党组织书记 81 人、村〈居〉委会主任 44 人），其中免予处分 7

村级“两委”“一把手”受处分情况

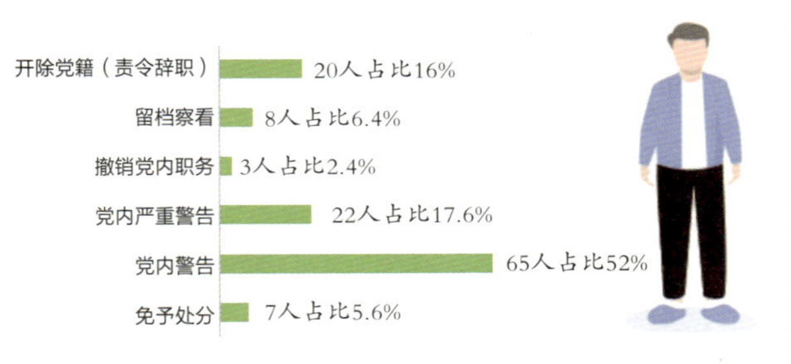

人、警告 65 人、严重警告 22 人、撤销党内职务 3 人、留党察看 8 人、开除党籍（责令辞职）20 人，情节严重移送司法处理 7 人。如，通济镇桥楼村先后两任班子 5 名干部受到党纪处分，其中 4 人受到开除党籍处分。

二是违规行权用权问题较为突出。在被查处的 125 人中，涉及违规行权用权的 104 人，占比 83.2%；吸毒、酒驾等其他问题的 21 人，占比 16.8%。在违规行权用权问题中，失职失责不作为的 26 人，占比 25.0%；滥用职权乱作为的 51 人，占比 49.0%；公权私用谋私利的 27 人，占比 26.0%。如，丽春镇长廊村原党支部书记阳某利用村级集体经济组织进行寻租，极力“变现”手中权力，伙同他人伪造土地流转合同、采购合同、村民议事会记录等资料，以该村所属大元宝合作社名义申报林业补贴，累计骗取补贴资金 262.5 万元。2019 年 2 月，阳某受到开除党籍处分并移送司法处理。

违规行权用权问题类型分布情况

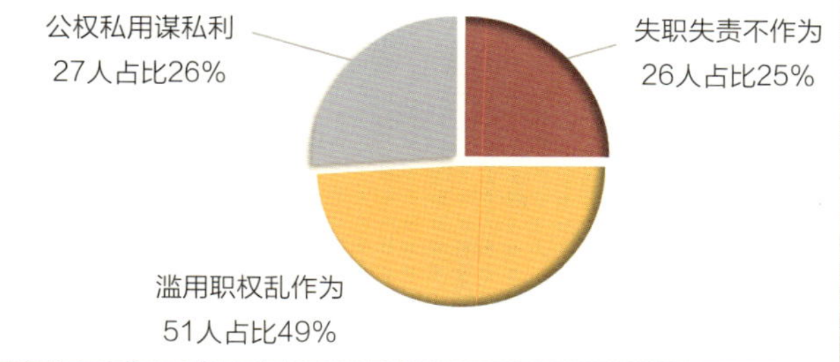

三是违规行权用权问题所涉领域相对集中。在查处的违规行权用权问题中，工程项目、“三资”管理、公共服务 3 个方面问题占比超过 90%。其中，查处涉及工程项目监管和资金拨付问题的 33 人，占比 31.7%；涉及“三资”管理问题 32 人，占比 30.8%；涉及公共服务问题 30 人，占比 28.8%；涉及组织人事管理问题 9 人，占比 8.7%。如，原升平镇墓山村党总支书记阳某刚利用结识的四川某建设公司、新疆某水利水电建筑安装工程公司等企业人员关系，借用企业资质“围标”承揽该镇广圣村、墓

违规行权用权问题所涉领域分布情况

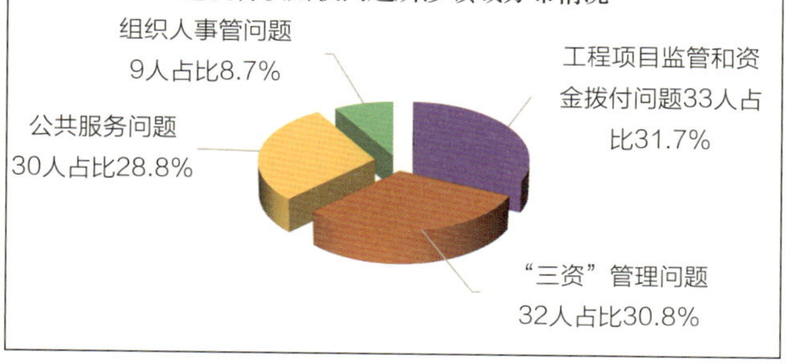

山村的工程项目共计 132.9 万元。2019 年 7 月，阳某刚受到党内严重警告处分。

四是监督制约机制运行乏力。村一级权力监督制约机制虽已较为成熟，但困于乡土人情干扰、权利意识淡薄等因素，群众监督、党员监督、班子成员相互监督等制度实际落实较差，有的村级“一把手”一错再错、屡教屡犯。被查处的 104 人中，受到两次及两次以上处分的 21 人，占比 21.2%。党组织书记、村（居）委会主任共同违纪 30 人，占比 28.4%。如，白鹿镇天台村原党支部书记伍某安排村委会主任陈某、村文书肖某为他人承建工程项目提供帮助并收受财物 7.5 万元，及伪造项目资料套取村公资金 10 余万元；利用村民的信任，安排部分村民小组组长向组织递交联名信，企图干扰审查调查。2018 年 11 月，伍某、肖某、陈某分别受到开除党籍处分并移送司法处理。

二、工作建议

改革后，村（社区）数量将大幅减少，管理事权、资金项目、集体资产、公共服务等更加集中，“一肩挑”后村级党组织书记廉政风险将进一步加大。因此，相关部门应不断加强村（社区）党组织书记权力运行的制约和监督，坚持用制度管权管事管人，让人民监督权力，让村（社区）的权力在阳光下运行。

（一）市纪委监委加强对“一肩挑”后村级党组织书记的监督。市纪委监委应本着对干部负责的态度，将“加强对‘一肩挑’后村级党组织书记的监督”纳入工作重点，配齐配强镇（街

道）纪（工）委人员和村级监察联络员，探索跨村（社区）建立区域纪委，努力让包括“一肩挑”村级党组书记在内的基层干部，在习惯被监督的环境下专心干事、规范用权。

（二）积极做好改革相关政策宣传解释，营造改革氛围。统筹解决基层群众、村级干部反映诉求，理清集体“三资”和债权债务，加强风险预判和管控，最大限度营造改革氛围。

（三）建立权、责、益对等的村级党组织书记履职保障制度。完善以实绩为导向的干部评价机制，提升干事创业积极性。

（四）配套完善村级组织运行规则，完善“两委”议事决策机制和行权用权监督机制，避免“一肩挑”变“一言堂”。

（五）加强乡村治理制度创新和能力建设。完善群众自治章程，保障群众民主权利，积极发挥村民代表、新乡贤等作用，切实发挥好群众监督的积极作用。

“小蒜头”成就大产业，推动彭州大蒜产业走向“升级版”

——对彭州大蒜产业发展的若干思考

一、全国大蒜产业发展概况

大蒜是蒜类植物的统称，属于食药两用植物。其鳞茎（蒜头）、叶片（蒜苗）、花薹（蒜薹）不仅可作为调味品、蔬菜直接食用，而且由于其含有丰富的蒜氨酸、大蒜素等活性成分，在防止脱发、消炎抗菌、健脑补脑、提高免疫力、保护心脑血管等领域具有较好保健效果。同时，大蒜还具有丰富的营养成分和锗、钾等多种微量元素。

大蒜原产西亚和中亚地区，由汉代张骞出使西域引入我国，后在中国南北普遍栽培。目前，我国已成为世界上最大的大蒜生产和消费国。2018 年，全国大蒜种植面积达 801 万亩，其中山东省 326 万亩；全国大蒜储存总量 264 万吨，累计加工蒜片 80 万吨、大蒜精油 100 吨，出口大蒜 170 万吨。

二、彭州大蒜产业发展现状

（一）彭州大蒜品种特征。彭州大蒜分薹瓣兼用蒜（以食蒜薹为主，兼食青蒜苗）和无薹蒜（以食青蒜苗为主）两类，其蒜皮紫红、肉洁白、外形周正、蒜瓣饱满，食用口感味鲜脆爽、辛辣味香。主栽品种包括二季早、彭州迟蒜、正月早、软叶蒜等。据统计，彭州大蒜单个重量在 20 ~ 40 克，且平均亩产 1200 斤左右，最高可达 1500 斤。彭州蒜大蒜素平均含量高达 5.6 毫克每克，远超全国其他地区（其他地区大蒜素含量最高 3.04 毫克每克），且硒、锗等微量矿物元素含量也位居前茅。受土壤有机质和气候等因素影响，外地购入的彭州蒜种无法通过二次栽培留种，故蒜种具有不可复制和替代性。2008 年 5 月 30 日，原国家质检总局批准对“彭州大蒜”实施地理标志产品保护。

（二）彭州大蒜种植区域和产量。按土壤结构划分，彭州大蒜种植区域遍及平坝地区并扩展到部分丘陵和山区，可分为北中南三部分，由北向南分布在通济、葛仙山、丹景山、隆丰、敖平、丽春、桂花、天彭、致和、濛阳、九尺等镇（街道）。其中，坝区水资源丰富且耕地连片集中、地势平坦，为大蒜生产经营提供了优越的环境条件。彭州大蒜种植面积从新中国成立以来不足千亩发展到目前种植规模近20万亩，年产蒜头8万~10万吨、蒜薹约7万吨。2019年，全市大蒜种植面积19万亩、产量20.5万吨。其中，隆丰大蒜种植面积2万余亩，年产蒜薹1.5万吨、蒜头1.3万吨，产量位居四川同类大蒜产区前列。

（三）彭州大蒜销售情况。彭州大蒜亩年均产值1万元以上（亩均产500公斤蒜薹和500公斤种蒜），2019年大蒜产值18亿元，销售收入占彭州蔬菜销售总收入的三分之一。在全国市场，彭州大蒜多以“种蒜”销售，主要销往云南（占70%）、贵州、山东、江西、湖北等省，年外销蒜种6万吨以上。彭州蒜“种蒜”、相关蒜薹及蒜头等产品具有上市早、产量高的特点，深受外销地种植户及消费者青睐。目前，全市共有大蒜生产销售企业30家，建有四川国际农产品交易中心、白庙农副产品综合批发市场、隆丰大蒜专业交易市场，大蒜年交易量8万吨左右。2018年，彭州大蒜直接出口4000吨以上，出口额180万美元。

三、山东省金乡县经验借鉴

山东省金乡县常年种植大蒜60万亩、年均产量80万吨，年出口量130万吨，加工出口总量占全国70%以上，产品出口160多个国家和地区，2019年金乡大蒜产值达到65亿元，“金乡有机大蒜”连续八年荣获中国国际有机食品博览会金奖，金乡大蒜国际交易市场被评为“中国综合百强商品市场”。其主要措施包括：

一是注重大蒜品质培育。金乡大蒜包括红、白皮蒜两种，通过品种改良、合理密植，其大蒜质量逐年提升。金乡县组建有大蒜科技研究所、山东大蒜技术工程研究中心，聘请中国农科院、山东农业科技大学农业专家为科技顾问，在生产一线指导蒜农生产，其农业部门制定了大蒜生产标准和技术规程，大力推行大蒜标准化生产，目前金乡县大蒜主要品种为金蒜3号、金蒜4号，符合出口标准的甲级蒜（直径6厘米以上）产量占总产量70%以上。

二是推动大蒜由粗加工转为精深加工。金乡县政府引导和鼓励个体私营业主大力发展大蒜加工企业，引导支持大蒜加工企业进园集聚发展、入股共同发展、实施技改科学发展。目前，其大蒜深加工产品种类包括脱水蒜片、大蒜精油、发酵黑蒜、硒蒜胶囊、大蒜多糖等系列产品百余个，研发出大蒜素胶囊、蒜氨酸口服液、大蒜黄酮胶囊等高附加值的深加工产品40多种。

三是树立品牌战略意识。金乡县十分注重“金乡大蒜”品牌培育，在国家市场监督管理总局注册有“金乡大蒜”注册商标，金乡大蒜原产地标识也通过国家注册。金乡县先后举办了首届中国大蒜节、首届中国国际大蒜节、第四届国际葱蒜类学术讨论会、有机大蒜产业论坛等重要节会。另外，其十分注重大蒜出口企业培育，形成了以宏昌、宏泰等为龙头的出口创汇企业群，先后有172家企业获得自营进出口权，进一步提升了金乡大蒜的国际国内知名度。

四是全力保障蒜农收益。金乡县积极推广大蒜目标价格保险，由政府出资补贴、保险公司承保，以价格保险为蒜农兜底、增强种植预期，目前已实现全覆盖。通过积极推广“龙头企业+基地+合作社+农户”模式，由合作社代表农户与大蒜购销或加工企业签订协议，组织蒜农按企业需求种植，企业按约定保护价收购合作社大蒜产品，有效提升种植户抵御市场风险能力。

四、彭州大蒜产业发展存在的问题

独特的种质资源特性和当前广阔的市场需求推动彭州大蒜产业快速发展，但随着大蒜产业规模壮大，其存在的问题也愈发凸显。

（一）种植方面存在土壤环境退化和机械化水

平低等问题。

一是土壤环境退化影响大蒜品质。部分蒜农为降低劳动成本、追求短期高效，在种植过程中普遍使用化学肥料、除草剂代替有机肥及人工除草，导致干尖、回苗、烂蒜头（黑蒜头）、发芦等情况频繁发生。目前，彭州大蒜种植无公害和有机生产认证面积不到大蒜种植总面积的20%。另一方面，大蒜属于无性繁殖作物，彭州大蒜连作重茬长达60余年，多年种植导致大蒜重茬现象十分严重，甚至出现种性退化的情况。

二是种植规模化、标准化、机械化程度不高。大蒜播种和收获是劳作最耗时、最密集的环节，需投入大量人力、物力、财力。目前，彭州蒜农大多采用家庭分散式生产，受各自耕作土地差异（耕地面积小且分布区域不同），大蒜生产规模化、机械化水平较低（据测算，播种、收获若采用机械化作业，每亩大蒜播种收割成本将节省200元左右）。同时，在隆丰等大蒜重要产区，由于部分农民已具有稳定的非农收入（石化周边区域农民已搬迁至城市小区），不再将土地耕种作为谋生手段，土地适度流转程度不高。

（二）大蒜产业链条不完整。彭州大蒜产业目前仅局限在大蒜生产（种植）上，在内销、出口方面的产品基本为原料蒜或低层次初级加工品，严重缺乏大蒜精深加工，对大蒜药用、保健价值挖掘还远远不够。例如，大蒜素抗菌谱广，对革兰氏阳性菌、革兰氏阴性菌等都具有较好的抑制作用，其抗癌活性强，对肝癌、胃癌等多种肿瘤均有明显抑制作用，但本地尚无医药企业从事相关产品研发生产；彭州大蒜深加工科研投入方面几乎为零，尚无蒜片、蒜精、蒜油等加工企业，本地仅有一家规模极小的糖醋蒜加工作坊。

（三）传统经营方式导致生产销售组织化程度低。彭州大蒜种植呈点状零星分布，90%以上是蒜农自发种植，其生产规模小且大部分根据蒜农经验生产，具有生产、销售分散等特征。蒜农与合作社、公司等新型经营主体合作较少，导致大蒜生产销售组织化程度低。销售过程中，本地蒜农一般采取“农户＋蒜商”传统销售模式，坐等经销商上门收购，受销售渠道窄、市场信息落后因素影响，蒜农对大蒜价格高低缺乏“话语权”，加之大蒜“大小年”周期性风险，一定程度上影响了蒜农的生产积极性。

（四）彭州大蒜品牌建立维护方面短板明显。目前，彭州大蒜虽然被列为国家地理标志农产品登记保护产品，但彭州大蒜品牌对国际和国内市场影响力较小、品牌知名度仍然不高。由于注册商标未完成，导致在“彭州大蒜”品牌保护方面缺少相关法律支撑。据部分大蒜生产、销售市场主体反映，成都周边及山东、云南等外地大蒜，甚至部分劣质大蒜可轻易混入本地市场仿冒彭州（隆丰）大蒜销售，影响外地蒜商对彭州大蒜的印象，也严重干扰了本地大蒜市场正常交易秩序。

五、下一步工作建议

（一）围绕生产种植，全力提升种质资源

一是科学施肥提升土壤条件。全面推广化肥使用负增长计划，开展测土配方施肥，引导蒜农合理使用化肥农药，推进秸秆还田、畜禽粪污资源化利用，定期清除农田残膜及塑料制品，及时进行深松整地，预防土壤板结、改善土壤质量，为大蒜生长创造良好的自然环境。

二是鼓励引导蒜农采用轮换耕作模式。根据大蒜种植周期（2—3年），逐步普及农户轮作换茬，鼓励大蒜与水稻、油菜、川芎等作物轮换，推广稻鱼、稻鸭、稻虾等生态种植模式。

三是加大科研投入和品种开发力度。加大与四川农科院、四川农业大学等农业科研单位合作，组织一线农技人员开展起垄栽培、气生鳞茎繁殖、高畦栽培研究，建设彭州大蒜育种繁育中心、优质大蒜种质资源库。开展彭州大蒜脱毒培养、提纯复壮和新品引育，加快研发优良大蒜蒜种。

（二）聚焦节本增效，提升机械化应用水平

一是推动大蒜规模化种植。在隆丰等大蒜重要产区加快高标准农田建设，加快完成沟渠路和田型调整，探索推动“小田并大田”，为开展集中连片规模化、标准化经营创造条件。推动石化周边大量可利用闲置土地高效流转，鼓励企业、种植户采取土地承包等方式进行规模化种植，变个体蒜农独自种植、小块种植为集中种植、集中管理。

二是推动大蒜全程机械化、数字化和智能化装备普及应用。增强本地农机专业合作社机械化生产能力，加大大蒜农用机具研发、引进、试验、示范和推广，鼓励科研、生产、部门协同攻关，加快新机具研发步伐。

（三）紧盯链条延伸，提升彭州大蒜产业档次

一是积极谋划彭州大蒜产业布局。加快制定彭州大蒜产业发展长期规划，积极推动大蒜产业发展纳入“十四五”规划，通过划定产区土地种植范围等方式建立专业化、标准化、规模化大蒜种植基地，加快形成集科技研发、保鲜贮藏、精深加工、贸易流通等于一体的大蒜全产业链发展布局。

二是大力发展大蒜产品精深加工。深入分析国际国内市场对大蒜深加工产品需求形势，鼓励腌制蒜、黑蒜、蒜油等技术含量较低的初加工产品快速设厂、扩大产能，加快培育招引蒜调味料理食品、脱氧蒜素、真空冷冻干燥食品、浓缩蒜汁等科技含量较高的大蒜深加工企业。

三是加快高附加值大蒜产品研发。结合天府中药城产业发展方向，深入挖掘大蒜药用、保健价值，培育引进大蒜产业药食用龙头企业，鼓励相关医药企业加大大蒜产业研究和产品开发力度，推动大蒜精深加工产品向大蒜制药、大蒜保健等高科技附加值产品过渡。

（四）着眼风险防范，提高大蒜生产经营组织化程度

一是加强大蒜专业合作组织建设。梳理现有大蒜批发市场主要经营主体、实力经销商，联合大蒜领域龙头企业、家庭农场、种养殖大户等加快建立培育大蒜生产、销售合作经济组织和相关行业协会，探索成立彭州大蒜产业联盟，加快构建“企业＋合作组织（行业协会）＋蒜农”的产业化经营机制。

二是推进大蒜生产销售组织化。加强本地大蒜生产销售统一调度、统一管理、统一标准、统一宣传、统一销售，避免同业竞争、形成抱团合力。进一步加强跨区域大蒜生产、销售合作，加强与什邡、温江等地区在大蒜加工、贮藏、运输、销售等方面合作，着力解决蒜农分散经营与大市场对接问题。

三是全力保障蒜农收益。利用大园区小业主方式进行适度规模经营，逐步推行合同订单生产，鼓励企业、大蒜专业合作组织与农户利用合伙人制度、保底分红、互相参股、签订订单等方式建立紧密的利益联结机制，确保利益共享、风险同担。推广土地流转履约保证保险，加快大蒜行业协会、专业合作组织与保险公司深度合作，创新推出大蒜种植金融保险服务，促进农业保险由“保成本”向“保收益”转变。

（五）建立品牌优势，扩大彭州大蒜市场影响力

一是建立完善彭州大蒜品牌运作体系。加快完成彭州大蒜的商标注册，加快构建种质和品种、种植技术和操作规程、产品质量和分级标准、包装和标志、储运和加工、销售制度和售后服务等彭州大蒜全产业链标准体系。

二是加强彭州大蒜品牌管理，维护品牌形象。建立“彭州大蒜”地标品牌的使用授权、监管制度，搭建彭州大蒜品牌质量追溯管理平台。加强大蒜交易市场监管，进一步规范本地大蒜交易市场秩序，对“彭州大蒜”品牌授权产品开展定期抽检并及时公布结果，严查外地蒜冒牌现象，充分发挥本地大蒜交易专业市场集散产品、形成价格、引导生产、传递信息、指挥消费、代储代运作用。

三是提升品牌影响力。创新设立“彭州大蒜

节”，组织召开中国大蒜产业研讨会，组建天府大蒜研究院，以“中国农民丰收节”“天府美食节”等节庆活动为载体，大力开展“彭州大蒜”品牌形象宣传和贸易促销，积极争取国家主流媒体推介彭州大蒜。推动“大蒜 + 旅游”融合发展，在大蒜产地设立推广标识、宣传墙、引导牌，传播彭州天府蒜乡文化。

（六）提供坚实保障，创造大蒜产业发展有利条件

一是加大大蒜产业发展的政策扶持。加大大蒜产业发展支持力度，提供必要资金保障，在现有基础上加大投入，确保大蒜产业化建设必须资金。加快扶持一批有责任、有实力的大蒜生产、销售、加工、储运等领域的经营主体。

二是创新金融服务机制。引导科技型企业和金融机构，以承包、入股、包销分销等形式参与大蒜产业发展。加快建立“互联网 + 金融 + 农业”的金融投资担保模式，进一步拓宽企业及蒜农融资渠道。

三是加强专业人才培养力度。探索从行业经验资源丰富的企业家、返乡创业带头人中选拔聘用彭州大蒜职业培训导师，采取培训机构面授、远程网络互动等方式，加强蒜农及相关从业人员在种植加工、电子商务等方面的培训，争取 3— 5 年内使本地大蒜从业职业化程度达 80% 以上。

对彭州市危险化学品道路运输交通安全管理的思考及建议

石化项目的安全问题一直是各级政府和广大群众关注焦点，由于其原材料和产品多为危险化学品，除生产安全、储存安全之外，运输安全也是重中之重。四川石化作为西南地区最大的炼化一体化项目，其生产原料、产品年运输量近 2000 万吨，虽然绝大部分通过管道和铁路运输，但每年仍有 100 万吨左右产品通过道路运输。加之彭州市其他危险化学品企业相对较多，且几乎全部通过道路运输原材料和产品，危险化学品道路运输交通安全管理工作对彭州市而言极端重要。

一、彭州市危险化学品道路运输现状

（一）从业主体多。截至 2019 年底，彭州市共有危险化学品生产、经营、运输企业 116 家，其中运输企业 10 家。全市登记在册的危险化学品运输车辆 403 辆，取得危险化学品运输从业资格的驾驶员 1368 名，押运人员 807 名。

（二）运输量大。2019 年，彭州市开展危险化学品道路运输作业的车辆共 7 万余车次，运输总量约 120 万吨，其中四川石化运输总量近 100 万吨、占比约 80%，华融化工运输总量约 9.3 万吨、占比约 8%。

（三）危险化学品种类多。根据彭州市 2019 年道路运输情况统计，道路运输的危险化学品主要为汽油、柴油、航油、蜡油和气体类，分别占危险化学品道路运输总量的 39.3%、24.3%、16.8%、4.1%、12.2%。

二、彭州市危险化学品道路运输交通安全管理存在的问题

（一）监管部门联动机制不畅。根据 2013 年修正的《危险化学品安全管理条例》（国务院令第 344 号），危险化学品运输安全管理职责主要在公安机关和交通运输部门。目前，彭州市域的危险化学品

道路运输管理职责分布于成都市交通运输局以及彭州市行政审批局、交通运输局、公安局、综合执法局、应急管理局等多个部门（见下表）。

彭州市危险化学品道路运输交通安全管理职能部门分工

表 32

职能部门	管理职能
彭州市行政审批局	负责办理危险化学品运输企业登记。
成都市交通运输局	核发危险货物道路运输许可。
彭州市交通运输局	1. 负责危险化学品道路运输企业驾驶人员、装卸管理人员、押运人员资格认定。 2. 负责危险化学品道路运输车辆安全管理。
彭州市公安局	1. 划定危险化学品运输车辆限制通行区域，审批危险化学品运输车辆进入危险化学品运输车辆限制通行区域。 2. 核发剧毒化学品道路运输通行证。 3. 负责危险化学品道路运输交通安全管理。
彭州市综合执法局	负责查处危险化学品道路运输车辆超载超限、跑冒滴漏等违法行为。
彭州市应急管理局	负责牵头组织危险化学品道路运输事故的应急救援。

由于各部门均按照各自职能职责开展相应工作，相互之间未建立信息共享机制，导致具体工作脱节现象时有发生，形成了监管漏洞、带来了一定隐患。如，危险化学品运输企业取得营业执照及危险货物道路运输许可后即可开展业务，但可能其工作人员并未取得相应专业资格认定；公安、综合执法等部门在不知情的情况下，也很难对其进行针对性监管。

（二）危险化学品运输车辆限制通行区域亟须优化。《危险化学品安全管理条例》（国务院令第344号）第四十九条规定，未经公安机关批准，运输危险化学品的车辆不得进入危险化学品运输车辆限制通行的区域。危险化学品运输车辆限制通行的区域由县级公安机关划定，并设置明显的标志。据此，彭州市公安局紧密结合彭州实际，限制危险化学品运输车辆进入“中心城区（不含南部新城）、牡丹新城区域、牡丹大道”等区域，并为危险化学品运输量较大的四川石化规划了专门运输路线。但近年来，彭州市城乡发展速度加快，新材料产业逐步壮大，人口集聚区域有所增多，道路路网结构持续升级，特别是随着二绕通车、三环路和三绕加快建设，原来确定的危险化学品运输车辆限制通行区域已经不适合新的形势，亟须优化调整。

（三）危险化学品运输车辆专用停车场缺失。《道路危险货物运输管理规定》（交通运输部令2013年第2号）第八条对危险货物运输经营企业停车场作出了明确规定。虽然彭州市危险化学品运输企业都已达到了上述要求，但四川石化作为彭州市危险化学品道路运输车辆的主要集散地，却未设置专用停车场，导致危险化学品运输车辆散落周边区域，甚至直接在厂区门口道路停放，存在一定安全隐患。

（四）在彭开展危险化学品道路运输业务的外地登记企业和车辆管理困难。《道路危险货物运输管理规定》（交通运输部令2013年第2号）第五十一条规定，道路危险货物运输企业异地经营（运输线路起讫点均不在企业注册地市域内）累计3个月以上的，应当向经营地设区的市级道路运输管理机构备案并接受其监管。彭州市作为县级市，难以准确掌握外地登记企业的车辆车况、运输时间、行驶线路、运输物品等信息，也不能对其进行针对性监管，为彭州危险化学品道路运输交通安全带来了巨大的不确定性。如，华融化工的危险化学品运输业务外包给了6家运输公司，注册地分别位于上海、重庆、湖南以及四川省内的龙泉驿、什邡、罗江等地。

（五）道路交通安全技防措施有待加强。基于危险化学品运输行业的特殊性，一旦因为违法违规行为发生道路交通事故，其破坏力、影响力必然比普通交通事故更大。同时，道路运输具有灵活性强的特点，在信息不畅的情况下，仅靠人力抽查难以有效防控，必须借助技防措施实现更加严格的管控。目前，虽然彭州市已经建立了包括“天网”、雪亮工程、智能交通等在内的智慧治理系统，但是一方面各系统分散于各行业系统，尚未实现整合使用；另一方面这些系统集中覆盖于城市干道，且大多数功能单一、夜视效果差，不能有效防控危险化学品运输车辆夜间通行镇村道路发生的违法违规行为。

（六）危险化学品事故应急处置能力有待提升。虽然彭州市因为四川石化项目的存在，建立了相对完善的危险化学品事故应急预案体系，但仍存在缺乏专业救援队伍、应急处置场地等现实问题，一旦发生危险化学品交通运输事故，势必面临处置难、停放难、卸货难、返厂难、转运难等情况，即使紧急外请专业人士指导处置，也必然影响救援进度。

三、对策建议

（一）建立健全部门联动机制，畅通信息共享渠道。由彭州市道路交通安全综合治理委员会办公室（简称道安办）牵头，市应急管理局、市经科信局、市行政审批局、市交通运输局、市公安局、市综合执法局通力配合，建立危险化学品道路运输交通安全管理联动机制，实时排查危险化学品生产企业原材料及产品运输、危险化学品运输企业经营等情况，及时互通共享部门独立掌握的相关信息，确保具有管理职责的各部门对危险化学品运输工作底数清、情况明。

（二）依法划定危险化学品运输车辆限制通行区域，严查重处违规行为。由彭州市公安局负责，按照《危险化学品安全管理条例》，参照其他地区好的做法，及时优化调整彭州市危险化学品运输车辆限制通行区域，按程序对外公布，并规范增设相应标志。一方面，此举有利于规范彭州市危险化学品运输车辆管理；另一方面，也为外地来彭的危险化学品运输车辆指明行驶路径。同时，市公安局要依法完善“危险化学品运输车辆进入危险化学品运输车辆限制通行区域”审批机制、流程，切实履行好服务和监管职责，依法严惩重罚未经批准进入危险化学品运输车辆限制通行区域的车辆和驾驶员。

（三）加快建设四川石化危险化学品运输车辆专用停车场。参照《道路危险货物运输管理规定》对危险化学品运输企业停车场的标准，在四川石化厂区附近，建设危险化学品运输车辆专用停车场。增设车辆充装排号等设施，严禁危险化学品运输车辆乱停乱放、挤占道路等违法行为，切实降低四川石化项目厂区周边道路交通安全风险。

（四）与危险化学品生产企业联动加强外来运输车辆管理。鉴于现行法律法规对外来危险化学品运输企业车辆仅实行报备管理，且报备监管权力在设区市的实际，而对彭州市而言加强危险化学品道路运输安全管理又确有必要。建议以彭州市内的危险化学品生产企业为突破，全面摸排每一个企业的原材料及产品运输主体，建立工作台账或数据库。加强与各生产企业的联动，定期更新相关信息，动态准确掌握危险化学品道路运输情况。

（五）加强道路交通安全技防措施。整合“天网”、雪亮工程、智能交通等智慧化系统，加快建设全市统一的大数据中心，实现彭州市范围内“一网通用”。在此基础上，因地制宜扩大多功能高清摄像头覆盖面，力争实现道路交通安全事故易发、多发路段全覆盖。

（六）加快提升危险化学品事故应急处置能力。依托国家危险化学品应急救援成都基地，加快完善专业化的应急救援设施，建设具备专业素养的应急救援队伍。根据危险化学品道路运输事故应急处置需要，增加专用设备，实时开展危险化学品道路运输事故应急救援演练，确保反应迅速、处置高效。加强与四川石化应急队伍的协同配合，鼓励其按照地域相近原则，及时开展危险化学品道路运输事故应急救援，努力把事故损失降到最低。

统计资料

Statistical Data

2020年彭州市国民经济和社会发展统计公报

2020年面对突如其来的新冠肺炎疫情冲击和艰巨繁重的改革发展稳定任务，彭州市坚持以习近平新时代中国特色社会主义思想为指导，全面贯彻落实党中央国务院、四川省委省政府、成都市委市政府和彭州市委市政府决策部署，统筹推进疫情防控和经济社会发展，扎实做好“六稳”工作、全面落实“六保”任务，大力实施“四大提升工程”，坚决打好“四大攻坚战役”，积极应对各种困难挑战，彭州市经济运行逐季改善、逐步恢复常态。

一、综合

根据成都市区（市）县地区生产总值统一核算结果，2020年彭州市实现地区生产总值507.37亿元，按可比价格计算，比上年下降4.1%。分产业看，第一产业实现增加值66.71亿元，增长3.3%；第二产业实现增加值260.40亿元，下降7.2%；第三产业实现增加值180.25亿元，增长0.2%。三次产业比重为13.1：51.3：35.6。

全年实现民营经济增加值186.82亿元，比上年增长2.0%，占GDP比重为36.8%。其中：一产业增加值9.43亿元，增长6.1%；二产业增加值86.98亿元，增长1.4%；三产业增加值90.41亿元，增长2.5%。民营经济三次产业比重为5.0：46.6：48.4。登记注册民营企业共计12892户，其中第一产业1513户、第二产业3612户、第三产业7767户。

全市基本单位名录库中共有单位9430家，其中：法人单位8553家，比上年增加527家；产业活动单位877家，增加19家。全市“四上”企业共294家，其中：规模以上工业企业164家，施工总承包和专

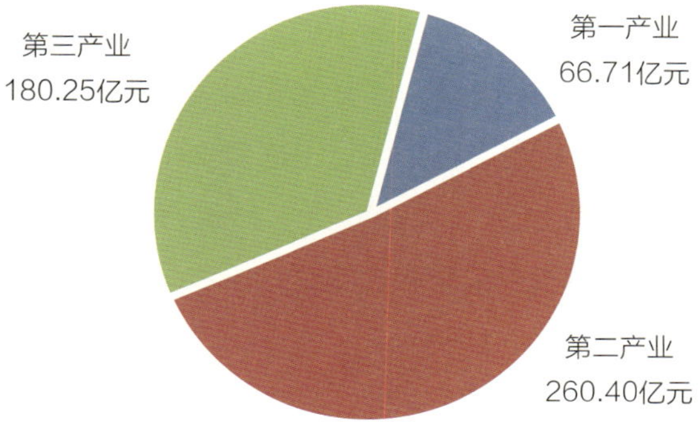

图1　2020年各产业增加值

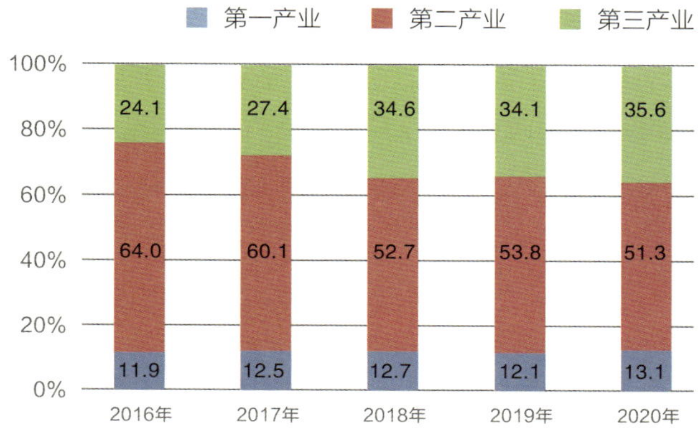

图2　2016—2020年三次产业增加值占GDP的比重

业承包建筑企业32家，在库的有资质的房地产开发经营企业40家，限额以上批发和零售企业30家，限额以上住宿餐饮业企业10家，规模以上服务业企业18家。

二、农业

全年实现农林牧渔业增加值67.49亿元，比上年增长3.3%。农林牧渔业总产值105.51亿元，增长3.1%。

农业。全年农作物总播种面积118.47万亩，其中：粮食作物播种面积54.22万亩，产量24.91万吨；油料作物播种面积8.59万亩，产量1.54万吨；中药材播种面积6.40万亩，产量1.71万吨；蔬菜及食用菌播种面积45.95万亩，产量117.78万吨；水果种植面积3.22万亩，产量3.95万吨。

畜牧业。全年生猪出栏34.91万头，比上年增长22.4%；牛出栏0.50万头，增长0.2%；羊出栏0.74万头，增长1.2%；兔出栏33.95万只，下降18.1%；家禽出栏667.58万只，下降9.5%；肉类总产量3.67万吨，增长8.4%。

林业。全市林地面积60683.48公顷，森林面积60475.6公顷，森林覆盖率达42.54%，净增森林蓄积10.93万立方米。彭州市共有自然保护地七个。2020年新划定面积为31860公顷的大熊猫国家公园，涵盖整个白水河国家级自然保护区。

三、工业和建筑业

工业。全市实现工业增加值233.16亿元，比上年下降8.2%。工业用电量42.20亿千瓦时，增长2.4%。全市164户规模以上工业企业增加值下降9.8%；营业收入670.87亿元，下降17.1%；利润总额48.57亿元，下降9.7%；利税总额146.7亿元，下降16.8%。

建筑业。全市实现建筑业增加值27.37亿元，比上年增长6.8%，增幅较上年提升7.7个百分点。施工总承包和专业承包建筑企业32家，实现总产值增长11.6%。

四、固定资产投资、房地产业

固定资产投资。全社会固定资产投资比上年增长11.7%。其中：工业技改投资下降30.9%；民间投资下降7.4%；房地产投资增长60.8%。分产业看，第一产业投资增长68.0%；第二产业投资增长1.2%；第三产业投资增长19.7%。

房地产业。全市实现商品房销售面积107.78万平方米，比上年增长13.6%，其中住宅销售面积101.42万平方米，增长11.5%。商品房销售额75.46亿元，增长20.2%，其中住宅销售额71.82亿元，增长18.3%。房屋施工面积552.11万平方米，竣工面积20.39万平方米。

五、商贸业、交通运输业

商贸业。全市实现社会消费品零售总额107.86亿元，比上年下降2.5%。按经营地分：城镇实现零售额88.65亿元，下降2.9%；乡村实现零售额19.20亿元，下降0.1%。按消费形态分：餐饮收入26.67亿元，下降2.0%；商品零售额81.19亿元，下降2.6%。

交通运输业。彭州市境内公路总里程数为2754公里。高速公路里程数为27.8公里，等级公路里程数达2725.25公里。全市货运量为1123万吨，货运周转量114868万吨公里；客运量为2464万人次，客运周转量为35162万人公里。年末拥有出租车404辆，公交车331辆，公交线路35条。轨道交通公交化运营，成彭快铁加密至25对/日。

六、对外经济

完成外贸进出口总额10.2亿元；高能级产业化项目实际到位内资85.47亿元，利用外资实际到位6.12亿元。签约引进亿元以上项目75个，其中100亿元以上特别重大项目6个。彭州市获评成都市2020年项目招引攻坚先进单位。

七、财政和金融

全年实现地方财政收入79.31亿元，比上年增长11.2%。其中：一般公共预算收入35.95亿元，

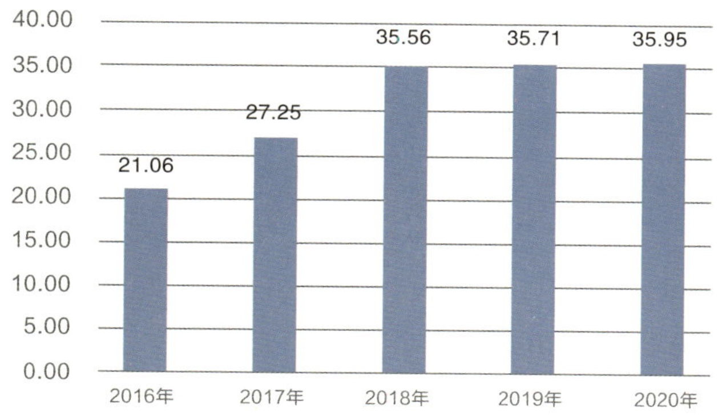

图 3 2016—2020 年彭州市一般公共预算收入

增长 0.7%；税收收入 25.20 亿元，下降 7.6%。地方财政支出 107.44 亿元，增长 23.4%。其中：一般公共预算支出 58.35 亿元，增长 14.7%。投入疫情防控专项资金 3.5 亿元。全市实现减免税费金额 94.40 亿元，新增减税降费 3.02 亿元。

年末金融机构人民币各项存款余额 726.75 亿元，比上年增长 9.6%。其中：住户存款余额 519.91 亿元，增长 11.7%。人民币各项贷款余额 367.35 亿元，增长 13.7%。

八、生态环境

2020 年彭州市空气质量优良天数 303 天，同比增加 17 天。集中式饮用水水源水质 100% 达标，地表水考核断面首次实现全面达标。工业固体废物安全处置率、垃圾无害化处理率、危险废物安全处置率均达到 100%。

九、科技、教育、卫生事业

科技事业。有效高企总数达到 50 家，科技型中小企业入库数达 48 家，新增成都市级以上企业创新平台 3 个。完成高新技术产业营业收入 112.69 亿元，累计建成企业技术中心、工程技术研究中心等成都市级以上企业创新平台 45 个，完成研究与试验经费（R&D）投入 4.5 亿元，完成技术合同成交额 2.0 亿元。全市拥有固定电话用户 28 万户，移动电话用户 108 万户，互联网宽带接入用户 32 万户，电信行业实现主营业务收入 6.4 亿元。

教育事业。根据全市镇（街道）行政区划调整，积极推进城乡学校优化布局，完成 40 所学校更名，撤并小规模学校 4 所，新设城区学校（园）6 所，新建公办幼儿园 2 所，新增学位 5805 个，极大缓解中心城区适龄儿童（幼儿）入学学位不足的矛盾。全市共有学校（园）212 所，在校（园）学生 93319 人，专任教师 6717 人。2020 年共引进教师 74 名，小学、初中入学率 100%，小升初升学率 99.9%，初升高升学率 99.1%。

卫生事业。已创建省级卫生村 120 个，省级卫生镇 11 个，省级卫生镇实现全覆盖。全市医疗卫生机构 606 个，拥有床位 6911 张，总诊疗人次 566.99 万人次，健康检查 24.31 万人次。在岗职工总人数 7103 人，其中：执业（助理）医师 2469 人，注册护士 3349 人。全市医疗卫生机构引进高层次人才 31 人。深入推进常态化疫情防控，设置定点发热门诊、诊室和基层哨点 48 处，全市至今零感染、未出现本土病例。

十、文化、体育和旅游事业

文化事业。全市文化创意产业实现增加值 38.31 亿元，比上年增长 31.3%。共有文化馆、博物馆、图书馆各 1 个，文化站 20 个。完成 20 个图书馆分馆建设和服务效能提升培训工作；完成天彭街道文化中心、天彭街道南大街文化中心、葛仙山镇熙玉村文化中心、龙门山镇鱼凫文化中心、隆丰街道银定社区文化中心等 5 个基层综合性文化服务中心示范点打造。

体育事业。完成体育场地设施常态化调查统计工作，统计点位达 2906 个，体育场地总面积达 170 万平方米，全市人均体育场地面积达 2.18 平方米。基本建成“城市 15 分钟健身圈、农村 5 公里健身圈”，体育场地设施达到全覆盖。

旅游事业。全市有 AAAA 级旅游景区 3 个（丹景山景区、白鹿音乐小镇、宝山旅游景区）。全年接待游客 1305.03 万人次，实现旅游总收入 54.57 亿元。全面开展全市文化旅游资源普查工作，共梳理发现优质旅游资源 351 个。

十一、人民生活和民生保障

居民收入。城镇居民人均可支配收入 39613 元，比上年增长 6.2%。其中，工资性收入 23733 元，增长 6.7%；经营净收入 4372 元，增长 4.8%；财产净收入 3455 元，增长 4.2%；转移净收入 8053 元，增长 6.3%。

农村居民人均可支配收入 25520 元，增长 8.6%。其中，工资性收入 12414 元，增长 7.8%；经营净收入 6201 元，增长 12.4%；财产净收入 2473 元，增长 6.2%；转移净收入 4432 元，增长 7.0%。

社会保障。全市城乡居民基本养老保险参保人数 26.61 万人，城镇职工基本养老保险参保 25.27 万人。养老金社会化发放率达 100%。全年引进高层次创新创业人才、急需紧缺人才 187 人，新增吸纳大学生创业就业 1609 人。城镇新增就业 9547 人，再就业 3846 人，城镇登记失业率控制在 3%以内。

基层政权建设。高标准完成村（社区）体制机制改革，将全市 355 个村（社区）调整到 202 个，调减比例为 43.10%。调整后，设置村 119 个，社区 83 个。圆满完成村（居）民小组优化调整改革工作，村（居）民小组由 4515 个调整至 2678 个，调减比例 40.69%。

十二、人口

年末全市户籍总人口 79.51 万人。其中：城镇人口 26.42 万人，乡村人口 53.09 万人；男性人口 39.46 万人，女性人口 40.05 万人，男女性别比例为 1：1.01。总户数 29.52 万户，户均人口数 2.7 人。全市出生人口 6027 人，死亡人口 6021 人，人口自然增长率 0.01‰。

注：1. 本公报中各项数据为初步统计数据，正式数据以《彭州统计年鉴 2021》为准。部分数据因四舍五入的原因，存在总计与分项合计不等的情况。

2. 地区生产总值、三次产业及相关行业增加值的绝对数按当年价格计算，增长速度按可比价格计算。

3. 总人口为 2020 年公安年报户籍人口数据；出生人口、死亡人口、人口自然增长率为计生人口数据；2020 年常住人口数据待第七次全国人口普查数据发布后另行公布。

4. 公报中对外开放、财政、金融、生态环境、科技、教育、卫生、文化、体育、旅游、社会保障、人民生活、人口等数据来源于相关部门。

5. 在获得更详细年报基础资料情况下，教育、卫生等部门对数据进行了修订，最终以部门修订数据为准。

2020年彭州市经济社会发展主要指标表

表 33

项目	单位	实绩	同比增减（±%）
地区生产总值	亿元	507.37	-4.1
第一产业增加值	亿元	66.71	3.3
第二产业增加值	亿元	260.4	-7.2
工业增加值	亿元	233.16	-8.2
第三产业增加值	亿元	180.25	0.2
社会消费品零售总额	亿元	107.86	-2.5
全社会固定资产投资总额	亿元	281.1	11.7
实际到位内资	亿元	85.47	—
利用外资实际到位	亿元	6.12	—
外贸进出口总额	亿元	10.2	—
地方财政收入	亿元	79.31	11.2
一般公共预算收入	亿元	35.95	0.7
地方财政支出	亿元	107.44	23.4
一般公共预算支出	亿元	58.35	14.7
城镇居民人均可支配收入	元	39613	6.2
农村居民人均可支配收入	元	25520	8.6
中小学校数	所	55	—
中小学在校学生数	万人	69651	—
卫生机构数	个	561	—
卫生机构床位数	张	6911	—
卫生技术人员	人	7103	—

2020年彭州市“三品一标”农产品一览表

表 34

一、种植业无公害农产品产地及产品证书

序号	获证单位（产地名称）	认证面积（公顷）	产品名称	产量（吨）	证书名称	证书编号
1	彭州市凤霞蔬菜产销专业合作社	1348.5	普通白菜	7500	无公害产品认证	WGH-SC01-2100118
2		1348.5	莴苣	12000	无公害产品认证	WGH-SC01-2100119
3		1348.5	马铃薯	9000	无公害产品认证	WGH-SC01-2100120
4	成都市龙特名食品有限公司	21.33	竹笋	320	无公害产品认证	WGH-SC01-2100131
5	彭州市快乐农夫家庭农场	10	猕猴桃	150	无公害产品认证	WGH-SC01-2100121
6	彭州市葛仙山镇楠新农业资源经营农民专业合作社	2200	普通白菜	15000	无公害产品认证	WGH-SC01-2100127
7	彭州市泓盛蔬菜产销家庭农场	15.3	普通白菜	345	无公害产品认证	WGH-SC01-2100125
8	彭州市敖平镇佳兆家庭农场	4	番茄	1	无公害产品认证	WGH-SC01-2100122
9		4	普通白菜	2	无公害产品认证	WGH-SC01-2100123
10		4	苦瓜	1	无公害产品认证	WGH-SC01-2100124
11	彭州市玉溪仙源水果产销专业合作社	66.7	梨	3000	无公害产品认证	WGH-SC01-2100126

续表 34

序号	获证单位（产地名称）	认证面积（公顷）	产品名称	产量（吨）	证书名称	证书编号
12	彭州市高林大棚蔬菜产销农民专业合作社	1468	普通白菜	15000	无公害产品认证	WGH-SC01-2100129
13		1468	茄子	16000	无公害产品认证	WGH-SC01-2100130
14	彭州市葛仙山镇楠新农业资源经营农民专业合作社	2200	结球甘蓝	16000	无公害产品认证	WGH-SC01-2100128
15	彭州市三界丰碑蔬菜产销专业合作社	488	萝卜	12000	无公害产品认证	WGH-SC01-2100111
16		150	莴笋	6000	无公害产品认证	WGH-SC01-2100112
17		400	芹菜	10000	无公害产品认证	WGH-SC01-2100113
18		400	普通白菜	12000	无公害产品认证	WGH-SC01-2100114
19	彭州市九尺镇民贵蔬菜种植家庭农场	10.01	莴笋	200	无公害产品认证	WGH-SC01-2100115
20	彭州市健之源竹笋种植家庭农场	6	李子	90	无公害产品认证	WGH-SC01-2100117
21	彭州市九尺镇民贵蔬菜种植家庭农场	9.05	普通白菜	190	无公害产品认证	WGH-SC01-2100116
22	四川田丁午实业有限公司	10	猕猴桃	100	无公害产品认证	WGH-SC01-2100110
23	彭州市致和镇京果蔬菜产销专业合作社	90	葱	1350	无公害产品认证	WGH-SC01-1800583
24	彭州市三界镇禾盛蔬菜种植农民专业合作社	8	大白菜	600	无公害产品认证	WGH-SC01-1800584
25		10	莴笋	750	无公害产品认证	WGH-SC01-1800585
26	彭州市兴全蔬菜产销农民专业合作社	4.8	结球甘蓝	72	无公害产品认证	WGH-SC01-1800777
27		3	莴笋	45	无公害产品认证	WGH-SC01-1800783
28		3	萝卜	90	无公害产品认证	WGH-SC01-1800838

二、养殖业无公害农产品证书

序号	获证单位	生产规模（万头、万羽、万尾）	产品名称	年产量（吨）	证书名称	证书编号
1	四川润兆渔业有限公司	2.4	鲟（淡水养殖）	600	无公害产品认证	WGH-SC03-1800024
2	四川润兆渔业有限公司	2.4	鳟	50	无公害产品认证	WGH-SC03-1800023
3	彭州涌泉冷水渔业有限公司	1	细鳞鱼	150	无公害产品认证	WGH-SC03-1900011
4	彭州涌泉冷水渔业有限公司	1	鲟（淡水养殖）	200	无公害产品认证	WGH-SC03-1900012
5	彭州涌泉冷水渔业有限公司	3	鳟	450	无公害产品认证	WGH-SC03-1900010
6	四川彭州天华禽业有限公司	10	活鸡	500	无公害产品认证	WGH-SC02-2100005
7	四川彭州天华禽业有限公司	8.3	鲜鸡蛋	1000	无公害产品认证	WGH-SC02-2000040
8	彭州市百思特肉牛养殖产销农民专业合作社	0.1	肉牛	500	无公害产品认证	WGH-SC02-2000046
9	彭州市敖平镇兴鑫畜禽养殖农民专业合作社	5	活鸡	5	无公害产品认证	WGH-SC02-2000045
10	彭州市金猪农业开发有限公司	2	生猪	2400	无公害产品认证	WGH-SC02-2000047
11	成都市恒昇农业发展有限公司	0.02	肉牛	150	无公害产品认证	WGH-SC02-2000048
12	四川省鱼凫部落生态农业开发有限公司	45	鲜鸡蛋	504	无公害产品认证	WGH-SC02-2000042
13	四川欣康绿食品有限公司	100	生猪	20000	无公害产品认证	WGH-SC02-2000041
14	彭州市全方禽业发展有限公司	20	鲜鸡蛋	5600	无公害产品认证	WGH-SC02-2000043
15	彭州市全方禽业发展有限公司	20	鸡肉	1000	无公害产品认证	WGH-SC02-2000044

续表 34

三、有机产品、有机转换产品认证证书

序号	获证单位	认证类型	证书编号	产品名称	基地面积（公顷）	产量（吨）	发证日期
1	彭州市左右草莓种植家庭农场	转换认证	007OP1800033	草莓	2.20	33.00	2020 年 5 月 18 日
2	成都民生园农业发展有限公司	有机认证	007OP1800042	葡萄	1.33	20.00	2020 年 6 月 29 日
3	彭州市健之源竹笋种植家庭农场	转换认证	007OP1800060	李	6.00	45.00	2020 年 8 月 5 日
4	彭州市鱼米香村观光农业旅游资源开发农民专业合作社	转换认证	007OP1800073	稻谷	26.66	160.00	2020 年 9 月 2 日
5	彭州市桂花泉乡水稻种植家庭农场	有机认证	007OP1800095	稻谷	3.33	20.00	2020 年 10 月 21 日
6	四川省旺达瑞生态农业开发有限责任公司	有机认证	007OP1800144	笋	153.33	2300.00	2020 年 4 月 27 日
7	成都市宁升绿康食品有限公司	有机认证	007OP1800149	菇类	2.00	49.50	2020 年 12 月 17 日
8	彭州市闽川农产品专业合作社	有机认证	007OP1800152	菇类	0.66	49.00	2020 年 12 月 17 日
9	彭州市万紫千红葡萄种植家庭农场	有机认证	007OP1900082	葡萄	5.00	112.50	2020 年 8 月 20 日
10	彭州市磁峰镇古蜀源苦丁茶种植农民专业合作社	转换认证	007OP1900099	茶	13.33	60.00	2020 年 8 月 27 日
11	彭州市英蓉家庭农场	转换认证	007OP1900104	猕猴桃	1.33	3.00	2020 年 9 月 24 日
12	彭州白茶源茶叶种植农民专业合作社	转换认证	007OP1900116	茶	28.66	86.00	2020 年 11 月 6 日
13	四川乙佳汇农业发展有限公司	转换认证	007OP1900118	猕猴桃	1.60	18.00	2020 年 11 月 6 日
14	成都吉食道食品有限公司	有机认证	007OP2000008	酱腌菜	0.48	477.50	2020 年 4 月 27 日
15	成都市宝山农业开发有限公司	转换认证	007OP2000010	蓝莓	4.66	21.00	2020 年 5 月 25 日
16	彭州市蜀衡天香玫瑰种植农民专业合作社	有机认证	007OP2000011	玫瑰花	17.33	78.00	2020 年 5 月 25 日
17	彭州市金港湾果蔬种植家庭农场	转换认证	007OP2000020	葡萄	3.33	75.00	2020 年 6 月 29 日
18	彭州市旭农果蔬产销家庭农场	转换认证	007OP2000021	西瓜	2.00	60.00	2020 年 6 月 29 日
19	彭州市瑞盛葡萄种植家庭农场	转换认证	007OP2000022	葡萄	3.33	75.00	2020 年 6 月 29 日
20	彭州市金色田园果蔬种植家庭农场	转换认证	007OP2000036	葡萄	3.50	52.50	2020 年 8 月 4 日
21	彭州市恩哥猕猴桃种植家庭农场	转换认证	007OP2000044	猕猴桃	3.33	37.50	2020 年 8 月 25 日
22	彭州市奥蕾葡萄种植家庭农场	转换认证	007OP2000045	葡萄	3.93	118.00	2020 年 8 月 27 日
23	彭州市润曦果蔬种植家庭农场	转换认证	007OP2000047	橘	6.66	20.00	2020 年 9 月 2 日
24	彭州市磁峰镇皇城村果果猕猴桃种植家庭农场	转换认证	007OP2000054	猕猴桃	3.66	55.00	2020 年 9 月 11 日
25	彭州市快乐农夫家庭农场	转换认证	007OP2000056	猕猴桃	4.00	60.00	2020 年 9 月 11 日
26	彭州市诗雨蔬菜种植家庭农场	转换认证	007OP2000057	魔芋	4.00	120.00	2020 年 9 月 11 日
27	彭州市九尺镇科阳果蔬种植家庭农场	转换认证	007OP2000065	橘	3.46	1.00	2020 年 10 月 17 日
28	彭州市鸿裕米果蔬种植家庭农场	转换认证	007OP2000071	姜黄	2.33	70.00	2020 年 10 月 29 日
29	成都市龙特名食品有限公司	转换认证	007OP2000072	猕猴桃	3.00	45.00	2020 年 10 月 29 日
30	四川田丁午实业有限公司	转换认证	007OP2000073	笋	13.33	100.00	2020 年 10 月 29 日
31	彭州市乐缘蔬菜种植家庭农场	转换认证	007OP2000077	稻谷	3.46	26.00	2020 年 11 月 6 日
32	四川宝山茶业有限公司	有机认证	007OP2000082	茶	33.33	75.00	2020 年 11 月 22 日
33	四川宝山茶业有限公司	有机认证	007OP2000083	红茶	0.04	15.00	2020 年 11 月 22 日
34	彭州农心筑梦果蔬种植专业合作社	转换认证	007OP2000084	稻谷	20.00	150.00	2020 年 11 月 30 日
35	彭州市新兴镇明炀果蔬种植家庭农场	转换认证	007OP2000092	李	3.33	50.00	2020 年 12 月 15 日
36	彭州市鑫雨食用菌种植家庭农场	有机认证	007OP2000093	菇类	1.00	75.00	2020 年 12 月 16 日
37	四川省鱼凫部落生态农业开发有限公司	有机认证	007OP2000096	鸡蛋	2.00	11.95	2020 年 12 月 17 日
38	四川省鱼凫部落生态农业开发有限公司	转换认证	007OP2000097	玉米	10.00	75.00	2020 年 12 月 17 日
39	彭州民心蔬菜产销农民专业合作社	转换认证	007OP2000101	萝卜	7.33	330.00	2020 年 12 月 22 日

续表 34

序号	获证单位	认证类型	证书编号	产品名称	基地面积(公顷)	产量(吨)	发证日期
40	成都市逗豆乐生态农业有限公司	有机认证	115OP1903025	草莓番茄	11.46	28.00	2019年12月27日
41	成都大汉英蓉果蔬种植家庭农场	转换认证	115OP2001220	稻谷	28.65	128.00	2020年12月10日
42	成都丰收源果蔬种植家庭农场	转换认证	115OP2001237	白菜莴苣	12.13	730.00	2020年12月15日
43	成都辉宏生猪生态养殖家庭农场	转换认证	115OP2001299	稻谷	4.21	22.00	2020年12月23日
44	成都美丽田园农业有限公司	有机认证	134OP1300168	鸡蛋	13.35	3.15	2020年8月30日
45	彭州市龙芙果蔬种植家庭农场	转换认证	281OP1800035	笋	16.00	24.00	2020年7月17日
46	彭州市老爷子猕猴桃种植家庭农场	转换认证	281OP1800052	猕猴桃	1.33	12.00	2020年9月30日
47	成都怡萱果蔬种植家庭农场	转换认证	281OP1900040	笋	2.66	8.00	2020年8月2日
48	彭州市通济镇春芽竹笋种植专业合作社	有机认证	281OP1900119	笋	33.33	125.00	2020年12月27日
49	彭州市鱼凫竹海餐饮文化管理有限公司	转换认证	281OP2000020	笋	33.33	150.00	2020年7月10日
50	彭州市祝氏中药材种植家庭农场	转换认证	281OP2000086	笋	3.33	7.50	2020年11月10日
51	彭州市友富家庭农场	转换认证	436OP2000107	稻谷	8.08	60.00	2020年10月23日

四、绿色食品认证证书

序号	获证单位	面积(公顷)	产品名称	产量(吨)	证书名称	证书编号	发证日期
1	成都百信生态农业发展有限公司	16	玉米	50	绿食品证书	LB-15-20112216204A	2020年11月14日
2		6.66	四季豆	100	绿食品证书	LB-15-20112216208A	2020年11月14日
3		8.33	茄子	100	绿食品证书	LB-15-20112216207A	2020年11月14日
4		13.3	苦瓜	20	绿食品证书	LB-15-20112216206A	2020年11月14日
5		9.3	豇豆	140	绿食品证书	LB-15-20112216205A	2020年11月14日
6		13.3	黄瓜	200	绿食品证书	LB-15-20112216203A	2020年11月14日
7		6.66	胡萝卜	30	绿食品证书	LB-15-20112216202A	2020年11月14日
8		4	番茄	120	绿食品证书	LB-15-20112216201A	2020年11月14日
9		6.66	冬瓜	100	绿食品证书	LB-15-20112216200A	2020年11月14日
10		2.66	菠菜	40	绿食品证书	LB-15-20112216199A	2020年11月14日
11		2.33	白菜	325	绿食品证书	LB-15-20112216198A	2020年11月14日
12	成都中田农业投资有限公司	6666.6	大蒜	100000	绿食品证书	LB-15-18052208421A	2018年5月12日
13		6666.6	蒜薹	50000	绿食品证书	LB-15-18052208423A	2018年5月12日
14		6666.6	蒜苗	60000	绿食品证书	LB-15-18052208422A	2018年5月12日

五、地理标志保护产品

序号	获证单位	面积(公顷)	产品名称	产量(吨)	证书名称	证书编号	发证日期
1	彭州市市场和质量监管局	10000	彭州大蒜	8000	地理标志保护	2008年第64号公告	2008年5月30日
2	彭州市蔬菜产销协会	6667	彭州莴笋	250000	地理标志登记	AGI00964	2012年8月3日
3	彭州市农技推广中心	4000	彭州川芎	15000	地理标志登记	AGI01708	2015年7月22日
4	彭州市濛阳家禽业协会	—	彭县黄鸡	1500	地理标志证明商标	19214069	2018年5月21日
5	彭州市九尺家禽业联合会	—	彭州九尺板鸭	5000	地理标志证明商标	11985541	2014年8月14日

2020年彭州市规上工业企业一览表

表 35

序号	所在地	所属行业	企业名称
1	天彭街道	其他行业	北控彭州自来水有限公司
2	新材料产业园	化工行业	成都艾尔普气体产品有限公司
3	天府中药城	其他行业	成都百顺纸业有限公司
4	濛阳街道	建材行业	成都川康铸锻有限责任公司
5	丽春镇	家具行业	成都德邦博派家具有限公司
6	致和街道	其他行业	成都迪林晖再生新能源有限公司
7	天府中药城	医药行业	成都第一制药有限公司
8	天府中药城	医药行业	成都第一制药原料药有限公司
9	天府中药城	塑胶行业	成都高丰新型包装有限公司
10	天府中药城	机械行业	成都固特机械有限责任公司
11	天府中药城	塑胶行业	成都豪洁塑胶制品有限公司
12	九尺镇	其他行业	成都好杰纸塑包装有限公司
13	天府中药城	医药行业	成都亨达药业有限公司
14	天府中药城	医药行业	成都弘达药业有限公司
15	濛阳街道	机械行业	成都红岩方大汽车悬架有限公司
16	致和街道	其他行业	成都红紫荆包装印务有限公司
17	天府中药城	化工行业	成都虹润制漆有限公司
18	丽春镇	机械行业	成都华尔森环保科技有限公司
19	天府中药城	机械行业	成都继瑜轨道装备有限公司
20	天府中药城	食品行业	成都嘉奇食品有限公司
21	隆丰街道	医药行业	成都嘉盈畜产生化有限公司
22	天府中药城	化工行业	成都杰晟蜀邦新材料科技有限公司
23	天府中药城	食品行业	成都今麦郎面业有限公司
24	天府中药城	服装纺织业	成都今时秀服装有限公司
25	天府中药城	机械行业	成都金大立科技有限公司
26	丽春镇	建材行业	成都金房墙体材料有限公司
27	天府中药城	机械行业	成都金帅电器有限公司
28	天府中药城	化工行业	成都金鑫宏源纤维有限公司
29	天府中药城	建材行业	成都晶鼎机械建材科技有限公司
30	新材料产业园	石油加工业	成都聚地石油天然气有限责任公司
31	天府中药城	化工行业	成都科美特特种气体有限公司
32	天府中药城	建材行业	成都科文节能装饰材料有限公司
33	天彭街道	机械行业	成都力丰金属制品有限公司
34	致和街道	家具行业	成都林森伟业家俬有限责任公司
35	天府中药城	机械行业	成都龙科重型机械制造有限公司
36	濛阳街道	食品行业	成都龙特名生态农业有限公司
37	天府中药城	机械行业	成都民达电力设备有限公司
38	丽春镇	机械行业	成都岷江电力钢结构有限责任公司
39	濛阳街道	机械行业	成都彭州京华制管有限公司
40	天府中药城	化工行业	成都彭州立源高分子材料有限公司
41	天府中药城	其他行业	成都鹏加印务有限公司

续表 35

序号	所在地	所属行业	企业名称
42	致和街道	塑胶行业	成都全员塑胶管业有限公司
43	丽春镇	其他行业	成都仁新科技股份有限公司
44	天府中药城	建材行业	成都赛特防水材料有限责任公司
45	濛阳街道	医药行业	成都深瑞畜产品有限公司
46	九尺镇	服装纺织业	成都盛鑫床上用品有限公司
47	丽春镇	其他行业	成都市阿尔纸业有限责任公司
48	隆丰街道	其他行业	成都市朝森有机肥有限公司
49	天府中药城	建材行业	成都市德新水泥制品有限公司
50	隆丰街道	其他行业	成都市国森木业有限责任公司
51	丽春镇	机械行业	成都市禾俊科技有限公司
52	濛阳街道	其他行业	成都市宏坤包装有限公司
53	濛阳街道	食品行业	成都市煌诚农副产品有限公司
54	天府中药城	化工行业	成都市彭州铭众化工有限公司
55	天府中药城	食品行业	成都市彭州银裕食品有限公司
56	天府中药城	医药行业	成都市祺隆中药饮片有限公司
57	九尺镇	食品行业	成都市世权食品有限责任公司
58	天府中药城	家具行业	成都市双虎实业有限公司
59	天府中药城	其他行业	成都市先平包装印务有限公司
60	隆丰街道	电力行业	成都市兴蓉隆丰环保发电有限公司
61	隆丰街道	建材行业	成都市昱成公路建筑工程有限公司
62	濛阳街道	其他行业	成都粟海饲料有限公司
63	致和街道	机械行业	成都天星照明电器有限公司
64	濛阳街道	机械行业	成都万春农牧机械有限公司
65	天府中药城	医药行业	成都欣福源中药饮片有限公司
66	濛阳街道	机械行业	成都新美线缆有限公司
67	隆丰街道	机械行业	成都鑫佰亿线缆有限公司
68	天府中药城	机械行业	成都鑫蓝峰电气有限公司
69	天府中药城	机械行业	成都鑫立新电器成套设备厂
70	天府中药城	机械行业	成都鑫新光成套电器有限公司
71	隆丰街道	其他行业	成都星友纸制品有限公司
72	九尺镇	机械行业	成都兴鑫荣机电设备有限公司
73	天府中药城	食品行业	成都萱源农产品有限公司
74	天彭街道	建材行业	成都亚力水泥制品有限公司
75	丽春镇	医药行业	成都亚中生物制药有限责任公司
76	新材料产业园	化工行业	成都亿泰气体有限公司
77	天府中药城	机械行业	成都宇亨智能设备科技有限公司
78	天府中药城	机械行业	成都誉寰盛世科技有限公司
79	天府中药城	机械行业	成都远大嘉盾门业有限责任公司
80	天府中药城	其他行业	成都中永印务有限责任公司
81	丽春镇	建材行业	成都众远工程材料有限公司
82	九尺镇	化工行业	华融化学股份有限公司
83	天府中药城	其他行业	龙隆无尘设备（成都）有限公司
84	天彭街道	其他行业	彭州华润燃气有限公司

续表 35

序号	所在地	所属行业	企业名称
85	葛仙山镇	其他行业	彭州康大饲料有限公司
86	丽春镇	化工行业	彭州胜利化工有限责任公司
87	丽春镇	机械行业	彭州市安达铸造有限公司
88	濛阳街道	家具行业	彭州市贝利特家具有限公司
89	隆丰街道	机械行业	彭州市鸿昌机械制造有限公司
90	隆丰街道	建材行业	彭州市鸿鑫陶瓷有限公司
91	隆丰街道	化工行业	彭州市华联机电化工有限公司
92	桂花镇	建材行业	彭州市华蓉陶瓷有限公司
93	九尺镇	其他行业	彭州市慧泉刷具有限公司
94	天府中药城	其他行业	彭州市金达包装有限公司
95	隆丰街道	其他行业	彭州市军乐天然气有限责任公司
96	丽春镇	建材行业	彭州市利民新型墙体材料有限责任公司
97	天府中药城	化工行业	彭州市茂源生物科技有限公司
98	天府中药城	机械行业	彭州市润鑫电子科技有限公司
99	丽春镇	其他行业	彭州市五一纸业有限责任公司
100	丽春镇	建材行业	彭州市新力新材料科技有限公司
101	隆丰街道	其他行业	彭州市阳阳纸业有限公司
102	致和街道	机械行业	彭州市永宏铸造有限公司
103	九尺镇	食品行业	彭州市余之康农业发展有限公司
104	濛阳街道	食品行业	彭州市臧家阿哥食品有限公司
105	濛阳街道	食品行业	彭州市竹瓦桂华精米加工厂
106	隆丰街道	建材行业	彭州市卓信混凝土有限公司
107	天府中药城	机械行业	彭州太萌新材料有限公司
108	隆丰街道	建材行业	瑞欣（成都）沥青材料有限公司
109	天府中药城	机械行业	四川阿尔凯电气有限公司
110	天府中药城	建材行业	四川安能玻璃有限公司
111	新材料产业园	化工行业	四川奥克化学有限公司
112	丹景山镇	其他行业	四川宝山木业有限公司
113	天府中药城	塑胶行业	四川大圆新型节能建材有限公司
114	天彭街道	医药行业	四川迪菲特药业有限公司
115	天府中药城	塑胶行业	四川峰图管道科技有限公司
116	天彭街道	医药行业	四川光大制药有限公司
117	天府中药城	医药行业	四川恒康源药业有限公司
118	天府中药城	塑胶行业	四川华邦塑胶有限公司
119	天府中药城	机械行业	四川华净净化设备科技有限公司
120	天府中药城	医药行业	四川济生堂药业有限公司
121	致和街道	机械行业	四川交联电缆有限公司
122	天府中药城	机械行业	四川精智仪表科技有限公司
123	桂花镇	建材行业	四川兰丰水泥有限公司
124	濛阳街道	食品行业	四川民福记食品有限公司
125	濛阳街道	食品行业	四川彭州广乐食品有限公司
126	天府中药城	机械行业	四川彭州伟达金属制品有限公司
127	天府中药城	机械行业	四川彭州众鑫冶业有限公司

续表 35

序号	所在地	所属行业	企业名称
128	天府中药城	机械行业	四川普鑫物流自动化设备工程有限公司
129	桂花镇	电力行业	四川侨源电力有限公司
130	天府中药城	医药行业	四川仁禾中药饮片有限公司
131	天府中药城	化工行业	四川润达丰塑业有限公司
132	致和街道	机械行业	四川神州线缆有限公司
133	天彭街道	建材行业	四川省川铁枕梁工程有限公司
134	天府中药城	塑胶行业	四川省福强包装有限责任公司
135	九尺镇	其他行业	四川省迦南劳保用品有限公司
136	天府中药城	化工行业	四川省俊川科技有限公司
137	天府中药城	其他行业	四川省彭州市人民印刷厂
138	天府中药城	其他行业	四川省仁铭印务有限公司
139	天府中药城	建材行业	四川省威盾新材料有限公司
140	致和街道	食品行业	四川省阳家私坊食品开发有限公司
141	天府中药城	机械行业	四川胜桦电缆有限公司
142	致和街道	家具行业	四川世杰美家具有限公司
143	天府中药城	其他行业	四川蜀邦实业有限责任公司
144	桂花镇	食品行业	四川天伦家和农业有限公司
145	通济镇	电力行业	四川天彭电力开发有限公司
146	丽春镇	塑胶行业	四川万瑞通塑胶有限公司
147	天府中药城	医药行业	四川维奥制药有限公司
148	天府中药城	医药行业	四川协力制药股份有限公司
149	濛阳街道	食品行业	四川欣康绿食品有限公司
150	丽春镇	机械行业	四川新超电缆有限公司
151	天彭街道	塑胶行业	四川新基业保温材料有限公司
152	天府中药城	医药行业	四川新绿色药业科技发展有限公司
153	天府中药城	医药行业	四川鑫仁泰药业有限责任公司
154	丽春镇	服装纺织业	四川兴蜀丽棉业被装有限公司
155	天彭街道	建材行业	四川亚东水泥有限公司
156	天府中药城	家具行业	四川伊恋家居用品有限公司
157	致和街道	塑胶行业	四川易霖伟业管道有限公司
158	桂花镇	建材行业	四川中节能新型建筑材料有限公司
159	丽春镇	塑胶行业	四川众友联合实业有限公司
160	天府中药城	医药行业	亚宝药业四川制药有限公司
161	天府中药城	医药行业	营养屋（成都）生物医药有限公司
162	新材料产业园	石油加工业	中国石油四川石化有限责任公司
163	丽春镇	机械行业	中合镍业有限公司
164	天府中药城	其他行业	中顺洁柔（四川）纸业有限公司
全市			
市本级			
四川石化			

2020年彭州市学校一览表

表36

序号	学校名称	占地面积（平方米）	学校地址	教职工（人）	班数（个）	在校生（人）	办学性质	备注
1	彭州市白鹿小学	13200	彭州市白鹿镇白鹿场社区四组1号	19	6	115	公办	小学
2	彭州市通济蓝天小学	32773	彭州市通济镇鼓浪屿路338号	45	18	767	公办	小学
3	彭州市思文永诚小学	11777	彭州市白鹿镇思文街418号	20	6	101	公办	小学
4	彭州市新兴亚东小学	13278	彭州市通济镇阳平村163号	24	8	299	公办	小学
5	彭州航空动力园区实验小学	29507	彭州市丽春镇丽蓉北路103号	85	30	1372	公办	小学
6	彭州市庆兴神钢小学	16325	彭州市丽春镇谭家场社区金龙路186号	38	12	416	公办	小学
7	彭州市北君平小学	21800	彭州市丽春镇北君平街东段61号	45	16	684	公办	小学
8	彭州市敖平雅居乐小学	23853	彭州市敖平镇猫市街80号	77	30	1352	公办	小学
9	彭州市军乐小学	18625	彭州市隆丰街道军屯场社区政通街39号	57	22	877	公办	小学
10	彭州市隆丰小学	22279	彭州市隆丰街道新华路401号	91	33	1464	公办	小学
11	彭州市致和小学	39996	彭州市致和街道清白江西路170号	153	65	3014	公办	小学
12	彭州市升平小学	23847	彭州市九尺镇升平社区14组1号	58	23	810	公办	小学
13	彭州市九尺小学	23998	彭州市九尺镇九兴中路162号	73	24	1173	公办	小学
14	彭州市三界小学	29142	彭州市濛阳街道义和社区育才街46号	64	27	1094	公办	小学
15	彭州市七一小学	19223.03	彭州市濛阳街道濛三北路488号	67	31	1245	公办	小学
16	彭州市濛阳小学	23787	彭州市濛阳街道办凤凰大道46号	85	39	1651	公办	小学
17	彭州市东城小学	16540	彭州市天彭街道枣子树社区一组	58	18	776	公办	小学
18	彭州市北城小学	31387	彭州市天彭街道临江社区8组20号	103	36	1670	公办	小学
19	彭州市天府路小学	34635	彭州市天府西路577号	108	37	1791	公办	小学
20	彭州市延秀小学	69882	彭州市天彭街道龙塔路2号	295	119	5613	公办	小学
21	彭州市实验小学	26362	彭州市天彭街道天府中路57号	239	88	3987	公办	小学
22	彭州市沁园小学	15687	彭州市天府东路60号	96	24	1103	民办	小学
23	彭州市锦阳小学校	7458.08	彭州市龙锦东路50号	43	0	0	民办	小学
24	彭州中学附属小学	21109	彭州市天彭街道金彭东路997号	22	6	274	公办	小学
25	彭州市葛仙山小学	29269	彭州市葛仙山镇府江路56号	33	10	323	公办	小学
26	彭州航空动力园区实验中学	26211	彭州市丽春镇丽蓉北路25号	66	13	583	公办	初级中学
27	彭州市通济中学	53273	彭州市通济镇榕城路618号	79	14	504	公办	初级中学
28	彭州市北君平中学	19147	彭州市丽春镇君平街东段27号	55	12	494	公办	初级中学
29	彭州市军乐中学	39045	彭州市隆丰街道龙岩路南段45号	62	12	368	公办	初级中学
30	彭州市隆丰中学	48917	彭州市隆丰街道新华路329号	90	23	1158	公办	初级中学
31	彭州市致和中学	32106	彭州市致和街道顺延路175号	103	24	1101	公办	初级中学
32	彭州市升平中学	15360	彭州市九尺镇文学街57号	54	9	397	公办	初级中学

续表 36

序号	学校名称	占地面积（平方米）	学校地址	教职工（人）	班数（个）	在校生（人）	办学性质	备注
33	彭州市九尺中学	23934	彭州市九尺镇希望路 115 号	59	12	436	公办	初级中学
34	彭州市三界中学	33420	彭州市濛阳街道义和社区育才街 81 号	43	12	536	公办	初级中学
35	彭州市北城中学	28560	彭州市天彭街道临江社区 6 组 19 号	63	9	345	公办	初级中学
36	彭州一中实验学校	24088	彭州市致和街道四方街 69 号	165	33	1584	公办	初级中学
37	彭州中学实验学校	36046	彭州市育才路 979 号	186	44	2255	民办	初级中学
38	彭州市龙门山学校	42900	彭州市龙门山镇丙人街 156 号 1 幢	89	28	1015	公办	九年一贯制学校
39	彭州市磁峰中远学校	28681	彭州市桂花镇磁峰社区蟠江路 51 号	58	18	663	公办	九年一贯制学校
40	彭州市桂花学校	32193	彭州市桂花镇陶兴路 47 号	70	21	907	公办	九年一贯制学校
41	彭州市丰乐学校	24536	彭州市桂花镇丰圣街 115 号	51	18	590	公办	九年一贯制学校
42	彭州市红岩学校	37067	彭州市敖平镇红岩社区金阳街 96 号	58	22	819	公办	九年一贯制学校
43	彭州市葛仙山楠杨学校	28803	彭州市葛仙山镇楠杨社区东街 148 号	67	21	813	公办	九年一贯制学校
44	彭州市文翁丹景学校	30687	彭州市丹景山镇建设路 169 号	54	17	605	公办	九年一贯制学校
45	彭州市永定学校	26499	彭州市丹景山镇石洞埝街 251 号	41	12	429	公办	九年一贯制学校
46	彭州市太清博世学校	54239	彭州市致和街道太平北街 600 号	110	33	1457	公办	九年一贯制学校
47	彭州市七一竹瓦学校	23227	彭州市濛阳街道竹瓦北街 66 号	62	24	967	公办	九年一贯制学校
48	彭州市博骏学校	150000	彭州市濛阳街道濛盛东街 222 号	210	36	1158	民办	九年一贯制学校
49	彭州市嘉祥外国语学校	64032	彭州市濛阳街道树蕙路 1 号	227	47	2045	民办	十二年一贯制学校
50	彭州市敖平中学	88105	彭州市敖平镇楠桥三组 41 号	204	45	2077	公办	完全中学
51	彭州市濛阳中学	157470.08	彭州市濛阳街道建业中路 399 号	221	59	2579	公办	完全中学
52	成都石室白马中学	114600	彭州市天彭街道牌坊村一组	241	60	2838	公办	完全中学
53	彭州市第一中学	61585	彭州市天彭街道金彭路东升街 2 号	232	42	2026	公办	高级中学
54	彭州中学	104000	彭州市天彭街道育才路 980 号	245	43	1926	公办	高级中学
55	彭州市特殊教育学校	7987.88	彭州市天彭街道育才路 627 号	33	16	169	公办	特殊教育
56	成都石化工业学校	116246.6	彭州市军乐镇军屯西街 22 号	394	104	4836	公办	职业教育
57	彭州市通济镇中心幼儿园	7912	彭州市通济镇景山路 54 号附 2 号	36	10	353	公办	
58	彭州市新兴镇中心幼儿园	3866	彭州市通济镇阳平社区兴阳路 117 号	15	4	111	公办	
59	彭州市新兴镇中心幼儿园助炎分园	2189	彭州市通济镇海窝子社区福兴街 60 号	9	2	68	公办	
60	彭州市通济镇思文中心幼儿园	3287	彭州市通济镇思文街 418 号	6	2	65	公办	
61	彭州市白鹿镇中心幼儿园	1064	彭州市白鹿场社区 4 组 1 号	7	2	56	公办	
62	彭州市龙门山镇中心幼儿园	1277	彭州市龙门山镇沙金路 775 号	9	3	85	公办	

续表 36

序号	学校名称	占地面积（平方米）	学校地址	教职工（人）	班数（个）	在校生（人）	办学性质	备注
63	彭州市龙门山镇中心幼儿园第一分园	2283	彭州市龙门山镇九峰村 3 组 82 号	3	1	8	公办	
64	彭州市小鱼洞镇中心幼儿园	1168	彭州市丙人街 156 号 2 栋	21	6	181	公办	
65	彭州市小鱼洞镇中心幼儿园草坝分园	742	彭州市龙门山镇金福缘小区 1 号 16 栋	8	2	43	公办	
66	彭州市小鱼洞镇中心幼儿园渔江楠分园	1140	彭州市龙门山镇渔江楠村 6 组 90 号	8	2	43	公办	
67	彭州市丽春镇中心幼儿园	2499	彭州市丽春镇丽蓉大道 17 号	14	4	137	公办	
68	彭州市丽春镇中心幼儿园第一分园	4609.79	彭州市丽春镇花草村 1 组	14	4	1	公办	
69	彭州市丽春镇北君平中心幼儿园	3300	彭州市丽春镇天鹅村四组 48 号	6	2	64	公办	
70	彭州市丽春镇庆兴中心幼儿园	7200	彭州市丽春镇长庆西街 98 号	21	7	209	公办	
71	彭州市磁峰镇中心幼儿园	1375	彭州市桂花镇磁峰社区盘龙村 3 组 11 号	18	5	193	公办	
72	彭州市磁峰镇中心幼儿园庙坪分园	870	彭州市桂花镇磁峰社区庙坪村 102 号	3	1	31	公办	
73	彭州市桂花镇中心幼儿园	3300	彭州市桂花镇金桂西街 29 号	6	3	64	公办	
74	彭州市桂花镇中心幼儿园桂花分园	4924	彭州市桂花镇陶兴路 47 号	18	5	160	公办	
75	彭州市桂花镇丰乐中心幼儿园	3580	彭州市桂花镇丰乐社区 7 组	17	5	177	公办	
76	彭州市敖平镇中心幼儿园	1679	彭州市敖平镇猫市巷 172 号	19	6	171	公办	
77	彭州市敖平镇中心幼儿园友谊分园	3956.92	彭州市敖平镇友谊村 4 组 56 号	4	1	35	公办	
78	彭州市红岩镇中心幼儿园	5211.62	彭州市红岩镇金阳街 48 号	23	6	167	公办	
79	彭州市葛仙山镇中心幼儿园	2942	彭州市葛仙山镇府江路 66 号	13	5	158	公办	
80	彭州市葛仙山镇楠杨中心幼儿园	4885	彭州市葛仙山镇楠杨北街 110 号	16	5	141	公办	
81	彭州市葛仙山镇楠杨中心幼儿园建新分园	5749	彭州市葛仙山镇云居村 2 组 22 号	7	2	50	公办	
82	彭州市葛仙山镇楠杨中心幼儿园红锦分园	4500	彭州市葛仙山镇红锦家园小区 1 栋 7 栋附 101 号	11	2	66	公办	
83	彭州市丹景山镇中心幼儿园	4511	彭州市丹景山镇南安大道 206 号	13	3	70	公办	
84	彭州市丹景山镇中心幼儿园南安分园	2610	彭州市丹景山镇丹桂苑 47 栋附 101 号	7	2	39	公办	
85	彭州市丹景山镇中心幼儿园第二分园	3399	彭州市丹景山镇南郡路 45 号附 1 号	7	2	44	公办	
86	彭州市丹景山镇永定中心幼儿园	1843	彭州市丹景山镇五柏村九组	11	3	97	公办	
87	彭州市隆丰镇中心幼儿园	4784	彭州市隆丰街道新华路 89 号	19	5	166	公办	
88	彭州市隆丰镇中心幼儿园石化分园	2800	彭州市隆丰街道丰林苑小区 1 号 17 栋	17	5	137	公办	
89	彭州市隆丰镇中心幼儿园第二分园	5733	彭州市隆丰街道西京村 11 组	8	2	41	公办	
90	彭州市军乐镇中心幼儿园	4482	彭州市隆丰街道军屯路南段 207 号	4	1	16	公办	

续表 36

序号	学校名称	占地面积（平方米）	学校地址	教职工（人）	班数（个）	在校生（人）	办学性质	备注
91	彭州市军乐镇中心幼儿园银定分园	8021.01	彭州市隆丰街道军屯场社区政通街128号	29	9	268	公办	
92	彭州市实验幼儿园	10130.6	彭州市致和街道连封南街100号	57	12	432	公办	
93	彭州市实验幼儿园第一分园	3330	彭州市致和街道顺延路126号	26	6	197	公办	
94	彭州市实验幼儿园第二分园	5753.25	彭州市致和街道清林西路188号	36	9	297	公办	
95	彭州市实验幼儿园第四分园（太清中心园）	6821.8	彭州市致和街道太平社区中学路32号	20	4	91	公办	
96	彭州市实验幼儿园第五分园（花土分园）	4895.6	彭州市致和街道花土村1组	7	1	17	公办	
97	彭州市南街幼儿园第二分园（致和中心园）	6285.37	彭州市致和街道普照社区5组	12	3	100	公办	
98	彭州市学海湖幼儿园第三分园（红瓦分园）	3464.34	彭州市致和街道和源村6组	8	2	43	公办	
99	彭州市濛阳街道中心幼儿园	1679.14	彭州市濛阳街道凤凰大道46号	18	6	219	公办	
100	彭州市濛阳街道中心幼儿园北街分园	4766	彭州市濛阳街道公园路18号	21	6	202	公办	
101	彭州市濛阳街道三邑中心幼儿园	4622	彭州市濛阳街道物流大道东段96号	30	8	254	公办	
102	彭州市濛阳街道三邑中心幼儿园南街分园	4237.55	彭州市濛阳街道建业中路561号	21	6	217	公办	
103	彭州市濛阳街道三邑中心幼儿园第二分园	4237.55	彭州市濛阳街道滨河南路100号	13	4	124	公办	
104	彭州市濛阳街道竹瓦中心幼儿园	2425.09	彭州市濛阳街道竹瓦南街55号	7	2	65	公办	
105	彭州市濛阳街道竹瓦中心幼儿园竹瓦分园	1454.63	彭州市濛阳街道竹瓦北街66号	3	1	33	公办	
106	彭州市三界镇中心幼儿园	6762	彭州市濛阳街道义和社区育才街212号	22	7	242	公办	
107	彭州市三界镇中心幼儿园第一分园	2974	彭州市蒙阳街道办三界社区百兴村13组66号	6	2	42	公办	
108	彭州市三界镇中心幼儿园罗万分园	1396.43	彭州市濛阳街道罗万社区85号	6	2	57	公办	
109	彭州市九尺镇中心幼儿园	8600	彭州市九尺镇玉源村8组98号	36	10	317	公办	
110	彭州市升平镇中心幼儿园	7775	彭州市九尺镇青雀村7组13号	40	12	401	公办	
111	彭州市升平镇中心幼儿园第一分园	4030	彭州市九尺镇昌衡村1组103号	10	4	87	公办	
112	彭州市升平镇中心幼儿园第二分园	4037	彭州市九尺镇广山村17组102	4	1	36	公办	
113	彭州市机关幼儿园	10921	彭州市天彭街道繁江北路386号	96	21	711	公办	
114	彭州市机关幼儿园第一分园	3310	彭州市天彭街道延秀街64号	36	9	299	公办	
115	彭州市机关幼儿园第二分园（利安中心园）	5328	彭州市天彭街道锦阳西南路201号	42	11	420	公办	
116	彭州市南街幼儿园	3900	彭州市天彭街道南大街42号	69	15	538	公办	

续表 36

序号	学校名称	占地面积（平方米）	学校地址	教职工（人）	班数（个）	在校生（人）	办学性质	备注
117	彭州市南街幼儿园团结分园	3642	彭州市天彭街道金彭中路 27 号	39	9	299	公办	
118	彭州市南街幼儿园第四分园（西郊中心园）	61285	彭州市天彭街道天府西路 577 号	22	6	222	公办	
119	彭州市学海湖幼儿园	6510.63	彭州市天彭街道九峰北路 121 号	58	12	435	公办	
120	彭州市学海湖幼儿园第一分园	8013.59	彭州市天彭街道爱国南路 262 号	41	9	312	公办	
121	彭州市学海湖幼儿园第二分园（清平中心园）	2178	彭州市天彭街道先锋 2 组	11	3	113	公办	
122	彭州市通济镇小太阳	1441.9	彭州市通济镇黄村小区 30 号	24	8	287	民办	
123	彭州市丽春镇花棚幼儿园	3070	彭州市丽春镇丽河路 66 号	36	10	301	民办	
124	彭州市丽春镇丹平幼儿园	2600	彭州市丽春镇丹平街 79—81 号	49	15	456	民办	
125	彭州市丽春镇春露幼儿园	1572	彭州市丽春镇丽蓉大道 181 号	24	6	180	民办	
126	彭州市丽春镇兰家幼儿园	1263	彭州市丽春镇青光村 6 组 30 号	4	1	41	民办	
127	彭州市丽春镇小金鑫幼儿园	3025	彭州市丽春镇君平街东段 15 号	34	10	308	民办	
128	彭州市桂花镇童乐幼儿园	1300.8	彭州市桂花镇金桂南街 74—82 号	18	6	174	民办	
129	彭州市桂花镇新金星幼儿园	1670	彭州市桂花镇丰乐社区盘龙新街 43 号	15	5	153	民办	
130	彭州市敖平镇悦悦精英幼儿园	1377.45	彭州市敖平镇凤楼下街 47 号附 6 号	40	11	336	民办	
131	彭州市敖平镇智多星幼儿园	3290	彭州市敖平镇凤楼下街 135 号附 8 号	27	8	230	民办	
132	彭州市敖平镇未来星幼儿园	2700	彭州市敖平镇九龙江路附 33 号	32	8	244	民办	
133	彭州市红岩镇爱心幼儿园	1650	彭州市红岩金阳街 100 号	19	5	142	民办	
134	彭州市丹景山镇白塔幼儿园	2000	彭州市丹景山镇南郡西街 42 号	14	3	102	民办	
135	彭州市丹景山镇爱华幼儿园	2000	彭州市丹景山镇丹香苑 24 栋 1 号	22	6	199	民办	
136	彭州市丹景山镇新苗幼儿园	1500	彭州市丹景山镇石河村三组 1 号	11	3	86	民办	
137	彭州市丹景山镇鑫贝贝幼儿园	4020	彭州市丹景山镇石洞埝社区 3 组 23 号	12	4	134	民办	
138	彭州市隆丰镇童心幼儿园	1200	彭州市隆丰街道西河人家 1 号附 4 号	16	5	152	民办	
139	彭州市隆丰镇蕊蕊幼儿园	1500	彭州市隆丰街道正街 126 号附 1 号	17	4	131	民办	
140	彭州市隆丰镇金宝贝幼儿园	860	彭州市隆丰街道同德村八组 101 号	6	1	26	民办	
141	彭州市隆丰镇慨欣幼儿园	1200	彭州市隆丰街道隆新路南段 67 号	9	4	82	民办	
142	彭州市隆丰镇永丰幼儿园	1674	彭州市隆丰街道西京村 10 组西北润园 102 号	22	5	156	民办	
143	彭州市隆丰镇双埝幼儿园	1700	彭州市隆丰街道隆裕街 308—314 号	8	2	42	民办	
144	彭州市隆丰镇乐悦幼儿园	1200	彭州市隆丰街道西京村 22 组 6 号	9	3	48	民办	
145	彭州市军乐镇金星幼儿园	2203.5	彭州市隆丰街道军屯路 596 号	30	8	208	民办	
146	彭州市军乐镇贝乐幼儿园	1200	彭州市隆丰镇军乐社区兴市巷 10 号	12	4	100	民办	
147	彭州市军乐镇小天使幼儿园	1678	彭州市隆丰街道玉皇村 3 组 95 号	11	3	98	民办	
148	彭州市致和街道联谊幼儿园	3850.38	彭州市致和街道连封北街 128 号	36	7	139	民办	

续表 36

序号	学校名称	占地面积（平方米）	学校地址	教职工（人）	班数（个）	在校生（人）	办学性质	备注
149	彭州市致和街道小精灵幼儿园	581	彭州市致和街道太平家园小区 1 号 22 栋 5 单元 1 楼 101 号	16	4	109	民办	
150	彭州市致和街道康乐幼儿园	2000	彭州市致和街道黑龙泉小区 2 号 32 栋 1 单元 102 号	23	6	180	民办	
151	彭州市致和街道馨乐幼儿园	885	彭州市致和街道馨乐幼儿园金光东二巷 57 号	29	9	272	民办	
152	彭州市致和街道春丽幼儿园	1600	彭州市致和街道双龙路南九巷 18 号	32	10	290	民办	
153	彭州市致和街道佳佳幼儿园	600	彭州市致和街道兴仁社区 10 组	14	4	120	民办	
154	彭州市圣之润幼儿园有限责任公司	4200	彭州市致和街道西河东路 555 号	24	7	150	民办	
155	彭州市致和街道金童乐幼儿园	613.64	彭州市致和街道万家场北街东段 111—113 号	13	4	121	民办	
156	彭州市致和街道春燕幼儿园	1901	彭州市致和街道万家场文宇街 45 号	8	3	53	民办	
157	彭州市致和街道清泉幼儿园	650	彭州市致和街道汇通湖社区 50 号	8	3	91	民办	
158	彭州市致和街道爱苗幼儿园	1653.5	彭州市致和街道太平社区 1 组 39 号	21	5	146	民办	
159	彭州市致和街道乐童幼儿园	2450	彭州市致和街道太平社区 6 组 38 号	24	6	181	民办	
160	彭州市致和街道馨育幼儿园	1200	彭州市致和街道京果村 3 组 33 号	16	4	121	民办	
161	彭州市海贝贝儿童之家幼稚园	2300	彭州市朝阳南路 323 号	16	4	112	民办	
162	彭州市致和街道五里幼儿园	570	彭州市致和街道京五小区西四巷 53 号	13	4	130	民办	
163	彭州市濛阳街道贝蕾幼儿园	2619.77	彭州市濛阳街道北街 100 号附 7 号	38	12	358	民办	
164	彭州市濛阳街道东塔幼儿园	681	彭州市濛北路 385 号	19	6	188	民办	
165	彭州市濛阳街道乖乖幼儿园	1200	彭州市濛阳街道东街 75 号	24	8	234	民办	
166	彭州市濛阳街道贝贝幼儿园	5563	彭州市濛阳街道濛三北路 116 号	55	19	571	民办	
167	彭州市濛阳街道博雅幼儿园	1396	彭州市濛阳街道桂桥小区 12 栋 1 号	15	4	120	民办	
168	彭州市濛阳街道金太阳幼儿园	900	彭州市濛阳街道竹瓦西街 112 号	15	4	110	民办	
169	彭州市三界镇红苹果幼儿园	2856	彭州市濛阳街道义和社区裕民路 75/77 号	32	9	270	民办	
170	彭州市三界镇佳家幼儿园	2416	彭州市濛阳街道方义村 1 组 50 号	17	4	118	民办	
171	彭州市九尺镇星星幼儿园	1500	彭州市九尺镇双土小区 36 栋	25	9	249	民办	
172	彭州市九尺镇培英幼儿园	1536.54	彭州市九尺镇天鹅街 15 号	25	6	180	民办	
173	彭州市九尺镇金沙幼儿园	1420	彭州市九尺镇金沙小区 32 栋 2 号	12	4	100	民办	
174	彭州市升平天鑫幼儿园	1880	彭州市九尺镇龙福村 7 组 61 号	12	4	98	民办	
175	彭州市升平幼苗幼儿园	1160	彭州市九尺镇昌衡村 4 组 53 号	8	2	55	民办	
176	彭州市升平童睿幼儿园	3350	彭州市九尺镇升玉南街 108 号	11	3	92	民办	
177	彭州市苗苗幼儿园分园	513.25	彭州市天彭街道西海北街 241 号	15	5	122	民办	
178	彭州市蓓蓓幼儿园	1200	彭州市天彭街道西大街光明巷 18 号	24	7	160	民办	
179	彭州市天彭街道乐乐幼儿园	1500	彭州市天彭街道繁江北路 3 组 48 号	19	5	161	民办	
180	彭州市天彭街道徽霖幼儿园	1680	彭州市天彭街道徽霖幼儿园	8	2	56	民办	

续表 36

序号	学校名称	占地面积（平方米）	学校地址	教职工（人）	班数（个）	在校生（人）	办学性质	备注
181	彭州市苗苗幼儿园	2664	彭州市天彭街道泰安路 1 号	39	12	346	民办	
182	彭州市虹桥新阳光幼儿园	2003	彭州市天彭街道团结街 290 号	39	9	302	民办	
183	彭州市锦阳小学校附设幼儿园	2653	彭州市天彭街道龙锦东路 50 号	57	12	306	民办	
184	彭州市天彭街道白马幼儿园	3850	彭州市天彭街道白马社区 6 组 26 号	11	3	77	民办	
185	彭州市天彭街道红太阳幼儿园	1800	彭州市天彭街道牌坊村 3 组 13 号	9	2	53	民办	
186	彭州市天彭街道晨辉幼儿园	4500	彭州市天彭街道临江社区 10 组 49—51 号	28	10	256	民办	
187	彭州市天彭街道利安幼儿园	710	彭州市天彭街道利安社区 3 组 49 号	7	2	40	民办	
188	彭州市天彭街道白庙幼儿园	1572	彭州市天彭街道白庙村 4 组 15 号	8	2	55	民办	
189	彭州市馨艺幼儿园	4836	彭州市天彭街道天府南路 38 号	27	8	152	民办	
190	彭州市蓓蕾幼儿园	3247	彭州市天彭街道天府中路新民东一巷 16 号	41	8	198	民办	
191	彭州市天彭街道玲玲幼儿园	1957	彭州市天彭街道西海东街 25 号附 1 号	27	8	228	民办	
192	彭州市国锋金贝幼儿园	2500	彭州市天彭街道牡丹北路 139 号	45	11	295	民办	
193	彭州市加联风铃草幼儿园	2580	彭州市天彭街道牡丹北路 226 号 14 栋	39	8	210	民办	
194	彭州市天彭街道天天乐幼儿园	1180	彭州市天彭街道新民四巷 55 号	17	6	192	民办	
195	彭州市天彭街道花盆幼儿园	1470	彭州市天彭街道安信路 296 号	18	6	166	民办	
196	彭州市致和街道亮眼睛幼儿园	2476.7	彭州市致和街道护国小区护国东四巷 48 号	21	7	209	民办	
197	彭州市丹洲幼儿园有限公司	3300	彭州市天彭街道天府中路 88 号	32	7	130	民办	
198	彭州市天彭街道正菊幼儿园	4000	彭州市天彭街道站前社区 9 组 76 号	13	3	74	民办	
199	彭州市天彭街道东升幼儿园	2200	彭州市天彭街道育才路 260 号	13	3	84	民办	
200	彭州市天彭街道金贝幼儿园	4848	彭州市天彭街道回龙东路 236 号	48	12	332	民办	
201	彭州市天彭街道晨曦幼儿园	2600	彭州市天彭街道金华东路 311 号	24	7	224	民办	
202	彭州市启明雅智幼儿园	1590	彭州市天彭街道金华西路 159 号	18	4	95	民办	
203	彭州市天彭街道立典幼儿园	3238	彭州市天彭街道三圣北路 80 号 9 栋 203 号	65	12	330	民办	
204	彭州市天彭街道青青幼儿园	660	彭州市天彭街道东湖东三巷 2 号附 23 号	17	5	169	民办	
205	彭州市蒙特艾米幼儿园有限公司	5800	彭州市天彭街道东湖北街 68 号	23	5	75	民办	
206	彭州市优筑普睿思幼儿园	2535.87	彭州市天彭街道东湖北街 45 号	37	7	161	民办	
207	彭州市君禾东方幼儿园有限责任公司	2001	彭州市东湖南街 328 号	29	5	115	民办	
208	彭州市爱尔贝幼儿园有限责任公司	4323	彭州市天彭街道兴盛路 41 号	34	9	245	民办	
209	彭州市天彭街道明骏幼儿园	1500	彭州市天彭街道办事处先锋小区 2 栋 1 号	20	6	179	民办	
210	彭州市阳光起航幼儿园	720	彭州市牡丹大道北二段 226 号 24 栋	19	5	120	民办	
211	彭州市天彭街道琴琴幼儿园	500	彭州市天彭街道牡丹南巷 32 号	11	4	90	民办	
212	彭州市天彭街道启稚幼儿园	1580	彭州市天彭街道景丽小区 1 号 18 栋五单元 116 号	25	7	190	民办	

2020年彭州市公立医疗卫生机构一览表

表 37

序号	名称
1	市人民医院
2	市中医医院
3	市妇幼保健计划生育服务中心
4	市疾病预防控制中心
5	市中西医结合医院
6	市第四人民医院
7	市公共卫生医疗救治中心（传染病医院）
8	市第二人民医院（濛阳镇卫生院）
9	成都市血液中心第八采血队（彭州）
10	市血吸虫病防治站
11	市 120 急救指挥中心
12	通济镇卫生院
13	磁峰镇卫生院
14	白鹿镇卫生院
15	新兴镇卫生院
16	龙门山镇卫生院

续表 37

序号	名称
17	丹景山镇卫生院
18	桂花镇卫生院
19	隆丰镇卫生院
20	丽春镇卫生院
21	敖平镇卫生院
22	葛仙山镇卫生院
23	军乐镇卫生院
24	红岩镇卫生院
25	天彭社区卫生服务中心
26	利安社区卫生服务中心
27	天彭西郊社区卫生服务中心
28	升平镇卫生院
29	致和镇卫生院
30	九尺镇卫生院
31	三界镇卫生院

2020年彭州市民营医院名单一览表

表 38

序号	名称
1	彭州同一医院
2	彭州茂康中医医院
3	彭州熊氏中医骨科医院
4	彭州建国医院
5	彭州段氏中医骨科医院
6	彭州天恩中医医院
7	彭州华康中西医结合医院
8	彭州太平场医院
9	彭州颐康医院
10	彭州威立康中医医院
11	彭州海康中医骨科医院
12	彭州高明中医骨科医院
13	彭州罗万医院

续表 38

序号	名称
14	彭州博瑞中医医院
15	彭州天府丽人医院
16	彭州磊落福兴医院
17	彭州欣元慢性病医院
18	彭州陈氏口腔医院
19	彭州丰乐医院
20	彭州北君平医院
21	彭州友康中医医院
22	彭州石洞埝医院
23	彭州宗德医院
24	彭州思文医院
25	彭州四方医院
26	彭州安然精神病专科医院

2020 年彭州市养老机构一览表

表 39

序号	机构名称	行政区划	地址	机构性质
1	彭州市丽春镇学康怡养院	彭州市丽春镇	彭州市丽春镇蓉北路 6 号	民办
2	彭州市葛仙山镇熙湖人家颐养中心	彭州市葛仙山镇	彭州市葛仙山镇熙玉村 6 组	民办
3	彭州市阳光颐养院	彭州市天彭街道	彭州市天彭街道白马社区 5 组	民办
4	彭州市丹景华康颐养中心	彭州市丹景山镇	彭州市丹景山镇石牛村 5 组	民办
5	彭州市龙门山天策颐养中心	彭州市龙门山镇	彭州市龙门山镇团山村 13 组	民办
6	彭州市丽春镇君平颐养院	彭州市丽春镇	彭州市丽春镇君平街社区白果巷 28 号	民办
7	彭州市天彭镇正辉温馨家庭颐养院	彭州市天彭街道	彭州市天彭街道牌坊村 1 组 66 号	民办
8	彭州市樱花谷尚颐园颐养中心	彭州市白鹿镇	彭州市白鹿镇官田村 6 组	民办
9	彭州市九峰颐养中心	彭州市龙门山镇	彭州市龙门山镇九峰村 17 组	民办
10	彭州市红岩镇海凤颐养院	彭州市敖平镇	彭州市敖平镇虎兴街 19 号	民办
11	彭州市和谐新家园养老中心	彭州市通济镇	彭州市通济镇羊叉村 9 组 1 号	民办
12	彭州市人民医院祥福照护中心	彭州市天彭街道	彭州市天彭街道寂光社区	民办
13	彭州市安康颐养中心	彭州市天彭街道	彭州市天彭街道金彭西路	民办
14	彭州市怡乐养老中心	彭州市丽春镇	彭州市丽春镇丽蓉大道 450 号	民办
15	彭州市海窝子颐养中心	彭州市通济镇	彭州市通济镇阳平村 15 组	民办
16	彭州市筑福养老服务中心	彭州市丹景山镇	彭州市丹景山镇石洞埝街 84 号	民办
17	彭州市致和镇顺和苑康养护理中心	彭州市致和街道	彭州市致和街道顺和苑清白江西路 276 号	民办
18	彭州市养老服务中心军乐敬老院	彭州市隆丰街道	彭州市隆丰街道黑龙村 15 组 123 号	公办
19	彭州市养老服务中心桂花敬老院	彭州市桂花镇	彭州市桂花镇三圣村三圣小区 106 号	公办
20	彭州市养老服务中心升平敬老院	彭州市九尺镇	彭州市九尺镇昌衡村 8 组 101 号	公办
21	彭州市养老服务中心丽春敬老院	彭州市丽春镇	彭州市丽春镇白果村 9 组	公办
22	彭州市养老服务中心九尺敬老院	彭州市九尺镇	彭州市九尺镇宝马村 10 组 101 号	公办
23	彭州市养老服务中心隆丰敬老院	彭州市隆丰街道	彭州市隆丰街道西北村 7 组 101 号	公办
24	彭州市养老服务中心葛仙山楠杨敬老院	彭州市葛仙山镇	彭州市葛仙山镇建新村 8 组 88 号	公办
25	彭州市养老服务中心天彭敬老院	彭州市天彭街道	彭州市天彭街道锦阳西南路 199 号	公办
26	彭州市养老服务中心通济敬老院	彭州市白鹿镇	彭州市白鹿镇思文场街 298 号	公办
27	彭州市养老服务中心敖平敬老院	彭州市敖平镇	彭州市敖平镇凤泉村 15 组 45 号	公办
28	彭州市养老服务中心三界敬老院	彭州市濛阳街道	彭州市濛阳街道新埝村 9 组 60 号	公办
29	彭州市养老服务中心致和敬老院	彭州市致和街道	彭州市致和街道棋盘村 5 组 118 号	公办
30	彭州市养老服务中心濛阳敬老院	彭州市濛阳街道	彭州市濛阳街道桂桥村 10 组 20 号	公办
31	彭州市养老服务中心葛仙山华南敬老院	彭州市葛仙山镇	彭州市葛仙山镇华南村 12 组 88 号	公办
32	彭州市养老服务中心综合社会福利中心	彭州市致和街道	彭州市致和街道清林西街 29 号	公办

2020 年彭州市新命名街道一览表

表 40

单位	具体内容
天彭街道	1. 菖蒲路（拟建）：北起苏叶路，南至赤芍路，长 1850 米，宽 20 米，命名为菖蒲路 2. 赤芍路（拟建）：北起天府东路，南至菖蒲路，长 1860 米，宽 20 米，命名为赤芍路 3. 苏叶路（拟建）：西起成绵复线，东至稻芽路，长 830 米，宽 20 米，命名为苏叶路 4. 稻芽路（拟建）：西起成绵复线，东至苏叶路，长 980 米，宽 30 米，命名为稻芽路
致和街道	1. 长寿北路（拟建）：北起里泉西路，南至健康东路，长 400 米，宽 30 米，命名为长寿北路 2. 川芎路（拟建）：西起彭郫路，东至天彭大道，长 800 米，宽 30 米，命名为川芎路 3. 广丹北路：西起广丹西路，东至广丹东路，长 700 米，宽 22 米，命名为广丹北路 4. 广丹南路：西起广丹西路，东至广丹东路，长 700 米，宽 22 米，命名为广丹南路 5. 广丹东路：北起天桂路，南至广丹南路，长 700 米，宽 30 米，命名为广丹东路 6. 广丹西路（拟建）：北起天桂路，南至广丹南路，长 700 米，宽 22 米，命名为广丹西路 7. 广丹中路：北起天桂路，南至广丹南路，长 700 米，宽 40 米，命名为广丹中路 8. 连封北二街：北起连封北街，南至连封南街，长 1300 米，宽 15 米，于连封北一街西侧，命名为连封北二街 9. 泉香路（拟建）：北起半夏路，向西南 400 米转向东南 1100 米，与中药城大道相连接，长 1500 米，宽 16 米，命名为泉香路 10. 半夏路（拟建）：西起东三环路三段，东至中药城大道，长 1160 米，宽 20 米，命名为半夏路 11. 彭郫路一段:北起繁江南路,南至西河西路与西河东路交叉口,长 3500 米,宽 45 米,该路为彭州至郫都区快速通道，命名为彭郫路一段 12. 彭郫路二段：北起西河西路与西河东路交叉口，南至青白江河边，长 2600 米，宽 45 米，该路为彭州至郫都区快速通道，命名为彭郫路二段
濛阳街道	1. 桂兴路：北起飞星路西段，南至物流大道西段，长 849 米，宽 36 米，命名为桂兴路 2. 创业东一路：该路北起物流大道东段，南至三邑特钢厂，长 608 米，宽 20 米，命名为创业东一路
丽春镇	1. 启航大道：西起远航大道，南至彭温路，长 2715 米，宽 18 米，命名为启航大道 2. 启航北路：西起鑫航大道，东至护航大道，长 1610 米，宽 16 米，命名为启航北路 3. 启航南路：西起远航大道，东至启航大道，长 1740 米，宽 16 米，命名为启航南路 4. 丽航大道（拟建）：北起天桂路，南至规划纬一路，长 4100 米，宽 16 米，命名为丽航大道 5. 护航大道：北起天桂路，南至航飞大道，长 1100 米，宽 24 米，命名为护航大道 6. 远航大道：北起天桂路，南至彭温路，长 1910 米，宽 32 米，命名为远航大道 7. 航飞大道：西起远航大道，东至天桂路，长 1985 米，宽 28 米，命名为航飞大道 8. 文竹大道（拟建）：北起宏航路，南至规划纬一路，长 2600 米，宽 24 米，命名为文竹大道 9. 棣棠路：西起合欢路，东至络石路，长约 410 米，宽 12 米，命名为棣棠路 10. 结香路：北起启航大道，南至航飞大道，长 540 米，宽 12 米，命名为结香路 11. 蕙兰路：北起启航大道，南至航飞大道，长 680 米，宽 16 米，命名为蕙兰路 12. 龙口路：北起远航大道，南至启航大道，长 940 米，宽 16 米，命名为龙口路 13. 鹃竺路：北起启航南路，南至航飞大道，长 320 米，宽 16 米，命名为鹃竺路 14. 宏航路（拟建）：西起规划南经八路，东至傲兰路，长 2350 米，宽 20 米，命名为宏航路 15. 傲兰路（拟建）：北起宏航路，南至规划纬四路，长 1240 米，宽 20 米，命名为傲兰路 16、丽水路：东起天桂路，北至彭温路，长 2500 米，宽 16 米，命名为丽水路
市交通运输局	1. 金彭大道西段（拟建）：东起金彭西路与繁江北路交叉口，西至天桂路，长 4600 米，宽 34 米，命名为金彭大道西段 2. 昌衡大道：西起玉垒东路，东至成德绵高速马牧河站，长 9000 米，宽 8 米，命名为昌衡大道 3. 都彭大道：东起致和街道东远社区，西至郫都区唐太路，长约 2200 米，宽 25 米，命名为都彭大道 4. 中药城大道：北起汉彭路，沿成绵复线，至老成彭路，长 6600 米，宽 30 米，命名为中药城大道

索 引

INDEX

A ~ Z

使用说明

一、本索采用内容分析索引法，按索引条目数字、英文字母、汉语拼音字母顺序排列。

二、索引词条后的数字表示内容所在的页码。

A

B

C

D

E

F

G

H

J

K

L

M

N

P

Q

R

S

T

W

X

Y

Z